KB041740

Strafrecht Allgemeiner Teil

# 형법총론

이정원 · 이석배 · 정배근

박영사

# 머 리 말

우리의 법학교육은 로스쿨제도와 변호사시험의 체제에서 수험법학 내지 수험형 법학으로 심하게 왜곡되고 있다. 검색만으로 쉽게 내용을 확인할 수 있는 수도 없이 많은 판례의 단편적 결론을 묻는 문제가 선택형뿐 아니라 사례형에서도 논점제시형으로 출제되고 있어 수험생들은 금방 잊히는 불필요한 암기에 여러 해를 소모하고 있다. 그러나 법학의 운명이 이러한 환경에 매몰되어서는 안 된다. 또한 단편적인 암기라 하더라도 이론적 무장 여부에 따라 그 암기의 깊이와 범위가 결정된다는 사실도 염두에 두어야 한다.

법학 그중에서도 특히 형법학은 이해의 학문이다. 따라서 형법의 교육과 학습은 형법의 기본 구조와 골격의 이해를 목표로 설정되어야 한다. 이 책에서도 "형법 교과서는 '형법이론을 논리적으로 이해하여 의미 있는 판례에 대해서 의미 있는 평가와 판단을 할 수 있는 능력'을 기르도록 기술되어야 한다"는 필자의 입장을 견지하였다. 삭막한 수험형 법의 환경에서도 깊이 있는 학문적 논의가 앞으로도 존속할 수 있기를 희망하고 기대한다.

이 책에서는 통설이나 절대다수설에 대한 개개 문헌인용을 생략하고 괄호 안에 통설이나 절대다수설이라는 표시만 하였다. 통설의 문헌을 모두 소개하는 것이 번거로울 뿐 아니라, 독자들의 형법이해에도 도움을 주지 못하기 때문이다. 또한 이 책은 필자와 경남대학교 법학부에서 함께 근무하였었고 현재 단국대학교 법과대학에 재직 중이신 이석배 교수, 필자의 대학후배로서 인연을 함께한 정배근 박사와 공동작업으로 저술되었다. 공동저자인 이석배 교수와 정배근 박사는 필자와 학문적 이해를 같이하면서 성실하고 예리한 분석력을 구비하고 있어, 앞으로 이 책이 한 차원 더 도약하는 명서가 될 수 있도록 주도적 역할을 할 것으로 기대하고 있다.

끝으로 본서의 출판을 위해서 어려운 여건 속에서도 신뢰와 성의를 가지고 헌신해 주신 안종만 회장님을 비롯한 박영사 관계자 여러분께 진심으로 감사드린다.

2023년 8월

著　者

# 목 차

## 제1편 서 론

제 1 장 형법의 의의 · 과제 · 기능 — 3

1. 형법의 의의 …… 3
2. 형법의 과제와 기능 …… 4

제 2 장 죄형법정주의 — 7

1. 죄형법정주의의 의의 …… 7
2. 죄형법정주의의 파생원리 …… 8

제 3 장 형법의 적용범위 — 22

1. 시간적 적용범위 …… 22
2. 장소적 적용범위 …… 33
3. 인적 적용범위 …… 38

제 4 장 형법이론 — 40

1. 구파(고전학파)의 형법이론 …… 40
2. 신파(근대학파)의 형법이론 …… 41
3. 신고전주의 …… 42

# 제2편 범 죄 론

제 1 장 범죄의 기본개념과 행위 45

제 1 절 범죄의 체계와 기본개념 45

1. 범죄의 의의 45
2. 범죄의 체계(범죄의 성립요건, 처벌조건, 소추조건) 47
3. 범죄의 종류 49

제 2 절 행 위 론 53

1. 행위이론 53
2. 행위능력 56
3. 형법상의 비행위 60

제 2 장 구성요건해당성 62

제 1 절 구성요건 일반론 62

1. 구성요건의 의의 62
2. 구성요건의 법체계적 구조 64
3. 구성요건이론 66
4. 개별적 구성요건요소 70

제 2 절 인과관계와 객관적 귀속 72

1. 서 론 72
2. 인과관계 73
3. 객관적 귀속이론 81

제 3 절 고 의 90

1. 서 론 90
2. 고의의 인식 대상 93
3. 고의의 종류 97
4. 사실의 착오 104

제 3 장 위 법 성 116

제 1 절 위법성 일반론 116

1. 위법성의 의의 ········· 116
2. 위법성과 불법 ········· 117
3. 위법성조각사유 ········· 117
제 2 절 정당방위 ········· 122
1. 정당방위의 의의 ········· 122
2. 정당방위의 성립요건 ········· 122
3. 과잉방위와 오상방위 ········· 131
제 3 절 긴급피난 ········· 135
1. 긴급피난 일반론 ········· 135
2. 긴급피난의 성립요건 ········· 138
3. 과잉피난과 오상피난, 오상과잉피난 ········· 143
제 4 절 자구행위 ········· 143
1. 자구행위 일반론 ········· 143
2. 자구행위의 성립요건 ········· 145
3. 과잉자구행위와 오상자구행위 ········· 148
제 5 절 피해자의 승낙 ········· 148
1. 피해자의 승낙 일반론 ········· 148
2. 피해자의 승낙 ········· 153
3. 추정적 승낙 ········· 159
제 6 절 정당행위 ········· 164
1. 정당행위의 의의 ········· 164
2. 법령에 의한 행위 ········· 164
3. 업무로 인한 행위 ········· 165
4. 기타 사회상규에 위배되지 아니하는 행위 ········· 169

제 4 장 책 임 ——— 173

제 1 절 책임이론 ········· 173
1. 책임의 의의 ········· 173
2. 책임의 근거 ········· 174
3. 책임의 본질 ········· 175
4. 형법상 책임의 구성 ········· 176

제 2 절 책임능력 ········ 177
1. 책임무능력자와 한정책임능력자 ········ 177
2. 원인에 있어서 자유로운 행위 ········ 179
제 3 절 특별책임요소와 책임형태 ········ 188
1. 특별책임요소 ········ 188
2. 책임형태 ········ 189
제 4 절 위법성의 인식 ········ 189
1. 위법성의 인식 일반론 ········ 189
2. 법률의 착오 ········ 191
3. 위법성조각사유의 전제사실에 관한 착오 ········ 194
제 5 절 책임조각사유 ········ 198
1. 책임조각사유의 의의 ········ 198
2. 기대가능성 ········ 198
3. 책임조각사유 ········ 204
4. 초법규적 책임조각사유의 인정 여부 ········ 213

제 5 장 미 수 론 ──── 216

제 1 절 미수론 일반 ········ 216
1. 범죄의 실현단계 ········ 216
2. 미수범의 처벌근거 ········ 219
3. 미수범의 종류와 처벌 ········ 220
제 2 절 장애미수 ········ 221
1. 장애미수의 의의 ········ 221
2. 장애미수의 성립요건 ········ 221
3. 장애미수의 처벌 ········ 227
제 3 절 중지미수 ········ 228
1. 중지미수의 의의 ········ 228
2. 중지미수의 법적 성격 ········ 228
3. 중지미수의 성립요건 ········ 230
4. 중지미수의 처벌 ········ 239
제 4 절 불능미수 ········ 240

1. 불능미수 일반론 ··· 240
2. 불능미수의 성립요건 ··· 242
제5절 예 비 죄 ··· 256
1. 예비의 의의 ··· 256
2. 예비죄의 법적 성격 ··· 257
3. 예비죄의 성립요건 ··· 259
4. 예비죄의 중지 ··· 262

**제6장 정범과 공범** ——— 264

제1절 정범과 공범 일반론 ··· 264
1. 정범과 공범의 의의 ··· 264
2. 정범 일반론 ··· 265
3. 공범 일반론 ··· 266
4. 정범과 공범의 구별 ··· 272
제2절 간접정범 ··· 277
1. 간접정범의 의의 ··· 277
2. 간접정범의 범위 ··· 280
3. 간접정범의 처벌 ··· 286
4. 관련문제 ··· 287
제3절 공동정범 ··· 293
1. 공동정범의 의의 ··· 293
2. 공동정범의 본질: 범죄공동설과 행위공동설? ··· 294
3. 공동정범의 성립요건 ··· 294
4. 관련문제 ··· 302
제4절 교 사 범 ··· 305
1. 교사범의 의의 ··· 305
2. 교사범의 성립요건 ··· 305
3. 교사범의 처벌 ··· 314
4. 관련문제 ··· 315
제5절 방 조 범 ··· 322
1. 방조범의 의의 ··· 322
2. 방조범의 성립요건 ··· 322

3. 방조범의 처벌 ······ 329
4. 관련문제 ······ 329

제 6 절 공범과 신분 ······ 330
1. 공범과 신분 일반론 ······ 330
2. 구성적 신분과 공범 ······ 333
3. 가감적 신분과 공범 ······ 336

# 제 3 편 특수한 범죄유형

제 1 장 과 실 범 ―――― 341
1. 과실범 일반론 ······ 341
2. 과실범의 구성요건 ······ 344
3. 과실범에서의 위법성 ······ 351
4. 과실범에서의 책임 ······ 352

제 2 장 결과적가중범 ―――― 354
1. 결과적가중범의 의의 ······ 354
2. 결과적가중범의 성립요건 ······ 356
3. 관련문제 ······ 359

제 3 장 부작위범 ―――― 366
1. 부작위범 일반론 ······ 366
2. 부작위범의 구성요건 ······ 372
3. 보증인의 지위 ······ 377
4. 부작위범의 위법성조각사유: 의무의 충돌 ······ 384
5. 부작위범의 책임 ······ 388
6. 관련문제 ······ 389

# 제4편 죄 수 론

제 1 장 죄수론 일반 — 395
1. 죄수론의 의의 ······ 395
2. 죄수결정의 기준 ······ 396
3. 수죄의 처벌에 관한 기본원칙 ······ 398

제 2 장 일 죄 — 399
1. 일죄의 의의 ······ 399
2. 단순일죄 ······ 400
3. 포괄일죄 ······ 405
4. 상상적 경합 ······ 408

제 3 장 수 죄 — 414
1. 실체적 경합의 의의 ······ 414
2. 실체적 경합의 종류 ······ 414
3. 경합범의 처벌과 형의 집행 ······ 417

# 제5편 형벌과 보안처분

제 1 장 형 벌 — 423
제 1 절 형벌의 종류 ······ 423
1. 생명형(사형) ······ 423
2. 자유형(징역, 금고, 구류) ······ 426
3. 재산형(벌금, 과료, 몰수) ······ 428
4. 명예형(자격상실, 자격정지) ······ 433

제 2 절 형의 경중 ······ 434
1. 형의 경중의 의의 ······ 434
2. 형의 경중에 관한 기준 ······ 435
제 3 절 형의 양정 ······ 436
1. 양형의 의의 ······ 436
2. 형의 양정의 단계 ······ 436
제 4 절 형의 면제, 판결선고 전 구금일수의 산입과 판결의 공시 ······ 442
1. 형의 면제 ······ 442
2. 판결선고전 구금일수의 통산 ······ 442
3. 판결의 공시 ······ 442
제 5 절 누 범 ······ 443
1. 누범의 의의 ······ 443
2. 누범가중의 문제점 ······ 444
3. 누범가중의 요건 ······ 445
4. 누범의 효과 ······ 447
5. 판결선고후의 누범발각 ······ 447
제 6 절 집행유예 · 선고유예 · 가석방 ······ 448
1. 집행유예 ······ 448
2. 선고유예 ······ 452
3. 가 석 방 ······ 455
제 7 절 형의 시효, 형의 소멸과 실효 및 복권, 형의 기간 ······ 457
1. 형의 시효 ······ 457
2. 형의 소멸과 실효 및 복권 ······ 459
3. 형의 기간 ······ 460

제 2 장 보안처분 ―― 462
1. 서 론 ······ 462
2. 현행법의 보안처분 ······ 464

# 【참고문헌】

## [국내문헌]


권오걸: 형법총론(제3판) 형설출판사 2009
김성돈: 형법총론(제5판) 성균관대학교출판부 2018
김성천/김형준: 형법총론(제8판) 소 진 2018
김일수/서보학: 새로쓴 형법총론(제12판) 박영사 2014
김일수: 한국형법 Ⅰ 박영사 1996
———: 한국형법 Ⅱ 박영사 1997
남흥우: 형법총론(개정판) 박영사 1977
박상기: 형법총론(제9판) 박영사 2012
배종대: 형법총론(제13판) 홍문사 2017
성낙현: 형법총론(제2판) 동방문화사 2011
손동권/김재윤: 새로운 형법총론 율곡출판사 2013
손해목: 형법총론 법문사 1996
신동운: 형법총론(제10판) 법문사 2017
안동준: 형법총론강의 형설출판사 2009
오영근: 형법총론(제4판) 박영사 2018
유기천: 형법학(총론강의) 일조각 1983
이상돈: 형법강의(제1판) 법문사 2010
이영란: 형법학 총론강의(제3판) 형설출판사 2011
이재상/장영민/강동범: 형법총론(제9판) 박영사 2017
이형국: 형법총론(제4판) 법문사 2007
———: 형법총론연구 Ⅰ, Ⅱ 법문사 1990
임 웅: 형법총론(제9정판) 법문사 2017
정성근/박광민: 형법총론(전정2판) 성균관대학교출판부 2015
정영석: 형법총론(제5전정판) 법문사 1987
정영일: 신형법총론 도서출판 학림 2018
조준현: 형법총론(3정판) 법원사 2004
진계호/이존걸: 형법총론(제8판) 대왕사 2007
한정환: 형법총론 제1권 한국학술정보 2010
황산덕: 형법총론(제7정판) 방문사 1982

## [독일문헌]


Baumann/Weber/Mitsch, : Strafrecht, Allgemeiner Teil, 11. Aufl., 2003

Blei, Hermann: Strafrecht, Allgemeiner Teil, 18. Aufl., 1983

Bockelmann, Paul: Strafrecht, Allgemeiner Teil, 4. Aufl., 1987

Eser, Albin: Strafrecht I·II, 4. Aufl., 1992

Freund, Georg: Strafrecht, Allgemeiner Teil, 1999

Grop, Walter: Strafrecht, Allgemeiner Teil, 2. Aufl., 1998

Haft, Fritjof: Strafrecht, Allgemeiner Teil, 9. aufl., 2004

Herzberg, Rolf Dietrich: Täterschaft und Teilnahme, 1977

Jakobs, Günter: Strafrecht, Allgemeiner Teil, Lehrbuch, 2. Aufl., 1991

Jescheck/Weigend: Lehrbuch des Strafrechts, Allgemeiner Teil, 5. Aufl., 1996

Kühl, Kristian: Strafrecht, Allgemeiner Teil, 6. Aufl., 2008

Lackner/Kühl: Strafgesetzbuch mit Erläuterungen, 27. Aufl., 2011

Leipziger Kommentar, Strafgesetzbuch, 10. Aufl., 1985; 11. Aufl., 1993

Maurach/Zipf: Strafrecht, Allgemeiner Teil, Teilband I, 8 Aufl., 1992

Maurach/Gössel/Zipf: Strafrecht, Allgemeiner Teil, Teilband II, 7 Aufl., 1989

Nomos Kommentar zum Strafgesetzbuch, 2. Aufl., 2005

Otto Harro: Grundkurs Strafrecht, Allgemeine Strafrechtslehre, 7. Aufl., 2004

Roxin, Klaus: Strafrecht, Allgemeiner Teil, Band I, 4. Aufl., 2006

Roxin, Klaus: Strafrecht, Allgemeiner Teil, Band II, 2003

Roxin, Klaus: Täterschaft und Tatherrschaft, 8. Aufl., 2006

Schmidhäuser, Eberhard: Strafrecht, Allgemeiner Teil, Lehrbuch, 2. Aufl., 1975

Schmidhäuser, Eberhard: Strafrecht, Allgemeiner Teil, Studienbuch, 2. Aufl., 1984

Schönke/Schröder Kommentar, Strafgesetzbuch, 27. Aufl., 2006

Stratenwerth/Kuhlen: Strafrecht, Allgemeiner Teil I, 5. Aufl., 2003

Systematische Kommentar, Strafgesetzbuch, 6. Aufl., 1995

Tröndle/Fischer: Strafgesetzbuch und Nebengesetze, 52. Aufl., 2004

Welzel, Hans: Das Deutsche Strafrecht, 11. Aufl., 1969

Wessels/Beulke: Strafrecht, Allgemeiner Teil, 37. Aufl., 2007

# 제 1 편

# 서 론

제 1 장 형법의 의의 · 과제 · 기능
제 2 장 죄형법정주의
제 3 장 형법의 적용범위
제 4 장 형법이론

# 제 1 장 형법의 의의·과제·기능

## 1. 형법의 의의

형법은 범죄행위와 그에 대한 법률효과로서 형벌(제41조) 또는 보안처분(보호관찰법 치료감호법)을 규정하는 법률이다. 형법을 이와 같이 파악할 때, 이를 실질적 의미의 형법 또는 실체형법이라고 한다. 형법의 실질 또는 실체를 구비한 법률이란 의미이다. 실질적 의미의 형법은 법명이 형법인 형법전 이외에, 실질적으로 범죄행위와 이에 대한 법률효과로서 형벌 또는 보안처분을 규정하고 있는 특별형법과 행정형법을 모두 포함한다. 이에 반하여 형식적 의미의 형법은 법률 제293호로 1953년 9월 18일 공포되어 같은 해 10월 3일부터 시행된 형법전만을 의미한다. 다만 형식적 의미의 형법전 안에는 실질적 의미의 실체형법 외에도 형사절차에 관한 규정(제312조 제1항, 제2항의 고소나 처벌불원의사)이나 형집행에 관한 규정(제1조 제3항)들이 일부 포함되어 있다. 따라서 형식적 의미의 형법이 모두 실질적 의미의 형법인 것은 아니다.[1]

형법은 광의의 형법과 협의의 형법으로도 구별된다. 광의의 형법은 실질적 의미의 형법 이외에 형사소송법 등 형사절차법과 형의 집행에 관한 형집행법을 모두 포괄하는 개념이다.[2] 협의의 형법은 형식적 의미의 형법과 동일한 개념으로 이해되고 있다.

다수설은 협의의 형법과 형식적 의미의 형법을 동일시하고, 광의의 형법과 실질적 의미의 형법을 동일시한다. 그러나 친고죄에서의 고소나 반의사불벌죄에서의 피해자의 명시적 처벌불원의사는 소추조건으로서 절차형법의 내용임에도 형법전에 규정되어 있고, 제1조 제3항은 형의 집행에 관한 규정으로 형집행법에 해당한다. 이와 같이 형법전 안에는 실체형법 외에도 절차형법과 형집행법의 규정도 일부 포함되어 있다. 따라서 광의의 형법은 실체형법과 절차형법 및

1) 특별형법이나 행정형법에도 실질적 의미의 형법규정만으로 구성되어 있지는 않으며, 이들 법률 안에도 형사절차나 형집행에 관한 규정들이 일부 포함되어 있다.

2) 동지, 김성돈, 36면; 김일수, 한국형법 I, 5면 이하; 김일수/서보학, 5면 이하; 동취지, 이영란, 3면.

형집행법을 모두 포괄하는 개념으로 이해해야 하며, 광의의 형법과 실체형법은 개념적으로 서로 구별하는 것이 타당하다.

## 2. 형법의 과제와 기능

형법은 형벌 또는 보안처분이라는 수단을 통하여 법익을 보호하고, 법치국가원리에 의하여 시민과 범죄자의 권리를 보장하는 기능을 갖고 있다. 형법의 이러한 역할을 '보호적 기능'과 '보장적 기능'으로 설명하는 것이 학설의 일반적인 입장이다. 또한 이를 형법의 적극적 과제인 '보호과제'와 소극적 과제인 '보장과제'로 설명하는 견해[3]도 있다. 그러나 법익의 보호는 형법의 임무 내지 과제라는 관점에서 이해하는 것이 타당하며, 행위자의 권리보장은 형법의 기능으로 파악하는 것이 보다 정확하다.

### 2-1. 형법의 보호과제

형법은 형벌 또는 보안처분이라는 수단으로 법익을 보호하는 임무를 수행한다. 법익보호를 통하여 형법은 국가공동체의 기본적 가치를 유지할 수 있으며, 법질서를 확보할 수 있다.[4] 국가가 형벌 또는 보안처분이라는 공권력을 이용하여 보호하는 법익은 사회윤리적 기본가치[5]이며, 이는 헌법의 가치질서에 대한 평가에 근거한다. 즉 어떤 법익을 형벌 또는 보안처분이라는 수단을 동원하여 보호할 것인지는 헌법적 평가에 의존하게 된다.

형법으로부터 보호되는 법익을 형법의 보호법익[6]이라고 한다. 형법은 이러한 보호법익을 크게 세 종류로 분류하여 규정하고 있다. 제87조 내지 제113조와 제122조 내지 제157조에서는 국가의 존립·국가의 권위·국가의 기능이라는 국가적 법익을, 제114조 내지 제121조와 제158조 내지 제249조에서는 공공의 안전·평온·공공의 신용·공중의 건강·사회의 도덕이라는 사회적 법익을, 제250조 이하에서는 생명·신체·자유·재산·명예·신용·사생활의 평온이라는 개인적 법익을 형벌이라는 법적 수단을 통하여 보호하고 있다. 그러나 이러한 법익들을 항상 형벌이나 보안처분이라는 수단으로 보호해야 하는 것은 아니다. 헌법상의 대원칙인 비례의 원칙 내지 과잉금지의 원칙에 의하여 국가공권력 중에서 가장 강력한 제재수단인 형벌은 최후의 수단(ultima ratio)으로서만 등장할 수 있을 뿐이다.

3) 김성돈, 42면 이하; 배종대, 35면 이하; 안동준, 18면 이하; 동휘지, 박상기, 6면 이하: 형법의 임무와 보장기능; 오영근, 9면 이하: 법익보호의 목적과 인권보장의 목적.

4) Vgl. BVerfGE 51, 324 ff.

5) 살인하지 않기, 남의 물건 훔치지 않기 등은 최소한의 사회윤리적 기본가치이다.

6) 보호법익이란 사회 공동체를 위하여 특별한 의미가 있기 때문에 법의 보호를 누리게 되는 사회적 가치 또는 법적으로 인정된 이익을 의미한다.

형법이 법률효과로서 규정하고 있는 형벌이나 보안처분은 그보다 경한 공권력(행정법적 통제 민사법적 통제)에 의해서도 목적을 달성할 수 있다면, 그 한도에서 형법은 불필요한 공권력의 행사에 불과하다. 이 경우 불필요한 형벌이 등장하는 것은 필요성의 원칙(비례의 원칙)[7]에 위배된다. 형법은 행정법이나 민법이 해결하지 못하는 공백을 해소하는 역할을 하며, 이를 형법의 보충성의 원칙이라고 한다.

甲이 乙과의 말다툼 중에 흥분하여 乙의 만년필을 던져 부수어 버렸다면, 甲은 민사법에 의한 손해배상의 책임을 부담하게 된다. 그러나 이러한 甲의 행위불법에 대한 민사법상의 통제만으로는 법익보호를 위한 법적 제재로 충분하지 않다. 특히 甲이 무자력이거나 엄청난 부자이기 때문에 손해배상의 책임에 전혀 부담을 느끼지 않는다면 더욱 그러하다. 따라서 고의로 타인의 재물을 손괴하는 행위에 대해서는 보충성의 원리에 의하여 최후의 수단인 형벌의 등장이 필수적이며, 형법은 이러한 행위에 대하여 반가치 평가를 하게 된다.

이와 같이 형법은 행정법이나 민법이 해결하지 못하는 공백을 해소함으로써 전체적인 사회질서 내지 법질서의 확보와 유지를 사명으로 하고 있으며, 형법의 이러한 법익보호를 통하여 전체사회가 보호될 수 있다.

다만 형법의 보충성의 원리도 헌법상의 기본원리인 비례의 원칙에 의하여 다시 한번 제한을 받게 된다. 구체적인 사소한 사건(소위 Bagatellfall), 예컨대 목마른 甲이 길에서 100원짜리 동전을 주워 자판기음료를 뽑아 마신 경우에는 협의의 비례의 원칙에 의하여 점유이탈물횡령죄의 적용을 배제하는 것이 타당하다. 구체적인 수단의 행사와 이를 통하여 달성하려는 목적달성 사이의 현저한 편차에 의하여 사회적 상당성을 초과하는 점유이탈물횡령죄의 불법내용이 충족될 수 없기 때문이다. 이와 같은 해석은 형법의 비범죄화의 요청(Entkriminalisierung)에 따른 헌법합치적 해석이라고 볼 수 있다.

## 2-2. 형법의 보장적 기능

헌법 제13조 제1항은 "모든 국민은 행위시의 법률에 의하여 범죄를 구성하지 아니하는 행위로 소추되지 아니하며 …"라고 규정하고 있으며, 헌법 제12조 제1항 제2문은 "누구든지 … 법률과 적법한 절차에 의하지 아니하고는 처벌 · 보안처분 또는 강제노역을 받지 아니한다"라고 규정하고 있다. 이러한 헌법의 사법적 기본권에 관한 규정들은 범죄행위와

7) 이는 실질적으로 통설이 죄형법정주의의 파생원리의 하나로 파악하는 적정성의 원칙이다. 그러나 비례의 원칙은 기본권을 유보하는 모든 법률에 대해서 헌법이 요구하는 원칙이다. 헌법상 모든 법률유보에서 요구되는 상위의 원칙을 죄형법정주의에서 파생되는 원리로 파악하는 것은 주객의 전도라고 해야 한다.

처벌에 관하여 사전에 법률로써 명백히 규정할 것을 명령하고 있다. 이에 따라 형법은 범죄행위와 처벌에 관하여 미리 규정하여야 하며, 형법이 규정하지 아니한 행위에 대해서는 국가형벌권이 작용될 수 없다.

일반인들은 "형법이 규정하지 아니한 행위에 대하여 형벌이나 보안처분을 받지 않는다"는 보장을 받게 되며, 이를 형법의 일반적 보장이라고 할 수 있다. 범죄자도 "그가 저지른 행위에 대하여 규정된 형벌을 초과하여 처벌되지 않는다"는 보장을 받으며, 이를 형법의 구체적 보장이라고 할 수 있다. 이와 같이 "형법이 규정하고 있다"라는 단순한 사실로부터 발휘되는 기능이 형법의 보장적 기능이다.

형법은 국가형벌권의 한계를 명백히 함으로써 국가의 자의적인 형벌권의 사용이나 확장으로부터 일반국민과 범죄자의 보호를 보장하고 있다. 이러한 형법의 보장적 기능은 죄형법정주의, 즉 "범죄행위(罪)와 그에 대한 법률효과(刑)는 미리 법률로써 정해 놓아야 한다"는 원칙을 내용으로 한다.

# 제 2 장 죄형법정주의

## 1. 죄형법정주의의 의의

죄형법정주의(Gesetzlichkeitsprinzip; nulla poena sine lege)는 "죄와 형은 입법자, 즉 국회의 의결을 거친 형식적 의미의 법률만이 정할 수 있다"는 원칙을 말한다.

> 국가공권력 중에서 가장 강력한 수단인 형벌의 부과는 국민의 대표에 의한 심사를 전제로 한다. 이러한 의미에서 죄형법정주의는 대의민주주의 원칙에 근거를 둔다. 따라서 형식적 의미의 법률 이외에는 명령이나 규칙이 직접 범죄와 형벌을 정할 수는 없다. 다만 법률이 구체적인 범위에서 처벌요건의 일부를 정할 수 있도록 명령이나 규칙에 위임하는 경우가 있으며, 이 경우에는 위임명령이나 위임규칙이 위임의 범위에서 처벌요건의 일부를 정할 수 있다.[1] 그러나 이 경우에도 죄와 형은 법률 자체가 정하는 것이지, 위임명령이나 위임규칙이 정하는 것은 아니다.

죄형법정주의 원칙은 그 목적을 달성하기 위하여 국가권력에 대한 명령과 금지를 파생원리로 포함하고 있다. 입법자에 대한 명확성의 명령, 사법자에 대한 관습법 적용금지와 유추적용금지, 입법자와 사법자에 대한 소급입법금지와 소급적용금지 등의 파생원리가 그것이다.

사법적 기본권인 죄형법정주의를 규정하고 있는 헌법과는 별도로 형법 제1조 제1항은 "범죄의 성립과 처벌은 행위 시의 법률에 따른다"고 규정하고 있다. 이는 일단 형법의 시에 관한 효력으로서 의미가 있다. 동시에 이 규정은 죄형법정주의에 관한 규정이다. 다만 이 규정은 죄형법정주의와 관련하여 헌법의 규정과 보조를 같이하는 선언적 주의규정이라

1) 포괄위임금지원칙에 위배되어 위임입법의 한계를 벗어난 경우: 대법원 1999.2.11. 98도2816; 대법원 2017.2.16. 2015도16014 전원합의체 판결; 대법원 2017.2.21. 2015도14966; 헌재 2010.02.25. 2008헌가6; 헌재 2011.09.29. 2010헌가93.

고 할 수 있다.

죄형법정주의에 의하여 일정한 행위의 가벌성과 그 법률효과로서의 형벌은 기술적인 법률(Lex scripta)로서 행위 이전에 확정되어 있어야 한다. 형법은 기술적인 법률로서 개개의 상세한 규정들을 통하여 국가형벌권의 자의적인 실현이나 확장으로부터 행위자뿐 아니라 일반국민의 보호를 보장하게 된다.[2] 이러한 형법의 보장적 기능으로부터 다음의 파생원칙들이 나온다.

① 관습법은 국회의 의결을 거친 형식적 의미의 법률이 아니다. 따라서 형법에서 관습법의 적용은 배제된다.

② 형식적 의미의 법률이라 할지라도 명확성이 결여된 법률은 국가형벌권의 자의적인 실현이나 확장으로부터 일반국민을 보호할 수 없다. 따라서 죄형법정주의의 원칙은 형벌법규의 명확성을 요구한다.

③ 명확하게 규정된 형식적 의미의 법률이라 할지라도 법 적용자가 임의로 유사한 사례에 마구 유추적용한다면 죄형법정주의의 원칙은 알맹이 없는 미사여구가 될 뿐이다. 따라서 형법에서 유추적용은 금지된다.

④ 이상 세 가지 원칙이 준수되었다 할지라도 행위 이후에 제정된 법률이 적용된다면 죄형법정주의는 완전히 파괴된다. 따라서 죄형법정주의의 원칙은 형벌법규의 소급효를 금지한다.

## 2. 죄형법정주의의 파생원리

### 2-1. 관습법의 배제(Ausschluß von Gewohnheitsrecht)

#### 2-1-1. 관습법의 배제

관습법이란 사실상의 관행이 일반인의 법적 확신에 의하여 법적 존중을 받게 되는 관습을 말한다(법적 확신설). 이러한 관습법은 국회의 의결을 거친 형식적 의미의 법률이 아니다. 따라서 형법에서는 행위자에게 불리한 관습법의 적용이 금지되며, 관습법에 의하여 새로운 범죄 구성요건이 형성될 수 없다.

#### 2-1-2. 행위자에게 유리한 관습법

죄형법정주의의 원칙하에서도 행위자에게 유리한 관습법의 적용은 허용된다. 죄형법정주의는 형법의 보장적 기능으로부터 도출되는 원칙이며, 행위자에게 유리한 관습법의 적

2) 이러한 보장적 기능으로부터 v. Liszt는 형법을 '범죄인의 마그나 카르타'라고 명명했다.

용은 형법의 보장적 기능에 역행하지 아니하고 방향을 같이하기 때문이다. 특히 행위자를 유리하게 하는 관습법은 허용될 뿐 아니라 법관은 이를 적극적으로 적용해야만 한다. 행위자 보호(Schutzprinzip zugunsten des Täters)[3]를 목적으로 하는 죄형법정주의 전반에 관한 논리체계적 구조를 고려하면 이러한 결론은 당연하다.

### 2-1-3. 절차법적 관습법

행위자에게 불리한 관습법의 배제는 실체법적 관습법에 관해서만 타당하다. 절차법적 관습법의 적용은 행위자에게 불리한 경우에도 허용될 수 있다. 죄형법정주의는 본질적으로 죄와 형의 실체를 정하는 실체법에 관한 원칙이기 때문이다. 따라서 죄형법정주의 원칙의 파생원리인 관습법의 배제는 원칙적[4]으로 실체법적 관습법만을 그 대상으로 한다.

### 2-1-4. 보충적 관습법

제184조 수리방해죄의 전제가 되는 수리권은 관습법상 인정되는 권리이다. 그러나 여기서 수리권이라는 관습법은 죄형법정주의의 원칙에 의하여 적용이 배제되는 관습법과 구별된다. 죄형법정주의 원칙에서 적용이 배제되는 관습법은 범죄나 형벌을 정하는 관습법만을 의미한다. 제184조에서의 수리권은 수리방해죄의 요건인 '수리방해'의 의미를 분명히 밝히기 위하여, 즉 법률해석을 위하여 간접적으로 영향을 미치고 있는 관습법이다. 이와 같이 법률해석을 위하여 간접적으로 작용하는 관습법을 보충적 관습법(ergänzendes Gewohnheitsrecht)이라고 한다. 해석이 법률적용의 기본과제이므로, 법률해석을 위한 보충적 관습법의 적용은 당연히 허용되어야 한다. 다만 보충적 관습법은 법률해석을 위한 자료로써 항상 법규정이 의도하는 한도에서만 적용되어야 한다. 만약 법규정이 의도하는 한도를 초과하여 보충적 관습법이 적용되었다면, 이는 관습법 배제의 원칙에 위배되는 것이 아니라 유추적용금지의 원칙에 위배된다.

## 2-2. 명확성의 원칙(Bestimmtheitsgrundsatz)

### 2-2-1. 명확성의 원칙

명확성의 원칙은 죄형법정주의의 파생원리로서 입법자에게 요구되는 원칙이다. 여기서 명확성의 원칙은 최대한도의 명확성을 의미하지는 않는다. 만약 형벌법규에 대하여 최

3) Vgl. Eser, S-S StGB, § 1 Rdnr. 7.

4) 여기서도 예외가 가능하다. 이에 대하여는 '2-4. 소급효금지의 원칙(Rückwirkungsverbot)'에서 함께 설명한다.

대한도의 명확성을 요구하면 모든 형법규정들은 구체적으로 발생할 수 있는 수많은 경우들을 빠짐없이 나열식으로 규정해야 하는데, 이는 일단 입법기술적으로 불가능하다. 또한 이러한 나열식 규정은 아무리 정비하여도 필연적으로 형벌의 공백을 가져올 수밖에 없다. 이는 형법에서 충분한 법익보호를 불가능하게 함으로써 형법의 법익보호과제의 실현에 치명적인 부담을 주게 된다.

법익보호는 형법이 수행해야 하는 임무 내지 과제이며, 형법의 존재의의라고 할 수 있다. 따라서 형법규정은 법익보호에 빈틈이 있어서는 안 되며, 충분한 법익보호가 가능하도록 추상적으로 규정될 수밖에 없다. 이는 사회정의의 측면에서도 정당하다. 이와 같이 명확성의 원칙이 요구하는 명확성의 정도는 최소한도일 수밖에 없다. 여기서 '최소한도'라 함은 해석을 통하여 그 의미와 내용을 알 수 있을 정도, 즉 해석이 가능한 정도의 명확성을 의미한다. 법익보호에 빈틈이 없는 형벌법규가 해석을 통하여 그 의미와 내용을 충분히 알 수 있을 정도라면 명확성의 원칙은 충족된 것이다. 형법은 범죄의 구성요건과 그의 법률효과에 관하여 최소한도의 명확성을 제시하면 충분하다. 형법이 이러한 '최소한도의 명확성'을 제시하지 못한다면 국가형벌권의 자의적인 실현이나 확장으로부터 일반국민은 보호될 수 없다. 죄형법정주의의 원칙에서 도출되는 형법의 보장적 기능은 이러한 명확성의 원칙을 통하여 실현된다.

명확성의 원칙에 따라 일반국민은 "무엇이 금지되어 있다"는 것을 명확하게 알 수 있고, 이에 따라 자기의 장래 행동을 결정할 수 있다. 따라서 형법의 개개의 구성요건들은 그 의미와 내용이 해석을 통하여 확인될 수 있을 만큼 구체적으로 기술되어야 한다.

### 2-2-2. 명확성의 원칙과 일반조항, 규범적 법률개념

형법에는 예컨대 제167조 제1항, 제170조 제2항에서의 '공공의 위험', 제329조, 제333조 등에 있어서의 '재물의 타인성' 등과 같은 규범적 법률개념[5]들이 있으며, 제14조에서의 '정상의 주의', 제20조에서의 '기타 사회상규', 제310조에서의 '공공의 이익에 관한 때' 등과 같이 일반적·추상적으로 정해진 일반조항[6]들이 있다. 이러한 개념들은 입법기술상 또는 변동하는 사회에 적응하기 위하여 형법이 의도적으로 사용한 개념들이다.

명확성의 원칙은 형법에서 이와 같은 일반조항이나 규범적 법률개념의 사용을 금지하지 않는다. 이들은 규범의 논리적 구조하에서 법관의 보충적 가치판단에 따라 '최소한도의 명확성'을 유지할 수 있기 때문이다. 즉 일반조항이나 규범적 법률개념들은 '규범적

5) 규범의 논리적 구조하에서 이해될 수 있고, 법관의 보충적 가치판단에 의하여 확정될 수 있는 개념을 규범적 법률개념이라고 한다.
6) 일반조항도 넓은 의미의 규범적 법률개념에 속한다.

가치판단에 의한 법률해석'을 통하여 그 적용범위가 충분히 인식될 수 있는 법률개념을 의미한다. 따라서 일반조항이나 규범적 법률개념이 그 적용범위와 한도가 법관의 보충적 가치판단에 의해서도 인식이 불가능하다면, 그 조항은 명확성의 원칙에 위배되는, 즉 죄형법정주의를 규정한 헌법 제12조 제1항과 제13조 제1항 전단에 위배되는 위헌조항이 된다.[7)]

### 2-2-3. 명확성의 원칙과 부정기형

명확성의 원칙은 죄에서뿐 아니라 형에서도 최소한도의 명확성을 요구한다. 전혀 형기가 정해지지 아니한 절대적 부정기형은 명확성의 원칙에 반하므로 허용될 수 없다. 절대적 부정기형은 최소한도의 명확성도 제시하지 못하기 때문이다. 그러나 형기의 장기와 단기가 법정되어 있는 상대적 부정기형의 경우는 이와 다르다. 장래의 위험성에 대한 합목적적 처분으로서 책임을 전제로 하지 아니하는 보안처분이나 소년범의 경우에는 처벌의 개별화가 이루어져야 하기 때문에(목적론적해석), 이 경우 명확성의 원칙은 상대적 부정기형으로 만족해야 한다(소년법 제60조). 그러나 과거의 죄에 대한 응분의 대가로서 책임주의를 전제로 하는 형벌에 있어서는 상대적 부정기형도 허용되지 않는다.

## 2-3. 유추적용금지의 원칙(Analogieverbot)

### 2-3-1. 유추적용금지의 원칙

유추라 함은 개개의 법규정을 확대 · 전개함으로써 법률이 예정하지 아니한 새로운 금지규범이나 명령규범이 창출되는 과정을 말한다. 따라서 "죄와 형은 형식적 의미의 법률만이 정할 수 있다"는 죄형법정주의의 원칙에서 유추가 금지되는 것은 당연하다. 그러나 관습법의 배제에서 설명한 바와 같이 죄형법정주의의 원칙은 행위자에게 유리한 유추적용을 금지하지 않는다. 따라서 형의 면제나 형의 감경의 조건 등에 관한 규정은 유사한 경우에 적용될 수 있다. 또한 절차법적 규정과 관련하여 관습법의 배제에서 설명한 원리들은 유추적용의 경우에도 동일하게 유효하다. 즉 순수한 절차법적 규정은 유사한 사례에 적용될 수 있다.

학계에서는 '유추해석 금지'라는 용어를 일반적으로 사용하고 있다. 그러나 유추가 개개의 법규정을 확대 · 전개함으로써 새로운 금지규범이나 명령규범이 창출되는 과정임에 반하여, 해석

7) 대법원 1998.6.18. 97도2231 전원합의체 판결; 대법원 2010.12.23. 2008도4233; 대법원 2014.1.23. 2013도11735; 대법원 2019.1.31. 2018도6185; 대법원 2021.1.21. 2018도5475 전원합의체 판결; 헌재 2010.09.02. 2010헌마418; 헌재 2011.10.25. 2010헌가29.

은 법규정 내지 법률개념이 의미하는 내용을 명확하게 밝히는 과정이다. 그러므로 법적용 시 허용된 해석의 범주를 이탈하면 그것이 바로 유추에 해당한다. 즉 유추와 해석은 반대의 개념이다. 유추해석이라고 표현하면 유추가 마치 해석의 한 종류로 이해될 수 있다. 형사법에서는 유추와 해석의 개념이 특히 명백하게 구별되어야 하므로 유추해석이라는 용어의 사용은 적합하지 않다.[8)]

## 2-3-2. 유추적용금지와 구성요건 내재적 유추

형법은 유추적용을 적극적으로 규정하는 경우가 있다. 예컨대 제128조 선거방해죄의 "… 협박을 가하거나 기타 방법으로 …" 또는 제370조 경계침범죄의 "… 손괴, 이동 또는 제거하거나 기타 방법으로 …"라는 규정들이 그러하다. 이와 같이 "… 기타 방법 …"이라고 규정한 것은 유사한 경우에 형법의 각 본조를 적용할 수 있음을, 즉 유추적용할 수 있음을 규정한 것이다. 이를 '허용된 구성요건 내재적 유추(erlaubte innertatbestandliche Analogie)'라고 한다.[9)] 다만 '구성요건 내재적 유추'는 형법이 직접 규정하고 있다는 점에서 이를 직접적으로 규정하지 아니한 유추적용 금지의 원칙에서 의미하는 유추개념과 구별된다. 이러한 '구성요건 내재적 유추'는 입법자의 의도에 반하여 생겨날 수 있는 형벌의 공백을 해소하기 위하여 입법기술상 불가피하며, 사회정의의 측면에서도 합리적이다.[10)] 이를 통하여 형법은 그의 법익보호과제에 충실할 수 있게 된다.

구성요건 내재적 유추는 해당 구성요건의 의도와 일치하는 한도에서 엄격하게 적용되어야 한다. "… A하거나 B하거나 기타 방법으로 …"에서 '기타 방법'이란 A라는 행위나 B라는 행위와 동일한 불법평가가 가능한 방법을 의미한다. 이러한 경우에만 구성요건 내재성이 인정될 수 있다. 만약 구성요건 내재성을 확보할 수 없는 '기타 방법'이라는 법률개념이 사용되었다면,[11)] 그 개념은 명확성의 원칙에 반하는 불명확한 법률개념이 된다.

독일형법에서는 기본범죄보다 가중처벌하거나 감경처벌하는 특별히 중하거나 특별히 경한 행위유형을 특별한 예시조항(Regelbeispiele)으로 규정하고 있다. 예컨대 살인죄·신체침해죄나 절도죄·사기죄 등의 재산범죄에서 각 범죄의 기본유형에 비하여 특별히 중하거나 특별히 경한 행위유형을 예시적으로 규정하면서, 이와 동일한 불법평가가 가능한 유사한 사안에 대해서 해

8) 동취지, 김성돈, 57면 이하; 김일수, 한국형법 I, 195면 각주 2); 김일수/서보학, 51면; 성낙현, 58면 이하; 임웅, 30면 이하; 정성근/박광민, 39면.

9) Vgl. Eser, S-S StGB, § 1 Rdnr. 29; Krey, Studien zum Gesetzesvorbehalt im Strafrecht, 1977, S. 237.

10) 범죄 특성에 따라 가능한 모든 행위객체(예컨대 제309조 출판물 등에 의한 명예훼손죄의 기타 출판물)나 구성요건적 행위(제366조 손괴, 제370조 경계침범)를 나열하여 규정하면 형벌의 공백 등 법익의 보호가 충분치 못할 경우에는 구성요건 내재적 유추의 규정을 채택하여야 한다.

11) 예컨대 '기타 방법' 앞에 제시된 예시적 방법으로부터 동일한 불법평가의 측정이 불가능한 경우 등.

당 예시조항을 적용하는 것이다.[12] 이를 소위 합법적 유추(legalisierter Analogie)[13]라고 한다. 합법적 유추 역시 구성요건 내재적 유추와 동일한 관점에서 인정되는 '허용된 유추'에 해당한다.

### 2-3-3. 금지된 법률의 유추와 허용된 법률의 해석

법률의 해석은 법규정 또는 법률개념이 의미하는 내용을 분명하게 밝히는 과정으로 그 법률이 실현하고자 하는 본질적인 영역을 초과해서는 안 된다. 이에 반하여 유추라 함은 개개 법규정을 확대·전개함으로써 새로운 금지규범이나 명령규범이 창출되는 과정이다. 그러므로 법률의 해석이 그 본질적인 영역을 초과하면, 이는 법률의 해석이 아니라 금지된 유추가 된다. 이와 같이 유추란 해석이 허용된 한계를 초과하여 금지된 영역(유추)에 돌입되었음을 의미한다. 어떤 법규정이 구체적인 사건에 적용될 때, 금지된 유추인지 여부에 대한 판단은 "당해 법규정이 해석원리에 따라 해석되어 그 사건에 적용이 가능했는가"에 달려 있다. 즉 해석원리 자체가 유추에 대한 판단기준이 된다.

### 2-3-4. 법률의 해석방법

#### 2-3-4-1. 법률의 해석방법

① **문리해석** 법률의 해석은 법규정의 문언으로부터 시작한다. 일반적인 언어 사용례와 특별한 법률용어의 사용례[14]는 법문의 의미를 밝히기 위하여 충분히 고려되어야 한다. 이를 문리해석(grammatische Auslegung)이라고 한다. 그러나 문리해석만으로 법규정의 완전한 의미·내용을 밝혀내는 것은 불가능하다. 따라서 문리해석을 보충할 수 있는 추가 해석원리가 등장한다.

② **논리해석** 개개 법규정의 문언은 전체 형법전이나 다른 법규정들과의 조직적인 관계 또는 전체 법제도 내부에서 당해 법규정의 위치나 논리적 구조 등을 고려해야만 그

12) 이때 가중처벌되거나 감경처벌되는 예시조항은 가중적 내지 감경적 구성요건이 아니라, 가중되거나 감경되는 양형조항으로 해석된다. 따라서 해당 예시조항이 적용될 때 행위자는 추가표지에 대한 인식을 필요로 하지 않는다. 형법의 해석에서도 '특정경제범죄법'상의 재산범죄(사기·횡령 등)는 형법상의 재산범죄(사기·횡령 등)의 가중적 구성요건이 아니라 가중처벌되는 양형규정으로 해석되어야 한다. 따라서 특정경제범죄법상의 이득액에 대한 행위자의 인식 여부와 관계없이 현실적으로 획득한 이득액에 따라 특정경제범죄법이나 형법이 적용되어야 한다.

13) Vgl. Eser, S-S StGB, § 1 Rdnr. 29.

14) 법익의 처분에 대한 법익주체의 동의는 승낙과 양해로 구별된다. 형법에서 승낙은 제24조에 의한 위법성조각사유이며, 양해는 구성요건해당성 배제사유이다. 즉 폭행에 대하여 법익주체가 동의한 경우는 폭행죄의 구성요건에 해당하지만 제24조에 의하여 위법성이 조각될 수 있다. 그러나 재물취거에 대한 법익주체의 동의는 아예 절도죄의 구성요건에 해당하지 않는다. 전자의 법익주체의 동의를 형법에서는 승낙이라 하며, 후자의 법익주체의 동의를 양해라 한다. 일반적인 언어사용에서 승낙과 양해의 이러한 차이는 인정되지 않지만, 형법의 법률용어에서는 이러한 차이가 인정된다.

정확한 의미를 이해할 수 있다.[15] 이러한 점들을 충분히 고려한 해석방법을 논리해석(systematische Auslegung) 또는 논리체계적 해석(logisch-systematische Auslegung)이라고 한다.

③ **역사적 해석** 법률의 해석에 있어서는 당해 법규정의 역사적인 생성과정과 일반적인 역사적 배경 등이 고려되어야 한다. 이를 역사적 해석(historische Auslegung)이라 한다. 입법 당시의 입법자료들은 중요한 역사적 해석의 원천이 된다. 역사적 해석은 일반적으로 "입법 당시 입법자가 당해 법규정을 가지고 무엇을 의도했느냐"라는 문제로 환원된다.[16]

④ **목적론적 해석** 법률은 목적규범이며 가치평가규범이다. 따라서 개개 법규정의 목적과 가치평가를 정확히 이해하고, 이에 따라 법문의 의미를 밝혀내야 한다. 법률의 문언은 당해 법규정의 객관적인 의미, 목적 그리고 특별한 보호기능 등의 고려를 통하여 본질적인 의미가 밝혀질 수 있다.[17] 이를 목적론적 해석(teleologische Auslegung)이라고 한다. 목적론적 해석은 법률해석에 있어서 가장 본질적인 기능을 갖는다.

---

15) 형법 제252조 제2항 자살교사·방조죄는 자살의 교사·방조에 의하여 실행의 착수를 인정하는 것이 통설의 입장이다. 이러한 통설은 제250조 제1항의 살인죄와 제252조 제2항 자살교사·방조죄의 논리체계적 관계를 간과한 해석으로 타당하지 않다. 즉 살인죄를 범하도록 교사·방조하였으나 피교사·방조자가 실행의 착수에 나아가지 아니할 경우, 교사의 미수는 예비·음모에 준하여 처벌되고 방조의 미수는 처벌되지 않는데 반하여, 자살을 교사·방조하였으나 그러한 교사·방조가 전혀 효과가 없는 경우에도 본죄의 미수범으로 처벌해야 하는 불합리한 결과를 초래하기 때문이다. 따라서 제250조 제1항의 살인죄와 제252조 제2항 자살교사·방조죄의 논리체계적 관계를 고려하면 제252조 제2항 자살교사·방조죄의 실행의 착수는 피교사·방조자가 자살행위에 착수한 시점이라고 해야 한다. 이와 같이 제252조 제2항의 해석에서 제250조 제1항과의 논리체계적 관계를 고려하는 것을 논리해석 또는 논리체계적 해석이라 한다.

16) 병역법에서는 대한민국의 남자에게만 국방의 의무를 부과하고 있다. 이는 헌법 제11조의 평등권에 위배됨이 없는지 문제될 수 있다. 또한 헌법 제39조 제1항은 "모든 국민은 법률이 정하는 바에 의하여 국방의 의무를 진다"고 규정하고 있어, 국방의 의무를 대한민국의 남자에게만 부과하는 것으로 명시하고 있지 않다. 헌법 제39조가 '법률이 정하는 바에 의하여'라고 규정하기 때문에, 병역법에 의하여 대한민국의 남자에게만 국방의 의무를 부과한다는 해석은 불가능하다. 헌법의 규정은 병역법의 하위법규가 아니기 때문이다. 따라서 헌법 제39조가 국방의 의무를 부과하는 '모든 국민'이 '대한민국의 남자'로 해석되지 않는 한 병역법은 위헌법률이 된다. 이러한 해석은 가능하다. 입법 당시 입법자는 국방의 의무를 전통적·역사적인 관점에서 남자의 임무로 파악했다. 따라서 헌법 제39조는 명백하게 대한민국의 모든 국민이 아니라 대한민국의 남자에게 국방의 의무를 부과하기 위해서 만들어진 규정으로 해석된다. 이와 같은 해석방법을 역사적 해석방법이라 한다. 헌법 제39조를 이와 같이 해석한다면 병역법은 헌법에 일치하는 법률이 된다. 또한 병역법은 헌법 제11조의 평등권에도 위배되지 않는다. 헌법 제11조의 평등권은 모든 영역에서 남녀의 차별을 금지한 일반규정임에 반하여, 헌법 제39조는 국방의 의무영역에 관한 한 남녀의 차별을 인정한 특별규정이기 때문이다.

17) 동일한 용어를 사용하는 제21조 정당방위의 '상당한 이유'와 제22조 긴급피난의 '상당한 이유'는 내용적으로 현저한 차이가 있다. 긴급피난이 자신이나 타인의 법익을 지키기 위한 정당한 제3자의 법익을 훼손하는 행위임에 반하여 정당방위는 부당한 침해에 대한 반격이므로, 긴급피난의 '상당한 이유'는 정당방위의 '상당한 이유'에 비하여 엄격한 요건을 필요로 한다. 이러한 해석을 목적론적 해석방법이라고 한다.

이상 네 가지 해석원리가 종합적으로 고려될 때 당해 법규정의 완전한 의미와 내용이 구체적으로 이해될 수 있다. 따라서 문리적·논리적·역사적·목적론적 고찰을 통하여 "당해 법규정을 확대 또는 축소해석해야 하는지" 결정되어야 한다. 이러한 의미에서 확대해석이나 축소해석은 독자적인 법률의 해석방법이 아니라, 문리해석·논리해석·역사적 해석·목적론적 해석방법을 종합적으로 고려한 해석의 결과라고 보아야 한다.

### 2-3-4-2. 역사적 해석방법과 목적론적 해석방법의 충돌

법률은 입법 당시 입법자의 의사와는 별도로 법률 자체의사, 즉 현재 당해 법규정의 객관적인 의미·내용을 갖게 된다. 따라서 입법 당시 입법자의 의사인 주관적·역사적 해석과 현재의 객관적 법률의사인 객관적·목적론적 해석이 충돌하는 경우가 빈번하게 발생한다. 이 경우 "어디에 해석의 기준을 두어야 하는가"에 대하여는 학설의 다툼이 있다.

주관설은 입법 당시 입법자의 의사에 근거를 두어야 한다고 주장한다. 법률은 당시의 사회상황에 따라 특정한 사회문제를 규율하기 위하여 입법자가 이를 특정한 방법으로 표현한 것으로 보아야 하기 때문에 법률해석은 입법 당시 입법자의 의사를 근거로 해야만 죄형법정주의의 명확성의 원칙에 부합할 수 있다고 한다.[18]

객관설은 현재의 객관적인 법률의사가 법률해석의 기준이 되어야 한다고 본다. 법률해석은 현재의 문제점들을 개개 법규정을 통하여 합리적으로 해결하는 데에 본질적인 목표를 두어야 하기 때문이라고 한다. 독일연방법원[19]은 객관설의 입장이다.

절충설인 제한적 객관설은 객관적·목적론적 해석방법을 우선적으로 고려하고, 주관적·역사적 해석방법에 의하여 확대해석을 제한하도록 고려한다.

법률해석에 있어서 현재성을 도외시하는 것은 법규정이 그 대상에 대한 정확한 적용을 포기하는 것이며, 법률해석의 본질을 떠나는 것이다. 그러므로 법률해석에 있어서 현재성에 근거한 객관적·목적론적 해석방법을 우선시하는 것은 타당하다. 반면에 법규정에서 표현된 입법자의 의사는 그것이 비록 암시적일지라도 특별한 사정이 없는 한, 즉 정의의 측면에서나 사회상황의 변천 또는 단순한 시간의 경과 등으로 과거의 가치판단이 변경되어야 할 상당한 근거가 없는 한 항상 법률해석의 근거가 되어야 한다. 따라서 죄형법정주의의 원칙을 고려하여 입법 당시 입법자의 '개괄적인 입법취지'[20]는 당해 법규정에 대한 확대해석을 제한하는 요소로서 작용되어야 한다.[21] 이러한 관점에서 제한적 객관설이 타당하다고 할 수 있다.

---

18) Naucke, Der Nutzen der subjektiven Auslegung im Strafrecht, Engisch-FS, 1969, S. 274.
19) Vgl. BGHSt 10, 159: 법률은 죽어있는 문자가 아니다. 우리의 일상생활의 상태와 보조를 같이 하면서 그리고 적응하면서 효력을 발휘하려고 하는, 살아있는 그리고 발전하는 정신(Geist)이다.
20) 따라서 당해 법규정의 세세한 내용에 대한 입법자의 의도까지 고려될 필요는 없다.
21) Krey, Studien zum Gesetzesvorbehalt im Strafrecht, 1977, S. 182 ff.

## 2-4. 소급효금지의 원칙(Rückwirkungsverbot)

### 2-4-1. 소급효의 금지

범죄의 성립과 처벌은 행위시의 법률에 의하여야 하며, 행위 이후에 제정된 법률을 소급하여 적용해서는 안 된다. 이를 소급효금지의 원칙이라 한다. 소급효금지의 원칙에 따라 형벌을 부과하거나 형을 강화하는 법률의 소급은 입법자에게도 또한 법관에게도 금지된다(헌법 제13조 제1항 전단, 형법 제1조 제1항).

> 대법원은 도로교통법위반과 관련하여 "개정된 위 도로교통법이 시행된 2011. 12. 9. 이전에 구 도로교통법 제44조 제1항을 위반한 음주운전 전과까지 포함되는 것으로 해석하는 것이 형벌불소급의 원칙이나 일사부재리의 원칙 또는 비례의 원칙에 위배된다고 할 수 없으며, … 형의 실효 등에 관한 법률 제7조 제1항 각 호에 따라 형이 실효되었거나 사면법 제5조 제1항 제1호에 따라 형 선고의 효력이 상실된 구 도로교통법 제44조 제1항 위반 음주운전 전과도 도로교통법 제148조의2 제1항 제1호의 '도로교통법 제44조 제1항을 2회 이상 위반한' 것에 해당된다"[22]고 판시하였다. 또한 동일한 관점에서 "위반행위의 횟수를 산정하는 기산점을 두지 않았다고 하더라도 그 위반행위에 개정 도로교통법 시행 이후의 음주운전 또는 음주측정 불응 전과만이 포함되는 것이라고 해석할 수 없다"[23]고 하여 개정법 시행 이전의 위반행위도 포함하여 2회 이상의 위반행위로 처벌하였다. 이 규정은 "가중요건이 되는 과거의 위반행위와 처벌대상이 되는 재범 음주운전 금지규정 위반행위 사이에 아무런 시간적 제한을 두지 않고 있어, … 책임과 형벌 사이의 비례성을 인정하기 어렵다"는 이유로 헌재가 단순 위헌결정[24]을 하였다. 그러나 신법시행 이전의 위반행위까지 포함하여 신법의 구성요건(2회 이상)을 충족하는 것으로 해석하는 것은 명백히 소급효금지의 원칙에 반한다고 해야 한다.

죄형법정주의의 원칙의 파생원리인 소급효금지의 원칙도 항상 죄형법정주의 원칙의 범주 내에서 해석되고 적용되어야 한다. 따라서 소급효금지의 원칙이 행위자에게 불리한 경우에는 적용되지 않는다. 소급효금지의 원칙이 오히려 행위자를 불리하게 한다면, 이는 죄형법정주의의 '행위자 보호 목적(Schutzprinzip zugunsten des Täters)'[25]과 충돌하기 때문이다. 형법도 법률변경이 행위자를 유리하게 할 경우 행위자에게 유리한 신법의 소급적용을 명령하고 있다. 즉 제1조 제2항은 범죄 후 법률이 변경되어 그 행위가 범죄를 구성하지 아니하게 되거나 형이 구법보다 가벼워진 경우에는 신법에 따르도록 규정하고 있다. 특히

---

22) 대법원 2012.11.29. 2012도10269.
23) 대법원 2020.8.20. 2020도7154.
24) 헌재 2022.5.26. 2021헌가30 등.
25) Eser, S-S StGB, § 1 Rdnr. 7.

제1조 제3항은 재판이 확정된 후(법률의 적용이 종결된 이후라도) 법률이 변경되어 그 행위가 범죄를 구성하지 아니하게 된 경우에는 형의 집행을 면제하도록 규정하고 있다.

### 2-4-2. 보안처분과 소급효

통설은 "형벌뿐 아니라 보안처분에 대해서도 소급효금지의 원칙이 적용되어야 한다"고 해석한다. 보안처분도 범죄에 대한 제재이며, 자유제한의 정도에 있어서도 형벌 못지않은 효과가 있다는 것을 이유로 한다. 더욱이 헌법 제12조 제1항 제2문은 "누구든지 … 법률과 적법한 절차에 의하지 아니하고는 처벌·보안처분 또는 강제노역을 받지 아니한다"고 규정함으로써 "보안처분도 소급효금지의 원칙을 적용받도록 규정하고 있다"고 한다.

독일형법 제2조 제6항은 "보안처분에 관하여 법률에 특별한 규정이 없는 때에는 재판 시의 법률에 의한다"고 규정하고 있다. 책임원칙에 근거한 형벌이 과거의 불법에 대한 제재임에 반하여, 보안처분은 장래의 위험성에 대한 합목적적인 처분이기 때문에 원칙적으로 소급효금지의 원칙이 타당하지 않다는 것이다. 특히 몰수·추징·폐기처분의 경우에도 그것이 형벌인지 또는 보안처분적 성격을 갖는 것인지를 구별하여, 후자인 경우에는 목적론적 해석에 의하여 소급효금지의 원칙이 적용되지 않는다고 해석한다.[26]

보안처분도 형사제재의 일종이며, 보안처분에 대해서도 일반적으로 죄형법정주의가 적용되어야 함은 당연하다. 그러나 장래의 위험성에 대한 합목적적 처분인 보안처분을 과거의 죄에 대한 응분의 대가로서 책임주의가 지배하는 형벌과 동일한 차원에서 해석하는 것은 타당하지 않다. 헌법 제12조 제1항의 규정도 보안처분의 경우에는 보안처분으로서의 목적에 합치하도록 해석함이 타당하다.[27] 따라서 보안처분의 경우에 있어서는 그것이 헌법상 기본권 해석의 대원칙인 비례의 원칙을 지키고 있는 한, 원칙적으로 재판시법주의를 취함이 타당하다.[28]

대법원은 보호관찰에 관하여 "과거의 불법행위를 제재하기 위한 것이 아니라 범죄로 인한 장래의 위험을 예방하기 위한 것이므로 피고인의 범죄행위 이후에 시행된 개정형법으로도 보호관찰을 명할 수 있다"는 입장[29]이다. 동일한 관점에서 청소년성보호법(아동·청소년의 성보호에 관한 법률)에서 신상정

---

26) Vgl. Eser, S-S StGB, § 2 Rdnr. 5, 41 ff. mwN.; 이정원, 형법개정시안 제2조와 형법의 시간적 적용범위에 관한 제문제, 경남법학 제10집, 1995, 164면 이하.

27) 만약 헌법 제12조 제1항의 보안처분을 이와 같이 해석하지 않는다면, 설령 형법이 보안처분에 관한 재판시법주의를 명문으로 규정하더라도 이를 근거로 재판시법주의가 인정되지는 않는다. 죄형법정주의(소급효금지의 원칙)는 법률유보가 불가능한 사법적 기본권으로 해석되기 때문이다.

28) 동지, 신동운, 42면, 867면 이하; 821면; 조준현, 83면 이하; 제한적 입장으로는 손동권/김재윤, 40면 이하.

29) 대법원 1997.6.13. 97도703; 동취지, 대법원 1982.2.9. 81도2897, 81감도78; 대법원 1982.10.26. 82도

보 공개명령 제도에 관하여 소급적용이 가능하도록 경과규정을 둔 것은 소급효금지의 원칙에 반하지 않는다고 한다.[30] 이에 반하여 전자장치부착법(전자장치 부착 등에 관한 법률)에 관하여는 명확한 경과규정이 없는 한 소급효가 금지되어야 한다는 입장[31]이다. 전자장치 부착명령에 관하여 피고인에게 실질적인 불이익을 추가하는 내용의 법 개정이라는 것이다. 그러나 보호관찰이든 전자장치 부착명령이든 보안처분에 관한 법률이라면 이에 대한 소급효에 관한 원리는 동일해야 할 것이다. 대법원은 보호관찰과 전자장치 부착명령에 관한 법률의 소급효에 관하여 상호 모순된 원칙을 적용하고 있다.

### 2-4-3. 절차법적 규정과 소급효

소급효금지의 원칙은 실체적 형벌법규에 있어서만 타당하며, 절차법적 규정에 대해서는 적용되지 않는다는 것이 다수설[32]의 입장이다. 독일의 판례[33]와 다수설[34]도 동일한 입장이다. 죄형법정주의 원칙의 대상이 되는 어떤 행위의 가벌성의 유무나 경중은 모두 실체적 법규가 결정하기 때문이라고 한다. 따라서 친고죄에서의 '고소'나 반의사불벌죄에서의 '피해자의 명시적 처벌불원의사'와 같이 범죄에 대한 '소추조건'은 소급효금지의 원칙의 적용 대상이 되지 않으며, 동일한 이유로 경과되지 아니한 공소시효(형소법 제249조)의 연장이나 폐지에 관한 규정도 소급적용이 가능하다고 한다. 다만 고소기간의 도과나 공소시효의 완성 등으로 이미 행위에 대한 가벌성이 확정된 경우에는 소급효가 금지된다는 데에 학설이 일치하고 있다.

물론 순수한 기술적이고 기교적 성격의 절차법적 규정에 대해서는 소급효금지의 원칙이 적용되지 않는다. 그러나 절차법에 관한 규정이라 할지라도 순수한 기술적 성격의 절차법 규정 이외에, 고소나 피해자의 명시적 처벌불원의사 또는 공소시효[35] 등과 같이 행위나

---

2196, 82감도2244.

30) 대법원 2010.12.23. 2010도11996: "전자감시제도는 범죄행위를 한 자에 대한 응보를 주된 목적으로 그 책임을 추궁하는 사후적 처분인 형벌과 구별되어 그 본질을 달리하는 것으로서 형벌에 관한 소급입법금지의 원칙이 그대로 적용되지 않으므로, 위 법률이 개정되어 부착명령 기간을 연장하도록 규정하고 있더라도 그것이 소급입법금지의 원칙에 반한다고 볼 수 없다."; 동지, 대법원 2011.3.24. 2010도14393; 대법원 2014.1.23. 2013도14687; 대법원 2014.10.31. 2014모1166.

31) 대법원 2013.7.25. 2013도6181; 대법원 2013.7.26. 2013도6220; 대법원 2013.9.12. 2013도6424.

32) 동취지, 가벌성과 관련된 절차법규정의 소급효금지를 주장하면서도, 공소시효 유효기간 중에 시효기간을 연장하거나 시효를 정지시키는 것은 가능하다는 견해로는 진계호/이존걸, 81면.

33) Vgl. RGSt 76, 328; BGHSt 6, 155; 20, 27; OLG Hamm NJW 61, 2030; BVerfGE 25, 269.

34) Vgl. Gribbohm, LK StGB, 11. Aufl., § 2 Rdnr. 6 ff. mwN.

35) 공소시효를 연장한 2007.12.21. 제8730호의 개정 형사소송법에서는 부칙 제3조에서 "이 법 시행 전에 범한 죄에 대하여는 종전의 규정을 적용한다"는 공소시효에 관한 경과조치로 공소시효연장에 대한 소급효를 금지하였다. 특히 대법원 2022.8.19. 2020도1153은 "개정 형사소송법 시행 전에 범한 죄에 대해서는 부칙 조항에 따라 구 형사소송법 제249조 제2항이 적용되어 판결의 확정 없이 공소를 제기한 때로부터 15년이 경과하면 공소시효가 완성한 것으로 간주된다"고 하여, 부칙 제3조는 공소시효완성이 간주되는 제249조

행위자에 대한 가벌성(Strafwürdigkeits- oder Strafbedürftigkeitserwägung)과 직접적으로 관련된 절차법적 규정에 대해서는 소급효금지의 원칙이 적용되어야 한다.[36][37] 그렇지 않으면 죄형법정주의 원칙의 행위자 보호 목적과 배치되기 때문이다. 이러한 논리는 관습법배제의 원칙이나 유추적용금지의 원칙에 대해서도 동일하게 적용된다. 따라서 순수한 기술적 절차법규를 제외하고, 행위나 행위자에 대한 가벌성과 직접 관련된 절차법적 규정들에 대해서는 소급효의 금지뿐 아니라 관습법의 적용이나 유추적용도 금지되어야 한다.

이에 반하여 형사절차법에 대해서도 소급효금지의 원칙을 전면적으로 적용해야 한다는 견해[38]가 있다. 헌법 제12조 제1항 제2문 후단의 '법률과 적법한 절차'를 '행위시의 법률과 적법한 절차'로 해석해야 한다는 것을 근거로 한다. 그러나 죄형법정주의와 형사절차법정주의는 그 내용이 동일하지 않다.[39] 이 견해는 죄형법정주의 원칙의 적용대상을 오인한 입장으로 타당하다고 할 수 없다.

헌법재판소[40]는 공소시효의 정지를 규정한 5·18민주화운동 등에 관한 특별법에 대하여 "이 법률의 제정 당시에 공소시효가 완성되지 아니한 범죄(부진정 소급효)뿐 아니라 공소시효가 완성된 범죄(진정 소급효)에 대해서도 소급적용이 가능하다"는 합헌결정을 하였으며, 대법원[41]도 헌재의 합헌결정을 따를 수밖에 없다는 입장이다. 그러나 공소시효가 완성된 범죄는 이미 가벌성이 소멸된 것이며, 처벌가능성이 소멸된 범죄에 대해서 소급입법[42]으로 다시 처벌가능성을 열어 놓는 것은 명백히 죄형법정주의의 정신에 반한다고 해야 한다.

공소시효에 관한 법률의 소급효와 관련하여 대법원은 통일된 입장을 보이지 못하고 있다. 대법원은 명시적인 경과규정을 두고 있지 아니한 아동학대처벌법(아동학대범죄의 처벌 등에 관한 특례법)의 공소시효를 정지하는 특례조항에 대하여 소급효를 인정[43]한 반면에, 성폭력처벌법(성폭력범죄의 처벌 등에 관한 특례법)에서 "소급적용에 관한 명시적인 경과규정이 없이 신설된 '장애인 준강간에 대한 공소시효 배제조항'의 소

제2항도 포함하는 것으로 판시하였다.

36) 동지, 손해목, 62면; 안동준, 33면; 정성근/박광민, 43면; 동취지, 가벌성에 직접적으로 관련된 규정뿐 아니라 간접적으로 관련된 규정, 즉 형벌권의 존부나 유무죄 판단에 중요한 영향을 미치는 규정(방어권, 참여권, 인신구속에 관련된 규정)까지 확대하는 견해로는 이상돈, 27면.

37) Vgl. Eser, S-S StGB, § 2 Rdnr. 6 f.; Jescheck/Weigend, Lehrbuch AT, S. 139; Baumann/Weber/Mitsch, Lehrbuch AT, § 9 Rdnr. 29.

38) 권오걸, 32면; 오영근, 34면.

39) 특히 죄형법정주의의 적용대상은 형식적 의미의 법률에 한정되는 데 반하여, 형사절차법정주의가 적용되는 법에는 형식적 의미의 법률 이외에도 형사소송법의 법원에 속하는 형사소송규칙 등의 대법원규칙이나 검찰사건사무규칙 등의 법무부령 등도 포함된다.

40) 헌재 1996.2.16. 96헌가2, 96헌바7·13.

41) 대법원 1997.4.17. 96도3376.

42) 죄형법정주의는 법률유보가 불가능한 절대적인 사법적 기본권으로 해석되어야 한다. 그렇지 않으면 역사적으로 오랜 시민투쟁의 결과로 확보된 죄형법정주의가 후퇴하여 국가공권력으로부터의 보장적 기능이 무너지게 된다. 이에 관하여는 Vgl. Pieroth/Schlink, Staatsrecht II, S. 284.

43) 대법원 2016.9.28. 2016도7273; 대법원 2021.2.5. 2020도3694.

급효가 금지된다"[44]고 판시하였다. 그러나 죄형법정주의에서 파생되는 형벌법규의 소급효금지의 원칙은 경과규정으로 변경될 수 있는 원칙이 아니다. 오직 해당법규가 죄형법정주의의 적용대상이 되는지 여부만이 문제될 뿐이다. 판례는 "공소시효에 관한 법규가 죄형법정주의의 대상이 되는 법률인지" 여부에 관하여 분명한 입장을 밝혀야 한다.

### 2-4-4. 판례의 변경과 소급효금지의 원칙

오랜 기간을 통하여 확립된 판례라도 새로운 법이론의 등장이나 새로운 인식을 근거로 변경될 수 있다. 이러한 판례의 변경과 관련해서도 소급효금지의 원칙이 적용되어야 하는지 문제된다. 판례[45]와 다수설은 이를 부정한다.[46] 제1조 제1항과 제2항은 법률의 시간적 적용범위에 관한 규정이지 법관의 법률적용에 관한 규정이 아니라는 것을 근거로 한다. 또한 헌법 제12조 제1항과 제13조 제1항 전단의 죄형법정주의의 원칙도 법률을 그 대상으로 하고 있다고 한다. 즉 "무엇이 일반국민에게 금지되어 있는가" 또는 "무엇이 허용되어 있는가"는 법관이 아니라 법률만이 결정할 수 있다는 것이다. 그러나 이러한 문리해석에 충실한 판례와 다수설의 입장은 죄형법정주의 원칙의 목적을 간과하고 있다.

물론 원칙적으로 판례변경과 소급효금지의 원칙은 상호 관계가 없다.[47] 헌법 제103조가 법관의 독립을 보장하고 있으므로, 법관이 선결례에 구속되어서는 안 되기 때문이다. 따라서 일반 판례에 대해서는 소급효금지의 원칙이 적용될 수 없다. 그러나 '정형적으로 확립되어 지속적으로 유지되고 있는 판례(formelhaft festgelegte konforme Rechtsprechung)'[48]의 경우는 이와 다르다. 추상적인 법률은 해석을 통하여 구체화 과정을 시작하기 때문에, 법관의 법해석을 통하여 '정형적으로 확립되어 유지되고 있는 판례'라면 행위자뿐 아니라 일반국민에게도 구체화된 규범의 형태로서 인식된다.[49] 또한 경미한 법률의 변경보다 판례의 변경은 더 빈번하게 그리고 더 강력하게 행위자를 불리하게 만들 수 있다. 이와 같이 '정형적으로 확립되어 유지되고 있는 판례'가 실질적으로는 일반국민에게 구체화된 규범의 형태로 인식되고 있음에도 불구하고, 실체법이 아니라는 이유로 죄형법정주의 원칙 밖에

---

44) 대법원 2015.5.28. 2015도1362: "공소시효를 정지·연장·배제하는 내용의 특례조항을 신설하면서 소급적용에 관한 명시적인 경과규정을 두지 아니한 경우에 그 조항을 소급하여 적용할 수 있다고 볼 것인지에 관하여는 이를 해결할 보편타당한 일반원칙이 존재할 수 없는 터이므로 적법절차원칙과 소급금지원칙을 천명한 헌법 제12조 제1항과 제13조 제1항의 정신을 바탕으로 하여 법적 안정성과 신뢰보호원칙을 포함한 법치주의 이념을 훼손하지 아니하도록 신중히 판단하여야 한다."

45) 대법원 1999.7.15. 95도2870; 대법원 1999.9.17. 97도3349; 헌재 2014.5.29. 2012헌바390 전원재판부.

46) 독일의 판례(BVerfG NStZ 90, 537; BGHSt 21, 157.)와 다수설(Gribbohm, LK StGB, 11. Aufl., § 2 Rdnr. 38 mwN.; Stree, Deliktsfolgen und Grundgesetz, 1960, S. 80 ff.)도 동일한 입장이다.

47) Vgl. Eser, S-S StGB, § 2, Rdnr. 9.

48) 예컨대 혈중 알코올 농도(Promille-Grenze) 0.08%를 운전부적합으로 판난한 독일 BGH의 입장.

49) Eser, S-S StGB, § 2, Rdnr. 9a.

둔다면 국가형벌권의 자의적인 실현이나 확장으로부터 일반국민은 보호받지 못하게 될 것이고, 죄형법정주의의 원칙은 그 목적과 의의를 상실하게 될 것이다. 따라서 '정형적으로 확립되어 유지되고 있는 판례'에 대해서는 예외적으로 신뢰보호의 원칙을 근거로 소급효금지의 원칙이 적용되어야 한다.[50][51]

다수설의 입장에서도 일부 견해[52]는 "일정한 행위를 처벌하지 않던 변경 전의 판례를 신뢰한 경우에 제16조의 금지착오로 해결할 수 있다"고 한다. 물론 정형적이고 지속적인 판례가 종래의 처벌요건을 완화함으로써 처벌범위를 확장시킨 경우[53]라면 해당 법규정에 대한 포섭의 착오로서 면책의 혜택을 받을 수 있다. 그러나 이 견해에 의한다면 구체적인 행위자가 변경 전의 판례를 알고 있는 법률전문가인 경우에 한하여 금지착오의 혜택을 받을 수 있을 뿐이다. 이러한 결론은 모든 사람이 법 앞에 평등해야 하는 평등권의 관점에서 심각한 문제점을 드러내게 된다. 또한 종래 일정한 행위를 처벌하지 않던 것이 정형적이고 지속적인 판례가 아니라면 법관은 이러한 선결례에 구속됨이 없이 법률과 양심에 따라 독립하여 심판할 수 있어야 한다. 이는 법관의 독립을 보장하는 헌법 제103조의 내용이기도 하다. 따라서 이 견해는 타당하다고 할 수 없다.

일반국민의 신뢰보호를 근거로 판례변경에 대해서는 전면적으로 소급효 금지의 원칙을 적용해야 한다는 견해[54]가 있다. 그러나 이 견해는 죄형법정주의 원칙의 목적을 과도하게 평가함으로써 헌법 제103조가 보장하는 법관의 독립을 심각하게 훼손하는 결과를 초래하고 있다.

적정성의 원칙: '형벌법규적용의 필요성'과 '죄형의 균형'을 내용으로 하는 '적정성의 원칙'도 죄형법정주의의 파생원리 중 하나라는 것이 학설의 입장이다(통설). 그러나 적정성의 원칙은 기본권을 유보하는 모든 법률에 대해서 당연히 적용되어야 하는 헌법상 요구되는 비례의 원칙을 의미한다. 따라서 형법에서 적정성의 원칙은 '법익보호를 위한 국가형벌권'의 한계를 정하는 기본원칙으로 이해되어야 한다.[55] 이러한 점에서 적정성의 원칙을 죄형법정주의의 파생원리로 파악하는 통설의 관점은 타당하다고 할 수 없다.

---

50) 동취지, 김성돈, 71면; 배종대, 65면은 법률보충적 판례에 대해서 소급효금지의 원칙을 적용한다.

51) 독일 학계에서도 판례변경에 대해서 소급효금지원칙을 적용해야 한다는 견해가 점점 증가하는 추세에 있다: Vgl. Maunz-Dürig-Herzog, Art. 103 GG Rdnr. 112, Fußn. 2 mwN.

52) 권오걸, 34면; 김일수/서보학, 46면; 성낙현, 40면; 손동권/김재윤, 39면; 안동준, 34면; 이재상/장영민/강동범, 23면; 임웅, 28면.

53) 예컨대 종래의 태도를 변경하여 복사문서의 문서성을 인정한 대법원 1989.9.12. 87도506의 전원합의체 판결.

54) 손해목, 61면; 신동운, 48면; 이상돈, 29면; 이영란, 40면; 이형국, 25면; 정성근/박광민, 46면; 조준현, 86면; 진계호/이존걸, 81면; 하태영, 피고인에게 불리한 판례변경과 소급효금지의 문제, 경남법학 14집, 1999, 180면.

55) 동지, 김일수/서보학, 55면; 동취지, 이상돈, 47면 이하.

# 제 3 장 형법의 적용범위

법률의 효력은 시간과 공간의 제약을 받는다. 이러한 의미에서 법률은 상대적 규범이다. 형법도 시간과 공간을 초월하여 효력을 발휘할 수는 없다. 형법의 효력은 시간적 적용범위와 장소적 적용범위로 나뉘어 고찰된다. 그 밖에 형법의 효력은 인적 적용범위와 관련하여서도 특별한 제한이 있다.

## 1. 시간적 적용범위

### 1-1. 행위시법주의

모든 법률과 마찬가지로 형법 역시 시행시부터 폐지시까지 효력을 갖는다. 그러나 행위시와 재판시 사이에 법률의 변경이 있는 경우, 행위시의 법률인 구법을 적용해야 하는지 또는 재판시의 법률인 신법을 적용해야 하는지 문제된다. 형법 이외의 법률에서는 신법이 현실에 보다 적합하고 진보적이며, 신법은 그와 배치되는 구법의 변경을 의도한 법률이기 때문에 신법인 재판시법이 적용된다(신법우선의 원칙). 그러나 형법에 있어서는 죄형법정주의에 의하여 행위시법인 구법이 적용되어야 한다(소급효금지의 원칙). 이는 헌법 제13조 제1항 전단과 형법 제1조 제1항이 명문으로 규정하고 있다.

제7623호(2005.7.29.) 개정형법 부칙 제2항의 적용례에 관한 규정은 경과조치로서 "이 법은 이 법 시행 전에 행하여진 죄에 대하여도 적용한다"고 규정하고 있다. 이는 명백히 소급효금지의 원칙에 반한다. 소급효금지의 원칙은 단순한 형법상의 원칙에 그치는 것이 아니라 헌법의 차원(헌법 제13조 제1항 전단)에서 규정하고 있는 원칙이기 때문에 헌법의 하위법으로서 제7623호 부칙 제2항의 규정은 위헌조항이라는 비판을 면할 수 없다. 다만 제7623호 부칙 제2항 단서는 "다만 종전의 규정을 적용하는 것이 행위자에게 유리한 경우에는 그러하지 아니하다"고 규정함으로써 제1조와 완전히 일치하는 결과를 도출하고 있다. 즉 제7623호 부칙 제2항은 실질적으로 제1조 내용과 완전히 일치하면서도 법문만을 제1조와는 반대로 '신법우선의 원칙, 경한 구법의 예외'로 구성하고 있다. 그렇다면 실질적으로 제1조와 동일한 결과를 갖게 되는 제7623호 부칙 제2항을 구태여 위헌 비판을 받도록 법문을 구성할 필요가 있었는지 의문이 제기된다.

## 1-2. 행위시법주의의 예외

### 1-2-1. 경한 신법의 적용

죄형법정주의의 원칙은 행위자에게 불리한 소급효를 금지한다. 즉 소급효금지의 원칙(행위시법주의)은 사후입법에 의한 처벌이나 형의 가중만을 금지한다. 반면에 처벌법규가 폐지되거나 신법이 구법보다 경하게 변경되어 신법이 행위자에게 유리한 경우에는 경한 신법이 적용되어야 한다(제1조 제2항). 형사소송법 제326조 제4호도 '범죄 후의 법령개폐로 형이 폐지되었을 때에는 면소판결'을 하도록 규정하고 있다. 또한 형의 집행에 관하여도 제1조 제3항은 '재판확정 후 법률의 변경에 의하여 그 행위가 범죄를 구성하지 아니하는 때에는 형의 집행을 면제'하도록 규정하고 있다.

### 1-2-2. 경한 신법적용의 요건

제1조 제2항의 경한 신법의 적용(재판시법주의)은 행위시법주의(소급효금지)에 대한 예외규정이며, 예외규정이 적용되기 위해서는 그 요건을 모두 충족해야 한다. 경한 신법적용을 위한 요건은 범죄 후 법률의 변경에 의하여 그 행위가 범죄를 구성하지 아니하거나 형이 구법보다 경하여야 한다.

#### 1-2-2-1. 범죄 후

법률의 변경은 '범죄 후'에 있어야 한다. 범죄 후란 행위의 종료 이후를 의미한다. 따라서 구성요건에 해당하는 행위를 계속하고 있는 동안에는 범죄 후라고 말할 수 없다. 예컨대 불법체포·감금죄나 주거침입죄와 같은 계속범의 경우에 있어서 불법체포·감금 또는 주거침입이 계속되는 동안에는 행위가 계속되고 있으므로 제1조 제1항에 의하여 행위시법인 신법이 적용된다.[1][2] 이에 따라 제5057호(1995.12.29.) 개정형법 부칙 제3조도 "1개의

---

1) 논리적으로 행위시법이 2개 이상인 경우에는 일반 법률의 적용원칙인 신법우선의 원칙을 따라야 한다. 특히 처벌되지 않던 행위에 대하여 그 행위가 종료하기 이전에 처벌법규가 신설된 경우에는 신설된 규정으로 처벌하는 것은 당연하다. 이 경우 신설된 처벌규정이 행위시의 법률(제1조 제1항)에 해당하기 때문이다.

2) 대법원 2001.9.25. 2001도3990: "일반적으로 계속범의 경우 실행행위가 종료되는 시점에서의 법률이 적용되어야 할 것이나, …"; 대법원 2004.2.12. 2003도6215.

행위가 이 법 시행 전후에 걸쳐 이루어진 때에는 이 법 시행 이후에 행한 것으로 본다"고 규정하고 있다.[3] 범죄의 기본인 행위가 종료한 이상 '범죄 후'의 요건은 충족되었으므로 결과발생의 유무는 문제가 되지 않는다(통설).

제293호(1953.9.18.) 제정형법 부칙 제4조 제1항은 "1개의 죄가 본법 시행 전후에 걸쳐서 행하여진 때에는 본법 시행 전에 범한 것으로 간주한다"고 규정하고 있었다.[4] 종래 판례[5]는 "제8조에 의하여 이 부칙조항을 다른 법률에도 유추적용할 수 있다"고 판단하였으나, 이후 전원합의체 판결[6]로 종전의 입장을 변경함으로써 타 법률에 이 부칙조항의 유추적용을 부정하였다. 그 이후 제293호(1953.9.18.) 제정형법 부칙 제4조 제1항은 이와 반대로 규정한 제5057호(1995.12.29.) 개정형법 부칙 제3조에 의하여 그 효력이 상실되었다. 그럼에도 불구하고 이미 효력이 상실된 제293호(1953.9.18.) 제정형법 부칙 제4조 제1항의 규정과 동일한 관점에서 "특별형법 등의 개별 법률에서 부칙의 경과규정을 통하여 경한 신법적용을 배제할 수 있다"는 것이 판례[7][8]의 일관된 입장이며, 이에 동조하는 견해[9]도 있다. 그러나 신법과 구법 사이의 형법 적용은 헌법이 보장하는 사법적 기본권인 죄형법정주의의 내용이므로, 신·구법 사이의 형법 적용에 관하여 죄형법정주의에 반하는 내용을 부칙으로 정하는 것은 불가능하다. 판례의 입장은 죄형법정주의에 반하여 헌법이 보장하는 사법적 기본권을 침해하고 있다.

### 1-2-2-2. 법률의 변경

범죄 후에 '법률의 변경'이 있어야 한다. 여기서 '법률'은 총체적인 법률상태를 의미한다. 따라서 법률뿐 아니라 (위임)명령의 변경도 총체적인 법률상태의 변경을 초래하게 되면

3) 대법원 1998.2.24. 97도183; 대법원 2009.4.9. 2009도321; 대법원 2022.9.16. 2019도19067.

4) 제293호(1953.9.18.) 제정형법 부칙 제4조 제1항의 해석에 관하여는 김일수, 한국형법 I, 162면; 배종대, 80면 이하; 이상돈, 56면; 이재상/장영민/강동범, 39면 참조.

5) 대법원 1959.7.31. 4292형상194; 대법원 1974.5.28. 74도191; 대법원 1985.7.9. 85도740.

6) 대법원 1986.7.22. 86도1012 전원합의체 판결, 다수의견: "형법 부칙 제4조 제1항은 '1개의 죄가 본법시행 전후에 걸쳐서 행하여진 때에는 본법 시행전에 범한 것으로 간주한다'고 규정하고 있으나 위 부칙은 형법시행에 즈음하여 구형법과의 관계에서 그 적용범위를 규정한 경과법으로서 형법 제8조에서 규정하는 총칙규정이 아닐 뿐 아니라 범죄의 성립과 처벌은 행위시의 법률에 의한다고 규정한 형법 제1조 제1항의 해석으로서도 행위종료시의 법률의 적용을 배제한 점에서 타당한 것이 아니므로 신·구형법과의 관계가 아닌 다른 법과의 관계에서는 위 부칙을 적용 내지 유추적용할 것이 아니다."

7) 대법원 1992.2.28. 91도2935; 대법원 1995.1.24. 94도2787; 대법원 1999.4.13. 99초76; 대법원 1999.7.9. 99도1695; 대법원 1999.12.24. 99도3003.

8) 대법원 2001.9.25. 2001도3990: "일반적으로 계속범의 경우 실행행위가 종료되는 시점에서의 법률이 적용되어야 할 것이나, 위 법률 제5895호 부칙 제14조에서 개정된 법 시행 전의 행위에 대한 벌칙의 적용에 있어서는 종전의 규정에 의한다는 경과규정을 두고 있으므로, 이러한 경우 개정된 건축법이 시행되기 전의 행위에 대해서는 위 개정 전의 건축법을, 그 이후의 행위에 대해서는 위 개정된 건축법을 각각 적용하여야 하는 것이다."; 대법원 2005.3.24. 2004도8651; 대법원 2011.6.10. 2011도4260.

9) 김성천/김형준, 36면.

'법률의 변경'에 해당한다.

> 대법원[10]은 전원합의체 판결로 "해당 형벌법규에 따른 범죄의 성립 및 처벌과 직접적으로 관련된 형사법적 관점의 변화를 주된 근거로 하는 법령의 변경에 해당하여야 하므로, '이와 관련이 없는 법령의 변경으로 인하여 해당 형벌법규의 가벌성에 영향을 미치게 되는 경우' 및 '스스로 유효기간을 구체적인 일자나 기간으로 특정하여 효력의 상실을 예정하고 있던 법령이 그 유효기간을 경과함으로써 더 이상 효력을 갖지 않게 되는 한시법의 경우'는 제1조 제2항의 법률의 변경에 해당한다고 볼 수 없다"라고 판시하였다. 그러나 총체적인 법률상태의 변경이 존재함에도 이를 법률의 변경이 아니라고 파악하는 것은 타당하다고 할 수 없다.[11]

### 1-2-2-3. 범죄를 구성하지 아니하거나 형이 구법보다 경함

범죄 후 법률의 변경에 의하여 '범죄를 구성하지 아니하거나' '형이 구법보다 경하여야' 한다. 법률의 변경이 있더라도 형의 경중에 변화가 없을 때에는 행위시법인 구법이 적용된다(제1조 제1항).[12]

형의 경중에 변화를 초래하지 않는 순수한 기술적인 절차법에 관한 규정의 변경은 소급효금지의 원칙이나 경한 신법원칙의 대상이 되지 않는다. 다만 절차법의 변경이라 할지라도 그것이 가벌성의 고려하에서 규정된 절차법인 경우에는 행위자에게 유리하도록 소급효가 금지되거나 경한 신법이 적용되어야 한다(목적론적 해석). 예컨대 범죄 후 비친고죄가 친고죄로 변경된 경우에는 행위자에게 유리한 신법인 친고죄 규정을 적용하여야 한다.[13]

이에 반하여 "범죄 후 법률이 친고죄에서 비친고죄로 변경된 경우 신법 시행 이후에는 고소권자의 고소 없이도 공소제기가 가능하다"는 것이 다수설의 입장이다. 이러한 관점에 의한다면 당사자 사이에 고소하지 않기로 합의한 사건이나 고소권자의 고소취소로 종결된 사건에 대해서도 신법 시행 이후에는 공소제기가 가능하다는 결론이 된다. 이는 죄형법정주의의 목적(행위자 보호 보장 목적)에 반할 뿐 아니라, 법적 안정성도 크게 해치므로 타당하다고 할 수 없다.

형의 경중은 제50조에 의하여 결정한다.[14] 형의 경중의 기준은 법정형이며 주형뿐 아니라 부가형도 비교해야 한다. 가중·감경할 형이 있는 경우에는 가중·감경한 형을 비교

---

10) 대법원 2022.12.22. 2020도16420 전원합의체 판결; 동지, 대법원 2023.2.23. 2022도6434.

11) 이에 관하여는 아래 '제1편, 제3장, 1-3-2-3. 동기설'에서 자세히 분석해 보기로 한다.

12) 대법원 1956.10.19. 4289형상115; 대법원 1991.11.26. 91도2303.

13) 동지, 손해목, 62면; 안동준, 33면; 정성근/박광민, 72면; 진계호/이존걸, 81면; 확장적 입장으로는 권오걸, 32면; 이상돈, 27면.

14) 형의 경중을 비교함에 있어 같은 종류의 형은 기간 또는 금액의 상한이 높은 것이 중한 형이며, 상한이 같을 경우에는 그 하한이 높은 것이 중한 형이다(제50조 제2항).

해야 한다.[15] 신법에 선택형이 있어 그 형종이 경한 때에는 이를 적용해야 한다.[16] 벌금등 임시조치법에 의하여 벌금액이 증감된 경우에도 '형이 변경된 때'에 해당한다.[17] 범죄후 여러 차례 법률이 변경되어 행위시법과 재판시법 사이에 수개의 중간시법이 있는 경우에는 그중에서 형이 가장 경한 법률을 적용해야 한다.[18] 죄형법정주의가 행위자 보호의 보장을 위해서 확립된 원칙이고, 그 파생원리인 소급효금지의 원칙(행위시법주의)에서도 죄형법정주의 원칙의 목적과 합치되도록 경한 신법의 예외규정이 마련된 것이므로 이러한 결론은 당연하다.

형의 경중을 비교함에 있어서는 이를 실질적으로 피고인에게 이익이 되는 방법으로 비교해야 한다는 실질적 기준설[19]이 있다. 예컨대 신법의 형벌 상한이 구법의 형벌 상한보다 경한 반면에, 신법의 형벌 하한이 구법의 형벌 하한보다 중한 경우에는 제1조 제2항에도 불구하고 경한 하한의 형벌이 규정된 구법을 적용할 수 있다는 것이다. 이는 결국 양형단계에서 신·구법의 적용이 모두 가능하다는 의미가 되며, 입법자의 의사에 반하여 법관에게 임의의 법선택을 인정하는 법관법을 허용함으로써 죄형법정주의에 정면으로 배치되는 결과를 초래한다. 따라서 형의 경중의 비교는 형식적 기준에 의하여야 한다(통설).

몰수와 추징에 관한 법률의 변경이 있을 경우에도 제1조 제1항과 제2항의 적용대상이 된다. 다만 형벌적 성격이 아닌 보안처분적 성격의 몰수[20]인 경우에는 신법이 행위자에게 불리한 경우에도 원칙적으로 재판시법인 신법이 적용된다.[21]

## 1-3. 한시법의 시간적 적용범위

### 1-3-1. 한시법의 의의

한시법이란 일시적 사정에 대처하기 위한 법률로서 미리 유효기간이 정해진 법률을 말한다. 한시법에 대해서는 유효기간 동안 범해진 행위를 유효기간이 경과한 이후에도 처

15) 대법원 1961.12.28. 4293형상664.
16) 대법원 1954.10.16. 4287형상43; 대법원 1983.11.8. 83도2499; 대법원 1992.11.13. 92도2194; 청주지법 2004.3.24. 2003노1300.
17) 대법원은 대법원 1954.1.28. 4286형상21에서 벌금 등 임시조치법에 의한 벌금액의 증감을 형의 변경이 아니라 단지 '경제사정의 변경으로 인한 … 변동된 시장의 물가지수 및 화폐가치와의 균형에 의한 … 표준비율'의 적용으로 파악하였으나, 그 후 대법원 1960.11.16. 4293형상445에서는 태도를 변경하여, 이 역시 형의 변경에 해당한다고 판시하였다.
18) 대법원 1968.9.17. 68도914; 대법원 1968.12.17. 68도1324; 대법원 2012.9.13. 2012도7760.
19) 이형국, 36면 이하.
20) 이에 관하여는 아래 '제5편, 제1장, 제1절, 3-3-2. 몰수의 법적 성질' 참조.
21) 이에 관하여는 상기 '제1편, 제2장, 2-4-2. 보안처분과 소급효' 참조.

벌할 수 있는지 문제된다. 이는 행위시법주의의 예외인 경한 신법적용을 규정한 제1조 제2항에도 불구하고 "경한 신법의 예외를 인정할 수 있는지"에 관한 문제, 즉 "신법이 경함에도 불구하고 중한 구법을 적용할 수 있는지"에 관한 문제이다.

한시법은 견해의 대립에 의하여 협의의 한시법과 광의의 한시법으로 구별된다. 한시법을 협의로 이해하는 견해는 '형벌법규에 유효기간이 명시된 법률'만이 한시법이라고 한다.[22] 이에 반하여 한시법을 광의로 파악하는 견해는 '형벌법규의 유효기간 명시 여부와 관계없이, 일시적 사정에 대처하기 위한 것이기 때문에 사실상 유효기간이 정해지지 않을 수 없는 법률'을 모두 한시법이라고 한다.[23]

### 1-3-2. 한시법의 추급효

형벌법규에 유효기간이 정해진 경우, 유효기간의 종료가 다가오면 형벌법규 위반행위가 속출하여도 제1조 제2항(경한 신법적용)에 의하여 실질적으로 처벌이 불가능할 뿐 아니라, 동조 제3항에 의하여 재판확정 후라도 형의 집행이 면제되므로 한시형벌법규의 존재가치가 소멸된다. 여기서 "한시법의 경우, 경한 신법의 적용이 아니라 중한 행위시법의 적용이 가능한가"라는 문제가 발생한다. 이것이 한시법의 추급효에 관한 문제이다.

"한시형벌법규에 유효기간 중의 위반행위에 대하여 추급효를 인정하는 명문규정이 있는 경우에는 추급효를 인정할 수 있다"는 것이 일반적인 학설의 입장이다.[24] 이 경우 추급효를 인정할 수 있는 근거는 정당한 목적을 위한 법률(당해 한시법)의 규정에 의하여 '행위시법주의 원칙(제1조 제1항)으로의 회귀'[25]라는 점에서 찾을 수 있다.[26] 따라서 한시법의 추급효에 관한 문제는 '추급효를 인정하는 명문규정이 없는 한시법'에 있어서의 논의라고 할 수 있다. 이에 대해서는 추급효 부정설, 추급효 인정설 및 동기설의 대립이 있다.

#### 1-3-2-1. 추급효 부정설

한시법은 유효기간의 경과로 당연히 실효되는 것이므로 그 형벌법규에 추급효를 인정하는 명문규정이 없는 한 제1조 제2항에 의해서 추급효를 인정할 수 없다고 한다(통설). 추급

22) 권오걸, 48면; 김성돈, 83면; 김일수/서보학, 26면; 박상기, 48면; 손해목, 78면; 오영근, 48면; 정영일, 64면; 진계호/이존걸, 98면.

23) 김성천/김형준, 43면; 이상돈, 59면 이하; 이재상/장영민/강동범, 41면. 다만 김성천/김형준, 45면과 이상돈, 61면에서는 한시법의 추급효를 부정한다. 그러나 한시법의 추급효를 부정한다면, 한시법의 개념을 광의로 이해할 실익이 없다.

24) 이 경우에도 반드시 추급효를 인정할 필요가 없다는 견해로는 오영근, 48면 각주 1): 한시형법의 폐지와 함께 추급효를 인정하는 규정의 효력도 상실된다고 한다.

25) 즉 경한 신법적용이라는 예외규정을 추구할 예외상황이 아니기 때문이다.

26) 동취지, 이재상/장영민/강동범, 43면.

효 부정설은 대부분 한시법을 협의로 파악하고 있다. 추급효를 인정할 명문의 규정이 없는 한시법에 대하여 법률이 실효된 후에도 추급효를 인정하는 것은 죄형법정주의의 실질적 의미에 반한다는 것이다.

그러나 제1조 제2항의 경한 신법적용이 헌법상 사법적 기본권인 죄형법정주의 원칙의 목적론적 해석(행위자 보호 보장 목적)에 의한 결과라고 한다면, 이에 반하여 추급효를 인정하는 명문규정을 두는 것 자체가 헌법에 위배되는 것으로 보아야 한다. 따라서 추급효를 인정하는 명문규정이 있는 한시법의 경우에 예외적으로 추급효를 인정하는 통설의 입장은 타당하다고 할 수 없다. 제1조 제2항의 경한 신법의 적용은 소급효금지의 원칙(행위시법 주의)에 대하여 예외를 인정할 만한 예외적인 상황에서만 적용이 가능한 것이며, 한시법의 경우에는 이러한 예외적인 경한 신법적용이 타당하지 아니한 경우라고 보아야 한다.[27]

또한 추급효 부정설에서는 제1조 제3항을 어떻게 적용하려는 것인지 의문이 제기된다. 추급효 부정설에 의할 경우 유효기간 중에 재판이 확정되어 형의 집행 중에 있는 자들도 제1조 제3항에 의하여 유효기간이 경과한 이후에는 나머지 형의 집행을 모두 면제시켜야 하는 불합리한 결과를 초래하기 때문이다.

### 1-3-2-2. 추급효 인정설

한시법은 그 유효기간이 경과된 이후에도 유효기간 중의 위반행위에 대하여 처벌할 수 있다는 견해이다. 추급효 인정설은 한시법을 어떻게 이해하는가에 따라 그 결론이 달라진다.

한시법을 협의로 이해하는 입장에서는 유효기간이 정해진 한시법에 한하여 추급효를 인정한다.[28] 이러한 관점에서는 유효기간이 정해진 협의의 한시법의 경우에 추급효를 인정하는 명문규정이 없어도 추급효를 인정할 수 있게 된다.

한시법을 광의로 이해하는 입장에서는 법률에 유효기간이 명문으로 규정되어 있는 경우는 물론, 유효기간에 관한 명문규정이 없는 경우라도 한시법과 동일한 취지의 법률에 대해서는 추급효를 인정한다.[29] 이러한 관점은 실질적으로 동기설과 동일한 입장이 된다.[30]

### 1-3-2-3. 동기설

일부 학설[31]에서는 한시법의 추급효에 관하여 동기설을 지지한다. 동기설은 법률이

27) 동지, 이재상/장영민/강동범, 43면.
28) 정영석, 65면; 강구진, 형법의 시간적 적용범위에 관한 고찰, 형사법학의 제문제, 11면.
29) 유기천, 37면 이하; 이재상/장영민/강동범, 45면.
30) 유기천, 36면 이하에서는 동기설을 부정하면서, 같은 책 37면 이하에서는 실질적으로 동기설을 취하고 있다.
31) 동취지, 유기천, 37면 이하; 이재상/장영민/강동범, 45면; 정영석, 67면.

폐지 · 실효되는 동기를 분석하여 일반법과 한시법을 구별하고, 한시법에 대하여 추급효를 인정하는 입장이다. 즉 법률의 폐지 · 실효가 법적 견해의 변경에 기인하는 경우라면 그 법률은 일반법이므로 추급효가 인정될 수 없지만, 그것이 단순한 시간의 경과나 그 밖의 단순한 사실관계의 변화에 기인하는 경우라면 그 법률은 한시법이므로 추급효가 인정된다는 것이다.[32] 동기설은 한시법을 광의로 파악하면서, 광의의 한시법에 대해서 추급효를 인정하는 추급효 인정설이다.

동기설은 종래 판례[33]의 입장이었으나, 대법원[34]은 전원합의체 판결로 동기설의 법리를 폐지하였다. 법률변경의 동기와 관계없이 경하게 법률이 변경된 경우는 모두 제1조 제2항의 법률의 변경에 해당한다는 것이다. 다만 해당 형벌법규에 따른 범죄의 성립 및 처벌과 직접적으로 관련된 형사법적 관점의 변화를 주된 근거로 해야 법률의 변경이 된다고 한다. 따라서 '이와 관련이 없는 법령의 변경으로 인하여 해당 형벌법규의 가벌성에 영향을 미치게 되는 경우'는 법률의 변경이 아니라는 것이다. 마찬가지로 '스스로 유효기간을 구체적인 일자나 기간으로 특정하여 효력의 상실을 예정하고 있던 법령이 그 유효기간을 경과함으로써 더 이상 효력을 갖지 않게 되는 한시법의 경우'도 법률의 변경이 아니라고 한다.

유효기간의 경과에 의한 한시법의 효력상실은 법률의 변경이 아니라는 관점에서, 대법원은 한시법에서 동기설의 법리를 폐기하고 있다. 물론 '해당 형벌법규에 따른 범죄의 성립 및 처벌과 직접적으로 관련이 없는 법령의 변경'으로 인하여 해당 형벌법규의 가벌성에 영향을 미치게 되는 경우는 법률의 변경이 아니라 존재하는 법률에 대한 해석의 변경에 불과하다. 그러나 유효기간의 경과로 한시법이 효력을 상실한 경우는 한시법에 따른 유효한 처벌법규가 존재하지 않게 된 경우이다. 유효한 처벌법규가 존재하지 않게 된 경우라면 총체적인 법률상태가 변경되었음을 의미하며, 이 경우 법률의 변경이 아니라고는 할 수 없게 된다. 다만 한시법의 경우에는 유효기간 중의 법률위반행위에 대하여 유효기간 이후에도 그 가벌성은 여전히 남아있기 때문에, 총체적인 법률상태의 변경에도 불구하고 가벌성의 변경이 초래되지 아니하므로 경한 신법의 적용이 배제된다고 해석하는 것이 논리적으로 타당하다.[35]

한시법은 일시적 사정에 대처하기 위해서 제정된 법률이므로 그 대처하려는 일시적 사정이 종료하게 되면 그 법률도 폐지될 수밖에 없다. 따라서 한시법은 유효기간의 명시

32) 독일형법 제2조 제4항은 "단지 일정기간 동안 유효한 법률은 그 기간 중 행하여진 행위에 대하여 폐지 후에도 효력이 있다. 이는 법률이 달리 규정한다면 적용되지 아니한다"라고 규정함으로써 한시법의 추급효를 인정하고 있으며, 독일의 통설은 이 한시법을 우리의 동기설과 같은 의미로 해석하고 있다: Eser, S-S StGB, § 2 Rdnr. 36 ff. mwN.

33) 대법원 1984.12.11. 84도413; 대법원 1999.10.12. 99도3870; 대법원 1999.11.12. 99도3567; 대법원 2018.6.28. 2015도2390; 대법원 2020.10.15. 2016도10654; 대법원 2021.12.30. 2017도15175.

34) 대법원 2022.12.22. 2020도16420 전원합의체 판결.

35) 대법원 2022.12.22. 2020도16420 전원합의체 판결의 다수의견에 대한 대법관 조재연, 안철상의 별개의견1과 대법관 노태악, 천대엽의 별개의견2 참조.

여부와 관계없이 사실상 유효기간이 정해지지 않을 수 없는 법률이라고 해야 한다. 이러한 한시법은 해당 법률이 대처하려는 일시적 사정의 종료로 폐지되며, 그 일시적 사정의 종료는 시간의 경과나 그 밖의 단순한 사실관계의 변화에 기인하게 된다. 이에 반하여 일반 형벌법규는 가벌성 평가에 따라 폐지된다. 즉 이전의 가벌성 평가에 대한 반성적 고려 등으로 법적 견해가 변경되어 폐지된다. 이와 같이 일반 형벌법규의 변경은 법적 견해의 변경, 즉 가벌성의 변경에 기인하므로 제1조 제2항이 적용되어야 한다. 그러나 한시법에서는 해당 법률이 대처하려는 일시적 사정이 종료되었다고 하여도 그 유효기간 중의 위반행위에 대해서는 전혀 가벌성의 변화를 초래하는 것이 아니므로 추급효를 인정하여 제1조 제1항을 적용해야 한다.

일반적으로 유효기간이 정해지고 추급효를 명문으로 규정한 법률이라면 어느 입장에 의해서도 한시법으로서 추급효가 인정된다. 그러나 사전에 유효기간과 추급효가 명시된 형벌법규라도 그 유효기간이 경과하기 이전에 법적 견해의 변경[36]으로 폐지되었다면, 그 법률은 한시법이 아닌 일반법으로서 폐지된 것이다. 이 경우는 가벌성의 변경에 기인한 법률의 폐지이므로 제1조 제2항과 제1조 제3항이 적용되어야 한다. 또한 성격상 한시법으로 볼 수 없는 일반적인 법률[37]이 법적 견해의 변경으로 폐지되는 경우라면 그 법률이 추급효 인정의 명문규정을 구비하였을지라도 추급효를 인정하는 것은 형법의 경한 신법적용(제1조 제2항)에 위배된다. 한시법이 아닌 일반법에 특별규정을 둠으로써 경한 신법의 적용을 벗어나는 것은 죄형법정주의에 반하므로 허용될 수 없다. 이와 같이 특별규정의 유무에 의하여 추급효의 허용 여부가 결정될 수 있는 것은 아니다. 또한 형식논리적으로 관찰하면 추급효를 인정하는 특별규정을 가지고 있는 한시법이라 할지라도 당해 법률이 폐지될 때 추급효를 인정한다는 규정도 함께 폐지될 것이기 때문에, 법적용 시 추급효를 인정할 만한 법적 근거는 이미 존재하지 않게 된다.[38]

동기설에 대하여 죄형법정주의에 반한다는 비판은 타당하지 않다. 죄형법정주의 원칙이란 죄와 형을 행위 이전에 미리 형식적 의미의 법률로 정함으로써 형법의 보장적 기능을 수행하도록 하는 원칙이며, 그 파생원리인 소급효금지의 원칙은 이러한 형법의 보장적 기능이 수행되도록 행위시의 법률을 적용하라는 원칙이기 때문이다. 즉 추급효 인정은 행위시법의 적용을 의미한다. 반면에 경한 신법의 적용은 행위시법주의의 원칙에 대하여 정당한 이유에 의한 정당한 예외의 인정을 의미한다. 그러나 한시법의 경우에는 이러한 예외를 인정할 만한 예외적인 상황이 아니다. 따라서 한시법에 대해서는 행위시법주의의 원칙이

36) 예컨대 헌법재판소의 위헌결정 등.

37) 한시법의 성격을 갖고 있지 아니한 법률이란 단순한 사실관계의 변화에 기인하여 폐지되는 법률이 아니라 법적 견해의 변경에 의하여 폐지되는 법률을 의미한다.

38) 동지, 오영근, 48면 각주 1).

유지되어야 한다.[39)]

또한 동기설에 대한 "법적 견해의 변경과 사실관계의 변화의 구별은 상대적일 뿐 아니라 상호관련적이어서 법원의 자의가 개입할 여지가 많다"는 통설의 비판[40)]도 적절하지 않다. 법적 견해의 변경과 사실관계의 변화는 예컨대 '정상의 주의'나 '공공의 이익' 등과 같은 형법이 보편적으로 사용하는 규범적 법률개념보다도 훨씬 더 명확한 구획이 가능하다. 만약 명확한 구획이 불가능할 경우라면 '의심스러울 때에는 피고인의 이익으로'라는 in dubio pro reo의 법칙에 따라 해결하면 충분하다.

한시형벌규정도 형이 중하게 또는 경하게 변경될 수 있다. 이러한 변경은 일반적으로 한시형벌규정 위반행위의 가벌성에 대한 법적 견해의 변경에 기인하게 된다. 따라서 이 경우 변경 전후의 법률관계는 제1조 제1항과 제2항에 의하여야 하며, 형이 경하게 변경된 경우에도 변경 전의 한시형벌규정의 추급효를 인정해서는 안 된다. 이에 반하여 만약 한시형벌규정의 변경이 사실관계의 변화에 기인한 경우라면, 예컨대 사실관계가 개선되어 법정형을 내린 경우 또는 사실관계가 악화되어 법정형을 높인 경우라면, 변경 전의 한시형벌규정의 가벌성에는 변화가 없는 것이므로 추급효가 인정되어야 한다.

독일형법 제2조 제4항 제1문에서는 한시법의 추급효를 규정하면서, 제2문에서는 한시법에 대하여 '명문규정으로 추급효를 배제할 수 있음'을 규정하고 있다. 우선 한시법에 관하여 추급효의 원칙을 명문화한 독일형법의 태도는 타당하다. 또한 한시법에서 명문규정으로 추급효를 배제할 수 있도록 입법권한을 부여한 것 역시 수긍할 만하다. 구체적인 상황에서 유효기간의 종료시기와 가벌성의 약화현상이 동시에 진행하는 경우도 얼마든지 가능하기 때문이다. 그러나 독일형법 제2조 제4항의 한시법 관련규정을 죄형법정주의에 대한 법률유보조항으로 이해해서는 안 된다. 한시법의 추급효는 죄형법정주의의 해석과 합치하고 규범적으로 타당한 내용을 독일형법에서 명문화한 것일 뿐이다.

## 1-4. 백지형법의 시간적 적용범위

### 1-4-1. 백지형법의 의의

제112조의 중립명령위반죄는 외국과의 교전에 있어서 '중립에 관한 명령'을 위반함으로써 성립한다. 또한 보건범죄단속법(보건범죄단속에 관한 특별조치법) 제2조 제1항 제1호는 부정식품 제조 등에

39) 한시법은 단순한 시간의 경과나 사실관계의 변화에 의해서 폐지되는 법률이므로 이러한 사실관계의 종료가 다가오면서 위법행위가 속출하여도 처벌할 수 없다면 한시형법의 법익보호과제의 수행이 불가능하게 된다. 따라서 한시법에 대해서는 추급효를 인정함으로써, 즉 예외적인 경한 신법적용을 배제함으로써 당해 법률이 법익보호과제를 충분히 수행할 수 있도록 해야 할 것이다. 이러한 관점은 상기 '제1편, 제2장, 2-2-1. 명확성의 원칙' 참조: "죄형법정주의의 명확성의 원칙은 최소한도의 명확성을 의미한다. 이는 형법의 법익보호과제의 수행을 가능하게하기 위한 해석이다."

40) 이승호, 형법의 시간적 적용범위에 관한 동기설의 문제점, 형사판례연구(6), 1998, 24면.

서 식품, 식품첨가물 또는 건강기능식품이 인체에 '현저히 유해'한 경우에 무기 또는 5년 이상의 징역에 처하도록 규정하고 있으며, 동법 제8조에서 '현저히 유해'의 기준을 따로 대통령령으로 정하도록 규정하고 있다. 이와 같이 형벌의 전제가 되는 구성요건의 일부를 다른 법률이나 명령 또는 고시 등으로 보충해야 할 공백을 갖고 있는 법률을 백지형법이라 한다. 백지형법은 경제통제법에서 특히 많이 보인다. 이때 백지형법의 공백을 보충하는 규범을 보충규범 또는 충진규범이라 한다.

### 1-4-2. 백지형법과 시간적 적용범위

백지형법에 있어서 백지형법 자체는 그대로 두고 보충규범만을 개폐하는 경우에도 "제1조 제2항에서 의미하는 법률의 변경에 해당하는가"라는 문제가 발생한다. 이에 대한 견해의 대립은 당해 법규의 시간적 적용범위에 관한 의견대립으로 나타나게 된다.

적극설(통설) : 제1조 제2항에서 말하는 법률의 변경은 총체적 법률상태 또는 전체로서의 법률을 의미하므로 보충규범의 개폐도 법률의 변경에 해당한다는 견해이다. 따라서 보충규범의 개폐가 행위자에게 유리한 경우 제1조 제2항의 적용을 받게 된다.

소극설[41] : 보충규범의 개폐가 있는 경우에도 백지형법 그 자체에는 변경이 없기 때문에 법률의 변경이 아니라고 한다. 따라서 보충규범의 개폐가 행위자에게 유리한 경우에도 제1조 제2항은 적용되지 않는다.

절충설 : 보충규범의 개폐가 가벌성에 관한 구성요건의 규범성 자체를 정하는 법규의 개폐에 해당하는 때에는 법률의 변경이 되지만, 단순히 구성요건의 사실 내지 기술면에 관한 개폐일 경우에는 법률의 변경이 아니라는 견해[42]가 있다. 유사한 관점에서 법규의 근본취지 또는 구성요건이나 불법의 본질적인 내용에 변동을 가하는 변경인가의 여부에 따라 판단하는 견해[43]가 있다.

제1조 제2항에서 말하는 법률의 변경이란 총체적인 법상태의 변경을 의미한다. 또한 보충규범은 그것이 비형법적인 규범이라 할지라도 실질적으로 백지형법의 구성요건을 형성하고 있기 때문에 보충규범의 전체적인 또는 부분적인 변경은 결국 백지형법 자체를 변경시키게 된다. 따라서 보충규범의 개폐는 제1조 제2항에서 말하는 법률의 변경에 해당한다는 적극설이 타당하다.[44]

---

41) 황산덕, 34면, 35면: "백지형법에 의한 위임명령의 개폐가 있을지라도 백지형법 그 자체에는 개폐가 없으며, 또한 보충규범인 고시의 변경의 경우에도 고시는 하나의 행정처분으로서 제1조 제2항에서 말하는 법률이 아니기 때문에 법률의 변경에 해당하지 않고, 따라서 제1조 제1항의 행위시법이 적용된다."

42) 강구진, 형법의 시간적 적용범위에 관한 고찰, 형사법학의 제문제, 16면.

43) 김성천/김형준, 32면.

44) Eser, S-S StGB, § 2 Rdnr. 26 mwN.; Gribbohm, LK StGB, § 2 Rdnr 34: "Erst durch die

다만 보충규범(Ausfüllungsnorm)과 관련규범(Bezugsnorm)은 구별되어야 한다. 예컨대 도로교통법 제156조 제1호의 신호위반 운전자 처벌규정과 관련하여 지금까지는 적색신호에 정지하고 청색신호에 진행하였는데, 이와 반대로 적색신호에 진행하고 청색신호에 정지하도록 도로교통법시행규칙 제6조 제2항 관련 별표2가 변경되었다고 가정하였을 경우, 도로교통법시행규칙 제6조 제2항 관련 별표2의 변경이 도로교통법 제156조 제1호의 신호위반 운전자 처벌규정에 대한 법률의 변경을 초래하지는 않는다.[45] 이 경우 도로교통법시행규칙 제6조 제2항 관련 별표2는 도로교통법 제156조 제1호의 신호위반 운전자 처벌규정에 대한 보충규범이 아니라, 해당 처벌규정의 효과에 단지 간접적으로만 영향을 미치는 관련규범에 불과하기 때문이다.[46]

보충규범의 개폐는 백지형법에 관한 전체적인 법상태의 변경을 초래하므로 이는 제1조 제2항에서 말하는 법률의 변경에 해당한다. 따라서 백지형법 자체의 변경이 없는 경우에도 보충규범의 개폐에 의해서 제1조 제1항(행위시법주의)이나 제1조 제2항(경한 신법주의)이 적용된다.

다만 백지형법은 광의의 한시법인 경우가 대부분이다. 이와 같은 백지형법은 '시간의 경과나 단순한 사실관계의 변경에 의해서 폐지될 수밖에 없는 보충규범'과 연결되어 있다. 예컨대 제112조의 중립명령위반죄는 외국간의 교전이 종결되면 폐지될 수밖에 없는 '중립에 관한 명령'인 대통령령이 보충규범에 해당한다. 이러한 점에서 백지형법의 시간적 적용범위는 한시법의 추급효 문제와 직결되어 있다.

## 2. 장소적 적용범위

범죄행위에 대한 형법의 장소적 효력범위에 관하여 형법은 제2조 내지 제6조에서 규정하고 있다. 사법관계에서는 외국법과의 충돌 시 그 준거법을 정하는 섭외사법(국제사법)이 있으나, 형법에서는 이와 같은 독자적인 국제형법은 없다. 일반적으로 국제형법은 외국법과

---

Ausfüllungsnorm erhält ein Blankettgesetz inhalt und Gestalt: 백지형법은 보충규범을 통하여 비로소 내용과 형상을 갖추게 된다."

45) 대법원 2023.2.23. 2022도6434는 "법무사의 개인회생·파산사건 신청대리업무를 법무사의 업무로 추가하는 법무사법 제2조의 개정은 이 부분 공소사실의 해당 형벌법규인 변호사법 또는 그로부터 수권 내지 위임을 받은 법령이 아닌 별개의 다른 법령에 불과하고, 법무사의 업무범위에 관한 규정으로서 기본적으로 형사법과 무관한 행정적 규율에 관한 내용이므로, 이는 타법에서의 비형사적 규율의 변경이 문제된 형벌법규의 가벌성에 간접적인 영향을 미치는 경우에 해당할 뿐이어서, 원칙적으로 형법 제1조 제2항과 형사소송법 제326조 제4호의 적용 대상인 형사법적 관점의 변화에 근거한 법령의 변경에 해당한다고 볼 수 없다"는 입장이다. 그러나 이 경우는 의료법위반으로 처벌되던 간호사의 준의료행위를 간호사의 업무범위에 포함시키는 의료법개정이 이루어진 경우(가정)와 완전히 동일한 '반성적 고려에 의하여 가벌성의 변경을 초래하는 총체적인 법률의 변경'이라고 보아야 한다.

46) 김일수, 한국형법 I, 167면; 김일수/서보학, 31면 각주 16).

의 관계에서 형법의 장소적 적용범위를 정하는 제2조 내지 제6조를 의미한다. 이를 좁은 의미의 국제형법[47]이라고 한다.

## 2-1. 속지주의

제2조는 "본법은 대한민국영역내에서 죄를 범한 내국인과 외국인에게 적용한다"는 속지주의(Territorialitätsprinzip)를 규정한다. 또한 제4조는 "본법은 대한민국영역외에 있는 대한민국의 선박 또는 항공기내에서 죄를 범한 외국인에게 적용한다"는 기국주의(Flaggenprinzip)를 채택하고 있다. 기국주의는 속지주의의 특수한 경우이다. 속지주의 규정에 따라 대한민국영역(대한민국의 선박 또는 항공기 포함)내에서 저질러진 범죄는 범인이나 피해자의 국적을 불문하고 형법의 적용을 받게 된다. 속지주의는 일반적으로 인정되는 형법의 장소적 적용범위에 관한 원칙으로 "모든 사람은 그가 현재 머무르고 있는 국가의 법을 준수해야 한다"는 원리에 근거한다.

"북한지역이 대한민국의 영역인가"에 대해서는 학설의 다툼이 있다. 긍정설[48]은 "대한민국의 영토는 한반도와 그 부속도서로 한다"는 헌법 제3조의 규정을 근거로 북한지역도 대한민국영역으로 본다. 형법의 형벌권 실현가능성은 별론으로 하고, 그 행사가능성 마저 포기할 이유는 없으므로 형법의 장소적 적용범위는 일반적으로 넓게 해석되고 있다. 그러나 북한지역을 대한민국영역으로 해석하면 형법을 적용함에 있어서 여러 가지 심각한 문제가 발생할 것이라는 점은 자명하다. 따라서 북한지역은 외국에 준하여 취급하는 것이 타당하다.[49] 재판권이 미치지 못하는 북한지역은 실질적으로 '대한민국영역외'와 동일하기 때문이다. 판례도 최종적으로 부정설의 입장을 채택하였다.[50] 북한지역내에서 대한민국 국가나 대한민국 국민의 법익에 대한 외국인의 범죄행위는 제5조와 제6조의 보호주의로 해결하면 충분하다.

대한민국영역내의 외교공관도 제2조의 '대한민국영역내'에 해당하는지 문제된다. 이와 관련

47) 광의의 국제형법은 국내법이 아닌 국제법이며, '부녀 및 아동의 매매금지에 관한 조약', '범죄인 인도에 관한 조약' 및 소위 국제범죄(통상의 전쟁범죄, 평화에 대한 죄, 인도에 대한 죄)에 관한 제 조약을 포함하는 개념으로 사용되고 있다.

48) 권오걸, 56면; 김성천/김형준, 43면; 손동권/김재윤, 58면; 안동준, 46면; 이영란, 61면; 정성근/박광민, 83면; 정영일, 70면; 진계호/이존걸, 106면.

49) 동지, 김성돈, 93면; 김일수/서보학, 34면; 배종대, 88면; 성낙현, 44면; 신동운, 68면; 이상돈, 52면.

50) 대법원 1957.9.20. 4290형상228; 대법원 2008.4.17. 2004도4899 전원합의체 판결. 최초 부정설의 대법원 1957.9.20. 4290형상228은 긍정설의 대법원 1997.11.20. 97도2021 전원합의체 판결로 변경되었으나, 이는 다시 최종적으로 부정설의 대법원 2008.4.17. 2004도4899 전원합의체 판결을 통하여 변경되었다.

하여 "주한미대사관내에서 미국인이 미국인을 폭행한 경우에 형법을 적용하는 것은 타당하지 않다"는 견해[51]가 있다. 미문화원 방화사건에서 속지주의 대신에 속인주의를 원용한 판례[52]도 있다. 그러나 국제법규나 조약에 의한 개별적인 형사관할권 면제가능성은 별론으로 하고, 대한민국소재의 외교공관을 제2조의 '대한민국영역'에서 제외할 이유는 없다.[53] 대법원[54]도 외국인이 중국 북경시에 소재한 대한민국영사관내에서 여권발급신청서를 위조하였다는 취지의 공소사실에 대하여 "중국 북경시에 소재한 대한민국영사관내부는 여전히 중국의 영토에 속할 뿐 이를 대한민국의 영토로서 그 영역에 해당한다고 볼 수 없다"고 판시하였다.

대한민국영역내에서 '죄를 범한'의 의미는 실행행위 또는 결과 중 어느 것이라도 대한민국영역내에서 발생하면 족하다(통설).[55] 대한민국영역내에서 실행행위 또는 범죄의 결과가 발생한 이상 우리의 형벌권을 포기할 이유가 없기 때문이다.[56] 범죄행위는 그 일부[57]가 국내에서 저질러짐으로써 충분하며, 정범의 행위뿐 아니라 공범의 행위[58]가 국내에서 저질러진 경우에도 형법이 적용된다. 예비죄가 처벌되는 경우에는 범죄의 준비행위지도 여기에 포함된다.[59] 이는 교사의 미수의 경우에도 동일하다. 다만 전체 범죄가 가벌적인 미수죄 이상이 실현된 때에는 대한민국의 영역내에서 범죄의 준비행위에만 가담한 경우[60]에도 제2조 또는 제4조가 적용된다.[61]

---

51) 손동권/김재윤, 59면.

52) 대법원 1986.6.24. 86도403: "국제협정이나 관행에 의하여 대한민국 내에 있는 미국문화원이 치외법권지역이고 그 곳을 미국영토의 연장으로 본다 하더라도 그 곳에서 죄를 범한 대한민국 국민에 대하여 우리 법원에 먼저 공소가 제기되고 미국이 자국의 재판권을 주장하지 않고 있는 이상 속인주의를 함께 채택하고 있는 우리나라의 재판권은 동인들에게도 당연히 미친다 할 것이며 미국문화원측이 동인들에 대한 처벌을 바라지 않았다고 하여 그 재판권이 배제되는 것도 아니다."

53) 김성돈, 94면; 오영근, 50면; 이상돈, 52면; 신양균, 외교공관에서의 범죄행위에 대한 재판권, 형사판례연구(2), 1994, 16면.

54) 대법원 2006.9.22. 2006도5010.

55) 독일형법 제9조는 이를 명문으로 인정하고 있다.

56) 행위지법과 결과지법 모두가 가벌성이 인정되는 경우에 한하여 자국형법을 적용하는 '쌍방가벌성의 원칙'이 바람직하다는 입장으로는 김성돈, 72면.

57) 대법원 2000.4.21. 99도3403: "외국인이 대한민국 공무원에게 알선한다는 명목으로 금품을 수수하는 행위가 대한민국영역내에서 이루어진 이상, 비록 금품수수의 명목이 된 알선행위를 하는 장소가 대한민국영역외라 하더라도 대한민국영역내에서 죄를 범한 것이라고 하여야 할 것이다."

58) 김성돈, 95면; 김일수/서보학, 34면; 박상기, 42면; 성낙현, 45면; 신동운, 67면; 조준현, 102면; 진계호/이존걸, 106면.

59) 김성돈, 95면.

60) 이 경우는 최소한 가벌적인 미수죄에 대한 교사범 또는 방조범에 해당한다.

61) 대법원 1998.11.27. 98도2734는 "형법 제2조를 적용함에 있어서 공모공동정범의 경우 공모지도 범죄지로 보아야 한다"는 입장이다. 그러나 공모공동정범을 부정하는 통설에 의한다면 이론적으로 미수범죄에 대한 가벌적인 방조행위가 인정된다.

## 2-2. 속인주의

제3조는 "본법은 대한민국영역외에서 죄를 범한 내국인에게 적용한다"는 속인주의(Personalitätsprinzip)를 규정한다. 외국에서 자국민의 범죄행위에 대해서 자국의 형법을 적용하는 원칙을 적극적 속인주의(aktives Personalitätsprinzip)라고 한다.[62]

독일형법 제7조 제2항 제1호는 "외국에서 죄를 범한 자가 독일국민이었거나 독일국민이 된 때에는 그 행위가 행위지에서 처벌되는지 여부를 불문하고 독일형법을 적용한다"고 규정한다. 이를 '제한된 적극적 속인주의(eingeschränktes aktives Personalitätsprinzip)'라고 한다.[63] 독일형법과 비교하면 형법의 속인주의에서는 '제한된 적극적 속인주의'의 부분에 관하여 형벌권이 미치지 아니한다. 즉 외국에서 외국인에 대하여 죄를 범한 외국인이 우리나라 국적을 취득한 경우에 형법의 적용이 불가능하다. 이에 대하여는 입법론적 재고를 요한다. 다만 외국에서 죄를 범할 당시 내국인이었던 자는 그 이후에 국적을 상실하여도 제3조에 의하여 형법의 적용을 받는다(다수설). 행위당시 내국인이었던 자가 국적을 포기함으로써 자유로이 제3조의 형벌권 범위를 벗어나는 것을 허용해서는 안 되기 때문이다.

일반적으로 속인주의는 속지주의를 보충하는 원칙으로 이해되고 있으나, 실제로는 형법이 보호주의를 외국인의 국외범으로 규정하기 때문에 형벌의 공백이 발생한 것일 뿐이다. 형법이 보호주의를 내·외국인의 국외범으로 규정한다면 특별히 속인주의를 통해서 보충해야 할 법익보호의 흠결은 발생하지 않는다.[64] 그 밖에 외국에서 외국의 국가나 외국인에 대해서 대한민국의 국민이 범한 범죄행위 모두를 빈틈없이 형법이 규율할 필요는 없다.[65][66]

---

62) 외국에서 자국민에 대한 범죄행위에 대해서 자국의 형법을 적용하는 원칙은 소극적 속인주의(passives Personalitätsprinzip)라고 하며, 이는 보호주의(Schutzprinzip)의 한 부분(Individualschutzprinzip)에 해당한다.

63) Vgl. Wessels/Beulke, AT, Rdnr. 68.

64) 제4조의 기국주의도 외국인만을 대상으로 규정하기 때문에 '국외에 있는 내국선박 등에서 내국인이 범한 죄'에 대한 형벌의 공백문제가 제기될 수 있다. 그러나 이 경우를 제3조의 속인주의로 포섭하는 것은 오류이다. 이 경우는 '국외에 있는 내국선박 등'의 특수한 속지주의 성격을 토대로 제2조의 속지주의에서 포섭해야 할 것이다.

65) 제3조의 국수주의적 형태에 대한 비판으로는 김성돈, 97면; 김성천/김형준, 50면; 김일수/서보학, 34면; 성낙현, 45면; 이재상/장영민/강동범, 48면; 김성돈, 형법 제3조와 속인주의의 재음미, 형사판례의 제문제(5), 형사판례연구회편, 2005, 3면 이하.

66) 대법원 2020.4.29. 2019도19130: "의료인 면허를 받지 아니한 피고인이 베트남에서 실리프팅 시술 등 의료행위를 하여 의료법위반죄로 기소된 사안에서, 의료법은 대한민국 영역 내에서 이루어지는 의료행위를 규율하기 위한 것이므로 대한민국 영역 외에서 이루어진 의료행위의 경우 의료법위반죄 구성요건해당성이 없다."

## 2-3. 보호주의

보호주의(Schutzprinzip)는 대한민국(Staatsschutzprinzip) 또는 대한민국국민(Individualschutzprinzip)의 법익을 침해하는 외국인의 국외범에 대하여 적극적으로 형법을 적용하는 장소적 적용범위에 관한 원칙이다. 제5조와 제6조는 대한민국영역외에서 대한민국 또는 대한민국국민의 법익을 침해한 외국인에 대하여 형법을 적용하는 보호주의를 규정하고 있다. 제5조는 제1호 내지 제7호에 규정된 죄(내란의 죄, 외환의 죄, 국기에 관한 죄, 통화에 관한 죄, 유가증권·우표와 인지에 관한 죄, 문서에 관한 죄 중 제225조 내지 제230조, 인장에 관한 죄 중 제238조)[67]를 범한 외국인에 대해서 형법을 적용하고 있다. 여기서는 행위지의 법률이 범죄를 구성하는지 여부와 관계없이 형법이 적용된다. 제6조는 대한민국영역외에서 제5조에서 규정한 이외의 죄를 범한 외국인에 대해서 형법을 적용하는 보호주의규정이다. 다만 행위지의 법률이 범죄를 구성하지 아니하거나 소추 또는 형의 집행이 면제되는 경우에는 제6조의 보호주의가 적용되지 아니한다(제6조 단서).

## 2-4. 세계주의

세계주의(Weltrechtsgrundsatz)는 국제사회에서 다수의 국가에 공통적인 이익을 보호하기 위하여 각국의 형법이 적극적으로 대처하는 국제적 연대성에 기인한 원칙이다. 따라서 외국인의 국외범이라 할지라도 보호주의와 관계없이 형법이 적용될 수 있다. 다만 형법은 세계주의에 관하여 형법총칙상의 일반적인 규정을 가지고 있지는 않으며, 형법각칙의 개별 조항이나 특별법 등을 통하여 부분적으로 세계주의를 채택하고 있다.

제296조의2는 대한민국 영역 밖에서 죄를 범한 외국인에게도 '약취, 유인 및 인신매매에 관한 죄 및 그 미수죄'를 적용하는 세계주의를 규정하였다. 또한 '테러방지법(국민보호와 공공안전을 위한 테러방지법)' 제19조는 동법 제17조 테러단체구성죄 등에 대해서도 명문으로 세계주의를 규정하였다.

그 밖에 형법은 제207조 제3항·제4항·제212조에서 외국통용 외국통화위조·변조죄와 동행사죄 및 그 미수죄 그리고 제214조·제218조에서 외국의 유가증권·우표·인지 위조·변조죄와 그 미수죄를 규정하고 있는데, 이 한도에서 외국인의 국외범을 처벌하는 제5조 제4호와 제5호의 규정에 의하여 간접적으로 세계주의가 채택되는 결과가 되고 있다.[68]

---

67) 문서에 관한 죄와 인장에 관한 죄는 공문서 및 공인에 관한 죄 중 기수범만 포함하며, 그 미수범 및 사문서와 사인에 관한 죄는 제외된다.

68) 동지, 신동운, 70면; 정영일, 73면; 진계호/이존걸, 109면.

제5조 제6호와 제7호도 공문서와 공인에 관한 죄에 대하여 외국인의 국외범을 처벌하고 있는데, 이 규정에 의하여 "제225조 내지 제230조의 공문서에 관한 죄와 제238조의 공인 등 위조·부정사용죄에 대해서도 세계주의가 채택되어 있다"고 해석하는 견해[69]가 있다. 그러나 외국인이 대한민국영역외에서 대한민국의 공문서에 관한 죄나 공인에 관한 죄를 범한 경우는 세계주의가 아니라 보호주의의 관점에서 형법이 적용될 뿐이다. 대한민국영역외에서 외국인이 외국의 공문서나 외국의 공인에 관한 죄를 범한 경우는 제5조 제6호와 제7호가 적용되지 않는다. 공문서는 대한민국의 공무원이나 공무소가 작성권한 범위 내에서 작성한 문서를 의미하므로 외국의 공문서[70]나 공인은 형법의 적용에서 사문서나 사인에 불과하기 때문이다(통설).

독일형법 제7조 제2항 제2호는 국제사회에서의 공조와 관련하여 "외국에서 죄를 범한 외국인이 독일에서 체포되었고 범죄인인도법에 의하여 그 인도가 허용되고 있음에도 불구하고, 인도청구가 없거나 인도가 거절되거나 인도를 실행할 수 없기 때문에 인도되지 아니한 경우에 독일형법을 적용한다"고 규정하고 있다. 이를 '대리 형사사법의 원칙(Grundsatz der stellvertretenden Strafrechtspflege)'이라고 한다.[71] 범죄 후 외국으로의 도주가 용이해진 현대의 국제화·세계화 추세에 따라 '대리 형사사법의 원칙'은 입법론적으로 형법의 장소적 적용범위에서 적극적으로 고려할 필요가 있다.

## 2-5. 외국에서 집행된 형의 산입

제7조는 "죄를 지어 외국에서 형의 전부 또는 일부가 집행된 사람에 대해서는 그 집행된 형의 전부 또는 일부를 선고하는 형에 산입한다"고 규정하고 있다. 구형법이 외국에서 받은 형의 집행에 관하여 임의적 형 감면사유로 규정하였는데, 이 규정에 대하여 헌법재판소는 "형법에 의한 처벌시 외국에서 받은 형의 집행을 전혀 고려하지 않는다면 신체의 자유에 대한 과도한 제한이 될 수 있다는 취지"에서 헌법불합치 결정[72]을 하였다. 이에 따라 개정형법은 헌재의 결정을 반영하여 외국에서 집행된 형의 전부 또는 일부를 산입하도록 개정하였다. 개정형법의 태도는 우리 형벌권의 행사를 포기하지 않으면서도 이미 외국에서 집행된 형을 고려한다는 점에서 타당하다.

# 3. 인적 적용범위

형법은 시간적·장소적으로 효력이 미치는 범위에서 모든 사람에게 적용되는 것이 원

---

69) 김일수, 한국형법 Ⅳ, 252면.

70) 대법원 1998.4.10. 98도164는 홍콩 교통국장이 발행한 국제운전면허증에 자신의 사진을 붙여 위조한 행위를 사문서위조죄로 판단하였다.

71) Vgl. Wessels/Beulke, AT, Rdnr. 71 f.

72) 헌재 2015.5.28. 2013헌바129.

칙이다. 그러나 시간적·장소적으로 효력이 미치는 범위에서도 국내법적으로 또는 국제법적으로 형법에 의한 형벌권의 행사가 배제되는 예외적인 경우가 있다.[73]

국내법상 대통령은 내란 또는 외환의 죄를 범한 경우를 제외하고는 재직 중 형사상의 소추를 받지 아니한다(헌법 제84조). 재직 중에만 형사소추가 제한되며, 재직기간 경과 후에는 당연히 형사소추될 수 있다. 국회의원은 국회에서 직무상 행한 발언과 표결에 관하여 국회 외에서 책임을 지지 아니한다(헌법 제45조).

국제법상 외국의 원수와 외교관, 그 가족 및 내국인이 아닌 수행원에 대하여 형법이 적용되지 않으며, 외국 영사의 직무상 행위에 대해서도 형법에 의한 형벌권의 행사가 배제된다.[74] 한미 간의 군대지위협정[75]에 의하여 공무집행 중의 미군범죄에 대하여도 형법에 의한 형벌권의 행사가 배제된다.

73) 형법의 인적 적용범위에 관하여 형법의 적용이 배제되는 것이 아니라, 소추조건 또는 인적처벌조각사유 내지 형사관할권 주체에 관한 예외조항이라는 자세한 견해로는 김성돈, 102면 이하; 오영근, 51면; 신양균, 외교공관에서의 범죄행위에 대한 재판권, 형사판례연구(2), 1994, 6면 이하, 10면.

74) 외교관에 관한 비엔나 협약 1961.4.18, 영사관계에 관한 비엔나 협약 1963.4.24.

75) Status of Forces Agreement, 1966.7.9 서명, 1967.3.9 시행.

# 제 4 장 형법이론

종래 형법의 근본적인 문제인 “범죄란 무엇이며, 형벌이란 무엇인가”라는 범죄이론과 형벌이론에 관한 이론에는 대립되는 두 견해가 있었다. 두 견해의 대립은 “인간은 어떻게 파악되는가”라는 철학적인 인간상의 문제로부터 출발한다. 구파(고전학파)에 의하면 인간은 자유의사를 가지고 자유롭게 행동하는 자유인이라고 한다(자유의사론). 이에 반해 신파(근대학파)에 의하면 인간은 자유의사를 갖고 있지 못하며, 단지 소질과 환경에 의하여 이미 결정된 존재에 불과하다고 한다(결정론). 인간을 이와 같이 상반된 입장에서 파악한다면 인간이 저지르는 범죄와 이러한 인간에게 부과해야 할 형벌의 본질도 상반된 입장에서 파악될 수밖에 없게 된다.

## 1. 구파(고전학파)의 형법이론

### 1-1. 구파의 범죄이론(객관주의)

구파(고전학파)의 범죄이론인 객관주의는 개인주의적 계몽사상에서 출발하는 이론이다. 구파는 인간을 자유의사를 갖는 이성적 존재로 파악하기 때문에, 모든 인간은 동일한 자유의사를 갖게 되고, 범죄는 이러한 자유의사를 갖고 있는 인간이 자신의 자유로운 의사결정에 의해서 저지르는 것으로 이해한다. 따라서 구파는 범죄의 본질을 오직 외부적·객관적인 범죄사실, 즉 행위를 중심으로 파악하게 된다. 이러한 의미에서 구파의 범죄이론을 객관주의, 범죄주의 또는 사실주의라고 한다. 구파의 객관주의는 범죄의 본질을 외부적인 객관적 범죄행위에서 파악하기 때문에 엄격한 죄형법정주의의 원칙에 충실할 수 있으며, 법적 안정성을 추구할 수 있다는 장점이 있다.

### 1-2. 구파의 형벌이론(응보형주의, 일반예방주의)

종래 형벌이론은 "형벌의 본질은 범죄에 대한 정당한 응보에 있다"고 하는 응보형주의(절대설)와 "형벌은 그 자체가 목적이 아니라 장래의 범죄를 예방하는 예방의 수단이어야 한다"는 목적형주의(상대설)로 대립되어 왔다. 목적형주의는 다시 일반예방주의와 특별예방주의로 구별되는데, 일반예방주의는 응보형주의와 결합하여 구파의 형벌이론에서 주장되었고, 특별예방주의는 신파에 의하여 주장되었다.

응보형주의(Kant, Hegel, Binding)는 형벌의 본질을 범죄에 대한 정당한 응보로 파악한다. 이성적 존재로서의 인간이 자신의 자유의사에 기하여 범죄를 저질렀다면 그 범죄에 상응하는 해악이 가해지는 것은 필연적이며, 이것은 어떤 목적과도 관계없는 정의의 명령이 된다. 따라서 형벌은 악에 대한 보복적 반동으로서의 고통을 의미하며, 형벌은 그 자체가 목적이 된다. 이러한 의미에서 응보형주의는 절대설이라 불린다. 절대설에 의하면 형벌은 그 어떠한 목적을 추구하기 위하여 존재하는 것이 아니라 그 자체가 정의를 실현하는 것이므로, 악(범죄)에 대한 보복적 반동으로서의 고통(응보)은 악과 동일한 정도이어야 한다. 따라서 범죄예방을 위하여 악의 정도를 초과하여 고통을 부과하는 것은 허용될 수 없으며, 형벌권의 한계를 명백히 하는 악과 동등한 정도의 응보(책임주의)가 응보형주의의 핵심이 된다.

그러나 구파의 형벌이론이 응보형주의에 의해서만 대표되는 것은 아니다. 일반예방주의(Beccaria, Feuerbach)도 구파이론의 출발점인 개인주의적 계몽사상을 기초로 주장되었다. 이에 따르면 범죄에 대한 형벌은 그 자체로서 일반인(잠재적 범죄인)에 대한 위하(威嚇)에 의해서 범죄를 예방하는 일반예방적인 기능을 한다(상대적 응보형주의). 일반인에 대한 이러한 위하가 일반예방의 기능을 발휘하기 위해서는 우선 죄와 형이 명확하게 규정되어 사회일반에 널리 인식되어야 하며(죄형 법정주의), 또한 국가형벌권이 자의로 행사되어서도 안 된다. 즉 범죄와 형벌 사이에는 균형이 유지되어야 한다(죄형 균형론). 포이에르바흐(Feuerbach)는 형벌의 주 임무가 범죄방지를 위한 심리강제에 있다고 하는 소위 심리강제설을 주장하였다.

## 2. 신파(근대학파)의 형법이론

### 2-1. 신파의 범죄이론(주관주의)

신파(근대 학파)의 범죄이론인 주관주의는 자연주의적 결정론에 근거하고 있다. 신파에 의하면 인간은 자유의사를 갖고 있지 못하며, 단지 소질과 환경에 의하여 이미 결정된 존재에 불과하다. 따라서 형벌의 대상은 범죄사실이 아니라 범죄인이 된다. 이와 같이 신파의 범죄이론은 행위보다는 행위자의 악성이나 그의 사회적 위험성에 중점을 두기 때문에 주관주의, 성격주의 또는 범인주의로 명명된다. 따라서 범죄는 특별한 성격의 소유자인 범죄인의 반사회적 악성의 징표(범죄징표주의)에 지나지 않는다고 한다.

### 2-2. 신파의 형벌이론(목적형주의: 특별예방주의)

신파의 주관주의 범죄이론에 의하면 범죄는 반사회적 징표에 지나지 않으며, 범죄인은 특별한 성격의 소유자이다. 형벌의 대상도 범죄사실이 아니라 특별한 범죄인이어야 하며, 형벌의 목적도 범죄인 개인에 대한 위하나 사회로부터의 격리·제거를 통하여 그 범죄인이 다시는 범죄를 저지르지 않도록 개선하거나 범죄인으로부터 사회를 방위하는 특별예방이어야 한다. 형벌은 구체적 범죄인에 대한 교육 내지 치료를 의미하며, 형사사법의 과제도 범죄인의 사회복귀에 두게 된다. 따라서 특별예방주의는 형벌의 개별화를 주장하게 되며, 보안처분과 형벌의 구별을 부정하게 된다. 특별예방주의는 이탈리아의 실증주의 학파(Lombroso, Ferri, Garofalo)와 리스트(Liszt)에 의하여 대표되는 목적형주의에 의하여 확립되었으며, 목적형주의를 기초로 한 교육형주의(Liepmann, Lanza, Soldana)와 사회방위이론(Gramatica, Marc Ancel)으로 완성을 보게 되었다.

## 3. 신고전주의

범죄이론에서 신파와 구파의 주관주의와 객관주의의 대립이나, 형벌이론에서 응보형주의·목적형주의와 일반예방주의·특별예방주의의 대립에서 보듯이, 각각의 주장이 일방적이기 때문에 어느 학파의 이론이 절대적으로 타당하다는 결론에 이를 수는 없다. 따라서 현재 대다수 국가의 형법은 신파와 구파의 이론을 결합한 포괄적이고 절충적인 형태를 취하고 있다. 형법도 자유의사를 전제로 하는 고전학파의 이론을 기초로 하면서 근대학파의 이론을 고려하는 소위 신고전주의를 취하고 있다는 데에 의견이 일치하고 있다. 특히 구파의 형벌이론은 책임이 형벌의 상한을 제한한다는 의미에서 절대적이다. 즉 일반예방이 책임의 범위를 초과해서는 안 된다. 반면에 형벌의 하한은 신파이론의 특별예방에 의하여 결정된다(결합설).

# 제 2 편

# 범 죄 론

제 1 장 범죄의 기본개념과 행위
제 2 장 구성요건해당성
제 3 장 위 법 성
제 4 장 책 임
제 5 장 미 수 론
제 6 장 정범과 공범

# 제 1 장 범죄의 기본개념과 행위

## 제 1 절 범죄의 체계와 기본개념

### 1. 범죄의 의의

#### 1-1. 범죄의 의의(범죄의 형식적 의의)

범죄란 그에 대한 법률효과로서 형벌 또는 보안처분이 규정되어 있는 행위, 즉 형벌법규에 의하여 형벌이 과해져야 할 행위이거나 보안처분법규에 의하여 보안처분이 과해져야 할 행위를 말한다. 이는 형법의 보장적 기능이 발휘될 수 있도록 죄형법정주의에 의하여 정해진 형벌이나 보안처분의 대상이 되는 행위이다. 이러한 범죄의 형식적 의미는 구성요건에 해당하고 위법하며 책임을 구비한 행위로 이해되고 있다. 다만 여기에는 보안처분의 대상이 되는 행위가 완전히 포함되지는 아니하였다. 보안처분은 책임을 전제로 하지 않기 때문이다. 형식적 의미의 범죄는 주로 형법학의 연구대상이 된다.

#### 1-2. 범죄의 본질(범죄의 실질적 의의)

실질적 의미의 범죄는 형벌이나 보안처분을 받아야 마땅한 행위를 말한다. 이는 형법의 보호과제의 관점에서 이해하는 범죄를 의미한다. 즉 사회윤리적 기본가치를 보호하기 위하여 보충성의 원리에 따라(비범죄화의 요청도 고려하여) 최후의 수단인 형벌 또는 보안처분이 부과되어야 할 행위가 실질적 의미의 범죄이다. 실질적 의미의 범죄는 주로 형사정책학의 연구대상이다.

실질적 의미의 범죄의 본질에 대해서는 개별적인 권리에 대한 침해라는 '권리침해설',

법익의 침해 내지 그 위험이라는 '법익침해설'[1] 및 의무위반이라는 '의무위반설'의 견해가 있다. 그러나 권리침해설은 권리침해를 내용으로 하지 않는 범죄(범죄단체조직죄·도박죄·아편흡식 등 장소제공죄)를 설명할 수 없다. 또한 법익침해설이나 의무위반설도 범죄의 본질을 단편적으로만 설명하기 때문에 충분하다고 할 수 없다. 범죄는 법익침해(또는 위태화)와 의무위반의 양면을 모두 포함하기 때문에 법익침해와 의무위반을 결합해야만 범죄의 본질을 명확하게 파악할 수 있다.[2]

예컨대 살인죄와 과실치사죄는 사람의 생명이라는 법익을 침해하는 데에는 차이가 없다. 따라서 두 범죄는 사람의 생명이라는 법익침해 이외에 "고의로 사람을 살해하거나, 부주의하게 사람의 생명을 침해하지 말라"는 법적 의무위반과 결합해서 고려해야만 명확한 구별이 가능해진다. 손괴죄와 절도죄도 마찬가지이다. 타인의 재물이라는 법익의 침해 이외에 "고의로 타인의 재물을 훔치거나, 고의로 타인의 재물을 부수지 말라"는 법적 의무위반을 결합하여 고려해야만 두 범죄의 구별이 가능해진다. 또한 범죄는 의무위반만 가지고도 설명이 되지 않는다. 예컨대 옥상에서 지나가는 사람이 있는가 살펴볼 주의의무를 다하지 않고 폐건축자재를 아래로 던진 자는 그러한 의무위반에 의하여 어떤 법익(생명·신체·재산)에 대한 침해가 있었는가에 따라 과실치사·과실치상·과실손괴에 대한 범죄의 성립 여부가 결정된다. 다만 과실손괴는 형법에 처벌규정이 없으므로 범죄가 성립하지 않는다.

범죄의 본질이 법익침해와 의무위반의 결합에 있다고 하더라도 실질적으로 고의의 작위범죄는 법익을 침해하거나 위태롭게 하는 적극적 작위행위에 범죄실현의 중심점이 놓이게 되며, 과실범죄나 부작위범죄의 경우에는 의무위반에 범죄실현의 중심점이 놓이게 된다. 고의 작위범은 범죄 구성요건이 금지규범으로 구성되어 있기 때문에, 이를 위반하려면 금지된 법익을 침해하거나 위태롭게 하는 행위를 적극적으로 행함으로써 실현된다. 이에 반하여 과실범이나 부작위범은 명령규범(주의의무 이행의 명령, 작위의무 이행의 명령)으로 구성되어 있기 때문에, 이를 위반하기 위해서는 명령된 의무를 이행하지 않음으로써 범죄가 실현된다. 이와 같이 고의의 작위범과 과실범·부작위범에서는 범죄론의 구조상 뚜렷한 차이를 나타낸다. 이 책에서는 기본 범죄유형으로서의 고의 작위범과 특수한 범죄유형으로서의 과실범·부작위범을 각각 분리하여 다루도록 한다.

1) 김일수/서보학, 10면; 신동운, 77면.
2) 이재상/장영민/강동범, 73면; 이형국, 51면; 임웅, 86면; 정성근/박광민, 95면; 진계호/이존걸, 117면; 동취지, 오영근, 59면.

## 2. 범죄의 체계(범죄의 성립요건, 처벌조건, 소추조건)

### 2-1. 범죄의 성립요건

범죄는 구성요건에 해당하고 위법하며 유책한 행위를 말한다. 따라서 범죄성립요건은 구성요건해당성, 위법성, 책임이 된다. 범죄성립요건이 완전하게 갖추어져 있지 않으면 범죄가 성립하지 않으므로 무죄가 된다.

#### 2-1-1. 구성요건해당성

형법 각 본조에서는 형벌을 받아야 할 전형적인 불법행위를 살인죄, 폭행죄, 절도죄 등과 같이 유형별로 분류하여 추상적으로 규정하고 있다. 이를 구성요건이라고 한다. 구성요건해당성이란 구체적인 행위가 추상적으로 규정된 법적 구성요건에 포섭됨을 의미한다.

#### 2-1-2. 위법성

위법성이란 구성요건에 해당하는 구체적인 행위가 전체 법질서의 평가에 반하기 때문에 법률상 허용되지 않는 성질을 말한다. 구성요건에 해당하는 행위는 당연히 위법하다고 평가된다. 구성요건은 본래 위법한 행위 중에서 형벌을 받아야 마땅하다고 평가되는 전형적인 불법행위만을 선별하여 유형별로 규정한 것이기 때문에, 구성요건에 해당하는 행위는 원칙적으로 위법하다. 그러나 구성요건에 해당하는 행위라도 법률은 이를 일정한 요건하에서는 허용하지 않을 수 없다. 예컨대 정당한 이익의 수호를 위한 정당방위, 보다 더 큰 중요한 법익을 지키기 위하여 필요한 긴급피난 등의 경우가 그러하다. 이와 같이 구성요건에 해당하는 행위를 예외적으로 허용해 주는 사유를 위법성조각사유라 한다. 구성요건해당성에 의해서 위법성은 당연히 추정되기 때문에, 형법은 위법성에 관하여 총칙에서 소극적으로 위법성조각사유를 규정하고 있다.

형법에서는 구성요건해당성과 위법성을 결합한 불법이라는 개념이 사용된다. 구성요건에 해당하고 위법한 행위는 해당 구성요건의 법적 평가에 완전하게 배치되는 불법행위가 된다. 이와 같이 위법이 전체 법질서의 평가에 반하는 것임에 반하여, 불법은 개별적인 법률의 평가에 반하는 것이다. 개별적인 법률의 평가에 반하는 행위는 예컨대 형법적 불법행위 · 행정법적 불법행위 · 민사법적 불법행위로 표현될 수 있으며, 더 구체적으로는 살인불법행위 · 상해불법행위 · 강도불법행위 등으로 표현될 수 있다.

### 2-1-3. 책 임

책임은 구성요건에 해당하고 위법한 행위, 즉 불법한 행위를 한 행위자에 대한 법적 비난이다. 불법한 행위에 대한 법적 비난은 일반적으로 '구체적인 상황에서 구체적인 행위자가 적법한 행위를 할 수 있었음에도 불구하고 적법행위 대신 불법행위를 한 경우'에 가능하다. 따라서 구체적인 행위자의 적법행위에 대한 기대가능성은 불법행위에 대한 비난가능성(형사책임)의 일반적인 근거가 될 수 있다.[3] 예컨대 5세의 아이가 슈퍼마켓에서 평소 먹고 싶던 과자를 가지고 나왔을 경우, 적법행위에 대한 기대가능성이 없는 5세 아이의 행위를 절도죄로 비난하는 것은 불가능하다. 이와 같이 범죄는 비난가능한 불법한 행위를 의미하며, 책임은 범죄성립의 한 요소가 된다.

원칙적으로 구성요건에 해당하는 행위에 대해서는 위법성뿐 아니라 책임도 추정된다. 형법의 구성요건은 적법과 불법을 구별할 수 있는 윤리적으로 성숙한 사람이 저지르는 것을 전제로 규정되기 때문이다. 따라서 책임과 관련된 형법총칙의 규정들은 책임을 인정하기 위한 요건이 아니라, 책임을 부정하거나 감경하기 위한 요건을 소극적으로 규정하고 있을 뿐이다. 이에 따라 책임무능력, 한정책임능력, 정당한 사유 있는 법률의 착오(면책사유) 또는 책임조각사유 등이 존재하는 경우에는 행위자의 책임이 부정되거나 한정된 책임만이 인정된다. 다만 형벌을 대상으로 하는 범죄에서만 책임을 요하며, 보안처분을 대상으로 하는 범죄는 책임이 아니라 재범의 위험성을 전제로 한다.

## 2-2. 범죄의 처벌조건

구체적인 행위는 구성요건해당성·위법성·책임을 모두 구비함으로써 범죄가 성립하게 된다. 범죄가 성립하면 행위자에 대한 처벌은 원칙적으로 가능하다. 그러나 범죄에 따라서는 범죄성립요건이 충족되어도 일정한 조건하에서만 처벌되는 범죄가 있다. 이러한 조건을 처벌조건이라고 한다. 처벌조건에는 객관적 처벌조건과 인적 처벌조각사유가 있다. 범죄성립요건이 갖추어져 있지 않을 때에는 무죄판결을 해야 하지만, 성립된 범죄에 처벌조건이 갖추어져 있지 않으면 형의 면제판결을 해야 한다.

---

3) 특별한 경우에는 적법행위에 대한 기대가능성이 없음에도 기대가능성 이외의 다른 사유를 근거로 불법행위에 대한 비난가능성이 인정될 수 있다. 예컨대 정당한 이유 없는 법률의 착오가 그러하다. 위법성의 인식이 없는 자의 불법행위는 적법행위에 대한 기대가능성이 부정되는 경우이지만, 이 경우는 법률착오에 대한 정당한 이유 없음을 근거로 그 불법행위에 대하여 책임비난이 가능하게 된다.

### 2-2-1. 객관적 처벌조건

범죄성립요건 이외에 일정한 외부적·객관적 사유가 존재해야만 형벌권이 발생되는 범죄가 있다. 예컨대 파산범죄(채무자회생 및 파산에 관한 법률 제650조 내지 제652조, 제654조)에 있어서는 파산의 선고가 확정되어야 처벌이 가능하며, 사전수뢰죄(제129조 제2항)는 행위자가 공무원 또는 중재인이 되었을 때 처벌이 가능하다. 여기서 '파산선고의 확정'이나 '공무원 또는 중재인이 된 사실' 등과 같은 외부적·객관적 사유가 당해 범죄의 객관적 처벌조건이다.

### 2-2-2. 인적 처벌조각사유

행위자의 특수한 신분관계로 인하여 이미 성립한 범죄에 대한 형벌권이 발생되지 않는 경우도 있다. 예컨대 직계혈족·배우자·동거친족·동거가족 또는 그 배우자 간의 권리행사방해죄나 절도죄 등의 재산범죄(제328조 제1항)는 처벌되지 않는다. 이와 같은 행위자의 특수한 신분관계를 인적 처벌조각사유라 한다.

## 2-3. 범죄의 소추조건

범죄가 성립하면 이에 대한 공소제기가 가능하다. 그러나 범죄에 따라서는 일정한 조건하에서만 공소제기가 가능한 경우가 있다. 이러한 조건을 소추조건이라고 한다. 고소나 피해자의 명시적 처벌불원의사가 여기에 해당한다. 피해자나 기타 고소권자의 고소를 요건으로 공소제기가 가능한 범죄를 친고죄라 하며, 정지조건부 범죄라고도 한다(모욕죄, 비밀침해죄). 피해자의 명시적 의사에 반하여 공소제기를 할 수 없는 범죄는 반의사불벌죄라고 하며, 해제조건부 범죄라고도 한다(폭행죄, 명예훼손죄). 처벌조건이 결여된 때에는 형 면제의 실체재판을 하여야 하지만, 소추조건이 결여된 때에는 공소기각의 형식판결을 하게 된다.

# 3. 범죄의 종류

범죄는 그 종류에 따라 각각 다른 특징들을 지니고 있다. 이러한 특징들을 간략하게 일관하는 것은 일목요연한 범죄구조의 정립을 위하여 필요하다.

## 3-1. 결과범과 형식범

결과범과 형식범(거동범)은 범죄의 객관적 구성요건요소로서 결과의 발생을 요하는가에 따른 분류이다. 결과범은 실질범이라고도 하며, 일정한 구성요건적 결과의 발생을 요건으로 하는 범죄를 말한다. 살인죄·절도죄·강도죄·손괴죄 등이 여기에 해당한다. 형식범은 단순히 구성요건적 행위를 행함으로써 범죄가 완성되며, 주거침입죄·무고죄·위증죄 등이 여기에 해당한다.

구성요건적 결과의 발생을 전제로 전개되는 인과관계나 객관적 귀속 이론은 결과범에서만 의미가 있다. 형식범에서는 결과의 발생을 요건으로 하지 않으므로 인과관계나 객관적 귀속 이론이 불필요하다. 또한 형식범은 구성요건적 행위만으로 기수가 되기 때문에 범죄의 구조상 미수범 인정이 곤란한 경우가 대부분이다.

## 3-2. 침해범과 위험범

범죄는 법익의 보호정도에 따라 침해범과 위험범(위태범)으로 분류된다. 침해범은 현실적인 법익의 침해를 요하는 범죄를 말한다. 살인죄나 상해죄 등의 범죄에서는 사람의 생명이나 신체라는 보호법익에 대한 침해가 있어야 기수에 이르게 된다. 이에 반하여 위험범은 보호법익에 대한 위험만으로 구성요건의 충족이 인정되는 범죄를 말한다. 유기죄, 방화죄, 명예훼손죄 등이 여기에 해당한다.

위험범은 다시 구체적 위험범과 추상적 위험범으로 구분된다. 구성요건이 보호법익에 대한 구체적·현실적 위험의 야기로 충족되는 범죄가 구체적 위험범이며, 단순히 구성요건적 행위만으로 보호법익에 대한 일반적·추상적 위험이 인정되는 범죄가 추상적 위험범이다. 구체적 위험범에서의 구체적 위험은 범죄의 객관적 구성요건요소이다. 예컨대 제167조 제1항 일반물건방화죄에서 '공공의 위험'이라는 구체적 위험에 대한 인식은 고의의 내용이며, 구체적 사안에서 '공공의 위험'이라는 구체적 위험이 현실적으로 발생한 경우에만 범죄가 기수에 이르게 된다. 따라서 구체적 위험범은 모두 결과범이 된다.

추상적 위험범에서는 구체적·현실적 위험의 발생이 필요하지 않으며, 구성요건적 행위만으로 추상적 위험이 인정된다. 예컨대 제271조 제1항의 유기죄에서 유기행위는 그 자체로 사람의 생명·신체에 대한 위험한 행위이며, 유기죄에서는 유기행위만으로 요부조자의 생명·신체에 대한 일반적·추상적 위험이 간주[4]된다. 이와 같이 구성요건적 행위에 의

4) 형법은 항상 현실적인 구체적 사실에 근거해야 하기 때문에 형법에서의 간주규정은 상당히 예외적이다. 제9조의 형사미성년자 규정도 이러한 간주규정에 속한다.

하여 당연히 간주되는 위험을 추상적 위험이라고 한다. 이러한 추상적 위험은 그 자체로 범죄의 구성요건요소가 되지 않으며, 고의에서도 이러한 추상적 위험에 대한 인식을 요하지 않는다.

추상적 위험범에서는 구성요건적 행위만으로 추상적 위험이 간주되어 범죄가 성립하기 때문에, 일반적으로 추상적 위험범은 거의 모두가 형식범이 된다. 다만 보호법익과 구성요건적 결과의 대상이 항상 일치하는 것은 아니므로 추상적 위험범이면서 동시에 결과범인 범죄도 얼마든지 존재할 수 있다. 예컨대 제208조 위조통화취득죄는 위조통화의 취득이라는 결과가 발생해야 범죄가 기수에 이르게 되지만, 위조통화의 취득이라는 결과가 발생하여도 그 보호법익인 통화의 안전에 대해서는 위태화만 인정될 수 있을 뿐이다.

### 3-3. 계속범과 상태범

계속범과 상태범은 구성요건적 행위가 시간적 계속을 요하는가에 따른 분류이다. 불법체포·감금죄나 주거침입죄 등과 같이 구성요건적 행위가 위법상태를 야기할 뿐만 아니라 시간적 계속을 요하는 범죄를 계속범이라 한다. 계속범은 위법상태의 야기로 기수에 이르게 되고, 기수에 이른 이후에도 구성요건적 행위는 계속되며, 행위를 종료할 때 위법상태가 종료되고 범죄도 종료된다. 이에 반하여 상태범(즉시범)은 구성요건적 행위(형식범)나 결과의 발생(결과범)으로 범죄가 기수에 이르게 되고, 동시에 범죄도 종료한다. 살인죄, 상해죄, 절도죄, 위증죄 등이 여기에 해당한다.

계속범과 상태범은 형법의 시간적 적용범위, 공소시효의 기산점, 공범가담의 가능시점 등에서 구별의 실익이 있다. 형법의 시간적 적용범위에 관한 제1조 제2항의 '범죄 후'는 특히 계속범의 경우에 의미가 있다.

공소시효는 범죄의 종료로부터 진행하기 때문에, 계속범의 경우에는 범죄가 기수에 이른 이후에도 행위가 계속되는 동안에는 공소시효가 진행하지 않는다. 상태범에서는 대부분 행위의 종료나 결과의 발생에 의하여 범죄는 기수에 이르게 되고 동시에 범죄가 종료되어 이때부터 공소시효가 진행한다.

공범가담 가능성과 관련하여, 계속범의 경우에는 범죄가 기수에 이른 이후에도 위법상태가 계속되는 동안 공범으로 해당 범죄에 가담하는 것이 얼마든지 가능하다. 상태범에서는 대부분 행위의 종료나 결과의 발생으로 범죄가 기수로 되고 동시에 종료하기 때문에 기수 이후에는 공범으로서의 가담이 불가능하게 된다. 다만 상태범에서도 범죄에 따라서는 형식적 기수와 실질적 종료 사이에 공범의 성립이 가능한 경우가 있다. 예컨대 절도죄 등에서는 기수와 종료의 시점이 일치하지 않을 수 있으며, 절도의 형식적 기수와 실질적 종료 사이에서 특히 방조범의 성립이 가능할 수 있다.

상태범과 즉시범을 구별하는 견해[5]가 있다. 즉시범은 기수와 동시에 종료되는 범죄이고, 상태범은 기수 이후에 위법상태가 존속되는 범죄라는 것이다. 따라서 상태범에서는 위법상태에 포섭될 수 있는 기수 이후의 행위가 불가벌적 사후행위에 불과하다고 한다. 다만 살인죄는 즉시범이지만 상태범의 일종으로 보아야 할 때도 있다[6]고 한다. 그러나 "불가벌적 사후행위를 인정할 수 있는가"의 문제는 범죄의 종류에 따라 결정되는 것이 아니라, "보호법익에 대한 침해 내지 위태화가 본범에서 충분히 평가되고 있는가"에 의해서 결정될 문제이다. 또한 경우에 따라 상태범도 되고 즉시범도 되는 구별이라면 이미 구별의 필요나 실익을 인정할 수 없게 된다. 상태범과 즉시범은 구별하는 견해는 타당하다고 할 수 없다.[7]

## 3-4. 일반범, 신분범, 자수범

일반범, 신분범과 자수범은 정범이 될 수 있는 행위자(행위주체)의 범위에 따른 분류이다. 일반범은 누구나 행위주체가 될 수 있는 범죄로서, 정범이 될 수 있는 행위자의 범위에 제한이 없다. 범죄구성요건에서 행위주체를 '구성요건적 행위(살해, 상해 절취 등)를 한 자'로 규정된 모든 범죄가 일반범에 해당한다. 신분범은 범죄구성요건이 행위주체의 범위를 '일정한 신분을 가진 자'로 제한하는 범죄이다. 예컨대 살인죄는 일반범으로서 누구나 범할 수 있지만(제250조 제1항), 위증죄는 신분범으로서 '법률에 의하여 선서한 증인'만이 범할 수 있다(제152조). 신분범에서는 비신분자가 해당 범죄의 정범[8]이 될 수는 없지만 공범으로 가담하는 것은 얼마든지 가능하다.

신분범은 진정신분범과 부진정신분범으로 구별된다. 신분 있는 자의 행위에 의해서만 범죄가 성립하고, 신분 없는 자의 행위에 의해서는 범죄가 성립할 수 없는 신분범이 진정신분범이다. 위증죄(제152조: 법률에 의하여 선서한 증인), 수뢰죄(제129조 제1항: 공무원 또는 중재인), 횡령죄(제355조 제1항: 타인의 재물을 보관하는 자) 등이 진정신분범에 해당한다. 제33조 본문은 이를 '신분관계로 인하여 성립될 범죄'로 규정하고 있으며, 여기서의 신분을 범죄를 구성할 수 있는 '구성적 신분'이라고 한다.

---

5) 권오걸, 73면 이하; 김성돈, 117면; 김성천/김형준, 62면 이하; 김일수/서보학, 96면 이하; 신동운, 474면 이하; 이영란, 86면; 이형국, 53면 이하; 정성근/박광민, 102면 이하; 정영일, 97면 이하.

6) 김일수/서보학, 97면.

7) 박상기, 91면; 배종대, 126면 이하; 성낙현, 86면; 손동권/김재윤, 71면 이하; 안동준, 77면; 오영근, 63면; 이상돈, 76면; 이재상/장영민/강동범, 77면; 임웅, 107면; 조준현, 120면; 진계호/이존걸, 137면.

8) 다만 제33조 본문은 진정신분범에서 비신분자도 공동정범으로 가공할 수 있도록 규정하고 있다. 따라서 입법론적 타당성은 별론으로 하고 최소한 해석론적으로는 진정신분범에서 비신분자의 공동정범 가담가능성을 부정할 수 없다는 것이 통설의 입장이다.

부진정신분범은 존속살해죄(제250조 제2항), 업무상횡령죄(제356조) 등에서와 같이 신분이 없는 자에 의해서도 범죄(살인죄 횡령죄)가 성립할 수 있지만, 신분 있는 자가 범죄를 범할 때에는 형이 가중(존속살해죄, 업무상횡령죄)되거나 감경되는 신분범이다. 제33조 단서에서는 이를 '신분관계로 인하여 형의 경중이 있는 경우'로 규정하고 있으며, 여기서의 신분을 가감적 신분이라 한다.

자수범은 행위자 자신이 직접 범죄를 실행해야만 성립할 수 있는 범죄를 말한다. 자수범은 자신이 직접 범죄를 실행해야 하므로 타인을 이용하는 간접정범의 형태로는 범죄를 범할 수가 없다. 또한 자신이 직접 실행하지 않는 한 공동정범으로서의 가담도 불가능하며, 단지 협의의 공범(교사범 방조범)의 성립만이 가능하다.[9] 위증죄(제152조)나 피구금부녀간음죄(제303조 제2항) 등이 여기에 해당한다.

# 제 2 절 행 위 론

범죄란 구성요건에 해당하고, 위법하며, 유책한 '행위'를 말한다. 이와 같이 범죄는 행위를 전제로 하고 있다. 행위론은 "범죄의 전제인 행위가 무엇인가"에 대한 논의이다.

형법상 행위는 작위행위와 부작위행위 및 과실행위를 모두 포함한다. 작위행위는 외부적 거동을 통하여 나타나는 인간의 태도를 말한다. 형법에서 작위행위는 금지규범위반의 형태가 된다. 부작위행위는 단순히 아무것도 하지 않는 것이 아니라, 법적 작위명령에 따르지 아니하는 인간의 태도를 말한다. 형법에서 부작위행위는 (작위)의무위반의 형태로 나타난다. 과실행위는 정상의 주의를 태만히 하는 인간의 태도를 말하며, 형법상 (주의)의무위반의 형태로 나타난다. 부작위행위와 과실행위는 모두 명령규범위반의 형태이다. 행위론은 이와 같은 행위의 모든 형태를 포괄할 수 있는 행위개념을 정립하려는 논의이다. 이때 논쟁의 대상은 "형법상 행위가 존재론적 개념인가 또는 법률적·규범적 개념인가"의 문제와 "행위에서 행위의사는 어떠한 의미를 가지는가"라는 문제이다.

## 1. 행위이론

### 1-1. 인과적 행위론

인과적 행위론은 형법상의 행위를 인간의 의사에 의하여 외부세계에 야기된 순수한

9) 자수범에서는 아무리 중요한 행위기여를 하더라도 자신이 직접 실행하지 않는 한 교사범이나 방조범에 불과하게 된다.

인과의 과정으로만 이해하는 학설이다. 이러한 입장에서 벨링(Beling)은 형법상의 행위를 '의욕된 신체활동', 리스트(Liszt)는 '의사적 거동에 의한 외계의 변화', 메츠거(Mezger)는 '의욕된 작위 또는 부작위'[10]라고 설명하였다. 인과적 행위론은 행위의 전개과정을 '외부적 인과과정(행위객체에 대한 침해)'과 '결과에 대한 행위자의 정신적 관계'로 분리한다. 따라서 모든 객관적인 인과관계를 불법의 분야에서 취급하고, 주관적·정신적인 요소(의사의 내용)를 책임의 영역으로 돌리게 된다. 따라서 불법을 형성하는 행위는 일정한 거동의 유의성(有意性: Willkürlichkeit)으로 충분하게 된다. 즉 불법한 행위는 단순한 의사에 의한 거동이며, 이때 의사는 행위를 발생시키는 객관적·인과적인 한 요소에 불과하고, 그 의사의 내용(고의)은 책임의 요소라고 설명한다. 이와 같은 인과적 행위론은 과거 고전적 범죄구조론의 근거로서 중요한 역할을 하였다.

인과적 행위론의 문제는 우선 신체적인 활동을 행위의 요소로 파악함으로써 작위와 부작위의 공통적인 행위개념의 설정을 불가능하게 만들었다는 점이다. 또한 과실행위는 인간의 활동이나 동작보다도 주의의무위반을 그 핵심적 내용으로 하는데, 이러한 과실행위도 행위개념에 포함시키기 어렵다는 단점이 있다. 그 밖에 인과적 행위론은 의사의 내용(고의)을 파악하지 않고서는 불법의 내용을 확정할 수 없다는 점을 간과하고 있다. 예컨대 甲이 乙의 머리를 방망이로 강타하여 상해를 입힌 경우 "甲의 행위가 살인미수·상해기수·폭행치상·강간치상·강도치상의 죄 중에서 어떤 불법을 실현한 것인지"는 甲의 의사의 내용(乙을 살해하려고, 상처만 입히려고, 단순히 아프게만 하려고, 강간하려고 또는 乙의 재물을 강취하려고 했는지)에 따라서만 확정이 가능한 것이다.

## 1-2. 목적적 행위론

목적적 행위론은 벨첼(Welzel)에 의하여 주장되었으며, 이후 많은 학자들에 의해서 지지되었던 이론이다. 목적적 행위론은 형법상의 행위를 단순한 유의성에 의한 신체적·인과적 진행이라고 보는 인과적 행위론을 부정하고, 본질적으로 목적활동성에 의한 작용이 형법상의 행위라고 설명한다. 즉 행위는 의도적인 목적적 조종에 의한 활동이기 때문에 인과적 진행을 조종하는 의사는 목적적 행위의 척추가 된다. 예컨대 의사의 기망에 의하여 독약을 영양제로 알고서 환자에게 주사한 간호사의 행위는 단지 목적적 주사행위일 뿐이며 목적적 살인행위는 아니라고 한다. 이와 같이 목적적 행위론에서는 고의를 객관적·법적 구성요건의 실현의사로 파악하기 때문에 고의는 주관적 구성요건요소가 된다.

목적적 행위론은 "과실행위에도 목적성이 있느냐"에 대한 해명이 충분하지 못하다는

---

10) 정영석, 94면도 이와 유사하게 형법상의 행위를 '행위사의 의사에 기한 신체적 동작 내지 태도(有意的 動靜: 유의적 동정)'로 표현하고 있다.

비판을 받게 된다. 또한 인간의 행위에는 목적적 행위 이외에 잠재의식적 행위도 존재한다는 점을 간과하고 있다. 예컨대 위험을 순간적으로 피하는 행위(잠재의식적 반사작용)는 인간의 의식세계 내부의 항상 준비된 상태에서 나타나는 행위이며 순간적인 의사결정의 표현이 된다. 따라서 당연히 형법상의 행위에 포함되어야 한다. 특히 이 경우 주의의무의 위반은 과실행위를 형성하게 된다. 이를 목적적 행위조종에 의하여 현실세계에 실현시킨 목적적 행위라고 설명하는 것은 타당하지 않다.

목적적 행위론에서는 부진정부작위범의 경우 목적성이 부정되고, 오직 잠재적 목적성만이 인정될 수 있다고 한다.[11] 따라서 부진정부작위범에서는 작위의 가능성에 대한 인식 있는 부작위와 인식 없는 부작위의 성립만이 가능하며, 인식 있는 부작위의 경우에는 범죄실현의사가 불필요하다고 한다. 결국 목적적 행위론은 부진정부작위범의 경우에 대해서도 목적적 행위이론을 완전하게 관철시키지 못하고 있다.

## 1-3. 사회적 행위론

인과적 행위론과 목적적 행위론이 형법상의 행위개념을 순수한 사실적·존재론적 개념으로 파악하는 데 반하여, 사회적 행위론은 행위개념을 존재론적이며 동시에 목적론적인 개념으로 이해한다. 사회적 행위론은 행위의 본질을 사회적 상당성에서 고찰함으로써 행위개념 역시 평가를 요하는 법률적 개념으로 구축한 것이다. 사회적 행위론에 의하면 모든 개인적·목적적·인과적·규범적 관점에서 사회현실에 의미 있게 형성되는 인간의 작용이 형법상의 행위가 된다. 주장하는 학자에 따라서 객관적인 행위요소를 강조하는 입장(Engisch), 주관적인 목적설정을 강조하는 입장(Jescheck), 개인적·인격적 구조를 강조하는 입장(Arthur Kaufmann) 등이 있다. 개인적·인격적 구조를 강조하는 행위론을 보통 인격적 행위론[12]이라고도 한다.

사회적 행위론에 의하면 일반적으로 형법상의 행위는 '인간의 의사로부터 지배되는 또는 지배가능한 사회적으로 상당한 의미가 있는 인간의 태도'라고 정의할 수 있다. 따라서 인간의 의사로부터 지배되지 않았거나 지배가 불가능한 행위와 사회적으로 의미 없는 인간의 태도는 형법상 행위개념에서 제외된다. 사회적 행위론은 인과적 행위론과 목적적 행위론의 단점을 극복한 타당한 이론으로서 광범위한 지지를 받고 있다.

---

11) Armin Kaufmann, Die Dogmatik der Unterlassungsdelikte, 1959, S. 66 ff.; ders, Lebendiges und Totes in Bindings Normentheorie, 1954, S. 284 ff.; Welzel, Das Deutsche Strafrecht, S. 204 f.

12) 인격적 행위론은 독자적인 행위이론이라기보다는 개인적·인격적 구조를 강조하는 사회적 행위이론의 하나이다.

백화점에서 말다툼 중에 甲에게 밀쳐져 진열장을 부수며 쓰러진 乙의 거동은 사회적으로 현저한 의미가 있다. 타인의 이해관계, 즉 타인의 재산권을 침해했기 때문이다. 그러나 乙의 거동은 인간의 의사로부터 지배되었거나 또는 지배가능하지 않았으므로 사회적 행위론에서는 이를 형법상의 행위에서 배제시킨다. 또한 기어가는 벌레를 의도적으로 밟는 행위는 인간의 의사로부터 지배된 또는 지배가능한 인간의 태도에 해당하지만, 사회현실에서 의미 있게 형성되는 인간의 작용으로 평가되지 아니므로 형법의 행위에서 배제된다.

## 2. 행위능력

### 2-1. 자연인의 행위능력

사회적 행위론에 의하면 형법상의 행위는 인간의 의사로부터 지배되는 또는 지배가능한 사회적으로 상당한 의미가 있는 인간의 태도를 의미한다. 따라서 자연인이라면 나이 또는 정신적 상태 등의 고려 없이 누구나 형법적 의미에서 행위능력이 있다. 유아, 어린이, 책임무능력자 또는 정신병자도 형법상 행위능력을 갖는다.[13]

### 2-2. 법인의 행위능력

민사법에서는 자연인 이외에 법인도 법률행위를 할 수 있다. 예컨대 법인도 독자적으로 계약 등을 체결할 수 있으며, 소유권 등 물권의 권리주체가 될 수 있다. 이와 같이 민사법에서는 법인의 행위능력을 인정한다. 그러나 형사법에서는 "법인도 행위능력을 가질 수 있는지"에 관하여 문제가 되고 있다. 특히 현행법의 체계에서는 경제범죄, 조세범죄, 환경범죄 등 특별형법이나 행정형법 등에 있어서 행위자 이외에 법인도 처벌하는 양벌규정이 많이 산재되어 있다. 물론 법인에 대한 처벌은 벌금형이 예정되어 있을 뿐이다.

#### 2-2-1. 법인의 행위능력에 대한 견해

법인의 행위능력에 대해서는 이를 긍정하는 긍정설, 부분적으로만 행위능력을 인정하는 부분적 긍정설 및 이를 부정하는 부정설의 대립이 있다.

##### 2-2-1-1. 긍정설

긍정설[14]은 "현대사회에 이르러 법인의 사회적 활동과 기능이 더욱 확대되고 있으며,

---

13) 제9조와 제10조 제1항에서는 "형사미성년자와 책임무능력자의 '행위'를 벌하지 아니한다"고 규정함으로써, 이들도 형법상 행위를 할 수 있음을, 즉 행위능력이 있음을 분명히 하고 있다.

14) 김성천/김형준, 80면; 김일수, 한국형법 I, 303면 이하, 305면 이하; 김일수/서보학, 88면 이하; 정성근/

이에 따라 법인의 반사회적 활동도 증대되고 있으므로 법인에게도 범죄능력을 인정해야 할 형사정책적 필요성이 인정되고, 규범학적으로도 법인의 행위능력을 인정하는 것이 가능하다"고 한다. 긍정설은 다음과 같은 근거를 제시하고 있다. 첫째, 법인의 범죄능력을 부정하는 입장은 법인의제설에 입각한 것이고, 법인실재설에 따르면 법인의 범죄능력을 부정할 이유가 없다. 법인도 기관을 통하여 의사를 형성하고 이를 실현할 수 있으므로 의사능력과 행위능력이 인정된다. 둘째, 기관의 행위는 기관구성원 개인의 행위와 동시에 법인의 행위라는 양면성을 가지고 있기 때문에 법인의 처벌은 이중처벌이 아니라 법인 자체의 행위책임이 된다. 셋째, 법인의 활동이 중시되는 실정에 비추어 법인의 범죄능력과 형벌능력을 인정하는 것이 형사정책적으로도 필요하다. 넷째, 재산형 · 자격형 · 몰수 · 추징 등은 법인에게도 효과적인 형사제재가 될 수 있으며, 생명형과 자유형에 관한 것으로는 법인의 해산 · 영업정지 · 금융의 제한 · 면허의 박탈 등을 고려할 수 있다.

긍정설의 입장에서 법인은 자연인과 같은 신체를 갖지 아니하므로 작위행위는 불가능하지만 부작위행위는 가능하다는 견해[15]가 있다. 그러나 법인의 부작위는 결국 자연인의 불법행위를 방지하지 아니한 제3자의 행위에 대한 책임에 불과하다. 이러한 관점은 자칫 법인에 대한 처벌규정인 양벌규정이 존재하지 않는 경우에도 모두 부작위범죄화시킬 수 있게 되어 죄형법정주의를 무의미하게 만든다. 또한 부작위범의 성립에도 구성요건적 고의가 필요한데, 신체를 갖지 아니하는 법인에 대하여 어떤 고의를 인정하려는 것인지 의문이 제기된다.

법인의 행위능력을 긍정하는 입장에서 "조합 또는 권리능력 없는 사단이나 재단은 실정법상 '특별한 처벌규정이 없는 한' 당연히 범죄 주체성을 갖는다고 할 수는 없다"는 것을 이유로, 권리능력 없는 단체 및 조합의 행위능력을 부정하는 견해[16]가 있다. 대법원[17]도 유사한 관점에서 "법인격 없는 공공기관에 대하여 양벌규정을 적용할 것인지 여부에 대하여 명문의 규정을 두고 있지 않다면, 죄형법정주의의 원칙상 '법인격 없는 공공기관'을 양벌규정에 의하여 처벌할 수 없다"는 입장이다.

---

박광민, 109면.

15) 김일수, 한국형법 I, 305면.

16) 김일수, 한국형법 I, 309면; 김일수/서보학, 92면. 부분적 긍정설의 입장에서도 김성돈, 166면; 신동운, 117면 이하.

17) 대법원 2021.10.28. 2020도1942: "구「개인정보 보호법」은 제2조 제5호, 제6호에서 공공기관 중 법인격이 없는 '중앙행정기관 및 그 소속 기관' 등을 개인정보처리자 중 하나로 규정하고 있으면서도, 양벌규정에 의하여 처벌되는 개인정보처리자로는 같은 법 제74조 제2항에서 '법인 또는 개인'만을 규정하고 있을 뿐이고, 법인격 없는 공공기관에 대하여도 위 양벌규정을 적용할 것인지 여부에 대하여는 명문의 규정을 두고 있지 않으므로, 죄형법정주의의 원칙상 '법인격 없는 공공기관'을 위 양벌규정에 의하여 처벌할 수 없고, 그 경우 행위자 역시 위 양벌규정으로 처벌할 수 없다고 봄이 타당하다."

### 2-2-1-2. 부분적 긍정설

부분적 긍정설은 법인의 행위능력을 원칙적으로 부정하면서 예외적으로만 인정하는 견해이다. 부분적 긍정설에는 "윤리적 색체가 강한 형사범에서는 법인의 행위능력이 부정되지만, 기술적·합목적적 색채가 강한 행정범에서는 법인의 행위능력이 인정될 수 있다"는 견해[18]와 "법인처벌규정이 있는 범위 내에서는 법인의 행위능력이 예외적으로 인정된다"는 견해[19]가 있다.

### 2-2-1-3. 부정설

법인은 자연적 의미의 심신이 없으므로 행위능력이나 범죄능력이 없으며, 윤리적 책임비난도 불가능하다는 입장이다(통설).[20][21] 또한 법인은 그 기관인 자연인을 통하여 행위를 하기 때문에 그 자연인에게 형사책임을 과하면 족하고 법인을 따로 처벌할 필요는 없다고 한다.

법인은 인간이 아니기 때문에 당연히 형법상의 행위능력이 부정되어야 한다. 따라서 부정설인 통설이 타당하다. 형법상 행위는 '인간의 의사에 의하여 지배되는 또는 지배가능한 사회적으로 상당한 의미가 있는 인간의 태도(사회적 행위론)'를 의미하는데, 만약 법인의 행위능력을 인정하려 한다면, 우선 기존의 행위이론을 부정하고 이에 합당한 형법상의 행위개념을 새롭게 정립해야 한다.

현행법은 여러 곳에서 법인의 기관인 자연인과 그 법인을 동시에 처벌하는 양벌규정을 마련하고 있다. 그러나 양벌규정을 통하여 직접 행위하는 자연인의 범죄행위 이외에 법인의 범죄행위를 동시에 인정하는 것은 완전한 허상을 형법의 대상으로 삼는 것이거나 범죄 없는 형벌을 인정함으로써 죄형법정주의를 무너뜨리게 된다.

## 2-2-2. 법인의 처벌

실정법상 양벌규정[22]에 의하여 법인이 처벌되는 경우, 법인에 대한 형사책임의 성질 내지 법적 성격에 관하여는 학설의 대립이 있다.

---

18) 유기천, 105면; 임웅, 96면 이하.

19) 김성돈, 152면; 신동운 118면; 이형국, 87면; 임웅, 96면 이하; 권문택, 법인의 형사책임, 형사법강좌 I, 126면.

20) 대법원 1984.10.10. 82도2595; 대법원 1985.10.8. 83도1375; 대법원 1994.2.8. 93도1483; 대법원 1997.1.24. 96도524; 대법원 2017.4.7. 2016도21283.

21) 독일의 통설도 부정설의 입장이다: Vgl. Jescheck/Weigend, Lehrbuch AT, S. 227 Fußn. 39) mwN.; Wessels/Beulke, AT, Rdnr. 94.

22) 양벌규정으로 자연인(종업원과 영업주)을 처벌하는 경우는 여기의 논의에서 제외한다. 이에 관한 주요 판례로는 대법원 2007.11.29. 2007도7920; 헌재 2007.11.29. 2005헌가10 참조.

무과실책임설[23)24)]은 형법의 일반원칙인 책임주의에 대한 예외로서 행정단속의 목적을 위하여 무과실책임을 법인에게만 인정하는 것이 양벌규정이라는 견해이다.[25)] 과실책임설(다수설)[26)]은 기관의 선임·감독에 대한 법인의 과실이 인정되어 처벌하는 것이 양벌규정이라는 견해이다. 이는 다시 과실추정설, 과실의제설, 과실책임설로 분리된다. 또한 직접 행위자에 대한 법인의 관리·감독의무위반이라는 점에서 고의의 부작위책임도 긍정할 수 있다는 견해[27)]도 있다.

헌법재판소는 법인 대표자의 불법행위에 대한 양벌규정으로 법인을 처벌하는 경우를 무과실책임설[28)]의 관점에서 판단하면서, 종업원의 불법행위에 대한 양벌규정으로 법인을 처벌하는 경우는 과실책임설[29)]의 관점에서 판단하고 있다. 즉 종업원의 행위에 대해서 법인을 양벌규정으로 처벌하기 위해서는 법인의 과실이 인정되어야 한다는 것이다. 그러나 여기서 법인의 과실도 실제로는 기관이나 대표자의 과실(종업원 선임·감독에 대한 과실)에 의해서 자동적으로 인정될 수밖에 없으므로 결국 법인의 책임은 무과실책임이 된다.[30)]

무과실책임은 무과실행위를 전제로 한다. 그러나 무과실행위는 인간의 의사로부터 지

23) 유기천, 108면; 정영일, 93면; 황산덕, 78면; 동취지, 입법정책에 의한 예외의 명문규정으로 법인 처벌이 가능하다는 관점에서 이형국, 87면; '양벌규정의 법적 성질을 굳이 밝혀야 한다면'이라는 조건에서 배종대, 141면.

24) 대법원 1982.9.14. 82도1439는 "… 감독책임을 다한 경우에도 처벌된다."; 대법원은 양벌규정의 적용에 대하여 아무런 의견표명을 하지 않음으로써 무과실책임을 인정하고 있다: 대법원 1983.3.22. 81도2545; 대법원 1992.8.14. 92도299; 대법원 2006.6.15. 2004도1639; 대법원 2010.9.3. 2009도3876; 대법원 2018.4.12. 2013도6962; 대법원 2020.6.11. 2016도9367.

25) 형식상으로는 형벌의 일종으로 규정되어 있지만 그 실질에서는 법인에게 사회적 책임을 묻는 보안처분 내지 행정제재로 이해하는 손동권/김재윤, 109면.

26) 대법원 1992.8.18. 92도1395; 대법원 2010.4.15. 2009도9624; 대법원 2010.7.8. 2009도6968; 대법원 2010.9.9. 2008도7834; 대법원 2011.3.10. 2009도13080; 대법원 2011.3.24. 2009도7230.

27) 김성돈, 156면: 다만 169면에서는 양벌규정이 인위적 처벌규정이라고 한다; 김일수/서보학, 91면; 임웅, 101면 이하; 정성근/박광민, 114면 이하.

28) 헌재 2011.10.25. 2010헌바307: "법인은 기관을 통하여 행위하므로 법인이 대표자를 선임한 이상 그의 행위로 인한 법률효과는 법인에게 귀속되어야 하고 법인 대표자의 범죄행위에 대하여는 법인 자신이 자신의 행위에 대한 책임을 부담하여야 하는바, 법인 대표자의 법규위반행위에 대한 법인의 책임은 법인 자신의 법규위반행위로 평가될 수 있는 행위에 대한 법인의 직접책임으로서, 대표자의 고의에 의한 위반행위에 대하여는 법인 자신의 고의에 의한 책임을, 대표자의 과실에 의한 위반행위에 대하여는 법인 자신의 과실에 의한 책임을 부담하는 것이다."; 동지, 대법원 2010.9.30. 2009도3876; 대법원 2018.4.12. 2013도6962; 대법원 2022.11.17. 2021도701.

29) 헌재 2011.11.24. 2011헌가30: "법인이 종업원 등의 위반행위와 관련하여 선임·감독상의 주의의무를 다하여 아무런 잘못이 없는 경우까지도 법인에게 형벌이 부과될 수밖에 없게 된다. 이는 다른 사람의 범죄에 대하여 그 책임 유무를 묻지 않고 형벌을 부과하는 것으로서, 헌법상 법치국가의 원리 및 죄형법정주의로부터 도출되는 책임주의원칙에 반한다."; 동지, 헌재 2012.2.23. 2012헌가2.

30) 이에 관하여는 헌재 2011.10.25. 2010헌바307 결정요지 (가), (나) 참조.

배될 수 없기 때문에 형법의 행위에서 배제된다(사회적 행위론). 행위 없는 처벌을 인정하는 것은 명백히 죄형법정주의에 반한다. 특히 죄형법정주의는 법률유보로도 제한이 불가능한 사법적 기본권으로 해석된다.[31] 따라서 죄형법정주의를 양벌규정이라는 법률유보로 제한해서는 안 된다. 이러한 의미에서 양벌규정은 위헌법률이라는 비판을 면할 수 없다.

과실추정설이나 과실의제설도 '증명되지 아니한 과실'에 대해서 과실을 추정하거나 '무과실 행위 내지 형법이 인정할 수 없는 행위(비행위)'에 대해서 과실을 의제함으로써 이를 형벌의 대상으로 하기 때문에 무과실책임설과 동일하게 죄형법정주의에 위배된다.

과실책임설은 법인의 행위능력의 인정을 전제로 하는 견해이며, 부작위책임을 인정하는 견해도 법인의 고의·과실에 의한 부작위(행위)를 전제로 하고 있다. 그러나 사회적 행위론에서는 법인의 행위능력이 인정되지 않는다.

법인에 대해서 형벌을 부과하는 것은 부당하며, 범죄 예방적 기능에서도 실용적이지 못하다. 오히려 민법·상법·행정법에서 유효한 법적 제재, 예컨대 손해배상범위의 확대, 징벌적 손해배상제도의 강구, 과태료, 영업규제, 취득이익의 환수 등의 방법을 강구하는 것이 보다 논리적이고 실용적일 것이다.[32]

## 3. 형법상의 비행위

인간의 생각이 외부세계에 나타나지 않고 있는 한도에서는 아직 형법상의 행위개념을 충족시키지 못하며, 이는 단지 도덕의 범주에 머무를 뿐이다. 부작위의 경우에는 법률이 요구하는 작위의무를 이행했더라면 그러한 작용이 나타나지 않았을 것이라는 시점에 부작위자의 의사(생각)가 외부세계에 나타난 것이며, 이때 형법상의 행위가 존재하게 된다. 이와 같이 행위란 인간의 의사와 연결된 인간의 작용이며, 의사와 단절된 일체의 인간의 태도는 형법상 행위에서 배제되는 비행위에 불과하다. 인간의 의사와 단절되어 형법상 행위영역에서 배제되는 비행위로는 무의식적 반사작용과 절대적 폭력에 의한 거동이 있다.

### 3-1. 무의식적 반사작용

무의식적 반사작용으로는 발작, 수면상태의 동작, 의식불명상태에서의 동작, 최면상태

---

31) 죄형법정주의는 법률유보가 불가능한 절대적인 사법적 기본권으로 해석되어야 한다. 그렇지 않으면 역사적으로 오랜 시민투쟁의 결과로 확보된 죄형법정주의가 후퇴하여 국가공권력으로부터의 보장적 기능이 무너지게 된다. Vgl. Pieroth/Schlink, Staatsrecht II, S. 284.

32) 동취지, 배종대, 143면.

에서의 거동 등이 있다. 이러한 무의식적 반사작용은 인간의 의사와 완전히 분리된 또는 단절된 거동으로서 인간으로부터 지배가 불가능하기 때문에 행위로 평가되지 않는다.

무의식적 반사작용과 구별되어야 하는 것은 잠재의식적 반사작용이다. 중앙선을 넘어오는 자동차를 피하기 위하여 재빨리 우측으로 핸들을 돌리는 행위 등은 인간의 의식세계 내부에서 항상 준비된 상태로부터 나타나는 행위이며, 순간적인 의사결정의 표현이다. 따라서 잠재의식적 반사작용은 순간결정의사와 연결된 형법상의 행위에 속하게 된다.

### 3-2. 절대적 폭력(vis absoluta)에 의한 거동

외부적으로 저항할 수 없는 물리적 폭력에 의하여 직접적으로 강요된 거동도 자신의 의사와 완전히 분리된, 인간으로부터 지배가 불가능한 비행위이다. 타인으로부터 밀쳐져서 쓰러지는 거동이나 힘이 강한 자에 의하여 강제로 손가락이 끌려서 위조문서에 지장을 찍은 거동 등은 자신의 의사와 관계없이 이루어진다. 이와 같이 절대적 폭력에 의하여 의사와 단절된 거동은 형법상 비행위이다.

절대적 폭력에 의한 행위는 강제적 폭력(vis compulsiva)에 의한 행위와 구별된다. 예컨대 甲이 乙의 아들 A를 인질로 잡고 골동품 절취를 강요하였고, 乙은 이러한 甲의 폭력에 굴복하여 골동품을 절취한 경우, 甲의 폭력은 단순히 乙의 의사를 굽히게 하는 강제적 폭력이다. 이때 乙의 행위는 최소한 자신의 '굴복된 의사'와 연결되어 있으므로 형법상의 행위개념에 포함된다.

아내 甲은 남편이 출장 간 날 밤에 5달 된 아들 乙과 잠자리에 들었다. 甲은 평소의 습관대로 이부자리에 들어가 소설책을 펴들었다. 독서 중 정전이 되었으나 甲은 촛불을 켜고 나머지 부분을 계속하여 읽었으며, 독서 도중에 甲은 잠에 빠져들었다. 수면 중 甲이 뒤척이다 촛불을 넘어뜨려 화재가 발생하였고, 화재에 의하여 5달 된 아들 乙이 질식사하였다.

사례에서 甲은 실화죄와 과실치사죄로 처벌될 수 있는지 문제된다. 그러나 甲은 "수면 중의 행위는 비행위이므로 형법상 평가의 대상인 행위가 없었다"고 항변할 수 있다. 물론 수면 중 동작으로 촛불을 쓰러뜨린 행위는 무의식적 반사작용이므로 형법상 비행위임에 틀림없다. 촛불을 켠 행위(작위 행위)는 행위임에 틀림없으나 여기에는 행동의 실수나 주의의무위반이 없기 때문에, 이 행위도 제170조 제1항, 제267조의 과실행위와 연결이 되지 않는다. 그러나 잠이 오려는 상태에서 촛불을 끄지 않은 부작위행위가 인간의 의사로부터 지배되는 또는 지배가능한 형법상의 행위개념에 속하며, 이 행위가 제170조 제1항과 제267조의 과실행위를 형성하게 된다. 甲의 행위는 실화죄와 과실치사죄의 상상적 경합(제170조 제1항, 제267조, 제40조)에 해당한다.

# 제 2 장 구성요건해당성

## 제 1 절 구성요건 일반론

### 1. 구성요건의 의의

구성요건 개념은 광의의 의미와 협의의 의미로 각각 달리 이해될 수 있다. 광의의 구성요건은 가벌성의 모든 총체적인 조건을 말한다. 즉 범죄성립요건(구성요건해당성, 위법성, 책임)과 처벌조건(객관적 처벌조건, 인적 처벌조각사유)을 포괄하는 개념이다. 광의의 구성요건은 법적으로 규범화된 모든 전제조건들을 포함하며, 이러한 전제조건들은 행위자에게 불리한 관습법이나 유추적용을 통하여 새로이 형성되거나 확장될 수 없다. 광의의 구성요건 개념은 형법에 있어서 보장적 기능의 의미를 가지기 때문에 보장구성요건(Garantietatbestand)이라고도 불린다.

협의의 구성요건은 형벌부과의 근거가 되는 행위유형을 형벌구성요건에 추상적으로 기술한 것이며, 일반적으로 구성요건이라 하면 협의의 구성요건을 의미한다. 협의의 구성요건은 각각의 범죄에 고유한 특징을 부여하고 있으므로, 이를 보통 불법구성요건이라고도 한다. 형법각칙에서는 위법한 행위 중에서도 특히 형벌이 과해져야 할 전형적인 불법행위를 유형별로 분류하여 규정하고 있는데, 협의의 구성요건은 이와 같이 형벌부과의 근거가 되는 특정한 범죄유형들을 형벌구성요건에 추상적으로 기술한 것이다. 예컨대 고의손괴 · 과실손괴 · 고의낙태 · 과실낙태 · 고의살인 · 과실치사 등의 행위는 위법한 행위들인데, 이들 행위 중에서 입법자는 보충성의 원리에 따라 선별함으로써 과실손괴나 과실낙태의 행위를 형벌부과의 대상에서 제외하고, 고의손괴 · 고의낙태 · 과실치사 · 고의살인 등의 행위에 대해서만 형벌을 과하도록 형법각칙에 기술하였다(구성요건의 선별기능).

좁은 의미의 구성요건은 형법상 불법의 기초가 된다. 구성요건에서 표현된 불법의 내용은 구성요건요소들로 이루어지게 되며, 구성요건요소에는 범죄의 정형적인 반가치(행위반가치, 결과반가치)가 구체적으로 표현되어 있다. 예컨대 손괴죄에서는 고의로 타인의 재물을 손괴하는 행위에 대한 행위반가치와 타인의 재물의 효용을 해하는 법익침해에 대한 결과반가치를 당해 구성요건의 불법내용으로 구성한다.

결과반가치와 행위반가치는 범죄행위에 대한 형법의 부정적 가치판단을 의미하는 것으로서 불법의 내용을 형성한다. 불법의 내용은 행위반가치와 결과반가치를 항상 종합적으로, 그러나 중요도를 각각 달리하여 고려한다. 추상적 위험범의 경우에도 법률은 단순히 행위반가치만을 고려하는 것이 아니라, 그러한 행위로부터 발생될 수 있는 법익에 대한 위험을 법률적으로 예정하고 이에 대하여 결과반가치를 인정한다. 또한 결과가 발생하지 아니한 미수범의 경우에도 법익에 대한 위험(실행의 착수)을 결과반가치로 고려하여 불법을 인정한다. 결과반가치는 행위로부터 발생하는 법익침해뿐 아니라 법익에 대한 위험도 불법의 내용으로 예정하고 있다.

형법에서 불법내용은 불법으로 나아가지 아니하는 것이 누구에게든 가능한 것(신분범의 경우에는 신분을 구비한 누구에게든 가능한 것)만을 그 대상으로 한다. 법률은 그것을 준수하는 것이 누구에게든 일반적으로 가능해야만 이를 준수하도록 요구할 수 있기 때문에, 불법을 저지르지 않는 것이 누구에게든 가능해야만 그것을 불법의 내용으로 정할 수 있을 뿐이다.

책임의 내용은 행위자 스스로에게 가능한 것만을 그 대상으로 한다. 불법에 나아가지 아니하는 것이 누구에게나 가능했더라도 행위자 개인에게는 그것이 불가능했다면, 그러한 불법행위를 행한 행위자를 법적으로 비난하는 것은 불가능하기 때문이다. 따라서 책임의 내용은 심정반가치(비난가능성)이다. 즉 책임은 법률질서의 행동요구를 고의로 거역하거나 부주의하게 지키지 못하는 행위자의 심정에 대한 반가치 판단이다. 따라서 심정반가치는 "법률질서의 행동요구를 지키는 것이 행위자 스스로에게 가능했는가"에 대한 가치판단이 된다.

행위는 인간에게 가능한 것만을 그 대상으로 한다. 인간에게 불가능한 것, 즉 의사와 단절된 거동은 범죄의 전제인 행위로 평가될 수 없으므로 형법의 행위영역에서 배제된다.

형법에서 행위영역, 불법영역, 책임영역은 다음과 같이 구획될 수 있다. 행위영역은 인간에게 가능한 것(Menschenmögliche)만을 대상으로 한다. 불법영역은 누구에게든 가능한 것(Jemandmögliche)[1]만을 대상으로 하며, 책임영역은 행위자 스스로에게 가능한 것(Selbstmögliche)만을 대상으로 한다.

범죄성립요건의 첫 번째 요건인 구성요건해당성은 구체적인 행위가 형법 각칙 등 형

1) Jemandmögliche의 본질적 의미는 "일반범의 경우에는 일반인 누구에게나 가능한 것만이, 신분범인 경우에는 신분을 구비한 누구에게나 가능한 것만이 불법의 영역에 속한다"는 의미이다. 법률은 "어떤 사람이 그의 사회적 역할(예컨대 일반인으로서, 의사로서, 운전자로서 등)에서 무엇을 행할 수 있느냐"에 따라 그 한도에서 금지 내지 명령을 할 수 있으며, 이러한 것만이 불법의 내용을 형성할 수 있다.

벌법규의 특정한 구성요건에 해당하는 것이다. 즉 구체적인 행위가 형법각칙 등 특정한 구성요건에 포섭될 때 그 행위는 구성요건해당성이 인정된다. 이와 같이 구성요건은 법률상의 정형적·추상적 개념이며, 구성요건해당성은 어떤 구체적인 행위가 형벌법규의 범죄를 정형적으로 기술한 일정한 구성요건에 포섭되는 것을 말한다. 또한 구성요건에 해당하는 행위는 당연히 위법성이 추정된다. 구성요건은 본래 위법한 행위유형 중에서 보충성의 원리에 따라 형벌의 대상으로 선별된 것이기 때문이다. 다만 예외적으로 정당방위 등 위법성 조각사유가 존재하는 경우에는 구성요건에 해당하는 행위의 위법성이 조각될 뿐이다.

## 2. 구성요건의 법체계적 구조

형법각칙의 각 장에서는 구성요건들을 특정한 법익보호를 목적으로 불법의 유형에 따라, 예컨대 제24장 '살인의 죄', 제25장 '상해와 폭행의 죄' 등으로 규정하고 있다. 형법각칙의 각 장에서는 당해 범죄유형의 기초가 되는 기본적 구성요건을 규정하고 있으며, 기본적 구성요건을 기준으로 추가표지에 의해서 변형되는 변형구성요건을 규정한다. 변형구성요건에는 가중적 구성요건과 감경적 구성요건이 있다. 또한 법률적인 구성에서 기본적 구성요건과 구조를 달리하는 독자적인 구성요건도 같은 장에서 함께 규정할 수 있는데, 이를 독립적 구성요건이라고 한다. 독립적 구성요건은 법적으로 기본적 구성요건과는 다른 체계로 해석되고 판단되어 진다.

### 2-1. 기본적 구성요건

기본적 구성요건은 해당 범죄유형의 가장 기초가 되는 기본형식을 구비하고 있다. 기본적 구성요건은 해당 범죄유형의 정형적인 특징과 기본적인 불법내용을 정함으로써 당해 범죄유형의 가벌성에 대한 최소한의 제 조건들을 내포하게 된다. 예컨대 살인의 죄, 상해의 죄, 폭행의 죄에서는 제250조 제1항의 살인죄, 제257조 제1항의 상해죄, 제260조 제1항의 폭행죄가 각각의 범죄유형의 기본적 구성요건이 된다.

### 2-2. 변형구성요건

기본적 구성요건에 특정한 표지(시간적 상황, 장소적 상황, 행위방법, 행위수단, 행위자와 피해자의 관계 등)가 추가되어 가중적으로 혹은 감경적으로 변형되는 구성요건이 변형구성요건[2]이다. 제250조 제2항의 존속살해죄나 제

2) 가중적 및 감경적 구성요건을 변형구성요건으로 표현하는 입장으로는 배종대, 122면; 성낙현, 129면; 이

257조 제2항의 존속상해죄 등은 살인죄 또는 상해죄에 대한 가중적 구성요건이며, 제252조 제1항의 촉탁·승낙살인죄는 살인죄에 대한 감경적 구성요건이다. 이와 같이 기본적 구성요건에 특정한 표지가 추가되어 행위자나 행위에 대한 반가치 내용을 변형시키게 되면, 이는 기본적 구성요건과 불법내용에서 질적으로 구별되는 변형구성요건이 된다. 변형구성요건의 추가표지는 기본적 구성요건을 질적으로 변형시키는 추가된 구성요건요소이다. 따라서 추가표지에 대한 행위자의 인식이 결여된 경우에는 변형구성요건의 고의가 부정된다. 변형구성요건은 일반법인 기본적 구성요건의 특별법이다.

## 2-3. 비독자적 변형구성요건

기본적 구성요건에 특정한 표지가 추가되어 구성요건이 변형되었지만 그것이 행위나 행위자에 대한 반가치 내용을 전혀 변형시키지 못하는 경우도 있다. 즉 추가표지에도 불구하고 불법내용에서 기본적 구성요건의 질 자체를 변형시키지 못하는 경우이다. 이러한 변형구성요건을 비독자적 변형구성요건이라고 한다. 비독자적 변형구성요건은 기본적 구성요건과 불법내용에서 질적으로 동일하며, 단지 반가치의 양적인 측면에서만 차이를 나타내는 등급관계(Stufenverhältnis)가 인정될 뿐이다. 이러한 비독자적 변형구성요건의 경우에도 법관은 법적으로 규정된 법정형에 기속된다. 또한 비독자적 변형구성요건에서는 추가된 특정한 표지가 행위자나 행위에 대한 반가치 내용을 변형시키지 못하고 있기 때문에 추가표지는 변형구성요건의 구성요건요소로 평가되지 않는다. 따라서 이러한 추가표지에 대한 인식은 변형구성요건의 고의의 내용이 아니며, 추가표지에 대한 인식이 결여된 경우에도 변형구성요건을 적용하는데 아무런 문제가 없다.

특정범죄가중법(특정범죄가중처벌 등에 관한 법률) 제2조의 뇌물죄는 뇌물의 가액에 따라 각각 다른 법정형을 규정하고 있는데, 이는 기본적 구성요건인 형법의 뇌물죄와의 관계에서 비독자적 변형구성요건으로 해석된다.[3] 즉 특정범죄가중법 제2조의 뇌물죄는 뇌물가액의 추가표지에도 불구하고 형법의 뇌물죄와 비교하여 불법의 질적인 면에서는 차이가 인정되지 아니하고 단지 불법의 양적인 면에서 등급관계가 인정된다. 따라서 특정범죄가중법 제2조에서 규정하고 있는 추가표지(뇌물가액)에 대한 인식은 해당범죄의 고의의 내용에 포함되지 않는다. 예컨대 뇌물가액이 수뢰자가 생각했던 액수보다 예상외로 고액(특정범죄가중법 제2조의 뇌물가액)인 경우에는 수뢰자가 단순히 형법상의 수뢰가액을 예상했다고 할지라도 특정범죄가중법 제2조의 뇌물죄에 의한 처벌을 피할 수 없게 된다.[4] 이와

---

상돈, 97면은 '변형구성요건'을 '비독자적 변형구성요건'으로 표현하고 있다.

3) 특정경제범죄법(특정경제범죄 가중처벌 등에 관한 법률) 제3조의 특정재산범죄의 가중처벌 규정도 동일하게 '비독자적 변형구성요건'으로 해석된다.

4) 특정범죄가중법 제2조의 뇌물가액 표지는 법정된 양형규정(Strafzumessungsregel)으로 보는 것이 타당

반대로 수뢰자가 생각했던 액수(특정범죄가중법 제2조의 뇌물가액)보다 예상외로 소액(형법상의 뇌물가액)인 경우에는 형법상의 수뢰죄가 적용될 뿐이다.

### 2-4. 독립적 구성요건

제28장 '유기의 죄'의 장에서 제271조 제1항의 유기죄는 기본적 구성요건에 해당한다. 그러나 동일한 장에서 규정된 제273조의 학대죄나 제274조의 아동혹사죄는 유기죄와 기본적인 구조를 달리하고 있다. 따라서 제273조의 학대죄나 제274조의 아동혹사죄는 유기죄의 변형구성요건이 아니라, 이와는 다른 독자적인 반가치를 구비한 독립적 구성요건으로 해석된다. 독립적 구성요건[5]은 법적으로 기본적 구성요건과는 다른 체계로 해석되고 판단되어 진다.

## 3. 구성요건이론

### 3-1. 벨링(Beling)의 구성요건이론

벨링(Beling)은 실증주의적 · 자연과학적 사고에 의한 인과적 행위론을 기본으로 하여, 범죄성립요건을 구성요건해당성 · 위법성 · 책임의 3요소로 파악하는 현대 범죄개념의 기초를 구축하였다. 벨링에 의하면 구성요건은 실정법상으로 확정된 범죄유형이고, 구성요건해당성이란 일정한 행위가 실정법이 정한 외적인 범죄유형에 해당하는가에 대한 순수한 사실판단의 문제라고 하였다. 벨링은 구성요건이 '행위의 외적 표지를 가치중립적으로 기술하는 것'이라고 본 것이다. 그러므로 구성요건은 모든 가치판단의 문제로부터 분리된 몰가치적 특성을 가지므로 평가를 요하는 규범적 요소가 없으며, 모든 주관적 요소로부터도 분리되어 있다고 하였다. 따라서 구성요건에 해당하는 행위는 당연히 위법성이 추정되는 것이 아니고, 구성요건에 해당하는 행위가 위법한지의 여부는 위법성에서 객관적 가치판단에 의하여 나타나며, 책임의 확정도 주관적 가치판단에 의하여 결정된다고 보았다. 벨링에 의하면 위법성이란 객관적 가치판단의 문제이고, 책임이란 주관적 가치판단의 문제이므로, 의사의 내용인 고의는 책임의 영역에 속하게 된다.

---

하다.

5) 배종대, 122면; 성낙현, 129면; 이상돈, 97면은 '독립적 구성요건'을 '독자적 변형구성요건'으로 표현한다. 허일태, 독일형법총론, 83면에서도 이와 유사하게 '변형된 독자적 구성요건'이라 한다.

## 3-2. 규범적 구성요건요소와 주관적 구성요건요소의 발견

벨링의 구성요건해당성, 위법성, 책임이라는 3단계 범죄구조론은 현대에서도 절대 다수의 견해에 의하여 지지되고 있다. 그러나 실증주의적·자연과학적 관찰방법에 의한 벨링의 구성요건개념은 곧 목적론적·가치관계적 관찰방법에 의하여 그 변천을 보게 되었다.

마이어(M. E. Mayer)는 구성요건에 순수한 사실적·기술적 구성요건요소 외에 규범적 구성요건요소가 있다는 것을 발견하였다. 예컨대 제167조의 '공공의 위험'이나 제329조의 '재물의 타인성' 또는 제366조의 '효용을 해함' 등의 요소들은 법관의 보충적 가치판단을 통하여 확정될 수 있는 '규범적 구성요건요소'에 해당한다.

또한 헤글러(Hegler)는 구성요건에 객관적 구성요건요소 외에 고의나 목적 등 주관적 구성요건요소도 있음을 발견하였다. 예컨대 사람의 신체에 상처를 입힌 행위의 경우, 행위자의 고의(의사의 내용)를 고려하지 않고서는 그것이 어떤 구성요건에 해당하는 행위인지 확정할 수 없다. 행위자의 고의에 따라 살인미수·상해기수·폭행치상·강간치상·강도치상 행위가 되거나, 행위자의 무과실이 인정되는 경우에는 단순한 불운이 될 수도 있다. 또한 음란한 물건을 제조·소지·수입·수출하는 행위는 그러한 물건을 반포·판매·임대 또는 공연히 전시하려는 목적이 있는 경우에만 제244조 '음화제조 등 죄'의 구성요건에 해당하게 된다.

위법성이 순수한 객관적 가치판단이라는 벨링(Beling)의 이론도 주관적 적법요소의 발견에 의하여 그 타당성을 잃게 되었다. 즉 나글러(Nagler), 헤글러(Hegler), 프랑크(Frank), 마이어(M. E. Mayer) 등은 위법성에도 순수한 객관적 요소 이외에 주관적 요소가 포함되어 있다는 것을 발견하게 되었다. 예컨대 술 취한 포악한 폭력배가 야간에 전방에서 칼을 들고 공격하는 자를 강도인 줄 모르고 폭행하였다면(우연방위), 폭행죄의 구성요건에 해당하는 폭력배의 행위는 정당방위로 위법성이 조각되지 않는다. 제21조의 정당방위는 현재의 부당한 침해에 대한 모든 행위의 위법성을 조각하는 것이 아니라, 부당한 침해를 방위하기 위한 방위의사로 행동했을 경우에만 위법성을 조각한다. 이와 같이 위법성조각사유에서도 주관적 정당화요소(주관적 적법요소)를 필요로 한다.

## 3-3. 전체구성요건이론(소극적 또는 부정적 구성요건요소이론)

벨링(Beling)의 구성요건이론 이래 지금까지 일반적인 견해는 3단계 구조의 범죄이론을 지지하고 있다. 그러나 범죄구조를 구성요건해당성과 책임의 2단계 구조로 파악하는 독일학계에서 주목받는 이론이 등장하였다. 록신(Roxin), 삼손(Samson), 알투르 카우프만

(Arthur Kaufmann), 엥기쉬(Engisch), 샤프슈타인(Schaffstein) 등에 의하여 지지되는 이 이론은 전체구성요건이론 또는 소극적 내지 부정적 구성요건요소이론[6]이라 불린다.

전체구성요건이론은 구성요건해당성과 위법성을 통합하여 하나의 전체구성요건으로 본다. 전통적인 3단계 구조의 범죄이론에 의하면 일반적 금지규범인 구성요건해당성과 정당방위 등과 같은 예외적 허용규범인 위법성조각사유는 뚜렷이 구획되어 각각의 판단과정을 가지고 있다. 그러나 전체구성요건이론에 의하면 정당방위 등의 사유는 예외적인 허용규범(위법성 조각사유)이 아니라 소극적 내지 부정적 구성요건요소에 해당한다. 따라서 구성요건을 충족시키는 적극적 구성요건요소와 구성요건 충족을 배제시키는 소극적 내지 부정적 구성요건요소(정당방위 긴급피난)는 전체구성요건에서 결합되어 하나의 판단과정만을 갖게 된다. 그러므로 3단계 구조의 범죄이론에서 구성요건에 해당하지만 위법성조각사유가 존재하는 경우는, 전체구성요건이론에 의하면 처음부터 구성요건에 해당하지 아니하는 행위가 된다.

3단계 범죄구조론에서 위법성조각사유의 전제사실은 전체구성요건이론에 의하면 소극적 내지 부정적인 객관적 구성요건요소이므로 이에 대한 인식은 고의의 내용이 된다. 예컨대 정당방위로 사람의 신체에 대하여 폭행을 가하는 경우에 전체구성요건이론에 의하면 폭행고의가 부정된다. 이러한 결론은 정당방위의 객관적인 상황에 관하여 착오를 일으킨 경우에 특별한 의미를 갖는다. 예컨대 밤에 길을 물어보려는 취객을 강도가 공격하는 것으로 오인하여 정당방위의 의사로 폭행을 가한 경우, 전체구성요건이론에 의하면 소극적 내지 부정적인 객관적 구성요건요소의 착오(구성요건적 사실의 착오)에 해당하여 폭행고의가 부정된다(제15조 제1항). 그러나 전통적인 3단계 구조의 범죄이론에 의하면 이러한 사례에서는 곧바로 구성요건적 고의가 조각되지는 않는다. 착오의 대상인 위법성조각사유의 객관적인 상황은 구성요건적 사실이 아니라 위법성에 관한 사실이기 때문이다.

전체구성요건이론은 위법성조각사유의 전제사실에 관한 착오를 설명하는 데에 있어서 아주 매끄럽게 결론을 도출하고 있으며, 이러한 결론의 타당성은 전통적인 3단계 구조의 범죄이론에 의해서도 인정되고 있다.[7] 그러나 "전체구성요건이론은 위법성조각사유(허용 규범)의 독자성을 인정하지 못한다"는 비판을 받고 있으며, 이러한 이유로 학계의 지지를 확보하지 못하고 있다.

> 예컨대 '甲이 乙과 함께 乙의 우산을 쓰고 숲을 지나는데 늑대가 甲을 공격하였고, 甲이 들고 있던 乙의 우산으로 늑대를 찔러 격퇴하였으나 乙의 우산이 망가졌을 경우', 전체구성요건

6) 문채규, 소극적 구성요건표지이론을 위한 변론, 형사법연구 제12호, 71면 이하; 심재규, 소극적 구성요건 개념, 고시연구, 1986.4, 73면 이하.

7) 김일수, 한국형법 I, 527면; 성낙현, 122면 이하; 오영근, 128면; 이재상/장영민/강동범, 107면; 이형국, 80면; 임웅, 115면; 정성근/박광민, 120면.

이론에 의하면 甲의 행위는 손괴죄의 구성요건에 해당하지 않게 된다. 그러나 사안에서 乙은 자신의 재산인 우산이 망가지는 것을 용인 내지 묵인해야 하는데, 그 근거에 관하여 전체구성요건은 타당한 설명을 할 수가 없다. 사안에서 乙이 자신의 재산에 대한 甲의 침해행위를 묵인 내지 용인해야 할 의무는 금지규범인 손괴죄의 구성요건에서 추론될 수는 없고, 오직 구성요건에 해당하는 행위를 특수한 상황에서 예외적으로 허용하는 허용규범(위법성 조각사유)의 독자적 기능으로부터만 도출될 수 있다. 전체구성요건이론의 결정적인 결함은 이와 같은 허용규범의 독자성을 인정할 수 없다는 점이다.

### 3-4. 벨첼(Welzel)의 개방적 구성요건이론

벨첼(Welzel)은 구성요건을 구성요건 자체에 모든 위법성이 내포되어 있는 봉쇄적 구성요건과 위법성이 구성요건에 내포되어 있지 않고 별도로 구성요건 외부에서 적극적인 위법성요소에 의하여 인정될 수 있는 개방적 구성요건으로 구별하였다. 대부분의 구성요건, 예컨대 살인죄 등의 경우는 구성요건 자체에 위법성이 내포되어 있는 봉쇄적 구성요건에 해당한다고 보았다. 이러한 봉쇄적 구성요건의 경우에 구성요건에 해당하는 행위에 대한 위법성은 당연히 추정된다. 이에 반하여 독일형법 제240조 제1항의 강요죄는 모든 위법성이 구성요건에 내포되어 있지 아니한 개방적 구성요건에 해당한다고 보았다. 즉 독일형법의 강요죄[8]는 제240조 제2항에서 "목적달성을 위한 폭행 · 협박의 행사가 비난받아야 할 때에는 위법하다"고 규정하고 있으므로 강요죄는 '목적과 수단의 관계에 의한 비난가능성'이라는 구성요건 외부의 별도의 위법성요소에 의해서만 위법성이 인정될 수 있다는 것이다. 따라서 개방적 구성요건의 경우 구성요건해당성만으로는 아직 위법성이 추정되지 않는다고 한다.

학설에서는 벨첼의 개방적 구성요건이론을 일치하여 반대[9]하고 있다. 구성요건은 위법성을 포함하여 봉쇄적 내지 폐쇄적으로 규정해야지 개방적으로 규정해서는 안 된다는 것이다(통설). 이는 타당하다. 구성요건이란 입법자가 위법한 행위 중에서도 특히 형벌이 과해져야 할 행위를 선별하여 유형별로 형법각칙에 기술한 것이기 때문에 구성요건은 전형적인 불법이어야 하며, 이를 개방적으로 즉 위법하지 않은 행위까지 포괄하여 규정할 수는 없다. 예컨대 형법의 협박죄[10]에 있어서는 '목적과 수단의 관계에 비추어 상당한' 협박행위만이 구성요건에 해당하며, 이때에는 위법성이 당연히 추정된다. 반면에 '목적과 수단의

8) 형법의 강요죄는 독일형법의 강요죄와 구조가 다르므로 개방적 구성요건의 예시로 설명되지 않는다. 따라서 여기서는 독일형법의 강요죄를 예로 설명한다.

9) Lenckner, S-S StGB, §§ 13 ff. Rdnr. 66 f. mwN.

10) 독일형법의 강요죄와 동일한 차원에서 '목적과 수단의 관계'가 설명될 수 있는 구성요건으로는 형법의 협박죄가 있다.

관계에 비추어 상당하지 아니한' 협박행위는 사회적으로 상당한 행위로서 이미 구성요건에 해당하지 않는 행위가 된다. 이러한 의미에서 '목적과 수단의 관계에 비추어 상당한 정도'는 정당한 권리행사로서 협박죄에서의 구성요건해당성 배제사유(사회적 상당성)이며, 위법성조각사유가 아니다.

형법각칙의 구성요건에서는 예컨대, ① 제103조 제1항, 제121조, 제122조, 제145조 제2항에서 '정당한 이유 없이', ② 제123조, 제124조에서 '직권을 남용하여', ③ 제131조 제1항 내지 제3항에서 '부정한 행위', ④ 제130조, 제357조 제1항에서 '부정한 청탁', ⑤ 제230조, 제236조, 제238조 제1항, 제239조 제1항에서 '부정행사', '부정사용', ⑥ 제349조 제1항, 제2항에서 '부당한 이익', ⑦ 제355조 제2항, 제356조에서 '임무에 위배' 등과 같은 불법·부당·부정 등과 관련된 요소들이 규정되어 있다. 이 요소들은 객관적 구성요건요소인지 위법성의 요소인지 구별이 필요하다. 이 요소들이 객관적 구성요건요소라면 이에 대한 착오는 대부분 사실의 착오(제15조 제1항)에 해당하기 때문에 고의를 조각하게 된다. 그러나 이들이 위법성의 요소라면 이에 대한 착오는 대부분 그 의미나 내용에 관한 착오(법률의 착오)가 되어 직접 고의에 영향을 주지는 않게 된다.

이들의 구별기준 내지 방법은 다음과 같다. 형법각칙의 구성요건에서 규정한 부당 또는 불법이 전체행위에 대한 평가라면 이는 위법성의 요소이다. 위법성의 요소는 구성요건 내부에서 차지하는 기능이 없으며, 단지 표현의 강조적 기능 외에는 다른 기능을 하지 않는다. 따라서 위법성의 요소는 위법성조각사유를 적용할 경우에 특별한 주의를 요한다는 입법자의 법관에 대한 경고의 의미가 담겨있을 뿐이다.[11] 그러나 이러한 요소가 개별적 행위 상황의 일부에 대한 부당성 또는 불법성을 나타낸다면 이는 구성요건요소가 되며, 이에 대한 인식은 고의의 내용이 된다. 상기의 ① '정당한 이유', ② '직권을 남용하여'는 전체행위에 대한 평가이며, 이러한 요소는 구성요건 내부에서 차지하는 기능이 없고 단지 표현의 강조적 역할만을 한다. 그러므로 이들은 위법성의 요소로 판단된다. 예컨대 제122조 직무유기죄에서의 '정당한 이유 없이'라는 요소는 직무유기의 전체행위에 대한 평가이며, 따라서 구성요건요소가 아니라 위법성의 요소가 된다.[12] 그러므로 '정당한 이유'에 대한 인식은 고의의 내용이 아니다. 나머지 ③~⑦의 요소들은 개별적인 행위에 대한 부당성 내지 불법성을 나타내는 구성요건요소로 판단되며, 이에 대한 착오는 사실의 착오를 의미하게 된다.

## 4. 개별적 구성요건요소

불법구성요건은 순수한 사실적인 기술적 구성요건요소 이외에, 규범적인 구성요건요소도 포함하고 있다. 기술적 구성요건요소는 구성요건에서의 금지나 명령을 사실적 또는 대상적으로 단순하게 표현한 요소들을 말한다. 이에 반하여 규범적 구성요건요소는 규범의

---

11) Vgl. Wessels/Beulke, AT, Rdnr. 135.
12) 이 경우 이들 요소(정당한 이유 없이)를 빼고 읽어도 유기죄의 내용상 큰 차이가 나타나지 않는다.

논리적 구조하에서 법관의 보충적 가치판단에 의하여 확정될 수 있는 요소를 말한다. 그러나 이러한 구획이 항상 분명한 것은 아니며, 대부분의 기술적 구성요건요소들도 규범적인 요소를 포함하게 된다. 예컨대 낙태죄의 객체인 태아와 살인죄의 객체인 사람은 일단 기술적 구성요건요소로 보이지만, 이들 사이의 경계선에서 정확한 구획은 가치판단에 의하지 않고서는 확정될 수 없다.

또한 불법구성요건은 외부적인 객관적 구성요건요소와 내부적인 주관적 구성요건요소로 구성되어 있다. 이러한 구획은 구체적인 범죄성립의 체계적 판단에서 의미가 있다.

### 4-1. 객관적 구성요건요소

객관적 구성요건요소는 행위 또는 행위자와 관련된 외적 상황을 기술적 또는 규범적으로 표시함으로써 범죄행위의 외적 발현형상을 정하는 요소를 말한다. 객관적 구성요건요소는 다양한 범죄유형에 따라 형법각칙의 개별적인 구성요건에서 각각의 행위주체(…한 者, 공무원), 행위객체(사람, 태아, 타인의 재물)와 특별한 행위방법, 행위수단, 행위양태 등을 포함하는 구성요건적 행위(살해, 낙태, 절취, 흉기휴대 절취)를 정하고 있다. 그 밖에 행위의 외적 작용으로 인한 결과의 발생을 전제로 하는 결과범에 있어서는 구성요건적 결과(사망, 상해, 공공의 위험)도 객관적 구성요건요소에 속한다. 이때 행위와 결과 사이의 인과관계와 객관적 귀속도 일반적으로는 객관적 구성요건요소로 다루고 있다. 그러나 인과관계와 객관적 귀속은 그 자체로 객관적 구성요건요소라고 할 수 없다. 인과관계와 객관적 귀속은 해당결과가 구성요건적 결과인지 아닌지를 판단하는 기준일 뿐이다. 즉 인과관계가 없거나 객관적 귀속이 부정되는 결과는 불법구성요건요소인 구성요건적 결과라고 할 수 없다.

### 4-2. 주관적 구성요건요소

주관적 구성요건요소는 범죄행위에 대한 행위자의 표상, 즉 행위자의 정신적 · 심리적 영역에 속하는 상황을 말한다. 주관적 구성요건요소는 범죄행위의 일반적인 행위반가치를 특징짓고 있으며(예컨대 고의), 범죄행위의 특별한 종류나 방법 등을 자세히 표시하고 있다(예컨대 목적 등). 객관적 구성요건요소를 모두 인식하고 그 범행을 실현하기 위하여 행동에 나아가는 행위자의 정신적 · 심리적 요소인 구성요건적 고의(구성요건의 실현에 대한 인식과 의사)는 일반적인 주관적 구성요건요소에 해당한다. 고의 이외에 목적범에서의 목적, 영득범죄에서의 불법영득의사 등은 초과주관적 구성요건요소이다. 구성요건의 실현을 위하여 고의를 초과하는 내적 경향(범행결과나 목표에 대한 특별한 의도)을 요구하는 범죄에서 이러한 초과주관적 구성요건요소는 불법의 요소가 된다. 예컨대 음란한 물건을 제조 · 소지 · 수입 · 수출하는 행위는 특별히 초과된 내적 경향으로 그러한 물건을 반포 · 판매 · 임대 또는 공연히 전시 · 상영하려는 목적이 있는 경우에만 제244조 '음화제조 등 죄'의 구성요건에 해당할 수 있게 된다.

구성요건적 고의는 범죄실현의사로서 불법구성요건에 속하는 일반적인 주관적 구성요건요소이며, 이는 '객관적 구성요건의 실현을 위한 행위자의 지적 · 의지적 태도'라는 행위반가치를 정하게 된다. 이러한 고의에 대하여 "불법요소로서 그의 기능을 완전히 발휘하였기 때문에 더 이상 추가적으로 책임영역에서의 역할이 없다"는 주장이 특히 목적적 행위론의 지지자들에 의하여 제기되고 있다. 그러나 법률이 구성요건에 해당하는 행위를 금지하거나 행할 것을 명령했음에도 불구하고 이러한 법적 명령 내지 금지를 고의로 지키지 않았다는 것에 대하여 행위자는 개인적 · 주관적으로 법적 비난을 받아야 한다. 이와 같이 적법에 따르지 않는 행위자의 고의는 법 적대성 내지 법에 대한 반항성이라는, 즉 법질서에 거역하여 자기의 행동을 결정하는 심정반가치로서 책임의 영역이 된다.[13] 따라서 고의는 불법의 요소로서 그리고 책임의 형태로서 2중의 기능을 갖게 된다.

## 제 2 절 인과관계와 객관적 귀속

### 1. 서 론

위증죄와 같은 형식범에 있어서는 위증이라는 구성요건적 행위를 함으로써 특정한 결과의 발생 여부와 관계없이 범죄가 성립한다. 그러므로 형식범에서는 결과의 발생 또는 불발생이라는 문제를 생각할 필요조차 없다. 결과범에서는 구성요건적 결과의 발생이 객관적 구성요건요소이므로 결과가 발생하지 아니한 경우에는 미수범의 성립 여부만이 문제된다.

결과범에 있어서 결과가 발생하더라도 발생된 모든 결과를 불법의 요소인 구성요건적 결과의 발생으로 평가할 수는 없다. 형법은 법률을 준수하는 것이 누구에게든 가능해야만 이를 준수하도록 요구할 수 있기 때문에, 누구에게나 가능한 것(Jemandmögliche)만을 불법의 대상으로 정할 수 있을 뿐이다. 따라서 불법한 구성요건적 결과라고 하기 위해서는 그러한 결과를 발생시키지 아니하는 것이 누구에게나 가능해야 한다.

자신이 야기하지 아니한 결과를 발생시켜서는 안 된다고 금지하는 것은 불가능하다.

---

13) Vgl. Lenckner, S-S StGB, Vorbem. §§ 13 Rdnr. 120 f.

예컨대 甲과 乙이 각각 독립하여 A를 저격하였는데, 甲의 저격은 빗나갔고, 乙의 저격이 A의 심장을 정확하게 관통하였다면, A의 사망은 乙의 행위에 의한 결과라는 것이 자명하다. 이때 행위주체 甲이 행위객체 A를 살해하기 위해서 살인의 고의로 A를 저격함으로써 살해행위를 실행하였고, 이 사안에서 A는 결국 사망이라는 결과가 발생하였지만, A의 사망은 甲이 야기한 결과가 아니다. 발생된 결과가 불법한 구성요건적 결과로 평가되기 위해서는 우선 행위와 결과 사이의 인과관계가 인정되어야 하기 때문이다.

행위자가 야기한 결과라고 하여도 그것이 아주 이상하고 비정상적인 인과의 진행과정을 통해서 실현된 결과라면 그러한 결과발생을 법적으로 금지하는 것도 불가능하다. 예컨대 甲이 A를 살해하기 위하여 가슴을 찌른 후 곧 후회하여 병원으로 연락하여 구조조치를 취하였으나, A가 병원으로 실려 가던 중 중앙선을 침범한 덤프트럭과 충돌한 교통사고로 사망하거나 병원의 화재로 병상에서 질식사한 경우에는 A의 사망이 甲의 행위와 전혀 연관관계가 없다고는 말할 수는 없다. 즉 행위와 결과 사이의 인과관계는 긍정된다. 그러나 甲의 행위와 인과관계가 인정되더라도 사안과 같이 아주 이상하고 비정상적인 인과의 진행과정을 통해서 실현된 결과까지 甲에게 귀속시킬 수는 없다. 이 경우 발생된 결과는 행위자에 의해서 야기된 결과라도 객관적 귀속이 부정된다.

행위자가 야기하였고(인과관계), 정상적이고 정형적인 인과의 진행과정을 통하여 발생되었기 때문에 객관적으로 예측이 가능하고 회피가 가능한 결과(객관적 귀속)라면, 법률은 그러한 결과를 발생시키지 말도록 요구할 수 있게 된다. 즉 법률이 불법으로 정해서 그 불발생을 요구할 수 있는 구성요건적 결과는 인과관계와 객관적 귀속이 인정되는 결과이어야 하며, 형법은 그러한 결과를 불법한 구성요건적 결과로 정할 수 있게 된다. 따라서 인과관계와 객관적 귀속은 "해당 결과가 불법한 구성요건적 결과인지"를 판단하는 기준이라고 해야 한다.

## 2. 인과관계

### 2-1. 인과관계의 의의

객관적 구성요건요소로서 결과의 발생은 우선 행위자가 야기한 결과로서 구성요건적 행위와 인과적으로 연결되어야 한다. 행위와 인과적으로 연결되지 아니한 결과는 법률이 반가치판단을 할 수 있는 결과가 아니므로 불법의 요소인 구성요건적 결과가 될 수 없다.

인과관계(Kausalität)란 원인과 결과 사이의 존재론적 상관관계를 말한다. 이러한 철학적·자연과학적 인과개념은 형법에서도 최초의 고전적 조건설에 의해서 그대로 도입되었다. 그러나 형법에서 인과관계의 판단대상이 되는 원인은 구성요건적 행위인데, 규범적 개념인 구성요건적 행위에서 존재론적인 자연주의적 행위개념을 전제로 한 철학적·자연과학적 인과개념을 그대로 사용하는 것은 부적절하다. 따라서 기본적으로 존재론적 개념인 인과관계가 형법에서는 존재론적 관련성과 규범적 관련성을 동시에 제시하는 개념으로 거듭날 수밖에 없게 된다. 따라서 형법학에서의 인과개념은 법적·사회적 관련개념으로 정립되어야 한다. 그러나 형법에서의 인과관계도 인과관계 그 자체는 철학적·자연과학적 인과관계와 동일하게 사실적으로 판단되어야 한다. 인과관계라는 개념 자체가 형법학에서 별도로 존재하는 개념은 아니기 때문이다. 이를 종합하면 형법에서의 인과관계는 '법적·사회적으로 관련되어 규범적으로 이해되어야 하는 구성요건적 행위'와 '존재론적·사실적으로 이해되어야 하는 해당 결과' 사이의 '존재론적 개념'이라고 이해될 수 있다.

예컨대 유아에게 수유하지 아니하는 모의 부작위[14]는 단순한 무가 아니라 유아의 '굶어 죽음'[15]이라는 결과에 대한 구성요건적 행위로서 인과관계 판단의 대상이 된다.[16] 이에 반하여 살인자를 출산한 모의 출산행위는 피해자의 사망이라는 결과에 대한 구성요건적 행위가 아니므로 이미 인과관계의 판단대상에서 제외된다.

형법 제17조는 인과관계에 관하여 "어떤 행위라도 죄의 요소되는 위험발생에 연결되지 아니한 때에는 그 결과로 인하여 벌하지 아니한다"고 규정하고 있다. 그러나 인과관계는 행위와 결과 사이의 인과적 연관관계를 의미하기 때문에 '··· 위험발생에 연결되지 아니한 때 ···'가 아니라, '··· 결과발생에 연결되지 아니한 때 ···'로 표현하는 것이 정확하다. 추월적 인과관계에서 추월당한 조건도 위험발생에는 연결되지만 추월한 조건에 의하여 발생된 결과에는 연결되지 않는다.

제17조의 명문규정에 의하여 형법의 인과관계는 '인과관계의 존부확인과 평가'[17] 또는 '인과관계의 유무와 범위'[18]를 모두 포함하는 것으로 해석하는 견해가 있다. 이는 인과관계가 확인되었으나 객관적 귀속이 부정되는 경우를 "확인된 인과관계의 존재가 평가범위에 들어오지 않아 형법상의 인과관계가 부정된다"는 이론의 구성이다. 그러나 이와 같은 동어반복보다는 인과관계와 객관적 귀속을 명확히 분리하는 것이 보다 선명하다.

---

14) 이는 법적·사회적으로 관련되어 규범적으로 이해되어야 하는 구성요건적 행위, 즉 보증인의 의무위반으로 평가된다.

15) 이는 존재론적·사실적으로 이해되어야 하는 발생된 결과이다.

16) 이때 유아를 수유하지 아니한 모의 부작위와 유아의 아사 사이에 대한 인과관계는 사실적 판단으로 충분하다. 즉 인과관계의 판단 대상이 규범적으로 설정되었다면, 그다음은 사실적 연결관계만 판단하면 충분하다.

17) 김성돈, 192면 이하; 신동운, 156면 이하.

18) 이상돈, 201면 이하; 동취지, 이재상/장영민/강동범, 157면은 결과귀속을 '인과관계의 확정'으로 표현하고 있다.

## 2-2. 인과관계에 관한 학설

### 2-2-1. 조건설(Bedingungstheorie)

#### 2-2-1-1. 자연과학적 관점의 고전적 조건설

조건설[19]은 '그 조건을 배제하면 그 결과가 발생하지 않았으리라는 모든 조건(conditio sine qua non: Bedingung, ohne welche ein Ereignis nicht stattfinden kann)'들이 결과에 대한 필수조건이므로 인과관계가 인정된다는 입장이다. 조건설은 "결과에 대한 모든 필수조건들이 그 결과에 대하여 인과적으로 동일한 가치를 갖는다"고 보기 때문에 등가설(Äquivalenztheorie)이라고도 한다. 조건설은 가상적인 소거공식(conditio-sine-qua-non Formel)을 사용하여 인과관계를 확정한다. 조건을 소거할 때 결과도 같이 소거되면 인과관계가 있는 것이고, 조건을 소거하는데도 결과가 소거되지 않는다면 그 조건은 결과에 대한 필수조건이 아니므로 인과관계가 없는 것이다.

이러한 소거방법은 다분히 자연과학적 방법론이다. 따라서 조건설에 대해서는 "인과관계를 직접 규명하는 것이 아니라, 일단 인과관계가 있다는 전제하에서 가설적 사고과정의 소거절차를 거치는 방법론상의 잘못이 있다"는 비판이 제기된다.[20] 조건설은 인과관계가 있다는 사실을 이미 알고 있는 경우에만 '그 조건이 없었더라면 그 결과가 발생하지 않았을 것'이라고 말할 수 있다는 것이다. 반대로 인과관계가 있다는 사실을 알지 못하는 경우에는 "그 조건이 없었더라면 그 결과가 발생했을 것인지, 발생하지 않았을 것인지 전혀 말할 수 없다"는 것이다.[21] 따라서 조건설은 인과관계를 규명하는 이론이 아니라, 이미 알고 있는 인과관계의 존재를 검사하는 이론에 불과하다고 한다.[22]

소거공식에 의한 조건설의 실질적인 문제점은 특히 단독으로도 동일한 결과를 야기하기에 충분한 여러 개의 조건들이 결합하여 일정한 결과를 발생시키는 '이중적 인과관계'의 경우와 현실적으로 작용한 행위가 없었어도 다른 예비적 원인에 의하여 동일한 결과가 발생되었을 '가설적 인과관계'의 경우에서 분명하게 나타난다. 예컨대 甲과 乙이 각각 독립

---

19) 조건설은 오스트리아의 Glaser에 의하여 주장되었고, v. Buri에 의하여 독일왕정재판소의 판결(RGSt 1, 374; 77, 17)에 도입되었다. Vgl. Lenckner, S-S StGB, Vorbem. §§ 13 ff. Rdnr. 73.

20) Vgl. Lenckner, S-S StGB, Vorbem. §§ 13 ff. Rdnr. 74 mwN.; Jescheck/Weigend, Lehrbuch AT, S. 281 f.

21) Vgl. Armin Kaufmann, Tatbestandmäßigkeit und Verursachung im Contergan-Verfahren, JZ 71, 574; Lenckner, S-S StGB, Vorbem. §§ 13 ff. Rdnr. 74: 즉 임산부를 위한 입덧완화제 콘터간(Contergan)의 Thalidomide 성분이 태아의 발육에 영향을 주었는지 규명되지 않은 경우에는 "그 조건이 없었을 경우에도 그 결과가 발생했을 것인지"에 대하여 전혀 말할 수 없다는 것이다.

22) Vgl. Lenckner, S-S StGB, Vorbem. §§ 13 ff. Rdnr. 74; Jescheck/Weigend, Lehrbuch AT, S. 280.

하여 치사량 이상의 독약을 A의 음료수 잔에 혼입하였고, A가 그 음료수를 마시고 사망한 이중적 인과관계의 경우에 甲의 행위를 소거하거나 乙의 행위를 소거하더라도(어떤 조건을 소거하여도) A의 사망이라는 결과가 발생함(결과가 소거되지 않음)에는 변함이 없다. 또한 마피아조직의 이탈자 X가 피살위험으로부터 벗어나기 위해서 해외로 도주하려 하였으나 비행기 탑승직전에 마피아 단원으로부터 저격·피살되었는데, X가 탑승하려던 비행기는 테러범의 비행기 폭파(예비적 원인)에 의하여 탑승자 전원이 사망하였을 가설적 인과관계의 경우, 만약 조직의 이탈자 X가 마피아단원의 저격을 피해 비행기를 탑승했다고 하더라도(조건을 소거해도) X는 비행기 폭파(예비적 원인)에 의하여 사망(결과가 소거되지 않음)했을 것이다. 이와 같이 이중적 인과관계나 가설적 인과관계의 경우 순수한 자연과학적 관점에서 소거공식을 사용하는 고전적 조건설은 부당한 결론을 도출하게 된다.

#### 2-2-1-2. 합법칙적 조건설(Die Lehre von der gesetzmäßigen Bedingung)

엥기쉬(Engisch)[23]에 의하여 주장된 소위 합법칙적 조건설(통설)은 가설적 소거방법에 의한 조건설의 결함을 시정하려고 시도한다. 형법의 인과관계는 가설적인 소거절차에 의해서가 아니라 구체적인 행위가 구체적인 결과발생에 실질적으로 작용되었는가를 합법칙적(gesetzmäßig)인 관점에서 판단할 때 밝혀질 수 있다는 것이다. 예컨대 유아에게 수유하지 않는 모의 부작위와 유아의 '굶어 죽음'이라는 결과 사이에 존재론적인 자연과학적 인과관계는 존재하지 않지만, 합법칙적인 인과관계는 존재한다는 것이다.[24]

합법칙적 조건설은 자연과학적 방법의 '가설적 소거절차' 대신 '구체적인 행위와 구체적인 결과 사이의 실질적인 작용'을 중심으로 형법의 인과관계를 판단함으로써 고전적 조건설이 가지고 있는 결정적인 결함을 시정하였다. 그러나 합법칙적 조건설이 "구체적인 행위가 구체적인 결과에 실질적으로 작용되었는가"를 판단함에 있어서 합법칙성의 기준을 사용하는 것은 의문이다.[25] '구체적인 행위와 구체적인 결과 사이의 실질적인 작용'은 있는 그대로 사실적인 관점에서 판단하면 충분하기 때문이다.[26] 또한 인과관계의 판단대상(구성요건적 행위)을 정하는 단계에서는 합법칙적인 관점이 아닌 규범적(법적·사회적) 관점에서 판단해야 한다.

23) Vgl. Engisch, Die Kausalität als Merkmal der strafrechtliche Tatbestände, 1931, S. 21 ff. 합법칙적 조건설은 Engisch 이후 Jescheck, Lenckner, Rudolphi, Schulz, Wessels/Beulke 등에 의하여 광범위한 지지를 받고 있다.

24) Vgl. Jescheck/Weigend, Lehrbuch AT, S. 283; Wessels/Beulke, AT, Rdnr. 168a.

25) 이를 합법칙성을 토대로 판단하면 증명되지 아니한 작용가능성(예컨대 Contergan 사건 등)만으로도 인과관계를 인정하는 문제가 발생한다.

26) 인과관계라는 개념 자체가 형법학에서 별도로 존재하는 개념은 아니므로 형법에서의 인과관계도 인과관계 그 자체는 철학적·자연과학적 인과관계와 동일하게 사실적으로 판단해야 한다.

### 2-2-1-3. 사 견

형법에서의 인과관계도 "구체적인 행위가 구체적인 결과에 실질적으로 작용하였는가"에 대한 사실판단의 문제이다. 그러나 자연과학적 관점에서 가설적 소거방법을 사용한 고전적 조건설은 구체적 상황을 도외시한 공식을 사용함으로써 방법론상의 결함과 이에 따른 실질적인 결함을 내포하고 있었다. 또한 합법칙적 조건설이 '구체적인 행위와 구체적인 결과 사이의 실질적인 작용'을 중심으로 형법의 인과관계를 판단한 것은 정확했다. 다만 이때 '실질적인 작용' 여부는 합법칙성이 아닌 사실적 판단을 기준으로 해야 한다. 이와 같이 형법의 인과관계를 조건설에 따라 판단[27]하는 것은 타당하지만, 고전적 조건설이나 합법칙적 조건설이 조건설을 파악하는 데 있어서의 결함은 수정되어야 한다.

형법에서의 인과관계는 '법적·사회적으로 관련되어 규범적으로 이해되어야 하는 구성요건적 행위'와 '존재론적·사실적으로 이해되어야 하는 구체적인 결과' 사이의 '존재론적 개념의 인과관계'이어야 한다. 이러한 형법의 인과관계는 '구체적인 행위와 구체적인 결과 사이의 실질적인 작용'의 조건관계를 사실적으로 판단함으로써 확정될 수 있다. 다만 형법의 인과관계는 '법적·사회적 관련개념으로서 구성요건적 행위만을 그 판단대상으로 한다. 따라서 살인범을 출산한 부모의 결혼이나, 모의 출산, 산부인과 의사의 행위 등은 모두 구성요건적 살해행위가 아니기 때문에 형법상 인과관계를 문제 삼을 필요가 없게 된다. 이에 반하여 유아에게 수유하지 아니하는 모의 부작위는 형법상 구성요건적 행위이기 때문에 형법의 인과관계가 문제된다. 이에 따라 형법의 인과관계는 구체적인 상황에서 규범적으로 판단된 구체적인 구성요건적 행위와 구체적인 결과 사이의 인과적 연결관계에 대한 사실판단이어야 한다. 이러한 조건설에 따라 구체적인 경우의 인과관계를 정리하면 다음과 같다.

① 인과관계를 판단함에 있어서는 현실의 사건전개와 구체적인 결과 사이의 인과적 연결만이 기준이 되어야 한다. 따라서 '침해의 결과가 사후에 어떤 다른 방법으로 나타났을 것'이라는 가상적인(예비적인) 상황이 존재하더라도 이는 이미 최초의 행위에 의하여 작용된 인과성을 제거하지 못한다. 예컨대 '테러범에 의해서 공중에서 폭발한 비행기에 탑승하려던 자가 탑승 직전에 피격되어 사망'한 가설적 인과관계의 경우, 예비적 원인(테러범의 비행기 폭발)은 행위자의 행위(저격)에 의하여 발생된 결과(저격에 의한 사망) 사이의 인과성을 제거하지 못한다. 자연과학적 관점의 고전적 조건설은 이러한 "현실적 상황에서 사건의 전개와 구체적 결과 사이의 인과적 연결만이 인과관계 판단의 기준이 된다"는 점을 간과했다.

---

27) 객관적 귀속에 의한 평가가 보장되어 있으므로 인과관계는 광범위한 조건설 내지 합법칙적 조건설을 적용할 수 있다는 입장으로는 성낙현, 151면, 160면; 손동권/김재윤, 124면 이하.

② 당해 행위가 당해 결과에 대하여 최소한 공동원인이었거나 또는 결과의 발생을 가속시켰다면 충분한 인과관계가 인정된다. 이때 “인과의 진행 중에 중간의 원인들이 몇 개가 있었는지”는 문제가 되지 않는다. 따라서 이중적 인과관계의 경우에도 완전한 인과관계가 인정된다. 예컨대 甲과 乙이 각각 치사량 이상의 독약을 피해자의 음료수 잔에 혼입한 경우에도 완전한 인과관계가 인정된다. 또한 누적적 내지 중첩적 인과관계의 경우에도 충분한 인과관계가 인정된다. 예컨대 甲 · 乙 · 丙이 각 1mg씩 치사량 3mg의 독약을 A의 음료수 잔에 넣은 경우에 甲 · 乙 · 丙 각각의 행위는 A의 사망에 대하여 인과관계가 인정된다.

③ 피해자의 비정상적인 구조가 결과의 발생을 가속시켰거나 결과가 비전형적인 인과의 진행을 통하여 다른 방법으로 나타났어도 인과관계의 유무를 판단함에는 영향이 없다. 피해자의 과실, 피해자의 이상체질 등은 인과관계의 확정에 영향을 주지 못한다. 또한 제3자의 고의 · 과실행위 역시 진행된 인과관계를 중단시키지 못한다. 예컨대 ‘甲이 피해자를 저격하였고 甲의 부인 乙은 사체은닉의 의사로 피해자에게 돌을 매달아 침수시켰는데 피해자가 익사한 경우’ 또는 ‘A가 피해자를 저격하였고 괴로워하며 죽어가는 피해자를 측은하게 여긴 B가 피해자의 심장에 총을 발사한 경우’에도, 이러한 제3자의 과실 또는 고의행위가 최초의 행위자의 행위에 의하여 진행된 인과과정을 중단시키지는 못한다.

④ 다만 ③의 원리는 최초의 조건이 결과 발생시까지 계속 작용했어야 한다. 최초의 조건이 결과 발생시까지 계속 작용하지 않았다면 그것은 처음부터 인과관계가 없는 것이 된다. 예컨대 甲이 A에게 치명적인 독약을 우황청심환이라고 속여서 복용케 하였으나 그 독약을 싸고 있는 껍질부분은 약 하루가 지나야 모두 소화가 되기 때문에 독약의 효과는 적어도 24시간이 지난 이후에야 나타날 수 있었던 경우, 독약의 효력이 발생하기 전에 乙이 A를 저격하여 살해하였다면(소위 추월적 인과관계), 최초의 甲의 조건(독약을 먹임)을 추월한 乙의 조건(저격)만이 A의 사망과 인과관계가 인정된다. 이에 반하여 乙의 조건(저격)에 의해서 추월당한 甲의 조건(독약을 먹임)은 A의 사망에 대하여 인과관계가 부정된다. 그러나 만약 독약의 효력이 발생한 이후에 乙이 A를 저격하여 살해하였다면, 乙의 행위뿐 아니라 甲의 행위도 A의 사망 사이에 인과관계가 인정된다.

⑤ 부작위범에서는 작위의무를 이행했더라면 결과가 방지될 수 있었던 경우에 법적 · 사회적 관련개념인 형법의 인과관계가 긍정된다. 규범적 평가에 의하여 구성요건적 행위로 평가된 보증인의 부작위는 결과발생에 대한 형법상 인과관계의 판단대상이 되며, 이때 보증인의 부작위와 결과발생의 인과적 연결관계는 사실적 판단으로 충분하다.

그러나 구체적인 상황에서 구체적인 행위와 결과 사이의 인과적 연결관계는 예컨대 콘터간(Contergan)사건[28]과 같이 증명이 불가능한 경우가 있으며, 이 경우에는 in dubio

28) 탈리도마이드(Thalidomide)는 1950년대 후반 독일에서 개발되어 1962년까지 임신중의 구토방지제로 사

pro reo의 법칙에 따라 해결하여야 한다. 콘터간 복용과 기형아 출산 사이에서 상당인과관계설에 의존하는 민사불법행위에서의 인과관계는 긍정되지만, 조건설 관점의 형사불법행위에서의 인과관계는 in-dubio 원칙상 부정될 수밖에 없다. 형사법에서는 증명되지 아니한 인과관계를 긍정해서는 안 되기 때문이다.

### 2-2-2. 원인설

원인설은 행위가 결과에 대하여 단순한 조건만 제공하였는가 또는 중요한 조건을 제공하였는가를 구분하여 "중요한 조건은 단순히 조건이 아니라 원인이며, 이 원인을 제공한 행위만이 결과에 대하여 인과관계가 있다"는 입장이다. 원인설은 결과에 대한 모든 조건을 개별화하여 인과관계를 판단하기 때문에 개별화설이라고도 한다. 주장하는 입장에 따라 필연 조건설, 최종 조건설, 최유력 조건설, 동적 조건설, 결정적 조건설 등이 있으나, 원인을 판단하는 기준이 개별적·독단적이어서 현재는 지지자를 찾아볼 수가 없다. 상당인과관계설이나 중요설도 단순한 조건과 '구성요건적으로 상당한 조건' 내지 '법률적으로 중요한 조건'을 구별하는 이론으로 넓은 의미의 원인설에 속한다.

상당인과관계설과 중요설을 포함한 넓은 의미의 원인설은 사실판단의 인과관계와 규범적 판단의 결과귀속의 문제를 모두 인과관계의 범주에서 포괄하여 확정하려는 이론이다. 그러나 '존부에 관한 사실판단'의 인과관계를 평가의 과정을 거쳐 확정하려는 것은 논리적으로 타당하지 않다. 또한 이론의 논리적 전개는 명확한 체계적인 분석과 이에 따른 명확한 판단을 요하기 때문에, 인과관계의 확정에 관한 사실판단과 결과귀속에 관한 규범적 판단을 포괄하여 확정하려는 입장은 방법론적으로도 문제가 있다. 원인설은 인과관계와 결과귀속이 별개의 문제영역임을 간과하고 있다.

### 2-2-3. 상당인과관계설(Adäquanztheorie)

법적 의미에서 결과에 대한 원인은 '경험칙상 구성요건적으로 상당한 조건'뿐이라는 견해가 상당인과관계설이다. 일반적인 생활경험에 비추어 결과발생의 객관적인 가능성을 상당하게 증가시킨 행위는 구체적 결과발생의 상당한 조건이 되며, 결과발생이 일상의 생활경험에서 예상할 수 없었던 비규칙적·비정형적 인과의 진행에서 유래한다면 상당하지 아니한 조건에 불과하다는 것이다. 판례[29]는 상당인과관계설을 취하고 있다.

---

용되었던 약물이다. 독일제약사 그뤼넨탈(Grünenthal)에서는 이 탈리도마이드 약물로 입덧완화제 콘터간(Contergan)을 제조·판매하였고, 콘터간을 복용한 임산부들에게서는 팔이나 다리가 성장하지 못한 기형아가 태어났는데, 탈리도마이드에 의한 기형아 출산은 전 세계 46개국에서 1만명이 넘었으며, 특히 유럽에서만 8천명이 넘었다.

29) 대법원 2006.5.12. 2006도819; 대법원 2009.7.23. 2009도3219; 대법원 2011.4.14. 2010도10104; 대법원

상당인과관계설은 상당성의 판단과 관련하여 ① 행위자가 행위당시 인식했거나 인식할 수 있었던 사정을 기초로 상당성을 판단하는 주관적 상당인과관계설, ② 행위당시에 존재한 모든 사정을 객관적으로 종합하여 법관이 사후적으로 상당성을 판단하는 객관적 상당인과관계설,[30] ③ 행위자뿐 아니라 일반인, 특히 그중에서도 우수한 자가 인식할 수 있었던 사정을 기초로 상당성을 판단하는 절충적 상당인과관계설이 있다. 절충적 상당인과관계설은 종래의 통설[31]이었다.

이미 지적한 바와 같이, 별개의 문제영역인 인과관계 확정에 관한 사실판단과 결과귀속에 관한 규범적 판단을 포괄하여 확정하는 상당인과관계설은 방법론적인 오류가 있다. 예컨대 甲이 살인의 고의로 피해자의 가슴을 흉기로 찔러 사망이 확실한 정도의 중상을 입혔고, 치료하는 의사가 최선을 다하였지만 피해자가 사망한 경우, 甲의 행위와 피해자의 사망 사이에는 당연히 상당인과관계가 인정된다. 甲의 행위는 일상의 생활경험에 따라 의심의 여지없이 피해자의 사망에 대한 상당한 조건이 된다. 그러나 동일한 사안에서 치료하는 의사의 탁월한 치료기술과 적시의 획기적인 의약품의 개발로 피해자가 간신히 살아났다면, 결과가 발생하지 않았으므로 甲의 행위와 관련한 인과관계는 전혀 문제가 되지 않는다. 즉 '규범적 판단'에 의하여 이미 '상당했을 조건'일지라도 결과가 발생하지 않았다면 인과관계는 전혀 문제되지 않는다.

이와 같은 방법론적인 결함은 '일상의 생활경험에 따라 의심의 여지없이 결과에 대한 상당한 조건이지만 인과관계의 존부 내지 확인 자체에 대하여 과학적으로 증명할 수 없는 경우'에는 실질적인 결함으로 나타난다. 이는 상당성의 기준이 인과관계의 확정과 결과귀속의 확정에서 중복적으로 작용하기 때문에 나타나는 문제이다. 즉 상당인과관계설에서는 결과발생을 야기했는지 여부에 대해서 아직 과학적으로 증명되지 아니한 경우라도 결과발생에 대한 상당한 조건이라면 결과를 야기한 것으로 판단하게 된다. 예컨대 콘터간(Contergan)사건이 여기에 해당한다. 그러나 95% 이상의 현실가능성은 상당성의 요건을 충족할 수 있지만, 5% 미만에 해당할 수 있음이 과학적으로 증명이 불가능한 경우라면 in dubio pro reo의 원칙을 적용해야 한다.[32] 상당인과관계설은 in dubio pro reo라는 형법의 대원칙을 벗어나고 있다.

---

2015.6.24. 2014도11315; 대법원 2016.3.24. 2015도8621; 대법원 2017.12.5. 2016도16738; 대법원 2020.1.16. 2017도12742; 대법원 2021.10.14. 2016도16343.

30) 배종대, 152면 이하; 오영근, 113면.

31) 남흥우, 101면; 이건호, 67면; 권문택, 형법상의 인과관계, 고시계 1972.8, 77면; 성시탁, 인과관계, 형사법강좌 I, 194면.

32) 콘터간 사건에서, 탈리도마이드 기형아의 대부분은 콘터간의 영향(공격)에 의한 것이겠지만, 그중에서 극히 일부는 콘터간의 영향과 관계없는 일반적인 기형아일 수 있는데, 이를 과학적으로 증명할 수 없다면 in-dubio 원칙에 종속되는 형법의 인과관계를 인정해서는 안 된다는 것이다.

본질적으로 생활경험이라는 상당성의 기준은 형법의 규범적 결과귀속의 세밀한 판단을 위한 기준으로 부적절하다. 상당성의 기준에는 '위험감소의 경우', '피해자나 제3자의 고의 또는 과실행위가 개입된 경우' 또는 '위험의 실현이 규범의 보호범위 이외에서 발생된 경우' 등에 있어서 각각의 경우에 적절한 규범적 판단의 기준이 분류되고 있지 않다. 이와 같이 분류·분석이 불가능한 기준에 의한 통합적인 판단은 개별적인 판단자의 주관적 평가를 허용함으로써 형법을 심정법학으로 이끌게 된다.

#### 2-2-4. 중요설(Relevanztheorie)

중요설은 원인설이나 상당인과관계설과는 달리 결과의 야기와 결과의 귀속을 내부적으로 구별한다. 즉 결과의 야기(인과관계)는 조건설을 근거로 확정하고, 결과귀속의 문제는 법률적 중요성에 의하여 확정하려는 이론이다. 중요설은 인과적 사건전개에서 '구성요건적으로 중요한 조건'에 한정하여 결과의 귀속을 인정한다. 따라서 비전형적·비유형적 인과의 진행인 경우에는 구성요건적으로 중요한 조건이 아니므로 결과의 귀속을 부정하게 된다.[33] 또한 중요설의 '구성요건적 중요성'은 규범의 보호목적이나 개별적 범죄구성요건의 특수성을 더 고려하기 때문에, 예컨대 '허용된 위험'이나 '위험감소'의 경우에 나타나는 상당인과관계설의 난점을 해결할 수 있게 된다.[34]

그러나 중요설도 인과관계 확정에 관한 사실판단의 문제와 결과귀속에 관한 규범적 판단의 문제를 포괄하여 확정함으로써 방법론적인 문제점을 안고 있다. 또한 구성요건적 중요성도 분류·분석이 곤란한 불명확한 기준이라는 비판[35]이 제기되고 있다.

## 3. 객관적 귀속이론

### 3-1. 객관적 귀속이론의 본질

객관적 구성요건요소(불법요소)로서 결과의 발생이라 함은 우선 일차적으로 구성요건적 행위와 인과관계가 인정되는 결과의 발생이어야 한다. 만약 행위자가 야기한 결과가 아니라면 그 결과는 불법의 요소인 구성요건적 결과의 발생이 될 수 없다. 이때 "인과관계가 있다"는 판단은 그 결과에 대하여 당해 행위가 유일한 원인이라는 의미가 아니다. 적어도 공동원인을 형성하고 있다면 인과관계는 긍정된다. 이러한 인과관계는 조건설에 의하여 확정

33) 동취지, 김성돈, 190면; 신동운, 156면 이하; 이상돈, 201면 이하.

34) Vgl. Lenckner, S-S StGB, Vorbem §§ 13 Rdnr. 90.

35) Lenckner, S-S StGB, Vorbem. §§ 13 Rdnr. 90; 특히 Blei, Strafrecht I, S. 104는 중요설이 형식적 원칙(formales Prinzip)에 불과하다고 비판한다.

될 수 있다.

행위자가 야기한 결과라면 당연히 행위자가 이에 대해서 책임지는 것이 원칙이지만, 행위자가 야기한 결과라고 하여 모두 행위자에게 그 형사책임을 물을 수는 없다. 객관적으로 그의 작업에 의한 그의 작품이라고 평가될 만한 결과만이 행위자에게 귀속될 결과로서 형사책임의 대상이 되는 불법한 결과가 된다. 따라서 불법의 요소로서 구성요건적 결과의 발생은 구성요건적 행위에 의하여 야기(인과관계)된 결과 중에서도 행위자에게 객관적으로 귀속이 가능한 결과만을 의미하게 된다.

인과관계는 행위와 결과 사이의 사실적 판단의 문제임에 반하여, 객관적 귀속은 "그 결과를 행위자에게 귀속시킬 수 있는가"라는 법적·규범적 판단의 문제이다. 이때 인과관계는 객관적 귀속 판단을 위한 전제조건이다. 행위자가 야기한 결과만이 "그 결과를 행위자에게 귀속시킬 수 있는가"를 판단할 대상이 되기 때문이다. 따라서 객관적 귀속판단의 전제는 "행위자가 그의 행위를 통하여 (최소한 공동으로)결과를 야기했는가"라는 인과관계의 확정이다.

종래 독일의 다수설[36]은 인과관계의 문제를 불법의 영역에서 그리고 결과귀속의 문제를 책임의 영역에서 다루었다.[37] 즉 행위와 결과 사이의 인과관계의 확정은 형법상 불법의 기초로서 충분하다고 보았다. 이때 조건설과 결합된 귀책범위의 확대는 불법의 영역이 아니라, 결과발생에 대한 예견가능성을 기준으로 책임의 영역에서 수정되어야 한다고 주장하였다. 그러나 누구에게나 예측이 불가능했거나 지배가 불가능했던 우연한 결과를 행위자가 만든 불법으로 평가할 수는 없다.

일반적으로 제17조는 객관적 귀속의 근거규정이라고 한다(통설). 물론 객관적 귀속이론이 거의 알려지지 아니하였고 상당인과관계설이 지배하던 상황에서 규정된 제17조를 결과귀속의 문제까지 포괄하는 것으로 이해하는 것은 가능하다.[38] 그러나 결과귀속의 문제가 인과관계와는 다른 차원에서 논의되는 현재의 상황에서는 객관적 귀속에 관한 형법의 일반적인 규정은 없는 것으로 이해하는 것이 타당하다. 따라서 제17조는 인과관계에 관하여만 규정할 뿐이라고 해석된다.[39] 결과귀속에 관한 근거규정으로는 제15조 제2항에서 찾을 수 있다. 제15조 제2항의 예견가능성은 결과적가중범의 결과귀속에 관한 규정이며, 이 규정을 모든 결과범의 결과귀속에 일반화시키는 것도 가능하다. 다만 인과관계와 결과귀속의 문제는 반드시 법적 근거를 필요로 하는 것은 아니다.[40]

---

36) 현재에도 Baumann/Weber/Mitsch, Lehrbuch AT, § 14 Rdnr. 100; Freund, AT, § 2 Rdnr. 46 ff.; Schlüchter, JuS 76, 312.

37) Vgl. Wessels/Beulke, AT, Rdnr.180 mN.

38) 상당인과관계설의 입장에서 배종대, 155면 이하; 오영근, 112면 이하.

39) 동취지, 김일수/서보학, 101면; 이영란, 151면.

40) 결과범에서 구성요건적 결과는 불법한 결과를 의미한다. 인과관계와 객관적 귀속은 구체적으로 발생된 결과가 불법한 결과(구성요건적 결과)로 평가되기 위해서 필요한 요건이다. 따라서 이러한 요건은 명문규정과 관계없이 당연히 요구되며, 이에 관한 규정은 단순한 주의규정에 불과하다.

## 3-2. 객관적 귀속의 기준

객관적 귀속의 이론은 최신의 이론으로 여전히 발전과정에 있는 이론이다. 객관적 귀속의 이론에서는 여러 가지의 부분적으로 유사한 규범적 결과귀속의 기준들이 제시되고 있으며, 이러한 기준의 총합이 객관적 귀속이론을 형성하고 있다.[41]

비규칙적인 인과의 진행이나 비정형적으로 야기된 결과는 객관적으로 예견이 불가능할 뿐 아니라 회피도 불가능한 결과이다. 법률이 이와 같이 비규칙적인 인과의 진행이나 비정형적으로 야기된 결과를 불법한 구성요건적 결과로 평가함으로써 반가치 판단을 하는 것은 불가능하다. 따라서 이러한 결과는 객관적인 불법구성요건의 영역에서 배제되어야 한다. 객관적 귀속이론은 '객관적인 불법구성요건의 영역에서 배제시킬 목적'으로 '비규칙적인 인과의 진행이나 비정형적으로 야기되어 객관적으로 예견이 불가능하고 회피도 불가능한 결과'를 골라내는 기준을 제시한다.[42] 따라서 객관적 귀속은 일반적으로 결과귀속의 긍정이 아니라 결과귀속을 부정하기 위한 기준이라고 할 수 있다.

객관적 귀속의 기본적인 기준은 객관적 예측가능성과 회피가능성이다. 지금까지 확인된 객관적 예측가능성과 회피가능성을 구체화한 객관적 귀속의 기준으로는 ① 규범의 보호목적, ② 인간의 행위에 의한 인과적인 사건진행의 지배가능성, ③ 행위자에 의하여 만들어졌거나 증가된 결과발생위험의 실현 등이 있다.

### 3-2-1. 결과에 대한 객관적 예측가능성과 객관적 회피가능성

객관적으로 예측이 불가능한 결과의 발생에 대하여 법률은 그러한 결과의 발생도 회피하라고 요구할 수 없다. 따라서 결과귀속은 객관적으로 예측이 가능하고 회피가 가능한 경우로 한정된다. 구체적인 결과발생에 대한 객관적 예측가능성과 회피가능성 여부는 규범적 가치판단에 의하며, 그 판단기준은 객관적·사후적 예측을 토대로 행위자의 특별지식이 고려되어야 한다. 다만 현실적으로 행위자가 야기한 결과에 대해서는 객관적 예측가능성과 회피가능성이 일반적·원칙적으로 인정된다. 오직 객관적 귀속이론이 발견한 기준에 의해서만 객관적 예측가능성과 회피가능성이 부정될 수 있을 뿐이다.

예컨대 '살인사건의 피해자가 치료하는 의사의 치료과실로 사망하거나 병원에서 피해상처로 악성병원균이 침투하여 사망한 경우'에 있어서도 살인죄라는 규범의 보호목적은 이러한 경우를 제외하지 않는다. 즉 살인의 의도로 사람을 살해하려고 시도한 자는 살해기도

---

41) Vgl. Tröndle/Fischer, StGB, Vor § 13 Rdnr. 17; Lenckner, S-S StGB, Vorbem. §§ 13 ff. Rdnr. 91.

42) 행위자가 야기한 결과는 원칙적으로 결과귀속이 인정되어 행위자는 당연히 이에 대하여 형사책임을 부담해야 한다. 따라서 객관적 귀속이론은 행위자가 야기했어도 그 형사책임을 물을 수 없는 (즉 객관적 귀속이 부정되는) 결과를 가려내기 위한 이론이다.

행위로부터 나타나는 위험의 결과에 대해서 그것이 일반 생활위험의 실현 등 객관적 귀속 이론이 결과귀속을 부정하는 기준에 해당하지 않는 한 발생된 결과에 대해서 형사책임을 부담하여야 한다. 따라서 의사의 의료과실이나 피해상처로의 감염의 경우에도 피해자의 사망은 살인을 시도한 행위자에게 귀속될 결과임을 부정할 수 없다. 또한 구체적인 결과의 발생이 피해자의 특이체질, 예컨대 피해자의 심장질환이나 특이 혈액형 등의 사유와 결합하여 발생된 경우에도 이는 객관적으로 예측이 가능한 결과로서 객관적 귀속이 긍정된다. 즉 “범죄의 피해자는 특이 체질의 소유자일 수 있다”는 사실, “치료하는 의사는 신이 아닌 이상 실수할 수 있다”는 사실 또는 “피해상처로 병원균이 침투할 수 있다”는 사실 등은 객관적으로 충분히 예측이 가능한 사실들이다. 따라서 이러한 사실들과 결합하여 결과가 발생한 경우에도 일반적·원칙적으로 객관적 귀속이 인정된다.

다만 의사의 의료과실이나 병원균의 감염에 의한 사망인 경우라도, 예컨대 경미한 상처치료 중 발견된 피해자의 다른 질병을 치료하다가 의사의 과실로 피해자가 사망한 경우이거나, 피해상처가 아닌 다른 경로로 감염되었거나, 공기 중의 결핵균이 호흡기로 침투한 경우 등은 규범의 보호범위 밖에 위치한 ‘일반 생활위험의 실현’에 해당한다. 일반 생활위험은 누구나 언제 어디서 당할지 모르는 위험을 말한다. 이러한 일반 생활위험의 실현인 경우에는 객관적으로 예측이 불가능한 결과의 발생이므로 행위자에게 객관적으로 귀속될 결과로 평가되지 않는다.

### 3-2-2. 규범의 보호범위

#### 3-2-2-1. 규범의 보호범위

발생된 결과에 대한 객관적 귀속은 규범의 보호목적을 기초로 해야 한다. 만약 행위자가 야기한 구체적인 결과가 규범의 보호범위 밖에서 발생된 경우라면, 그 결과는 해당 규범의 ‘구성요건적 결과’가 될 수 없다. 즉 규범의 보호범위 밖에서 발생된 그 결과는 당해 규범의 구성요건적 결과가 아닌 다른 위험의 실현에 불과하다. 예컨대 살인사건의 피해자가 병원으로 실려 가던 중 낙뢰에 맞아 사망하거나 교통사고로 사망한 경우 또는 병원에 실려 온 이후 병원의 화재로 질식사한 경우 등에서 피해자의 사망은 ‘행위자가 발생시킨 위험의 실현’이 아니라, 다른 위험인 ‘일반 생활위험’[43]이 실현된 것일 뿐이다. 이와 같은 일반 생활위험으로부터 피해자를 보호하기 위하여 살인죄라는 법규범이 존재하는 것은 아니므로, 일반 생활위험의 실현은 살인죄라는 규범의 보호범위 밖에 있게 된다. 따라서 규범의 보호범위 밖에 있는 이러한 결과는 객관적으로 귀속될 결과가 아니다. 결과적가중범에서도 중한 결과는 ‘기본범죄와 결합되어 있는 전형적인 위험의 실현’만이 당해 규범의

43) 일반 생활위험은 범죄행위와는 관계없이 누구나 언제 어디서 당할지 모르는 위험을 의미한다.

보호범위 안에 있는 결과의 발생으로 평가될 수 있다. 따라서 결과적가중범에 있어서의 중한 결과는 기본범죄의 범행과 직접성이 인정되는 경우에 한하여 객관적 귀속이 가능하다.

#### 3-2-2-2. 규범의 보호범위와 자기책임의 원리

구체적 결과에 대한 객관적 귀속은 규범의 보호목적을 기초로 하기 때문에, 구체적인 결과가 피해자 자신의 책임영역에서 발생된 경우에는 규범의 보호목적의 관점에서 객관적 귀속이 제한될 수 있다. 예컨대 마약공급자로부터 공급받은 마약을 피해자 스스로 과다 복용함으로써 자기신체침해를 유발한 경우, 마약공급자의 결과에 대한 귀속범위는 피해자의 자기신체에 대한 상해에까지 미치지 않는다. 자신이 의도적으로 실현한 위험으로부터 발생된 결과는 자신에게 귀속되어야 할 자신의 작업에 의한 자신의 작품으로 평가되어야 하기 때문이다. 따라서 자신의 법익을 자발적으로 침해하거나 위태화시킨 자는 구체적인 결과에 대하여 원칙적으로 자신만이 유일하게 책임을 져야 한다. 이러한 자기책임의 원리는 제3자의 침해로부터 법익주체를 보호하려는 규범의 보호목적으로부터 도출된다. 즉 피해자 자신의 책임이 시작되는 영역에서는 규범의 보호범위가 끝나게 된다.[44)]

> 함께 술을 마신 두 사람 중 한 사람인 A가 술김에 오토바이경주를 제의하였고, 오토바이경주 중에 다른 한 사람인 B가 자신의 과실에 의한 사고로 사망한 경우, 오토바이 사고는 피해자 B 자신의 자기책임의 영역에서 발생하였기 때문에 다른 사람 A에게 객관적으로 귀속될 결과로 평가되지 않는다.[45)] 오토바이경주를 제안한 A에 대한 가벌성은 자신을 스스로 위태롭게 만든 B보다 더 우월한 인식에 의하여 그 위험을 더 잘 알고서 행위한 경우에만 발생할 수 있다.[46)]

객관적 귀속이론은 아직 완성된 이론이 아니라 여전히 발전과정에 있는 이론이다. 특히 결과에 대한 객관적 귀속의 기준으로서 자기책임의 원리는 유동적인 기준이다. 예컨대 마약을 과다 복용한 마약중독자가 의식을 잃게 되었음에도 마약을 공급한 자가 아무런 구조조치를 취하지 않아 사망한 경우, 자기책임의 원리라는 기준은 결과귀속에 대하여 만족할 만한 결론을 도출할 수 없다. 자기책임의 원리라는 기준은 마약중독자의 사망결과가 피해자 자신의 자기책임의 영역에서 발생하였음을 이유로 마약공급자의 결과귀속을 부정하

44) Vgl. BGHSt 32, 262; BGH NStZ 85, 25.

45) Vgl. BGHSt 7, 112(113 ff.)는 "오토바이경주를 제안한 사람이 의무에 위반하여 예견가능하고 회피가능한 결과를 야기했기 때문에 과실치사의 죄책을 면할 수 없다"고 판시하였으나, 그 이후 태도를 바꾸어 "피해자 스스로가 자기책임으로 의욕하고 실현한 자기침해나 자기위태화의 경우에는 규범의 보호범위로부터 타인의 결과귀속이 부정되어야 한다(Vgl. BGHSt 32, 262)"는 입장을 견지하고 하고 있다. 이러한 독일연방법원의 견해에 대하여 절대 다수의 견해가 지지하고 있다: Vgl. Tröndle/Fischer, StGB, Vor § 13 Rdnr. 19 mwN.

46) 즉 간접정범이 성립될 수 있는 경우에만 결과에 대한 귀속이 가능하며, 이때 행위자에 대한 가벌성이 긍정될 수 있다.

게 되는데, 이는 부당하다. 마약공급자는 불법한 선행행위를 한 자로서 결과발생 방지를 위한 보증인의 지위에 있기 때문이다.[47] 이 경우 자기책임의 원리를 근거로 선행된 의무위반행위(마약제공행위)로부터 보증인의 의무가 발생되지 않는다는 견해[48]도 있다. 그러나 자기책임의 원리가 결과귀속을 부정함으로써 위법한 선행행위자(마약공급자)의 보증의무(피해자구조의무)를 면제해 주는 방향으로 작용하는 것은 타당하다고 할 수 없다. 물론 자기책임의 원리라는 기준은 보증인의 지위를 제한[49]하는 규범적 가치판단의 기초가 될 수는 있으며, 양형의 자료로서 활용될 수도 있다. 그러나 자기책임의 원칙이 곧바로 보증인의 지위를 부정하는 기준이 되어서는 안 된다.

### 3-2-3. 인간의 행위에 의한 인과사건의 지배가능성

결과에 대한 객관적 귀속은 사건의 인과적 진행이 인간의 행위에 의하여 지배가능한 경우에 한하여 긍정될 수 있다. 예컨대 '피해자를 살해할 목적으로 폭우가 내리치는 날에 자주 낙뢰하는 지점으로 피해자를 유인함으로써 피해자가 낙뢰에 맞아 사망하게 한 경우' 또는 '상속인이 피상속인을 살해하기 위하여 안전도가 낮은 항공기를 타도록 유발함으로써 항공기 추락으로 피해자가 사망한 경우' 등에서는 사건의 인과적 진행이 인간의 행위에 의한 지배가 불가능하다. 이와 같이 '인간의 행위에 의한 지배'가 불가능한 인과의 진행과정을 통해서 발생된 결과는 객관적으로 예견이 불가능하고 회피가 불가능하여 객관적 귀속이 부정된다. 즉 그러한 결과는 불법한 구성요건적 결과로 평가될 수 없다. 다만 객관적으로 '인간의 행위에 의한 지배'가 불가능한 인과사건의 경우에도 조건설 내지 합법칙적 조건설의 관점에서 그 발생된 결과에 대한 인과관계는 부정되지 않는다.

이와 같이 행위자가 야기한 결과는 객관적으로 인간의 행위에 의한 인과사건의 지배가 가능한 한도에서 객관적 귀속이 긍정된다.

사회적 행위론의 입장에서 행위는 인간의 의사에 의하여 지배되었거나 지배가능한 사회적으로 의미 있는 인간의 태도이다. 그러나 인간의 행위에 의한 인과사건의 지배가능성이 부정되는 경우에도 형법상의 행위가 부정되지는 않는다. 즉 "행위 자체가 인간의 의사에 의하여 지배가능하였는가"와 "인과사건이 '인간의 행위'에 의하여 지배가능하였는가"는 별개의 문제이다. 따라서 피해자를 살해하기 위하여 천둥을 동반한 폭우가 내리치는 날에 자주 낙뢰하는 지점으로

---

47) Vgl. BGH NStZ 84, 452.

48) Stree, JuS 85, 179.

49) 동일한 관점에서 부진정부작위범에서의 작위의무이행의 기대가능성을 구성요건의 단계에서 보증인의 의무를 제한하는 일반적인 원리로 파악하는 견해로는 Vgl. Stree, S-S StGB, Vorbem. §§ 13 Rdnr. 155 f.; Tröndle/Fischer, StGB, § 13 Rdnr. 16; Lacker/Kühl, StGB, § 13 Anm. 2c; BGH, JR 68, 6; Köln NJW 73, 861.

피해자를 유인하는 행위 그 자체는 행위자의 의사에 의하여 지배가 가능한 형법상의 행위에 해당하지만, 그 지점에서 낙뢰에 맞는 인과사건의 지배가능성은 긍정될 수 없는 경우이다.

일반적으로 인과관계나 객관적 귀속이 부정되면 구체적으로 발생된 결과가 구성요건적 결과로 평가되지 아니하므로 기수범의 성립은 부정되고 미수범이 성립한다. 그러나 인간의 행위에 의한 인과사건의 지배가능성이 부정되는 경우는 미수범의 성립도 부정된다. 행위자는 처음부터 '인과사건의 지배가능성이 부정되는 결과', 따라서 '객관적 귀속이 부정되는 결과'라서 '구성요건적 결과로 평가되지 아니하는 결과'를 발생시키려고 의도하였을 뿐, 구성요건적 결과를 발생시키려는 의도는 없었으므로 해당 범죄고의가 부정된다. 범죄고의가 부정되면 미수범도 성립할 여지가 없게 된다.

### 3-2-4. 행위자에 의하여 만들어졌거나 행위자에 의하여 증가된 법률적으로 금지된 위험의 실현

결과에 대한 객관적 귀속은 행위자가 그의 침해행위를 통하여 만들었거나 증가시킨 법률적으로 금지된 위험이 '바로 그 인과의 결과'로 나타난 경우에 긍정될 수 있다. 일반적으로 이러한 기준은 '위험창출 또는 증가'[50]로 표현되고 있다.

#### 3-2-4-1. 규범에 반하는 행위 없이도 동일하게 발생되었을 결과의 귀속

행위자에 의해서 야기된 결과가 행위자의 구성요건적 행위 없이도 동일하게 발생되었을 경우라면, 그 결과를 행위자에게 귀속시킬 수는 없다. 행위자가 범죄행위를 하였든 범죄행위를 하지 않았든 동일한 결과가 발생한다면, 그 결과는 행위자의 범죄행위 여부와 관계없이 발생된 것이기 때문이다. 따라서 규범에 반하는 행위 없이도 동일하게 발생되었을 결과에 대해서는 객관적 귀속이 부정된다.[51] 이와 같은 사례군은 일반적으로 '적법한 또는 합법적 대체행위'[52]로 표현되고 있다.

'가설적 인과관계'의 사례와 '규범에 반하는 행위 없이도 동일하게 발생되었을 결과'의 사례는 명확한 구별이 필요하다. 가설적 인과관계에서 예비적 원인에 의한 결과는 이미 현실적 조건에 의하여 발생된 결과가 존재하기 때문에 단지 가설적 결과에 불과하다. 예컨대 마피아 이탈자를 공중 폭발한 비행기 탑승 직전에 저격·살해한 경우, 현실적으로 피해자는 이미 피격·살해되었기 때문에 비행기 폭발에 의한 사망이란 단순히 가설적이다. 이에 반하여 규범에 반하는

50) 김일수/서보학, 117면; 박상기, 110면; 성낙현, 154면; 이재상/장영민/강동범, 159면; 임웅, 154면; 정성근/박광민, 170면 이하.
51) 김성돈, 493면; 김일수/서보학, 119면; 박상기, 112면; 이재상/장영민/강동범, 162면; 정성근/박광민, 171면.
52) 김일수/서보학, 119면; 박상기, 112면; 손동권/김재윤, 128면; 신동운, 176면; 이상돈, 217면; 이형국, 103면; 정성근/박광민, 171면.

행위 없이도 동일하게 발생되었을 결과는 이미 현실사회에서 구체적으로 발생된 현실적 결과이며, 다만 그 결과가 행위자의 규범에 반하는 행위 여부와 관계없이 발생된 경우이다.

과실범에서 주의의무위반에 의해서 야기된 결과가 주의의무를 준수했어도 동일한 결과가 발생했을 경우에는 결과귀속이 부정된다.[53] 예컨대 교통규칙을 위반하여 교통사고를 야기했지만, 교통규칙을 준수했더라도 동일한 사고의 발생을 배제할 수 없는 경우[54]가 그러하다. 주의의무를 완전하게 이행하는 경우에도 교통사고가 발생할 경우라면 비록 행위자의 주의의무위반 행위가 교통사고를 발생시켰어도 실질적으로는 행위자의 주의의무위반의 유무와 관계없이 교통사고가 발생한 것이다.[55] 따라서 교통사고 결과는 실질적으로 행위자의 주의의무위반행위에 귀속될 결과가 될 수 없다. 독일연방법원[56]도 '자전거를 타고 가는 피해자를 트레일러운전자가 충분한 간격을 띄우지 않고 추월한 결과, 피해자가 트레일러의 난류에 빨려 들어가 사망'한 사건에서 "그 당시 사고 피해자가 음주·대취했었기 때문에 트레일러운전자가 추월시 요구되는 안전한 간격을 유지하고 추월했더라도 동일한 결과가 발생했으리라는 상황을 배제할 수 없다"는 사실을 근거로 객관적 귀속을 부정하였다.

'규범에 반하는 행위 없이도 동일하게 발생되었을 결과의 귀속'에 관한 문제는 과실범뿐 아니라 고의범에서도 동일하게 발생할 수 있다.

> A가 바다에서 익사 직전에 있었고, 이를 발견한 甲이 배 위에서 A에게 구명튜브를 던지려고 하였다. 이때 A에게 구명튜브를 던지려는 甲의 구조행위를 乙이 방해하였으며, 그 결과 A가 익사하였다. 그러나 이후의 조사과정에서 A와 배 사이의 거리가 너무 멀었고, 파도도 너무 높았으며, A도 이미 지쳐있었기 때문에 甲이 구명튜브를 던졌어도 "A는 동일하게 익사했을 것이라는 상황을 배제할 수 없었다"는 사실이 밝혀졌다.[57]

위 사안에서 A에게 튜브를 던지는 甲의 행동을 乙이 방해하지 않았더라도 동일하게 A의 익사라는 결과가 발생(in dubio pro reo의 법칙에 의하여)한다면, 그 결과를 乙의 불법행위에 귀속시킬 수 없게 된다. 현실의 행위자 乙이 저지른 불법행위가 A의 익사라는 결과를 야기했지만, 乙의 불법행위 없이도 A의 익사라는 결과가 발생한다면, A의 익사라는 결과는 실질적으로 乙의

53) 김성돈, 493면; 김일수/서보학, 119면; 박상기, 112면; 이재상/장영민/강동범, 162면; 정성근/박광민, 171면; 진계호/이존걸, 216면.

54) 배제할 수 없는 상황은 in dubio pro reo의 법칙에 의하여 행위자에게 유리하도록 판단해야 한다. 따라서 여기서는 "행위자가 주의의무를 준수했어도 동일한 결과가 발생한다"는 상황을 전제로 판단해야 한다.

55) 바로 그 결과의 발생이 행위자의 주의의무위반이 없는 태도에 의하여도 발생될 경우라면, 행위자가 주의의무위반이라는 태도를 통해서 만든 위험의 실현이 바로 그 결과의 발생으로 평가되지는 않는다.

56) Vgl. BGHSt 11, 1.

57) Vgl. Wessels/Beulke, AT, Rdnr. 198의 사례.

불법행위로 창출된 위험이 아니라 A가 물에 빠져 익사직전에 놓여있던 최초의 위험이 실현된 것일 뿐이다. 따라서 규범에 반하는 행위 없이도 동일하게 발생되었을 결과는 규범위반의 행위자에게 귀속될 결과로 평가되지 않는다.

### 3-2-4-2. 위험증대이론

위험증대이론[58]에서는 '규범에 반하는 행위 없이도 동일하게 결과가 발생되었을 경우'에 대해서 결과귀속의 가능성을 인정한다.[59] 규범에 반한 행위를 하지 아니하는 경우와 비교하여 규범에 위반한 행위가 결과발생의 가능성을 높인다면 위험의 현실화가 이루어졌기 때문에 결과에 대한 귀속을 인정해야 한다는 것이다.

상기의 구명튜브 사건과 트레일러운전자 사건에서 객관적 귀속이론의 다수설[60]은 모든 배제할 수 없는 상황에 대하여 'in-dubio-Satz'를 적용하는 데 반하여, 위험증대이론은 'in-dubio-Satz'의 적용에서 엄격한 입장을 취하고 있다. 즉 'in-dubio-Satz'는 실제적인 행위상황과 관련해서만 적용되어야 하며, 가설적인 사건경과에 연결된 상황에 대하여는 적용될 수 없다는 것이다. 따라서 구명튜브사건에서 A와 배 사이의 거리측정에 실질적으로 의심이 있다면 그 거리에 관해서만 'in-dubio-Satz'가 적용되어야 하고, "높은 파도에도 불구하고 A가 튜브를 잡을 만큼 수영할 힘이 남아 있었는가"라는 상황에 대해서는 'in-dubio-Satz'를 적용할 수 없다는 것이다. 따라서 위험증대이론에서는 규범에 반하는 행위가 없었더라면 결과발생의 개연성이 조금이라도 적을 경우에 발생된 결과에 대한 귀속을 인정하게 된다. 이러한 위험증대이론은 'in-dubio-Satz'를 명확한 기준 없이 너무 제한적으로 적용하고 있으며, 그 결과 모든 침해범을 법문에 반하여 구체적 위험범으로 만들고 있다. 이러한 이유로 위험증대이론은 다수설[61][62]에 의하여 강력한 비판을 받고 있다.

### 3-2-4-3. 위험감소

이미 시작된 인과사건의 진행과정에 행위자가 그의 행위를 통하여 구체적으로 영향을 주었지만, 그 영향은 발생될 결과를 약화시키거나 위험의 정도를 감소시키는 경우가 있다. 예컨대 신축공사장 위에서 피해자의 머리를 향하여 떨어지는 물체를 발견한 甲이 피해자 A를 밀쳐 넘어뜨림으로써 물체가 피해자 A의 머리가 아닌 다리에 맞게 한 경우가 그러하

58) Vgl. Roxin, Lehrbuch AT I, § 11 B Rdnr. 69-109 mwN.; Rudolphi, SK StGB, Vor § 13 Rdnr. 16 ff.
59) 동취지, 손동권/김재윤, 128면 이하; 제한적 입장으로는 이상돈, 219면.
60) Vgl. Wesssels/Beulke, AT, Rdnr. 198 f.; Baumann/Weber/Mitsch, Lehrbuch AT, § 14 Rdnr. 86 mwN.; BGHSt 37, 106, 127; BGH NStZ 87, 505.
61) 김성돈, 496면; 김일수/서보학, 120면; 박상기, 112면; 이재상/장영민/강동범, 162면; 정성근/박광민, 171면; 진계호/이존걸, 216면.
62) Vgl. Wesssels/Beulke, AT, Rdnr. 198 f.; Baumann/Weber/Mitsch, Lehrbuch AT, § 14 Rdnr. 86 mwN.; BGHSt 37, 106, 127; BGH NStZ 87, 505.

다. 이 경우 구체적으로 발생된 결과는 구조행위로부터 실현된 것이 아니라 최초의 위험이 실현된 결과이다. 즉 甲이 그의 행위를 통하여 만든 위험의 실현이 아니라 신축공사장 위에서 떨어지는 물체라는 최초의 위험이 실현된 결과이다. 따라서 이는 甲의 구조행위에 귀속될 결과가 아니다.

> 객관적 귀속이 부정되는 위험감소의 경우에는 미수범의 성립도 부정된다. 위험감소의 경우에도 행위자가 처음부터 객관적 귀속이 부정되는 결과, 즉 '구성요건적 결과에 해당하지 아니하는 결과'를 발생시키려고 의도했으므로 해당 범죄의 고의가 부정된다.

위험감소의 경우에 구체적 결과에 대한 객관적 귀속이 부정되는 이유는 외형적으로 행위자가 그의 행위에 의하여 구체적으로 영향을 준 결과가 실질적으로는 행위자가 만든 위험의 실현이 아니라 최초의 위험이 실현된 것으로 평가된다는 점에 있다. 그러나 행위자의 구조의사에 의한 구조행위가 최초의 위험과는 별개의 새로운 위험을 실현시킨 경우는 위험감소로 평가되지 않는다. 예컨대 위의 신축공사장 사례에서 甲이 피해자를 밀쳐 넘어뜨리는 구조행위를 통하여 피해자의 얼굴에 찰과상도 입혔다면 피해자 얼굴의 찰과상은 신축공사장 위에서 떨어지는 물체라는 최초의 위험이 실현된 결과가 아니다. 여기서 甲은 그의 구조행위를 통하여 직접 피해자에게 위협되고 있는 위험(피해자 머리로 물체가 떨어짐)을 피하게 하였으나, 직접 위협되고 있는 위험과는 별도의 독자적인 새로운 위험(얼굴 찰과상)을 실현시켰다. 피해자 얼굴의 찰과상은 甲이 그의 구조행위를 통하여 만든 위험의 실현이므로 그 결과는 객관적으로 甲에게 귀속될 결과가 된다. 다만 상해죄의 구성요건에 해당하는 甲의 구조행위는 긴급피난행위로 위법성이 조각된다.

## 제3절 고 의

### 1. 서 론

#### 1-1. 고의의 의의

구성요건적 고의는 고의범죄에 있어서 행위의 방향과 목표를 결정하는 행위자의 주관적·심리적 측면의 구성요건요소이다. 예컨대 甲이 乙의 머리를 몽둥이로 때려 乙의 머리에 상처를 입힌 사안에서 "甲의 행위가 어떤 구성요건에 해당하는지"는 그의 주관적·심리적 측면을 도외시하고서는 판단이 불가능하다. 즉 "甲의 행위가 살인미수 · 상해기수 · 폭행치상의 죄 또는 강도치상 · 강간치상 · 공무집행방해치상의 죄 중 어떤 구성요건에 해당하는지"는 행위자 甲의 행위의도에 따라 결정될 수 있을 뿐이다. 이와 같은 행위자 甲의 범행의도가 고의이다. 고의는 주관적 구성요건요소이며, 고의범의 구성요건실현에 대한 주관적 귀속을 위한 본질적인 요소가 된다.

### 1-2. 고의의 본질(고의의 지적 요소와 의지적 요소)

고의는 범죄의 객관적 행위상황들을 모두 인식하면서 구성요건의 실현을 위하여 의지적으로 행동하는 행위시점의 행위자의 주관적 · 심리적 요소이다. 따라서 고의는 '범죄의 객관적 행위상황(객관적 구성요건요소)에 대한 인식'이라는 지적 요소와 '구성요건 실현을 위한 의사 내지 의욕'이라는 의지적 요소로 구성된다. 고의의 의지적 요소는 행위자의 범죄실현의사로서 자기의 행위가 구성요건적 결과를 발생시키거나 구성요건의 실현에 이르게 된다는 사실을 모두 인식하면서도 그 행위로 나아갈 때 충족된다.

종래에는 고의의 본질에 관하여 인식설과 의사설의 대립이 있었다. 그러나 인식설은 행위자의 인식이 부정되지 않는 '인식 있는 과실'을 설명할 수 없었으며, 의사설은 범죄실현의 의사가 인식을 전제로 하지 않고서는 의미가 없다는 점을 간과하고 있었다.

### 1-3. 제13조의 고의의 의미

제13조는 고의에 관하여 "죄의 성립요소인 사실을 인식하지 못한 행위는 벌하지 아니한다"고 규정하고 있다. 이에 대해서는 제13조가 "고의를 인식이라는 지적 요소로만 규정한 것이 부당하다"는 입법론적인 비판[63]이 제기된다. 이러한 비판은 일단 타당하다. 다만 제13조는 "고의에 의지적 요소가 불필요하다"고 규정한 것이 아니라,[64] 오히려 "객관적 행위상황을 인식하지 못한 구성요건적 사실의 착오는 벌하지 않는다"고 해석하는 것이 타당하다.[65]

---

63) 손동권/김재윤, 135면; 임웅, 175면.

64) 논리적으로 인식 외에 의사도 포함된 것으로 해석하는 입장으로는 권오걸, 140면; 김일수/서보학, 123면; 배종대, 160면; 성낙현, 164면; 신동운, 179면 이하.

65) 동지, 김성돈, 201면; 박상기, 115면; 오영근, 117면; 동취지, 정성근/박광민, 174면.

## 1-4. 고의의 체계적 지위(고의의 이중적 기능)

법률은 법적 요구에 따르는 것이 누구에게나 가능한 것(Jemandmögliche)을 지키지 않았을 때에만 이를 불법으로 정하여 금지 또는 명령하는 것이 가능하다. 따라서 고의나 과실이 없는 무과실의 행위를 불법으로 정하여 금지 또는 명령하는 것은 불가능하다. 이러한 의미에서 고의는 불법의 요소로서 행위반가치라는 불법내용을 형성하는 행위자의 내적·주관적 구성요건요소가 된다. 고의의 구조에 대한 이러한 인식은 인과적 행위론과 인과적 행위론에 근거를 둔 벨링(Beling)의 구성요건이론을 극복함으로써 가능하게 되었다.

법률이 구성요건에 해당하는 행위를 금지 또는 명령했음에도 불구하고 고의로 이를 위반한 고의불법에 대하여, 행위자는 개인적·주관적으로 법적 비난을 받게 된다. 이때 적법에 따르지 아니하는 행위자의 고의는 법질서에 거역하여 자기의 행동을 결정하는 법적대성 내지 법에 대한 반항성이라는 심정반가치로서 책임의 한 형태가 된다. 이와 같이 고의는 불법요소인 동시에 책임형태로서의 성질 내지 기능을 갖는다. 이를 고의의 이중성격 내지 이중기능이라고 한다.

## 1-5. 고의의 시점

구성요건적 고의는 행위자가 행위하는 시점에서의 인식과 의사를 의미한다. 따라서 고의는 행위시점을 기준으로 판단해야 한다. 행위시점에 행위자가 구성요건 실현에 대한 인식과 의사를 갖고 있지 아니한 경우에는 비록 그가 행위시점 이전에 범죄실현의사를 갖고 있었다 할지라도 고의로 인정되지 않는다. 행위시점 이전의 범죄의사를 소위 사전고의라고 한다. 사전고의는 구성요건적 고의가 아니며, 형법적으로도 전혀 의미가 없다. 이와 반대로 우연히 발생시킨 사건 이후에 결의한 범죄실현의사도 고의로 인정되지 않는다. 행위시점 이후의 범죄의사는 소위 사후고의라고 한다. 사후고의도 구성요건적 고의가 아니다.

범죄의 구성요건해당성 심사는 일반적으로 객관적 구성요건요소와 주관적 구성요건요소의 순서로 진행되며, 일반 교과서의 서술 순서도 동일하다. 구성요건적 고의의 내용이 객관적 행위상황(객관적 구성요건요소)의 인식과 범죄실현의사이므로, 먼저 객관적 구성요건요소를 확정하고 이에 대한 인식 여부를 판단하는 것이 순서로 보이기 때문이다. 그러나 여기서부터 구성요건적 고의에 대한 착각이 시작되고 있었다. 고의는 행위시점을 기준으로 판단해야 하는데, 아직 진행되지도 않은 인과관계까지 고의의 인식영역으로 끌어들여 '인과관계의 착오'라는 이론까지 만들었다. 신도 알 수 없는 '미래에 진행되는 인과관계'에 관한 인식을 인간이 인식해야 하는 고의의 내용으로 구성하는 형법이론이라면 신과 대화하는 수준이어야 할 것이다.

고의 시점은 행위시점이다. 좀 더 정확하게 표현하면 행위자는 실행의 착수 훨씬 이전에 범행을 준비하는 과정에서 거의 95% 이상 고의를 완성하고 있다. 그래서 예비죄에서도 '죄를 범할 목적'이 요구되는 것이다. 따라서 예비죄에서도 범행준비 순간 행위자의 목적한 죄의 고의가 인정될 수 있어야 가벌적 예비죄가 성립하며, 일반 범죄에서는 실행의 착수 순간 구성요건적 고의가 인정되어야 한다. 예컨대 피해자를 총격으로 살해하려는 자는 총을 겨누는 순간의 인식과 의사로 고의가 인정되며, 이후 어떤 외계의 변화가 있어도 일단 형성된 구성요건적 고의는 변할 수 없게 된다. 즉 한 번 형성된 구성요건적 고의가 사후에 탈락하는 경우란 존재할 수 없다. 그다음은 객관적 구성요건요소를 심사함으로써 미수죄와 기수죄가 결정된다. 행위시작 이후 행위를 종료하지 못하거나 결과가 발생하지 않으면 미수죄(제25조 제1항)가 되고, 객관적 구성요건요소를 모두 완성하면 기수죄가 된다. 따라서 범죄의 진행은 주관적 구성요건요소의 충족 이후에 객관적 구성요건요소 충족의 순서라고 해야 한다. 이와 같이 구성요건적 고의란 행위당시 행위자가 범행계획에서 상정한 범죄의 객관적 행위상황에 대한 인식과 의사를 의미하는 것이다. 범죄 실행착수 이후에 전개되는 사실(객관적 행위상황)은 고의의 인식대상이 될 수 없다.

## 2. 고의의 인식 대상

고의는 인식이라는 지적요소와 범죄실현의사라는 의지적 요소로 구성된다. 행위자가 구성요건의 모든 객관적 행위상황을 인식하고 구성요건적 행위로 나아가면 원칙적으로 범죄실현의사는 곧바로 인정될 수 있다. 다만 예외적으로 행위자가 그의 행동이 구성요건의 실현에 이르지 않을 것이라 신뢰하고 행위할 경우 범죄실현의사가 부정될 수 있을 뿐이다. 이와 같이 고의의 의지적 요소인 범죄실현의사는 비교적 간단하게 통합적으로 판단될 수 있다. 이에 반하여 구성요건의 모든 객관적 행위상황에 대한 인식이라는 고의의 지적 요소는 "그 인식의 대상이 구체적으로 무엇인가"와 관련하여 개별적인 검토를 필요로 한다.

### 2-1. 구성요건적 사실의 인식

#### 2-1-1. 행위주체, 행위객체, 행위에 대한 인식

구성요건적 고의는 구성요건의 모든 객관적 행위상황에 대한 인식을 필요로 한다. 다만 여기서 인식의 대상이 되는 '구성요건의 모든 객관적 행위상황'이란 행위당시 행위자가 자신의 행위로 실현시키려고 예정하는, 즉 행위자의 두뇌 속 범행계획에 들어 있을 뿐 아직 외부로 나타나지 아니한 '범죄구성요건의 모든 객관적 행위상황(객관적 구성요건요소)'을 의미한다. 이는 행위 이후 외부에 현실적으로 나타나는 범죄의 객관적 행위상황과 구별된다.

고의는 행위주체와 행위객체 및 구성요건적 행위를 인식하여야 한다. 행위주체와 행위객체 및 구성요건적 행위가 고의의 인식대상이라는 점에 대해서는 전혀 의문의 여지가 없으며, 특별히 문제되는 점도 없다. 결과범에서는 구성요건적 결과도 객관적 구성요건요소이므로 '구성요건적 결과에 대한 인식'도 고의의 내용이 된다.

### 2-1-2. 구성요건적 결과에 대한 인식

행위주체, 행위객체, 행위 이외에 결과범에 있어서는 구성요건적 결과도 객관적 구성요건요소에 속한다는 점에는 의문이 없다. 따라서 구성요건적 결과에 대한 인식도 고의의 내용이 되어야 한다. 구성요건적 결과에 대한 인식이란 행위주체가 행위당시 행위객체에 대하여 구성요건적 행위를 통해서 발생시키려고 예정하는, 즉 행위자의 두뇌 속 범행계획에 들어 있을 뿐 아직 외부로 나타나지 아니한 '구성요건적 결과'에 대한 인식을 의미한다.[66] 현실적으로 발생되어야 할 결과는 행위시점에 아직 발생되어 있지 않으므로, 구체적으로 발생된 결과는 고의의 인식대상이 아니다. 따라서 구체적 사건에서 행위자가 의도한 결과가 발생하지 않았거나 '결과가 발생했지만 인과관계나 객관적 귀속이 부정되어 그가 예상했던 방법대로 나타난 결과가 아닌 경우'에도 행위자가 구성요건적 결과를 발생시키려고 의도한 이상 고의는 인정된다. 이러한 고의는 미수범의 성립에도 필수적인 요소이다. 그러므로 미수에 그치려는 의도는 구성요건적 고의가 아니며, 미수의 고의만으로는 미수범 자체도 성립하지 않는다.

고의의 인식 대상인 행위자가 발생시키려고 의도하는 결과는 구성요건적으로 의미가 있는 결과, 즉 구성요건적 결과이어야 한다. 처음부터 구성요건적 결과로 평가될 수 없는 결과를 야기하려고 인식한 경우에는 고의가 인정되지 않는다. 예컨대 인과과정에 대한 지배가 불가능한 결과 또는 위험감소의 결과 등을 야기하려고 의도한 경우가 그러하다. 따라서 고의의 인식 대상으로서 '행위자가 발생시키려고 의도하는 결과'는 인과관계와 객관적 귀속이 인정되는 구성요건적 결과이어야 한다.

### 2-1-3. 인과관계에 대한 인식?

학설에서는 일반적으로 인과관계를 객관적 구성요건요소로 분류하고 있으며, 이에 따라 인과관계에 대한 인식도 고의의 내용으로 본다. 다만 인과관계는 구체적으로 인식할 수

66) 동지, 권오걸, 143면.

없는 것이기 때문에 대체적으로 그 본질적인 점을 인식하면 족하다고 한다(통설).[67] 이러한 통설에 대해서는 다음과 같은 의문이 제기된다. 우선 도대체 무엇을 근거로 '구체적으로 인식할 수 없는 것'에 대해서는 "대체적으로 그 본질적인 점만 인식하면 충분하다"라는 결론이 도출되고 있는지 의문이 제기된다. 또한 '대체적으로 그 본질적인 점의 인식'이란 무엇을 의미하는지 의문이다.

인과관계는 인식의 대상이 아니라 예측의 대상이어야 하며, 이러한 예측의 가능성은 객관적 귀속에서 평가되어야 한다.[68] 또한 인과관계가 인정되지만 객관적 귀속이 부정되는 모든 경우는 기본적으로 객관적 예측가능성이 부정되는 경우이므로 당연히 인과관계에 관하여 그 본질적인 점도 인식할 수 없는 경우라고 해야 한다. 예컨대 甲이 乙을 살해하기 위해서 흉기로 찌른 후 피해자가 병원으로 실려 가는 도중에 교통사고로 사망하거나 병원에서 치료 중 화재가 발생하여 질식사한 경우에 행위자 甲이 이러한 인과관계(인과과정)의 본질적인 점을 인식했다고 볼 수는 없을 것이다. 교통사고에 의한 사망이나 화재로 인한 질식사는 누구나 언제 어디서 당할지 모르는 일반 생활위험의 실현으로서 객관적 예측가능성(객관적 귀속)조차 부정되는 사안인데, 이러한 사안에서 인과관계의 본질적인 점을 인식하는 것은 불가능하기 때문이다. 따라서 인과관계의 인식을 고의의 내용으로 이해하는 통설에 의하면, 이러한 인과관계의 본질적인 점을 인식하지 못한 甲에 대해서는 살인고의가 부정되어야 할 것인데, 甲의 살인고의가 부정되면 甲의 乙에 대한 살인미수죄의 성립도 인정할 수 없게 된다. 이러한 점에서 인과관계를 고의의 인식대상으로 이해하는 통설의 태도는 타당하다고 할 수 없다.[69]

고의의 인식대상인 구성요건적 결과는 외부에 구체적으로 실현된 결과가 아니라 행위자가 행위시점에 발생시키려고 의도하는 결과를 의미하기 때문에, 구체적 사건에서 행위자가 의도했던 결과가 발생하지 않았거나 결과가 발생했어도 그가 행위당시 예상했던 방법대로 나타난 결과가 아니라 할지라도(소위 인과관계의 착오) 고의를 인정함에는 아무런 문제가 없다. 문제는 결과가 발생했을 때 "행위자가 행위당시 그의 고의에서 인식하고 의도했던 결과와 추후 현실적·구체적으로 발생된 결과가 일치하지 않은 경우 어느 한도에서 행위자에게 구체적으로 발생된 결과에 대해서 형사책임을 물을 수 있는가"라는 점이다.[70] 이러한 문제는

---

67) 이는 독일에서도 통설의 입장이다: Cramer/Sternberg-Lieben, S-S StGB. § 15 Rdnr. 58 mwN.; Puppe, NK StGB, § 16 Rdnr. 81 ff.; Lackner/Kühl, StGB, § 15 Rdnr. 11; Tröndle/Fischer, StGB, § 15 Rdnr. 7; BGHSt 7, 325; 14, 193; 23, 133; BGH NStZ 1992, 333.

68) 동취지, 김일수/서보학, 143면 이하; 박상기, 136면 이하; 진계호/이존걸, 245면.

69) 동지, 한정환(1), 202면; 동취지, 이영란, 155면.

70) 실제로 통설에서는 이 부분을 '인과관계의 착오 내지 인과과정의 착오로 이해하는 것'이라고 판단된다. 박상기, 146면 이하.

객관적 귀속이론에 의하여 확정된다. 미래의 구체적인 결과발생에 대한 행위당시의 예상, 즉 인과관계에 대한 예측가능성의 문제는 객관적 귀속의 기본적인 기준이다. 따라서 인과관계에 대한 인식을 논하는 것 자체가 논리적으로 타당하지 않다. 이는 누구도 "객관적 귀속이 객관적 구성요건요소로서 고의의 인식대상이 된다"고 주장하고 있지 않다는 점에 의해서도 간접적으로 입증되고 있다. 인과관계와 객관적 귀속은 "구체적으로 발생된 결과를 불법한 구성요건적 결과로 평가할 수 있는지" 여부(기수/미수 구획)를 판단하는 기준이다. 판단기준까지 고의의 인식대상으로 해석할 이유는 없다.

### 2-1-4. 의미의 인식?

고의의 인식 대상에는 객관적인 행위상황(객관적 구성요건요소)뿐 아니라 그 의미도 포함된다는 것이 학설의 일반적인 입장이다. 순수한 사실의 인식만으로 그 행위의 사회적 의미를 파악하고 불법유형적 성격을 이해한 것으로 볼 수 없기 때문에 구성요건요소에 포섭되어 있는 본질적 의미내용도 고의의 인식 대상이 되어야 한다는 것이다. 다만 여기서 의미의 인식이란 '법률적으로 명확하게 평가된 의미'를 말하는 것은 아니고, 문외한으로서 소박한 가치평가에 의해서 판단된 사회적·법적 의미내용을 인식하면 고의 인정에 충분하다고 한다(통설). 이는 소위 '비전문가층의 평행평가 이론(Parallelwertung in der Laiensphäre)'[71]의 입장이다. 이에 따라 규범적 구성요건요소에 대한 인식은 그 개념을 충족시키는 사실을 단순하게 인식하면 족하고, 그 행위상황의 법률적·사회적 의미내용은 보통사람으로서 올바르게 파악하면 족하다고 한다. 그러나 행위자가 객관적인 행위상황을 올바르게 인식했지만 "자기의 행위가 구성요건의 객관적 행위상황에 해당하느냐"에 관하여 착오를 일으킨 경우에는 '포섭의 착오'로서 고의의 인정에는 영향이 없고 단지 법률의 착오에 불과하다고 한다.[72]

베셀스(Wessels)[73]는 '비전문가층의 평행평가 이론'의 관점에서 '의미의 인식'을 다음과 같이 설명하고 있다: "판매자 A가 판매계약의 이행을 거부했을 경우, 구매자 B가 완전히 유효하고 구속력 있는 계약의 체결에 의하여 자기가 그 물건의 소유권자가 되었다고 생각하여 물건을 취거해 갔다면 B에게는 절도고의가 부정된다. 여기서 B는 판매자 A에게 그 물건에 대한 소유권이 계속 유지되게 하는 모든 사실을 인식하고 있었으나 보통사람, 즉 문외한의 수준에 따른 부

71) Cramer/Sternberg-Lieben, S-S StGB. § 15 Rdnr. 43 f. mwN.; Jescheck/Weigend, Lehrbuch AT, S. 315; Wessels/Beulke, AT, Rdnr. 243 f.; Arthur Kaufmann, Parallelwertung in der Leiensphären, 1982, S. 36 ff.

72) 김성돈, 217면; 이재상/장영민/강동범, 169면; 한정환(1), 219면.

73) Vgl. Wessels/Beulke, AT, Rdnr. 243.

정확한 평가에 의하여 범행요소인 타인성이라는 의미에 대한 인식이 결여되었기 때문이다. 즉 B는 당해 물건을 문외한의 수준에서 타인의 재물로 보지 않고 자신의 재물로 본 것이다."

이와 같은 통설의 견해는 타당하다고 할 수 없다. 고의의 지적 요소인 인식은 자신이 예정한 범죄의 객관적 행위상황에 대한 인식, 즉 자신이 예정한 범죄의 구성요건적 사실에 대한 인식을 의미하기 때문이다. 따라서 고의를 인정함에 있어서 의미의 인식은 불필요하다. 구성요건적 사실에 대한 사회적·법적 의미내용은 바로 불법(규범)의 내용이다. 이에 대한 인식의 결여는 위법성의 인식이 없는 법률의 착오이며, 법률의 착오 중에서도 행위자가 법률을 잘못 이해(해석)한 포섭의 착오이다.[74] 상기 베셀스의 설명사안에서 구매자 B는 객관적인 행위상황, 즉 객관적 구성요건요소에 대하여 완전하게 인식하고 있었다. B는 '소유자가 판매계약 이행을 거부하면서 아직 인도하지 아니한 물건'을 취거한다는 사실을 분명히 인식하고 있었으며, 이러한 인식에 의한 행위에 대해서 절도고의가 부정될 수는 없다.[75] 다만 B는 동산인 물건의 소유권은 인도·교부에 의하여 변경된다는 민사법규범을 인식하지 못한 것이다. 이는 "인도되지 아니한 물건(타인의 재물)을 취거하는 것이 위법하다"는 위법성의 인식이 결여된 경우로서 법률의 착오에 해당한다.[76]

절도죄에서 타인성에 관한 사실의 착오는 예컨대 'X가 똑같이 생긴 타인의 우산을 자기 것으로 오인하여 가져간 경우'이다. 이는 '유효한 매매계약과 매매대금의 완납에도 불구하고 아직 인도되지 아니한 물건'의 소유권 변동에 대한 착오와 질적으로 완전하게 다르다.

## 3. 고의의 종류

일반적으로 고의는 '객관적 행위상황에 대한 인식과 범죄실현의사의 직접성과 확실성 여부'에 따라 직접적 고의(확정적 고의)와 택일적 고의·개괄적 고의·미필적 고의로 구별된다. 직접적 고의 또는 확정적 고의는 행위자가 객관적 행위상황을 확실하게 인식하고 있으며, 구성요건을 실현하려는 의사도 확실한 경우의 고의를 말한다. 택일적 고의와 개괄적 고의 및 미필적 고의는 객관적 행위상황에 대한 인식 내지 범죄실현의사가 직접적 고의만큼 직접적이고 명확하지는 아니한 경우의 고의이다.[77]

---

74) 규범적 구성요건요소의 의미를 착오함으로써 '자기의 행위가 죄가 되지 아니하는 것으로 오인한 경우'는 사실의 착오가 아니라 포섭의 착오(법률의 착오)이다.

75) 물론 고의가 긍정되어도, 구매자 B가 매매대금의 완납 등으로 해당 물건에 대하여 완전하고 이의 없는 인도청구권을 가진 경우에는 불법영득의사(특히 영득의 불법)가 부정되어 절도죄는 성립하지 아니한다.

76) 동지, 한정환(1), 220면 이하; 동취지, 성낙현, 187면; 손동권/김재윤, 141면 이하.

77) 확정적(직접적) 고의에 대한 개념으로 택일적 고의·개괄적 고의·미필적 고의를 포괄하는 '불확정적 고의'라는 용어를 사용하기도 한다. 그러나 불확정적이라는 용어는 고의개념과 어울리지 않으므로, 이 책에

## 3-1. 직접적 고의

직접적 고의라 함은 행위자가 객관적 행위상황을 확실하게 인식하고, 또한 구성요건을 실현하려는 의사도 확실한 경우의 고의를 말한다. 객관적 행위상황에 대한 확실한 인식과 확정적인 범죄실현의사가 인정되면 비록 행위자가 그 구성요건의 실현을 적극적으로 원하지 않았다 하더라도 직접적 고의에 해당한다.

## 3-2. 택일적 고의

택일적 고의란 구성요건 실현의사는 확정적이지만, 범죄가 실현될 객체 내지 실현되어야 할 구성요건의 종류가 택일적이어서 하나의 객체 내지 한 종류의 구성요건만이 실현가능한 경우의 고의이다. 예컨대 '甲과 乙이 나란히 걸어가는데 甲과 乙 중에서 누가 사망해도 관계없다고 생각하여 한 발 남은 총을 발사하는 경우'의 고의를 말한다. 이러한 택일적 고의에서 문제되는 점은 "택일적인 두 범죄를 어떻게 처리해야 하는가"이다.

일반적으로 택일적 고의의 경우 실현된 범죄의 기수죄와 실현되지 아니한 범죄의 미수죄의 상상적 경합을 인정하고 있다(통설). 또는 두 범죄가 모두 실현되지 아니한 경우에는 두 범죄의 미수죄가 상상적 경합이 된다고 한다. 그러나 이러한 통설의 견해는 타당하지 않다. 상기의 예에서 행위자는 甲에 대한 살인고의와 乙에 대한 살인고의를 선택적으로 갖고 있을 뿐인데, 통설은 항상 두 개의 고의를 모두 인정하기 때문이다. 통설의 이러한 결론은 "甲과 乙 모두를 살해한다"는 행위자의 고의와 "甲과 乙 둘 중의 한 사람만 살해한다"는 행위자의 고의를 동일하게 취급함으로써 택일적 고의와 직접적 고의와의 구별 자체를 무의미하게 만들고 있다. 따라서 직접적 고의와 택일적 고의는 적어도 다음과 같은 차이가 인정되어야 한다.

상기의 예에서 甲이 사망하였을 경우에는 우선 甲에 대한 살인고의가 인정되어 살인기수죄가 성립함에는 의문이 없다. 이때 실현되지 아니한 乙에 대한 살인고의는 '실현된 甲에 대한 살인고의'에 의하여 단지 예비적인 선택적 고의에 불과한 것이 된다. 따라서 이 경우 실현되지 아니한 선택적·예비적 고의는 실현된 고의의 뒤편으로 물러나야 한다. 그러므로 여기서는 甲에 대한 살인기수죄만이 인정된다.[78]

甲과 乙이 모두 사망하지 않은 경우에도, 예컨대 甲이 총상을 입었으나 경상에 불과한 경우라면 동일한 결론에 이르게 된다. 총상을 입지 않은 乙에 대한 살인고의는 총상

---

서는 불확정적 고의라는 용어를 사용하지 않기로 한다.

78) 동지, 김성돈, 240면; 박상기, 129면; 이재상/장영민/강동범, 177면.

(그것이 비록 완전한 범죄실현은 아닐지라도)을 입은 甲에 대한 살인고의에 대하여 단지 선택적·예비적 고의에 불과하였기 때문에 여기서도 甲에 대한 살인미수죄만이 인정되어야 한다.

그러나 행위자의 총격이 甲과 乙 모두를 빗나갔을 경우에는 행위자의 甲에 대한 살인고의도 乙에 대한 살인고의도 상호 다른 객체에 대한 고의에 비하여 단순히 선택적·예비적인 고의로만 평가될 수 없다. 행위자에게는 甲에 대한 살인미수죄도 부정될 수 없으며, 乙에 대한 살인미수죄도 부정되지 않으므로 두 미수죄의 상상적 경합이 인정되어야 한다.

행위자가 중한 범죄와 경한 범죄의 실현에 대하여 택일적인 고의를 가지고 행위한 경우, 예컨대 피해자와 피해자의 개 중에서 누가 맞아도 좋다고 생각하여 한 발 남은 총을 발사하는 경우에도 동일한 관점에서 해결되어야 한다. 먼저 '행위자의 총격에 사람이 맞아 사망한 경우'에 손괴고의는 실현된 살인고의에 의하여 단지 예비적·선택적인 고의에 불과하게 된다. 따라서 이 경우에는 살인기수죄만이 인정된다.[79] 이러한 결론은 사람이 총상을 입었으나 경상인 경우에도 동일한 결론이 된다. 즉 살인미수죄만이 인정된다. 그러나 반대로 개가 살해된 경우에는 행위자의 피해자에 대한 살인고의가 단지 예비적·선택적인 고의로만 평가되지는 않는다. 실현된 작은 고의가 실현되지 아니한 큰 고의를 포괄할 수는 없기 때문이다. 따라서 실현된 손괴고의에도 불구하고 실현되지 아니한 살인고의(행위반가치)가 여전히 남게 되어 손괴기수죄와 살인미수죄의 상상적 경합이 인정된다. 또한 사람과 개 중 아무도 총격에 맞지 않은 경우에도 살인미수죄와 손괴미수죄의 상상적 경합이 인정된다. 이 경우에는 행위자의 살인고의에 의하여 손괴고의에 대한 행위반가치가 소멸되어야 할 아무런 이유가 없기 때문이다.[80] 따라서 택일적 고의의 경우에는 원칙적으로 실현된 범죄의 기수죄로 처벌되고, 실현되지 아니한 범죄가 중한 범죄일 때에는 두 범죄의 상상적 경합이 인정된다.[81] 또한 두 범죄 모두 실현되지 아니한 경우에는 두 범죄에 대한 미수죄의 상상적 경합이 인정된다.

## 3-3. 개괄적 고의

개괄적 고의(dolus generalis)는 수개의 범죄실현 가능성에 대한 포괄적·개괄적인 인식과 의사를 의미한다. 예컨대 '피해자를 살해할 의도로 총격을 가한 이후에 사체은닉의 의사로 피해자를 저수지에 침수시키면서 확인살해(혹시 피해자가 살아 있을 경우)의 의도도 같이 가지고 있었

79) 동지, 박상기, 129면; 이재상/장영민/강동범, 177면.

80) 이재상/장영민/강동범, 177면은 이 경우 손괴고의를 부정하고 있으나, 손괴고의의 행위반가치가 부정되어야 할 합리적인 이유를 발견할 수 없다.

81) 이재상/장영민/강동범, 177면; Wessels/Beulke, AT, Rdnr. 236.

던 경우'가 여기에 해당한다. 종래 이러한 의미의 개괄적 고의를 소위 인과관계의 착오사례에 확대적용하는 개괄적 고의설(Die Lehre vom dolus generalis)[82]이 등장하였었다.[83] 개괄적 고의설은 상기의 사례에서 행위자의 확인살해 의도가 없었거나 명백하게 확인되지 않았음에도 불구하고 개관적 고의를 확대 적용하는 이론이었다. 그러나 개괄적 고의설은 확인되지 아니한 범죄에 대해서 형벌을 부과하기 때문에 죄형법정주의 및 형법의 대원칙인 in-dubio-Satz에 위배된다.[84]

구성요건의 실현의사는 확정적이지만 범죄가 실현될 수개의 객체 내지 구성요건 중에서 그 일부만이 실현가능한 경우도 '수개의 범죄실현가능성에 대한 포괄적·개괄적인 인식과 의사'라는 의미에서 개괄적 고의에 포함된다. 예컨대 건물의 옥상에서 누가 맞아도 좋다고 생각하면서 밀집된 군중을 향하여 총을 난사하거나 폭탄을 던지는 경우의 고의가 그러하다. 택일적 고의가 범죄의 실현 가능성이 선택적으로 하나(양자택일 또는 다자택일)인 경우임에 반하여, 개괄적 고의는 다수의 범죄 중에서 그 일부만이 실현가능한 경우의 고의이다. 따라서 이러한 의미의 개괄적 고의는 택일적 고의와 그 본질에 있어서 차이가 없으며, 택일적 고의에서 설명한 논리에 의하여 개괄적 고의의 문제를 해결하면 충분하다.

## 3-4. 미필적 고의

### 3-4-1. 미필적 고의의 의의

미필적 고의(dolus eventualis)는 행위자가 자기의 행동이 범죄를 실현할 수 있다는 가능성을 충분히 인식하고 이를 진지하게 받아들임으로써 구성요건의 실현을 용인 내지 승인하는 경우, 즉 구성요건의 실현을 감수하면서 행동에 나아갈 때의 고의를 말한다. 미필적 고의에는 직접적 고의에서와 같은 확실한 객관적 행위상황의 인식과 확실한 범죄실현의사가 인정되지는 않지만, 고의의 내용인 객관적 행위상황의 인식과 범죄실현의사가 부정되지 않기 때문에 고의로 인정된다.

미필적 고의에서 인정되는 인식의 정도는 인식 있는 과실에서 존재하는 인식의 정도와 차이가 없다. 따라서 미필적 고의는 인식 있는 과실과의 구별이 특히 중요하다. 형법에서 고의범과 과실범은 현격한 법정형의 차이가 있기 때문이다. 미필적 고의와 인식 있는 과실의 구별에 관하여는 다음과 같은 학설의 대립이 있다.

82) Welzel, Das deutsche Strafrecht, S. 74.

83) Vgl. Cramer/Sternberg-Lieben, S-S StGB. § 15 Rdnr. 43 f. mwN.; Wessels/Beulke, AT, Rdnr. 263 ff.

84) 이러한 의미에서 '개괄적 고의'와 '개괄적 고의설'은 분명히 구별되어야 한다. 개괄적 고의설은 '개괄적 고의의 요건을 구비하지 못하였거나 확인되지 아니한 경우'에도 개괄적 고의를 적용함으로써 개괄적 고의 개념을 왜곡시키고 있다.

### 3-4-2. 인식설

#### 3-4-2-1. 개연성설

개연성설은 구성요건실현에 대한 가능성 정도의 인식에 따라 미필적 고의와 인식 있는 과실을 구별하는 이론이다. 구성요건실현의 단순한 가능성만을 인식했다면 인식 있는 과실이 되고, 구성요건실현의 다분한 가능성, 즉 개연성을 인식했다면 미필적 고의가 된다는 것이다. 개연성설은 고의의 본질을 일방적으로 인식의 면에서만 설명하던 종래의 인식설에 입각한 이론이다. 그러나 개연성설은 단순한 가능성과 다분한 가능성(개연성) 사이의 명백한 기준을 설정할 수 없으며, 고의의 본질을 인식으로만 파악함으로써 범죄실현의사를 무시한 결함이 있다. 단순한 가능성을 인식했다고 하여 항상 범죄실현의사가 부정되는 것이 아니고, 반대로 다분한 가능성(개연성)을 인식했다고 하여 언제나 범죄실현의사를 긍정할 수는 없다.

#### 3-4-2-2. 가능성설

개연성설과 유사한 맥락에서 고의를 인식설의 입장에서 파악하여 구성요건실현의 가능성에 대한 인식만으로 미필적 고의를 인정하는 가능성설이 있다. 가능성설은 법익침해의 가능성을 인식하고 행동하는 자의 범죄실현의사를 부정할 수 없다는 것을 그 근거로 한다. 그러나 가능성설은 법익침해가능성의 인식만으로 고의를 인정함으로써 인식 있는 과실 자체를 부정하는 결과를 초래한다. 예컨대 '출근시간에 늦은 행위자가 안개 낀 국도에서 무모하게 추월하다가 반대편에서 오던 오토바이와 충돌하여 오토바이 운전자를 사망케 한 경우'에 행위자는 구체적인 위험의 가능성을 인식하였기 때문에 살인죄의 미필적 고의가 인정된다. 이러한 결함을 피하기 위하여 가능성설에서는 "추월하는 순간에 구체적인 위험의식의 배제가 행위자를 지배하게 된다"고 함으로써 이 경우 법익침해가능성의 인식을 부정하는 입장[85]도 있다. 그러나 법익침해의 가능성을 인식했던 행위자의 위험의식을 추월시점에 순간적으로 배제시키는 것은 비현실적인 가설에 불과하다.

#### 3-4-2-3. 신인식설

신인식설[86]은 미필적 고의를 하나의 부수적 결과가 어쩌면 실현될 수도 있다는 인식에 관한 문제로 파악한다. 결과발생 가능성에 대한 인식이 있는 한 행위자의 의지적 요소나 감정적 요소는 고의와 과실을 구별하는 데 아무런 역할을 할 수 없다는 것이다. 오로지 결과발생 회피의 용이성 여부에 따라 고의와 과실이 구별될 수 있다고 한다.

---

85) Schmidhäuser, JuS 1980, S. 245.

86) Jakobs, Lehrbuch AT, 8/8. 이에 관하여는 성낙현, 174면 이하 참조.

신인식설에 의하면 행위자가 행위와 결과 사이의 관련가능성을 인식했다면 행위중단이 무조건 필수적이라고 한다. 따라서 행위 순간의 범인에게 행위와 결과 사이의 관련성에 대한 유효한 인식의 정도가 고의와 과실을 구별하는 기준이 된다. 행위자가 결과발생에 대하여 심적으로 용인하거나 승낙하지 않더라도 행위자의 위험에 대한 인식에는 이미 고의 책임이 있으며, 예상되는 결과에 대한 행위자의 감정적 태도는 양형의 요소일 뿐 고의 성립 여부와는 무관하다는 입장이다.[87)]

판례[88)]는 살인죄의 범의와 관련하여 "… 범죄가 실현될 수 있다는 사실을 인식하거나 예견하면 족하며, 그 인식 또는 예견은 확정적인 것은 물론 불확정적인 것이라도 이른바 미필적 고의로도 인정된다"고 판시하고 있다. 이러한 대법원의 입장은 신인식설의 입장이라고 평가될 수 있다. 즉 "중대한 법익침해에 대해서는 위험성을 인식한 행위자에게 행위중단의 요구가 강하게 요구되므로 결과발생 회피의 용이성이 긍정될 수 있다"는 관점이 포착될 수 있다.[89)] 유사한 관점에서 판례[90)]는 방조범의 고의와 관련해서도 "방조범에 있어서 정범의 고의는 정범에 의하여 실현되는 범죄의 구체적 내용을 인식할 것을 요하는 것은 아니고 미필적 인식 또는 예견으로 족하다"고 판시하고 있다.

그러나 결과발생 내지 법익침해의 위험성을 인식한 행위자가 이를 회피하는 것이 용이했음에도 불구하고 행위를 중단하지 아니한 것만으로 고의의 내용을 충족시킬 수는 없다. 이러한 관점은 자칫 음주운전, 과속운전, 위험한 장난 등과 같은 모든 무모한 행위[91)]에 대해서 행위자가 인식한 법익침해의 고의를 인정함으로써 과잉형벌의 결과를 초래하게 된다. 신인식설은 "고의 또는 범의가 그 문리적 의미에서도 의사가 전제되어 있다"는 점과 "인식은 의사를 형성하기 위한 전제조건이다"라는 점을 간과하고 있다.

### 3-4-3. 의사설

인식설이 행위자의 인식을 기준으로 미필적 고의와 인식 있는 과실을 구별하는 데 반하여, 범죄실현의사를 기준으로 구별하는 입장이 있다.

일반적으로 용인설 내지 승인설과 감수설 내지 묵인설은 별개의 이론으로 소개되고

---

87) 성낙현, 180면.

88) 대법원 1994.3.22. 93도3612; 대법원 2000.8.18. 2000도2231; 대법원 2002.2.8. 2001도6425; 대법원 2004.6.24. 2002도995; 대법원 2006.4.14. 2006도734; 대법원 2009.2.26. 2008도9867.

89) 성낙현, 175면 각주 48) 참조.

90) 대법원 2005.4.29. 2003도6056; 대법원 2006.9.22. 2005도9575; 대법원 2007.10.26. 2007도4702; 대법원 2010.1.14. 2009도9963; 대법원 2010.3.25. 2008도4228; 대법원 2018.9.13. 2018도7658; 대법원 2022.6.30. 2020도7866.

91) 위험한 취미활동이나 운동을 즐기는 사람에게 자신의 생명침해에 대하여 신인식설의 '미필적 고의'에 해당하는 '의도'를 인정하는 것은 지나치다.

있다. 용인설[92]은 구성요건실현의 가능성을 인식했으나 이를 승인 내지 내적으로 용인하는 경우를 미필적 고의로 보고, 구성요건실현의 가능성을 인식했어도 그러한 범죄실현을 내적으로 거부하거나 희망하지 않는 경우에는 인식 있는 과실에 불과하다고 한다. 용인설은 판례[93]의 입장으로 소개되고 있다. 이에 반하여 감수설[94]은 구성요건실현의 가능성을 인식했으나 이를 감수 내지 묵인한 경우를 미필적 고의로 보고, 구성요건실현의 가능성을 인식했어도 구성요건이 실현되지 않을 것으로 신뢰한 경우에는 인식 있는 과실에 불과하다고 보는 견해라고 한다.

용인설은 독일의 판례[95]와 다수설[96]에 의하여 지지되는 이론이다. 이에 의하면 행위자가 구성요건의 실현가능성을 충분히 인식하고 이를 진지하게 받아들임으로써 구성요건의 실현을 용인하는 경우에 미필적 고의를 인정한다. 특히 행위자가 구성요건의 실현을 전혀 희망하고 있지는 않지만 "구성요건이 실현되어도 어쩔 수 없다"는 감수의사를 가지고 행동하고 있다면 법률적 의미에서 구성요건 실현에 대한 용인 내지 승인이 인정된다. 예컨대 강도범이 가죽허리띠로 피해자의 목을 조르면 질식사할 위험이 있다는 사실을 충분히 인식했음에도 계속하여 피해자의 목을 졸라 자신의 강도목적을 추구하기 위하여 피해자의 질식사 위험을 용인하겠다는 의도, 즉 행위자가 강도계획을 포기하기보다는 피해자의 질식사를 감수하겠다는 의도로 행위한 경우는 비록 행위자가 피해자의 사망을 전혀 희망하지 않았다고 하더라도 살인의 미필적 고의가 인정된다.[97] 이때 행위자는 객관적 행위상황을 인식하고 있을 뿐 아니라, 구성요건의 실현을 용인하고 이를 감수하기 때문에 범죄실현의사가 인정된다. 이에 반하여 구성요건실현의 가능성을 충분히 인식하였더라도, 이를 용인하는 것이 아니라 자기에게는 구성요건의 실현이 회피될 수 있다고 신뢰하면서 행동하는 행위자에게는 범죄실현의사가 긍정되지 않기 때문에 고의가 인정되지 않는다. 이 경우는 단순히 인식 있는 과실에 불과할 뿐이다.

이와 같이 용인설과 감수설의 구별은 무의미하다. 구성요건실현을 용인하는 것은 바

92) 김성천/김형준, 111면; 배종대, 171면; 신동운, 197면; 이상돈, 136면 이하.

93) 대법원 1985.6.25. 85도660; 대법원 2008.9.25. 2008도5618; 대법원 2014.3.13. 2013도12430; 대법원 2016.6.23. 2014도8514; 대법원 2017.3.9. 2013도16162; 대법원 2018.6.15. 2018도4200; 대법원 2020.1.30. 2016도21547; 대법원 2021.12.30. 2020도7840.

94) 김일수/서보학, 132면 이하; 손동권/김재윤, 157면; 이재상/장영민/강동범, 176면; 진계호/이존걸, 224면, 231면; 한정환(1), 208면.

95) RGSt 76, 115; BGHSt 7, 363; 36, 11; 36, 267; 39, 181; BGH GA 1979, 106; BGH NStZ 1988, 175; 1989, 114; 1994, 76; BGH NJW 2006, 1822.

96) Vgl. Cramer/Sternberg-Lieben, S-S StGB. § 15 Rdnr. 81 ff. mwN.; Tröndle/Fischer, StGB, § 15 Rdnr. 10 ff.; Rudolphi, SK StGB, § 16 Rdnr. 43; Wessels/Beulke, AT, Rdnr. 221 ff.

97) BGHSt 7, 363(Lederriemenfall): 강도피해자를 가죽허리띠로 목을 졸라 질식사시킨 가죽허리띠 사건. Vgl. Wessels/Beulke, AT, Rdnr. 221.

로 자기의 목적을 위하여 구성요건실현을 감수하는 것이기 때문이다(다수설). 범죄실현의사에 있어서 용인의 반대개념이 범죄가 실현되지 않기를 희망하는 것이고, 감수의 반대개념이 구성요건실현의 회피를 신뢰하는 것이라는 결론이 도출되지는 않는다. 구성요건실현을 전혀 희망하지 않지만 이를 용인하는 경우에도 당연히 미필적 고의가 인정되어야 한다. 예컨대 자동차로 도주하는 은행강도범은 아주 난폭하게 운전하기 때문에 교통사고발생의 위험성을 충분히 인식하고 있지만, 그는 교통사고의 발생을 전혀 희망하고 있지 않을 것이다. 교통사고가 발생하면 그는 체포를 면할 수 없기 때문이다. 다만 이러한 희망에 의하여 고의가 부정되고 인식 있는 과실이 인정될 수는 없다. 범인은 그의 도주목적을 위하여 교통사고의 위험을 용인하고 이를 감수하고 있기 때문에, 범인이 사고발생으로 야기한 법익침해(사람의 사망·상해 또는 손괴)에 대해서는 미필적 고의에 의한 책임을 부담하여야 한다.

## 4. 사실의 착오

### 4-1. 의 의

형법에서 착오란 일반적으로 '행위자가 인식한 사실 내지 법률'과 '구체적으로 실현된 사실 내지 법률'이 일치하지 아니하는 경우를 의미한다. 이 중에서 사실의 착오란 범죄의 객관적인 사실에 관하여 '행위자가 행위당시 인식한 사실'과 '구체적으로 실현된 사실'이 일치하지 아니하는 경우이다. 사실의 착오에서 핵심적인 내용은 "'행위자가 행위당시 인식한 사실'과 불일치하는 '구체적으로 실현된 사실'에 대해서 행위자의 구성요건적 고의를 인정할 수 있는가"이다. 이러한 점에서 사실의 착오는 구성요건적 사실의 착오를 의미한다.

제15조 제1항은 사실의 착오를 "특별히 무거운 죄가 되는 사실을 인식하지 못한 행위는 무거운 죄로 벌하지 아니한다"고 규정하고 있다. 다만 '사실의 착오'라는 표제를 갖고 있는 이 규정은 '고의'라는 표제의 제13조와 중복된 규정이라고 할 수 있다. 즉 제13조는 "죄의 성립요소인 사실을 인식하지 못한 행위는 벌하지 아니하며, 다만 법률에 특별한 규정이 있는 경우(과실범)에는 예외로 한다"고 하여 제15조 제1항과 동일한 내용을 규정하고 있다. 오히려 제13조는 제15조 제1항의 '특별히 무거운 죄가 되는 사실'이라는 용어 대신에 '죄의 성립요소인 사실'이라는 용어를 사용함으로써 사실의 착오를 보다 정확하게 명시하고 있다.[98]

고의는 객관적인 구성요건적 사실을 인식하고 범죄실현의사로 행동하는 행위시점의

98) 특히 사실의 착오라는 표제로 규정되어 있는 제15조 제2항은 사실의 착오와는 전혀 관계가 없는 결과적 가중범에 관한 규정이다.

행위자의 주관적·심리적인 구성요건요소를 말한다. 따라서 행위당시 구성요건적 사실에 대한 인식이 결여되면 고의가 인정되지 않는다. 구성요건적 사실의 착오는 '구체적인 실재 사실'과 '행위당시 행위자의 인식'과의 불일치를 의미하며, 착오에 의하여 행위당시 구체적 실재 사실에 대한 인식이 없는 것이므로 일치하지 않는 한도에서 고의가 탈락한다. 착오이론의 이해에서는 고의가 행위시점(실행의 착수시점)을 기준으로 한다는 점을 유의할 필요가 있다.

## 4-2. 사실의 착오의 유형

행위당시 행위자가 인식한 사실과 구체적인 실재가 일치하지 아니하는 사실의 착오는 '객체(목적)의 착오'와 '방법(타격)의 착오' 및 '구체적 사실의 착오'와 '추상적 사실의 착오'로 구별된다. 객체의 착오는 행위자가 공격대상을 착오하여 다른 대상을 공격한 경우이며, 방법의 착오는 행위자가 인식한 공격대상을 공격했으나 의도한 방법대로 공격이 진행되지 아니한 경우이다. 또한 행위당시 행위자가 인식한 사실에서의 침해법익과 구체적인 실재에서의 침해법익이 동일한 경우가 '구체적 사실에 관한 착오'이며, 동일하지 아니한 경우가 '추상적 사실에 관한 착오'이다. 객체의 착오와 방법의 착오는 구체적인 사건에서 구체적 사실의 착오 또는 추상적 사실의 착오와 연결되어 다음의 4가지 유형으로 나타난다.

### 4-2-1. 구체적 사실에 대한 객체의 착오

구체적 사실에 대한 객체의 착오는 행위자가 전방에 나타난 X를 A로 오인하여 A를 살해하기 위하여 저격함으로써 X가 사망한 경우이다. 여기서 행위자가 의도했던 A에 대한 살인은 실현되지 아니하였고, 행위자가 의도하지 못했던 X는 사망하였다. 이때 구체적으로 발생된 X의 사망결과에 대한 행위자의 착오는 고의에 영향을 줄 수 있는지 문제된다.

구체적 사실에 대한 객체의 착오는 제13조 및 제15조 제1항에서 의미하는 구성요건적 사실의 착오에 해당하지 않는다. 따라서 구체적 사실에 대한 객체의 착오는 행위자의 고의에 영향을 주지 못하고, 구체적으로 실현된 실재에 대해서 행위자의 고의가 그대로 인정된다. 상기 사례에서 행위자의 X에 대한 살인고의는 그대로 인정되고, 행위자는 살인기수죄의 책임을 부담해야한다. 행위자는 행위당시 전방에 나타난 X를 살인의 고의로 저격·살해하였기 때문에 살인고의는 부정될 여지가 없다. 물론 행위자는 저격당시의 구체적인 대상이 A가 아니라 X라는 사실을 인식했더라면 살해행위에 나아가지 않았을 것이다. 이러한 행위자의 착오는 구성요건적 사실의 착오라기보다 오히려 실질적으로는 범죄고의에 전혀 영향을 주지 못하는 단순한 '동기의 착오'[99]와 동일하다. 따라서 동기착오와 실질적으로

99) 예컨대 X가 헛소문 유포자인데 A를 헛소문 유포자로 오인하여 A를 폭행한 경우.

동일한 구체적 사실에 대한 객체의 착오는 고의에 영향을 줄 수 있을 정도의 착오로 평가되지 않는다.

> 구체적 사실에 대한 객체의 착오에서는 구체적으로 실현된 범죄의 기수만이 인정되며, 행위자가 의도했던 객체인 A에 대한 살인의 (불능)미수죄는 인정되지 않는다. 구체적 사실에 관한 객체의 착오의 경우 범인은 사람을 살해한다는 의도로 바로 그 사람(X)을 살해하였으므로 범인의 고의는 완전하게 실현되었다. 단지 범인이 살해하려던 사람(A)을 살해하지 못한 것은 그의 상상 속에서의 착각의 결과에 불과하다. 범인의 고의는 X의 살해로 완성되었으며, 이 한도에서 A에 대한 (불능)미수죄가 인정될 여분의 고의는 남아있지 않다.

### 4-2-2. 추상적 사실에 대한 객체의 착오

추상적 사실에 대한 객체의 착오는, 예컨대 A가 마네킹을 자동차에 놓고 잠시 자리를 비운 사이에 행위자가 마네킹을 A로 착각하여 A를 살해할 의도로 저격함으로써 마네킹을 손괴한 경우이다. 여기서 행위자가 행위당시 의도했던 A에 대한 살인은 실현되지 아니하였고, 행위자가 행위당시 의도하지 못했던 마네킹이 손괴되었다. 이와 같은 착오의 경우 구체적으로 실현된 실재(마네킹 손괴)에 대해서 행위자의 고의는 인정되지 않는다. 즉 구체적 실재에 관하여 행위당시 행위자에게는 타인의 재물을 손괴한다는 인식이 결여되었기 때문에 손괴고의가 부정된다. 여기서는 단지 행위자의 과실이 인정될 수 있는데, 과실손괴는 형법상 처벌규정이 없으므로 마네킹 손괴에 대해서는 민사책임만 부담할 뿐 형사책임은 부담하지 않는다.

직접 고의와 관련된 사실착오의 내용은 아니지만 착오이론에서는 항상 함께 거론되는 부분이 있다. 착오로 실현된 구체적 실재 이외에, 행위자가 처음부터 의도한(행위시점의 고의에 의한) 미완성의 행위에 대한 평가 부분이다. 여기서는 행위자가 A를 살해하기 위하여 총격을 가했으나 대상의 착오로 살인의 결과발생이 불가능하였던 부분이며, 이 부분은 A에 대한 살인의 (불능)미수죄가 성립하게 된다. 따라서 추상적 사실에 관한 객체의 착오의 경우에는 행위자가 의도했던 사실에 관한 (불능)미수죄와 구체적 실재에 관한 (사실의 착오로 고의가 부정된)과실범의 상상적 경합이 인정된다.

### 4-2-3. 구체적 사실에 대한 방법의 착오

구체적 사실에 대한 방법의 착오는 행위자가 A를 살해하기 위해서 A를 향하여 저격하였는데, 총격이 빗나가서 그 옆의 X가 맞아 사망한 경우이다. 여기서 행위당시 행위자가 의도했던 A에 대한 살인은 실현되지 아니하였고, 행위자가 의도하지 못했던 X는 사망하였다. 그러나 X의 사망이라는 구체적 실재에 대해서 행위당시 행위자는 전혀 인식하지 못하였으며, 이는 사실의 착오로서 제13조 내지 제15조 제1항에 따라 X의 사망에 대한 고의는 인정되지 않으므로 과실치사죄만 성립한다.

구체적 사실에 대한 방법의 착오에서 행위자가 처음부터 의도한 미완성의 행위는 행위자(행위주체)가 A(행위객체)를 정확하게 인식하고 A를 향하여 저격함으로써 A에 대한 살인행위로 나아갔으나 저격이 빗나가서 A가 사망하지 아니하였다. 이 부분에 관한 한 행위자에게는 어떤 착오도 없었으며, A에 대해서는 살인미수죄가 성립한다. 따라서 구체적 사실에 관한 방법의 착오에서는 행위자가 인식한 사실에 대한 미수죄와 구체적인 실재에 대한 (사실의 착오로 고의가 부정된)과실범의 상상적 경합이 인정된다.

### 4-2-4. 추상적 사실에 대한 방법의 착오

추상적 사실에 대한 방법의 착오는 행위자가 A를 살해할 의도로 A를 향하여 저격하였는데, 그 옆의 물건에 명중되어 물건이 부수어진 경우이다. 여기서 행위자가 의도했던 A에 대한 살인은 실현되지 아니하였고, 행위자가 의도하지 못했던 물건이 손괴되었다. 이와 같은 착오의 경우 구체적 실재에 관하여 행위자에게는 행위당시 타인의 재물을 손괴한다는 인식이 결여되었기 때문에 손괴고의가 부정된다.

추상적 사실에 대한 방법의 착오에서 행위자가 처음부터 의도한 미완성의 행위, 즉 A를 향하여 저격하였으나 저격이 빗나가서 A가 사망하지 아니한 부분에 관한 한 행위자에게는 어떤 착오도 없었으며, A에 대해서는 살인미수죄가 성립한다. 이와 같이 행위자의 착오가 방법의 착오인 경우에는 그것이 구체적 사실에 관한 것이든 추상적 사실에 관한 것이든 동일한 결과가 된다. 즉 행위자가 의도했던 실현되지 아니한 사실에 관하여는 미수죄가 성립하고, 인식하지 못했던 구체적인 실재에 대해서는 사실의 착오로서 과실범의 성립이 문제된다.

## 4-3. 사실의 착오에 관한 학설

행위자가 인식한 사실과 구체적인 실재가 어느 정도 일치해야 고의를 인정할 수 있는가에 관하여는 구체적 부합설과 법정적 부합설의 대립이 있다. 각각의 학설에 따라 행위자가 인식한 사실과 구체적인 실재가 일치하지 않는 한도에서 착오가 인정되어 고의가 부정된다.

종래 구체적 부합설과 법정적 부합설 이외에 추상적 부합설도 주장되었다. 추상적 부합설은 '범죄를 저지르려고 의도했던 자가 야기한 구체적인 실재는 무조건 행위자의 인식과 추상적으로 일치하는 것'으로 이해하여 항상 구체적 실재에 대한 행위자의 고의를 인정하였다. 이는 결국 인식 없는 고의를 인정하는 입장이라고 할 수 있다. 따라서 추상적 부합설은 법적 타당성의 결여로 현재 그 존재 의의를 상실하였다.

### 4-3-1. 구체적 부합설

구체적 부합설은 인식한 사실과 구체적 실재가 구체적으로 일치하는 한도에서만 고의를 인정하며, 구체적으로 일치하지 않는 한도에서 사실의 착오로서 고의를 탈락시킨다(통설).[100] 상기 '4-2. 사실의 착오의 유형'에서는 각각의 착오유형에 관하여 구체적 부합설의 입장에서 설명한 것이다. 구성요건적 사실을 구체적으로 인식하는 경우에만 구성요건적 고의를 인정할 수 있는 것이므로 구체적 부합설의 입장은 타당하다. 따라서 추상적 사실에 관한 객체의 착오와 방법의 착오 및 구체적 사실에 관한 방법의 착오인 경우에는 행위자가 구체적으로 인식하지 못했던 구체적인 실재에 대하여 행위자의 고의가 인정되지 않는다. 사실의 착오 유형에 대한 구체적 부합설의 결론은 다음의 도표와 같다.

| | 인식한 사실 | 구체적 실재 |
|---|---|---|
| 구체적 사실에 관한 객체의 착오 | – | 고의기수 |
| 추상적 사실에 관한 객체의 착오 | (불능)미수 | 과실 |
| 구체적 사실에 관한 방법의 착오 | 미수 | 과실 |
| 추상적 사실에 관한 방법의 착오 | 미수 | 과실 |

행위자가 구체적 사실에 관하여 객체의 착오와 방법의 착오의 중복적인 착오에 의하여 최초 행위자가 의도했던 피해자에게 범죄 결과가 발생한 경우가 문제된다. 예컨대 A를 살해하려고 계획했던 甲이 X를 A로 오인하여 X를 향하여 저격하였으나, 총격이 빗나가 우연히 X의 뒤에서 길을 가던 A가 맞아 사망한 경우가 그것이다. 구체적 부합설에 의할 경우 구체적인 사건은 행위자가 X를 향하여 저격하였으나, 총격이 빗나가 행위자가 구체적으로 인식한 X가 맞지 아니한 것이므로 이에 관하여는 살인미수죄가 성립한다. 그러나 구체적으로 행위자가 인식하지 못했던 A가 맞아 사망하였으므로, 이에 관하여는 사실의 착오로서 고의가 부정된다. 따라서 A의 사망에 대해서는 과실치사죄가 성립한다.

이 경우 A에 대한 살인고의를 인정해서는 안 된다. 구체적인 사건전개에서 행위자는 행위당시 A를 향하여 공격행위를 한 적이 없으며, X를 향한 공격행위가 방법의 착오에 의

100) 허일태, 구성요건적 착오, 고시연구 1993.3, 58면; 동취지, 박상기, 145면 이하.

하여 A에게 사망의 결과로 발생하게 된 것인데, 다만 그 과실치사의 결과가 우연히 행위자가 처음에 살해하려던 사람과 일치한 것일 뿐이다. 따라서 이 경우 A에 대한 살인고의를 인정하는 것은 고의에 속하지 아니하는 사전고의를 고의로 인정하는 결과가 될 뿐이다.[101]

### 4-3-2. 법정적 부합설

법정적 부합설은 인식한 사실과 구체적 실재가 구체적으로 일치하지 않는 경우에도 그것이 법정적으로 일치하는 경우에는 고의를 인정하는 입장이다. 즉 행위자가 범죄를 저지르려는 의도로 행위에 나아갔다면, 행위자의 의도와 법정적으로 일치하는 한도에서 구체적 실재에 대한 행위자의 고의를 인정하려는 견해이다. 판례[102]와 소수설[103]은 법정적 부합설을 지지하고 있다. 법정적 부합설의 결론도 대부분 구체적 부합설과 일치하지만, 구체적 사실에 관한 방법의 착오에 있어서 결론을 달리한다. 즉 법정적 부합설에서는 '행위자가 A를 살해할 의도로 A를 향하여 저격하였는데, 그 옆의 X가 맞아 사망한 경우'에 "사람을 살해하려는 고의로 행동하여 사람을 살해하였음에도 불구하고 구체적 실재에 대한 살인의 고의를 부정하는 것은 부당하고 법감정에 반한다"는 입장이다. 사실의 착오 유형에 대한 법정적 부합설의 결론은 다음의 도표와 같다.

| | 인식한 사실 | 구체적 실재 |
|---|---|---|
| 구체적 사실에 관한 객체의 착오 | – | 고의기수 |
| 추상적 사실에 관한 객체의 착오 | (불능)미수 | 과 실 |
| 구체적 사실에 관한 방법의 착오 | – | 고의기수 |
| 추상적 사실에 관한 방법의 착오 | 미 수 | 과 실 |

그러나 행위자가 행위당시 구체적인 사실을 구체적으로 인식하지 못하였음에도 불구하고 이에 대하여 고의를 인정하는 것은 형법의 책임주의에 반한다. 만약 법정적 부합설에 따라 행위자가 구체적인 사실을 인식하지 못한 경우에도 고의를 인정할 수 있다면 "추상적 사실에 관한 착오의 경우에는 왜 고의를 인정할 수 없는지"에 대하여 합리적인 이유를 제

101) 예컨대 A를 살해하려고 엽총을 구입하여 격발시험을 하였는데, 우연히 근처를 지나던 A가 맞아 사망한 경우, 행위자가 예정했던 범행이 우연히 실현되었음을 좋아해도 고의가 인정될 수는 없다. 이를 소위 사전고의라 하며, 고의에는 해당하지 않는다.

102) 대법원 1958.12.29. 58형상340; 대법원 1984.1.24. 83도2813; 대법원 1987.10.26. 87도1745.

103) 신동운, 216면 이하; 이재상/장영민/강동범, 185면 이하; 임웅, 184면 이하; 정성근/박광민, 201면; 진계호/이존걸, 245면. 법정적 부합설은 남흥우, 박삼세, 백남억, 유기천, 이건호, 정창운, 황산덕 교수 등의 지지를 받던 종래의 통설이었다.

시해야 할 것이다. 즉 법정적 부합설이 'A를 살해하려고 저격했는데 옆의 X가 맞아 사망한 경우'에 행위자의 X에 대한 살인고의를 인정하면서, 'A를 살해하려고 저격하였으나 A의 옆에 놓여있던 물건(TV)이 손괴된 경우'에는 손괴고의를 인정하지 아니하는 합리적인 이유를 명확하게 밝혀야 할 것이다. 의도하지 못했던 총격의 방향이 우연히 사람(X)에게 맞았는가 또는 물건(TV)에 맞았는가에 따라, 전자의 경우에만 '당연히 A에 대한 살인미수죄에서 사용되어야 할 고의'를 X의 사망결과에 전용하는 것은 너무 자의적이다.

법익부합설(죄질부합설): 인식한 사실과 구체적 실재가 구성요건적으로 일치하지 않는 경우에도 죄질을 같이 하는 한 객체의 착오이건 방법의 착오이건 구체적 실재에 대한 고의의 기수죄를 인정하려는 법정적 부합설[104]이 있다. 이 법정적 부합설을 소위 법익부합설 내지 죄질부합설이라고 한다. 법익부합설에서는 일반적인 법정적 부합설을 구성요건부합설이라고 명명한다.[105]

법익부합설의 입장에서는 "존속으로 믿고 일반인을 살해한 경우까지도 고의기수죄를 인정할 수 없는 구성요건부합설은 부당하다"고 비판한다.[106] 즉 구성요건부합설은 '일반인을 직계존속으로 오인하여 살해한 경우'를 추상적 사실의 착오로 파악하여 존속살해의 미수죄와 과실치사죄의 상상적 경합을 인정하기 때문에 고의의 인정범위가 너무 협소하다는 것이다. 그러나 법익부합설에서의 이러한 비판은 타당하지 않다. 이 경우는 구성요건부합설뿐 아니라 구체적 부합설의 입장에서도 발생된 구체적 실재에 대한 고의가 인정되어야 하기 때문이다. 즉 일반인을 존속으로 오인하고 살해한 경우에 행위자의 존속에 대한 살해고의는 구체적인 피해자(사람)에 대한 살해의 한도에서 법정적(구성요건적)으로뿐 아니라 구체적으로도 일치하고 있으므로 이에 대한 고의가 부정될 수 없다. 따라서 보통살인죄의 한도에서는 행위자의 착오가 존재하지 않는다. 또한 행위자가 인식한 존속에 대한 살해는 그 실현이 불가능하였으므로 존속살해죄의 (불능)미수가 된다. 따라서 여기서는 보통살인죄의 기수와 존속살해죄의 (불능)미수의 상상적 경합이 된다.

또한 법익부합설의 입장에서는 '직계존속을 일반인으로 오인하여 살해한 경우'에 존속살해에 대한 고의기수죄를 인정해야 하는데, 이는 명백히 제15조 제1항의 법문에 반한다. 이 경우도 사람에 대한 살해의 한도에서는 행위자의 인식과 구체적 실재가 구성요건적으로뿐 아니라 구체적으로도 일치하고 있으므로 이 한도에서 고의가 부정될 수 없다. 따라서 보통살인죄의 한도에서는 행위자의 착오가 존재하지 않는다. 그러나 직계존속을 인식하지 못한 착오에 의해서 행위자의 존속살해의 고의는 인정되지 않는다.

실질적 동가치설: 구체적 사실에 관한 방법의 착오를 "생명이나 신체와 같은 일신전속적 법익에 대한 착오인가" 또는 "재물이나 재산과 같은 비전속적 법익에 대한 착오인가"를 구별하여 각각 다른 원리를 적용하는 견해가 있다. 이를 실질적 동가치설이라고 한다. 실질적 동가치설[107]에 의하면 일신전속적 법익과 관련된 방법착오의 경우에는 구체적 부합설과 동일하게 구

---

104) 이재상/장영민/강동범, 178면; 임웅, 171면; 정성근/박광민, 188면.

105) 신동운, 218면은 구성요건부합설만이 법정적 부합설이고, 죄질부합설은 추상적 부합설과 유사하다고 비판한다.

106) 정성근/박광민, 188면.

107) Hillenkampf, Die Bedeutung von Vorsatzkonkretisierungen bei abweichendem Tatverlauf, 1971, S.

체적 실재에 대한 행위자의 고의를 부정하고, 비전속적 법익과 관련된 방법착오의 경우에는 법정적 부합설과 동일하게 구체적 실재에 대한 행위자의 고의를 인정하는 입장이다. 구체적 사실에 관한 방법의 착오에서 비전속적 법익인 객체에 대한 착오는 행위자의 표상에서 실질적으로 동기의 착오에 불과하다는 것을 근거로 한다. 이 이론은 스스로를 '실질적 구체화설'이라고 주장하고 있지만 실질적으로는 제한된 법정적 부합설에 불과하며, 따라서 실질적 동가치설에 대하여도 법정적 부합설에 대한 비판이 그대로 유효하다.

## 4-4. 인과관계의 착오?

### 4-4-1. 학설개관

상기 '2-1-3. 인과관계에 대한 인식?'에서 설명한 바와 같이, 구체적으로 발생된 결과에 대한 인과관계는 고의의 인식대상이 아니다. 따라서 행위시점의 구성요건적 고의에 영향을 미치는 착오문제는 발생할 여지가 없다. 미래에 전개되는 구체적으로 발생된 결과에 대한 인과관계는 행위시점의 예상·예측의 대상이며, 전형적·규칙적인 인과진행의 결과는 객관적으로 예측·회피가 가능한 결과로서 객관적 귀속이 긍정된다.

그러나 현재 거의 모든 학자들은 인과관계를 객관적 구성요건요소로 분류하고 있다(통설). 따라서 ① 통설은 인과관계에 대한 인식도 고의의 내용이라는 입장이다. 이러한 입장에 따르면 인과관계의 착오는 구성요건적 사실의 착오를 의미하게 된다. 예컨대 '행위자가 피해자를 익사시키기 위하여 다리에서 밀어 떨어뜨렸는데, 피해자는 익사한 것이 아니라 교각에 부딪쳐 사망한 경우' 또는 '행위자가 피해자를 저격하였고, 다행히 피해자는 윗주머니의 지갑 덕분에 사망한 것이 아니라 잠시 기절했을 뿐인데, 행위자가 사체유기의 의도로 피해자를 침수시켜 익사시킨 경우' 또는 '행위자가 피해자를 도끼로 쳐서 살해하려고 했는데, 의도했던 두개골의 파열은 빗나갔고 상처로의 감염에 의하여 피해자가 사망한 경우' 등이 인과관계의 착오로 논의되고 있다. 통설에 의하면 "인과관계는 신이 아닌 이상 구체적으로 인식할 수 없는 것이기 때문에 대체적으로 그 본질적인 점을 인식하면 고의가 인정된다"고 한다(통설). 따라서 인과관계의 착오는 본질적인 착오가 아닌 한 사실의 착오가 될 수 없게 된다. 상기의 예에서 '교각에 부딪혀 사망한 경우'나 '행위자의 사체유기의 의도로 침수시킨 결과 익사한 경우' 또는 '두개골의 파열이 빗나가고 상처로의 감염으로 사망한 경우' 등에서는 인과관계의 착오가 본질적인 것이 아니므로 사실의 착오에 해당하지 않으며, 따라서 고의의 성립에 영향을 미치지 않는다고 한다. 또한 ② 인과관계의 착오는 객관적 귀속이 긍정될 때에만 의미가 있다는 견해[108]가 있다. 객관적 귀속이 부정되어 객

116 ff.

108) 이재상/장영민/강동범, 189면; 이형국, 연구 I, 235면 이하; 정성근/박광민, 204면.

관적 불법이 인정되지 아니할 경우에는 고의문제를 논할 여지가 없다[109][110]는 것을 이유로 한다.[111] 이에 반하여 ③ 인과관계의 착오는 객관적 귀속으로 해결하는 것이 더 합리적이라는 견해[112]가 있다.

"인과관계의 착오는 객관적 귀속이 긍정될 때에만 의미가 있다"는 ② 견해는 "객관적 귀속이란 행위자에게 귀속될 결과를 확정하는 이론인데, 어떻게 귀속이 확정된 결과에 대해서 고의를 부정할 수 있는지, 그렇다면 처음부터 인과관계의 착오도 객관적 귀속론에 포함시켜야 하지 않는지"에 대하여 명백한 해명이 있어야 할 것이다.[113] 어쨌든 "인과관계의 착오는 객관적 귀속이 긍정될 때에만 의미가 있다"는 ② 견해도 '인과관계의 본질적 착오'를 구성요건적 사실의 착오로 인정하기 때문에 ① 통설의 이론과 동일시할 수 있다.

인과관계의 착오는 객관적 귀속으로 해결하는 것이 더 합리적이라는 ③ 견해는 그 결론에서 타당하다고 할 수 있다. 그러나 이 견해가 인과관계도 고의의 인식대상으로 파악하는 관점[114]은 타당하다고 할 수 없다. 만약 인과관계가 고의의 인식대상이라면 객관적 귀속론은 전혀 불필요한 이론이 된다. 고의인정을 위해서 '대체적으로 인과관계의 그 본질적인 점을 인식'했다면 객관적 귀속의 핵심 판단기준인 객관적 예견가능성과 객관적 회피가능성이 부정될 이유가 없기 때문이다.

다만 인과관계의 착오 문제를 객관적 귀속으로 해결하는 ③ 견해에서도 "인과관계가 고의의 인식의 대상인가"에 대해서는 어느 정도 의문을 갖고 있다고 보인다. 즉 이 견해에서는 "행위자는 실현될 위험을 인식하면 족하지 실현과정 전부를 인식할 필요가 없기 때문에, 인과관계 그 자체는 고의의 인식대상이지만 '행위의 결과에 이르기까지 진행과정 및 결과의 구체적 형성과정'은 고의의 인식대상이 아니다"[115]라고 한다. 즉 이 견해에서는 고의의 인식대상인 인과관계와 고의의 인식대상이 아닌 인과과정을 구별하고 있다. 그러나 '행위의 결과의 진행과정 및 결과의 구체적 형성과정, 즉 '인과과정'과 '인과관계'를 어떻

109) Wessels/Beulke, AT, Rdnr. 259; Jescheck/Weigend, Lehrbuch AT, S. 312.

110) 구체적으로 발생된 결과에 대한 객관적 귀속이 부정되면, 그 결과는 구성요건적 결과가 아니므로 미수범이 성립할 뿐이다. 그러나 미수범의 성립에도 구성요건적 고의는 필수적 요건이다. 고의가 부정될 때에는 과실범 이외에 더 이상 객관적 불법구성요건을 논할 여지가 없게 된다.

111) 박상기, 147면도 동일한 입장에서 "… 객관적 귀속은 가능하나 주관적으로 행위자의 인과관계에 관한 고의에 포함될 수 없을 정도로 변형된 인과과정에 의해 결과가 발생한 경우에만 인과관계의 착오에 해당한다"고 한다. 그러나 인과과정이 그 정도로 변형된 경우라면 객관적 귀속을 인정할 수 없는 경우라고 해야 한다.

112) 김일수, 한국형법 I, 402면, 413면; 김일수/서보학, 143면 이하; 박상기, 137면; 진계호/이존걸, 245면.

113) 범죄성립단계에서는 일단 구성요건적 고의가 확정되어야 그 이후 객관적 구성요건요소에 대한 판단(특히 발생된 결과에 대한 객관적 귀속의 판단)을 통하여 미수범이든 기수범이든 성립이 가능하게 된다.

114) 김일수, 한국형법 I, 411면 이하; 김일수/서보학, 142면 이하; 박상기, 146면; 진계호/이존걸, 227면.

115) 김일수, 한국형법 I, 413면; 김일수/서보학, 142면 이하. 이에 반하여 인과과정은 고의의 인식대상이고, 인과관계는 고의의 인식대상이 아니라는 견해로는 김성돈, 215면.

게 구별하는 것인지 의문이 제기된다. 이 견해는 동일한 내용을 용어만 달리하여 고의의 인식대상에 포함시키거나 제외시키고 있을 뿐이다.

이와 같이 객관적 귀속론을 인정하면서 인과관계의 착오를 논하는 자체가 부당하다고 말할 수 있다.[116] ①통설은 객관적 귀속론을 인정하면서 인과관계의 착오를 논하고 있기 때문에 부당하다. 특히 인과관계에 관하여 객관적 상당인과관계설을 지지하는 입장에서 객관적 귀속론을 부정하면서 인과관계의 착오를 인정하는 견해[117]도 있다. 이러한 입장에서는 "행위당시의 모든 사정을 제3자인 법관이 객관적(일반인의 인식·예견가능성을 기준)으로 종합하여 판단한다면 행위자의 행위가 결과의 발생에 상당히 개연적인 조건이었다"라는 사실의 본질적인 면을 인식해야만 고의가 인정될 수 있게 된다. 그러나 인간에게는 이러한 인식을 전혀 기대할 수 없다. 결국 상당인과관계설의 입장인 이 견해에서는 객관적 귀속에 해당하는 부분까지 고의의 인식대상으로 포함시킨 것이다. 그러나 객관적 귀속론을 인정하는 견해에서도 객관적 귀속이 고의의 인식대상이라고 판단하는 견해는 존재하지 않는다.[118]

인과관계는 고의의 인식대상이 아니다. 객관적 귀속론을 인정하는 한, 인과관계는 인식의 대상이 아니라 객관적 귀속을 위한 예측의 대상이어야 하기 때문이다. 고의의 인식대상인 구성요건적 결과도 그것은 행위자의 행위에 의하여 구체적으로 발생한 결과가 아니다. 행위자가 행위시점에 그의 행위에 의하여 발생시키려고 의도하는 결과를 인식하고 있다면 고의의 성립에 아무런 문제가 없다. 구체적 사건에서 행위자가 행위당시 의도한 결과가 발생되지 않았거나 결과가 발생했지만 그가 예상했던 방법대로 나타난 결과가 아니어도 고의의 성립에는 변함이 없다. 그러나 구체적으로 발생된 결과가 행위자에게 귀속되기 위해서는 그가 야기한 결과(인과관계)로서 객관적으로 예견이 가능했고 회피가 가능했던 결과(객관적 귀속)이어야 한다. 이러한 결과만이 불법한 구성요건적 결과라고 할 수 있기 때문이다. 인과관계와 객관적 귀속은 구체적 결과가 불법한 구성요건적 결과인지 여부를 판단하는 기준이다. 구성요건적 결과인지 여부를 판단하는 기준이 고의의 인식대상일 필요는 없다.

### 4-4-2. 구체적 사례 분석

인과관계의 착오에 관한 대표적인 사례로는 '피해자를 살해하기 위해서 저격한 자가 피해자를 사망한 것으로 오인하고 파묻은 결과 피해자가 질식사한 경우'이다. 판례[119]는

---

116) 인과관계가 고의의 인식대상이라면 객관적 귀속론은 전혀 불필요한 이론이 된다. 객관적 귀속론은 행위자의 인과관계에 대한 객관적 예측·회피가능성이 그 핵심적인 판단기준인데, 인식한 인과관계에 대하여 객관적 예측·회피가능성을 심사하는 것은 전혀 불필요한 과정이기 때문이다.

117) 배종대, 191면; 오영근, 123면.

118) 김일수, 한국형법 I, 413면 참조; 김일수/서보학, 143면.

119) 대법원 1988.6.28. 88도650(법률신문 1988.8.25.).

이와 유사한 사건에서 "… 제1의 행위에 의해서 직접 사망한 것이 아니라 죄적을 인멸할 목적으로 행한 매장행위에 의해서 사망되었다 하더라도 전 과정을 개괄적으로 보면 피해자의 살해라는 처음에 예견된 사실이 실현된 것으로서 피고인들은 살인죄의 죄책을 면할 수 없다"고 판시하였다. 이러한 판례의 태도에 대해서 개괄적 고의설[120]에 입각한 것으로 파악하는 견해[121]가 있다. 그러나 하나의 판례에서 '개괄적으로 보면'이라는 표현 하나만으로 판례의 태도를, 현재는 사라진 그리고 수긍할 수도 없는,[122] 개괄적 고의설의 입장으로 단정하는 것은 곤란하다.

인과관계 착오설은 이 경우 인과관계의 착오가 비본질적이라는 것을 이유로 살인기수죄의 성립을 인정한다(통설). 그러나 인과관계는 인식의 대상이 아니라는 것이 이 책의 입장이다.[123]

이 경우 제1행위와 제2행위가 별개의 행위라는 관점에서 살인미수죄와 과실치사죄의 실체적 경합을 인정하는 견해[124]가 있다. 또한 이와 유사한 관점에서 사체은닉이 제1행위시의 계획에 포함되지 않았다면 제2행위는 별개의 행위이므로 살인미수죄와 과실치사죄의 실체적 경합이 인정되지만, 사체은닉이 제1행위시의 계획에 이미 포함되어 있었다면 이는 인과과정의 착오가 본질적이거나 중요부분이 아니므로 고의가 인정되어 살인기수죄가 성립한다는 견해[125]도 있다.

이 경우 제1행위와 제2행위를 구별하는 것이 사건해결의 핵심은 되지 못한다. 여기서는 "구체적으로 발생된 질식사의 결과가 제1행위에 의해서 야기된 결과인지"를 우선 규명해야 한다. 만약 제1행위와 질식사 사이의 인과관계가 긍정된다면, 그다음에는 그러한 결과에 대한 객관적 귀속 여부를 판단하면 충분하다

사안에서 제1행위와 질식사 사이의 인과관계는 조건설의 관점에서 충분히 인정된다. 특히 피해자의 질식사를 야기한 제2의 과실행위는 제1행위에 의해서 진행되는 인과관계를 단절시키거나 중단시킬 수 없다.[126] 또한 제1행위로 인해서 최종적으로 야기된 질식사의 결과는 객관적 귀속이 부정되는 어떠한 기준에도 해당하지 않으므로 객관적 귀속도 긍정된다.[127] 그 밖에 제1행위시에 이미 행위자의 살인고의가 인정되고 있으므로 살인기수죄

---

120) Vgl. Welzel, Das deutsche Strafrecht, S. 74.

121) 김성돈, 233면; 박상기, 150면; 오영근, 158면.

122) 개괄적 고의설에 대해서는 상기 '제2편, 제2장, 제3절, 3-3. 개괄적 고의' 참조.

123) 동지, 한정환(1), 202면.

124) 이용식, 소위 개괄적 고의의 형법적 취급, 형사판례연구(2), 1994, 34면 이하.

125) 김성돈, 234면; 오영근, 159면 이하.

126) 과거에는 "인과의 진행 중에 제3의 고의나 과실의 행위가 개입하면 최초의 인과관계가 중단된다"는 인과관계중단론이 있었으나, 현재는 통설에 의해서 배척된 이미 사라진 낡은 이론이다.

127) 동지, 한정환(1), 237면.

의 성립에는 아무런 문제가 없다. 이와 같이 사안에서 살인기수죄의 성립을 인정하기까지 인과관계의 인식이나 인과관계의 착오라는 문제는 전혀 거론될 필요조차 없다. 인과관계의 인식이나 인과관계의 착오라는 용어는 그 자체로 모순이다.

대법원[128]은 "행위자의 구타행위로 상해를 입은 피해자가 정신을 잃고 빈사상태에 빠지자 사망한 것으로 오인하고, 자신의 행위를 은폐하고 피해자가 자살한 것처럼 가장하기 위하여 피해자를 베란다 아래의 바닥으로 떨어뜨려 사망케 하였다면, 피고인의 행위는 포괄하여 단일의 상해치사죄에 해당한다고"고 판시하였다. 이러한 판례의 태도가 개괄적 고의와 유사한 개괄적 과실을 인정하는 입장이라고 판단하는 견해[129]도 있다.

이 판례사안의 판단에서 우선 행위자는 행위당시 피해자에 대한 상해를 의도했을 뿐 사망결과를 의도하지 않았으므로 피해자에 대한 살인고의는 부정된다. 이후 구체적으로 실현된 객관적 행위상황의 판단에서, 기본행위인 상해행위와 베란다 아래의 바닥으로 떨어뜨려 발생한 사망의 결과 사이의 인과관계는 조건설의 관점에서 부정되지 않는다. 또한 이러한 인과의 진행과정은 아주 이상한 비규칙적·비정형적이라고 판단되지 않으므로 객관적 예견·회피가능성 및 객관적 귀속이 긍정된다. 따라서 어려움 없이 상해치사죄의 성립을 인정할 수 있다. 여기서 '개괄적 과실'이라는 개념은 사안의 해결에서 아무런 도움이 되지 않는다.

128) 대법원 1994.11.4. 94도2361.

129) 오영근, 158면; 이상돈, 130면; 조상제, 개괄적 과실사례의 결과귀속, 형사판례연구(10), 2002, 78면; 동취지, 권오걸, 172면.

# 제 3 장 위 법 성

## 제 1 절 위법성 일반론

### 1. 위법성의 의의

범죄의 성립에서 구성요건해당성에 이어 요구되는 요건이 위법성이다. 위법성은 법률의 평가에 반하는 성질을 말한다. 여기서 법률이라 함은 전체 법규범을 의미한다. 따라서 전체 법규범의 관점에서 규범이 평가하는 가치에 반하는 성질이 위법성이다. 어떤 행위가 전체 법규범의 관점에서 규범이 평가하는 가치에 반하지 않을 때에는 그 행위는 위법하지 않은 적법한 행위가 된다.

예컨대 ① 실수로 타인의 재물을 부수거나 실수로 임신한 산모의 태아를 유산시키는 행위, ② 도로상에서 신호를 위반하거나 중앙선을 침범하는 행위, ③ 고의로 타인의 물건을 부수거나 고의 또는 과실로 사람에게 상처를 입히는 행위들이 위법한 행위이다. 이러한 행위들을 법규범은 허용하지 않고 있다. ①의 경우는 민법상의 불법행위로서 위법한 행위이고, ②의 경우는 행정질서벌이 예정되어 있는 도로교통법이라는 행정법에 위반된 위법한 행위이며, ③의 경우는 형법에 위반되는 위법한 행위이다. 형법은 위법한 행위 중에서도 민사법과 행정법을 수단으로 목적을 달성할 수 없을 경우에만 최후의 수단인 형벌을 사용할 수 있도록 전형적인 불법행위들을 구성요건에 기술하고 있다. 즉 형법의 구성요건은 본래 위법한 행위 중에서 보충성의 원리에 따라 전형적인 불법만을 선별하여 형법각칙에 유형별로 기술한 것이다. 이와 같이 구성요건은 본래부터 위법한 행위 중에서 선별된 것이기 때문에 “구성요건에 해당하는 행위는 당연히 위법하다”는 추정을 받게 되고, 구성요건해당성은 위법성의 징표가 된다.

구성요건에 해당하는 행위는 당연히 위법하다는 추정을 받게 되며, 예외적으로 특별한 사유가 있는 경우에만 위법성이 조각된다. 여기서 예외적인 특별한 사유가 위법성조각사유이며, 허용규범이라고도 한다. 구성요건해당성으로부터 위법성은 당연히 추정되는 것이므로 범죄성립요건의 심사에서는 '특별한 위법성조각사유의 부존재'라는 판단을 통하여 범죄의 위법성이 확정된다.

## 2. 위법성과 불법

위법성(Rechtswidrigkeit)과 불법(Unrecht)은 종종 같은 의미로 사용되기도 하지만, 일반적으로는 각각 다른 의미로 사용되고 있다. 위법성은 일반적으로 법적인 당위규범과의 불일치를 의미한다. 이러한 위법성은 크기나 정도로 표시되는 것이 불가능하다. 이에 반하여 불법은 그 크기나 정도의 측정이 가능하다. 예컨대 살인불법은 상해나 손괴의 불법에 비하여 현저히 중한 불법으로 평가하는 것이 가능하다.[1)]

형법에서 구체적으로 구성요건에 해당하는 행위의 위법성이 확인되면 그 행위는 불법한 행위가 된다. 따라서 형법상의 불법은 구성요건에 해당하고 위법한 행위를 의미하게 된다. 이러한 의미에서 위법성은 전체 법규범의 평가에 반하는 것이고, 불법은 개별적 법률의 평가에 반하는 것이라고 할 수 있다.

## 3. 위법성조각사유

구성요건에 해당하는 행위는 당연히 위법성이 추정되고 있으나 아직 불법한 행위는 아니다. 단지 불법한 행위로 추정되고 있을 뿐이다. 이러한 불법추정은 특별한 사유가 있는 경우에 배제될 수 있다. 불법추정을 배제하는 특별한 사유를 허용규범(Erlaubnissatz)인 위법성조각사유라고 한다. 따라서 구성요건에 해당하는 행위는 위법성조각사유에 의하여 적법한 행위가 된다.

### 3-1. 위법성조각사유의 근거

구성요건에 해당하는 행위는 법익을 침해하거나 위태롭게 하는 행위이지만, 허용규범인 위법성조각사유가 존재하게 되면 총체적인 법질서는 보다 더 큰 목적을 위하여 법익의 침해나 위험을 허용하게 된다.

---

1) Vgl. Wessels/Beulke, AT, Rdnr. 281 f.

작은 이익을 희생함으로써 큰 이익을 지킬 수 있다면, 법은 큰 이익을 지키기 위하여 작은 이익의 침해를 허용할 수 있다. 이를 '우월적 이익의 원칙'이라 한다. 작은 이익의 침해를 허용하지 않음으로써 발생되는 큰 이익의 상실은 전체 법질서의 관점에서 타당하지 않기 때문이다. 긴급피난은 우월적 이익의 원칙에서 인정되는 대표적인 위법성조각사유이다.

또한 구성요건에 해당하는 행위가 법이 보호해야 할 이익을 건드리고 있지 아니한 경우에도 허용될 수 있다. 이를 '이익흠결의 원칙'이라고 한다. 예컨대 피해자의 승낙 또는 추정적 승낙 등에 의한 행위는 피해자에 대하여 특별히 법이 보호해야 할 이익이 없고 피해자의 개인적인 생각을 존중해야 할 경우로서 허용되는 위법성조각사유이다.

우월적 이익의 원칙과 이익흠결의 원칙은 일반적인 위법성조각사유의 근거가 된다. 그러나 이들 일반적인 원칙에 의하여 개별적인 위법성조각사유가 곧바로 인정되는 것은 아니다. 예컨대, 적법수호의 원칙·필요성의 원칙·비례성의 원칙·자유권의 보장·자기결정권의 존중 등의 제 원칙들이 각각 다른 비중을 가지고 결합하여 우월적 이익의 원칙이나 이익흠결의 원칙이 인정될 수 있으면, 이에 따라 개별적인 위법성조각사유가 인정될 수 있게 된다.[2)]

## 3-2. 위법성조각사유의 종류

### 3-2-1. 법률의 규정에 의한 위법성조각사유

구성요건에 해당하는 행위는 법률의 규정에 의하여 허용될 수 있다. 법적 금지나 명령에 위배되는 행위를 '처벌하는 규정'과 일정한 경우에 이러한 행위를 '허용해 주는 규정'이 동시에 존재하면, 결국 금지 내지 명령규정은 허용규정과 충돌하게 된다. 이때 금지나 명령규정은 일반적으로 적용되는 일반규정이고, 허용규정은 일정한 경우에만 예외적으로 적용되는 특별규정이 된다. 따라서 법률의 금지나 명령을 특별히 허용하는 예외규정이 있으면 항상 위법성을 조각하게 된다(특별법 우선의 원칙).

허용규정은 형법규정에 한정되지 않는다. 위법성은 전체 법질서의 평가에 반하는 것이므로(법질서의 통일성) 전체 법질서의 평가에 반하지 아니하는 위법성조각사유는 형법 이외의 규정이라 할지라도 형법의 금지 및 명령규정 위반행위를 허용해야 한다. 따라서 민사소송법상 강제집행행위, 행정법(경찰관 직무집행법)상 경찰관의 직무집행행위, 형사소송법상 현행범의 체포행위 등 모든 법률이 규정하는 허용행위는 위법성조각사유에 해당한다.[3)]

---

2) Vgl. Jescheck/Weigend, Lehrbuch AT, S. 325 f.

3) 법적 금지나 명령을 예외적으로 처벌하지 않겠다는 규정이 모두 위법성조각사유가 되는 것은 아니다. 이 중에는 구성요건의 범위 자체를 한정하여 구성요건해당성을 배제하는 규정도 있고, 제12조와 같은 책임조

이들 법률의 규정에 의한 위법성조각사유는 수많은 법 영역에 걸쳐 산재해 있기 때문에 이들을 모두 열거할 수는 없다. 따라서 여기서는 형법에 규정된 위법성조각사유와 그 밖의 법 영역에서 규정된 것 중에서도 특히 중시되는 위법성조각사유만을 예시로서 열거할 수 있을 뿐이다.

형법의 규정 중에서도 제20조 내지 제24조에서는 정당행위 · 정당방위 · 긴급피난 · 자구행위 · 피해자의 승낙을 일반적인 위법성조각사유로 규정하고 있다. 또한 제310조는 제307조 제1항의 명예훼손죄에 대해서만 적용되는 특수한 위법성조각사유를 규정하고 있다. 형법 이외의 영역에서도 예컨대 민법 제209조는 자력구제를, 제761조는 정당방위와 긴급피난 등을 위법성조각사유로 규정하고 있다. 또한 모자보건법 제14조는 인공임신중절수술을, 형사소송법 제212조는 현행범의 체포를 위법성조각사유로 규정하고 있다. 그 밖에 행정법상 공무원의 직무권한에 관한 규정들도 위법성조각사유에 속한다.

### 3-2-2. 초법규적 위법성조각사유

사회의 지배적인 가치관이나 사회현상의 변천은 위법성의 판단기준에도 직접적인 영향을 미치게 된다. 이에 따라 특정한 행위의 허용범위는 확대되거나 축소될 수 있으며, 새로이 특정한 행위가 허용되거나 허용되던 특정한 행위가 다시 허용되지 않는 경우도 있다. 따라서 위법성조각사유는 법률의 규정에만 의존할 수가 없으며, 법률의 규정이 없어도 인정될 수 있다.[4] 이를 초법규적 위법성조각사유라고 한다. 초법규적 위법성조각사유로는 ① 관습법의 형태로 인정될 수 있는 교사의 교육목적을 위한 징계권의 행사, ② 추정적 승낙에 의한 행위, ③ 부진정부작위범에서의 의무의 충돌 등을 들 수 있다. 물론 개별적인 경우에 다툼이 있다 할지라도 이들 초법규적 위법성조각사유는 일반적인 위법성조각사유의 근거인 '우월적 이익의 원칙'이나 '이익흠결의 원칙'을 기초로 관습법의 적용에 의하여 또는 다른 위법성조각사유를 유추적용함으로써 인정될 수 있다.[5]

## 3-3. 주관적 정당화요소

### 3-3-1. 주관적 정당화요소의 요부

구성요건에 해당하는 행위는 위법성조각사유가 존재해야만 예외적으로 허용될 수 있

---

각사유도 있으며, 친족상도례와 같은 처벌조건 및 소추조건 등도 있다. 따라서 위법성조각사유는 "법적 금지나 명령을 위반하는 것을 허용한다"는 의미의 규정만을 말한다.

4) Jescheck/Weigend, Lehrbuch AT, S. 326.

5) 죄형법정주의는 행위자의 보호를 보장하는 형법의 보장적 기능으로부터 나오는 원칙이기 때문에, 행위자를 유리하게 하는 관습법의 적용이나 유추적용은 죄형법정주의에 위배되지 않는다.

다. 그런데 위법성을 조각하는 사유가 단순히 객관적으로 존재함으로써 구성요건에 해당하는 행위의 위법성이 조각될 수 있는지 또는 위법성조각사유의 객관적인 상황 이외에도 위법성조각사유에 의하여 허용된 행위를 하려는 행위자의 의사를 필요로 하는지 문제된다.

구성요건해당성과 위법성은 함께 하나의 불법행위를 형성한다. 범죄구성요건이 객관적 구성요건요소와 주관적 구성요건요소의 결합으로 해당 불법을 형성하는 것과 동등한 차원에서 위법성조각사유는 객관적 적법요소와 주관적 적법요소의 결합으로 해당 불법을 해소하도록 구성되어 있다. 예컨대 사람을 살해하려는 의도로 사람을 살해해야만 살인죄의 구성요건에 해당하듯이, 방위의사를 가지고 현재의 부당한 침해를 방위하는 행위만이 정당방위가 될 수 있다. 위법성조각사유를 규정한 제21조 내지 제23조에서도 '… 방위하기 위하여 한 행위, … 위난을 피하기 위한 행위, … 실행곤란을 피하기 위하여 한 행위'라고 규정하고 있다. 이와 같이 '…을 위한 행위'란 주관적으로 '…하기 위하여' 행동해야만 진정으로 '… 을 위한 행위'가 될 수 있다. 이와 같이 위법성조각사유는 주관적 정당화요소(주관적 적법요소)를 필요로 한다(통설).

이에 반하여 위법성조각사유에서는 주관적 정당화요소가 필요하지 않다는 견해[6]가 있다. 구성요건에 해당하는 행위는 객관적인 위법성조각사유의 존재만으로 허용된다는 입장이다. 방위의사로 타인을 침해할 수 있는 반면에, 침해의사로 자기의 법익을 방위하거나 타인을 도울 수도 있기 때문에, 정당방위라는 개념은 순수하게 객관적으로 파악되어야 한다는 것이다.[7]

그러나 이 견해는 형법의 불법내용을 오인하고 있다. 형법의 구성요건은 개별적 범죄의 전형적인 불법내용을 포괄하고 있으며, 이러한 불법내용은 범죄의 특성에 따라 비례적으로 고려된 결과반가치와 행위반가치의 결합으로 구성된다. 여기서 결과반가치는 객관적 구성요건요소의 충족을 통해서 형성되고, 행위반가치는 주관적 구성요건요소의 충족을 통해서 형성된다. 이러한 구성요건의 불법내용에 대응하여 위법성조각사유에서도 적법내용을 구비해야 위법성이 조각될 수 있다. 따라서 위법성조각사유에서도 결과반가치(객관적 불법요소)를 상쇄시키는 위법성조각사유의 객관적인 상황(객관적 적법요소) 이외에 행위반가치(주관적 불법요소)를 상쇄시킬 수 있는 주관적 정당화요소(주관적 적법요소)를 필요로 한다(통설). 객관적 요건만으로 위법성조각사유를 긍정하는 이 견해는 불법에서의 행위반가치를 전혀 고려하지 못한다는 비판을 면할 수 없다.

### 3-3-2. 주관적 정당화요소 부재의 법적 효과

우연방위나 우연긴급피난과 같이 위법성조각사유의 객관적인 상황이 존재하지만, 행

6) 차용석, 총론(1), 596면; Spendel, LK StGB, § 32 Rdnr. 138 ff.
7) Spendel, LK StGB, § 32 Rdnr. 24, 138.

위자가 이를 인식하지 못하고 주관적 적법요소를 결한 상태에서 구성요건에 해당하는 행위를 했을 경우에는 위법성이 조각될 수 없다. 그러나 주관적 적법요소를 결한 경우의 법적 효과에 대해서는 불능미수설(통설)[8]과 기수설[9][10]의 다툼이 있다.

기수설에서는 불능미수설에 대하여, "주관적 적법요소를 결한 경우 ① 구성요건적 결과가 실제로 발생했는데 미수라는 결론은 부당하고, ② 위법성조각사유는 모든 객관적·주관적 요건이 완전히 충족될 경우에만 예외적으로 허용되는 것이므로 결과반가치를 부정할 수는 없으며, ③ 침해행위가 과실행위이거나 미수에 그친 경우에는 '과실의 미수' 또는 '미수의 미수'가 되어 해결할 수 없는 결과를 초래한다"[11]고 비판한다. 또한 "행위자의 측면에서 행운에 속하는 상황이 불법에서 고려되는 것은 형법의 엄격성에 반한다"[12]는 비판도 제기된다. 결과불법의 상쇄상황은 양형에서 고려하면 충분하다는 것이다.[13]

주관적 적법요소가 결여되었어도 위법성조각사유의 객관적인 상황(객관적 적법요소)이 존재하고 있다면, 객관적 구성요건요소(객관적 불법요소)의 충족을 통해서 형성된 '법익에 대한 침해 내지 위태화'라는 결과반가치의 불법내용은 객관적 적법요소를 통해서 상쇄된다. 따라서 이 경우는 결과의 발생이 불가능한 경우와 유사한 상황을 인정하여 불능미수 규정을 유추적용(행위자에게 유리한 유추적용)하는 것이 타당하다(통설). 다만 여기서 상쇄된다는 의미는 "객관적 구성요건요소를 충족함으로써 형성된 결과반가치가 위법성조각사유의 객관적인 상황의 존재에 의하여 사후적으로 소멸한다"는 의미로 이해해서는 안 된다.[14] 실제로는 위법성조각사유의 객관적인 상황이 존재하면 구성요건에 해당하는 행위라도 객관적 적법요소와 객관적 불법요소의 결합으로 결과반가치라는 불법내용이 형성될 수 없는 것으로 파악해야 한다. 즉 위법성조각사유의 객관적인 상황이 존재하면 구성요건에 해당하는 행위에 의해서도 불법한 결과의 발생은 불가능하게 된다. 따라서 이 경우는 유추적용이 아니라 (불능)미수 규정을 직접 적용해야 한다.[15][16]

---

8) 독일에서도 불능미수설이 통설의 입장이다: Vgl. Jescheck/Weigend, Lehrbuch AT, S. 329 f. mwN.; Tröndle/Fischer, StGB, § 32 Rdnr. 14 f.; Wessels/Beulke, AT, Rdnr. 278 f.; Roxin, Lehrbuch AT I, § 14 H Rdnr. 104; Kühl, AT, § 6 Rdnr. 15 f.

9) 김성천/김형준, 180면; 배종대, 202면; 이영란, 234면; 이재상/장영민/강동범, 230면.

10) Hirsch, LK StGB, Vorbem. § 32 Rdnr. 59 ff. mwN; RGSt 62, 138; BGHSt 2, 111, 114 f.; 3, 194.

11) 이영란, 234면; 이재상/장영민/강동범, 230면.

12) 배종대, 202면.

13) 배종대, 202면.

14) 형법에서는 범죄성립요건 심사의 순서가 '구성요건해당성, 위법성, 책임'이라는 점에서 "결과반가치를 상쇄한다"는 표현이 사용될 뿐이다.

15) 동지, 이상돈, 272면.

16) Vgl. Roxin, Lehrbuch AT I, § 14 H Rdnr. 104 mwN.; Frisch, FS für Lackner, 1987, S. 137 ff.; Schünemann, GA 1985, S. 373; Herzberg, JA 1986, S. 191 ff.

기수설의 "구성요건적 결과가 실제로 발생했는데 미수라는 결론은 부당하다"는 비판은 타당하지 않다. 결과가 발생했어도 불법한 결과로 평가할 수 없는 결과가 발생한 경우라면 미수에 불과하기 때문이다. 예컨대 인과관계나 객관적 귀속이 부정되는 결과가 발생한 경우도 미수에 불과하다. 또한 "행위자의 측면에서 행운에 속하는 상황이 불법에서 고려되는 것은 형법의 엄격성에 반한다"는 비판도 적절하지 않다. 예컨대 의사의 탁월한 치료능력으로 피해자가 목숨을 건진 경우라도 행위자는 미수죄에 불과할 뿐이다.

## 제 2 절 정당방위

### 1. 정당방위의 의의

제21조 제1항은 정당방위에 관하여 '현재의 부당한 침해로부터 자기 또는 타인의 법익을 방위하기 위한 상당한 이유 있는 행위'라고 규정하고 있다. 이와 같이 정당방위는 부당한 침해(불법)를 방위하기 위하여 한 (적법)행위이다. 정당방위는 불법에 대항하는 적법의 관계에서 구축된 위법성조각사유이므로 "적법이 불법에 양보할 필요가 없다"는 명제를 기본으로 한다. 따라서 정당방위는 긴급피난과 달리 '침해되는 법익'과 '방위되는 이익' 사이의 균형을 요구하지 않는다.

정당방위는 자기보호와 적법수호를 본질적인 목적으로 한다. 정당방위는 자기보호를 위한 개인의 권리라는 측면에서 로마법 이래 인간의 고유권인 자연법적 권리로 인정되어 왔다. 이러한 자기보호의 원리로부터 개인적 법익 이외에 국가적 법익이나 사회적 법익에 대한 정당방위는 원칙적으로 허용되지 않는다. 또한 정당방위는 개인의 권리에 그치는 것이 아니라 사회적인 측면에서 평화질서 내지 법질서를 지키는 작용을 한다. '불법에 대항하여 불법을 격퇴시키는 것'은 법질서를 수호하는 기능이다. 이러한 법수호의 원리로부터 "적법은 불법에 굴복할 필요가 없다"는 명제가 정당방위의 기본이 된다.

### 2. 정당방위의 성립요건

제21조 제1항에 의하여 정당방위는 '① 현재의 부당한 침해'로부터 '② 자기 또는 타인의 법익을 방위하기 위하여 한 행위'로서 '③ 상당한 이유'가 있어야 한다.

## 2-1. 현재의 부당한 침해

정당방위는 '현재의 부당한 침해'로부터 법익을 방위하기 위하여 한 행위이다. 따라서 '과거나 미래의 침해' 또는 '부당하지 아니한 침해'에 대해서는 정당방위가 불가능하다.

### 2-1-1. 현재성

정당방위는 부당한 침해의 현재성을 구비하는 한도에서만 가능하다. 여기서 현재성이란 법익에 대한 침해가 급박한 상태에 있거나, 이미 시작되었거나, 아직 계속되고 있는 상태를 말한다. 그러므로 과거의 침해에 대한 보복이나 장래의 침해를 예상한 공격은 허용되지 아니한다. 정당방위상황의 현재성에 대한 구체적 판단은 행위자의 주관이 아니라 객관적 상황을 기준으로 해야 한다.

폭력행위처벌법(폭력행위 등 처벌에 관한 법률) 제8조 제1항은 "이 법에 규정된 죄를 범한 사람이 흉기나 그 밖의 위험한 물건 등으로 사람에게 위해를 가하거나 가하려 할 때 이를 예방하거나 방위하기 위하여 한 행위는 벌하지 아니한다"고 규정하고 있다. 이 규정에 대해서 현재성이 완화된 예방적 정당방위를 규정한 것으로 해석하는 견해[17]가 있다. 흉기 등으로 위해를 가하려 할 때 이를 예방하기 위한 행위의 경우가 그러하다는 것이다. 그러나 이 경우는 침해가 급박한 상태로서 당연히 정당방위의 현재성이 인정되는 경우라고 보아야 한다.[18]

주거침입죄나 불법체포·감금죄와 같은 계속범의 경우에는 위법상태가 계속되는 동안 당연히 현재성이 인정된다. 또한 현재성은 실행착수와 기수 사이의 행위만이 아니라, 실행착수 이전이나 기수 이후에도 가능하다.[19] 범죄의 기수 이후라도 법익침해의 상태가 현장에서 계속되고 있을 때, 예컨대 절도범이 도품을 가지고 현장에서 도주하는 경우에는 현재성이 인정된다. 또한 실행의 착수 이전이라도 침해가 급박한 상태, 즉 바로 앞에 다가왔을 때에는 현재성이 인정된다.

부당한 침해의 현재성과 관련하여 '방어를 지체함으로써 방어기회가 어려워지는 경우'에는 실행의 착수 이전이라도 정당방위가 가능한지 문제된다. 예컨대 술만 취하면 가족을

---

17) 김성돈, 290면 각주 184); 박상기, 180면; 한정환(1), 274면; 동취지, 신동운, 282면: "현재성의 요건이 크게 완화되었다."

18) 동취지, 이상돈, 280면.

19) 대법원 2023.4.27. 2020도6874: "법익에 대한 침해상황이 종료되기 전까지를 의미하는 것이므로 일련의 연속되는 행위로 인해 침해상황이 중단되지 아니하거나 일시 중단되더라도 추가 침해가 곧바로 발생할 객관적인 사유가 있는 경우에는 그중 일부 행위가 범죄의 기수에 이르렀더라도 전체적으로 침해상황이 종료되지 않은 것으로 볼 수 있다."

심하게 폭행하는 습벽이 있는 만취한 가장의 술잔에 수면제를 혼입하는 경우 또는 장래의 협박이나 공갈에 대한 방어방법으로 전화를 도청하여 녹음하는 경우 등이 여기에 해당한다. 이 경우 계속되어 온 침해행위[20]라는 점에 주목하여 현재성을 인정하는 견해[21]가 있다. 독일의 판례[22]와 일부 학설[23]에서도 소위 예방적 정당방위(Präventivnotwehr) 또는 정당방위와 유사한 상황(notwehrähnliche Lage)이라는 개념을 사용함으로써 정당방위규정을 유추적용하고 있다. 그러나 '방어를 지체함으로써 방어기회가 어려워지는 때'라는 것만으로 정당방위의 현재성을 인정할 수는 없다.[24] 이러한 경우에는 지속위난으로 위난의 현재성이 충족되는 한도에서 이익교량을 요하는 긴급피난에 의해서 위법성이 조각될 수 있을 뿐이라고 해야 한다.[25][26]

장래의 침해가능성을 예견하고 이를 방지하기 위하여 방어준비를 하는 경우와 방위행위를 한 경우는 구별되어야 한다. 예컨대 절도나 강도를 방지하기 위하여 고압전선을 설치하는 것은 아직 방위행위가 아니라 단지 방어준비에 불과하다. 이 경우에는 침입자가 침입할 때 침해의 현재성이 인정되며, 침입자를 감전시키는 시점에 방위행위가 있게 된다(통설).

### 2-1-2. 부당성

정당방위는 부당한 침해에 대한 반격행위이다. 따라서 현재의 침해는 부당해야 한다. 여기서 부당이란 위법, 즉 전체 법률의 평가규범에 객관적으로 배치함을 의미한다(통설). 에티켓이나 윤리에 반하거나 부도덕 등도 정당한 것이 아니고 부당한 것이지만, 정당방위상황의 부당성은 이러한 모든 부당함을 의미하는 것이 아니라 위법함만을 의미한다.[27] 위법성조각사유에 의하여 허용된 행위는 위법성이 조각되기 때문에 부당한 침해가 될 수 없다.

---

20) 대법원 1992.12.22. 92도2540은 "피고인이 약 12살 때부터 의붓아버지인 피해자의 강간행위에 의하여 정조를 유린당한 후 계속적으로 이 사건 범행무렵까지 피해자와의 성관계를 강요받아 왔고, 또한 그러한 침해행위가 그 후에도 반복하여 계속될 염려가 있었다면, 피고인들의 이 사건 범행 당시 피고인의 신체나 자유 등에 대한 현재의 부당한 침해상태가 있었다고 볼 여지가 없는 것은 아니나, …"고 판시함으로써 현재성의 확대가능성을 열어놓고 있다.

21) 박상기, 181면; 동취지, 이영란, 237면 이하; 조준현, 255면.

22) BGHSt 14, 361; 27, 289; BGH NStZ 82, 254; BGH(Z) NJW 82, 277.

23) Jakobs, Lehrbuch AT, S. 391 Fußn. Nr. 49 mwN.; Arzt, JZ 73, 508; Klug, FS für Sarstedt. S. 125.

24) 술에 만취하면 폭력을 휘두르는 습벽의 배우자가 술에 취한 상태에서 계속 술을 마실 때에는 침해의 현재성을 인정할 수 없지만, 만취상태에서 폭행준비를 할 때에는 침해의 급박한 상태인 정당방위의 현재성이 인정된다.

25) 김성돈, 291면; 김일수/서보학, 199면; 손동권/김재윤, 181면; 신동운, 304면 이하; 이상돈, 280면; 정영일, 208면.

26) Vgl. Lenckner/Perron, S-S StGB, § 32 Rdnr. 16 f. mwN; Wessels/Beulke, AT, Rdnr. 326; Kühl, AT, § 7 Rdnr. 42.

27) 이러한 의미에서 '부당한 침해' 대신에 '위법한 침해'라는 용어를 사용하는 것이 입법론적으로 더 정확하다.

정당방위상황은 "결과반가치나 행위반가치의 인정 여부와 무관하게 사회정의에 어긋나는 경우에도 정당방위가 가능하다"는 견해[28]와 "인간에 의한 침해라면 무과실행위라도 부당한 경우에는 정당방위가 허용된다"는 견해[29]가 있다. 독일형법이 현재의 위법한 침해로 규정한 반면에 형법은 현재의 부당한 침해로 규정하고 있다는 것을 이유로 한다. 그러나 도덕이나 윤리에 반하는 행위라도 법적 평가에 배치되지 않는 한 적법한 행위이며, 적법한 행위에 대한 정당방위란 그 기본명제에 배치되므로 불가능하다고 해야 한다.

'단순한 결과불법'이 위법한 침해에 해당하는지에 대해서는 학설의 다툼이 있다. 예컨대 "간호사로부터 넘겨받은 메스로 수술을 시작하려는 의사[30]에 대하여 그 메스가 소독되지 않았다는 사실을 알고 있는 다른 사람이 정당방위를 할 수 있는지" 등의 문제이다. 긍정설[31][32]은 결과반가치에 중점을 두어 법익침해의 근접한 발생만으로 행위반가치와 관계없이 침해의 위법성을 인정하고 있다. 따라서 무과실행위에 대해서도 정당방위의 가능성을 인정한다. 그러나 고의·과실의 행위반가치가 부정되는 단순한 법익에 대한 침해나 위험은 불법을 형성할 수 없다. 이는 법익에 대한 단순한 불운이나 불행에 불과할 뿐이다. 최소한 객관적인 주의의무위반 없이는 침해의 위법성이 인정되지 아니하므로, '단순한 결과불법'은 부당한 침해에 해당하지 않으며 긴급피난상황인 위난으로 평가될 수 있을 뿐이다. 따라서 이 경우는 이익교량이라는 요건의 제약을 받는 긴급피난만이 가능하다고 해야 한다.[33][34]

부당성의 요건은 위법한 침해만을 의미하며, 유책성을 요구하지는 않는다. 따라서 명정자·정신병자·형사미성년자의 부당한 침해에 대하여도 정당방위가 가능하다.

### 2-1-3. 침 해

정당방위상황은 현재의 부당한 '침해'이다. 침해란 법질서에 의하여 보호되는 법익에 대한 공격이나 위협을 의미한다. 이러한 공격이나 위협이 사람에 의하여 실현되는 경우가 아닐 때에는 침해가 아니라 위난에 불과하다. 따라서 침해는 행위를 의미한다. 동물이나 물건에 의한 공격이나 위협은 행위로서의 성질을 구비하지 못하므로 침해가 아니다. 다만

---

28) 김성돈, 292면.
29) 오영근, 192면.
30) 여기서는 신뢰의 원칙에 의하여 의사의 주의의무위반이 부정되고 있다.
31) 이상돈, 282면; 이재상/장영민/강동범, 234면; 정성근/박광민, 239면; 진계호/이존걸, 314면; 동취지, 침해의 위법성을 요구하지 아니하는 입장에서 김성돈, 292면; 오영근, 192면.
32) Vgl. Spendel, LK StGB, § 32 Rdnr. 57 ff.; Jescheck/Weigend, Lehrbuch AT, S. 341.
33) 김일수/서보학, 200면; 박상기, 182면; 성낙현, 235면; 안동준, 124면 이하; 정영일, 209면; 한정환(1), 269면 이하.
34) Vgl. Lenckner/Perron, S-S StGB, § 32 Rdnr. 21 mwN.; Wessels/Beulke, AT, Rdnr. 331; Samson, SK StGB, § 23 Rdnr. 34 f.; Graul, JuS 95, S. 1049; Kühl, Jura 93, S. 57, 63.

사주된 동물 또는 제대로 관리하지 못한 동물에 의한 공격이나 위협은 고의 또는 과실에 의한 사람의 행위로 평가되기 때문에 침해에 해당한다. 또한 부작위에 의한 침해도 가능하다. 부작위가 보증인의 의무위반이라는 인간의 태도로 평가되는 한, 이러한 부작위에 의한 공격이나 위협은 당연히 침해에 해당하게 된다. 예컨대 아이를 굶겨 죽이려는 의도로 아이에게 수유하지 아니하는 모에 대해서는 정당방위가 가능하다.

"침해는 개념적으로 작위에 한정되므로 부작위에 의한 침해가 불가능하다"는 견해[35]가 있다. 개념적으로 순수한 부작위는 위험의 발생을 방지하지 아니하는 것이므로 정당방위에 의하여 방어할 것이 아무것도 없다는 것이다. 따라서 이 경우는 다른 법률에서 적절한 규정이 없는 경우에 한하여 현재성·필요성·비례의 원칙 등을 고려하여 정당방위 규정의 유추적용만이 가능할 뿐이라고 한다. 그러나 형법은 보증인의 의무를 위반하는 부작위를 작위와 동일하게 평가하고 있다. 즉 보증인의 의무위반에 의한 법익침해에는 작위에 의한 법익침해와 동일한 불법가치가 인정되고 있다(통설). 따라서 침해개념에서 부작위를 제외할 이유는 없다.

보증인의 의무 이외의 의무위반에 대해서도 정당방위상황의 침해로 평가될 수 있는지 문제된다. 예컨대 주거권자의 퇴거요구에 불응하는 경우나 경범죄처벌법 제3조 제1항 제29호의 공무원 원조불응의 경우 또는 임대차계약기간 만료 후 임차건물 명도의무 불이행의 경우 등이 여기에 해당한다. 이에 대해서는 격렬한 학설의 대립이 있다. 정당방위상황의 침해는 "단순한 작위의 법적 의무위반으로 충분하다"는 견해[36]와 "형법 또는 질서위반법에 의해서 요구되는 작위의무, 즉 가벌적인 의무위반이어야 한다"는 견해[37][38] 그리고 부작위자의 영역으로부터 발생되는 위험의 경우로 제한하는 견해[39] 및 보증인의 의무 외의 의무위반은 정당방위상황의 침해가 아니라는 견해[40][41]의 대립이 그것이다. 그러나 '보증인의 의무 외의 의무위반'이 '법질서에 의하여 보호되는 법익에 대한 사람의 공격 또는 위협'을 형성한다면 정당방위상황의 침해개념에서 제외될 이유가 없다. 따라서 상당성의

35) Lenckner/Perron, S-S StGB, § 32, Rdnr. 10 f.; Schmidhäuser, Lehrbuch AT, S. 345 f.
36) Spendel LK StGB, § 32 Rdnr. 46 ff.; Lackner/kühl, StGB, § 32 Rdnr. 2; Herzog, NK StGB, § 32 Rdnr. 11, 13; Jakobs, Lehrbuch AT, S. 389.
37) 김성돈, 287면; 김일수, 한국형법 I, 534면; 김일수/서보학, 198면; 성낙현, 232면; 이상돈, 235면; 정영일, 210면.
38) Jescheck/Weigend, Lehrbuch AT, S. 339; Geilen, Jura 81, S. 204.
39) Maurach/Zipf, Lehrbuch AT-I, S. 356; Kühl, Jura, 93, 59 f.
40) 권오걸, 194면; 배종대, 233면; 손동권/김재윤, 178면; 신동운, 278면; 이상돈, 283면; 이재상/장영민/강동범, 232면; 정성근/박광민, 239면; 진계호/이존걸, 343면; 한정환(1), 268면; 동취지, 퇴거불응과 같은 진정부작위는 법익의 침해형태가 아니라는 견해로는 박상기, 168면 이하.
41) Roxin, Lehrbuch AT I, § 15 Rdnr. 11; Stratenwerth, Lehrbuch AT, S. 134; Wessels/Beulke, AT, Rdnr. 327.

범위에서 이에 대한 정당한 반격행위는 허용되어야 할 것이다.

단순한 채무불이행도 '채권자의 권리에 대한 채무자의 침해'로 평가될 수는 있지만, 이는 단순한 약속위반으로 '침해의 위법함'이 인정되지 아니하는 경우이다. 그러나 강제집행면탈행위에 대해서는 현재성과 상당성의 범위에서 정당방위가 가능할 수 있다.

싸움의 경우에 있어서 "싸움은 공격과 방어가 교차되고 있기 때문에 어느 한 편이 침해이고 어느 한 편이 방어라고 단정하기가 불가능하며, 따라서 원칙적으로 침해가 없다"는 것이 판례[42]의 입장이다. 이러한 판례의 결론은 기본적으로 타당하지만, 원칙적으로는 쌍방 모두를 부당한 침해라고 해야 한다.[43] 일반적인 싸움에서 쌍방의 교차하는 반격은 방위의사에 의한 상당한 방위가 아니기 때문에 각자의 반격 그 자체를 침해라고 해야 한다. 방위의사가 없는 상당하지 않은 반격은 결코 정당방위로 평가받을 수 없다. 다만 일반적인 싸움에서도 경우에 따라서는 정당방위가 가능할 수 있다. 상대방의 행동도 항상 부당한 침해이기 때문에 구체적인 경우에 방위의사에 의한 상당한 방위행위라면, 예컨대 갑자기 흉기로 공격하는 침해에 대하여 순수한 방위의사에 의한 상당한 방위라면 정당방위를 부정할 이유가 없다.[44] 다만 이러한 경우에도 방위자 역시 그때까지 부당한 침해를 했던 침해자였기 때문에 침해의 유발자로서 어느 정도 자기법익에 대한 희생의 감수가 요구된다.

## 2-2. 자기 또는 타인의 법익을 방위하기 위하여 한 행위

### 2-2-1. 자기 또는 타인의 법익

정당방위는 자기보호의 원칙으로부터 허용되는 위법성조각사유이기 때문에 정당방위로 보호되는 법익은 원칙적으로 개인적 법익에 한정된다. 예컨대 개인적 법익인 생명·신체·자유·명예[45]·재산 등이 정당방위에 의하여 보호될 수 있는 법익이다. 법에 의하여 보호되는 모든 개인적 법익이 정당방위로 보호될 수 있기 때문에 그 법익은 형법에 의하여 보호되는 법익뿐 아니라 기타 다른 법률에 의하여 보호되는 법익도 포함된다. 따라서 민사법상의 불법행위를 형성하는 초상권의 침해 또는 부부간의 성관계를 엿보는 등의 사생활

42) 대법원 1960.2.17. 4292형상860; 대법원 1984.5.22. 83도3020; 대법원 1993.8.24. 92도1329; 대법원 1996.9.6. 95도2945; 대법원 2000.3.28. 2000도228; 대법원 2004.6.25. 2003도4934.

43) 대법원 2021.5.7. 2020도15812.

44) 동취지, 대법원 1999.10.12. 99도3377; 대법원 2010.2.11. 2009도12958.

45) 명예도 법에 의하여 보호되는 법익이기 때문에 당연히 정당방위로 보호될 수 있다. 그러나 대부분의 경우 모욕이나 명예훼손 등의 명예침해는 현재성이 결여되어 정당방위가 불가능하다. 그러나 계속적인 모욕이나 명예훼손 중에는 현재성이 인정되기 때문에 얼마든지 정당방위가 가능하다.

의 비밀 침해에 대해서도 정당방위가 가능하다. 또한 정당방위로 보호될 수 있는 법익에는 자기의 법익뿐 아니라 타인의 법익도 포함된다. 타인에는 자연인뿐 아니라 법인이나 단체도 포함된다.

그러나 정당방위로 보호될 수 있는 것은 법익(법에 의하여 보호되는 이익)에 한정되기 때문에 법익이 아닌 도덕이나 윤리 또는 에티켓과 관련된 이익은 여기에 포함되지 않는다. 예컨대 단순하게 타인의 감정을 상하게 한다든가, 애정관계나 연인관계에서 다른 이성친구와 사귀거나, 가족관계[46]에서 남편이 늦게 귀가하거나, 약속장소에 늦게 나온다거나 또는 어른에게 불손한 부도덕 등은 정당방위로 방위될 수 없다.

개인적 법익 이외에 국가의 권위나 사회적 풍속 등과 같은 국가적 법익이나 사회적 법익에 대해서는 정당방위가 원칙적으로 허용되지 않는다. 정당방위는 자기보호의 원칙에 근거를 두고 있기 때문이다(목적론적 해석). 이에 대하여 국가 스스로가 방위수단을 취할 수 없는 극히 예외적인 경우에는 사인에 의한 국가긴급구조가 허용될 수 있어야 한다는 견해[47][48]가 있다. 그러나 국가 또는 공공의 질서유지는 국가의 사명이며, 개인이 정당방위로 방위할 성질의 법익이 아니다(다수설). 국가적 법익에 대한 부당한 공격에 대해서는 이익교량에 의한 긴급피난, 특히 공격적 긴급피난이 가능하므로 이익교량의 범위를 초과해서 허용되는 정당방위를 인정할 이유는 없다.[49][50]

국가나 사회의 법익이라도 국가 또는 사회의 개인적 법익으로 평가되는 한도(국가 소유 또는 공공의 건물, 물건에의 방화·손괴 등의 경우)에서는 정당방위가 가능하다(통설). 그러나 국가나 사회의 명예나 비밀 등은 국가 또는 사회의 개인적 법익으로 평가되지 아니한다. 따라서 국가 또는 사회의 명예나 비밀 등에 대한 부당한 공격에 대해서 정당방위는 불가능하고, 긴급피난이 가능할 수 있다.

### 2-2-2. 방위하기 위하여 한 행위

정당방위는 주관적으로 방위하기 위하여 한 행위이어야 한다. 즉 방위자가 방위의사를 가지고 있어야 한다. 방위자의 방위의사는 정당방위의 주관적 적법요소, 즉 주관적 정당화요소이다.

타인의 법익을 보호하기 위한 정당방위(긴급구조)에서는 피해자의 의사에 반한 정당방위가

46) 애정관계나 가족관계는 그 자체로 법익이 아니기 때문에 정당방위에 의하여 보호될 수 없다.
47) 김성천/김형준, 207면; 신동운, 280면; 안동준, 106면; 이재상/장영민/강동범, 236면; 이형국, 147면; 임웅, 244면; 정영일, 206면; 조준현, 257면.
48) 이는 독일 다수설의 입장이다: Vgl. Lenckner/Perron, S-S StGB, § 32 Rdnr. 6; Spendel, LK StGB, § 32 Rdnr. 153 ff.; Herzog, NK StGB, § 32 Rdnr. 22; 간첩사건에 관하여 RGSt 56, 258(268).
49) 동지, 한성환(1), 266면.
50) Vgl. Samson, SK StGB, § 32 Rdnr. 18; Roxin, Lehrbuch AT I, § 15 Rdnr. 41.

허용되지 않는다는 견해[51]가 있다. 피해자에게 방어의사가 없는 경우 자기보호의 원칙이 적용될 수 없다는 것이다.[52] 그러나 긴급구조는 피해자의 방어의사와 관계없이 현재의 위법한 침해로부터 피해자의 적법한 법익을 지켜주기 위한 정당한 방위행위이다. 이러한 요건이 충족되었다면 정당방위가 부정될 이유는 없다. 따라서 피해자의 의사는 방위자의 방위의사에 전혀 영향을 주지 않는다고 해야 한다.[53] 예컨대 부부의 일방 배우자가 타방 배우자를 폭행하는 경우에 피해자인 타방 배우자가 제3자의 개입을 명백히 반대하더라도 제3자는 타방 배우자의 법익을 보호하기 위하여 정당방위를 할 수 있다. 물론 법익주체가 유효하게 포기한 법익에 대한 공격은 위법하지 아니하므로 이에 대한 정당방위는 불가능하다. 그러나 피해자에게 방어의사가 없다는 것만으로 항상 피해자 자신의 법익에 대한 유효한 포기가 인정되는 것은 아니다.

정당방위는 객관적으로 현재의 부당한 침해로부터 법익을 방위하기 위하여 하는 행위이어야 한다. 여기에는 순수한 방어적 방위(보호방위)와 반대반격에 의한 방위(공격방위)를 모두 포함한다. 정당방위는 객관적으로 현재의 부당한 침해로부터 법익을 방위하기 위하여 하는 행위이므로, 방위행위는 본질적으로 직접 공격자의 법익에 대한 반격을 의미한다. 제3자에 대한 반격은 그것이 공격자에 대한 방위의 한 부분이 된다 할지라도 정당방위로서 허용되지 않는다.[54] 예컨대 군중 속에서 정치인을 저격하는 테러범에 대한 방위행위로서 테러범에 대한 응사는 정당방위로 허용되지만, 부당한 침해와 관계없는 주변의 군중들에 대해서는 단지 긴급피난만이 고려될 수 있을 뿐이다(통설).

## 2-3. 상당한 이유

### 2-3-1. 방위의 필요성

현재의 부당한 침해로부터 자기 또는 타인의 법익을 방위하기 위하여 하는 행위는 상당한 이유, 즉 상당성이 인정되어야 위법성이 조각된다. 다만 정당방위는 자기보호의 원리와 더불어 법수호의 원리에 근거를 둔 위법성조각사유이므로 "적법은 불법에 굴복할 필요가 없다"는 것을 기본명제로 한다. 따라서 불법한 공격으로부터 적법한 법익을 보호하기 위해서 필요한 방위행위라면 모두 상당성의 요건을 충족하게 된다. 긴급피난의 경우와는 달리 이익교량이 필요하지 않으며, 작은 법익을 방위하기 위하여 보다 큰 법익에 대한 반

51) 신동운, 283면; 안동준, 125면; 정영일, 205면; 한정환(1), 276면.
52) 한정환(1), 276면.
53) 동지, 이재상/장영민/강동범, 237면; 임웅, 244면; 정성근/박광민, 242면; 진계호/이존걸, 349면.
54) 반대견해로는 이재상/장영민/강동범, 237면.

격도 허용된다. 따라서 정당방위의 상당성은 오직 방위의 필요성이다.

필요성의 범위를 초과하는 방위는 불필요한 방위로서 상당성의 요건을 충족하지 못한다. 보다 경미한 방법으로 부당한 침해를 유효하게 종결시키거나 제거할 수 있음에도 불구하고, 이러한 방법을 초과하는 중한 법익에 대한 반격은 불필요한 반격이므로 상당하지 못한 방위가 된다. 예컨대 어린이의 부당한 침해행위에 대해서는 회피로 충분하기 때문에 이를 초과하는 어린이에 대한 반격은 불필요한 방위행위이다. 즉 부당한 침해를 무력화시키는 데에 충분한 방법 이상의 방위는 불필요한 방위이다. 이를 최소방위의 원칙이라 한다.

### 2-3-2. 정당방위의 한계

자기보호의 원리로부터 출발한 정당방위는 '권리남용금지라는 일반원칙'과 '전체 법질서의 요구(Gebotsein)'라는 규범적 요소에 의한 제한을 받게 된다.[55]

권리남용은 전체 법규범의 평가에 의해서 허용될 수 없다. 권리남용의 대표적인 사례로는 정당한 방위를 빙자하여 공격할 목적으로 위법한 침해를 도발시키는 경우이며, 이와 같이 목적에 의한 도발의 경우에는 정당방위가 허용되지 않는다. 정당방위는 '전체 법질서의 요구(Gebotsein)'라는 규범적 요소에 의한 제한을 받아야 하기 때문이다. 그러나 방위자의 유책한 도발인 경우, 이에 대한 반격이 권리남용은 아니므로 정당방위가 가능하다. 다만 이러한 유책한 도발의 경우에는 가능한 한 회피방위나 방어적 방위에 제한되어야 한다.

긴밀한 가족관계나 보호관계 등으로 방위자가 위법한 침해자에 대하여 보증인의 지위에 있을 경우, 방위자에게는 정당방위를 행함에 있어서 자신의 법익에 대하여 어느 정도 희생의 감수가 기대되고 있다. 따라서 이 경우에는 본질적 침해에 대해서만 가장 경한 방법의 방위만이 가능하다고 해야 한다.

극히 경미한 침해를 방위하기 위하여 중대한 법익에 대한 반격이 유일한 방법일지라도, 보호이익과 희생이익 사이에 현저한 불균형을 초래하는 반격행위는 허용되지 않는다. 예컨대 남편의 새로 닦은 구두를 부주의하게 밟으려는 자를 위험한 상황에서 밀쳐버리는 부인의 방어행위는 그러한 방어방법이 유일한 방법이었다 하더라도 '전체 법질서의 요구(Gebotsein)'라는 규범적 한계에 의하여 허용되지 않는다.

### 2-3-3. 정당방위의 상당성과 한계

"정당방위에 있어서 상당성의 문제와 정당방위의 한계문제를 엄격하게 구획해야 하는지"[56] 또는 "정당방위의 한계에 관한 문제를 상당성의 단계에서 해결해야 하는지"(다수설)에

55) Wessels/Beulke, AT, Rdnr. 342 ff.

56) 김일수/서보학, 203면 이하; 성낙현, 242면 이하; 손해목, 458면 이하; 안동준, 128면 이하; 이재상/장영

대하여 학계의 태도는 일치하고 있지 않다. 또한 애초부터 정당방위의 한계개념을 부정하여 그 실질적인 내용을 상당성의 문제 속에 용해시키는 입장[57]도 있다. 이는 정당방위의 상당성을 법치국가원리의 내용인 비례의 원칙(Verhältnismäßigkeitsprinzip)으로 이해하려는 입장이다. 다만 정당방위에서의 비례성은 '약화된 비례성'[58]이라고 한다.

이러한 방법론적 문제는 과잉방위의 개념과 관련하여 해결해야 한다. 과잉방위는 방위의 정도를 초과하는, 즉 상당성의 범위를 초과하는 방위를 의미하는데, 이 경우의 상당성은 필요성의 범위뿐 아니라 정당방위의 한계를 초과하는 방위도 포함해야 할 것이기 때문이다. 이러한 의미에서 정당방위의 상당성에 필요성뿐 아니라 정당방위의 한계문제까지 포함시키는 태도는 방법론적으로 타당하다고 본다. 물론 '권리남용금지라는 일반원칙'과 '전체 법질서의 요구(Gebotsein)'라는 규범적 요소에 의하여 '필요한 방위의 범위'를 제한해야 한다는 결론은 이를 상당성으로 표현하든 또는 정당방위의 한계로 표현하든 차이가 없다. 다만 정당방위의 상당성을 방위의 필요성에 한정하여 우선 정당방위의 본질적인 특징을 인정하고, 그다음에 현대의 발전된 규범의식에 의한 정당방위의 제한을 열거함으로써 일목요연한 서술이 될 수 있다. 따라서 정당방위에서의 필요성과 한계의 문제는 우선 모두를 상당성의 범주에 포함시키고, 각각의 독자성을 인정하여 상당성의 범주에서 각각을 분리하여 논의하는 것이 합리적이다.

## 3. 과잉방위와 오상방위

### 3-1. 과잉방위

제21조 제2항은 "방위행위가 그 정도를 초과한 경우에는 정황에 따라 그 형을 감경하거나 면제할 수 있다"고 규정하고 있으며, 제3항에서는 "제2항의 경우에 야간이나 그 밖의 불안한 상태에서 공포를 느끼거나 경악하거나 흥분하거나 당황하였기 때문에 그 행위를 하였을 때에는 벌하지 아니한다"[59]고 규정하고 있다. 이러한 과잉방위는 상당성을 초과하는 방위행위이며, 위법성이 조각되지 않는 불법한 행위이다. 상당성을 초과하는 과잉방위는 방위의 필요성뿐 아니라 정당방위의 한계를 초과하는 방위도 포함한다.

---

민/강동범, 239면 이하; 조준현, 258면 이하.

57) 김성돈, 296면 이하; 김성천/김형준, 212면 이하; 배종대, 240면 이하; 오영근, 198면 이하; 동취지, 임웅, 248면 이하.

58) 배종대, 236면.

59) 독일형법은 제33조에서 "과잉방위가 혼란, 공포, 경악으로 인한 때에는 벌하지 않는다"고 규정한다. 형법과 비교하여 제21조 제2항과 같은 과잉방위는 규정하지 않았고, 제3항과 유사한 과잉방위만을 규정하고 있을 뿐이다.

제21조 제2항와 제3항에서는 각각 임의적 형 감면사유와 필요적 형 면제사유의 과잉방위를 규정하고 있다. 과잉방위의 형 감면의 근거에 관하여는 '위법성 감소·소멸설'[60]과 '책임 감소·소멸설(통설)' 및 '위법성·책임 감소·소멸설'[61]의 대립이 있다. 그러나 상당성의 요건이 결여된 과잉방위를 법률에 의하여 허용된 행위로 파악할 수는 없다. 따라서 과잉방위에 대한 형 감면의 근거를 위법성의 소멸과 관련하여 설명하는 이론은 타당하다고 할 수 없다. 과잉방위에 의하여 이루어진 구성요건에 해당하는 행위는 불법한 침해에 대한 반격의 상황에서 발생된 행위이므로 적법행위에 대한 기대가능성의 약화 내지 부재의 상황이며, 이에 따라 책임이 감소 내지 소멸한다고 보아야 한다.

제21조 제2항은 과잉방위를 정황에 따라 형을 감경하거나 면제할 수 있도록 규정하고 있다. 따라서 적법행위에 대한 기대가 불가능할 정도의 공포·경악·흥분·당황으로 인한 과잉방위에 대해서는 형을 면제하면 충분하다. 이러한 관점에서 동조 제3항의 필요적 형 면제의 과잉방위는 입법론적인 재고를 요한다. 야간 기타 불안스러운 상황에서의 과잉방위라도 적법행위에 대한 기대가능성이 항상 완전히 부정된다고 볼 수는 없기 때문이다. 이러한 입법태도는 자칫 야간의 과잉방위행위를 무제한 허용하는 결과를 초래할 뿐 아니라, 특히 야간의 오상과잉방위의 경우에는 선량한 피해자 보호에도 소홀하게 된다.

과잉방위에서 상당성의 초과에 대한 방위자의 인식 여부에 따라 고의의 과잉방위와 과실의 과잉방위로 구별하는 견해[62][63]가 있다. 고의의 과잉방위에서는 고의범에 대한 책임의 감소·소멸을 고려하고, 과실의 과잉방위에서는 과실범에 대한 책임의 감소·소멸을 고려해야 한다는 것이다. 이에 반하여 "정당방위의 상당성은 객관적 기준에 의하여 결정되므로 상당성 초과에 대한 인식 여부는 문제가 되지 않는다"는 견해[64]가 있다.[65]

방위자가 의도한 방위행위로 상당성을 초과한 경우는 특별한 문제없이 과잉방위가 된다. 과잉방위에서 상당성 초과에 대하여 방위자가 인식하지 못한 경우라도 초과된 내용이 방위자가 처음 의도했던 방위행위와 단지 양적인 차이에 불과한 때에도 특별한 문제가 발생하지 않는다. 예컨대 부당한 공격자 팔에 경미한 상해를 의도하고 방위행위를 했는데 팔의 골절 등 심각한 상해가 야기된 경우는 방위자의 상당성 초과에 대한 인식 여부가 전혀 문제되지 않는다. 이러

60) 김성돈, 303면.
61) 권오걸, 206면; 손동권/김재윤, 200면; 손해목, 463면; 안동준, 130면 이하; 정성근/박광민, 250면.
62) 김일수, 한국형법 Ⅱ, 120면 이하, 127면 이하; 이형국, 152면; 동취지, 차용석, 총론강의, 607면.
63) Vgl. Lenckner/Perron, S-S StGB, § 33 Rdnr. 6 mN.
64) 김일수/서보학, 207면 이하; 박상기, 285면; 이상돈, 294면; 이재상/장영민/강동범, 244면; 정성근/박광민, 248면; 진계호/이존걸, 357면.
65) 이는 독일 통설의 입장이다. Vgl. Jescheck/Weigend, Lehrbuch AT, S. 490 mwN.; Rudolphi, SK StGB, § 33 Rdnr. 4; Lackner/Kühl, StGB, § 33 Rdnr. 3; Herzog, NK StGB, § 33 Rdnr. 24.

한 사정은 단지 양형에서의 고려사항이 될 뿐이다.

그러나 방위자가 인식하지 못하고 상당성을 초과한 내용이 방위자가 처음 의도했던 방위행위와 질적으로 다른 경우에는 과잉방위와는 다른 문제를 야기한다. 예컨대 방위자가 들고 있던 권총 손잡이로 부당한 공격자의 어깨를 상해의 의도하고 내리쳤는데, 방위자가 의도하지 못한 격발에 의하여 피해자가 사망한 경우가 그러하다. 이 경우 전체상황은 외형적으로 방위자에 대한 상해치사죄의 구성요건해당성이 인정되는 것으로 보인다. 그러나 부당한 공격자의 어깨 상해는 정당방위로 당연히 위법성이 조각되어야 하는 부분이고, 기본범죄가 불법하지 않으므로 결과적가중범인 상해치사죄의 구성요건해당성이 인정될 수 없게 된다. 따라서 나머지 부분에 해당하는 과실치사죄에 대한 위법성조각사유의 문제가 별도로 논의되어야 한다. 이러한 점에서 상당성 초과에 대하여 인식이 없는 과잉방위의 경우에 과실범에 대한 책임의 감소·소멸을 고려해야 한다는 입장은 나름대로 수긍할 만하다. 다만 "주관적 적법요소가 존재하지 아니하는 과실범에 대해서도 위법성조각사유가 적용될 수 있는지" 의문이 제기된다.[66]

## 3-2. 오상방위

오상방위란 정당방위상황이 객관적으로 존재하지 아니함에도 불구하고 착오로 이를 존재한다고 오인함으로써 방위행위로 나아가는 경우를 말한다. 예컨대 길을 물어보려는 취객을 공격하는 강도로 오인하여 방위행위를 하는 경우이다. 오상방위와 같은 경우를 '위법성조각사유의 전제사실에 관한 착오'라고 한다.

> 전체구성요건이론에 의하면 소극적 구성요건요소(3단계 범죄구조론의 위법성조각사유)도 구성요건요소이기 때문에 이에 대한 인식도 고의의 내용이 된다. 따라서 오상방위의 경우 착오자에게는 소극적 구성요건요소에 대한 인식이 결여되어 곧바로 고의가 조각된다.

일반적인 3단계 범죄구조론에 의하면 고의의 인식대상은 범죄의 객관적 행위상황인 객관적 구성요건요소이며, 위법성조각사유의 객관적인 상황에 대한 인식은 고의의 내용이 아니다. 그러므로 오상방위는 구성요건적 사실의 착오가 아니다. 또한 오상방위는 법률의 착오도 아니다.

구성요건적 사실은 불법을 직접적으로 규정하는 법률(구성요건)이 적용되기 위한 전제사실을 의미한다. 따라서 구성요건적 사실의 착오는 금지나 명령을 규정한 '직접적 법률의 전제사실에 관한 착오'로 표현할 수 있다. 이와 동등한 차원에서 위법성조각사유의 전제사실에 관한 착오는 예외적 허용규정인 '불법을 간접적으로 규정하는 법률'이 적용되기 위한

66) 과실범에서의 위법성조각사유에 대한 이 책의 부정적 입장에 대해서는 아래 '제3편, 제1장, 3. 과실범에서의 위법성' 참조.

전제사실에 관한 착오를 의미한다. 구성요건적 사실의 착오와 위법성조각사유의 전제사실에 관한 착오는 모두 불법을 (직접적, 간접적)정하는 법률이 적용되기 위한 전제사실에 관한 착오이다. 따라서 오상방위는 법률의 착오가 아니라 사실의 착오이다. 다만 구성요건적 사실의 착오가 아니라 위법성조각사유의 전제사실에 관한 착오일 뿐이며, 구성요건적 사실의 착오가 아니기 때문에 고의에 직접 영향을 주지 못할 뿐이다.

불법을 형성하는 사실에 관한 착오라면 불법행위반가치가 형성되어서는 안 된다. 따라서 오상방위가 불법한 행위로 평가되어서는 안 된다. 오상방위는 범죄론의 구조에서 구성요건적 사실의 착오와 불법에 관한 한 내용적으로 동등한 경우이다. 따라서 오상방위에 대하여는 구성요건적 사실의 착오 규정이 유추적용되어야 한다(행위자에게 유리한 유추적용). 학설에서는 오상방위와 같은 위법성조각사유의 전제사실에 관한 착오에 대하여 ① 사실의 착오 규정을 유추적용하거나 ② 고의책임을 탈락시킴으로써 법 효과에서 고의 없이 행위한 경우와 동일한 결과가 되도록 하고 있다. 오상방위에 관한 문제는 위법성의 인식에서 논의되는 법률의 간접적 착오(위법성조각사유의 착오)에서 다시 설명한다.

## 3-3. 오상과잉방위

오상과잉방위는 객관적 정당방위 상황인 것으로 오인하여 방위의사로 행한 방위행위가 상당성도 초과한 경우로써 오상방위와 과잉방위가 경합한 형태이다. 예컨대 길을 물어보려던 취객을 자신을 폭행하려는 자로 오인하여 이에 대한 반격으로 중상해를 입히는 경우이다. 통설은 오상과잉방위를 오상방위로 취급하여 해결하고 있다.[67] 그러나 오상과잉방위를 과잉방위보다 유리하게 취급하는 통설의 견해는 타당하다고 할 수 없다. 통설에 의할 경우 과잉방위에서는 고의불법이 인정되는 데 반하여, 과잉방위와 오상방위가 결합하는 오상과잉방위에서는 과잉방위의 고의불법조차 부정하는 결과가 되기 때문이다.[68]

과잉방위는 객관적 정당방위 상황에서 방위의사로 행한 방위행위가 상당성을 초과한 경우이고, 오상과잉방위는 여기에 객관적 정당방위 상황이 아님에도 불구하고 정당방위 상황인 것으로 오인한 결함이 추가된 경우이다. 이와 같이 과잉방위의 행동 결함에 의해서 형성된 고의의 불법행위가 오상방위라는 추가적 행동 결함을 통하여 행위자에게 유리하게 변경될 수는 없다. 따라서 오상과잉방위를 과잉방위보다 유리하게 오상방위로 취급해서는 안 된다. 오상과잉방위는 과잉방위로 취급하여야 한다.[69]

67) 동취지, 오상방위로 취급하면서도 가벌성이 인정될 경우 제21조 제2항, 제3항이 적용된다는 견해로는 권오걸, 209면; 정영일, 220면.

68) 방위자의 2번의 오류(과잉방위+오상방위)가 1번의 오류(과잉방위)보다 우대되는 결과가 발생한다.

69) 동취지, 손동권/김재윤, 205면 이하.

오상과잉방위를 오상방위와 상당성의 범위에 관한 착오의 경합으로 이해함으로써 이를 제16조의 금지착오로 해결하는 견해[70]가 있다. 그러나 과잉방위는 상당성의 범위에 관한 금지착오의 문제가 아니다. 이 견해는 논의의 본질을 벗어났다.

엄격책임설의 입장에서 오상과잉방위를 오상방위로 취급하는 견해[71]도 이를 제16조의 금지착오로 해결하고 있다. 그러나 법률의 착오가 없는 경우를 법률의 착오로 취급하는 것은 타당하지 않다.

오상과잉방위의 경우 오상방위뿐 아니라 과잉방위도 부정하는 견해[72]가 있다. 이 견해는 오상과잉방위에 대하여 고의범의 성립을 인정하고, 제21조 제2항과 제3항의 적용도 부정한다. 그러나 '정당방위상황을 오인한 상황'에서 과잉방위를 하는 자의 심정반가치는 '정당방위상황'에서 과잉방위를 하는 자의 심정반가치와 본질적으로 차이가 없다. 따라서 이 경우 제21조 제2항과 제3항에 의한 과잉방위의 혜택을 무조건 박탈하는 것은 타당하지 않다. 물론 정당방위상황의 오인이 회피가능한 경우라면 추가적인 비난가능성이 부정될 수 없으며, 이 부분은 제21조 제2항을 적용하면서 양형에서 추가적으로 고려하면 충분하다.

## 제3절 긴급피난

### 1. 긴급피난 일반론

#### 1-1. 긴급피난의 의의

제22조 제1항의 긴급피난은 '자기 또는 타인의 법익에 대한 현재의 위난을 피하기 위한 상당한 이유 있는 행위'이다. 긴급피난도 정당방위와 같이 긴급행위로서의 성질을 가진다. 다만 정당방위가 '현재의 부당한 침해'에 대한 긴급행위인 반면에, 긴급피난은 '현재의 위난'에 대한 긴급행위라는 점에서 차이가 있다. 이와 같이 정당방위는 '부정 대 정'의 관계의 긴급행위이고, 긴급피난은 '정 대 정'의 관계에 있는 긴급행위이다.

#### 1-2. 긴급피난의 법적 성질

정당방위와 달리 긴급피난은 자기 또는 타인의 법익을 보호하기 위해서 정당한 제3자의 법익의 희생을 요구하는 '정 대 정'의 관계에 있는 긴급행위이다. 정당한 제3자의 법익을 침

70) 김성돈, 417면.

71) 오영근, 299면 이하; 정성근/박광민, 253면.

72) 김성천/김형준, 220면; 김일수/서보학, 299면.

해함에도 불구하고 상당한 이유가 있는 경우의 긴급피난행위를 벌하지 않는 이유가 "법규범이 허용해 주기 때문인지(위법성 조각사유)" 또는 "적법한 행위를 기대할 수 없기 때문인지(책임 조각사유)"에 대해서는 학설의 다툼이 있다.

### 1-2-1. 책임조각설

책임조각설은 긴급피난을 책임조각사유로 이해한다. 긴급피난은 자신의 이익을 위하여 정당한 제3자의 이익을 침해하는 행위이기 때문에 법규범이 이를 허용할 수는 없다고 한다. 다만 인간은 자기보호본능을 갖고 있기 때문에 긴급피난의 경우 적법행위의 기대가 불가능하여 책임이 조각된다는 것이다.

그러나 긴급피난은 자기법익을 보호하기 위한 경우뿐 아니라 타인의 법익을 보호하기 위한 경우에도 인정되기 때문에 자기보호의 본능만으로 긴급피난을 설명할 수는 없다. 또한 정당한 제3자의 경미한 법익의 희생으로 생명과 같이 귀중한 법익을 보호할 수 있다면 법규범은 당연히 이를 허용해야 한다.

### 1-2-2. 위법성조각설

위법성조각설은 현저히 우월한 이익을 지키기 위하여 작은 이익의 희생을 법률적으로 허용해야 한다는 입장(다수설)이다. 따라서 긴급피난은 이익교량에 의하여 인정되는 위법성조각사유라고 한다. 다만 위법성조각설의 입장에서도 현재의 위난에 대한 상당한 피난행위는 허용되어야 하지만, 적법행위에 대한 기대불가능성을 이유로 면책되어야 할 경우도 있다는 점이 인정되고 있다. 따라서 제22조의 긴급피난을 위법성조각사유로 해석하는 견해들은 긴급피난의 본질론과 해석론을 구별해야 한다는 입장에서 면책적 긴급피난을 초법규적 책임조각사유로 이해하고 있다.

### 1-2-3. 이분설

2분설은 긴급피난을 위법성조각사유인 긴급피난과 책임조각사유인 면책적 긴급피난으로 분류하는 입장[73)]이다. 위법성조각사유인 긴급피난은 우월적 이익의 원칙에 의하여 현저히 우월한 이익을 지키기 위한 작은 이익의 희생을 법률적으로 허용해 주는 적법한 긴급피난이고, 책임조각사유인 긴급피난은 법익 동가치의 경우에 적법행위에 대한 기대불가능성에 의하여 인정되는 면책적 긴급피난이다.

73) 김성돈, 306면; 김일수/서보학, 210면; 배종대, 256면 이하; 성낙현, 253면; 손해목, 473면 이하; 신동운, 302면; 진계호/이존걸, 364면; 차용석, 총론(1), 566면; 허일태, 긴급피난, 고시계 1991.5, 40면 이하.

독일형법은 긴급피난을 2분설에 의하여 위법성을 조각하는 긴급피난과 면책적 긴급피난으로 구별하여 규정하고 있다. 현재의 위난에 대한 적법한 긴급피난은 우월적 이익의 원칙에 의하여 모든 법익을 보호할 수 있도록 규정하며(독일형법 제34조), 면책적 긴급피난은 기대가능성을 기준으로 현재의 위난에 대하여 생명·신체·명예를 보호할 수 있도록 규정하고 있다(독일형법 제35조). 이러한 독일형법의 영향으로 종래 우리나라에서도 현재의 위난에 대하여 보호하려는 법익이 사물인 경우에는 위법성조각의 긴급피난으로, 사람의 생명이나 신체인 경우에는 면책적 긴급피난으로 구분한 2분설도 있었다.[74)]

현재의 위난에 대하여 현저히 우월한 이익을 지키기 위한 작은 이익의 희생은 당연히 법률적으로 허용되어야 한다. 이는 전체 법질서의 관점에서도 타당하다. 또한 위법성을 조각할 정도의 상당성을 구비하지 못한 경우라도 적법행위의 기대가 불가능할 경우, 예컨대 가망 없는 타인생명의 희생을 대가로 자기생명을 지킬 수 있는 상황에서는 인간의 자기보호본능에 의하여 책임조각을 인정해야 한다. 따라서 면책적 긴급피난의 상황도 결코 부정될 수 없다.

현재의 위난에 대하여 적법행위의 기대가 불가능한 긴급행위는 2분설뿐 아니라 위법성조각설에 의해서도 '초법규적 면책적 긴급피난'으로 인정되고 있다. 따라서 면책적 긴급피난을 2분설과 같이 제22조 제1항을 근거로 구성해야 하는지 또는 위법성조각설과 같이 초법규적 책임조각사유로 파악해야 하는지 문제되는 것이다. 그러나 초법규적 책임조각사유를 인정하는 것은 법관의 자의에 의한 법률외적 책임조각사유를 창출함으로써 법적 안정성의 측면에서 심각한 문제를 초래하며, 초법규적 면책적 긴급피난 역시 불안정한 기준으로 흔들리게 된다. 불법의 내용을 구성하는 초법규적 위법성조각사유는 누구에게나 타당한(Jemandmögliche) 객관적인 기준을 포착할 수 있는 데 반하여, 구체적인 상황에서 구체적인 행위자를 기준으로 판단해야 하는 책임조각사유(Selbstmögliche)에서는 객관적인 기준을 구축할 수가 없기 때문이다. 따라서 적법행위의 기대가 불가능한 위난으로부터의 긴급행위는 최소한 제22조 제1항의 규정을 근거로 인정되어야 한다. 이러한 관점에서 제22조 제1항의 긴급피난은 위법성을 조각하는 긴급피난과 면책적 긴급피난을 모두 포함하는 규정으로 해석하는 2분설이 타당하다.[75)]

74) 이건호, 113면; 황산덕, 168면. 이러한 입장도 긴급피난에 의하여 보호하려는 법익이 사물인 경우에는 이익교량의 관점이 그리고 사람의 생명이나 신체의 경우에는 기대불가능성의 관점이 그 근저에 깔려있다.
75) 이 책에서 '면책적 긴급피난'으로 명시하지 아니한 긴급피난은 모두 위법성을 조각하는 긴급피난을 의미한다.

## 2. 긴급피난의 성립요건

제22조 제1항에 의하여 긴급피난은 '자기 또는 타인의 법익에 대한 현재의 위난'을 '피하기 위한 행위'로서 '상당한 이유' 있는 행위를 말한다.

### 2-1. 자기 또는 타인의 법익에 대한 현재의 위난

#### 2-1-1. 자기 또는 타인의 법익

긴급피난으로 보호될 수 있는 법익은 정당방위로 보호되는 법익의 범위보다 넓다. 정당방위가 자기수호의 원칙에 근거함으로써 원칙적으로 개인적 법익의 보호에 제한되는 반면에, 긴급피난은 상당성을 구비하는 한 우월적 이익이 인정되는 범위에서 사회적 법익이나 국가적 법익을 보호하기 위해서도 허용된다. 따라서 긴급피난으로 보호되는 법익은 개인의 이익과 공공의 이익을 모두 포함한다.

다만 긴급피난으로 보호되는 법익은 구체적 상황에서 '보호의 필요성'과 '보호가치'가 인정되어야 한다.[76] 예컨대 처분할 수 있는 자가 적법하게 포기한 법익은 보호의 필요성이 부정되기 때문에 이러한 법익을 보호하기 위한 긴급피난은 허용될 수 없다. 또한 법률에 의해서 법익상실의 감수가 요구되는 경우, 즉 법률이 보호가치를 부정하는 법익에 대해서도 긴급피난이 허용될 수 없다. 예컨대 법원의 강제집행이나 수형자의 일반적 행동의 자유제한에 대한 긴급피난은 허용되지 않는다. 이러한 경우의 법익은 법률에 의하여 보호가치가 인정되지 않기 때문이다. 또한 추적되고 있는 현행범인이 체포면탈을 위하여 남의 집 물건 등을 파손하며 도주하는 경우에도 동일하다. 현행범인의 체포면탈도 보호가치가 부정되기 때문이다.

#### 2-1-2. 현재의 위난

##### 2-1-2-1. 현재성

긴급피난이 허용되기 위해서는 위난의 현재성이 인정되어야 한다. 과거의 위난이나 장래의 위난에 대해서는 긴급피난이 허용되지 않는다. 정당방위의 경우와 마찬가지로 위난이 급박한 상태에 있거나, 이미 시작되었거나, 아직 계속되고 있는 상태에서는 긴급피난의 현재성도 인정된다. 다만 긴급피난의 현재성은 정당방위의 현재성보다 그 범위가 다소 확장된다. 정당방위에서는 장래의 침해로 평가되어 현재성이 인정되지 아니하는 경우가 긴급

76) Wessels/Beulke, AT, Rdnr. 300 ff.

피난에서는 소위 지속위난(Dauergefahr)의 범위에서 현재성이 인정될 수 있다. 즉 '즉시 위난방지조치를 취하지 않는다면 위난의 발생가능성이나 위난의 강도가 현저히 증대될 것이 확실한 상황'에서는 위난의 현재성이 인정된다. 이는 피난자의 주관에 의해서가 아니라 객관적인 평균인을 기준으로, 피난자의 특별지식도 고려하여 사전관찰(ex ante Betrachtung)의 방법으로 판단하여야 한다. 예컨대 '술취한 후에는 항상 배우자를 폭행하는 습벽이 있는 사람의 경우에 아직 침해는 일어나지는 않았지만 언제든지 법익침해로 옮겨갈 수 있는 위험의 상태'가 인정될 수 있다. 이러한 경우에는 '즉시 행동함으로써 효과적으로 위험을 피할 수 있는 시점'에 긴급피난의 현재성(지속위난)이 인정된다. 따라서 이러한 시점에서 술을 마시는 배우자의 술잔에 수면제를 혼입하는 경우는 지속위난으로 위난의 현재성이 인정되어 긴급피난이 가능하게 된다. 그러나 동일한 시점에 부당한 침해의 현재성은 인정되지 않으므로 정당방위는 불가능하다.[77)]

정당방위와 긴급피난 사이의 현재성에 대한 이러한 차이는 침해와 위난 사이의 차이로부터 나타나게 된다. 마치 결과범과 위험범의 차이와 마찬가지로 침해는 적어도 급박해야만 침해의 시작을 인정할 수 있는 반면에, 위난은 계속되어 온 충분한 위협만으로도 위난의 시작을 인정할 수 있게 된다.

#### 2-1-2-2. 위 난

긴급피난상황인 위난은 법익이 위협받는 모든 상황이나 사태를 의미한다. 이러한 상황이나 사태가 사람의 행위에 의하든, 동물의 공격에 의하든, 단순한 자연적 사실이든 전혀 관계가 없다. 위난의 원인도 적법하든 불법하든 문제가 되지 않는다. 만약 법익에 대한 위난이 불법한 사람의 행위에 의하여 야기된 경우에는 부당한 침해자에 대하여는 정당방위가 그리고 정당한 제3자에 대하여는 긴급피난이 가능하다. 예컨대 생명을 노리고 공격하는 자에 대하여는 정당한 반격이 허용되며, 선택적으로 또는 동시에 정당한 제3자의 기물을 손괴하거나 제3자의 주거로 도주하는 것 등이 긴급피난행위로 허용된다.

### 2-2. 위난을 피하기 위한 행위

위난을 피하기 위한 모든 행위는 피난행위에 해당할 수 있다. 다만 피난행위는 피난자의 주관적인 피난의사에 의하여 이루어져야 한다. 피난의사는 긴급피난의 주관적 정당화요소이다. 또한 피난행위는 자기의 법익을 보호하기 위해서 뿐 아니라, 타인의 법익을 보호하기 위해서도 허용된다.

---

77) 반대견해: 오영근, 206면 이하는 침해의 현재성과 위난의 현재성이 동일해야 하므로 정당방위가 불가능한 시점에서는 긴급피난도 불가능하다는 입장이다.

## 2-3. 상당한 이유

자기 또는 타인의 법익에 대한 현재의 위난을 피하기 위한 행위는 상당성이 인정되어야 위법성이 조각된다. ① 자기 또는 타인의 법익에 대한 위난을 피하기 위하여 정당한 제3자의 법익을 침해하는 행위가 허용되기 위해서는 무엇보다도 위난으로부터 보호하려는 이익이 피난행위로 침해하는 정당한 제3자의 이익에 비하여 현저히 우월해야 한다. ② 우월적 이익을 보호하기 위한 피난행위라고 하여도 곧바로 허용될 수는 없으며, 우월적 이익을 보호할 수 있는 방법 중에서도 가장 경미한 수단만이 정당한 제3자의 법익에 대한 침해행위로 허용될 수 있을 뿐이다. ③ 우월적 이익을 보호하기 위한 최소수단이라도 그것이 적절한 수단이 아니라면 허용될 수 없다. 따라서 긴급피난의 상당성은 '균형성의 원리', '필요성의 원리' 및 '적합성의 원리'를 그 내용으로 한다.

### 2-3-1. 균형성의 원리

#### 2-3-1-1. 균형성의 원리

법규범은 원칙적으로 정당한 제3자에 대하여 법익의 희생을 요구할 수 없다. 그러나 정당한 제3자의 법익에 대한 침해를 절대적으로 금지함으로써 귀중한 법익의 상실을 감수하도록 하는 것도 실질적인 법규범의 목적에 반한다. 따라서 자기 또는 타인의 법익을 보호하기 위하여 정당한 제3자의 법익을 침해하는 경우를 전체 법질서의 관점에서 "위법성이 조각되어 허용된다"고 평가하기 위해서는 정당한 제3자의 법익에 대한 희생을 요구할 수 있을 만큼 중요한 법익을 보호하는 경우에만 가능하다. 이를 '균형성의 원리' 또는 '우월적 이익의 원칙'이라고 한다. 따라서 긴급피난의 '균형성의 원리'는 '현저히' 우월한 이익을 보호하기 위한 경우를 의미한다. 우월적 이익의 '현저성'은 정당한 제3자에게 당해 법익의 희생을 요구하는 것이 당연시될 정도로 우월성이 있는 경우에만 인정될 수 있다.

현행 법체계에서 절대적인 가치가 인정되는 사람의 생명이라는 법익에 대해서는 어떤 경우에도 정당한 제3자에게 그 희생을 요구할 수 없다. 이는 보호하려는 생명의 수나 그 존속기간에 관계없이 그러하다. 예컨대 100명의 생명을 구조하기 위해서 정당한 한 사람의 생명을 요구할 수 없으며, 이는 그 정당한 한 사람의 생명이 단지 하루의 존속기간만을 가지고 있는 경우라도 동일하다. 그러나 낙태죄의 객체인 태아의 생명과 살인죄의 객체인 사람의 생명 사이에는 이익교량이 가능하다. 형법은 두 법익에 대한 현저한 차이를 살인죄와 낙태죄에서 법정형의 차이를 통하여 인정하고 있다.

구체적인 상황에서 긴급피난으로 보호하려는 법익과 이를 위해서 희생이 요구되는 법익 사이의 이익교량을 위해서는 상충하는 두 이익들과 직접적·간접적으로 관련된 모든 보호가치 있는 요소들을 고려하여 비교하여야 한다. 즉 '위난의 종류·원인·강도·급박성', '긴급피난으로 침해되는 법익의 종류와 범위', '상충하는 두 법익 사이의 법률적인 가치순위관계', '피난자의 특별한 위험감수의무(경찰·군인·소방관 등)나 특별한 보호의무(보증인의무)' 등이 모두 고려되어야 한다.[78]

### 2-3-1-2. 제22조 제2항의 특칙

제22조 제2항은 "위난을 피하지 못할 책임이 있는 자에 대하여는 전항의 규정을 적용하지 아니한다"고 규정하고 있다. 이 규정은 위험에 대처해야 할 책임 있는 자에게 긴급피난을 배제함으로써 위험을 감수하면서 특별권력관계 등에 의한 특별의무를 이행하도록 한 것이다. 예컨대 경찰·소방관·군인 등에 대해서 긴급피난을 허용하지 아니하는 규정이다. 다만 제22조 제2항의 논리적·목적론적 의미는 위험감수의무와 관련된 위난에 대하여만 긴급피난을 제한하는 것으로 해석되어야 한다.

이러한 제한해석에도 불구하고 제22조 제2항이 반드시 필요한 규정인지에 대해서는 의문이 제기된다. 특별한 위험감수의무를 부담하는 경찰·소방관·군인 등은 이들 직무의 특수성에 의하여 직무불이행 자체가 '피난행위에 의하여 상실 내지 침해되는 이익'에 해당한다. 따라서 이러한 직무불이행을 '피난으로 침해되는 이익'의 범주에 포함시켜 이익교량을 하면 충분하다. 구체적인 상황에서 '위난으로부터 보호하려는 이익'과 '피난행위에 의하여 직접적으로 침해되는 이익 + 특수한 위험감수의무'를 비교함으로써 균형성의 원리를 판단할 수 있다. 따라서 이익교량의 범위 내에서는 특별한 위험감수의무가 있는 자도 얼마든지 긴급피난이 가능해야 한다. 제22조 제2항은 "특별한 위험감수의무는 이익교량시에 고려되어야 한다"는 단순한 주의규정으로 이해하면 충분하다.

제22조 제2항의 특칙과 유사한 내용을 독일형법에서는 면책적 긴급피난에서의 특칙으로 규정하고 있다. 독일형법 제35조 제1항 제2문은 "위난을 유책하게 야기한 자와 특별법률관계에 있는 자가 위험의 감수가 기대될 수 있는 경우에 면책적 긴급피난을 적용하지 않는다"고 규정하고 있다. 따라서 특별법률관계 또는 자초위난의 경우에 항상 면책적 긴급피난의 적용이 배제되는 것이 아니라, 이러한 사유로 위난감수가 기대되는 경우에만 적법행위에 대한 기대가능성이 부정되지 않으므로 책임이 조각되지 않는다.[79] 다만 독일형법은 위법성을 조각하는 긴급피난에 대해서는 이와 같은 규정을 가지고 있지 않다.

제22조 제2항의 '위난을 피하지 못할 책임 있는 자'에는 '유책하게 위난을 야기한 자'[80]

78) Wessels/Beulke, AT, Rdnr. 311.

79) Vgl. Lenckner/Perron, S-S StGB, § 35 Rdnr. 20 mwN.

80) 대법원 1995.1.12. 94도2781: "피고인이 스스로 야기한 강간범행의 와중에서 피해자가 피고인의 손가락을

또는 '보증인의 지위에 있는 자'도 포함될 수 있다. '유책하게 위난을 야기한 자' 또는 '보증인의 지위에 있는 자'에 대해서도 '특별법률관계에 있는 자'에 대하여 설명한 원리가 동일하게 작용한다. 즉 자초위난의 책임이나 보증인의 보증의무는 당연히 균형성의 원리에 의한 이익교량의 요소로 작용해야 한다.[81] 균형성의 원리에서는 상충하는 이익들과 직접적·간접적으로 관련된 모든 보호가치 있는 요소들이 고려되어야 하기 때문이다.

### 2-3-2. 필요성의 원리

이익교량에 의하여 현저히 우월한 이익을 위난으로부터 보호하는 피난행위라도 모두 허용될 수는 없다. 보다 경미한 수단을 사용하여도 충분히 위난으로부터 법익을 보호할 수 있다면 그 방법을 사용하여야만 한다. 즉 긴급피난을 위하여 필요 이상의 수단을 사용해서는 안 된다. 이를 '필요성의 원리'라 한다. 따라서 긴급피난은 법익을 충분히 보호할 수 있는 수단 중에서 가장 경미한 방법을 사용하여야 하며, 이러한 필요성의 원리는 '최소피난의 원칙'을 의미한다.[82] 최소피난을 초과하는 수단은 모두 불필요한 피난행위로서 필요성의 원리에 위배된 상당하지 못한 과잉피난행위가 된다.

### 2-3-3. 적합성의 원리(Angemessenheitsklausel)

위난을 피하기 위하여 객관적으로 필요한 행위라도 적합한 수단만이 상당성을 충족할 수 있다. 긴급피난은 피난에 의하여 침해되는 이익의 희생이 적절하며 가치 있고 정의의 이념에 의하여 허용되어야 한다. 이를 사회윤리적 적합성이라고 할 수 있으며, '실질적 상당성의 원칙'이라고도 한다. 예컨대 긴급피난으로 생명유지에 지장이 없는 타인의 장기를 적출하거나 강제로 채혈하는 등의 행위는 헌법 제37조 제2항에서 규정하는 인간 존엄의 본질적 내용을 침해하는 행위로서 피난의 적합한 수단으로 평가될 수 없다. 또한 경제적 빈곤에 의하여 '급박한 수술을 받지 못하는 경우'이거나 '아이들이 굶고 있는 경우'라도 절도나 강도의 수단은 적합한 수단으로 평가되지 않는다. 이 경우 법규범은 피난행위에 의하여 법익이 침해되는 정당한 제3자에게 그러한 법익침해에 대한 용인을 요구할 수 없기 때문이다. 이러한 경우에는 정당한 제3자에게 정당방위를 허용해 주어야만 한다. 이를 '적법성이라는 규범적 평가에 의한 제한'이라고 표현할 수 있다. 독일형법은 제34조 제2문에서 적합성의 원리를 명문으로 규정하고 있다.

---

깨물며 반항하자 물린 손가락을 비틀며 잡아 뽑다가 피해자에게 치아결손의 상해를 입힌 소위를 가리켜 법에 의하여 용인되는 피난행위라 할 수 없다."

81) Wessels/Beulke, AT, Rdnr. 312; BayObLG NJW 78, 2046.

82) 필요성의 원칙은 보충성의 원리라고도 한다.

### 3. 과잉피난과 오상피난, 오상과잉피난

제22조 제3항에 의하여 과잉방위에 관한 제21조 제2항과 제3항은 긴급피난에도 준용된다. 따라서 과잉피난에 대해서는 임의적으로 형을 감경하거나 면제하며, 과잉피난이 '야간이나 그 밖의 불안한 상태에서 공포를 느끼거나 경악하거나 흥분하거나 당황하였기 때문에 그 행위를 하였을 때'에는 필요적으로 형을 면제한다. 오상피난·오상과잉피난의 법률적인 문제는 오상방위·오상과잉방위에서 설명한 내용과 동일하다.

## 제 4 절 자구행위

### 1. 자구행위 일반론

#### 1-1. 자구행위의 의의

제23조 제1항은 자구행위에 관하여 '법률에서 정한 절차에 따라서는 청구권을 보전할 수 없는 경우에 그 청구권의 실행이 불가능해지거나 현저히 곤란해지는 상황을 피하기 위하여 한 상당한 이유 있는 행위'로 규정하고 있다. 일반적으로 사법상의 권리침해에 대해서는 공권력에 의한 법적 구제수단이 마련되어 있으며, 따라서 직접적인 자력에 의한 구제방법은 원시적인 유물로 이해된다. 반면에 아무리 법적 구제장치가 완비되어 있더라도 현실적으로 국가공권력에 의한 구제를 기대할 수 없는 긴급한 경우에는 사인에 의한 자력구제가 허용되어야 실질적 정의와 공평의 이념에 합치할 수 있다. 따라서 긴급한 자구행위는 법률적으로 허용되는 위법성조각사유로 이해되고 있다. 제23조 제1항에 의한 자구행위의 사례로는 '채무자가 채무를 변제하지 아니하고 외국으로 도주하기 위해 비행기를 타는 것을 발견한 채권자가 채무자를 체포하는 행위', '숙박비를 지불하지 아니하고 도주하는 손님을 붙잡아 그 대금을 받는 행위', '이름과 주소를 알 수 없는 절도범이 도품을 가지고 가는 것을 길에서 우연히 발견한 피해자가 장물을 탈환하는 행위' 등이 제시되고 있다.

형법상의 자구행위는 민법 제209조의 자력구제와 동일한 관점에서 인정되는 위법성조각사유이다. 그러나 민법상의 자력구제[83]가 부당한 점유권의 침탈이나 방해를 배제하는 위법성조각사유임에 반하여, 형법상의 자구행위는 점유권뿐 아니라 널리 물권·채권·친족

83) 다만 민법 제209조(점유자의 자력구제)의 법문은 대부분 현재의 부당한 침해인 정당방위 상황으로 구성되어 있다.

권이나 상속권으로부터 발생하는 청구권에 대해서도 인정되는 제도로 이해되고 있다.

### 1-2. 위법성조각사유로서 자구행위의 법체계적 위치

형법과는 달리 독일이나 일본 등 대부분의 입법례에서는 형법에서 자구행위에 대한 규정을 갖고 있지 않다. 또한 독일민법은 사인에 의한 자력구제(Selbsthilfe)를 자세하게 규정하고 있다. 예컨대 일반적인 자력구제와 도주의 우려가 있는 채무자에 대한 자력구제가 독일민법 제229조에 규정되어 있으며, 제562b조에서는 임대인의 자력구제가, 제859조·제860조에서는 점유자와 점유보조자의 자력구제가 규정되어 있으며, 그 외에도 제910조·제962조·제1029조에서는 각각의 민법상의 권리와 관련된 자력구제권이 규정되어 있다.

위법성은 전체 법질서의 평가에 반하는 것이고, 전체 법질서의 평가에 반하지 아니하는 위법성조각사유는 형법 외적인 규정이라 할지라도 형법의 금지 및 명령규정의 위반을 허용해야 하기 때문에 허용규정이 형법에 규정되어 있거나 민법에 규정되어 있거나 그 효과는 동일하다. 문제는 "사법상의 권리에 대한 긴급구제로서의 위법성조각사유가 형법에 규정되어 있는 것이 법체계적으로 합리적인가"라는 점이다. 만약 사인에 의한 자구(자력구제)행위가 민사법상의 불법행위나 권리침해보다도 형법상의 구성요건해당행위와 더 많은 관련을 갖고 있다면 당연히 형법에 규정하는 것이 바람직하다. 그러나 사인에 의한 자구행위는 본질적으로 민사법상의 권리구제와 관련을 갖기 때문에 법체계적으로 민법에서 규정하는 것이 바람직하다.[84] 그러므로 형법의 자구행위는 형법상의 위법성조각사유로서의 기능이 매우 적다.

다른 또 하나의 문제점은 "동일한 관점에서 인정될 수 있는 위법성조각사유가 왜 민법과 형법에서 각각 규정되어야 하는가"라는 점이다. 허용규정은 형법에 규정되어 있거나 민법에 규정되어 있거나 그 효과는 동일하기 때문에 현행법이 취하고 있는 태도는 불필요한 이중의 중복된 입법으로 보인다. 물론 제23조 제1항의 자구행위는 특별한 의미를 가지고 있다. 민법의 점유자의 자력구제에는 독일민법 제229조에서의 '일반적인 자력구제와 도주의 우려가 있는 채무자에 대한 자력구제'가 규정되어 있지 않기 때문이다. 예컨대 '채무자가 채무를 변제하지 않고 외국으로 도주하기 위하여 비행기를 타는 것을 발견한 채권자가 채무자를 체포하는 행위', '이름과 주소를 알 수 없는 절도범이 도품을 가지고 가는 것을 길에서 발견한 피해자가 장물을 탈환하는 행위' 등이 민법 제209조의 점유자의 자력구제규정에 포함되어 있지 않다.[85] 그러나 이러한 문제점을, 즉 민법의 입법불비를 형법이

---

84) 고소나 명시적 처벌불원의사에 관한 조문은 절차법규정으로서 형사소송법에서 규정해야 하지만, 해당 범죄와의 관련성 때문에 쉽게 보일 수 있는 형법에서 규정하고 있다.

85) '숙박비를 지불하지 아니하고 도주하는 손님을 붙잡아 그 대금을 받는 행위'는 일반적으로 정당방위에 의한 해결이 가능하다. 명백한 재산권의 침해행위가 아직 현장에서 계속되는 경우이기 때문에 정당방위상황

해결해 주고 있다는 것은 법체계적으로 타당하지 않다.

## 2. 자구행위의 성립요건

제23조 제1항에 의하여 자구행위는 '법률에서 정한 절차에 따라서는 청구권을 보전할 수 없는 경우'에 '그 청구권의 실행이 불가능해지거나 현저히 곤란해지는 상황을 피하기 위하여 한 행위'로서 '상당한 이유'가 있어야 한다.

### 2-1. 법률에서 정한 절차에 따라서는 청구권의 보전이 불가능

자구행위가 성립하기 위해서는 '법률에서 정한 절차에 따라서는 청구권을 보전할 수 없는' 자구행위상황이 존재하여야 한다.

#### 2-1-1. 청구권의 범위

청구권의 권원은 채권이든 물권이든 또는 무체재산권이든 관계가 없다. 대부분 재산상의 청구권이지만, 신분상의 청구권이라도 그것이 사법상의 청구권(상속권 친족권)이면 여기에 포함될 수 있다(통설). 소구하여 직접 강제할 수 없는 상속권이나 친족권에 관한 청구권은 제외된다는 견해[86]가 있으나, 이와 같이 제한할 이유는 없다. 상속권이나 인지청구권 등에서 중요하고 유일한 증거를 폐기하려는 자에 대해서는 자구행위를 허용해야 할 현실적 필요성이 인정된다. 그러나 자구행위는 사법상의 구제를 목적으로 규정된 허용규정이기 때문에 공법상의 청구권은 여기에 포함될 수 없다.

자구행위의 대상인 청구권은 자기의 청구권에 제한되며, 청구권자로부터 자구행위의 실행을 위임받은 경우에만 타인의 청구권에 대한 자구행위가 가능하다고 한다(통설). 이러한 해석은 자구행위라는 용어의 문리적 의미 그리고 정당방위·긴급피난과 비교하여 자구행위에서는 타인의 청구권을 법문에 명시하지 않았다는 점에 근거를 둔 것으로 보인다.

그러나 자구행위가 허용규범으로 위법성 조각의 기능을 발휘해야 한다면 이와 같이 엄격한 해석에 대해서는 의문이 제기된다. 타인을 위한 정당방위나 긴급피난이 긴급구조행위로서 허용되듯이, 타인을 위한 자구행위도 긴급구조행위로서 허용될 수 있어야 한다. 예

인 현재의 부당한 침해(형법 제347조 또는 경범죄처벌법 제3조 제1항 제39호)가 인정된다. 그러나 이러한 사례에서도 단순한 채무자의 도주(단순 채무불이행)로 평가될 경우에는 자구행위만이 허용될 수 있을 뿐이다.

86) 오영근, 216면; 임웅, 271면; 동취지, 한정환(1), 359면.

컨대 도품을 가지고 가는 절도범을 우연히 발견했을 경우 가족 · 친지 · 이웃에게도 피해자를 위한 자구행위를 허용해 주어야 한다. 가족 · 친지 · 이웃이 아니더라도 도품을 가지고 가는 절도범이라는 사실을 우연한 기회에 알게 된 경우라면 모르는 피해자를 위한 자구행위도 허용될 수 있어야 한다. 따라서 자기의 청구권뿐 아니라 타인의 청구권에 대해서도 상당성의 범위에서는 자구행위가 허용되어야 한다고 본다. 다만 자구행위의 목적론적 의미에 의하여 청구권자의 의사에 반한 자구행위는 허용될 수 없다.

### 2-1-2. 법률에서 정한 절차에 따라서는 청구권의 보전이 불가능

자구행위상황은 '법률에서 정한 절차에 따라서는 청구권을 보전할 수 없는 경우'이어야 한다. 청구권을 보전할 수 없는 경우란 청구권보전이 본질적으로는 가능하지만, 시간적 또는 외부적인 긴급상황에 의하여 현실적으로 청구권보전이 불가능한 경우를 의미한다. '법률에서 정한 절차에 의하여 청구권의 보전이 본질적으로 불가능한 경우는 여기에 포함되지 않는다. 예컨대 '피청구자의 항변권과 같은 정당한 권리행사의 경우' 또는 '청구권을 증명하는 증거방법의 멸실 등으로 청구권보전이 '법률에서 정한 절차에 의해서는 불가능한 경우'에는 자구행위가 허용될 수 없다. 그러므로 자구행위는 변제기 이후에 채무자가 도주하는 등의 '피청구인의 부당한 의무위반'이나 변제기 이전에 채무자가 도주하는 등의 '의무위반 가능성의 명백한 표현'의 경우, 우연히 발견한 과거 도난당한 도품의 탈환 등의 '과거의 부당한 침해' 등의 경우에 허용될 수 있다. 물론 '현재의 의무위반'이 '위법한 현재의 침해'를 구성하는 경우에는 자구행위가 아니라 정당방위가 가능하다.

통설은 '피청구자의 부당한 의무위반 내지 의무위반 가능성의 명백한 표현'의 경우를 '청구권의 불법한 침해 내지 침해상태'로 표현하고 있다. 물론 피청구자의 과거의 불법한 침해행위나 이로 인한 침해상태를 근거로 청구권보전이 불가능한 자구행위상황이 발생할 수 있다. 그러나 청구권보전의 문제는 본질적으로 당사자 사이의 채권채무와 관련된 문제를 의미하게 되는데, 당사자 사이의 약속위반 문제를 모두 '불법한' 청구권의 침해 내지 침해상태로 파악하는 것은 형사법적 관점에서 수긍하기 어렵다. 예컨대 변제기 이전에 채무자가 외국으로 도주하는 경우를 '청구권의 침해'라고 표현할 수 있다고 하더라도, 이러한 '청구권의 침해'에 대해 (아직 변제기 이전이므로) 불법하다거나 위법하다는 법적 평가는 불가능하다.[87] 이러한 의미에서 통설의 '자구행위는 불법한 과거의 침해에 대해서만 가능하며, 현재의 침해인 경우에는 정당방위가 가능하고, 따라서 자구행위는 사후구제행위'라는 결론은 부당하다.[88]

현실적으로 법률에서 정한 절차에 따라서도 청구권을 보전할 수 있는 경우에는 자구

87) 동지, 한정환(1), 360면.
88) 동지, 오영근, 217면; 한정환(1), 364면 이하.

행위가 허용될 수 없다. 보통 민사소송법상의 가압류·가처분 등의 보존절차가 가능한 경우가 여기에 해당한다. 이러한 재판상의 절차 이외에도, 예컨대 경찰이나 행정기관의 구제절차가 있는 경우에도 자구행위는 허용될 수 없다.

### 2-2. 청구권의 실행이 불가능해지거나 현저히 곤란해지는 상황을 피하기 위하여 한 행위

자구행위는 자구행위상황에서 그 청구권의 실행이 불가능해지거나 현저히 곤란해지는 상황을 피하기 위하여 한 행위이다. 이러한 행위로는 물건의 탈환·파괴, 피청구자의 체포 또는 저항의 배제 등이 있다. 또한 자구행위를 실행함에 있어서는 그 청구권의 실행이 불가능해지거나 현저히 곤란해지는 상황을 피하기 위하여 행동한다는 청구권자의 자구의사가 필요하다. 자구의사는 자구행위의 주관적 정당화요소가 된다.

### 2-3. 상당한 이유

자구행위의 상당성에 관하여 학설에서는 '사회상규에 비추어 당연시되는 것'(다수설) 또는 '비례성의 원칙'[89]으로 파악한다. 이러한 설명은 무난하지만 아주 애매하며, 제20조의 사회상규에 위배되지 아니하는 정당행위와의 구획을 불가능하게 한다.[90]

일반적으로 자구행위는 정당방위와 긴급피난의 중간에 위치한 긴급행위로 파악되고 있다(통설). 그러나 자구행위는 법률에서 정한 절차에 따라서는 청구권을 보전할 수 없는 경우에 피청구자에 대하여 청구권자가 행하는 청구권보전을 위한 긴급행위이다. 즉 피청구자로부터 법률에서 정한 절차에 따라서는 청구권의 보전을 불가능하게 하는 정당하지 아니한 침해나 위협이 가해질 때 이에 대해서 청구권자가 청구권의 보전을 위해서 행하는 반격행위가 자구행위라고 할 수 있다. 따라서 자구행위의 상당성은 긴급피난의 상당성보다는 정당방위의 상당성으로 접근되어 구성되어야 할 것이다. 이러한 입장에서 정당방위에서 요구되는 필요성의 원칙과 긴급피난에서 요구되는 적합성의 원칙 그리고 정당방위에서 요구되는 권리남용제한의 한도에서 자구행위의 상당성을 판단하는 것이 적절하다고 보인다.[91] 그러나 자구행위는 결코 정당하다고 볼 수 없는 피청구자에 대한 행위이기 때문에 긴급피난에서 요구되는 균형성의 원리는 요구될 수 없다.[92] 이에 반하여 자구행위의 상당성에서

89) 배종대, 274면.
90) 동지, 이상돈, 333면; 한정환(1), 363면.
91) 동취지, 김성돈, 320면; 성낙현, 276면; 손동권/김재윤, 231면; 오영근, 218면 이하.
92) 동취지, 김성돈, 320면; 김일수/서보학, 226면; 배종대, 275면; 손동권/김재윤, 231면; 손해목, 518면; 이

도 어느 정도의 균형성을 요구하는 견해[93]가 있으나, 결코 정당하지 아니한 피청구자에 대한 행위로서 필요하고 적합한 수단이며 권리남용도 아닌 자구행위를 '어느 정도의 균형성'이라는 기준을 통해서 더 이상 제한할 필요는 없다.

## 3. 과잉자구행위와 오상자구행위

제23조 제2항은 "제1항의 행위가 그 정도를 초과한 경우에는 정황에 따라 그 형을 감경하거나 면제할 수 있다"고 규정하고 있다. 이에 따라 과잉자구행위는 임의적 형 감면만이 가능하다.

오상자구행위 · 오상과잉자구행위의 법률적인 문제는 오상방위 · 오상과잉방위에서 설명한 내용과 동일하다.

# 제 5 절 피해자의 승낙

## 1. 피해자의 승낙 일반론

### 1-1. 피해자의 승낙의 의의

제24조는 피해자의 승낙에 관하여 "처분할 수 있는 자의 승낙에 의하여 그 법익을 훼손한 행위는 법률에 특별한 규정이 없는 한 벌하지 아니한다"고 규정하고 있다. 이 규정은 일반적으로 위법성조각사유로 인정되고 있다. 구성요건에 해당하는 행위가 법익주체의 동의에 의하여 법이 보호할 이익을 건드리지 않고 있는 경우에는 법의 보호가 필요한 피해자의 이익이 없고 또한 피해자의 개인적인 자기결정을 존중해야 하기 때문에 허용될 수 있다. 따라서 피해자의 승낙은 '이익흠결의 원칙'에 의해서 인정되는 위법성조각사유이다.

### 1-2. 피해자의 승낙과 양해의 구별

법익주체의 동의가 항상 위법성조각사유로 평가되는 것은 아니다. 법익주체의 동의

---

재상/장영민/강동범, 271면; 이형국, 164면; 임웅, 275면.

93) 권오걸, 236면 이하; 박상기, 219면 이하; 성낙현, 276면; 오영근, 219면; 이상돈, 333면; 이영란, 278면; 정성근/박광민, 281면; 진계호/이존걸, 389면.

여부가 직접 법익훼손행위와 관계되는 경우에는 피해자의 동의가 구성요건해당성 여부를 결정할 수 있기 때문이다. 예컨대 주거권자의 동의에 의하여 주거에 들어가는 것은 주거침입에 해당하지 않으며, 처음부터 아예 법익훼손행위가 아니다. 이와 같이 구성요건해당성 여부에 직접 작용하는 법익주체의 동의를 일반적으로 양해라고 한다. 이에 반하여 폭행의 경우에는 법익주체의 동의 여부와 관계없이 법익훼손행위가 된다. 즉 법익주체의 동의가 있었더라도 폭행은 피해자의 신체라는 법익을 훼손하는 행위인 것이다. 다만 제24조에 의하여 위법성이 조각될 수 있을 뿐이다. 이러한 경우의 법익주체의 동의를 승낙이라 한다. 제24조의 법문에서도 처분할 수 있는 자의 승낙에 의하여 '그 법익을 훼손한 행위'라고 함으로써 법익주체의 승낙이 있더라도 법익훼손이 일어나는 경우를 규정하고 있다.[94]

### 1-2-1. 피해자의 승낙과 양해의 법체계적 지위

#### 1-2-1-1. 승낙과 양해 구별설

법익주체의 동의를 승낙과 양해로 구별해야 하는지에 대해서는 학설의 대립이 있다. 통설[95][96]은 승낙과 양해를 개념적으로 구별하고 있다. 구성요건의 성격상 법익주체의 동의가 구성요건실현 자체를 배제하는 경우는 양해이며, 구성요건의 실현이 법익주체의 동의 여부에 영향을 받지 아니하는 경우는 승낙이 된다. 따라서 구성요건의 성격상 법익주체의 승낙은 구성요건의 실현을 배제하지 않는다. 다만 위법성을 조각시킬 수 있을 뿐이다. 형법의 범죄체계를 3단계 구조로 파악하는 한 양해와 승낙을 구별하는 통설의 견해는 타당하다.

#### 1-2-1-2. 승낙과 양해의 구별 부정설

양해와 승낙의 구별이 불가능하거나 무익한 것이 아니라 할지라도 이들의 차이는 본질적인 성격상 또는 체계상의 차이에서 기인하는 것이 아니라 단지 개개 구성요건의 구조에서 비롯된다는 견해[97]가 있다. 여기서는 승낙과 양해를 구별하지 않고 이들을 전체적으로 결과반가치와 행위반가치의 제한 내지 배제의 문제로 파악한다. 양해와 승낙의 구별은 실질적으로도 곤란하며, 이들을 구성요건단계에서 함께 취급하는 것이 실천적으로도 유용

94) 물론 법익주체의 동의라는 점에서 동일한 승낙과 양해의 개념구별은 일상의 언어사용례의 관점에서 보면 매우 임의적이다. 이러한 점은 Einwilligung(승낙)과 Einverständnis(양해)를 개념적으로 구별하는 독일 학계에서도 마찬가지이다. 그러므로 승낙과 양해는 일반용어가 아닌 전문 법률용어로 이해되어야 한다.

95) 동취지, 김성돈, 323면 이하.

96) 독일통설의 입장: Vgl. Lenckner, S-S StGB, Vorbem. §§ 32 Rdnr. 29 ff. mwN.; Günther, SK StGB, Vor § 32 Rdnr. 51; Hirsch, LK StGB, Vor § 32 Rdnr. 96 ff.; Jakobs, Lehrbuch AT, S. 241.

97) 김일수, 한국형법 I, 473면 이하, 476면 이하; 김일수/서보학, 168면 이하; 손해목, 536면 이하; 한정환(1), 336면, 338면.

하다는 입장이다.[98)] 독일의 록신(Roxin)[99)]을 비롯한 전체구성요건이론의 지지자들도 이러한 관점을 지지하고 있는데, 이는 전체구성요건이론의 논리구조상 당연한 귀결이 된다. 즉 전체구성요건이론에 의하면 양해는 적극적 구성요건요소와 관련된 문제이고, 승낙은 소극적 구성요건요소와 관련된 문제이기 때문에 양해나 승낙 모두 구성요건단계의 문제가 된다. 그러므로 구별이 곤란한 이들을 굳이 구별할 필요가 없다는 것이다.[100)]

또한 승낙과 양해의 개념구별을 반대하면서, 이들 모두 제24조의 피해자의 승낙으로 파악하는 견해[101)]가 있다. 승낙과 양해의 구별은 해석학적으로 부적합하며, 논증기준도 부적합할 뿐 아니라 구성요건해당성 배제기준이라는 것도 전혀 불필요하기 때문에 현실적으로 구별의 실익이 없다는 것이다. 따라서 양해와 승낙은 모두 제24조의 피해자의 승낙으로 위법성조각사유가 된다고 한다.

그러나 승낙과 양해를 전체적으로 구성요건배제사유로 보는 견해에는 찬성할 수 없다. 예컨대 법익주체의 동의에 의하여 피해자에게 폭행 또는 상해하는 행위를 폭행죄 내지 상해죄의 구성요건에 해당하지 아니하는 행위로 판단하는 것은 부당하다. 법익주체의 동의 여부와 관계없이 사람의 신체에 대하여 폭력을 휘두르거나 상처를 입히는 행위는 제260조, 제257조가 정형적으로 기술하고 있는 구성요건에 해당하는 행위, 즉 '제24조의 법익을 훼손하는 행위'가 틀림없기 때문이다. 따라서 이 경우는 제24조에 의하여 위법성조각의 여부만이 문제될 뿐이다.

또한 승낙과 양해를 전체적으로 위법성조각사유로 보는 견해도 타당하다고 할 수 없다. 예컨대 주거권자가 주거에 들어오는 것을 허락한 경우에는 주거침입죄의 구성요건에 해당하는 행위로 볼 수 없다. 이 경우는 법익주체의 동의에 의하여 제319조 제1항이 정형적으로 기술하고 있는 구성요건적 행위로 평가되는 '주거에 침입하는 행위'가 될 수 없다. 즉 제24조의 '법익을 훼손하는 행위'[102)]가 될 수 없기 때문에 제24조의 적용 여부는 아예 처음부터 문제가 되지 않는다.[103)]

개별적인 구성요건의 성격에 따라 법익주체의 동의는 달리 평가되어야 한다. 물론 개

---

98) 김일수, 한국형법 I, 477면; 손해목, 536면 이하.

99) Roxin, Lehrbuch, AT I, § 13 A Rdnr. 11. Fußn. 19 mwN.(지지자로는 Eser, Rudolphi, Sax, Zipf, Armin Kaufmann, Kühne, Schmidhäuser 등).

100) Roxin, Lehrbuch, AT I, § 13 A Rdnr. 11.

101) 박상기, 222면; 배종대, 279면 이하; 동취지, 제24조에는 구성요건의 특성에 따라 구성요건해당성을 배제하는 승낙도 포함된 것으로 이해하는 김성돈, 324면.

102) 이러한 관점에서 제24조에서 구성요건해당성을 배제하는 승낙과 위법성을 조각하는 승낙이라는 이원적 구조를 인정하는 김성돈, 324면은 의문이다. 양해에 해당하는 법익주체의 동의가 있으면 법익훼손이 일어나지 않으므로 제24조가 이러한 구성요건해당성을 배제하는 승낙을 포함할 수 없기 때문이다.

103) 즉 위법성의 징표가 되는 구성요건해당성이 긍정된 이후에만 비로소 위법성조각사유의 적용 여부가 의미를 가질 수 있다.

별적인 구성요건에서 법익주체의 동의가 양해에 해당하는지 또는 승낙에 해당하는지에 대한 구별의 어려움은 항상 등장할 수 있다. 그러나 학문적인 논리구조를 탐구하는 과정에서 구별의 어려움이나 곤란함이 결코 구별의 포기를 정당화할 수는 없다.

### 1-2-2. 양해와 승낙의 법적 성격

범죄론의 체계를 3단계 구조로 이해하는 입장에서는 법익주체의 동의를 구성요건해당성 배제사유인 양해와 위법성조각사유인 승낙으로 구별된다. 승낙과 양해는 각각의 법체계적 지위에 따라 독자적인 특성을 갖는다.

#### 1-2-2-1. 양해의 성격

구성요건해당성 배제사유인 양해의 성격에 관하여는 학설의 대립이 있다. 양해가 순수한 사실적 성격의 개념이라는 견해[104][105]와 양해도 개별적인 구성요건의 내용과 기능에 따라 각각 다른 특성을 갖는 규범적 성격의 개념이라는 견해(다수설)[106]의 대립이 그것이다.

양해가 순수한 사실적인 성격을 갖는 개념이라면, 양해의 유효요건은 별도로 요구되지 않는다. 즉 양해라는 법익주체의 동의가 현실적으로 존재하고 있으면 언제나 유효한 양해가 된다. 의사능력이 있는 자의 '의식된 현실적인 내적 동의'[107]는 구성요건해당성을 배제하는 양해가 된다. 따라서 법익주체의 의사의 하자·판단능력의 미흡·의사의 표시여부 등은 양해의 성립에 영향을 주지 못한다. 또한 행위자의 기망도 법익주체의 양해에 영향을 주지 못한다. 다만 강요나 강박에 의한 피해자의 동의는 양해가 아니다. 이 경우에는 법익주체의 '현실적인 내적 동의'가 존재하지 않기 때문이다.[108] 또한 동의하는 자는 최소한 자연적 의사능력을 구비해야 한다. 자연적 의사능력이 없는 자는 현실적으로 동의할 수 없기 때문이다.

양해를 개별적인 구성요건의 내용과 기능에 따라 각각 다른 성격을 갖는 규범적 개념으로 파악하는 통설에 의하면, 양해는 구성요건에 따라 일정한 유효요건을 구비해야 한다. 개인의 자유에 대한 죄 또는 재물에 대한 사실상의 지배와 관련된 범죄에서는 자연적 의사능력 있는 자의 동의로 양해의 요건이 충족되지만, 주거침입죄에 있어서는 법익주체의 판단능력이 있어야 유효한 양해가 성립할 수 있으며, 배임죄에서는 묵시적 동의만으로 양해가 성립할 수 없고, 강제추행죄에서도 의사의 하자가 양해의 성립에서 의미를 갖는다고 한

104) 이상돈, 348면; 동취지, 성낙현, 280면.

105) 독일 통설도 동일한 입장이다: Vgl. Wessels/Beulke, AT, Rdnr. 367 ff.; Hirsch, LK StGB, Vor. § 32 Rdnr. 92 ff.; Lackner/Kühl, StGB, Vor § 32 Rdnr. 11; BGHSt 23, 1; BGH NJW 75, 269.

106) Jescheck/Weigend, Lehrbuch AT, S. 374.

107) 법익주체가 내부적으로 동의하지 않는 한 외형적·형식적 동의만으로는 양해가 되지 않는다.

108) 이때는 내적 부동의로 인정되는 경우이다.

다.[109] 또한 의료적 침해나 모욕에서는 양해자의 판단능력 또는 법률행위능력까지도 양해의 유효요건이 된다고 한다.[110]

주거침입죄에서 판단능력이 미흡한 주거권자의 동의에 의하여 주거에 들어가는 것도 침입이라는 해석은 지나치다. 또한 성적 자기결정권을 침해하는 범죄에서는 원칙적으로 법익주체의 동의가 구성요건해당성을 배제하는 양해에 해당한다. 따라서 법익주체의 판단능력이나 의사의 하자 여부와 관계없이 법익주체의 현실적인 내적 동의가 있으면 강간죄나 강제추행죄는 성립할 여지가 없다. 다만 성적 자기결정권을 침해하는 범죄에서는 법익주체의 판단능력이나 의사의 하자를 고려하여 법익주체의 동의와 관계없이 성립하는 구성요건을 마련하고 있을 뿐이다. 예컨대 준강간·준강제추행죄, 의제강간·의제강제추행죄, 피구금부녀간음·추행죄 등에서는 법익주체의 동의 여부와 관계없이 또는 법익주체의 동의를 전제[111]로 성립하는 범죄이다. 그러나 의료적 침해나 모욕은 법익주체의 동의가 있어도 법익의 훼손이 인정된다. 따라서 이 경우 법익주체의 동의는 제24조의 위법성조각사유인 승낙이라고 해야 한다.

구성요건해당성 배제사유인 양해는 순수한 사실적 개념이어야 한다.[112] 양해를 규범적 개념으로 파악한다면 구성요건요소가 모두 불명확한 개념이 될 수 있기 때문이다. 즉 구성요건의 포섭 여부가 법익주체의 동의의 질에 의해서 좌우되어야 한다면 죄형법정주의의 명확성의 원칙과 심각한 충돌을 일으키게 된다. 개별적인 구성요건과 관련하여 법익주체의 동의에 일정한 규범적 제한이 필요한 경우라면 그러한 동의에 대해서는 구성요건해당성을 배제하는 기능이 부여되어서는 안 된다. 이 경우에는 오직 전체 법규범의 평가와 관련된 위법성조각의 기능만이 인정되어야 할 것이다. 이와 같이 법익주체의 동의가 양해에 해당하는지 또는 승낙에 해당하는지는 개별 구성요건을 탐구하는 형법각론에서의 연구과제가 된다.

#### 1-2-2-2. 승낙의 성격

제24조에 의하여 피해자의 승낙이 위법성조각사유라는 것은 "피해자의 승낙에 의한 행위라 할지라도 그 행위는 구성요건에 해당하는, 즉 법익을 훼손하는 행위가 된다"는 의미이다. 이러한 법익훼손행위가 "허용될 수 있는가"라는 문제는 전체 법질서의 관점에서 평가해 보아야 한다. 전체 법질서의 관점에서 규범적 판단에 의한 '피해자의 승낙'이 법익

109) 김성돈, 327면 이하; 손동권/김재윤, 237면; 이재상/장영민/강동범, 276면.

110) 이형국, 168면; 진계호/이존걸, 394면.

111) 13세 미만 내지 13세 이상 16세 미만의 부녀·사람에 대한 간음·추행은 피해자의 동의가 있을 경우에만 의제강간·의제강제추행죄가 된다. 피해자의 동의가 없는 경우라면 강간·강제추행죄 혹은 준강간·준강제추행죄가 된다.

112) 동지, 이상돈, 348면; 동취지, 성낙현, 280면.

훼손행위를 허용할 수 있다면, 그러한 피해자의 동의는 당연히 규범적 평가에 의한 합당한 동의이어야 한다. 그러므로 양해와는 달리 승낙은 규범적인 개념이어야 하며, 이에 따라 승낙의 유효요건이 정해져야 한다.

## 2. 피해자의 승낙

### 2-1. 위법성조각의 근거

피해자의 승낙이 위법성을 조각하는 근거에 대하여 다수설은 법률정책 내지 이익교량의 관점에서 설명하고 있다. 개인의 방해받지 않는 자유권의 행사는 법치국가에서 중요한 사회적 가치로 인정되기 때문에, 피해자의 승낙에 의한 행위를 이익교량에 의하여 허용해 주는 것이 법률의 정책이라는 것이다. 또한 자유로운 자기결정권이 훼손되는 법익의 보호보다 더 우월한 이익으로 인정되는 경우에도 위법성조각은 어디까지나 법질서 전체의 정신 또는 그 근저를 이루고 있는 사회윤리에 비추어 용납될 수 있는 범위에서만 정당화될 수 있다는 견해[113]가 있다. 피해자의 승낙이 위법성을 조각하는 근거는 법률정책설의 근거 이외에 그것이 사회적으로 상당해야 한다는 것이다.

그러나 제24조는 "처분할 수 있는 자의 승낙에 의하여 그 법익을 훼손한 행위는 법률에 특별한 규정이 없는 한 벌하지 아니한다"고 규정함으로써, 특별한 법률의 규정에 의해서만 위법성조각의 제한을 인정하고 있다. 제24조는 피해자의 승낙에 대하여 법률정책설의 이익교량이나 사회적 상당설의 사회윤리에 의한 제한을 예정하고 있지 않다. 따라서 법률정책설이나 사회적 상당설은 제24조의 해석으로 적절하지 않다. 또한 입법론적으로 이익교량이나 사회윤리에 의하여 제24조의 적용범위를 제한하는 경우라도 이익교량이나 사회윤리는 제24조의 위법성조각의 근거가 아니라, 위법성조각의 제한에 대한 근거라고 해야 한다.

제24조에서 위법성조각의 근거는 "구성요건에 해당하는 행위가 법익주체의 동의에 의하여 법이 보호할 이익을 건드리지 않고 있는 경우에는 법의 보호가 필요한 피해자의 이익이 없고 또한 피해자의 개인적인 자기결정을 존중해야 하기 때문에 허용될 수 있다"는 점에서 파악해야 한다. 따라서 피해자의 승낙은 '이익흠결의 원칙'에 의하여 인정되는 위법성조각사유이다(다수설).[114]

---

113) 정영일, 244면; 황산덕, 176면; 동취지, 김성돈, 324면.

114) 독일통설의 입장: Vgl. Lenckner, S-S StGB, Vorbem. §§ 32 Rdnr. 33 f. mwN.; Tröndle/Fischer, StGB, Vor § 32 Rdnr. 3b; BGHSt 4, 90; 17, 360; Bay. OLG NJW 68, 665.

피해자의 승낙에서 위법성조각의 근거를 이익흠결의 원칙으로 파악하는 견해에 대해서는 "주관적인 이익의 포기가 왜 국가의 객관적 이익보호의무를 면제해야 하는가"라는 점과, "개인적 법익 가운데 왜 일부는 위법성을 조각시키고 일부는 위법성의 조각을 제한해야 하는가"라는 의문[115]을 제기하고 있다. 그러나 본질적으로 법익을 유효하게 처분할 수 있는 자가 유효하게 법익을 포기한 경우에는 법이 보호해야 할 이익이 없으며, 보호의 대상이 없는 곳에 국가의 객관적 이익보호의무가 없는 것은 당연하다. 또한 법익주체가 유효하게 포기한 법익에 대해서는 법익주체의 자기결정권을 존중하여 그 법익을 훼손하는 행위가 허용될 수 있다. 다만 법익의 포기는 '전체 법질서의 요구(Gebotsein)'라는 규범적 범위에서만 피해자의 승낙에 의하여 위법성이 조각될 수 있다.[116] 이러한 '전체 법질서의 요구(Gebotsein)'라는 규범적 한계에 대하여 제24조는 '법률에 특별한 규정이 없는 한'으로 명시하고 있다. 또한 법률에 특별한 규정이 없는 경우에도, 예컨대 권리남용 등의 경우에는 피해자의 승낙이 있어도 위법성이 조각되지 않는다.

## 2-2. 피해자의 승낙의 성립요건

제24조는 "처분할 수 있는 자의 승낙에 의하여 그 법익을 훼손한 행위는 법률에 특별한 규정이 없는 한 벌하지 아니한다"고 규정하고 있다. 이 규정에 의하여 피해자의 승낙이 위법성을 조각하기 위해서는 우선 승낙에 의한 행위라 할지라도 법익을 훼손하는 행위로 평가되어야만 한다. 법익주체의 동의가 있을 경우 법익훼손이 일어나지 아니하는 구성요건에서는 피해자의 승낙이라는 위법성조각사유가 등장할 자리는 없기 때문이다.[117] 법익주체의 동의가 있어도 법익훼손이 일어나는 구성요건에 대해서만 '처분할 수 있는 자의 승낙'이 위법성을 조각할 수 있다. 다만 법률에 특별한 규정이 없어야 한다.

### 2-2-1. 처분할 수 있는 자

피해자의 승낙은 '법익을 유효하게 처분할 수 있는 자'에 의한 것이어야 한다. 법익을 유효하게 처분할 수 있는 자의 승낙이란 '법익의 주체'가 '처분할 수 있는 법익'의 훼손에 동의하는 것을 말한다.

#### 2-2-1-1. 법익주체

처분할 수 있는 법익의 훼손에 동의(승낙)할 수 있는 사람은 원칙적으로 법익의 소지자이어야 한다. 즉 법익의 주체만이 그 법익의 훼손에 동의할 수 있다. 그러나 법익주체가 승

115) 성낙현, 282면; 이재상/장영민/강동범, 277면; 이형국, 170면; 임웅, 280면; 정성근/박광민, 288면; 진계호/이존걸, 396면.

116) '전체 법질서의 요구(Gebotsein)'라는 규범적 개념에 대하여는 상기 '제2편, 제3장, 제2절, 2-3-2. 정당방위의 한계' 참조.

117) 이 경우는 법익주체의 양해에 의하여 구성요건해당성이 배제된다.

낙능력이 없거나 승낙할 수 없는 경우에는 대리승낙이 광범위하게 허용된다. 대리승낙의 경우에도 승낙의 주체(처분권자)는 대리인이 아니라 본인이다.

#### 2-2-1-2. 처분할 수 있는 법익

피해자의 승낙에 의하여 처분할 수 있는 법익은 법익의 주체가 처분권한을 갖는 것이어야 한다. 그러므로 승낙할 수 있는 법익은 개인적 법익에 한정된다. 대리승낙의 경우에도 '본인이 처분권한을 가지는 법익'만이 처분할 수 있는 법익이 된다. '처분할 수 있는 법익'과 관련하여 특히 문제가 되는 법익은 생명과 신체이다.

##### 2-2-1-2-1. 생 명

생명은 본질적인 가치와 비대체적인 절대성을 갖는 법익이다. 그러므로 생명에 대해서는 개인이 이를 마음대로 처분하지 못하도록 법률에 특별한 규정을 두고 있다. 즉 형법은 촉탁·승낙에 의한 살인죄와 자살관여죄를 규정하여 처벌하고 있다. 반면에 생명은 개인적 법익이기 때문에 절대적으로 처분할 수 없는 법익으로만 볼 수는 없다. 예컨대 자살 내지 자살미수를 법률에 의하여 금지할 수는 없다. 또한 일정한 경우, 예컨대 사망의 위험을 감수하는 수술 또는 자동차 경주나 격투기 등의 운동경기에서는 자기의 생명에 대한 법익주체의 처분권한이 인정되어야만 한다. 물론 사망의 위험을 감수하는 수술이나 운동경기 중의 사망에 있어서 피해자의 동의가 위법성을 조각하는 것은 아니다. 이들 경우는 위법성 조각 이전에 피해자의 동의를 전제로 허용된 위험의 법리에 의하여 구성요건해당성이 배제될 수 있을 뿐이다. 이 경우 구성요건해당성의 배제는 피해자의 동의를 전제로 하기 때문에 이 한도에서 자기 생명에 대한 피해자의 처분권한도 당연히 인정되어야 한다.

##### 2-2-1-2-2. 신 체

일반적으로 '사람의 신체가 피해자의 승낙에 의하여 처분할 수 있는 법익'이라는 점에 대하여는 학설의 다툼이 없다. 다만 상해죄의 구성요건에 해당하는 행위는 피해자가 승낙한 경우에도 사회상규에 의한 제한을 받아야 한다는 것이 통설[118]의 입장이다. 신체의 완전성은 생명 다음으로 중요한 법익이라는 점에서 상해에 대한 승낙이 반윤리적인 경우에는 승낙의 효력을 부정하는 것이다. 따라서 승낙에 의한 상해라도 그것이 사회상규에 반하는 때에는 위법성이 조각되지 않는다[119]고 한다.

독일형법 제228조는 "피해자의 승낙에 의한 신체침해행위는 비록 그 행위가 승낙에

118) 동취지, 위법한 의도에 의한 승낙을 제한하는 배종대, 281면.

119) 대법원 2008.12.11. 2008도9606: "피고인이 피해자와 공모하여 교통사고를 가장하여 보험금을 편취할 목적으로 피해자에게 상해를 가하였다면 피해자의 승낙이 있었다고 하더라도 이는 위법한 목적에 이용하기 위한 것이므로 피고인의 행위가 피해자의 승낙에 의하여 위법성이 조각된다고 할 수 없다."

의하여 이루어졌다 하더라도 선량한 풍속에 위배되는 때에는 위법하다"고 규정하고 있다.[120] 이 규정의 영향으로 통설에서도 승낙에 의한 신체상해에 대하여 사회상규에 의한 제한을 인정하고 있다. 물론 이러한 해석이 현실적으로 합리적일 수도 있다. 그러나 승낙에 의한 신체상해에 대하여 사회상규에 의한 제한을 인정하는 통설에 의할 경우, 예컨대 과도한 피어싱, 흉측한 문신을 새기는 행위, 성전환 수술, 폭력단체의 구성원 상호간에 새기는 흉터, 불량한 친구 상호간에 담뱃불로 흉터를 만드는 경우, 구걸의 효과를 높이기 위하여 상해를 요청하는 피해자에게 피해자를 위하여 상해하는 경우, 불법한 낙태에서 통상 수반하는 임부의 상해, 무면허의료행위에 의한 신체침해 등이 모두 사회상규에 위배되는 승낙에 의한 행위로서 불법한 상해죄를 구성하게 되는지 의문이 제기된다. 따라서 입법론적으로도 피해자의 승낙에 의한 위법성조각사유를 '선량한 풍속'을 기준으로 제한하는 독일형법보다도 법률의 특별한 규정으로 제한하는 형법의 태도가 특히 죄형법정주의와 법적 안정성의 측면에서 우수하다고 판단된다. 더욱이 형법은 독일형법 제228조와 같은 명문규정을 가지고 있지 않다. 명백한 법률의 규정 없이 위법성조각사유를 사회상규나 윤리에 의하여 제한하는 것은 곧바로 사회상규에 의한 불법행위를 인정하는 결과를 초래한다. 따라서 이러한 해석은 죄형법정주의에 정면으로 배치된다.

형법에서는 사람의 신체도 처분할 수 있는 법익이라고 해석하여야 한다. 다만 피해자의 승낙에서도 위법성조각사유의 전제조건인 '전체 법질서의 요구(Gebotsein)'라는 규범적 요소는 고려되어야 한다. 이러한 규범적 요소는 기본적으로 제24조가 규정하는 바와 같이 '법률의 특별한 규정'을 통하여 이루어진다. 또한 법률에 특별한 규정이 없는 경우에도, 예컨대 권리남용 등의 경우는 피해자의 승낙이 있어도 위법성을 조각할 수 없다. 그러나 '전체 법질서의 요구(Gebotsein)'라는 규범적 요소를 널리 사회상규이라는 일반적인 기준으로 판단하는 것은 부당하다.[121]

대법원은 ① 잡귀를 물리치는 무속적 행위에 의한 폭행치사 사건[122]에서 "형법 제24조의 피해자의 승낙은 … 법률상 이를 처분할 수 있는 사람의 승낙을 말할 뿐만 아니라, 그 승낙이 윤리적·도덕적으로 사회상규에 반하는 것이 아니어야 한다"고 판시하였으며, 또한 ② 안수기도 폭행치사 사건[123]에서 "안수기도는 환자의 환부나 머리에 손을 얹고 또는 약간 누르면서 환자를 위해 병을 낫게 하여 달라고 하나님께 간절히 기도함으로써 병의 치유함을 받는다는 일종의 종교적 행위이고 그 목적 또한 정당하겠으나, 기도행위에 수반하는 신체적 행위가 지나쳐서 가

120) 독일형법에서 피해자의 승낙은 형법총칙에 일반적인 규정이 없고, 형법각칙의 이 규정으로부터 인정되는 위법성조각사유이다.

121) 동지, 조준현, 284면; 동취지, 한정환(1), 339면.

122) 대법원 1985.12.10. 85도1892(폭행치사).

123) 대법원 1994.8.23. 94도1484(폭행치사); 서울고법 1988.11.10. 88노2534(상해치사).

슴과 배를 반복하여 누르거나 때려 그로 인하여 사망에 이른 것과 같은 정도의 것이라면 … 이를 치료행위라고 취급하여 피해자 측의 승낙이 있었다거나 사회상규상 용인되는 정당행위라고 취급할 수는 없다"고 판단하였다. 이에 반하여 대구고법[124]은 ③ 무면허 의료사고에 의한 피해자 사망에 대하여 상해치사가 아닌 과실치사죄의 성립만을 인정하였다. 즉 판례는 ①②의 사건에서 폭행이나 상해에 대하여 피해자의 유효한 승낙을 부정한 반면에, ③의 사건에서는 상해에 대한 피해자의 유효한 승낙을 인정하였다.

이들 사건에서 피해자의 승낙을 제한하는 법률의 특별한 규정은 없다. 따라서 피해자의 승낙에 의한 피해자의 신체침해행위는 위법성이 조각될 수 있다. 다만 법익주체의 유효한 승낙이 존재하고 있는지 세밀한 심사가 필요하다. 즉 피승낙자의 설명의무이행 여부, 승낙자의 판단능력 여부, 승낙자의 자유로운 의사 여부도 문제된다. 또한 승낙자는 언제든지 승낙을 철회할 수 있으므로, 만약 승낙의 철회의사에도 불구하고 폭행을 계속한 경우라면 제24조가 적용될 여지는 없게 된다. ①②의 사건에서는 이와 같은 승낙요건의 충족 여부, 특히 심각한 신체침해를 유발할 수 있는 유형력의 행사에 관한 설명의무이행 여부에 따라 각각 살인죄·상해치사죄 또는 과실치사죄의 성립이 인정되는 경우이다. 만약 모든 승낙요건을 충족하여 유효한 승낙이 인정되는 경우라면 과실치사죄의 성립만을 인정해야 한다. 대법원은 ①②의 사건에서 세부적인 승낙요건을 심사하지 아니하고, 사회상규에 반한 승낙이라는 것만을 근거로 제24조의 적용을 배제함으로써 사회상규에 의한 범죄성립을 인정하였다. 이는 죄형법정주의 원칙에 배치된다. ③의 경우는 피해자가 치료하는 자의 의료면허소지 여부를 알고서 승낙했는지가 중요하다. 무면허의료라는 사실을 알고서 승낙했다면 상해부분에 관한 한 제24조에 의하여 위법성이 조각될 수 있지만, 무면허의료라는 사실을 모르고 승낙했다면 승낙요건이 갖추어진 것으로 볼 수 없으므로 상해치사죄의 성립이 인정된다.

### 2-2-1-2-3. 그 밖의 개인적 법익

생명·신체 이외의 개인적 법익에 대한 훼손행위는 피해자의 승낙에 의하여 당연히 위법성이 조각될 수 있다. 그러나 "피해자의 승낙에 의하여 생명·신체 이외의 개인적 법익에 대한 훼손의 경우에도, 그 승낙이 사회상규에 위배되는 때에는 위법한가"라는 점에서는 학설의 다툼이 있다. 긍정설(다수설)은 "사람의 신체뿐 아니라 모든 법익에 대한 처분가능성은 사회상규적·윤리적 한계에 의하여 제한되어야 한다"고 본다. 이에 반하여 부정설[125]은 "사회상규나 윤리에 의한 승낙의 제한은 상해죄에 대하여만 가능하다"는 입장이다. 또한 "이러한 제한은 상해죄 등의 사람의 신체에 대해서 뿐 아니라, 불법체포·감금죄 등의 신체적 활동의 법익에 대해서도 적용되어야 한다"는 절충설[126]이 있다. 그러나 제24조가 명시한 바와 같이 법률에 특별한 규정이 없는 한 처분권자의 유효한 승낙에 의한 행위는

124) 대구고법 1973.4.19. 73노186(부정의료행위와 업무상과실치사행위의 실체적 경합).
125) 김성천/김형준, 245면; 박상기, 224면 이하; 손동권/김재윤, 242면; 손해목, 531면; 오영근, 227면; 이재상/장영민/강동범, 279면; 동취지, 정영일, 249면; 위법한 의도에 의한 승낙을 제한하는 배종대, 281면.
126) 성낙현, 286면; 전지연, 형법상 피해자의 동의, 차용석박사화갑기념논문집, 11면 이하.

위법성이 조각된다고 보아야 한다.

### 2-2-2. 승 낙

피해자의 승낙은 처분할 수 있는 자에 의한 '유효한 승낙'이어야 한다. 유효한 승낙이란 승낙능력 있는 자가 침해의 의미와 내용을 이해하면서 의식적이고 자의에 의하여 법익침해에 동의하는 것을 의미한다.

#### 2-2-2-1. 승낙능력

승낙능력이란 법익침해의 의미와 내용을 이해하고 이성적으로 판단할 수 있는 자연적 통찰능력과 판단능력을 말한다. 이러한 승낙능력은 구체적인 상황에서 침해되는 법익의 의미와 침해의 결과를 이해하고 판단하는 능력을 의미한다. 따라서 이를 일정한 연령을 기준으로 판단할 수는 없다. 승낙능력이 결여된 경우에는 법적 대리인의 승낙이 필요하다.

통설에 의하면 형법은 유효하게 승낙할 수 있는 연령을 규정하는 경우가 있다고 한다. 이러한 구성요건으로 제305조의 의제강간죄, 제274조의 아동혹사죄와 제287조의 미성년자의 약취·유인죄 등을 제시하고 있다. 그러나 이러한 통설의 입장은 부당하다. 만약 이들 구성요건들이 유효하게 승낙할 수 있는 연령을 규정한 것이라면 보호자의 대리승낙에 의하여 위법성이 조각될 수 있다는 의미가 되기 때문이다.

이 구성요건들은 승낙능력과 전혀 관계가 없다.[127] 제305조의 의제강간죄는 피해자의 동의를 전제로 성립되는 범죄이다. 만약 피해자인 13세 미만의 사람이 동의하지 아니함에도 간음을 하는 경우라면 강간죄나 준강간죄가 성립한다. 또한 제287조의 미성년자 약취·유인죄에서 강제력에 의한 약취의 경우는 언제나 미성년자의 내적 부동의를 의미하며, 유인의 경우는 미성년자의 동의가 있어도 성립하는 범죄유형이다. 따라서 제287조에서도 승낙능력을 규정한 것은 아니다. 제274조의 아동혹사죄에서도 아동의 동의뿐 아니라 부모의 동의도 범죄의 성립에 전혀 영향을 주지 않는다. 아동혹사죄도 아동의 승낙능력 유무와 관계없이 성립하는 범죄이다.

#### 2-2-2-2. 자유의사에 의한 승낙

승낙은 법익주체의 자유로운 의사에 의하여 이루어져야 한다. 따라서 강요나 기망에 의하여 본질적인 의사의 하자나 의사의 결함상태에서 이루어진 승낙은 유효한 승낙으로 인정되지 않는다. 또한 피해자의 일반적인 생활경험이나 지식만으로 모든 상황을 인식하기 어려운 경우(의사의 치료행위)에는 '피승낙자의 설명의무'가 요구된다. 따라서 승낙이 피승낙자의 설명의무 위반으로부터 유래되었을 경우에는 의사의 하자에 의하여 유효한 승낙으로 인정되지 않는다.

---

127) 동지, 오영근, 225면; 정영일, 248면; 동취지, 김성천/김형준, 247면; 한정환(1), 340면 이하.

#### 2-2-2-3. 승낙의 표시

승낙은 침해행위 이전에 명시적이든 또는 비명시적이든 외부에서 인식할 수 있는 정도의 표시가 있어야 한다. 사후승낙은 인정되지 않는다. 또한 승낙은 침해행위 이전뿐 아니라 침해행위가 개시된 이후라도 종료 이전까지는 언제든지 자유로이 철회할 수 있다.[128]

#### 2-2-3. 주관적 정당화요소

승낙에 의하여 피해자의 법익을 훼손하는 자는 피해자의 승낙이 있었다는 사실을 인식하고, 피해자의 승낙을 근거로 행위하여야 한다. 피해자의 승낙을 인식하면 족하고 "승낙으로 인하여 행위하였을 것을 요하지 않는다"는 견해[129]가 있으나 타당하지 않다.[130] 주관적 정당화요소는 위법성을 조각하는 사유가 존재한다는 사실을 인식하고 이에 따라 나타나는 허용규범의 권능을 근거로 행동하는 행위자의 주관적·심리적 태도를 말하며, 이러한 주관적 적법요소를 완전히 구비한 경우에만 행위자의 행위반가치가 완전하게 상쇄될 수 있다.

## 3. 추정적 승낙

### 3-1. 추정적 승낙의 의의

추정적 승낙이란 '피해자의 승낙이 없거나 또는 피해자나 그 대리인이 부재중이어서 승낙을 받을 수 없지만 객관적으로 승낙이 확실히 기대되는 경우'에 인정될 수 있는 위법성조각사유를 말한다. 예컨대 교통사고로 의식이 없는 응급환자에게 사망의 위험을 무릅쓰고 수술하는 경우 등이 추정적 승낙에 의한 행위이다. 제24조의 피해자의 승낙은 명시적이든 비명시적이든 승낙이 존재하는 반면에 추정적 승낙은 승낙이 현실적으로 존재하고 있지 아니한 경우이다.

### 3-2. 추정적 승낙의 법적 성질

추정적 승낙에 의한 행위는 위법성조각사유라는 것이 일치된 학설의 입장이다. 그러

128) 대법원 2011.5.13. 2010도9962: "위법성조각사유로서의 피해자의 승낙은 언제든지 자유롭게 철회할 수 있다고 할 것이고, 그 철회의 방법에는 아무런 제한이 없다."; 동지, 대법원 2006.4.27. 2005도8074.

129) 이재상/장영민/강동범, 281면.

130) 김성돈, 335면; 이상돈, 344면 이하.

나 추정적 승낙에 있어서 위법성조각의 근거 내지 법적 성질에 관하여는 학설의 대립이 있다. 여기에는 추정적 승낙을 현실적으로 승낙이 존재하는 피해자의 승낙과 동일시하는 승낙대용설,[131] 추정적 승낙에 의한 행위를 사회상규에 반하지 아니하는 제20조의 정당행위로 보는 견해(다수설), 피해자의 가상적 의사를 객관적 입장에서 판단함으로써 인정되는 독자적 위법성조각사유로 보는 견해[132]가 있다.

승낙대용설은 추정적 승낙과 제24조의 피해자의 승낙을 동일시한다. 이는 승낙과 양해를 구별하지 않는 입장[133]에서만 가능한 관점이라고 해야 한다. 양해와 승낙을 엄격하게 구별하는 입장에서는 주거침입과 관련된 추정적 승낙의 경우, 예컨대 부재중인 이웃집에 동파된 수도를 수리하기 위해서 들어가는 경우를 '추정적 승낙'이 아니라 '추정적 양해'[134]로 평가해야 하기 때문이다.[135] 그러나 이러한 추정적 동의는 구성요건해당성을 배제시킬 수 없으며, 오직 주거침입죄의 위법성을 조각시킬 수 있을 뿐이다. 즉 내적 동의의 현실적인 존재만이 양해에 해당하며, 이러한 양해가 현실적으로 존재하고 있지 않다면 일단 주거침입죄의 법익훼손이 현실적으로 발생하게 된다. 따라서 이러한 법익훼손을 정당화할 위법성조각사유로서 추정적 승낙이 필요한 것이다.[136]

또한 법익주체의 동의가 승낙으로 평가되는 상해죄와 관련해서도, 예컨대 교통사고로 의식이 없는 응급환자에게 수술하는 경우도 제24조의 요건을 갖춘 승낙에 의하여 위법성이 조각되는 것은 아니다. 즉 추정적 승낙의 경우는 '피승낙자의 설명의무이행을 전제로 승낙능력 있는 자의 자유로운 의사에 의한 유효한 승낙이 표시되어 이익흠결의 원칙에 따라 위법성이 조각되는 것'이 아니라, 다른 독자적인 근거를 통하여 위법성이 조각될 수 있을 뿐이다. 따라서 승낙대용설은 타당하지 않다.

추정적 승낙을 제20조의 정당행위로 파악하는 견해를 부당하다고 할 수는 없다. 즉 다른 초법규적 위법성조각사유와 마찬가지로 추정적 승낙도 기타 사회상규에 위배되지 아

---

131) 박상기, 229면 이하; 배종대, 285면; 동취지, 손동권/김재윤, 249면; 신동운, 338면.

132) 성낙현, 289면; 안동준, 155면; 이재상/장영민/강동범, 282면; 이형국, 173면; 임웅, 286면; 진계호/이존걸, 402면; 한정환(1), 351면.

133) 김일수, 한국형법 I, 473면 이하, 476면 이하; 김일수/서보학, 168면 이하; 박상기, 222면; 배종대, 280면; 손해목, 536면 이하; 한정환(1), 336면, 338면.

134) 오영근, 234면 이하; 손동권/김재윤, 249면에서는 실제로 추정적 양해를 구성요건해당성 배제사유로 인정하고 있다.

135) 이러한 점에서 추정적 승낙이라는 용어는 실질적으로 양해와 승낙을 모두 포함하는 개념인 추정적 동의라는 용어가 더 정확하다. 따라서 추정적 승낙에서의 승낙과 피해자의 승낙에서의 승낙은 같은 개념이 아니다. 다만 오랫동안 법률용어로 정착되어 사용하여 온 용어를 변경하는 것도 적절하지는 않으므로 추정적 승낙이라는 용어를 그대로 사용한다.

136) 따라서 이 경우의 추정적 승낙은 구성요건해당성 배제의 기능만이 인정되는 사실적 개념으로 이해되어서는 안 되고, 위법성의 영역에서 허용규범으로 작동해야 할 정도의 규범적 평가를 필요로 한다.

니하는 정당행위라고 할 수 있다. 그러나 여기서 추정적 승낙의 법적 성격에 대한 논의는 추정적 승낙의 독자적인 특성과 본질을 찾고자 하는 것이다. 추정적 승낙의 법적 성격을 제20조의 정당행위라고 설명하는 것은 이를 초법규적 위법성조각사유라고 설명하는 것과 같다.

대법원[137]은 추정적 승낙과 관련하여 "행위 당시 명의자의 현실적인 승낙은 없었지만 행위 당시의 모든 객관적 사정을 종합하여 명의자가 행위 당시 그 사실을 알았다면 당연히 승낙했을 것이라고 추정되는 경우 역시 사문서의 위·변조죄가 성립하지 않는다"고 판시하고 있으나, 추정적 승낙의 법적 성질에 관한 명확한 입장은 밝히지 않고 있다.

### 3-3. 추정적 승낙의 본질

타인의 법익을 훼손하는 행위에 대하여 피해자의 동의가 현실적으로 존재하지 않는 경우에도 그 행위가 실질적으로 '법익주체의 이익을 위한 행위'이거나 '법익주체의 이익영역을 건드리지 않는 행위'라면 추정적 승낙에 의하여 위법성이 조각될 수 있다. 이와 같이 '오로지 법익주체의 실질적인 이익을 위한 행위'는 피해자의 동의가 추정될 때 상린관계에서의 상호 부조라는 차원에서 관습법적으로 허용되어 왔다. 또한 실제로 '법익주체에게 특별히 보호를 해줄 만한 이익이 없는 경우'에도 피해자의 동의가 추정될 때 이익흠결의 원칙에 의하여 동일한 차원에서 관습법적으로 허용되어 왔다. 따라서 추정적 승낙은 '피해자의 실질적 이익을 위한 행위'와 '이익흠결의 원칙'에 의하여 법익주체의 승낙이 추정될 때 관습법적으로 인정되는 위법성조각사유로 파악하는 것이 타당하다.

예컨대 '의사가 더 이상 지체할 수 없는 중환자를 수술하는 경우', '복부의 개복 이후에 새롭게 알게 된 암세포의 제거를 지체할 수 없어 본래 합의된 수술범위를 확대하는 경우', '부재중인 남편의 편지를 남편의 일을 처리하기 위하여 개봉하는 경우', '동파된 수도를 수리하기 위하여 또는 불을 끄기 위하여 비어있는 이웃집에 들어가는 경우' 등은 오직 피해자의 실질적 이익을 위한 행위이다. 이러한 경우에 객관적으로 피해자의 승낙이 추정되면 허용될 수 있으며, 이러한 추정적 승낙은 관습법에 의한 독자적인 위법성조각사유로 파악하는 것이 타당하다. 즉 실질적인 위법성 조각의 근거는 법익주체의 추정적 동의를 전제로 그것이 오로지 피해자의 이익만을 위한 행위라는 점에 있다. 또한 예컨대 '기차를 놓치지 않기 위하여 친한 친구 원동기장치 자전거를 타고 가는 경우', '가정부가 주인의 헌옷을 걸인에게 주거나 불심이 깊은 주인을 생각하여 탁발승에게 공양미를 주는 경우' 등은

137) 대법원 2003.5.30. 2002도235; 동지, 대법원 1993.3.9. 92도3101; 대법원 2008.4.10. 2007도9987; 대법원 2011.9.29. 2010도14587; 대법원 2015.11.26. 2014도781.

법익주체에게 특별히 보호를 해줄 만한 이익이 없고, 또한 법익주체의 승낙이 추정되므로 이와 같은 행위가 허용될 수 있다. 여기서도 위법성 조각의 실질적인 근거는 법익주체의 추정적 동의를 전제로 한 이익흠결의 원칙에 있다.

이와 같이 추정적 승낙은 '오직 법익주체의 실질적 이익을 위한 행위'라는 점에서 그리고 '이익흠결의 원칙'에 의하여 지금까지 상린관계에서의 상호 부조라는 차원에서 관습법적으로 허용되어 온 행위들이다. 법익주체의 승낙이 추정되는 경우라도 실질적으로 허용될 수 있는 규범적 요소는 '오직 법익주체의 실질적 이익을 위한 행위'라는 점과 '이익흠결의 원칙'이다. 따라서 추정적 승낙의 위법성조각의 근거를 피해자의 가상적 의사에 합치된다는 점에 중점을 두어 파악하는 견해[138]는 타당하다고 할 수 없다. 가상적인 의사라는 것은 진정한 의사가 아니기 때문에, 위법성조각의 근거를 가상적인 의사에 중점을 둔다면 그 근거도 가상적일 수밖에 없다. 이러한 점에서 추정적 승낙은 그것이 법익주체의 진정한 의사와 합치되지 않더라도 허용될 수 있지만, 피해자의 실질적 이익을 위한 행위와 이익흠결의 원칙에 위배되는 경우에는 피해자의 승낙이 추정된다 하더라도 허용될 수 없게 된다. 따라서 추정적 승낙은 피해자의 실질적 이익을 위한 행위와 이익흠결의 원칙에 의하여 관습법적으로 인정되는 위법성조각사유로 파악함이 타당하다.

## 3-4. 추정적 승낙의 요건

### 3-4-1. 법익주체의 처분할 수 있는 법익

추정적 승낙에 의하여 허용될 수 있는 법익훼손은 법익주체에 의하여 처분할 수 있는 법익에 한정된다. 따라서 개인적 법익 이외에 사회적 법익이나 국가적 법익은 추정적 승낙에 의하여 그것을 훼손하는 행위가 허용되지 않는다. 물론 현실적으로 국가나 공공단체 건물의 화재를 진화하기 위하여 잠긴 문을 부수고 들어가는 것은 허용되어야 할 것이다. 그러나 이러한 경우는 균형성의 원리에 의한 긴급피난에 의하여 허용되어야 하며, 개인적 법익과 관련되어 인정되는 추정적 승낙의 범주에서 해결해야 할 문제는 아니다.

### 3-4-2. 승낙의 불가능

추정적 승낙은 현실적으로 피해자의 승낙이 존재하고 있지 않은 경우의 위법성조각사유이다. 승낙의 부재는 피해자가 현실적으로 승낙하는 것이 불가능한 경우에 한정된다. 현실적으로 피해자의 승낙이 가능한 경우에는 추정적 승낙이 허용될 수 없다. 다만 여기서

138) 박상기, 229면 이하; 배종대, 285면; 손동권/김재윤, 249면; 신동운, 338면; 이재상/장영민/강동범, 283면; 이형국, 173면; 임웅, 285면 이하; 진계호/이존걸, 402면.

승낙의 불가능은 절대적 불가능을 의미하는 것은 아니며 '현저히 곤란함'으로 충분하다고 보아야 한다. 승낙의 불가능성을 판단함에 있어서는 보호이익과 훼손이익을 비교하는 '양심에 따른 심사'에 의하여야 한다.

### 3-4-3. 승낙의 기대

피해자의 승낙이 확실한 정도로 기대되어야 한다. 이러한 기대는 모든 사정을 종합적으로 고려한 객관적 추정이다. 물론 여기에는 행위자의 특별지식이 고려되어야 한다. 피해자의 반대의사를 알고 있는 경우에는 추정적 승낙이 허용되지 않는다. 따라서 자살미수자를 살리기 위한 수술 등의 행위는 추정적 승낙에 의하여 위법성이 조각될 수 없다.[139] 이 경우는 이익교량에 의한 긴급피난으로 위법성이 조각될 수 있을 뿐이다.

### 3-4-4. 양심에 따른 심사

추정적 승낙은 양심에 따른 객관적인 모든 사정에 대한 심사를 전제로 해야 한다. 진정한 피해자의 동의가 존재하고 있지 않은 상황에서 피해자의 법익을 훼손하는 행위는 '전체 법질서의 요구(Gebotsein)'라는 규범적 기준에 의하여 양심적인 심사가 필요하다(다수설).

이에 반하여 양심에 따른 심사는 추정적 승낙의 요건이 아니라는 견해[140]가 있다. 추정적 승낙의 허용기준이 이들을 대부분 포함할 뿐 아니라, 다른 위법성조각사유와 비교하여 추정적 승낙에서만 추정적 상황에 대한 심사를 요구하는 것은 타당하지 않다는 것이다. 특히 행위자가 주관적으로 신중한 검토를 했는가라는 문제는 책임의 문제에 불과하다고 한다.[141] 그러나 양심에 따른 심사는 추정적 승낙에서의 객관적인 행위양식이므로 책임의 내용은 아니며, 진정한 피해자의 동의가 존재하고 있지 않은 상황에서 피해자의 법익을 훼손하는 행위이므로 신중한 태도가 요구된다고 해야 한다. 특히 추정적 승낙의 허용기준이 이들을 대부분 포함하는 것으로 이해한다면, 양심에 따른 심사를 굳이 부정하는 입장도 아니라고 보인다.

### 3-4-5. 주관적 정당화요소

추정적 승낙에서도 행위반가치를 상쇄시키는 주관적 정당화요소가 필요하다. 추정적 승낙의 주관적 정당화요소는 객관적인 추정적 승낙의 상황에서 법익주체의 동의가 추정되어 행동한다는 인식과 의사를 의미한다.

---

139) 반대견해: 김일수/서보학, 230면.

140) 김성돈, 338면; 김일수/서보학, 231면 이하; 손동권/김재윤, 250면 이하; 오영근, 234면; 정영일, 252면; 진계호/이존걸, 404면 이하; 이기헌, 추정적 승낙, 형사판례연구(6), 1998, 130면.

141) 김성돈, 338면.

# 제6절 정당행위

## 1. 정당행위의 의의

제20조는 정당행위에 관하여 "법령에 의한 행위 또는 업무로 인한 행위 기타 사회상규에 위배되지 아니하는 행위는 벌하지 아니한다"고 규정하고 있다. 제20조는 가장 일반적인 위법성조각사유 내지 모든 위법성조각사유의 근본원리로서 사회상규에 위배되지 아니하는 행위를 제시하는 규정으로 이해되고 있다(통설). 법령에 의한 행위나 업무로 인한 행위는 사회상규에 위배되지 아니하는 행위의 예시이며, 기타 사회상규에 위배되지 아니하는 행위는 초법규적 위법성조각사유를 의미하게 된다. 제20조는 초법규적 위법성조각사유를 일반적인 위법성조각사유로 명문화한 규정이라고 한다. 이러한 통설에 의하면 제20조는 "명문의 규정이 없어도 초법규적 위법성조각사유가 인정될 수 있다"는 선언적 주의규정이어야 할 것이다.

## 2. 법령에 의한 행위

위법성의 일반론에서 설명한 바와 같이, 허용규정이 반드시 형법에 규정될 필요는 없다. 위법성조각사유는 민법·행정법·형사소송법 등 형법 이외의 규정이라 할지라도 형법의 금지·명령규정의 위반행위를 허용하게 된다. 그러므로 법익을 훼손하는 일정한 행위가 법률에 근거하고 있다면 그 행위는 해당 법률에 의하여 당연히 위법성이 조각된다. 따라서 법률에 의한 행위는 초법규적 위법성조각사유가 아니다.

제20조는 '법령에 의한 행위'라고 규정함으로써 법률 외에 명령이나 규칙을 여기에 포함시키고 있다. 이러한 입법태도는 법체계적인 관점에서 오류라고 해야 한다. 하위법인 명령·규칙이 상위법인 형법규정의 위반행위에 대하여 위법성을 조각하는 것은 불가능하기 때문이다. 따라서 여기서의 명령·규칙은 법률에 의하여 위임이나 수권의 범위가 명백하게 정해진 위임명령·위임규칙이라고 해석(헌법합치적 해석)해야 한다. 이러한 경우에는 명령·규칙으로 하여금 허용규정의 일부를 정하도록 위임하거나 권리를 부여한 법률이 위법성조각사유라고 해야 한다.

## 3. 업무로 인한 행위

제20조의 법문 중에서 '업무로 인한 행위'는 입법론적으로 가장 의문이 제기되는 부분이다. '업무로 인한 행위'가 '법률을 근거로 하는 행위'라면 위법성조각사유의 근거제시에는 문제가 없지만, 이 한도에서 '업무로 인한 행위'라는 법문의 구성은 불필요하다. 그 밖의 업무로 인한 행위는 어떤 근거로 제20조에서 독자적인 영역으로 구성되어야 하는지 의문이 제기된다. 본질적으로 '업무로 인한 행위'는 그것이 법률에 의한 행위가 아닌 한 일반적인 위법성조각사유를 원용해야 할 것으로 판단된다.[142]

통설은 "업무행위가 법령에 직접 근거가 있을 때에는 법령에 의한 행위로 정당화되지만, 법령에 직접 규정이 없는 경우에도 정당한 업무내용으로 인정되는 때에는, 즉 사회윤리상 정당하다고 인정되는 때에는 위법성이 조각된다"고 설명한다. 통설이 '업무로 인한 행위'로 설명하고 있는 구체적인 사안들은 다음과 같다.

### 3-1. 의사의 치료행위

본질적으로 의사의 치료행위는 피해자의 승낙 또는 추정적 승낙에 의하여 위법성이 조각될 수 있다(다수설). 이는 판례[143]의 입장이기도 하다. 사안에 따라서는 긴급피난으로 위법성이 조각되거나 허용된 위험[144]으로 구성요건 단계에서 구성요건해당성이 배제될 수도 있다. 반면에 비록 의사의 치료행위가 환자만을 위한 행위라 할지라도 환자가 원치 않는 치료행위는 긴급피난이 되지 않는 한 허용될 수 없다. 따라서 의사의 치료행위를 업무로 인한 정당행위[145]로 판단할 경우는 존재하지 않는다. 특히 제20조가 가장 일반적인 위법성조각사유라고 한다면, 다른 위법성조각사유가 적용되는 한 제20조가 적용될 여지는 없다.

이에 반하여 "성공한 치료행위는 건강을 침해하거나 악화시킨 것이 아니라 이를 개선하고 회복시킨 것이므로 상해라 할 수 없으며, 이 경우는 환자의 승낙 여부나 의술에 적합했느냐를 불문하고 상해죄의 객관적 구성요건해당성을 결한다"는 견해[146]가 있다. 그러나 이 견해는 타당하지 않다. 피해자의 의사에 반하는 신체훼손행위(흉터 혐오로 수술 거부하는 여배우의 의사에 반한 수술)가 그것이 성공한 치료행위라는 이유로 상해죄 내지 강요죄의 구성요건에 해당하지 않는다는 해

142) 동취지, 손동권/김재윤, 254면.
143) 대법원 1993.7.27. 92도2345.
144) 예컨대 정상적인 치료행위에 수반되는 통상적인 경미한 신체침해.
145) 배종대, 215면 이하.
146) 권오걸, 279면; 김일수/서보학, 243면; 성낙현, 307면; 안동준, 165면; 이재상/장영민/강동범, 294면; 진계호/이존걸, 325면.

석은 불가능하다. 이 경우에는 긴급피난의 경우를 제외하고는 위법성조각이 불가능하다.

미용을 위한 성형수술과 같은 의료행위의 경우에도 제20조의 '업무로 인한 행위'가 아니라, 제24조의 피해자의 승낙에 의하여 위법성을 조각시키는 것이 타당하다.

## 3-2. 안락사

안락사(Euthanasie)란 불치 또는 빈사의 환자에게 그 고통을 제거하여 편안한 죽음을 맞이할 수 있도록 하는 의학적 조치를 말한다. 안락사 중에서 생명의 단축이 없는 진정안락사는 살인죄의 구성요건에도 해당하지 않으므로 문제가 되지 않는다. 반면에 환자의 고통제거를 위하여 직접적으로 생명을 단축시키는 직접적 안락사는 허용될 수 없다는 것이 거의 일치된 학설의 입장이다. 따라서 위법성조각사유가 논의되는 안락사는 간접적 안락사와 소극적 안락사이다.

간접적 안락사란 고통제거를 위한 조치에서 피할 수 없는 부수결과로 의도적이 아닌 생명단축이 수반되는 경우를 말한다. 이러한 간접적 안락사는 허용될 수 있다는 것이 거의 일치된 학설[147)]의 입장이다. 그러나 간접적 안락사의 법적 성격에 관하여는 견해의 다툼이 있다. 다수설[148)]은 간접적 안락사를 사회상규에 위배되지 아니하는 정당행위로 파악한다. 간접적 안락사가 피해자의 승낙에 의하여 허용된다는 견해[149)]도 있다. 독일의 다수설[150)]은 간접적 안락사를 위법성조각의 긴급피난으로 파악하고 있다.

간접적 안락사는 본질적으로 환자의 극심한 고통을 제거·완화하는, 그러나 부수효과로서 생명단축이 수반될 수 있는 의료행위이다. 이는 아주 정상적이고 통상적인 의료행위이며, 그것이 가지는 사회적 효용성에 의하여 처음부터 금지할 수 없는 행위이다. 이와 같이 정상적인 의료행위에 부수효과로 포함되어 있는 생명단축은 사회적으로 상당한 허용된 위험에 불과하다(구성요건해당성 배제사유). 따라서 이러한 의료행위에는 살인죄의 행위불법도 살인고의도 인정되지 않는다. 만약 이러한 의료행위를 살인죄의 법익침해행위(구성요건 해당행위)로 파악한다면 형법의 절대적 생명보호의 원칙에 의하여 위법성조각사유로서의 논증이 곤란해진다.[151)] 간

147) 그러나 안락사는 무조건 허용될 수 없다는 입장에서 간접적 안락사도 허용되지 않는다는 입장으로는 황산덕, 형법각론, 165면.

148) 김일수, 한국형법 Ⅲ, 61면 이하; 김일수/서보학, 형법각론, 18면; 손동권/김재윤, 형법각론, 14면; 이재상/장영민/강동범, 형법각론 22면.

149) 박상기, 형법각론, 26면; 동취지, 배종대, 형법각론, 34면 이하.

150) Vgl. Otto, BT, § 6 Rdnr. 42 mwN.; BGHSt 42, 301, 305 mit Anm. Döllinger JR 1998, S. 160; BGH NJW 2001, S. 1803.

151) 허용규범은 거의 보는 경우 이익교량의 관점이 무시될 수 없다. 그러나 본질적으로 사람의 생명에 대하여는 이익교량이 곤란하다. 죽어가는 생명에 대한 이익교량이 가능하다는 관점에서 긴급행위로서의 간접적

접적 안락사는 '사망의 위험을 각오한 수술'의 경우와 동일한 관점에서 허용된 위험의 법리에 의하여 살인죄의 구성요건해당성을 배제하는 것이 타당하다.[152)]

소극적 안락사는 불치나 빈사의 사람이 자연사에 이르도록 소극적으로 생명유지조치를 취하지 않는 것을 말한다.[153)] 소극적 안락사는 사회상규에 위배되지 아니하는 정당행위라는 것이 일반적인 학설[154)]의 입장이다. 인간의 존엄은 인간답게 살 권리뿐 아니라 인간답게 죽을 권리를 포함하기 때문에 치료의사는 환자의 의사에 반한 치료행위로 고통의 연장을 강요할 수 없고, 소생이나 치료가능성이 소멸되고 사기에 임박한 환자에 대해서는 의사의 치료의무도 끝나게 된다는 것이다. 그러나 "소생이나 치료가능성이 소멸되고 사기에 임박한 환자에 대하여 의사의 치료의무도 끝나게 된다"면, 소극적 안락사의 경우 치료의사에게 치료의 작위의무는 존재하지 않게 된다. 작위의무가 존재하지 않는다면 작위의무위반도 없으므로 부진정부작위범에 의한 살인죄의 구성요건해당성이 부정되어야 한다.[155)] 따라서 소극적 안락사는 위법성조각의 문제가 아니라 구성요건해당성 여부의 문제라고 해야 한다.

안락사의 문제를 업무로 인한 정당행위로 파악하는 관점은 생명단축을 수반하는 중대한 법익훼손행위에 대한 위법성조각사유의 근거제시가 부족할 뿐 아니라 부적절하다. 안락사를 위법성조각의 문제로 접근할 경우 해결할 수 없는 절대적 생명보호의 원칙과의 충돌을 피할 수 없게 된다. 안락사의 문제는 위법성의 조각이 아니라, 구성요건해당성의 단계에서 해결해야 할 문제로 접근하는 것이 타당하다.

### 3-3. 변호사의 업무행위

변호사가 법정에서 변론의 필요상 개인의 명예를 훼손하는 사실을 적시하거나 변호업

---

안락사를 초법규적 위법성조각사유로 인정하는 것은 절대적 생명보호의 원칙을 훼손하는 결과를 초래한다.

152) 동지, 이형국, 형법각론, 18면.

153) 일반적으로 소극적 안락사와 적극적 치료중단에 대해서 존엄사라는 용어가 사용되고 있다: 배종대, 형법각론, 35면; 오영근, 형법각론, 37면; 이영란, 형법각론, 30면; 이재상/장영민/강동범, 형법각론, 22면; 이형국, 형법각론, 21면 이하.

154) 김성천/김형준, 형법각론, 18면; 김일수, 한국형법 Ⅲ, 63면; 오영근, 형법각론, 27면; 진계호/이존걸, 형법각론, 37면; 제한적 입장의 백형구, 형법각론, 23면; 호스피스·완화의료 및 임종과정에 있는 환자의 연명의료결정에 관한 법률(연명의료결정법)에 의한 제20조의 법령에 의한 행위라는 견해로는 배종대, 형법각론, 35면.

155) 동지, 김일수/서보학, 형법각론, 18면; 이형국, 형법각론, 21면 이하; 김재봉, 치료중단과 소극적 안락사, 형사법연구 제12호, 1999, 171면; 전지연, 현행형법에 따른 안락사의 허용여부에 대한 검토, 명형식교수 화갑논문집, 1998, 172면 이하.

무를 처리하면서 알게 된 다른 사람의 비밀을 누설하여도 '업무로 인한 정당행위'로 위법성이 조각된다고 한다(통설). 그러나 변호사의 증인심문·피고인심문·최종변론 등의 행위들은 법률(형사소송법)에 의한 행위(소송행위)이다. 따라서 형사소송법 각 본조의 해석상 인정될 수 있는 변론이라면 그것이 설령 명예훼손이나 업무상 비밀누설의 구성요건에 해당할지라도 법률에 의한 행위로서 당연히 허용되어야 한다.156) 물론 변호사의 법익훼손행위가 형사소송법 각 본조의 해석에 의해서 인정될 수 없는 경우라면 다른 위법성조각사유(정당방위·긴급피난·피해자의 승낙 등)에 해당하지 않는 한 허용될 수 없다.157)

이러한 문제는 변호사뿐 아니라 판사, 검사, 피고인, 증인 등 소송에 관여하는 모든 사람에게서 동일하게 발생한다. 그러나 형사소송에서 형사소송법의 규정에 의한 행위(법률에 의한 행위)라는 점을 외면하고, 각각 '업무로 인한 행위'와 '기타 사회상규에 위배되지 아니하는 행위'로 구별하는 것은 매우 비합리적이다.

### 3-4. 성직자의 업무행위

성직자가 고해성사로 알게 된 사실을 묵비하여 불고지죄의 구성요건에 해당하는 행위는 '업무로 인한 정당행위'로 위법성이 조각된다고 한다(통설). 그러나 성직자가 고해성사로 알게 된 사실을 묵비해야 하는 것은 종교적인 의무를 이행하는 것이고, 종교적으로 의무지워진 행위를 행하는 것은 헌법이 기본권으로 보장해 주는 종교의 자유권을 행사하는 것이다.158) 불고지죄의 구성요건이 종교의 자유를 제한하는 법률유보로 해석되지 않는 한, 헌법의 기본권행사는 항상 정당하다. 오히려 이 사안에서는 "불고지죄의 구성요건은 고해성사의 묵비를 포함하지 않는다"고 해석하는 것이 가능하다.

유사한 경우가 언론인의 취재행위159)이다. 언론인의 취재행위도 헌법적인 언론의 자유를 중심으로 해석해야지, 이를 업무로 인한 정당행위의 관점에서 설명하는 것은 부적절하다. 물론 이 행위들을 모두 법률(헌법)에 의한 정당행위라고도 할 수는 있을 것이다.

이상에서 살펴본 바와 같이 '업무로 인한 정당행위'라는 개념은 전혀 불필요하다. 대부분 법률에 의한 행위이고, 의사의 치료행위는 기본적으로 피해자의 승낙으로 허용된다. 안락사의 문제도 의사의 업무로 인한 정당행위의 관점에서 접근하는 것은 적절하지 않다.

156) 동지, 손동권/김재윤, 266면; 동취지, 긴급피난 등 다른 위법성조각사유를 원용해야 한다는 입장으로는 한정환(1), 384면 이하.
157) 동취지, 한정환(1), 384면 이하.
158) 동지, 손동권/김재윤, 266면; 정영일, 263면.
159) 대법원 2011.7.14. 2011도639.

## 4. 기타 사회상규에 위배되지 아니하는 행위

일반적으로 제20조의 정당행위는 널리 사회상규에 위배되지 아니하는 초법규적 위법성조각사유를 명문화한 것이라고 설명된다. 제20조는 "법률의 명문규정이 없어도 초법규적 위법성조각사유가 인정될 수 있다"는 선언적 주의규정으로 이해하는 것이 적절하다.

제20조의 '사회상규'는 '사회적 상당성'과 구별되어야 한다. 사회적 상당성은 우리의 일상생활에 결부되어 완전히 정상적이라고 인정되는 것을 의미한다. 예컨대 감기에 걸린 사람이 자신이 가고 싶은 곳을 가는 행위는 사회적으로 상당한 행위이다. 그러므로 그 사람이 연극을 보러 가서 비록 옆 좌석의 관객에게 감기를 전염시켰어도 상해죄의 구성요건(질병의 야기)에 해당하지 않는다. 이와 같이 사회적으로 상당한 행위는 일상적인 사회활동을 의미하며, 정상적이고 일상적인 사회활동에 일정한 위험이 포함되어 있을지라도, 그 위험은 허용된 위험으로서 처음부터 전형적인 불법유형인 구성요건에 포함될 수 없다. 구성요건이란 위법한 행위 중에서도 전형적인 불법행위만을 선별하여 형법각칙에 유형별로 기술한 것이기 때문이다. 따라서 사회적 상당성은 구성요건해당성 배제사유가 된다.

그렇다면 본래 위법한 행위에는 포함되어 있지만, 예외적이고 특수한 경우이기 때문에 위법성을 조각시켜 주어야 할 '사회상규에 위배되지 아니하는 행위'가 무엇인지 문제된다. 보통 이러한 행위들은 모든 법률에 걸쳐서 광범위하게 규정되어 있다. 특히 형법은 일반적이고 전형적인 이러한 행위들을 정당방위 · 긴급피난 · 자구행위 · 피해자의 승낙 등으로 규정하고 있다. 이러한 법률의 규정 외에도 초법규적 위법성조각사유로 인정되고 있는 추정적 승낙, 의무의 충돌, 교사의 징계행위 등이 여기에 속한다. 제20조의 '기타 사회상규에 위배되지 않는 행위'에 대하여 독자적인 기능을 부여한다면, 이 행위는 법률에 규정되지 아니한 초법규적 위법성조각사유인 추정적 승낙, 의무의 충돌, 교사의 징계행위 등이라고 보아야 한다.

초법규적 위법성조각사유가 인정되어야 하는 이유는 사회의 지배적인 가치관이나 사회현상의 변천이 위법성의 판단기준에도 직접적인 영향을 미치게 된다는 점에 있다. 즉 시대와 환경에 적합해야 할 유연한 '전체 법질서의 규범적 요구(Gebotsein)'라는 일반조항(Generalklausel)의 필요성이 인정되고, 이를 근거로 법률의 규정이 없이도 초법규적 위법성조각사유가 인정될 수 있다. 그렇다면 제20조의 '기타 사회상규에 위배되지 않는 행위'란 일반적인 '전체 법질서의 규범적 요구(Gebotsein)'를 의미해야 할 것이다.

대법원[160]은 제20조의 사회상규에 위배되지 아니하는 정당행위가 인정되기 위한 요건

---

160) 대법원 2003.9.26. 2003도3000; 대법원 2010.5.27. 2010도2680; 대법원 2013.4.11. 2010도13774; 대법원 2015.10.29. 2015도8429; 대법원 2016.5.12. 2013도15616; 대법원 2017.5.30. 2017도2758; 대법원

으로, 첫째 그 행위의 동기나 목적의 정당성, 둘째 행위의 수단이나 방법의 상당성, 셋째 보호이익과 침해이익과의 법익균형성, 넷째 긴급성, 다섯째 그 행위 외에 다른 수단이나 방법이 없다는 보충성 등을 요구하고 있다.[161] 그러나 만약 이러한 제 요건을 충족하는 행위라면 제22조 제1항의 긴급피난에도 무난하게 포섭될 수 있을 것으로 판단된다.[162]

대법원이 정당행위로 판결한 사안들은 정당방위의 경미한 사안[163]들이거나 사회적으로 상당한 행위이기 때문에 본래부터 구성요건에 해당할 수 없는 사안들이다. 예컨대 '강제연행을 모면하기 위하여 소극적으로 상대방을 밀어붙이거나', '상대방의 불법한 공격으로부터 자신을 보호하기 위하여 소극적으로 저항하거나', '채무변제를 요구하며 행패를 부리는 피해자를 뿌리치는 행위' 또는 '택시운전사가 멱살을 잡고 흔드는 피해자의 손을 뿌리치고 택시를 출발시키는 행위' 등을 판례가 정당행위로 판시[164]하고 있으나, 이들은 모두 정당방위상황에서의 정당한 방위행위에 해당한다.

또한 '가해자에게 치료비를 요구하고 의무를 이행하지 않으면 고소하겠다고 하거나, 구속시키겠다고 하는 행위'에 대해서도 판례는 정당행위로 판단[165]했으나, 이러한 행위는 사회적으로 상당한 행위인 정당한 권리행사로서 구성요건해당성이 배제된다.

징계행위도 정당행위의 관점에서 논의되고 있다. 징계행위가 친권자의 친권, 학교장의 징계권, 소년원장의 징계권 등 법률의 근거를 가지고 있는 경우에는 이는 '법률에 의한 행위'로서 위법성이 조각되며, 이 한도에서는 허용법률의 해석문제가 된다. 따라서 제20조 기타 사회상규에 위배되지 아니하는 정당행위의 관점에서 논의되는 징계행위는 법률의 특별한 근거 없이 교육현장에서 흔히 발생되는 교사의 체벌문제라고 할 수 있다.

종래 교육자가 주관적으로 교육의 목적을 달성하기 위하여 객관적으로 교육목적을 달

---

2021.9.9. 2016도88; 대법원 2021.12.30. 2021도9680.

161) 다만 대법원은 정당행위인 판단기준인 '목적·동기', '수단', '법익균형', '긴급성', '보충성'은 불가분적으로 연관되어 하나의 행위를 이루는 요소들로 종합적으로 평가되어야 하고, 특히 행위의 긴급성과 보충성은 수단의 상당성을 판단할 때 고려요소의 하나로 참작하여야 하고 이를 넘어 독립적인 요건으로 요구할 것은 아니며, 다른 실효성 있는 적법한 수단이 없는 경우를 의미하는 것으로 '일체의 법률적인 적법한 수단이 존재하지 않을 것'을 의미하는 것은 아니라고 한다: 대법원 2023.5.18. 2017도2760.

162) 대법원 2004.2.13. 2003도7393은 연립주택 아래층에 사는 피해자가 위층 피고인의 집으로 통하는 상수도관의 밸브를 임의로 잠근 후 이를 피고인에게 알리지 않아 하루 동안 수돗물이 나오지 않은 고통을 겪었던 피고인이 상수도관의 밸브를 확인하고 이를 열기 위하여 부득이 피해자의 집에 들어간 행위를 정당행위로 판단하였다. 판례의 구체적인 사안에서는 정당방위도 가능하지만, 최소한 긴급피난은 충분히 가능하다.

163) 이러한 경우들은 기본적으로 정당방위에 의하여 위법성이 조각되어야 할 것이다. 제20조와 제21조는 일반법과 특별법의 관계에 있기 때문이다.

164) 대법원 1982.2.23. 81도2958; 대법원 1985.11.12. 85도1978; 대법원 1989.11.14. 89도1426; 대법원 1992.3.10. 92도37; 대법원 1992.3.27. 91도2831; 대법원 1995.2.28. 94도2746; 대법원 1995.8.22. 95도936; 대법원 1996.5.28. 96도979; 대법원 2000.3.10. 99도4273.

165) 대법원 1971.11.9. 71도1629; 대법원 1977.6.7. 77도1107 참조.

성하기 적합한 수단을 사용하는 것은 허용될 수 있다고 해석되었다.[166] 그러나 초·중등교육법 제18조 제1항 본문은 학교장의 징계에 관하여 "학교의 장은 교육을 위하여 필요한 경우에는 법령과 학칙으로 정하는 바에 따라 학생을 징계할 수 있다"고 규정하였다. 또한 동법 시행령 제31조 제8항은 "학교의 장은 법 제18조 제1항 본문에 따라 지도를 할 때에는 학칙으로 정하는 바에 따라 훈육·훈계 등의 방법으로 하되, 도구, 신체 등을 이용하여 학생의 신체에 고통을 가하는 방법을 사용해서는 아니 된다"라는 규정하였다. 그러므로 초·중등교육법을 근거로 개별교사의 체벌이 정당화될 수는 없게 되었다.[167] 다만 개별교사는 초·중등교육법령의 범위 안에서 주관적으로 교육의 목적을 달성하기 위하여 객관적으로 교육목적을 달성하기 적합한 수단[168]을 사용하는 것이 허용될 수 있다. 이는 교육현장에서 관습법적으로 허용되어 온 교육목적을 달성하기 위한 위법성조각사유라고 해석된다. 따라서 개별교사의 교육목적의 징계행위는 관습법에 근거를 둔 초법규적 위법성조각사유라고 해야 한다.

대법원[169]은 근로자의 노동쟁의행위가 정당행위가 되기 위한 5개의 조건들을 제시하고 있으나, 실제 정당행위의 조건으로 보이는 사항은 "그 수단과 방법이 사용자의 재산권과 조화를 이루어야 함은 물론 폭력의 행사에 해당되지 아니하여야 한다"는 것이다. 그러나 이러한 조건들은 적법한 쟁의행위의 조건에 불과할 뿐이며, 위법한 쟁의행위가 예외적으로 허용될 수 있는 정당행위의 조건이라고 할 수는 없다.

대법원은 '적법한 쟁의행위에 통상 수반되는 부수적 행위'에 관하여 "적법한 쟁의행위가 그 준비과정에서 관행에 편승하여 관련 적법절차를 벗어난 경우에도 전체적으로 수단과 방법의 적정성의 범위에서는 정당행위에 해당한다"[170]는 근거를 제시하고 있다.

---

166) 대법원 2004.6.10. 2001도5380은 초·중등교육법령에 따르면 교사는 학교장의 위임을 받아 교육상 필요하다고 인정할 때에는 징계를 할 수 있고 징계를 하지 않는 경우에는 그 밖의 방법으로 지도를 할 수 있는데, … 그 방법과 정도에서 사회통념상 용인될 수 있을 만한 객관적 타당성을 갖추었던 경우에만 '법령에 의한 정당행위로 볼 수 있을 것'이라고 판시하였다. 그러나 그 이후 초중등교육법시행령 제31조 제8항은 2011.3.18.의 개정으로 신체고통금지를 명문화하였다.

167) 대법원 2022.10.27. 2022도1718: "초·중등교육법시행령과 학교의 생활지도규정에서 금지하는 수단과 방법을 사용하여 체벌을 하였다면 훈육 또는 지도 목적으로 행하여졌다고 할지라도 허용될 수 없다."

168) 다소 모욕적인 표현의 훈계, 다음 수업참여를 조건으로 한 반성문 제출 등의 강요행위.

169) 대법원 2003.11.13. 2003도687: "근로자의 쟁의행위가 형법상 정당행위가 되기 위하여는 첫째 그 주체가 단체교섭의 주체로 될 수 있는 자이어야 하고, 둘째 그 목적이 근로조건의 향상을 위한 노사간의 자치적 교섭을 조성하는 데에 있어야 하며, 셋째 사용자가 근로자의 근로조건 개선에 관한 구체적인 요구에 대하여 단체교섭을 거부하였을 때 개시하되 특별한 사정이 없는 한 조합원의 찬성결정 등 법령이 규정한 절차를 거쳐야 하고, 넷째 그 수단과 방법이 사용자의 재산권과 조화를 이루어야 함은 물론 폭력의 행사에 해당되지 아니하여야 한다는 여러 조건을 모두 구비하여야 한다."; 동지, 대법원 2005.2.25. 2004도8530; 대법원 2007.5.11. 2006도9478; 대법원 2008.1.18. 2007도1557; 대법원 2008.9.11. 2004도746; 대법원 2013.5.23. 2010도15499; 대법원 2022.10.27. 2019도10516.

170) 대법원 2022.10.27. 2019도10516: "그 주체와 목적의 정당성이 인정되고 절차적 요건을 갖추어 적법하게

노동쟁의행위는 헌법 제33조가 근로자에게 보장하는 헌법상의 권리이다. 적법하게 헌법 제33조에 포섭되는 헌법상의 권리라면 형법 등의 일반 범죄구성요건에 이를 포함시키는 것이 오히려 헌법위반이다. 따라서 업무방해죄 등의 구성요건은 적법한 노동쟁의행위를 제외시켜야 한다. 이러한 해석이 헌법합치적 해석이다. 적법한 노동쟁의행위의 과정에서 수반되는 부수적 행위라면, 그것이 헌법에서 보장하는 노동쟁의행위를 불허할 만한 불법한 노동쟁의행위로 평가할 수 있게 하는지 신중한 검토가 필요하다. "전체적으로 수단과 방법의 적정성의 범위에서는 정당행위에 해당한다"는 대법원[171]의 다소 두루뭉술한 판시내용은 이를 잘 표현하는 것으로 보인다.

---

개시된 쟁의행위의 목적을 공지하고 이를 준비하기 위한 부수적 행위이자, 그와 관련한 절차적 요건의 준수 없이 관행적으로 실시되던 방식에 편승하여 이루어진 행위로서, 전체적으로 수단과 방법의 적정성을 벗어난 것으로 보이지 않으므로 형법상 정당행위에 해당한다."

171) 대법원 2022.10.27. 2019도10516: "전체적으로 수단과 방법의 적정성을 벗어난 것으로 보이지 않으므로 형법상 정당행위에 해당한다."

# 제 4 장 책　임

## 제 1 절 책임이론

### 1. 책임의 의의

범죄성립의 3번째 요건은 책임이다. 범죄는 형벌의 대상이 되는 행위이고, 형벌은 책임을 전제로 하기 때문에, 책임은 범죄성립의 한 요소가 된다. 형법에서 책임은 구성요건에 해당하고 위법한 행위, 즉 불법한 행위를 한 자에 대한 법적 비난이다.

불법은 인간이 저지른 행위에 대한 판단인 반면에, 책임은 불법한 행위를 저지른 행위자 개인에 대한 판단이다. 책임이란 원칙적으로 구체적인 상황에서 행위자가 불법행위에 나아가지 아니할 것이 기대가 가능했음에도 불구하고 불법행위를 저질렀을 때, 그 불법에 대하여 행위자를 법적으로 비난하는 것이다. 따라서 행위자 개인에게 적법행위를 기대할 수 없었을 때에는 원칙적으로 법적 비난이 불가능하여 형사책임을 물을 수 없게 된다. 이와 같이 책임은 행위자 스스로에게 개인적으로 가능한 영역(Selbstmögliche)에서만 문제가 될 수 있다.

책임의 근거는 인간의 개인적인 능력이다. 자유롭고 올바르게 적법과 불법을 구별하여 결정할 수 있는 개인적 능력은 책임판단의 근본이고, "구체적 행위자가 이러한 능력을 갖추고 있는가"라는 문제는 책임판단의 중요한 요소가 된다. 이에 따라 형법상 책임원칙은 윤리적으로 성숙하고 정신적으로 건강한 인간이 그 중심점이 된다. 행위자가 법률적으로 비난받을 만한 심정을 기초로 행위한 경우 그 행위에 대한 비난가능성이 책임이다. 이때 책임비난의 대상은 법률질서의 행동요구에 거역하여 위법한 행위를 한 행위자가 그의 행위를 통하여 표현한 태도라고 할 수 있다. 물론 여기서 비난가능성이란 법률적 척도에 의한 법률적 비난을 말하며, 도덕적 · 윤리적 비난을 의미하는 것이 아니다. 따라서 윤리적 · 도덕적 확신에 의하여 불법을 저지르는 확신범도 법률적 척도에 의한 법적 비난을 피할 수 없다.

## 2. 책임의 근거

"불법을 저지른 사람이 책임비난을 받아야 할 이유가 무엇인지"에 대하여는 종래부터 자유의사론과 결정론의 대립이 있어 왔다. 인간이 법률질서의 행동요구를 거역하는 심정에 대한 비난이 책임이라면, "이러한 인간의 심정은 자유로운 의사결정에 의한 것인가" 아니면 "인간은 사회적 · 환경적으로 이미 그렇게, 즉 다른 의사결정을 할 수 없도록 결정되어 있는 존재인가"라는 철학적 문제가 제기된다.

자유의사론에 기초를 둔 구파에서는 범죄이론을 전개할 때 행위에 중점을 두어 객관설을 취하게 되며, 형벌이론에서도 응보형주의를 취하게 된다. 이러한 입장에서 책임의 전제를 자유로운 의사결정에 대한 비난으로 파악하는 것은 당연하다. 따라서 자유의사론에서는 "자유의사를 가진 자가 그의 자유로운 의사결정에 의하여 불법한 행위를 저질렀으므로 도덕적으로 비난이 가해져야 한다"는 도의적 책임론을 주장하게 된다.

결정론을 기초로 하는 신파에서는 범죄이론에서 행위자에 중점을 두는 주관설을 취하게 되며, 형벌이론에서도 목적형주의를 취한다. 이에 따라 책임의 전제는 반사회적 성격에 대한 비난이 되고, 반사회적 성격을 가진 자는 사회적으로 위험하므로 사회방위가 책임의 근거라는 사회적 책임론을 주장하게 된다.

또한 책임은 행위자의 인격형성과정에 대한 비난이어야 한다는 인격적 책임론이 있다. 인격적 책임론은 소질과 환경에 영향을 받으면서 어느 정도의 상대적 자유의사를 가진 인간상, 즉 결정하면서 결정되는 인간을 책임비난의 대상으로 본다.[1] 따라서 범죄에 대한 책임은 '주체적으로 형성된 인격'을 형성하는 전 과정에 대한 비난이라고 한다.

형법이론에서 이미 살펴본 바와 같이, 현재 대다수 국가의 형법은 신 · 구파의 이론을 결합한 포괄적인 그리고 절충적인 형태를 취하고 있다. 형법에서도 자유의사를 전제로 하는 고전학파의 이론을 기초로 하면서 근대학파의 이론을 고려하는 소위 신고전주의(결합설)를 취하고 있다. 특히 구파의 형벌이론은 책임이 형벌의 상한을 제한한다는 의미에서 절대적이다. 즉 특별예방이 책임의 범위를 초과해서는 안 된다. 반면에 형벌의 하한은 신파이론의 특별예방에 의하여 결정된다.

불법에 대한 책임비난의 근거는 구체적인 범죄행위와 행위자가 관련된 보는 요소에서

1) 이에 관하여는 박정근, 인격책임의 신이론, 법문사, 1986 참조.

그 근거를 찾아야 한다. 그러므로 책임의 근거는 결합설의 입장에서 설명될 수밖에 없다. 그러나 이와 같이 구체적인 범죄행위와 행위자가 관련된 모든 요소를 근거로 책임을 정해야 한다면, 이를 법률에 세부적으로 규정하는 것은 불가능하다. 따라서 제51조는 책임비난의 근거로부터 도출된 양형[2]의 조건을 완전히 개별적인 법관의 양심에 의한 자유로운 판단에 맡기고 있다.

다만 이와 같은 구체적인 책임, 즉 책임의 양은 우선 책임의 유무가 정해진 다음에야 논의의 대상이 된다. 책임의 유무에 관해서는 범죄성립요건으로서의 책임에서 판단하게 된다. 따라서 본 장에서 논의되는 범죄성립요건으로서의 책임에서는 완전한 책임, 제한된 책임, 책임배제 내지 책임조각만을 다루게 된다.[3] 이때는 자유의사론을 전제로 하는 도의적 책임론의 관점에서 책임의 근거를 구하게 된다. 물론 최종적인 책임(양형책임)의 근거는 도의적 책임론과 사회적 책임론의 결합에서 찾는다.

## 3. 책임의 본질

책임의 본질이 불법행위에 대한 비난가능성이라는 점에는 학설의 다툼이 없다. 이러한 일반적인 학설의 결론은 규범적 책임론의 공헌이다. 그러나 종래에는 "책임의 본질이 무엇인가"에 대하여 심리적 책임론과 규범적 책임론의 대립이 있었다.

심리적 책임론은 책임을 행위에 대한 행위자의 주관적·심리적 관계로 파악하여 책임개념을 인식과 의사라는 심리적 상황으로 보았다. 이에 따르면 고의와 과실은 불법과는 전혀 관계가 없는 순수한 책임요소가 된다. 심리적 책임론은 인과적 행위론, 벨링(Beling)의 구성요건이론과 연결된 책임이론이다.[4] 그러나 심리적 책임론은 강요된 행위나 면책적 긴급피난의 경우에 고의로 행동하는 행위자의 책임이 조각되는 이유를 설명할 수 없게 된다.

규범적 책임론은 의사형성(Willensbildung)과 의사실행(Willensbetätigung)에 대한 비난가능성을 책임의 본질로 파악한다. 심리적 사실에 대한 규범적 평가, 즉 법률질서의 행동요구에 따르지 않았다는 행위자의 심정에 대한 법적 평가(비난)가 책임이라는 것이다. 따라서 책임은 '행위자가 법률질서의 행동요구를 거역하는 고의의 태도' 또는 '부주의로 법률질서의 행동요구를 지키지 못하는 과실의 태도'에 대한 비난가능성, 즉 불법에 대한 비난가능성이 된다. 현재 규범적 책임론은 학설에 의하여 일반적인 지지를 받고 있다.

---

2) 이는 구체적인 책임비난의 양을 의미한다.

3) 이를 보통 형벌근거책임(Strafbegründungsschuld)이라고 하여, 양형책임(Strafzumessungsschuld)과 구별하고 있다.

4) 인과적 행위론과 벨링(Beling)의 구성요건이론의 결합에 대해서는 각각 상기 '제2편, 제1장, 제2절, 1. 행위이론'과 '제2편, 제2장, 제1절 구성요건 일반론' 참조.

예방적 책임론 또는 기능적 책임론으로 소개되는 이론이 록신(Roxin), 야콥스(Jakobs) 등에 의하여 주장되고 있다. 록신은 우선, 규범적 책임론의 자유의사론을 전제로 "다르게 행동할 수 있었는가(Andershandelnkönnen)"라는 책임개념을 배척한다. 이는 의사자유의 경계선에서 증명 불가능한 가설에 불과하다는 것이다.[5] 록신은 그의 책임이론을 규범적 요구가능성으로 설명하고 있다. 책임이란 '규범적 요구가능성이 존재하고 있음에도 불법한 행위를 저지르는 자에 대한 비난'이라는 것이다. 록신은 이 규범적 요구가능성을 경험적 개념으로 이해한다. "행위자에게 적법한 행위의 요구가 심리적·정신적으로 가능했었는가"를 경험적으로 판단해야 한다는 것이다.[6] 이러한 의미에서 책임개념은 규범적으로만 이해하여서는 안 되고, 규범적이면서 동시에 경험적인 개념으로 이해되어야 한다고 본다. 이러한 책임개념은 법치국가원리의 경계선에서 예방목적을 수행하지 못하는 경우에 있어서 특히 합리적인 형사정책에 공헌할 수 있다고 한다. 즉 자유의사론에 근거를 둔 규범적 책임론의 입장에서는 의사자유의 유무를 확정할 수 없는 경계선에서 항상 in-dubio-Satz에 의하여 책임을 인정하지 못하게 되는 결함이 있다는 것이다.[7]

야콥스는 "오직 목적만이 책임개념에 실질적인 내용을 제공할 수 있다"고 본다. 여기서의 목적은 일반예방이라고 한다. 물론 야콥스는 일반예방을 위하(威嚇)의 의미가 아니라, "일반인으로 하여금 규범의식을 유지시킨다"는 의미로 이해한다.[8] 이를 소위 적극적 일반예방이라고 한다. 이에 따라 책임은 '일반예방의 필요성에 대한 응답'이 된다.

이러한 야콥스의 견해에 대하여 록신은, "위험한 책임 없는 행위자에 대하여는 보안처분이 요구되며, 이러한 행위에 대하여 책임개념을 작용시킬 필요가 없다"고 비판한다.[9] 그러나 이러한 록신의 야콥스에 대한 비판은 자기 자신의 이론에 대하여도 유효한 비판이 될 것이다. 특히 형법이 제51조에서 양형책임을 인정하고 있는 한, 책임론에서의 책임은 법정형을 근거지우는 책임으로 이해하여 자유의사를 전제로 한 규범적 책임론의 입장에서 판단하면 충분하다. 이에 따라 의사자유의 유무를 확정할 수 없는 경계선에서는 항상 in-dubio-Satz를 적용하여 형벌이 아니라, 보안처분만이 가능해야 할 것이다.

## 4. 형법상 책임의 구성

형법의 책임이론은 윤리적으로 성숙하고 정신적으로 건강한 인간을 전제로 하고 있다. 윤리적으로 성숙하고 정신적으로 건강한 인간이 저지르는 불법한 행위에 대해서는 당연히 행위자의 책임도 추정된다. 따라서 형법은 책임이 배제 내지 조각될 수 있는 예외적인 경우들을 소극적으로 규정하고 있다.

① **책임능력** 제9조 내지 제11조에서는 책임능력을 규정하고 있다. 책임능력에 관

5) Roxin, Lehrbuch AT I, § 19 Rdnr. 20 ff.
6) Roxin, Lehrbuch AT I, § 19 Rdnr. 36 ff.
7) Roxin, Lehrbuch AT I, § 19 Rdnr. 46 ff.
8) Jakobs, Lehrbuch AT, S. 480 ff. 484.
9) Roxin, Lehrbuch AT I, § 19 Rdnr. 48.

한 규정들은 책임이 배제되는 경우 내지 책임이 감경되는 경우를 소극적으로 규정하고 있다.

② **특별책임요소** 형법각칙의 규정 중에서는 불법의 내용이 아니라 오직 행위자의 책임만을 특징짓는 요소를 포함하는 경우가 있다. 이를 특별책임요소라고 한다. 예컨대 2023.8.8.의 형법일부개정으로 폐지된 제251조와 제272조의 '치욕을 은폐하기 위하거나, 양육할 수 없음을 예상하거나 기타 참작할 만한 동기'는 범죄의 불법내용(행위반가치 결과반가치)이 아니라, 오직 행위자의 책임(심정반가치)만을 특징짓는 요소이었다.

③ **책임형태** 고의와 과실은 형법이 인정하는 책임형태이다. 물론 고의와 과실은 우선 불법의 요소로서 기능을 하지만, 동시에 형법이 인정하는 책임형태로서 이중의 기능을 한다.

④ **위법성의 인식** 제16조는 법률의 착오를 규정하고 있다. 행위자가 자기행위의 위법성을 인식하지 못한 경우에는 정당한 이유가 있는 경우에 한하여 책임이 배제된다.

⑤ **책임조각사유** 제12조, 제21조 제2항·제3항, 제22조 제2항, 제23조 제2항에서는 책임이 조각 내지 감경되는 사유인 강요된 행위·과잉방위·과잉긴급피난·과잉자구행위를 규정하고 있다.

## 제2절 책임능력

### 1. 책임무능력자와 한정책임능력자

#### 1-1. 책임무능력자

제9조에서는 14세 미만의 자를 형사미성년자인 책임무능력자로 규정하고 있다. 형법은 14세 미만의 자를 '법규범의 명령이나 금지를 인식할 수 있는 통찰능력이나 또는 이러한 통찰에 따라 행위할 수 있는 행위조종능력'이 결여된 자로 판단한다. 형법의 이러한 판단은 절대적이어서 구체적인 행위자가 통찰능력과 조종능력을 갖고 있다는 증명을 허용하지 않는다. 그러므로 제9조의 규정은 형법규범에서는 아주 예외적인 의제규정이 된다. 14세 미만의 소년은 형법상 책임무능력자이기 때문에 형사책임을 부담하지 않지만, 소년법 제4조 제1항 제2호(촉법소년)와 제3호(우범소년)에 해당하는 10세 이상 14세 미만의 소년에 대하여는 동법 제32조에 의하여 보호처분을 부과한다.

제10조 제1항은 '심신장애로 인하여 사물을 변별할 능력이 없거나 의사를 결정할 능력이 없는 자'를 책임무능력자로 규정하고 있다. 일반적으로 사물변별능력은 법규범의 명령이

나 금지를 인식할 수 있는 통찰능력으로 이해하며, 의사결정능력은 통찰에 따라 자기의 행위를 조종할 수 있는 조종능력으로 이해한다. 이에 따라 책임능력이란 법규범의 명령이나 금지를 인식할 수 있는 통찰능력과 이러한 통찰에 따라 행위할 수 있는 행위조종능력이 된다.

심신장애자는 사물변별능력(통찰능력)이나 의사결정능력(조종능력)이 상실된 자를 말한다. 여기서 심신장애란 생물학적·정신병리학적 비정상을 의미하며, 병적 정신장애뿐 아니라 명정이나 약물에 의한 환각을 포함한다.[10] 이러한 생물학적·정신병리학적 심신장애로 인하여 심리적 요소인 사물변별능력이나 의사결정능력이 상실되어야 책임무능력인 심신상실이 된다.[11] 다만 범행당시 행위자의 인식능력이나 기억능력은 책임능력과 반드시 일치한다고 볼 수 없다.[12]

사물변별능력이나 의사결정능력의 상실[13] 또는 미약은 전문가의 도움으로 법관이 규범적으로 판단해야 할 사항이다. 다만 심신장애의 유무 및 그 정도를 판단함에 있어서 반드시 전문감정인의 의견에 기속되어야 하는 것은 아니고 범행의 경위, 수단, 범행 전후의 피고인의 행동 등 기록에 나타난 제반자료와 공판정에서의 피고인의 태도 등을 종합하여 법원이 독자적으로 심신장애의 유무를 판단할 수 있다.[14]

### 1-2. 한정책임능력자

제10조 제2항은 심신미약자를 한정책임능력자로 규정하고 있다. 심신미약자란 심신장애로 인하여 사물변별능력이나 의사결정능력이 미약한 자를 말한다. 심신미약자의 행위는 형을 감경할 수 있다.[15]

---

10) 다만 실신·마취·최면상태에서의 행위는 책임능력의 문제가 아니라 형법상 비행위에 불과하다.

11) 대법원 2007.2.8. 2006도7900: "형법 제10조에 규정된 심신장애는, 생물학적 요인으로 인하여 정신병 또는 비정상적 정신상태와 같은 정신적 장애가 있는 외에, 심리학적 요인으로 인한 정신적 장애로 말미암아 사물에 대한 변별능력과 그에 따른 행위통제능력이 결여되거나 감소되었음을 요하므로, 정신적 장애가 있는 자라고 하여도 범행 당시 정상적인 사물변별능력이나 행위통제능력이 있었다면 심신장애로 볼 수 없다"; 동지, 대법원 1992.8.18. 92도1425; 대법원 2005.12.9. 2005도7342; 대법원 2007.6.14. 2007도2360; 대법원 2013.1.24. 2012도12689.

12) 대법원 1990.8.14. 90도1328: "기억능력과 책임능력은 일치하는 것이 아니므로, 범행당시 인식능력이나 기억능력이 있다는 것만으로 사물변별능력이나 의사결정능력의 결여가 아니라 미약한 상태에 있었다고 단정할 수는 없는 것이다"; 동취지, 대법원 1991.5.28. 91도636; 대법원 2015.3.20. 2014도17346.

13) Vgl. BGH NStZ 82, 243: 독일의 판례에 의하면 0.3% 이상의 혈중알콜농도는 책임능력을 부정할 수 있다고 한다.

14) 대법원 1991.9.13. 91도1473; 대법원 1997.7.25. 97도1142; 대법원 1999.1.26. 98도3812; 대법원 1999.8.24. 99도1194; 대법원 2007.2.8. 2006도7900; 대법원 2007.6.14. 2007도2360; 대법원 2013.1.24. 2012도12689.

15) 종래 필요적 형 감면을 2018.12.18.의 개정에서 임의적 형 감면으로 변경하였다.

제11조는 청각 및 언어 장애인도 한정책임능력자로 규정하고 있다. 듣거나 말하는 데 모두 장애가 있는 사람의 행위에 대해서는 형을 감경한다. 듣거나 말하는 데 모두 장애가 있는 사람이어야 하므로 듣거나 말하는 데 어느 한쪽의 기능이라도 정상이면 여기에 해당하지 않는다. 그러나 청각 및 언어 장애인에 대해서는 책임능력에 관한 일반규정인 제10조 제2항에 의하여 해결하면 족하므로, 입법론적으로 제11조는 폐지되어야 할 규정이다(통설). 현대의 교육시스템과 다양한 첨단 IT 기기의 등장은 청각 및 언어 장애인에 대한 사회적 적응기능성을 향상시켰기 때문에, 장애의 정도에 따라 정상적인 책임능력을 구비한 청각 및 언어 장애인을 한정책임능력자로 규정한 것은 형벌의 공백을 의미한다. 그럼에도 불구하고 2018.12.18.의 개정형법은 심신미약자의 행위를 임의적 형 감면사유로 변경하면서, 청각 및 언어 장애인의 행위에 대해서는 필요적 형 감면사유를 그대로 유지하였다. 거꾸로 된 형법개정이라는 비판을 면할 수 없을 것이다.

## 2. 원인에 있어서 자유로운 행위

제10조 제3항은 "위험의 발생을 예견하고 자의로 심신장애를 야기한 자의 행위에는 전2항(심신상실 심신미약)의 규정을 적용하지 아니한다"고 규정하고 있다. 이 규정은 원인에 있어서 자유로운 행위(actio libera in causa)에 관한 규정이다.

### 2-1. 원인에 있어서 자유로운 행위의 의의

원인에 있어서 자유로운 행위는 '행위자가 스스로를 심신장애의 상태로 만들고, 심신장애의 상태에서 범죄를 실행하는 범죄실현형태'를 말한다. 예컨대 사람을 상해할 목적으로 음주·대취하여, 그 상태에서 사람을 상해하는 경우가 여기에 해당한다. 이러한 경우에 구성요건에 해당하는 불법한 행위는 책임무능력 내지 한정책임능력상태에서 이루어졌지만, 그 결정적인 원인은 완전한 책임능력상태에서 자유롭게 설정되었다. 즉 직접적인 실행행위(in actu)는 자유롭지 않지만, 그 원인(in causa)에서는 자유로운 행위이다. 따라서 이러한 행위를 원인에 있어서 자유로운 행위라고 한다. 원인에 있어서 자유로운 행위에서 자신을 책임능력흠결상태로 만드는 행위를 보통 원인설정행위라 하고, 책임능력흠결상태에서의 법익침해행위를 실행행위라고 한다. 이 경우 행위자가 행위 할 당시에는 심신장애의 상태이기 때문에 행위자의 책임과 관련하여 문제가 발생한다. 이에 대하여 제10조 제3항은 "원인에 있어서 자유로운 행위의 경우에는 제10조 제1항과 제2항의 책임의 배제나 감경을 허용하지 않는다"고 규정하고 있다.

원인에 있어서 자유로운 행위는 형법의 범죄론 체계에서 보면 전형적인 범죄실현의 형태는 아니다. 아주 예외적이고 비전형적인 범죄의 실현형태이다.[16] 따라서 원인에 있어서 자유로운 행위에 의한 범죄실현에서는 그의 행위유형, 가벌성의 근거, 실행의 착수시기 등에 있어서 학설의 다툼이 있게 된다.

## 2-2. 원인에 있어서 자유로운 행위의 유형

원인에 있어서 자유로운 행위의 유형은 고의에 의한 원인에 있어서 자유로운 행위와 과실에 의한 원인에 있어서 자유로운 행위로 구분하는 것이 일반적인 학설의 입장이다. 그러나 결론적으로 원인에 있어서 자유로운 행위는 고의의 작위범에서만 가능한 범죄실현형태라고 해야 한다. 과실범·부작위범은 주의의무위반·작위의무위반이라는 의무위반으로 실현되는 범죄인데, 과실범·부작위범과 관련하여 원인에 있어서 자유로운 행위의 형식은 전 과정이 하나의 의무위반으로 평가되기 때문이다. 예컨대 부주의하게 음주대취하여 타인을 상해한 경우는 그냥 주의의무위반의 과실치상행위로 평가되므로 특별히 원인에 있어서 자유로운 행위를 원용할 필요가 없다는 것이다. 이러한 이 책의 관점에서 일반적인 학설의 입장을 살펴보기로 한다.

### 2-2-1. 고의에 의한 원인에 있어서 자유로운 행위

통설[17][18]에 의하면 고의에 의한 원인에 있어서 자유로운 행위는 책임능력 흠결상태에서 고의로 범죄를 저지르기 위해서 의도적으로 자신을 책임능력 흠결상태로 만드는 것이다. 따라서 고의에 의한 원인에 있어서 자유로운 행위는 자신을 책임능력흠결의 상태로 빠뜨리는 '원인설정행위' 및 책임능력흠결의 상태에서 행하는 '실행행위' 모두와 관련된 이중의 고의를 요한다고 한다.

고의는 구성요건적 행위상황에 대한 인식과 의사이므로 원인설정행위에 대해서는 이러한 인식과 의사가 인정될 수 없다는 관점에서, "고의에 의한 원인에 있어서 자유로운 행위인가 또는 과실에 의한 원인에 있어서 자유로운 행위인가는 책임능력 흠결상태에서 실

16) 원인에 있어서 자유로운 행위는 예외적이고 비전형적인 범죄실현형태이기 때문에, 전형적인 범죄실현의 형태로 해석이 가능한 한도에서는 원인에 있어서 자유로운 행위를 원용할 필요가 없다. 따라서 제10조 제3항은 단지 보충적으로만 적용되어야 한다.

17) 동취지, 고의의 3중적 관련을 주장하는 오영근, 270면 이하; 임웅, 319면 이하.

18) 독일 통설의 입장도 동일하다: Vgl. Lenkner/Perron, S-S StGB, § 20 Rdnr. 36 f. mwN; Rudolphi, SK StGB, § 20 Rdnr. 30; Lackner/Kühl, StGB, § 20 Rdnr. 26; Wessels/Beulke, AT, Rdnr. 417 ff.; BGHSt 2, 17; 17, 334 f.; 23, 135; 23, 358; BGH NJW 77, 590.

현한 행위와 행위자와의 관계를 기준으로 결정해야 한다"는 소수설[19]이 있다. 원인에 있어서 자유로운 행위에 대한 가벌성은 단순한 위험의 야기에 있는 것이 아니라 오직 행위자의 범죄구성요건의 실현에 있기 때문에, "고의에 의한 행위인가 또는 과실에 의한 행위인가"는 직접 구성요건적 결과가 그 판단의 기준이 된다는 것이다.[20]

고의에 의한 원인에 있어서 자유로운 행위에 있어서 "이중의 고의를 요한다"는 통설의 관점은 "원인설정행위에 대한 인식과 의사도 구성요건적 고의라는 의미가 아니라, 구성요건적 고의를 가지고 원인설정행위를 한다"라는 의미로 이해되어야 할 것이다.[21] 따라서 "고의는 구성요건적 행위상황에 대한 인식과 의사이므로 원인설정행위에 대해서는 이러한 인식과 의사가 인정될 수 없다"는 소수설의 지적은 "이중의 고의를 요한다"는 통설에 대한 유효한 지적이라고 볼 수는 없다.

책임능력흠결상태에서 구성요건에 해당하는 행위를 '확정적 고의'로 저지르려는 자는 당연히 원인설정행위도 의도적으로 야기하게 된다. 또한 책임능력흠결상태에서 실행행위를 '미필적 고의'로 저지르려는 자라 할지라도 원인설정행위시에 범행고의를 부정하기는 현실적으로 불가능할 것이다. 그렇다면 책임능력흠결상태에서 고의로 범죄를 저지르기 위해서 과실로 원인설정행위를 야기하는 경우란 현실적으로 발생할 수 없는 경우라고 해야 한다. 이와 같이 "책임능력흠결상태에서의 범죄실현행위에 대하여 고의를 인정할 수 있는지" 여부는 현실적으로 "원인설정행위가 범죄실현의 고의를 가지고 야기되었는가"라는 문제와 불가분의 관계에 있게 된다. 즉 책임능력흠결상태에서 고의로 범죄를 저지르기 위해서 원인설정행위를 야기하는 자는 당연히 원인설정행위시부터 범행고의를 가지고 있는 것이며, 그렇지 않다면 원인설정행위와 고의의 실행행위는 분리되는 것이므로 제10조 제3항의 적용대상이 될 수 없다는 것이다. 그러므로 '고의에 의한 원인에 있어서 자유로운 행위'의 고의를 판단함에 있어서, 불가분적인 '원인설정행위의 야기'와 '책임능력흠결상태에서의 범죄행위'를 따로 분리하여 관찰함으로써 "이중의 고의를 요한다"고 파악하는 통설의 관점에는 방법론적인 결함이 있는 것이다. 원인에 있어서 자유로운 행위는 전체로서 하나의 행위에 불과하며, 이에 대한 고의·과실은 전체로서 하나의 행위에 대한 하나의 고의·과실의 관점에서 관찰해야 할 것이다.

---

19) 김성돈, 393면; 박상기, 247면 이하; 신동운, 392면; 안동준, 186면; 정영일, 292면; 동취지, 정성근/박광민, 332면 이하.

20) Vgl. Jänke, LK StGB, § 20 Rdnr. 81 f. mwN.; Maurach/Zipf, Lehrbuch AT/I, S. 470 f.; Welzel, Das deutsche Strafrecht, S. 156.

21) 동취지, 정성근/박광민, 333면.

### 2-2-2. 과실에 의한 원인에 있어서 자유로운 행위

고의에 의한 원인에 있어서 자유로운 행위에서 원인설정행위 및 실행행위와 관련된 이중의 고의를 요한다는 다수설에서는 원인설정행위와 실행행위 중 최소한 어느 한쪽과 관련하여 고의가 인정되지 않을 경우에 과실에 의한 원인에 있어서 자유로운 행위를 인정한다. 이와 유사한 관점에서 위험발생 예견의 단계와 책임능력 흠결상태 야기의 단계 및 실행행위의 3단계 중에서 고의를 구비하지 못한 단계가 하나라도 인정되면 과실에 의한 원인에 있어서 자유로운 행위를 인정하는 견해[22]도 있다. 또한 책임능력 흠결상태에서 실현한 행위와 행위자와의 관계만을 기준으로 판단하는 소수설에서는 직접 구성요건적 결과에 대한 과실이 인정될 경우에 과실에 의한 원인에 있어서 자유로운 행위를 인정한다.[23]

과실에 의한 원인에 있어서 자유로운 행위와 관련하여 제10조 제3항이 '자의로 심신장애를 야기한 자'라고 규정함으로써 "원인설정행위를 고의로 야기할 것을 요하는가"라는 문제도 제기되고 있다. 통설[24]은 제10조 제3항의 '자의로'를 '스스로'라는 의미로 해석하여 원인설정행위를 고의로 야기한 경우뿐 아니라 과실로 야기한 경우에도 동 조항이 적용되는 것으로 해석한다. 제10조 제3항의 '자의로'를 자발적으로 또는 스스로라는 의미로 해석하지만, 이는 고의·과실과 관계없다는 견해[25]도 결론에서는 통설과 동일하다.[26]

이에 반하여 소수설[27]은 과실로 심신장애를 야기한 자는 제10조 제3항의 '자의로 야기한 자'에 속하지 아니하는 것으로 해석한다. 그러나 이러한 소수설의 관점은 '부주의하게 심신장애상태를 야기한 자가 그 상태에서 과실범의 구성요건을 실현한 경우'에 "제10조 제3항을 적용하지 아니하고 동조 제1항과 제2항에 따라 책임을 감경하거나 면제하려는 입장인지" 아니면 이 경우 "제10조 제3항에 의한 과실범이 아니라 일반 과실범, 즉 부주의한 심신장애상태의 야기가 과실범에서의 주의의무 위반행위라고 판단하는 것인지" 불분명하다.

근본적으로는 과실에 의한 원인에 있어서 자유로운 행위를 특별히 인정할 필요가 있는지 의문이 제기된다. '과실에 의한 원인에 있어서 자유로운 행위'의 사안에서는 일반적

22) 임웅, 320면 이하; 동취지, 다만 책임능력흠결상태 야기의 단계에서 고의가 부정되면 원인에 있어서 자유로운 행위 자체가 될 수 없다는 견해로는 오영근, 271면.

23) 김성돈, 393면; 배종대, 309면; 성낙현, 343면 이하; 신동운, 394면; 정영일, 292면.

24) 동취지, 이상돈, 총론, 417면.

25) 권오걸, 332면; 김성돈, 390면; 박상기, 251면 이하; 정영일, 292면.

26) 실제로 통설의 '원인설정행위에 대한 과실'도 "책임능력 흠결상태에서 실행행위를 하려는 고의 없이 원인설정행위를 한다"는 의미로 이해된다.

27) 배종대, 309면; 안동준, 156면 이하; 오영근, 271면; 이재상/장영민/강동범, 332면. 다만 이재상/장영민/강동범, 332면에서는 제10조 제3항의 '자의로'를 '고의로'로 해석하면서도, 형법의 규정 여하에도 불구하고 과실로 원인설정행위를 한 경우에 원인에 있어서 자유로운 행위를 인정할 수 있다고 한다.

인 과실범의 구성요건이 모두 충족되고 있기 때문에 원인에 있어서 자유로운 행위를 원용하지 않고서도 완전한 과실범의 성립이 인정된다. 과실범의 경우에는 구성요건적 결과에 대한 인과의 과정이 경우에 따라서는 길어질 수가 있다. 이 경우 결과를 야기하는 원인설정행위부터 실행행위에 이르기까지 전 과정이 하나의 과실행위로 평가된다. 이와 같이 과실에 의한 원인에 있어서 자유로운 행위의 사안들은 모두 일반적인 과실범에 포함되어 있다.[28] 따라서 '과실에 의한 원인에 있어서 자유로운 행위'는 불필요한 개념으로 파악된다. 특히 원인에 있어서 자유로운 행위는 전형적인 범죄실현의 형태가 아니라 예외적이고 비전형적인 범죄의 실현형태이다. 과실에 의한 원인에 있어서 자유로운 행위가 일반적인 과실범의 구성요건으로 해결될 수 있는 한, 예외적이고 비전형적인 범죄의 실현형태인 원인에 있어서 자유로운 행위를 원용할 이유가 없다. 제10조 제3항은 고의에 의한 원인에 있어서 자유로운 행위만을 규율하는 것으로 해석하는 것이 타당하다.

> 이러한 현상은 부작위범의 경우에도 동일하게 나타난다. 일반적으로 '원인에 있어서 자유로운 행위'의 전형적인 예로써 '기차전복을 의도한 기차전철수가 음주·대취하여 잠들어 버리는 경우'를 들고 있다. 그러나 이 경우는 원인에 있어서 자유로운 행위의 사례가 아니라, 그 자체로 부진정부작위범의 성립이 인정되는 경우이다.[29] 법적 의무위반(주의의무위반, 작위의무위반)에 의해서 실현되는 범죄에서는 책임능력 있는 상태에서의 의무위반이 직접 범죄실현에 이르게 되기 때문이다. 따라서 법적 의무위반으로 실현되는 과실범이나 부작위범에서는 아주 예외적이고 비전형적인 범죄실현형태인 '원인에 있어서 자유로운 행위'라는 개념을 필요로 하지 않는다. '원인에 있어서 자유로운 행위'라는 개념을 필요로 하는 범죄는 오직 '법익을 침해 내지 위태화하는 고의의 작위범죄'에 한정된다.

과실로 책임능력 흠결상태를 야기하고, 책임능력 흠결상태에서 고의범의 구성요건을 실현한 경우에 고의에 의한 원인에 있어서 자유로운 행위를 인정하는 견해[30]가 있다. 자의에 의한 원인설정행위와 원인설정행위시점에 위험발생의 예견가능성이 인정되고, 실행행위에 대한 고의가 인정된다면 고의의 원인에 있어서 자유로운 행위라는 것이다.[31] 다만 여기서 위험발생의 예견가능성이란 특정 구성요건실현에 대한 것이 아니고, 원인행위의 전형적 위험성에 대한 예견가능성을 의미한다고 한다.[32] 또는 과실의 원인설정행위가 없었다

28) 동지, 박상기, 250면; 안동준, 186면.
29) 특히 이러한 경우는 책임능력과 관련된 문제가 아니라 오히려 행위개념과 관련된 문제이다. 즉 수면 중의 행위는 형법상 비행위이다.
30) 김성돈, 393면; 신동운, 398면; 이상돈, 415면.
31) 김성돈, 393면.
32) 신동운, 398면.

면 고의의 범죄도 일어나지 않았고, 또한 그 행위시점에 고의의 범죄발생의 위험을 예견하였다고 볼 수 있기 때문에 책임비난의 불가분적 연관도 인정된다고 한다.[33]

그러나 이러한 견해는 책임주의에 배치되는 관점으로 타당하다고 할 수 없다. 이러한 관점에 의한다면 정상의 주의를 태만하여 스스로 책임능력 흠결상태를 만든 자는 그 상태에서 저지른 모든 고의행위에 대해서 완전한 책임비난을 피할 수 없게 된다. 그러나 유책한 원인설정행위만으로 책임능력 흠결상태에서의 모든 고의행위에 대하여 고의책임을 인정할 수는 없다.

대법원[34]은 "음주운전을 할 의사를 가지고 음주만취한 후 운전을 결행하다가 교통사고를 일으킨 경우에는 음주시에 교통사고를 일으킬 위험성을 예견하였는데도 자의로 심신장애를 야기한 경우에 해당하므로 형법 제10조 제3항에 의하여 심신장애로 인한 감경 등을 할 수 없다"고 판시하였다. 그러나 여기서 제10조 제3항의 적용한계는 음주운전을 할 의사(음주운전의 고의)를 가지고 음주만취(원인설정행위)한 후 운전을 결행(실행행위)한 음주운전까지이어야 한다.[35] 음주운전사고 이후의 예컨대 뺑소니운전 등의 범죄까지 제10조 제3항이 적용되어서는 안 된다. 따라서 원인설정행위 시점에 의도하지 아니한 고의범죄에 대해서까지 고의에 의한 원인에 있어서 자유로운 행위를 인정하는 것은 타당하지 않다.

## 2-3. 원인에 있어서 자유로운 행위의 가벌성의 근거, 법률적 구조, 실행의 착수시기

원인에 있어서 자유로운 행위를 전체로서 하나의 행위라는 관점에서 관찰한다 할지라도 그것은 '외형상' 원인설정행위와 책임능력흠결상태에서의 구성요건 실현행위로 나누어진다. 이러한 원인에 있어서 자유로운 행위의 경우 원인설정행위시점에는 구성요건적 행위의 정형이 결여되어 있고, 실행행위시점에는 책임능력의 흠결이 있게 된다. 이는 행위시점에 책임능력을 요구하는 형법의 책임주의와 일치하지 않게 된다. 따라서 이러한 행위와 책임의 시간적 불일치가 형법의 책임주의에 대한 실질적인 예외인가 또는 외형적인 가상적 예외인가에 대하여 학설의 다툼이 있다. 또한 이에 대한 각각의 견해에서는 원인에 있어서 자유로운 행위의 법률적 구조에 관하여도 관점을 달리하고 있다.

---

33) 이상돈, 415면.

34) 대법원 1992.7.28. 92도999; 대법원 1995.6.13. 95도826; 대법원 1996.6.11. 96도857; 대법원 2007.7.27. 2007도4484.

35) 동지, 김일수/서보학, 272면; 성낙현, 344면.

### 2-3-1. 형법의 책임주의에 대한 실질적 예외라는 견해

원인에 있어서 자유로운 행위는 원인설정행위와 실행행위 사이의 불가분적인 연관관계에서 책임의 근거를 찾을 수 있으므로 형법의 책임주의에 대한 실질적인 예외라는 견해이다(통설).[36] 원인에 있어서 자유로운 행위는 '유책하게 범행과정을 전개시키지만 그 유책성을 나중에 책임능력흠결상태에서의 구성요건적 행위시점에 연결시키는 태도'라는 것이다. 즉 원인에 있어서 자유로운 행위의 경우 행위자는 책임능력 흠결상태에서 범죄를 범하지만, 구성요건적 행위의 실행착수 이전에 그 행위에 대한 조종과정을 완전한 책임능력을 구비한 상태에서 기동시켰기 때문에 그의 책임능력흠결상태에서의 행위에 대하여 책임을 부담하게 된다는 것이다. 이러한 책임능력흠결상태에서의 구성요건적 행위는 형법의 책임주의와 일치할 수 없지만, 그 행위에 대한 가벌성은 원인설정행위시점의 유책성과 비난받을 연관이 있기 때문에 실질적으로 정당하다고 한다. 이에 따라 원인에 있어서 자유로운 행위의 실행의 착수시점은 책임능력흠결상태에서의 구성요건적 행위를 기준으로 판단하게 되고, 그 행위에 대한 책임은 형법의 책임주의에 대한 실질적인 예외가 된다.[37]

실질적 예외설에 대하여 독일에서는 "책임주의에 예외를 인정해야 할 법적 근거가 없으며, 이에 대하여 관습법적 논거를 제시하는 것은 형법문제 해결의 근거제시가 되지 못한다"는 비판[38]이 제기되고 있다. 즉 관습법으로 형법의 책임주의에 대한 예외를 인정하는 것은 허용되지 않는다는 비판이며, 원인에 있어서 자유로운 행위에 대하여 명문규정이 없는 독일에서 이러한 비판은 상당한 타당성이 인정된다.[39] 그러나 이러한 비판은 우리형법의 해석과는 관련이 없다. 제10조 제3항은 명문으로 행위와 책임의 동시존재원칙에 대하여 예외를 인정하고 있으며, 이러한 예외인정은 법률적으로 정당한 이유[40]가 있기 때문이다.

실질적 예외설에 대하여 야콥스(Jakobs)[41]는 "예외설은 행위자가 책임능력이 상실되었을 경우만 해결이 가능하며, 행위능력이 상실되었을 경우는 해결할 수 없다"는 비판을 제기한다. 예컨대 기차전철수가 기차를 전복시킬 의도로 대취하여 잠들어 버린 경우는 책임주의의 예외를

36) 동취지, 김성돈, 386면.
37) Vgl. Jänke, LK StGB, § 20 Rdnr. 78; Lackner/Kühl, StGB, § 20 Rdnr. 25; Wessels/Beulke, AT, Rdnr. 415; Jescheck/Weigend, Lehrbuch AT, S. 448.
38) Streng, Schuld ohne Freiheit? – Der funktionale Schuldbegriff auf dem Prüfstand, ZStW 1989, S. 310.
39) Vgl. Puppe, JuS 1980, 347; Roxin, Bemerkungen zur actio libera in causa, in Lackner-FS, 1987, S. 309.
40) 실질적 타당성의 확보라는 정당한 목적을 위한 정당한 예외인정이므로 본 조항의 위헌 여부가 문제될 여지는 없다.
41) Jakobs, AT, S. 506, S. 507 Fußn. 118.

인정함으로써 해결되는 문제가 아니라는 것이다. 이는 책임능력에 관한 문제가 아니라 행위능력에 관한 문제이기 때문이다.[42] 따라서 부작위범에 대해서도 원인에 있어서 자유로운 행위를 인정하는 실질적 예외설에 대해서라면 야콥스의 비판이 타당하다. 그러나 의무위반에 의하여 실현되는 과실범이나 부작위범에 대해서는 원인에 있어서 자유로운 행위를 적용할 필요가 없다. 과실범이나 부작위범에서는 원인설정행위시점부터 범죄실현의 전 과정에 대해서 주의의무위반 내지 작위의무위반이 인정될 수 있기 때문이다. 따라서 여기서는 제10조 제3항의 예외규정이 불필요하다.

## 2-3-2. 형법의 책임주의에 대한 단지 외형적인, 가상적인 예외라는 견해

소수설[43]은 원인에 있어서 자유로운 행위를 자기 자신을 도구로 이용하는 간접정범으로 이해한다. 원인에 있어서 자유로운 행위의 경우 '법익침해에 대한 인과적인 책임능력흠결상태의 야기가 바로 책임능력이 있는 실행행위'[44]라는 것이다. 이 이론을 소위 '가벌성의 전진배치이론(Vorverlagerungstheorie)' 또는 '구성요건모델이론(Tatbestandsmodell)'이라고 한다.

어떤 행동이 실행행위로 평가되기 위한 전제조건은 그 행동의 구성요건 충족에 대한 인과성인데, 원인에 있어서 자유로운 행위의 경우 행위자는 자신의 태도가 자유롭지 못한 상태에서 전개되도록 사전에 이미 조종해 놓았기 때문에 그의 원인설정행위는 이후의 태도에 대한 원인이 된다고 한다. 즉 스스로 책임능력흠결상태를 야기했다는 것은 그 상태에서 저질러진 모든 행위에 대하여 인과적이라는 것이다. 이러한 책임능력흠결상태에서 저질러진 구성요건 실현행위에 대하여 인과적인 원인설정행위가 실행의 착수로 되기 위해서는 그러한 행위에 대하여 구체적인 고의(최소한 미필적 고의)와 연결되어야 한다고 본다.[45] 구체적 행위와 연결된 고의에 의한 원인설정행위는 책임능력흠결상태에서의 구성요건적 행동에 대하여 객관적으로뿐 아니라 행위자의 표상에 따라서도 인과적이기 때문에 단순한 범행의 예비행위가 아니라 실행의 착수에 해당한다는 것이다.[46] 원인에 있어서 자유로운 행위의 행위자는 그가 사전에 인식했던 또는 인식할 수 있었던 불법한 행위를 책임능력 없는 상태에서 저지르기 위하여 이러한 능력을 배제시킬 상황을 유책하게 만들어 놓음으로써 자기 자신을 도구로 이용한다는 것이다. 일반적인 간접정범과 마찬가지로 행위자는 의도적으로 구성요건실현을 위하여 자기 자신을 책임능력흠결상태로 만듦으로써 행위에 대한 그의 지배를 완성하게 되며, 나머지는 도구의 기능의 문제에 불과하게 된다고 한다. 따라서 원인에 있어서

42) Jakobs, AT, S. 506 Fußn. 116, S. 500 Fußn. 106.

43) 김일수/서보학, 271면; 성낙현, 342면; 손해목, 608면 이하; 이상돈, 411면.

44) BGHSt 17, 333, 335; Jakobs, AT, S. 508 f.; Puppe, JuS 1980, 348 ff. mwN.

45) Puppe, JuS 1980, 348; BGHSt 17, 261, 262; 21, 382.

46) Puppe, JuS 1980, 348.

자유로운 행위는 행위와 책임의 동시존재에 대한 실질적인 예외가 아니라 단지 외형적인 가상적 예외에 불과하게 되고, 구성요건적 행위는 이미 원인설정행위시점에 시작된다는 것이다. 이와 같이 행위와 책임의 동시존재의 원칙이 유지되도록 원인에 있어서 자유로운 행위의 가벌성과 실행의 착수를 원인설정행위에서 찾는 견해가 독일의 다수설[47]을 형성한다.

그러나 원인에 있어서 자유로운 행위의 경우 행위자의 간접정범으로서의 행위지배(의사지배)는 직접실행자로서의 행위지배(실행지배)에 의해서 극복되는 것이다. 따라서 행위자의 실행지배는 '원인에 있어서 자유로운 행위' 자체의 법리를 통해서 인정될 필요가 있다.[48] 특히 간접정범의 개념은 형법 이론사에서 단지 보충적인 역할[49]만을 해왔기 때문에, 실행지배를 통한 직접정범의 인정이 가능한 이상 간접정범의 법리는 등장할 자리가 없다고 해야 한다.

또한 원인설정행위를 실행의 착수로 보는 관점에 대해서는 "구성요건의 정형성이 결여되어 있다"는 비판(통설)이 제기되고 있다. 원인설정행위가 구성요건실현에 대한 '고의의 인과적 행위'이고 아주 위험한 행위라 할지라도 원인설정행위만으로는 아직 실행의 착수를 인정하기가 곤란하기 때문이다. 일반적 범행의 예비행위도 구성요건실현에 대한 '고의의 인과적 행위'임에는 틀림없으나 아직 실행의 착수는 아니다. 즉 구성요건실현에 대한 고의의 인과적 행위가 모두 실행행위로 평가되는 것은 불가능하다. 따라서 원인설정행위 자체를 실행의 착수로 파악하는 태도는 타당하다고 할 수 없다.

### 2-3-3. 사　견

원인에 있어서 자유로운 행위에 대한 가벌성의 근거에 관하여 독일에서는 명문규정 없이 관습법에 의하여 책임주의의 예외를 인정하는 것이 죄형법정주의의 관점에서 곤란하겠지만, 형법은 제10조 제3항에서 이를 명문으로 규정하고 있다. 따라서 형법의 해석에서는 원인에 있어서 자유로운 행위에 대한 가벌성의 근거를 형법의 책임주의에 대한 실질적 예외로 파악하는 견해가 타당하다. 책임능력 흠결상태에서의 구성요건적 행위는 형법의 책임주의와 일치할 수 없지만, 그 행위에 대한 가벌성은 원인설정 행위시점의 유책성과 비난받을 연관이 있기 때문에 실질적으로 정당하다.

제10조 제3항이 적용되는 원인에 있어서 자유로운 행위는 고의의 작위범에서만 문제되며, 의무위반에 의하여 실현되는 과실범이나 부작위범에 대해서는 전혀 문제가 되지 않는다. 과실범이나 부작위범에서는 원인설정 행위시점부터 범죄실현의 전 과정에 대해서 주의의무위반 내지 작위의무위반이 인정되기 때문이다. 따라서 과실범이나 부작위범에 대해

47) Vogler, LK StGB, § 22 Rdnr. 105 ff. mwN.; Lange, LK StGB, Vor. §§ 20-21 Rdnr. 71 ff.; Spendel, LK StGB, § 323a Rdnr. 29; BGHSt 17, 335; 42, 236.

48) 독일 다수설의 입장에서도, Vgl. Puppe, JuS 1980, 349.

49) Vgl. Welzel, Das deutsche Strafrecht, 1969, S. 106.

서는 제10조 제3항의 예외규정이 불필요하다. 이러한 점에서 제10조 제3항의 '위험의 발생을 예견하고 자의로 심신장애를 야기한 자의 행위'는 '심신장애상태에서 고의의 작위범죄를 실현할 의도로 심신장애를 야기한 자의 고의에 의한 행위'로 해석되어야 한다.

## 제 3 절 특별책임요소와 책임형태

### 1. 특별책임요소

2023.8.8.의 형법일부개정으로 폐지된 제251조의 영아살해죄와 제272조 영아유기죄에서는 '치욕을 은폐하기 위하거나, 양육할 수 없음을 예상하거나 기타 참작할 만한 동기'는 범죄의 불법내용(행위반가치 결과반가치)이 아니라 오직 행위자의 책임(심정반가치)만을 특징짓는 요소로 규정하고 있었다. 이와 같이 형법각칙의 규정에서 불법의 내용이 아니라 오직 행위자의 책임만을 특징짓는 요소를 포함하는 경우가 있는데 이를 특별책임요소라고 한다. 입법자가 이러한 특별책임요소를 범죄구성요건에서 추가하거나 제외시킬 수 있음은 물론이다.

일반적으로 범행동기는 법률적인 불법에 어떤 영향도 주지 못한다. 또한 일반사람을 살해하거나 요부조자를 보호자가 유기하는 경우와 비교하여 영아살해나 영아유기가 경한 불법내용을 가진 것으로 평가되지 않는다. 따라서 영아살해나 영아유기의 경우에도 어떠한 동기에서 영아를 살해·유기하든 법률적인 살인·유기의 불법내용은 보통살인·일반유기의 불법과 동일하다. 그러나 불법행위의 다양한 범행동기에 대해서는 그 법적 비난가능성이 동일하지 않다. 다만 범행동기의 무한한 다양성 때문에 각각의 동기에 대한 비난가능성을 법정할 수 없고 이를 양형에서 고려할 수밖에 없다.

2023.8.8.의 형법일부개정으로 폐지된 제251조와 제272조의 '치욕을 은폐하기 위하거나 양육할 수 없음을 예상하거나 특히 참작할 만한 동기' 역시 살인·유기라는 법률적인 불법에는 어떤 영향도 주지 못한다. 다만 2023.8.8.의 형법일부개정 이전의 형법은 이러한 동기를 책임에서 특별하게 취급하였었다. 형법은 이러한 동기를 법정하여 특별한 책임비난을 예정하는 주관적인 특별책임요소로 규정하였었다. 따라서 행위자는 이러한 사정을 인식하고, 또한 이러한 사정에 동기가 되어 범죄를 범한 경우에는 특별책임규정을 적용받을 수 있었다. 이러한 동기들이 존재한다는 사실을 인식한 경우라도, 구체적으로 행위자가 이러한 동기와 관계없이 단지 영아를 증오하거나 귀찮아서 살해·유기했다면 행위자의 심정반가치는 보통살인·일반유기의 경우와 동일하다. 따라서 이러한 경우에는 보통살인죄·일반

유기죄의 책임비난을 받았다. 이러한 특별책임요소는 책임의 요소일 뿐 불법의 요소는 아니므로 고의의 인식대상이 되지 아니한다. 또한 행위자가 저지른 불법도 영아살해 · 영아유기가 아니라 보통살인 · 일반유기의 불법이다. 이러한 범죄에 관여하는 공범(교사범 방조범)도 영아살해죄 · 영아유기죄의 공범이 아니라 제한적 종속형식에 따라 보통살인죄 · 일반유기죄의 공범이 된다.

## 2. 책임형태

고의 · 과실은 우선 불법의 요소가 되지만, 동시에 책임의 형태로서도 기능을 한다. 책임형태로서의 고의 · 과실은 법규범의 행동요구에 거역하는 고의의 태도에 대한 심정반가치 내지 법규범의 행동요구를 부주의하게 지키지 못하는 과실의 태도에 대한 심정반가치를 의미한다.

불법요소로서의 고의는 범죄실현에 대한 인식과 의사인 반면에, 책임형태로서의 고의는 법규범에 거역하는 심정에 대한 비난이다. 또한 불법요소로서의 과실이 구성요건실현에 대한 주의의무위반인 반면에, 책임형태로서의 과실은 법규범을 지키지 못하는 부주의한 태도에 대한 비난이 된다. 책임형태로서의 고의 · 과실은 반드시 각각의 불법에 대해서만 작동하는 책임비난이다. 고의불법에 대해서는 반드시 고의책임비난이 문제가 되며, 과실불법에 대해서는 반드시 과실책임비난만이 문제가 될 뿐이다.[50] 물론 구체적인 경우에 고의 · 과실의 책임비난은 각각 감경되거나 면책 내지 조각될 수 있다. 이와 같이 고의 · 과실은 불법의 요소로서, 또한 책임의 형태로서 이중의 기능을 한다. 다만 책임형태로서의 고의 · 과실은 형법 각 본조의 법정형을 통하여 확정되어 있으므로, 더 이상 책임이론에서 고의 · 과실의 책임형태를 분석할 필요는 없다.

# 제 4 절 위법성의 인식

## 1. 위법성의 인식 일반론

### 1-1. 위법성의 인식의 의의

구성요건에 해당하고 위법성조각사유가 없는 불법한 행위에 대해서는 일반적으로 책

50) 따라서 고의불법에 대한 과실책임비난이나 과실불법에 고의책임비난은 논리적으로 불가능하다.

임도 추정되며 단지 예외적으로 책임이 감경되거나 조각되는 경우가 있을 뿐이다. 형법의 책임원칙은 윤리적으로 성숙하고 정신적으로 건강한 인간을 전제로 하기 때문이다. 일반적으로 형법적용에 있어서 행위자의 인식능력이나 가치평가능력은 행위에 대한 불법을 통찰할 수 있다고 추정되고 있다. 그러므로 행위자가 자기 행위의 위법성을 인식해야 한다는 것은 책임비난의 전제조건이 된다. 행위자가 구체적인 행위에서 자기의 행위는 불법하지 않다고 인식했어도 불법내용을 구성하는 결과반가치·행위반가치가 소멸될 수는 없다. 단지 행위자의 불법을 행하는 심정에 대한 비난가능성만이 경우에 따라 배제될 수 있을 뿐이다. 따라서 위법성의 인식은 법률질서의 행동요구를 거역하는 심정에 대한 비난인 심정반가치와 관련을 가지게 된다.

위법성의 인식은 자기의 행위가 법적으로 허용되지 않는다는 인식을 말한다. 구체적으로 어떤 법률에 의하여 허용되지 않는다는 사실을 의미하는 것이 아니라, 총체적인 법적 가치평가에 반한다는 인식을 의미한다. 이러한 인식을 가지고 불법행위를 할 때 이에 대한 책임비난이 원칙적으로 가능하다.

그러나 위법성을 인식하지 못한 경우에도 책임비난은 얼마든지 가능하다. "법률의 부지는 용서받지 못한다"는 로마법격언과 같이 책임능력 있는 사람이라면 누구든지 법률의 요구를 알아야 하며, 이에 따라 적법과 불법을 구별하고 통찰해야만 하기 때문이다. 특히 법률이 공포되고 시행되면 누구나 그 법률을 알고 준수해야 하는 준법의무가 부과되고, 이러한 준법의무를 위반한다는 점에서 비난가능성이 인정된다. 따라서 위법성의 인식이 없는 경우에도 형벌의 근거가 되는 범죄성립요건으로서의 책임은 긍정된다. 다만 위법성을 인식하지 못하는 데에 정당한 이유가 있는 경우에는 준법의무위반의 비난가능성도 부정되므로 행위자를 그의 불법한 행위로 비난할 수 없게 된다. 이때 형벌의 근거가 되는 책임은 탈락한다.

## 1-2. 위법성의 인식에 관한 학설

일반적으로 형법적용에 있어서 행위자의 인식능력이나 가치평가능력은 행위에 대한 불법을 통찰할 수 있다고 추정되기 때문에, "자기 행위의 위법성을 인식해야 한다"는 것은 책임비난의 전제가 된다. 그러나 종래 위법성의 인식이 고의의 내용인지 또는 책임의 내용인지에 관하여는 학설의 다툼이 있어 왔다.

### 1-2-1. 고의설

고의설은 인과적 행위론과 벨링(Beling)의 구성요건이론에 근거한 심리적 책임론으로부터 주장되는 이론이다. 심리적 책임설에서는 고의를 불법의 요소가 아니라 오로지 책임의 요소라고 본다. 이러한 고의는 행위자의 주관적·심리적인 사실뿐 아니라 그 사실의 내용까지 포함하게 된다. 따라서 고의의 인식대상은 구성요건뿐 아니라 위법성도 포함하게 되고, 위법성의 인식은 고의의 내용이 된다. 고의설은 다시 엄격고의설과 제한적 고의설로 구별된다.

엄격고의설은 고의설을 엄격하게 적용하는 입장이다. 위법성의 인식이 결여된 경우에도 고의설을 엄격하게 적용하여 고의를 부정한다.

엄격고의설을 견지할 경우에는 위법성의 인식이 없거나 희박한 격정범·확신범·상습범의 경우에 모두 고의를 부정해야 한다는 결론에 이르게 된다. 이러한 부당한 결론을 시정해 보려는 입장이 제한적 고의설이다. 제한적 고의설은 위법성의 인식에 대해서는 현실적·심리적 인식이 아닌 인식가능성만으로도 고의를 충족하는 것으로 해석한다.

인과적 행위론, 벨링의 구성요건이론 그리고 심리적 책임론은 이미 현대의 범죄이론에서 배척된 이론이다. 현대의 범죄이론에 의하여 고의가 우선적으로 불법의 요소가 된다는 사실이 증명된 이상, 고의를 불법의 요소로 파악하지 못하는 고의설은 그 자체로 결정적인 결함을 가지고 있다.

#### 1-2-2. 책임설

구성요건적 사실의 인식과 범죄실현 의사는 구성요건적 고의가 되고, 위법성의 인식은 책임의 내용이 된다는 입장이 책임설이다. 책임설도 엄격책임설과 제한적 책임설로 구분된다.

위법성의 인식은 책임의 내용이 된다는 책임설의 결론을 엄격하게 적용하는 입장이 엄격책임설이다. 엄격책임설은 위법성에 대한 인식뿐 아니라 위법성조각사유의 전제사실에 대한 인식도 책임의 내용으로 파악하는 입장이다. 소수설[51]에서는 엄격책임설을 지지하고 있다.

제한적 책임설은 위법성의 인식을 책임의 내용으로 파악하면서, 위법성의 인식과 위법성조각사유의 전제사실에 대한 인식을 구별하는 입장이다(통설). 엄격책임설과 제한적 책임설에 대해서는 아래 '3. 위법성조각사유의 전제사실에 관한 착오'에서 자세히 설명한다.

## 2. 법률의 착오

### 2-1. 법률의 착오의 의의

위법성의 인식은 책임비난의 전제가 된다. 위법성을 인식해야 적법행위에 대한 기대

51) 권오걸, 341면 이하; 김성돈, 414면; 오영근, 298면; 정성근/박광민, 359면.

가 가능하기 때문이다. 다만 법률은 누구나 알고서 이를 지켜야 하는 것(준법의무)이므로 법률을 몰랐다고 하여 책임비난으로부터 벗어날 수는 없다. 즉 법률을 몰랐다는 데에 대한 비난가능성은 여전히 남아 있게 된다. 따라서 위법성의 불인식이 곧바로 법적 비난가능성을 면제시키지는 못한다. 이러한 사정은 양형책임에서 고려의 대상이 될 뿐이다. 그러나 위법성을 인식하지 못한 데에 대하여 정당한 이유가 있다면 이에 대한 비난 역시 불가능하게 된다. 이에 관하여 제16조는 "자기의 행위가 법령에 의하여 죄가 되지 않는 것으로 오인한 행위는 그 오인에 정당한 이유가 있는 때에 한하여' 벌하지 아니한다"고 규정하고 있다. 제16조에 따라 정당한 이유 있는 위법성의 불인식은 책임배제사유에 해당하며, 이를 '법률의 착오' 또는 '금지착오'라고 한다.

법률의 착오는 위법성과 관련된 법률의 내용과 범위에 대한 착오를 의미한다. 위법성과 관련된 법률에는 구성요건을 정하는 법률과 위법성조각사유를 정하는 법률이 있다. 구성요건과 위법성조각사유를 정하는 법률에 대한 인식만이 위법성의 인식과 관련을 가지므로 그 이외의 법률, 예컨대 책임이나 처벌조건 등을 정하는 법률에 대한 행위자의 인식 여부는 원칙적[52]으로 범죄론에서 특별한 작용을 하지 못한다.

## 2-2. 법률의 착오의 형태

### 2-2-1. 직접적 법률의 착오

직접적 법률의 착오는 일정한 행위를 직접 금지하거나 명령하는 법률, 즉 불법을 직접적으로 규정하는 법률의 내용과 범위에 대한 착오를 말한다. 이와 같이 일정한 행위에 대한 직접적인 명령·금지규범인 구성요건규정에 대한 착오로 자기의 행위가 죄가 되지 아니하는 것으로 오인한 경우가 직접적 법률의 착오에 해당한다. 직접적 법률의 착오 형태로는 법률의 부지, 효력의 착오, 포섭의 착오가 있다.

#### 2-2-1-1. 법률의 부지

행위자가 명령·금지규범인 구성요건규정을 알지 못한 경우가 법률의 부지이다. "구성요건규정을 알지 못해서 법률의 요구에 따르지 못했다"는 것은 위법성의 불인식을 의미하게 되므로, 이 경우 정당한 이유 있는 법률의 부지는 제16조에 의하여 책임이 배제된다.

판례[53]는 일관된 입장으로 법률규정을 모르는 것과 자기의 행위가 죄가 되지 아니하

52) 예외적으로 책임조각사유의 전제사실에 관한 착오는 범죄론에서 특별한 작용이 있다. 이에 관하여는 아래 '제2편, 제4장, 제5절, 3-2-4. 면책적 긴급피난의 상황에 대한 착오' 참조.

53) 대법원 1979.6.26. 79도1308; 대법원 1985.4.9. 85도25; 대법원 1990.1.23. 89도1476; 대법원 2005.6.10. 2005도835; 대법원 2007.5.11. 2006도1993; 대법원 2010.4.29. 2009도13868; 대법원 2011.10.13. 2010

는 것으로 오인한 경우는 다르므로, 법률의 부지는 제16조의 법률의 착오가 아니라고 한다. 그러나 일반인이 법률규정을 모른다는 의미는 "자기의 행위가 법률에 위배되는지 몰랐다"는 의미로서, 제16조의 '자기의 행위가 죄가 되지 아니하는 것으로 오인한 경우'에 해당한다(통설). 따라서 판례의 태도는 부당하다.

#### 2-2-1-2. 효력의 착오

행위자가 법규정을 무효라고 오인한 경우가 효력의 착오이다. 법규정을 무효라고 생각하였기 때문에 제16조의 '자기의 행위가 죄가 되지 아니하는 것으로 오인한 경우'에 해당하게 된다. 법률의 효력을 착오한 경우에는 그 오인에 정당한 이유가 있었는지에 따라 책임이 배제될 수 있다.

#### 2-2-1-3. 포섭의 착오

법률규정을 잘못 이해함으로써 자기의 행위가 법률규정에 해당하지 아니하는 것으로 오인한 경우가 포섭의 착오이다.[54] 구성요건의 법적 의미에 대한 착오, 즉 해석의 착오가 포섭의 착오이다. 이 경우 행위자는 자기의 행위가 금지규범이나 명령규범의 위반에 해당하지 않는다고 오인하였기 때문에 제16조의 '자기의 행위가 죄가 되지 아니하는 것으로 오인한 경우'에 해당하며, 그 오인에 정당한 이유가 있었는지에 따라 책임이 배제될 수 있다.

### 2-2-2. 간접적 법률의 착오

간접적 법률의 착오는 일정한 행위를 허용하는 법률, 즉 불법을 간접적으로 정하는 법률에 대한 착오를 말한다. 행위자가 일정한 행위를 직접 금지하거나 명령하는 법률은 알고 있었으나, 예외적으로 그러한 행위를 허용하는 법률을 착오하여 자기의 행위가 죄가 되지 아니하는 것으로 오인한 경우가 간접적 법률의 착오이다.[55] 간접적 법률의 착오는 위법성 조각사유의 내용이나 범위를 착오한 경우이다. 예컨대 정당방위의 현재성의 내용을 오인하거나, 긴급피난의 상당성의 범위를 오인하는 경우가 여기에 해당한다. 간접적 법률의 착오도 법률의 부지,[56] 효력의 착오, 포섭의 착오의 형태로 나타난다.

---

도15260; 대법원 2013.11.14. 2013도9769; 대법원 2015.1.15. 2014도9691; 대법원 2021.2.10. 2019도18700.

54) 대법원 1998.6.23. 97도1189; 대법원 2003.4.11. 2003도451; 대법원 2004.2.12. 2003도6282; 대법원 2005.9.29. 2005도4592; 대법원 2010.4.29. 2009도13868; 대법원 2012.11.29. 2010도9007.

55) 대법원 2005.6.10. 2005도835; 대법원 2006.4.28. 2003도4128; 대법원 2007.5.11. 2006도1993; 대법원 2014.5.16. 2012도12867; 대법원 2014.6.26. 2013도16368; 대법원 2015.2.12. 2014도11501; 대법원 2018.4.19. 2017도14322 전원합의체 판결; 대법원 2021.11.25. 2021도10903.

56) 직접적 법률의 부지는 존재하는 금지·명령 규정을 존재하지 아니하는 것으로 오인한 경우임에 반하여, 간접적 법률의 부지는 존재하지 아니하는 허용규정을 존재하는 것으로 오인한 경우라고 할 수 있다.

금지 · 명령규범(직접적 법률)의 착오이거나 또는 허용규범(간접적 법률)의 착오이거나 모두 불법을 정하는 법률의 착오로서 제16조의 '자기의 행위가 죄가 되지 아니하는 것으로 오인한 경우'에 해당한다. 따라서 이러한 오인에 정당한 이유가 있는 경우에는 책임이 배제된다.

### 2-3. 정당한 이유

제16조에 의하여 법률의 착오는 정당한 이유가 있는 경우에 한하여 책임이 배제된다. 정당한 이유는 일반적으로 행위자의 지적 인식능력을 기준으로 개별적 회피가능성에 의하여 판단하게 된다. 법률의 착오는 행위자 개인에 대한 비난가능성과 관련되어 있으므로, 이러한 착오의 회피가능성을 객관적 기준으로 판단할 수는 없기 때문이다. 즉 행위자 개인이 구체적으로 적법과 불법을 구별할 수 있었는가에 따라 불법행위에 대한 비난가능성이 판단될 수 있을 뿐이다. 또한 원칙적으로 '법률의 부지는 용서받지 못하기 때문에' 구체적인 행위자는 자기 행위의 위법 여부를 적어도 양심의 긴장에 의하여 탐지하는 것이 필요하다.[57] 그러므로 구체적인 행위자에게는 양심의 긴장에 의한 조회의무가 부과된다.

법률의 착오에 정당한 이유가 있으면 책임이 면제되며, 정당한 이유가 없으면 책임이 인정된다. 따라서 정당한 이유 없는 법률의 착오인 경우는 완전한 고의범죄가 성립한다.[58] 또한 법률의 착오인 경우는 정당한 이유의 유무와 관계없이 행위자의 고의가 당연히 인정되므로 과실범의 성립이 문제될 여지는 없다. 과실은 고의가 부정될 때만 의미가 있기 때문이다.

## 3. 위법성조각사유의 전제사실에 관한 착오

엄격책임설은 '위법성조각사유의 내용과 범위에 관한 착오'와 '위법성조각사유의 전제사실에 관한 착오'를 모두 법률의 착오로 본다. 이에 반하여 제한적 책임설(통설)에서는 '위법성조각사유의 내용과 범위에 관한 착오'와 '위법성조각사유의 전제사실에 관한 착오'를 구별한다. '위법성조각사유의 전제사실에 관한 착오'는 예컨대 야간에 취객이 길을 물으려 하는데, 이를 강도가 공격하는 것이라 오인하고 정당한 반격행위를 하는 경우이다. 오상방위 · 오상긴급피난 · 오상자구행위 등이 여기에 해당한다. 이러한 위법성조각사유의 전제사실에 관한 착오를 위법성의 인식과 관련하여 법률의 착오에서 설명하는 것은 구조적으로

57) 배종대, 325면에서는 전문집단 이외의 일반인에게 이러한 양심의 긴장에 의한 조회의무를 요구하기는 어렵다고 한다. 그러나 경솔히 자기의 행위가 위법하지 않다고 판단하는 자의 형벌근거책임을 면제시켜 주는 것은 타당하다고 할 수 없다.

58) 정당한 이유 없는 법률의 착오에서는 고의불법행위에 대하여 반드시 고의책임비난이 가해져야 하므로 고의범죄가 성립하게 된다.

옳지 않다. 다만 위법성조각사유(허용규범)의 착오와 비교하여 설명하는 것이 필요하기 때문에 편의상 여기서 설명한다.

위법성의 인식 결여는 불법을 정하는 법률의 내용과 범위에 대한 착오에 의해서 나타난다. 불법을 정하는 법률의 착오에는 불법을 직접적으로 정하는 '구성요건 규정에 대한 착오'와 불법을 간접적으로 정하는 '위법성조각사유 규정에 대한 착오'가 모두 포함된다. 따라서 정당한 이유 있는 직접적·간접적 법률의 내용과 범위에 대한 착오는 책임이 배제된다. 이와 같이 직접적 법률의 착오이든 간접적 법률의 착오이든 동일하게 법률의 착오가 되는 데 반하여, 직접적 법률이 적용되기 위한 그 전제사실에 관한 착오와 간접적 법률이 적용되기 위한 그 전제사실에 관한 착오는 동일하게 취급되지 않는다. 직접적 법률의 전제사실에 관한 착오는 구성요건적 사실의 착오를 의미한다. 이러한 착오는 위법성의 인식 이전에 범죄사실에 대한 인식이 없기 때문에 고의가 조각된다. 간접적 법률(위법성조각사유)의 전제사실에 관한 착오도 이와 동일한 차원에서의 논의이다. 위법성조각사유(간접적법률)의 전제사실에 관한 착오도 위법성의 인식 이전에 불법한 범죄가 되는 사실의 인식이 없는 경우에 해당한다. 문제는 구성요건적 고의가 객관적 구성요건요소(직접적 법률의 전제사실)를 인식하면 족하기 때문에 위법성조각사유(간접적법률)의 전제사실에 관하여 인식하지 못했다는 것이 고의 성립에 아무런 영향을 주지 못한다는 데 있다. 이에 관하여는 위법성의 인식에 관한 엄격책임설과 제한적 책임설이 입장을 달리하고 있다.

## 3-1. 엄격책임설

엄격책임설[59]은 모든 위법성조각사유와 관련된 착오를 법률의 착오로 이해함으로써, 불법하지만 정당한 이유가 있는 경우에는 책임이 조각될 수 있다고 보는 입장이다. 따라서 위법성조각사유의 내용이나 범위에 관한 착오뿐 아니라 위법성조각사유의 전제사실에 관한 착오도 위법성의 인식이 결여된 경우로서 제16조가 적용되어 정당한 이유가 있는 경우에 한하여 책임이 배제된다. 이러한 엄격책임설에 의하면 강도가 공격하는 것으로 오인하고 반격하는 오상방위는 그 오인에 정당한 이유가 있는 경우라도 불법한 행위가 된다. 결국 법률은 "혹시 강도가 공격하는 것이라 오인하였고, 그 오인에 정당한 이유가 있는 경우라도 정당방위를 해서는 안 된다"고 금지하는 결과가 된다. 그러나 법률은 절대로 이러한 요구를 할 수가 없다. 법률은 객관적으로 누구에게나 요구를 할 수 있을 경우에만 이를 불법으로 정할 수 있을 뿐이다. 이러한 요구가 불가능한 경우라면 그것은 이미 불법의 영역

59) 권오걸, 341면 이하; 김성돈, 414면; 오영근, 298면; 정성근/박광민, 359면.

에 들어올 수 없는 경우이다. 따라서 위법성조각사유의 전제사실에 관한 착오는 구조적으로 불법을 형성할 수 없는 경우이다. 엄격책임설은 이 점을 간과하였다.

우연방위와 같이 주관적 정당화요소가 결여되었을 경우 위법성조각사유의 객관적인 상황의 존재에 의한 결과반가치의 상쇄를 인정하고 이에 따라 (불능)미수죄의 성립을 인정하는 입장[60]에서, 오상방위와 같은 위법성조각사유의 전제사실에 관한 착오의 경우에는 주관적 정당화요소의 존재에 의한 고의의 행위반가치를 상쇄하지 못하고 엄격책임설에 따라 고의불법을 인정하고 있다는 것은 논리적으로 모순이다.

## 3-2. 제한적 책임설

제한적 책임설은 '위법성조각사유의 내용이나 범위에 관한 착오'와 '위법성조각사유의 전제사실에 관한 착오'를 구별한다. 즉 위법성조각사유의 내용이나 범위에 관한 착오는 간접적 법률의 착오로써 위법성의 인식이 결여된 경우이지만, 위법성조각사유의 전제사실에 관한 착오는 구성요건적 사실의 착오와 구조적으로 동일성 내지 유사성이 인정되므로 구성요건적 사실의 착오와 같은 법률효과를 인정하는 입장이다. 제한적 책임설 내에서도 "위법성조각사유의 전제사실에 관한 착오에서 고의를 조각하는 것과 어떻게 동일한 결과를 인정할 수 있는지"에 대하여는 견해의 대립이 있다.

### 3-2-1. 법효과제한적 책임설

다수설은 법효과제한적 책임설을 지지한다. 위법성조각사유의 전제사실에 관한 착오는 구성요건적 사실의 착오가 아니기 때문에 고의를 조각할 수 없지만, 고의를 조각하는 것과 동일한 법률효과를 유지하기 위하여 고의책임만 탈락시키는 입장이다. 법효과제한적 책임설에 의하면 위법성조각사유의 전제사실에 관한 착오의 경우에 고의불법을 인정함으로써 이에 대한 정당방위가 가능하고, 공범의 성립도 가능하게 된다고 한다.

그러나 오상방위와 같이 주관적 정당화요소를 구비하였기 때문에 이미 고의의 행위반가치가 상쇄된 행위를 고의의 불법행위로 파악하는 관점은 타당하다고 할 수 없다. 특히 주관적 정당화요소가 결여된 우연방위의 경우 결과반가치 상쇄에 의한 (불능)미수죄의 성립을 인정[61]하면서도, 오상방위의 경우에는 주관적 적당화요소의 존재에 의한 행위반가치의 상쇄를 인정하지 못하는 입장[62]은 앞에서 살펴본 엄격책임설과 동일한 논리적 모순을 범하

60) 권오걸, 188면; 김성돈, 282면; 오영근, 188면; 정성근/박광민, 221면.

61) 박상기, 162면; 신동운, 273면; 이형국, 131면; 임웅, 220면; 정성근/박광민, 221면; 진계호/이존걸, 308면.

62) 박상기, 268면; 신동운, 438면; 이형국, 198면; 임웅, 351면; 정성근/박광민, 359면; 진계호/이존걸, 249면.

고 있다.

### 3-2-2. 유추적용설

소수설[63]은 위법성조각사유의 전제사실에 관한 착오의 경우에 구성요건적 사실의 착오 규정을 유추적용한다. 위법성조각사유의 전제사실에 관한 착오는 구성요건적 사실의 착오와 구조적으로 동일성 내지 유사성이 인정되므로 구성요건적 사실의 착오에 관한 규정을 유추적용하는 것이 합리적이며 타당하다(행위자에게 유리한 유추적용). 또한 위법성조각사유의 전제사실에 관한 착오는 법이론적으로도 불법이라고 평가해서는 안 되기 때문에, 이에 대한 공범의 성립도 인정해서는 안 된다.

직접적 법률이든 간접적 법률이든 불법을 정하는 법률의 내용과 범위에 관한 인식은 비난가능성과 관련된 위법성의 인식이고, 직접적 법률이든 간접적 법률이든 불법을 정하는 법률이 적용되기 위한 전제사실에 관한 인식은 고의불법을 형성하는 사실의 인식이다. 따라서 이러한 사실의 인식이 결여되면 고의불법을 형성할 수 없게 된다. 구성요건적 사실의 착오에서는 직접적으로 불법을 정하는 법률이 적용되기 위한 전제사실에 관한 인식이 결여되어 고의를 탈락시키고 고의불법을 형성하지 못한다. 동일한 차원에서 간접적으로 불법을 정하는 법률(위법성 조각사유)이 적용되기 위한 전제사실에 관한 인식이 결여된 경우에도 동일하게 고의불법을 인정해서는 안 된다. 이에 관한 명문규정은 없으므로, 직접적으로 불법을 정하는 법률이 적용되기 위한 전제사실에 관한 착오, 즉 구성요건적 사실의 착오 규정을 유추적용하는 것은 당연하다.

## 3-3. 소극적 구성요건요소이론(전체구성요건이론)의 입장

전체구성요건이론은 '위법성조각사유의 전제사실에 관한 착오'의 경우 가장 간명하고 합당한 결론을 도출할 수 있다. 전체구성요건이론에 의하면 위법성조각사유는 소극적 구성요건이며, 위법성조각사유의 전제사실은 소극적 구성요건요소가 된다. 따라서 소극적 구성요건요소에 대한 인식도 당연히 구성요건적 고의의 내용이 된다. 그러므로 소극적 구성요건요소(위법성조각 사유의 전제사실)에 대한 인식이 결여된 경우에는 구성요건적 사실의 착오로서 당연히 고의가 조각된다. 그러나 위법성조각사유의 전제사실에 관한 착오에서 아주 타당한 논리를 전개하는 전체구성요건이론은 위법성의 독자성을 간과한다는 단점[64] 때문에 현재 지지자

63) 김일수, 한국형법 I, 524면 이하; 김일수/서보학, 194면 이하; 성낙현, 228면; 손동권/김재윤, 203면; 안동준, 194면; 동취지, 제13조를 직접 적용하는 이상돈, 423면.

64) 이에 관하여는 상기 '제2편, 제2장, 제1절, 3-3. 전체구성요건이론' 참조.

를 확보하지 못하고 있다.

# 제 5 절 책임조각사유

## 1. 책임조각사유의 의의

형법은 제9조 내지 제11조에서 책임능력을 규정하고 있으며, 제16조는 정당한 이유 있는 법률의 착오를 규정하고 있다. 이 규정들은 책임을 근거지우는 전제조건에 관한 규정이다. 따라서 이러한 사유들은 책임배제사유라고 할 수 있다.[65] 이에 반하여 책임조각사유는 책임을 근거지우는 전제조건들은 갖추고 있으나, 그 책임이 양적인 면에서 형벌을 부과할 정도에 이르지 아니하므로 형벌비난을 포기 내지 관용해야 할 사유를 의미한다.[66] 즉 행위자는 책임능력이나 위법성의 인식을 모두 갖추고 있지만, 예외적인 특별한 상황에서 단순히 적법한 행동을 기대하기 어려워서 또는 기대할 수 없는 경우에 인정될 수 있는 사유가 책임조각사유이다. 그러므로 책임조각사유는 적법행위에 대한 기대가능성이 그 판단의 기초가 된다.

## 2. 기대가능성

### 2-1. 기대가능성의 의의

불법한 행위를 행한 행위자에 대한 비난가능성은 "구체적인 상황에서 행위자가 불법한 행위 대신에 적법한 행위를 할 수 있었는가"라는 행위자의 적법행위에 대한 기대가능성을 기초로 한다. 그러나 불법한 행위를 행한 행위자에 대한 비난가능성과 행위자의 적법행위에 대한 기대가능성이 반드시 일치하는 것은 아니다. 예컨대 자신의 행위가 법령에 의하여 죄가 되지 않는다고 오인한 경우(법률의 착오)라면 정당한 이유의 존재 여부와 관계없이 구체적인 상황에서 적법행위에 대한 기대가능성은 긍정되지 않는다. 그럼에도 불구하고 제16조는 정당한 이유 없는 법률의 착오의 경우에는 고의의 책임비난을 부과한다. 책임능력 있는 자라면 누구나 법률을 알고 이를 지켜야 하기 때문에(준법의무), 법률착오에 정당한 이유가 없

65) 동지, 김일수, 한국형법 Ⅱ, 95면 이하; 김일수/서보학, 288면 이하; 성낙현, 328면.

66) 김일수, 한국형법 Ⅱ, 95면 이하; 김일수/서보학, 288면; 성낙현, 328면; 이상돈, 448면에서는 이를 특히 면책사유라고 명명하고 있으나, 위법성조각사유와 같은 차원에서 생각할 수 있는 책임조각사유라는 용어가 보다 적절하다고 보인다.

으면 고의의 책임비난을 벗어날 수 없는 것이다.

제9조와 제10조 제1항의 책임무능력, 제10조 제2항과 제11조의 한정책임능력, 제16조의 정당한 이유 있는 법률의 착오의 경우에는 형법이 불법한 행위를 행한 행위자에 대한 비난불가능성 내지 한정된 비난가능성을 명시적으로 규정하고 있다. 이 경우 비난이 불가능한 범위에서는 적법행위에 대한 기대가능성도 긍정될 수 없다. 따라서 책임능력이나 법률의 착오에 관한 문제에서도 기대가능성의 관점은 배제되지 않는다. 다만 불법한 행위를 행한 행위자에 대한 책임비난은 책임능력과 위법성의 인식을 전제로 한다는 점에서, 책임능력과 위법성의 인식에 대해서는 구체적인 상황에서의 적법행위에 대한 기대가능성의 문제를 거론할 필요가 없게 된다. 따라서 기대가능성은 "책임을 근거지울 수 있는 전제조건인 책임능력과 위법성의 인식을 구비한 자가 구체적인 상황에서 적법행위를 할 수 있었는가"라는 문제로 국한된다.

## 2-2. 기대가능성의 체계적 지위

종래 적법행위에 대한 기대가능성을 고의·과실의 구성요소로 이해하는 입장도 있었으나, 현재는 기대가능성을 책임의 적극적 요소로 파악하는 견해와 책임의 소극적 요소로 파악하는 견해가 대립되고 있다.

### 2-2-1. 책임의 적극적 요소로 파악하는 견해

적극설[67]은 기대가능성이 책임능력, 위법성의 인식, 책임요소(책임조건)로서의 고의·과실과 병렬적 위치에 있는 독립된 책임요소라고 파악한다. 기대가능성이 비난가능성의 가장 본질적인 요소라는 점을 근거로 기대가능성의 독자성을 인정하는 것이다. 특히 기대가능성은 책임을 조각하거나 감경하는 방향으로만 작용하는 것이 아니고 책임을 강화하는 방향으로 작용하는 경우도 있다는 것을 근거로 한다.

형사책임은 범죄성립요건의 책임과 양형책임으로 분류되며, 범죄성립요건의 책임은 형사책임을 근거지우는 역할만을 담당한다. 범죄성립요건의 책임에서는 완전한 책임과 감경된 책임 및 책임배제·책임조각만을 결정하는 역할을 하며, 구체적인 책임의 양은 양형책임에서 결정한다. 물론 범죄성립요건으로서 책임의 확정 이후에 기대가능성이 양형책임에서 구체적인 책임의 양을 판단하는 기준으로 작용하는 것은 얼마든지 가능하다. 그러나 책임능력과 위법성의 인식 등 책임비난의 전제조건이 갖추어진 상황에서 기대가능성이 범죄성립요건으로서의 책임을 강화하는 방향으로 작용하는 것은 불가능하다. 따라서 "기대가

67) 권오걸, 364면 이하; 손동권/김재윤, 330면; 오영근, 275면; 이형국, 205면; 임웅, 354면.

능성이 책임을 강화하는 방향으로 작용하는 경우도 있다"는 적극설의 관점은 타당하다고 할 수 없다.

또한 적극설이 기대가능성 이외에 책임능력, 위법성의 인식, 고의·과실을 독자적인 책임요소로 파악하는 관점도 타당하지 않다. 우선 고의·과실은 고의·과실의 불법행위에 대해서 각각 부담해야 할 책임형태에 불과하며, 형법은 이를 각각 다른 법정형으로 정해놓고 있다. 따라서 이를 독자적인 책임요소로 파악할 수는 없다. 또한 책임능력과 위법성의 인식은 이들을 전제로 책임비난이 가능하다는 의미에서 책임을 근거지울 수 있는 전제조건에 해당한다. 즉 책임능력과 위법성의 인식도 본질적으로는 적법행위에 대한 기대가능성을 근거로 정해진 책임비난의 전제조건이라고 할 수 있다. 따라서 책임능력이나 위법성의 인식도 독자적인 책임요소는 아니라고 해야 한다.

#### 2-2-2. 책임의 소극적 요소로 파악하는 견해

소극설(다수설)은 기대가능성을 책임조각사유로 이해함으로써 책임의 소극적 요소로 파악한다. 책임능력과 위법성의 인식이라는 책임조건을 충족하면 원칙적으로 책임이 인정되며, 예외적으로 적법행위에 대한 기대가능성이 없는 경우에는 책임이 조각된다는 것이다.

기대가능성을 책임조각사유로 파악하는 이 견해의 관점은 원칙적으로 타당하다고 할 수 있다. 또한 기대가능성이 책임을 조각하는 기준이라는 점에서 책임의 소극적 요소라고도 할 수 있다. 다만 적법행위에 대한 기대가능성은 책임의 적극적 요소이며, 오히려 기대불가능성이 책임의 소극적 요소라고 해야 한다. 또한 형법은 위법성이 조각되거나 책임이 배제·조각·감경되는 경우만을 소극적으로 규정하고 있다는 점에서 기대가능성만을 책임의 소극적 요소라고 파악하기는 곤란하다.

#### 2-2-3. 책임조각사유의 근거 내지 기준으로서의 기대가능성

기대가능성이 책임의 적극적 요소인가 또는 소극적 요소인가에 관한 학설의 대립은 부정확하며 무의미하다.[68] 책임의 본질은 불법한 행위를 행한 행위자에 대한 비난가능성이며, 적법행위에 대한 기대가능성은 비난가능성을 판단하는 본질적인 중요한 기준이다. 기대가능성의 체계적 지위에 관한 이해는 이것으로 충분하다.

기대가능성이 책임의 본질인 비난가능성을 판단하는 본질적인 중요한 기준이라는 점에서 기대가능성을 책임의 적극적 요소로 이해하는 관점은 어느 정도 수긍이 가능하다. 그러나 이러한 의미의 책임의 적극적 요소인 기대가능성은 책임조각사유에서뿐 아니라 책임능력이나 위법성의 인식에서도 적극적으로 고려되고 있다. 다만 책임능력이나 위법성의 인

68) 동지, 배종대, 331면 이하.

식에서는 "책임비난이 윤리적으로 성숙하고 적법과 불법을 올바르게 구별할 수 있는 자를 대상으로 한다"는 점에서 구체적인 상황에서의 기대가능성을 다시 고려할 필요가 없을 뿐이다.[69] 따라서 법률은 책임능력이나 위법성의 인식을 책임비난의 전제조건으로 규정하고 있다.

이러한 점에서 비난가능성은 책임조각사유의 근거 내지 기준이 될 뿐이다.[70] 즉 책임비난의 전제조건이 구비된 구체적인 상황에서 적법행위에 대한 기대가 불가능한 경우라면 불법행위에 대한 비난이 불가능하기 때문에 책임을 조각하게 된다.

## 2-3. 기대가능성의 판단기준

적법행위에 대한 기대가능성의 판단기준에 대해서는 학설의 대립이 있다. 국가표준설과 평균인표준설 및 행위자표준설의 대립이 그것이다.

### 2-3-1. 국가표준설

국가표준설은 적법행위를 기대하고 있는 국가가 법질서 내지 현실을 지배하는 국가이념에 따라 기대가능성의 유무를 판단해야 한다는 견해이다. 국가표준설에 의하면 기대가능성은 국가 법질서의 관점에 따른 객관적 평가의 문제가 된다. 그러나 법질서나 현실을 지배하는 국가이념을 기준으로 정해지는 것은 적법과 불법의 영역이다. 이미 법질서에 따라 정해진 불법행위에 대해서 재차 법질서를 기준으로 불법행위를 하지 아니할 기대가능성을 판단하는 것은 불필요한 이중의 평가에 불과하게 된다. 또한 여기서의 기대가능성이란 구체적인 상황에서 개별적인 행위자의 적법행위에 대한 기대가능성을 의미한다. 이러한 기대가능성이라면 이는 개념적으로 구체적인 행위자에 대한 구체적인 상황에서의 개별적 평가를 의미해야 한다. 따라서 국가표준설의 관점은 타당하다고 할 수 없다.

### 2-3-2. 평균인표준설

평균인표준설은 기대가능성의 유무를 사회의 평균인을 표준으로 판단하는 입장이다. 기대가능성 판단의 대상은 행위자이지만, 책임판단의 확실성과 균형성을 확보하기 위해서는 평균인을 표준으로 하는 객관적 판단에 의하여야 한다는 것이다(통설).[71]

---

69) 동취지, 김일수/서보학, 289면은 책임능력의 결여와 회피할 수 없는 금지착오를 책임의 내재적 제한사유로, 책임조각사유를 책임의 후발적 감면사유로 이해하고 있다.

70) 동취지, 김일수/서보학, 291면; 박상기, 275면; 조준현, 328면.

71) 대법원 2004.7.15. 2004도2965; 대법원 2008.10.23. 2005도10101; 대법원 2012.9.27. 2012도4637; 대법원 2013.3.28. 2012도16383; 대법원 2016.5.12. 2013도15616; 대법원 2018.2.28. 2017도16725.

그러나 평균인이 표준이 되는 객관적 판단에 의하여 적법행위에 대한 기대가 가능한 행위라면, 이는 본질적으로 책임의 영역이 아니라 불법의 영역이어야 한다.[72] 책임은 불법행위를 행하는 평균인 일반에 대한 법적 비난이 아니라, 불법행위자 개인에 대한 법적 비난이다. 따라서 아무리 평균인에게 적법행위의 기대가 가능했을지라도, 그 구체적인 개인에게 도저히 적법행위의 기대가 불가능했다면, 그 개인을 해당 불법행위로 비난해서는 안 될 것이다. 평균인표준설은 불법과 책임을 혼동하고 있다.

### 2-3-3. 행위자표준설

행위자표준설[73]은 기대가능성의 유무를 행위당시 행위자의 구체적 상황을 표준으로 판단하는 입장이다. 책임이란 불법행위에 대한 비난가능성이며, 불법한 행위를 행한 행위자에 대한 비난이 가능하려면 구체적인 행위자가 구체적인 상황에서 적법행위에 대한 기대가 가능했어야 한다. 따라서 적법행위에 대한 기대가능성의 판단은 구체적인 행위자가 표준이 되어야 한다.

평균인표준설은 행위자표준설에 대하여 "개인의 구체적 사정을 표준으로 기대가능성을 판단하면 적법행위의 기대가능성은 거의 있을 수 없게 되고, 특히 확신범에 대해서는 책임비난이 불가능하게 되며, 책임판단의 확실성과 균형성을 침해함으로써 극단적인 개별화에 의하여 형벌의 해소를 초래한다"는 비판을 제기한다. 그러나 행위자표준설에 대한 이러한 비판은 타당하지 않다.

우선 "개인의 구체적 사정을 표준으로 기대가능성을 판단하면 적법행위의 기대가능성은 거의 있을 수 없게 된다"는 비판은 그 자체로 부당하다. 예컨대 아무리 유혹에 약한 행위자라 할지라도 '길에 떨어진 타인의 점유를 이탈한 고가품'을 횡령하지 않을 것은 당연히 기대되고 있다. 즉 일반적으로 책임조건인 책임능력과 위법성의 인식을 구비한 자라면 형법이 규정하는 책임조각사유에 해당하지 않는 한 당연히 적법행위에 대한 기대가 가능하다고 해야 한다. 그러나 특정한 행위자가 특별한 사정에 의해서, 예컨대 강요된 행위자와 같이 그러한 기대가 불가능한 경우에는 책임이 조각될 수 있을 뿐이다. 이때 적법행위에 대한 기대가능성은 개인의 구체적 사정을 표준으로 판단되어야 한다.

또한 "확신범에 대해서는 책임비난이 불가능하게 된다"는 비판도 아주 부정확하다. 만약 이러한 비판이 타당하다면, 이는 행위자표준설에 대한 비판이라기보다 우선 평균인표준설에 대한 비판으로서 유효하다. 즉 확신을 가진 평균인[74]을 표준으로 판단한다면, 확신범

---

72) 이상돈, 452면 이하, 454면; 조준현, 329면; 심재우, 기대가능성은 책임조각사유인가, 법정 1976.8, 92면.

73) 김성천/김형준, 301면; 이상돈, 454면 이하; 이영란, 374면; 이형국, 206면. 학설대립의 실익을 부정하는 입장에서 박상기, 276면; 배종대, 340면. 제한적 입장의 손해목, 654면 이하.

74) 만약 여기서 평균인표준설이 '확신을 가지지 않은 평균인'을 표준으로 판단하려 한다면, 이는 기대가능성

의 경우는 평균인표준설에 의해서도 적법행위에 대한 기대가능성이 긍정될 수 없을 것이기 때문이다. 생각건대 평균인표준설이 확신범의 경우를 행위자표준설에 대한 비판근거로 제시한 것은 기대가능성의 본질에 대한 오해에서 비롯된 것으로 판단된다. 즉 "적법행위에 대한 기대가능성이 부정되면 언제나 책임비난이 포기되어야 한다"는 잘못된 관점을 취한 것이다. 기대가능성이 비난가능성의 본질적인 근거 내지 기준이 되는 것은 사실이지만, 기대불가능성이 반드시 비난불가능성을 근거지우는 것은 아니다. 정당한 이유 없는 법률의 착오나 회피가능한 강요된 행위상황에 대한 착오 등의 경우는 적법행위에 대한 기대가 불가능하지만 책임비난이 포기될 수는 없다. 여기서는 회피하는 것이 가능했음에도 그 착오를 회피하지 못하였기 때문에 법적 비난이 가능하게 된다.[75] 이와 동일하게 확신범의 경우도 행위자표준설에 의하든 평균인표준설에 의하든 구체적인 상황에서 적법행위에 대한 기대가능성이 긍정될 수 없을 것이다. 그러나 확신범에 대해서 책임비난을 포기할 수는 없다. 여기서는 행위자 스스로가 유책하게 잘못된 확신에 이르게 되었으므로 법적 비난으로부터 벗어날 수는 없게 된다.

기대가능성의 판단기준에 대하여 행위자표준설을 취하는 입장에서도 학설대립의 실익을 부정하는 견해[76]가 있다. 형법이 강요된 행위 · 과잉방위 · 과잉긴급피난 · 과잉자구행위의 책임조각사유와 그 요건들을 명시하고 있는데, 이들 구체적 기준에 대한 판단을 마다하고 추상화된 기대가능성의 판단기준을 논의하는 것은 무의미하다는 것이다. 그러나 이러한 입장은 기대가능성을 너무 과소평가하고 있다. 물론 강요된 행위 · 과잉방위 · 과잉긴급피난 · 과잉자구행위 등의 책임조각사유에서는 기대불가능성이나 기대가능성의 감소에 대한 일정한 사유를 입법을 통하여 일방적으로 규정하고 있는 것은 사실이다.[77] 그러나 여기서도, 예컨대 제12조의 강요된 행위에서 폭력에 대한 저항불가능성이나 협박에 대한 방어불가능성의 판단은 구체적인 상황의 구체적인 행위자가 기준이 되어야 한다. 또한 각각의 사유를 판단함에 있어서도 법률이 정하지 아니한 사항들, 예컨대 과잉방위에서 책임조각과 책임감경의 경계를 정하는 문제 등은 항상 구체적인 상황에서 구체적인 행위자의 기대가능성을 기준으로 판단해야 한다. 특히 제22조의 긴급피난을 이원적으로 해석함으로써 면책적 긴급피난을 인정할 경우에는 그 요건으로 적법행위에 대한 기대가능성을 적극적으로 판단해야 한다. 더 나아가 기대가능성은 범죄론에서의 책임에서 완전한 책임과 감경된 책

---

의 판단기준이 될 수 없다. 구체적 상황에 있지 아니한 평균인을 표준으로 기대가능성을 판단할 수는 없기 때문이다. 예컨대 강요되지 아니한 평균인을 표준으로 강요된 행위를 판단할 수는 없다.

75) 여기서는 회피가능한 착오를 회피하지 못한 과실의 책임비난이 문제되는 것이 아니라, 회피가능한 착오를 회피하지 못하고 고의의 불법을 저지른 행위에 대한 고의의 책임비난이 문제된다.

76) 박상기, 276면; 배종대, 340면; 평균인표준설의 입장에서 김성돈, 424면.

77) 이 한도에서 법률은 일정한 요건하에서 행위자를 표준으로 적법행위에 대한 기대불가능성을 간주하고 있다. 이는 제9조가 형사미성년자에 대해서 책임무능력을 간주하는 것과 동일하다.

임 및 책임배제·책임조각을 결정하기 위해서만 작용하는 것이 아니라, 완전한 책임·감경된 책임이 인정된 이후에 그 책임의 양을 정하는 양형단계에서도 양형책임으로 작용하게 된다. 여기서는 당연히 구체적인 행위자를 표준으로 기대가능성을 판단해야 한다. 따라서 기대가능성의 판단기준에 관한 학설대립의 실익을 부정하는 견해는 타당하다고 할 수 없다.

## 3. 책임조각사유

### 3-1. 강요된 행위

제12조는 강요된 행위를 "저항할 수 없는 폭력이나 자기 또는 친족의 생명, 신체에 대한 위해를 방어할 방법이 없는 협박에 의하여 강요된 행위는 벌하지 아니한다"고 규정한다. 이는 강요된 상태에서 불법행위를 행한 행위자에게 적법행위의 기대가 불가능하여 책임을 조각시켜 주는 규정이다. 그러나 강요된 행위는 여전히 불법한 행위이며, 이에 대하여는 정당방위가 가능하다.

강요된 행위는 강제상태에서의 행위이다. 강제상태란 저항할 수 없는 폭력이나 자기 또는 친족의 생명, 신체에 대한 위해를 방어할 방법이 없는 협박에 놓여있는 상태를 말한다.

#### 3-1-1. 저항할 수 없는 폭력

저항할 수 없는 폭력은 강제적 폭력만을 의미하며, 절대적 폭력을 포함하지 않는다. 절대적 폭력에 의한 행위는 완전히 행위자의 의사와는 단절된 행위이므로 형법의 행위개념에 포함되지 않기 때문이다. 강제적 폭력에 의한 행위는 적어도 행위자의 굴복된 의사와 연결된 행위이므로 형법상의 행위이며, 불법행위를 형성할 수 있게 된다.

강요의 수단인 폭력은 물리적 유형력이어야 하며, 심리적 무형력은 여기에 포함되지 않는다. 심리적 무형력은 자기 또는 친족의 생명·신체에 대한 위해인 경우에만 제12조 후단의 협박에 해당할 수 있다. 폭력은 반드시 구타나 감금행위[78]와 같이 직접 사람의 신체에 작용하는 유형력에만 한정되지 않는다. 가옥·물건의 파괴나 방화 등과 같은 물건에 대한 유형력일지라도 사람의 의사를 굴복시키는 유형력이라면 강요의 수단인 폭력으로 충분하다. 물건 등에 대한 유형력의 행사가 사람의 의사를 굴복시키는 작용을 한다는 점에서 협박으로 이해해서는 안 된다. 폭력은 개념구조상 현재의 침해로써 사람의 의사를 굴복시키는 작용을 하는 데 반하여, 협박은 장래의 위해로써 사람의 의사를 굴복시키는 작용을

78) 대법원 1972.5.9. 71도1178.

한다는 점에서 차이가 있다.

> 대법원[79]은 제12조의 폭력개념에 대하여 '심리적인 의미에 있어서 육체적으로 어떤 행위를 절대적으로 하지 아니할 수 없게 하는 경우와 윤리적 의미에 있어서 강압된 경우'라고 판시하고 있다. 그러나 폭력은 물리적인 유형력을 행사하는 것이며, 이러한 물리적 유형력의 행사는 피강요자를 정신적·심리적으로 굴복시키는 작용을 하게 된다. 따라서 대법원의 판시내용은 폭력개념을 설명한 것이 아니라, 폭력에 의한 작용을 설명한 것이라고 보아야 한다.

제12조의 강요된 행위는 폭력에 대해서 피강요자가 저항할 수 없어야 한다. 즉 저항불가능성은 평균인이 아니라 피강요자인 행위자를 표준으로 판단해야 한다.[80] 책임은 행위자 개인의 심정반가치를 내용으로 하므로 항상 행위자와 관련하여 '행위자 스스로에게 가능했던 영역(Selbstmögliche)'에서만 문제가 되기 때문이다. 이때 저항불가능성은 물리적인 폭력의 강도뿐 아니라 피강요자의 능력이나 상황, 강요자와의 관계 등도 고려하여 판단하게 된다.

유사한 관점에서 저항불가능성의 판단에 관하여 폭력의 강도, 수단, 방법, 강요자와 피강요자의 관계와 피강요자의 특수성 등 구체적 사정을 고려한 객관적 판단의 기준을 제시하는 견해[81]가 있다. 그러나 여기서 구체적 사정을 기초로 피강요자의 특수성을 고려한 객관적 판단은 결국 행위자표준설과 유사한 결론이 된다.

> 기대가능성의 판단기준에 대해서는 평균인표준설을 취하는 반면에, 강요된 행위에서 '폭력에 대한 저항불가능성'에 대해서는 행위자를 표준으로 판단하는 견해[82]가 있다. 이 견해에 대해서는 '폭력에 대한 저항불가능성'과 '기대가능성'이 각각 다른 판단기준을 사용해야 하는지 그리고 각각 다른 판단기준을 사용해야 한다면 그 이유는 무엇인지 의문이 제기된다. 강요된 행위에서 '폭력에 대한 저항불가능성'은 적법행위의 기대가 불가능하게 되는 원인이다. 그러므로 '폭력에 대한 저항불가능성'은 곧바로 적법행위의 기대불가능성을 의미하게 된다. 따라서 폭력에 대한 저항불가능성과 기대가능성의 판단기준이 다르다는 것은 논리적으로 부당하다. 기대가능성과 폭력에 대한 저항불가능성은 동일하게 행위자를 표준으로 판단하여야 한다.[83]

---

79) 대법원 1983.12.13. 83도2276; 대법원 1998.7.10. 98도1309; 대법원 2004.12.10. 2003도5124; 대법원 2007.6.29. 2007도3306.

80) 동지, 권오걸, 374면; 김일수, 한국형법 Ⅱ, 134면; 김일수/서보학, 302면; 배종대, 342면; 이상돈, 462면; 이형국, 211면; 정성근/박광민, 373면.

81) 성낙현, 374면; 안동준, 208면; 오영근, 279면; 이영란, 377면; 이재상/장영민/강동범, 366면 이하; 임웅, 364면; 진계호/이존걸, 465면.

82) 권오걸, 367면, 374면; 김일수/서보학, 293면, 302면; 성낙현, 372면, 374면; 손동권/김재윤, 331면; 안동준, 206면, 208면; 오영근, 277면, 279면; 이재상/장영민/강동범, 363면, 366면; 임웅, 356면, 364면; 정성근/박광민, 368면, 373면; 진계호/이존걸, 458면, 465면.

83) 동지, 김성천/김형준, 301면; 배종대, 340면, 342면; 이상돈, 454면 이하, 462면; 이형국, 206면, 211면.

기대가능성의 판단기준에 대해서 평균인표준설을 취하면서, 강요된 행위에서 '폭력에 대한 저항불가능성'에 대해서도 평균인의 관점에서 구체적 사정을 종합적으로 고려하여 판단하는 견해[84]도 있으나, 이는 불법과 책임을 혼동한 이론으로 타당하다고 할 수 없다.

### 3-1-2. 자기 또는 친족의 생명·신체에 대한 위해를 방어할 방법이 없는 협박

강제상태를 초래하는 협박은 자기 또는 친족의 생명·신체에 대한 위해를 방어할 방법이 없는 것이어야 한다. 이러한 협박은 명시적·외형적 협박에 한정되지 않는다. 예컨대 납북어부들의 북한에서의 행동도 방어할 방법이 없는 협박에 의하여 강요된 행위가 될 수 있다.[85]

협박의 내용인 위해의 대상은 자기 또는 친족의 생명이나 신체에 제한된다. 친족의 범위는 민법에 의하여 결정된다. 따라서 친구나 애인, 사실혼의 부부 등의 생명·신체에 대한 위해는 여기에 포함되지 않으며, 생명·신체 이외의 자유나 재물에 대한 위해도 포함되지 않는다.[86]

이러한 협박은 방어할 방법이 없어야 한다. 즉 위해를 피하기 위한 유일한 방법이 강요된 행위를 행하는 것이어야 한다. 방어불가능성의 판단기준은 저항불가능성의 판단기준과 동일하게 피강요자를 표준으로 판단해야 한다.

### 3-1-3. 자초강제상태

피강요자가 강제상태를 자초한 경우에도 강요된 행위로서 책임이 조각될 수 있는지 문제된다. 대법원[87]은 강제상태를 자초하였거나 미필적으로나마 예측하였다면 강요된 행위라 할 수 없다는 입장이다. 다수설[88]도 행위자가 강제상태를 자초한 경우에는 강요된 행위의 요건인 강제상태, 즉 저항할 수 없는 폭력이나 방어할 방법이 없는 협박에 해당하지 않는다고 한다. 이 경우는 적법행위에 대한 기대가능성을 부정할 수 없기 때문이라고 한다.

그러나 자초한 강요상태라도 저항할 수 없는 폭력이나 방어할 방법이 없는 협박의 구체적인 상황에서는 피강요자의 적법행위에 대한 기대가 불가능하다. 폭력에 대하여 저항이 가능하거나 협박에 대하여 방어가 가능할 경우에만 적법행위에 대한 기대가능성을 인정할

84) 신동운, 447면 이하, 450면; 손동권/김재윤, 331면, 338면.

85) 대법원 1967.10.4. 67도 1115; 대법원 1976.9.14. 75도414.

86) 면책적 긴급피난을 부정하는 입장에서는 위해의 범위를 확장하여 해석하려는 경향이 있으며, 면책적 긴급피난을 인정하는 입장에서도 사실상의 부부나 사생아를 여기에 포함시키고 있다. 그러나 면책적 긴급피난을 인정한다면 이러한 경우를 굳이 강요된 행위로 해결할 필요는 없다.

87) 대법원 1971.2.23. 70도2629; 대법원 1973.1.30. 72도2585; 대법원 1973.9.12. 73도1684.

88) 배종대, 343면; 성낙현, 375면; 손동권/김재윤, 339면; 신동운, 451면; 안동준, 209면; 이재상/장영민/강동범, 368면; 정영일, 319면; 진계호/이존걸, 467면.

수 있기 때문이다. 다만 적법행위에 대한 기대가능성이 부정된다고 하여 곧바로 불법행위에 대한 비난가능성이 부정되는 것은 아니다.[89] 피강요자는 이미 유책하게 강제상태를 초래하였다는 점에서, 즉 강제상태가 회피가능했다는 점에서 불법행위에 대한 비난가능성은 긍정될 수 있다.[90] 이에 반하여 자초한 강제상태라도 이를 유책하게 초래한 것이 아닐 경우에는 강제상태의 회피가 불가능하므로 불법행위에 대한 비난이 불가능하다.[91]

다만 유책하게 강제상태를 초래한 경우라면 항상 제12조의 적용을 배제하는 것이 타당한지 의문이 제기된다.[92] 강제상태를 자초한 유책성이 경미한 반면에 피강요자에 대한 폭력이나 협박의 정도가 강력한 경우라면 제12조의 적용을 배제하는 것이 너무 가혹하기 때문이다.[93] 따라서 자초한 강제상태의 경우에도 피강요자의 유책성에 의한 비난가능성 때문에 강제상태를 감수할 것이 기대되는 한도에서만 제12조의 적용을 배제하는 것이 타당할 것이다.[94] 이에 관한 명문의 규정은 없으므로 이를 오직 양형책임에서 고려하는 방법도 생각할 수 있지만, 제12조의 합목적적인 해석으로부터 행위자에게 유리한 이러한 결론의 도출은 얼마든지 가능하다고 해야 한다. 물론 이에 관한 입법론적 해결이 가장 합리적인 방법이 될 것이다.

### 3-1-4. 강제상태에 관한 착오

저항불가능한 폭력이나 방어불가능한 협박이 없음에도 강제상태에 있다고 오인한 강제상태에 관한 착오를 어떻게 해결해야 하는지 문제된다. 형법은 이에 관한 명문의 규정을 가지고 있지 않다. 다만 학설에서는 기대가능성의 상황에 관한 착오가 논의되고 있으며, 이는 강제상태의 상황에 대한 착오에 대해서도 동일하게 유효하다. 이 문제는 아래의 면책적 긴급피난의 상황에 대한 착오에서도 동일하기 때문에, 그곳에서 함께 설명한다.

---

89) 이에 관하여는 상기 '제2편, 제4장, 제5절, 2. 기대가능성' 참조.

90) 동지, 안동준, 209면.

91) 동취지, 김성돈, 426면; 오영근, 280면도 강제상태를 예견할 수 없었을 경우에는 강요된 행위로 책임이 조각될 수 있다고 한다.

92) 자초강제상태의 경우 면책을 부정해야 하는 것은 합리적이지 않다는 견해로는 한정환(1), 482면.

93) 예외적으로 엄격한 제약하에서 강제상태를 긍정할 수 있다는 견해로는 권오걸, 376면; 손해목, 672면; 안동준, 209면; 정성근/박광민, 372면.

94) 동취지, 이상돈, 464면.

## 3-2. 면책적 긴급피난

### 3-2-1. 면책적 긴급피난의 의의

제22조 제1항의 긴급피난에 대하여 이분설[95]은 위법성을 조각하는 긴급피난과 면책적 긴급피난으로 구별하고 있다. 이러한 이분설의 입장은 타당하다. 현재의 위난에 대하여 현저히 우월한 이익을 지키기 위한 작은 이익의 희생은 당연히 법률적으로 허용되어야 할 것이며, 이는 전체 법질서의 관점에서도 타당하다. 반면에 위법성을 조각할 정도의 상당성은 결여되었지만 적법행위의 기대가 불가능한 면책적 긴급피난의 상황도 결코 부인될 수 없다. 예컨대 보호하려는 생명이나 이를 위하여 희생이 요구되는 생명이나 모두 동일한 위난에 희생되어야 할 상황에서는 자기보호본능에 의하여 적법행위의 기대가 불가능하다. 이러한 경우는 제22조 제1항의 '자기 또는 타인의 법익에 대한 현재의 위난을 피하기 위한 상당한 이유 있는 행위', 즉 면책적 긴급피난에 해당한다.[96]

다수설은 제22조 제1항의 긴급피난을 위법성조각사유로 해석한다. 긴급피난의 본질론 내지 입법론으로는 2분설이 타당하지만, 형법의 해석으로는 면책적 긴급피난을 인정하는 것이 무리라고 한다. 따라서 면책적 긴급피난에 관한 문제는 초법규적 책임조각사유로 해결하면 충분하다고 한다.

### 3-2-2. 면책적 긴급피난의 성립요건

독일형법 제35조는 "자기, 친족 또는 그와 가까운 사람의 생명, 신체, 자유에 대한 현재의 달리 피할 수 없는 위난을 피하기 위한 행위는 책임이 조각된다"고 하여 면책적 긴급피난을 명문으로 규정하고 있다. 이러한 면책적 긴급피난에 관한 독일형법의 규정은 형법의 면책적 긴급피난을 해석하는 데에 있어서 중요한 자료가 된다. 이에 따라 면책적 긴급피난은 다음의 요건에 의하여 인정될 수 있다.

#### 3-2-2-1. 면책적 긴급피난이 가능한 법익

독일형법에서는 면책적 긴급피난이 가능한 법익을 생명 · 신체 · 자유로 한정하고 있다. 그러나 형법의 면책적 긴급피난은 제22조 제1항의 규정으로부터 인정되기 때문에 이를 생명 · 신체 · 자유로 한정할 이유는 없다. 예컨대 생활의 근거가 되는 전 재산을 태워버린다

95) 김성돈, 306면; 김일수/서보학, 210면; 배종대, 256면; 성낙현, 253면; 손해목, 473면 이하; 신동운, 302면; 진계호/이존걸, 364면; 차용석, 총론(1), 566면; 허일태, 긴급피난, 고시계 1991.5, 40면 이하.

96) 김성돈, 429면 이하; 김일수/서보학, 293면 이하; 배종대, 344면; 손해목, 682면 이하; 신동운, 453면 이하; 진계호/이존걸, 331면.

는 등의 협박에 의하여 강요된 행위[97]도 적법행위의 기대가 불가능할 정도인 경우 책임이 조각된다고 해석할 수 있다. 오히려 이러한 해석의 가능성을 배제하려면 독일형법과 같은 면책적 긴급피난의 규정을 두어야 할 것이다.

#### 3-2-2-2. 법익주체

독일형법은 면책적 긴급피난의 법익주체를 자기, 친족 또는 그와 가까운 사람으로 한정하고 있다. 반면에 제22조 제1항은 법익의 주체를 '자기 또는 타인'으로 규정하고 있다. 그러나 적법행위의 기대가능성이라는 요건으로부터, 면책적 긴급피난에서의 타인은 친족이나 또는 가까운 사람으로 한정하여 해석하여야 한다.

#### 3-2-2-3. 현재의 위난

현재의 위난은 위법성조각사유인 긴급피난에서와 동일하다. 반드시 강요나 협박에 의한 위난으로 한정되지 않으며, 법익이 위협받는 모든 상황이나 사태를 포함한다.

#### 3-2-2-4. 상당한 이유

제22조 제1항의 상당한 이유는 적법행위의 기대불가능성을 의미한다. 기대불가능성의 판단기준은 상대적 최소수단의 원칙이나 비례성의 원칙에 의하여 보호하려는 법익과 법익을 보호하기 위하여 침해하는 법익 사이의 균형뿐 아니라 피난자의 능력이나 상황 등 모든 사정을 고려하여 판단하여야 한다. 이 경우 적법행위의 기대가능성은 행위자를 기준으로 판단하여야 한다.

긴급상황에서의 피난행위는 다른 적법행위로 나아가는 것이 기대불가능한 경우에 제22조 제1항에 의하여 책임이 조각된다. 그러나 면책적 긴급피난행위는 여전히 불법한 행위이며, 이에 대해서는 정당방위가 가능하다.

### 3-2-3. 자초위난과 위난을 피하지 못할 책임 있는 자

#### 3-2-3-1. 독일형법에서의 자초위난과 위난을 피하지 못할 책임 있는 자

면책적 긴급피난에서 '자초위난'과 '위난을 피하지 못할 특별법률관계'에 관하여 독일형법 제35조 제1항 제2문은 "특히 행위자가 위난을 스스로 야기했거나 그가 특별법률관계(특별권력관계)에 있기 때문에 행위자에게 위난을 감수할 것이 기대되는 경우에는 면책적 긴급피난이 적용되지 않는다. 다만 위난을 감수하지 못할 특별법률관계에 있는 행위자에 대해서는 제49조 제1항에 의하여 형을 감경할 수 있다"고 규정하고 있다. 즉 위난을 스스로 야기

97) 제12조의 강요된 행위는 협박의 대상이 자기 또는 친족의 '생명·신체에 대한 위해'이므로, 물건에 대한 위해의 협박은 여기에 포함되지 않는다. 따라서 이 경우는 면책적 긴급피난의 적용이 가능하다.

한 자 또는 위난을 피하지 못할 특별권력관계에 있는 자는 원칙적으로 위난에 맞설 것이 기대되고 있으며, 따라서 이들은 위난으로부터의 긴급피난행위에 대하여 원칙적으로 책임조각이 불가능하게 된다.

물론 위난을 스스로 야기한 자 또는 위난을 피하지 못할 특별권력관계에 있는 자라고 하여 항상 면책적 긴급피난의 적용이 배제되는 것은 아니다. 위난자초의 유책성이나 위난을 피하지 못할 특별권력관계에도 불구하고 행위자에게 위난의 감수를 기대할 수 없는 경우[98]라면 면책적 긴급피난의 적용이 가능하게 된다.[99]

다만 독일형법 제35조 제1항 제2문의 단서에서는 특별권력관계에 있는 행위자가 위난을 감수하지 아니한 경우에 제49조 제1항에 의하여 형을 감경할 수 있도록 규정하고 있다. '위난에 맞서야 하는 특별권력관계에 있는 자'라고 하여도 위난상황에서의 긴급한 피난행위에 대해서는 적법행위에 대한 기대가능성의 감소를 인정한 것이다.

독일형법이 '특별권력관계에 있는 행위자가 위난을 감수하지 아니하고 면책적 긴급피난을 한 경우'에는 제49조 제1항에 의하여 형을 감경할 수 있도록 규정한 반면에, '위난의 감수가 기대되는 자초위난에서 긴급피난을 한 경우'에 대해서는 특별한 책임감경을 인정하지 않는다. 이 경우는 위난의 감수가 기대되는 위난자초의 유책성에 의하여 충분한 비난가능성이 인정되기 때문이다. 따라서 위난의 감수가 기대되는 자초위난에 대해서는 면책적 긴급피난이 적용되지 않으며, 완전한 책임이 인정된다.

#### 3-2-3-2. 제22조 제2항의 위난을 피하지 못할 책임 있는 자

형법의 면책적 긴급피난과 관련하여 제22조 제2항의 '위난을 피하지 못할 책임 있는 자'에 대해서는 독일형법 제35조 제1항 제2문과 유사하게 해석될 수 있다. 따라서 위난을 피하지 못할 책임 있는 자의 피난행위에 대해서도 위난의 감수가 기대되는 경우에만 면책적 긴급피난의 적용이 배제되어야 한다.

특별권력관계에 있는 행위자가 위난을 감수하지 아니하고 면책적 긴급피난행위로 나아간 경우에 독일형법 제35조 제1항 제2문 단서에서는 위난상황에서의 긴급행위라는 측면에서 임의적 책임감경의 규정을 두고 있다. 그러나 형법은 이에 관하여 특별히 규정하고 있지 않다. 따라서 형법의 해석에서는 특별권력관계에 있는 행위자가 기대가능한 위난을 감수하지 아니한 경우에 면책적 긴급피난이 적용되지 않으며 완전한 책임이 인정된다. 이때 위난상황에서의 긴급행위라는 측면은 양형에서 고려될 수밖에 없다.

98) 예컨대 위난자초의 유책성이나 특별권력관계에 의한 책임에 비하여 '예컨대 확률적으로 어려운 재난구조의무이행에서 행위자의 생명에 대한 치명적 위험'과 같이 위난의 강도나 위중성의 정도가 현저히 큰 경우에는 위난의 감수를 기대할 수 없다.

99) Vgl. Lenkner/Perron, S-S StGB, § 35 Rdnr. 20 ff. 25 mwN.

제22조 제2항은 자초위난을 명문으로 규정하고 있지 않지만, 특별권력관계에 있는 자 이외에도 위난을 유책하게 자초한 자라면 당연히 제22조 제2항의 위난을 피하지 못할 책임 있는 자에 포함된다고 보아야 한다. 따라서 자초위난의 경우에는 독일형법의 태도와 동일하게 해석될 수 있다. 따라서 자초위난의 경우도 상기의 '자초한 강요상태'의 경우와 완전히 동일한 관점에서 해석된다. 이러한 관점에서 자초위난의 경우는 행위자가 스스로 유책하게 위난을 초래하였다는 점에서, 즉 위난상태가 회피가능했다는 점에서 불법행위에 대한 비난가능성이 긍정된다. 이에 반하여 자초한 위난이라도 이를 유책하게 초래한 것이 아닐 경우에는 위난상태의 회피가 불가능하므로 불법행위에 대한 비난이 불가능하다고 해야 한다. 다만 위난상태를 자초한 유책성이 경미한 반면에 위난의 정도가 강력한 경우라면 면책적 긴급피난의 적용을 배제하는 것은 너무 가혹하다. 따라서 자초한 위난상태의 경우에도 위난초래자의 유책성에 의하여 위난을 감수할 것이 기대되는 한도에서만 면책적 긴급피난의 적용을 배제하는 것이 타당하다.

### 3-2-4. 면책적 긴급피난의 상황에 대한 착오

#### 3-2-4-1. 착오가 회피불가능한 경우

면책적 긴급피난의 상황(전제사실)에 대한 착오나 강요된 행위의 전제사실에 대한 착오와 같은 '책임조각사유의 전제사실에 대한 착오'의 경우에 그 착오가 회피불가능한 때에는 책임이 조각되어 처벌되지 않는다.[100] 회피불가능한 면책적 긴급피난의 전제사실에 대한 착오의 경우에는 적법행위에 대한 기대가 불가능할 뿐 아니라, 착오가 회피불가능한 상황에서 행위자에 대한 비난도 불가능하기 때문이다. 면책적 긴급피난의 전제사실에 대한 착오의 경우에도 행위자는 자신이 적법행위에 대한 기대가 불가능한 위난에 처한 것으로 오인하고 있으므로 기대가능성이라는 차원의 법적 비난은 불가능하다. 또한 그 착오가 회피불가능하다는 점에서 착오를 야기한 것에 대한 비난가능성도 존재하지 않는다.

다만 회피불가능한 책임조각사유의 전제사실에 대한 착오의 경우에 책임의 조각을 인정하면서도 책임조각의 근거를 제16조의 유추적용에서 찾는 견해[101]가 있다. 기대가능성의 상황에 관한 착오가 독자적인 성격의 착오라 할지라도 결국은 비난가능성의 문제로 돌아오기 때문에 위법성의 착오를 유추적용하여 해결하는 수밖에 없다[102]는 것이다. 그러나 책임조각사유는 책임능력과 위법성의 인식이라는 책임비난의 전제조건을 갖춘 이후에, 적

100) 김일수, 한국형법 II, 139면 이하; 김일수/서보학, 306면; 성낙현, 380면; 이재상/장영민/강동범, 364면; 진계호/이존걸, 462면; 동취지, 안동준, 207면.

101) 김성돈, 432면; 김일수/서보학, 293면, 296면, 306면; 배종대, 340면 이하; 손동권/김재윤, 335면; 신동운, 458면; 임웅, 360면; 정성근/박광민, 369면.

102) 임웅, 360면.

법행위에 대한 기대가능성을 기초로 불법행위에 대한 비난가능성을 판단함으로써 법적 비난을 포기해야 하는 사유이다. '회피불가능한 책임조각사유의 전제사실에 대한 착오'는 '적법행위에 대한 기대가능성이라는 차원의 비난뿐 아니라 착오의 회피불가능성이라는 차원에서의 비난도 불가능'하기 때문에 법적 비난을 포기해야 하는데, 이를 '착오에 대한 정당한 이유에 의해서 면책'되는 '법률의 착오'와 유사하다고 파악하는 견해는 타당하다고 할 수 없다. '회피불가능한 책임조각사유의 전제사실에 대한 착오'는 어떠한 차원의 관점에서도 법적 비난이 불가능하여 책임비난을 할 수 없는 경우에 해당할 뿐이다.

회피불가능한 책임조각사유의 전제사실에 대한 착오는 위법성의 착오로 해결하기보다는 위법성조각사유의 전제사실에 관한 착오와 유사한 경우로서 행위자에게 고의책임을 탈락시켜야 한다는 견해[103]도 있다. 그러나 이 견해도 '회피불가능한 책임조각사유의 전제사실에 대한 착오는 어떠한 차원에서도 법적 비난이 불가능하여 책임비난을 할 수 없는 경우'에 해당할 뿐이라는 사실을 간과한 입장으로 부당하다. 또한 이 견해에 의하면 책임조각사유의 전제사실에 대한 착오가 회피가능한 경우에는 고의불법이 인정될 뿐 아니라 그 착오가 회피가능하여 이에 대한 비난도 가능하기 때문에 명백하게 고의범이 성립하고 있음에도 불구하고 이를 과실범으로 처리하는 오류를 범하고 된다.

또한 회피불가능한 책임조각사유의 전제사실에 대한 착오의 경우에도 완전한 책임을 인정해야 하며, 이러한 사정은 오직 양형에서만 고려될 수 있다는 견해[104]가 있다. 그러나 불법행위에 대하여 어떤 차원의 비난가능성도 인정될 수 없는 상황에서 완전한 책임을 인정하는 것은 책임의 본질(비난가능성)을 무시한 견해로서 타당하다고 할 수 없다.

### 3-2-4-2. 착오가 회피가능한 경우

면책적 긴급피난의 상황에 대한 착오가 회피가능한 경우에도 행위자의 심리적 긴급상황은 착오가 없었던 경우와 전혀 차이가 없다. 다만 이 경우는 착오가 회피가능했으므로, 이 한도[105]에서 행위자에 대한 법적 비난이 가능하게 된다. 이 경우 독일형법은 "면책적 긴급피난의 상황에 대한 착오는, 착오가 회피가능한 경우에 한하여 감경하여 처벌한다"고 규정하고 있다. 그러나 이러한 명문의 규정이 없는 형법의 해석에서는 회피가능한 면책적 긴급피난의 상황에 대한 착오의 경우를 해결할 방법이 없다. 형법의 해석에서 이 경우에 대하여는 완전한 책임[106]을 인정하는 수밖에 없으며, 오직 양형책임에서 이러한 사정을 고

---

103) 이형국, 209면.

104) 권오걸, 369면; 오영근, 277면, 이상돈, 458면 이하.

105) 여기서는 회피가능한 착오를 회피하지 못하고 불법행위를 행하였다는 차원에서 행위자에 대한 법적 비난이 가능하게 된다.

106) 법률의 규정 없이 해석을 통하여 책임의 감경을 인정할 수는 없다.

려할 수 있을 뿐이다. 따라서 이에 대하여는 독일형법과 같이 범죄성립요건의 단계에서 감경된 책임을 인정하는 입법론적 해결을 필요로 한다.[107)]

면책적 긴급피난의 상황에 대한 착오가 회피가능하다는 것은 결국 그 착오에 과실이 있었다는 것을 의미한다. 이 경우 과실범 처벌규정이 있는 경우에는 면책적 효과가 발생하지 않고 과실범으로 처벌되어야 한다는 견해[108)]가 있다. 그러나 이는 부당하다. 이 경우에도 행위자에게는 면책적 긴급피난의 의도로 법익을 침해한 행위에 대하여 고의가 인정되기 때문이다. 따라서 이 경우는 과실범이 아니라 고의범의 성립이 문제된다. 다만 이 경우는 비난가능성의 양적인 면을 고려하여 입법론적으로 독일형법과 같이 임의적 감경규정을 두는 것이 바람직하다.

### 3-3. 과잉방위, 과잉긴급피난, 과잉자구행위

제21조 제2항과 제3항의 과잉방위, 제22조 제3항의 과잉긴급피난, 제23조 제2항의 과잉자구행위에서는 적법한 행위의 기대가 불가능한 경우이거나 적법행위에 대한 기대가능성이 현저히 약화된 경우로 간주하여 책임을 조각하거나 감경하고 있다. 따라서 이 한도에서 구체적인 행위자의 기대가능성 여부나 정도는 판단대상이 되지 아니한다. 이미 법률이 구체적인 행위자의 기대가능성 여부나 정도를 간주하기 때문이다. 다만 각각의 사유를 판단함에 있어서 법률이 정하지 아니한 사항들 예컨대 과잉방위에서 책임조각과 책임감경의 경계를 정하는 문제 등은 항상 구체적인 상황에서 구체적인 행위자의 기대가능성을 기준으로 판단해야 한다.

## 4. 초법규적 책임조각사유의 인정 여부

법률의 규정이 없는 경우에도 기대불가능성을 이유로 "초법규적 책임조각사유를 인정할 수 있는지"에 관하여는 학설의 대립이 있다. 판례[109)]와 다수설[110)]은 초법규적 책임조각사유를 인정하고 있다. 기대불가능성의 전제와 한계가 불명확하지만 형법의 책임조각사유에 대한 규정의 부족이나 불비를 보충하기 위해서 초법규적 책임조각사유를 인정하는 것

107) 동지, 김일수, 한국형법 II, 139면; 김일수/서보학, 306.

108) 김일수, 한국형법 II, 139면; 김일수/서보학, 296면; 이형국, 209면. 다만 김일수/서보학, 306면에서는 296면의 서술과 달리 회피가능한 면책사유의 전제상황의 착오의 경우에 고의범의 성립을 인정하면서 형벌의 감경을 주장하고 있다.

109) 대법원 1966.3.22. 65도1164; 대법원 1967.10.4. 67도1115 대법원 1987.1.20. 86도874.

110) 동취지, 이상돈, 453면.

이 필요하고 가능하다는 것이다.[111] 이러한 관점에서 초법규적 책임조각사유로 거론되는 사안으로는 ① 절대적 구속력 있는 상관의 위법한 명령에 따른 행위, ② 법적으로 해결할 수 없는 의무의 충돌, ③ 생명·신체 이외의 법익에 대한 강요된 행위가 있다. 그러나 ① '절대적 구속력 있는 상관의 위법한 명령에 따른 행위'라는 것은 표현의 오류이다. 위법한 상관의 명령은 구속력을 가질 수 없기 때문이다. 위법성의 인식이 있는 책임능력자라면 위법한 상관의 명령을 따라서는 안 된다.[112] 상관의 위법한 명령에 따른 행위는 경우에 따라 강요된 행위나 면책적 긴급피난에 포섭될 수 있을 뿐이다. 또한 ② 법적으로 해결할 수 없는 의무의 충돌이란 위법성이 조각되는 전형적인 의무의 충돌이므로 법적 해결이 충분히 가능하며, ③ 생명·신체 이외의 법익에 대한 강요된 행위는 전형적으로 면책적 긴급피난에 포섭될 수 있는 행위이다.

이에 반하여 '규범합치적 행위의 기대불가능성'이라는 모호하고 그 전제와 한계가 불분명한 초법규적 책임조각사유를 인정하는 것은 법적 안정성을 심각하게 해치며, 현실적으로도 초법규적 책임조각사유를 인정할 필요가 없다는 것이 소수설[113]의 입장이다. 이러한 소수설의 견해는 타당하다. 일반적으로 초법규적 책임조각사유를 인정하려는 견해는 면책적 긴급피난을 인정하지 않기 때문에 생기는 책임조각의 공백을 해소하려는 시도로 보인다. 면책적 긴급피난을 인정하게 되면 초법규적 책임조각사유는 현실적으로 문제가 되지 않는다. 이러한 입장에서 면책적 긴급피난도 인정하고 또한 초법규적 책임조각사유까지 인정하는 견해[114]에 대하여는 의문이 제기된다.

허용규범은 초법규적으로 인정될 수 있는 데 반하여 책임조각사유는 초법규적으로 인정될 수 없다. 허용규범은 일반인(Jemandmögliche)을 기준으로 그 요건이 정립될 수 있는 데 반하여, 책임조각사유의 요건은 구체적인 상황의 구체적인 행위자(Selbstmögliche)가 기준이 되어야 하기 때문이다. 즉 불법의 기준은 일반인인 데 반하여 책임의 기준은 구체적인 행위자 개인인 것이다. 책임조각사유를 초법규적으로 인정한다면, 그것은 법률적용에서 법관의 자의를 광범위하게 인정하는 결과가 될 뿐이다. 책임비난에 관한 법관의 재량은 범

111) 김성돈, 422면; 김일수/서보학, 291면; 손동권/김재윤, 333면; 오영근, 281면 이하; 이재상/장영민/강동범, 369면 이하; 이형국, 208면; 임웅, 362면.

112) 대법원 1983.12.13. 83도2543: "휘발유 등 군용물의 불법매각이 상사인 포대장이나 인사계 상사의 지시에 의한 것이라 하여도 그 같은 지시가 저항할 수 없는 폭력이나 자기 또는 친족의 생명·신체에 대한 위해를 방어할 방법이 없는 협박에 상당한 것이라고 인정되지 않은 이상 강요된 행위로서 책임성이 조각된다고 할 수 없다."; 동지, 대법원 1988.2.23. 87도2358; 대법원 1999.7.23. 99도1911; 대법원 2005.7.29. 2004도5685; 대법원 2007.5.11. 2007도1373; 대법원 2013.11.28. 2011도5329.

113) 김일수, 한국형법 II, 97면 이하; 박상기, 273면 이하; 배종대, 344면; 성낙현, 386면 이하; 신동운, 448면; 조준현, 328면.

114) 김성돈, 428면 이하, 422면; 김일수/서보학, 293면 이하, 291면; 손해목, 682면 이하, 676면 이하; 진계호/이존걸, 331면, 423면 이하.

죄성립요건에서는 허용될 수 없고 오직 양형에서만 가능해야 한다. 이러한 관점에서 본다면 초법규적 책임조각사유를 인정하는 다수설이 기대가능성을 평균인표준설에 의하여 판단하는 것은 필연적이라고 보인다. 법관의 자의를 과도하게 인정하는 초법규적 책임조각사유의 판단의 표준을 구체적 행위자로 설정할 수는 없기 때문일 것이다. 그러나 책임은 개념적으로 행위자 개인에 대한 비난가능성이어야 하며, 이러한 비난가능성은 구체적 행위자 개인의 개별적인 적법행위의 기대가능성이어야 한다. 따라서 기대가능성의 판단은 행위자표준설에 의하여야 하며, 이에 따라 법적안정성을 확보할 수 없는 초법규적 책임조각사유는 인정될 수 없다.

판례[115]는 납북된 상태에서의 행위를 기대불가능성의 관점에서 판시하고 있으나, 이는 전형적인 강요된 행위의 경우이다. 또한 판례[116]는 우연히 알게 된 시험문제의 답을 답안지에 기재한 경우 기대가능성을 부정하고 있다. 그러나 이 경우를 업무방해죄의 불법한 구성요건적 행위로 해석하는 것은 오류이다. 모르는 4지선다형 문제의 답을 기재하는 것이 업무방해죄의 구성요건적 행위로 평가될 수 없는 것과 동일하게, 이 경우도 사회적 상당성의 관점에서 구성요건해당성이 배제되어야 한다. 단체입장 대학생의 일부에 대해서만 성년검사를 한 결과 미성년자 1인이 입장하게 된 경우에도 기대불가능성의 관점에서 책임조각을 인정한 판례[117]의 입장도 타당하다고 할 수 없다. 이 경우도 사회적 상당성의 관점에서 허용된 위험의 범위에 포함될 수 있는지 여부를 판단해야 한다.

115) 대법원 1967.10.4. 67도1115: "동해방면에서 명태잡이를 하다가 기관고장과 풍랑으로 표류 중 북한괴뢰집단의 함정에 납치되어 북괴지역으로 납북된 후 북괴를 찬양, 고무 또는 이에 동조하고 우리나라로 송환됨에 있어 여러 가지 지령을 받아 수락한 소위는 살기 위한 부득이한 행위로서 기대가능성이 없다."

116) 대법원 1966.3.22. 65도1164: "입학시험에 응시한 수험생으로서 자기 자신이 부정한 방법으로 탐지한 것이 아니고 우연한 기회에 미리 출제될 시험문제를 알게 되어 그에 대한 답을 암기하였을 경우 그 암기한 답에 해당된 문제가 출제되었다 하여도 위와 같은 경위로서 암기한 답을 그 입학시험 답안지에 기재하지 않을 것에 대한 기대는 보통의 경우 도저히 불가능하다."

117) 대법원 1987.1.20. 86도874: "수학여행을 온 대학교 3학년생 34명이 지도교수의 인솔하에 피고인 경영의 나이트클럽에 찾아와 단체입장을 원하므로 그들 중 일부만의 학생증을 제시받아 확인하여 본즉 그들이 모두 같은 대학교 같은 학과 소속의 3학년 학생들로서 성년자임이 틀림없어 나머지 학생들의 연령을 개별적, 기계적으로 일일이 증명서로 확인하지 아니하고 그들의 단체입장을 허용함으로써 그들 중에 섞여 있던 미성년자(19세 4개월 남짓된 여학생) 1인을 위 업소에 출입시킨 결과가 되었다면 피고인이 단체입장하는 위 학생들이 모두 성년자일 것으로 믿은 데에는 정당한 이유가 있었다고 할 것이고, 따라서 위와 같은 상황아래서 피고인에게 위 학생들 중에 미성년자가 섞여 있을지도 모른다는 것을 예상하여 그들의 증명서를 일일이 확인할 것을 요구하는 것은 사회통념상 기대가능성이 없다고 봄이 상당하므로 이를 벌할 수 없다."

# 제5장 미 수 론

## 제1절 미수론 일반

### 1. 범죄의 실현단계

범죄가 완성되기 위해서는 범죄의 결의부터 종료에 이르기까지 형법에서 의미 있는 여러 단계를 거치게 된다. 다만 범죄결의는 그것이 어떠한 형태로든 외부로 표현되지 않는 한 형법의 대상이 되지 않는다. 내심의 의사는 그 자체로 형법상의 행위가 아니기 때문이다.

#### 1-1. 음모 · 예비

예비나 음모는 범죄행위의 전 단계이며 준비단계이다. 예비가 외부적인 물적 · 인적 범죄준비행위임에 반하여, 음모는 심리적 준비행위이다. 심리적 준비행위인 내심의 의사 내지 범죄결의를 자신이 혼자서 형성하는 동안에는 형법의 행위가 아니기 때문에 형법의 대상이 되지 않는다. 그러나 타인과의 공동작용이나 타인에게 작용시킴으로써(제31조 제2항) 이러한 심리적 준비행위를 형성하는 경우에는 형법의 대상이 될 수 있다. 물론 이 단계에서는 범죄행위가 아직 개시되지 않고 있으므로 범죄론의 논리구조상 원칙적으로는 처벌되지 않는다. 그러나 예비나 음모에 불과할지라도 특별한 위험성이 인정되는 예외적인 경우에는 형사정책적 이유에서 형벌의 대상으로 규정하고 있다. 제28조는 "범죄의 음모 또는 예비행위가 실행의 착수에 이르지 아니한 때에는 법률에 특별한 규정이 없는 한 벌하지 아니한다" 고 규정하여, 음모나 예비도 법률의 특별한 규정에 의하여 처벌하고 있다. 음모 · 예비는 형법 이외의 법률에서도 처벌규정이 많이 산재되어 있으나, 형법에서는 아래의 경우에 음모 · 예비를 대부분 미수죄보나 경한 형으로 처벌하고 있다.

예비 · 음모죄를 처벌하는 범죄로는 개인적 법익에 대한 죄 중에서 제255조, 제296조, 제343조, 사회적 법익에 대한 죄 중에서 제120조 제1항, 제175조, 제183조, 제191조, 제197조, 제213조, 제224조, 국가적 법익에 대한 죄 중에서 제90조 제1항, 제101조 제1항, 제111조 제3항, 제150조 등이 있다.

### 1-2. 미 수

범죄론의 논리구조상 범죄가 시작되면 원칙적으로 처벌의 대상이 된다. 제29조는 "미수범을 처벌할 죄는 각칙의 해당 죄에서 정한다"고 규정하고 있다. 형법에서는 미수범 처벌을 형법각칙에서 개별적으로 규정하기 때문에 "미수범이 예외적으로 처벌된다"는 오해의 소지가 있다. 그러나 미수범은 해당 불법 구성요건의 행위반가치를 완전히 구비하고 있으며, 또한 실행의 착수에 의하여 법익에 대한 위험이라는 결과반가치도 구비하고 있다. 따라서 불법내용을 완벽하게 구비한 미수범은 원칙적으로 처벌의 대상이 되는 것으로 이해하여야 한다.

제25조 제1항은 미수범에 관하여 "범죄의 실행에 착수하여 행위를 종료하지 못하였거나 결과가 발생하지 아니한 때에는 미수범으로 처벌한다"고 규정한다. 보통 범죄의 실행에 착수하여 행위를 종료하지 못한 경우를 착수미수라 하며, 범죄의 실행에 착수하여 행위를 종료하였으나 결과가 발생하지 아니한 경우는 실행미수라 한다. 착수미수와 실행미수의 구별은 특히 중지범(중지미수)의 해석에서 의미가 있다. 미수는 실행의 착수로 시작되며, 실행의 착수는 미수와 음모 · 예비를 구획하는 기준이 된다.

### 1-3. 기 수

범죄의 실행에 착수하여 행위를 종료하거나(형식범) 결과가 발생한 때(결과범) 구성요건의 실현이 완성된다. 이를 범죄의 기수라고 한다. 기수란 구성요건의 형식적 완성을 의미하며, 이때 각각의 범죄구성요건에서 예정된 완전한 법정형의 부과가 가능해진다.

### 1-4. 종 료

범죄의 종료란 더 이상 해당 범죄의 진행이 불가능한 상태로서 범행이 끝났거나 행위자가 범행을 끝냈을 때를 말한다. 이를 보통 구성요건의 실질적 종료라고 한다.[1] 일반적으

1) 범죄의 종료를 범죄의 기수와 동일한 용어로 사용하고 있으며, 범죄의 실질적 종료에 대해서는 범죄의 완

로 범죄의 종료는 범죄성립의 관점에서 기수와 차이가 없으나, 일정한 영역에서는 기수와 종료의 차이가 인정되고 있다. 예컨대 공소시효의 기산점은 범죄의 실질적 종료시점이다. 이는 특히 불법체포·감금죄와 같은 계속범의 경우에 의미가 있다. 또한 범죄의 기수 이후 종료 이전까지 공범의 가담이 가능하다. 예컨대 절도나 강도의 도주로를 확보해 주는 경우 등은 절도·강도죄의 공범으로 평가될 수 있다. 그 밖에 기수 이후 종료 이전에 가중적 구성요건의 추가표지를 실현한 경우에는 가중적 구성요건의 성립이 가능하게 된다. 예컨대 타인의 주거에 침입한 자가 주거권자의 반항의사에 대하여 주방의 칼을 집어 들고 계속 머무르는 경우에는 특수주거침입죄가 성립하게 된다. 다만 범죄의 종료는 범죄의 기수 이전에도 인정될 수 있다.[2] 예컨대 미수범의 경우에는 더 이상 범죄가 진행될 수 없는 때에 범죄의 종료가 인정되며, 예비죄의 경우에는 행위자가 의욕한 대로 해당 예비행위를 완료했을 때 범죄의 종료가 인정된다.

종료개념을 목적범에 있어서 목적의 달성으로 이해하는 견해[3]가 있으나, 이는 타당하지 않다.[4] 목적범에서의 목적은 해당범죄의 초과주관적 구성요건일 뿐이다. 이러한 목적의 달성은 해당 목적범의 기수나 종료와는 관계가 없고, 그 목적달성을 구성요건으로 하는 다른 범죄의 성립과 관계를 가질 뿐이다. 예컨대 문서위조죄에서 행사목적의 달성은 위조문서행사죄에 해당하며, 음란물제조죄에서 판매목적의 달성은 음란물 판매죄에 해당할 뿐이다. 또는 초과주관적 구성요건요소의 달성에 대해서 별도의 범죄를 인정하지 않는 경우도 있다. 예컨대 절도죄 등의 영득범죄가 그러하다.

범죄의 실현단계로서 독자적인 종료개념이 불필요하다는 견해[5]가 있다. 이 견해는 단일행위개념에 입각한 종료이론에 대하여 "단순한 사실상의 의미 외에 법적인 의미를 부여할 수 없다"고 하며, 구성요건의 내용에 입각한 종료이론에 대해서는 "위험범에서 법익의 현실적인 침해에 독자적인 법적 의미를 부여할 이유가 없다"고 비판한다. 또한 종료이론이 구성요건을 확장해석하는 것은 법익의 완벽한 보호를 위한 것일지라도 죄형법정주의의 관점에서 부당하다고 비판한다. 그러나 이 견해는 종료개념을 너무 과도하게 이해하고 있다. 범죄의 사실적인 종료시점까지는 타인의 범죄가담이 가능하다는 의미에서 종료개념은 법적용상의 사실적인 전제가 될 뿐이다. 또한 형사소송법은 공소시효의 기산점으로 명문의 종료개념을 인정하고 있다. 이 한도에서 범죄단계에서의 종료개념 자체를 부정할 수는 없다.

---

수 내지 완료라는 용어를 사용하는 김일수/서보학, 375면; 범죄의 종료에 대해서 범죄의 완료 내지 완성이라는 용어를 사용하는 신동운, 472면 이하; 종료개념 이외에 결합범에서의 완료는 종료보다 더 늦은 시점까지 포괄하는 개념이라는 오영근, 304면.

2) 정영일, 324면.

3) 김성천/김형준, 315면; 손동권/김재윤, 428면; 이재상/장영민/강동범, 372면.

4) 오영근, 303면 각주 1); 정영일, 324면 각주 2).

5) 박상기, 351면 이하.

## 2. 미수범의 처벌근거

미수범의 처벌근거에 관한 논의는 입법적 정당성의 문제에 국한되는 것이 아니라 실행의 착수시기, 중지미수의 자의성 및 불능미수의 위험성 등을 판단하는 법률해석의 기초가 된다.[6] 미수범의 처벌근거에 관하여는 객관설, 주관설 및 절충설의 대립이 있다.

① 객관설은 실행의 착수가 객관적으로 위험하기 때문에, 즉 구성요건에 의하여 보호되는 행위의 객체에 대한 위험으로 평가되기 때문에 처벌되어야 한다는 입장이다. 예비와 미수 또는 기수의 단계에서 범인의 범행의사는 동일하기 때문에 주관적인 측면에서는 예비와 미수의 한계를 결정할 수 없고, 객관적인 행위의 객체에 대한 위험의 정도에 의해서만 구획이 가능하다고 보는 것이다. 그러나 이러한 위험은 범인의 범행의사 내지 범행계획을 도외시하고는 결정할 수 없다. 또한 객관적인 위험을 실행의 착수로 본다면 미수의 인정이 너무 늦고 인정범위도 너무 협소하게 된다.

② 주관설은 미수의 처벌근거가 보호법익에 대한 실질적인 위험에 있는 것이 아니라, 행위자가 행위를 통해서 표현하는 법적대적인 의사에 있다고 보는 입장이다. 즉 확인된 범인의 의사에서 미수범의 처벌근거를 찾는 견해이다. 주관설은 범인의 의사가 확인되면 미수범이라고 평가하기 때문에 실행의 착수를 너무 빨리 인정하며, 따라서 미수의 범위가 너무 확대되는 단점이 있다. 또한 형법의 적용을 불명확하게 하여 형법을 심정법학으로 만들게 된다.

③ 주관적 객관설(절충설)은 미수범의 일차적인 처벌근거가 범죄의사의 표현에 있지만, 이러한 표현이 법질서의 효력이나 법적 안정성에 대한 신뢰를 깨뜨리는 경우에 가벌성이 인정된다고 본다. 절충설은 주관설의 입장에서 출발하여 객관적 표준에 의하여 제한을 가하려는 입장이다. 일반적으로 절충설의 입장을 인상설이라고도 하며, 인상설은 미수범의 처벌근거를 법규범에 반항하는 의사의 실현이 외부에 표현되어 법적 평화의 위험을 초래하는 데에 있다고 본다(통설). 절충설은 주관적인 행위자의 의사와 객관적인 위험성을 합리적으로 조화시킴으로써 미수범의 본질을 정확하게 설명하고 있다.

본질적으로는 절충설의 입장에서 미수범의 처벌근거에 관하여 주관적 요소와 객관적 요소를 모두 고려하는 절충설이 타당하지만, 이것이 반드시 인상설과 일치하는 것은 아니라는 견해[7]도 있다. 또한 인상설과 차별화된 강화된 절충설을 주장하는 견해[8]도 있으며, 객관적 기준을 강조

6) 이에 반하여 배종대, 349면 이하에서는 미수범의 처벌근거에 관한 논의를 입법적 정당성의 문제에 국한시키며, 그 밖에 미수범 처벌규정의 해석과는 관련이 없다는 입장이다.

7) 김성돈, 437면; 손해목, 844면; 이재상/장영민/강동범, 375면; 정성근/박광민, 391면; 동취지, 이상돈, 481면.

8) 신동운, 477면.

하는 절충설의 입장[9]도 있다.

## 3. 미수범의 종류와 처벌

형법은 미수범을 장애미수, 중지미수, 불능미수의 세 종류로 구별하여 규정하고 있다. 불능미수도 장애미수의 일종으로 이해하는 견해[10]도 있으나, 이와 유사한 차원에서 중지미수를 가능미수의 일종으로 이해하는 것은 불필요한 과잉의 분류이다. 따라서 세 종류 미수범 각각의 독자적 특성을 인정하는 입장[11]이 타당하다.

제25조는 행위자가 범죄를 실현하려고 하였지만 외부적인 장애로 범죄를 완성하지 못한 장애미수를 임의적 형 감경사유로 규정하고 있다. 제26조는 행위자가 실행에 착수한 행위를 자의로 중지하거나 결과의 발생을 방지한 중지미수를 필요적 형 감경 또는 면제사유로 규정하고 있으며, 제27조는 범죄실행의 수단 또는 대상의 착오로 결과의 발생이 불가능하지만 위험성이 있는 불능미수를 임의적 형 감경 또는 면제사유로 규정하고 있다.

제25조 내지 제27조에서는 미수범을 일반적·원칙적으로 처벌하는 것으로 규정하고 있다. 그러나 제29조는 미수범의 처벌에 관하여 "미수범을 처벌할 죄는 각칙의 해당 죄에서 정한다"고 규정함으로써 형법각칙의 특별한 규정에 의하여 미수범이 처벌되는 것으로 규정하고 있다. 따라서 다수설은 미수범이 특별규정에 의하여 예외적으로 처벌되는 것으로 파악하고 있다. 그러나 범죄론의 불법구조상 범죄가 실행의 착수에 이르면 원칙적으로 처벌되어야 하며, 다만 경미한 범죄의 경우에 한하여 예외적으로 미수범을 처벌하지 않을 수 있다. 미수범은 해당 불법 구성요건의 행위반가치를 완전히 구비하고 있으며, 실행의 착수에 의하여 법익에 대한 위험이라는 결과반가치를 구비하기 때문에 원칙적으로 처벌의 대상이 되는 것으로 이해하여야 한다. 통설도 미수범의 처벌근거를 절충설의 관점에서 설명하고 있는데, 이는 미수범이 원칙적으로 처벌대상이라는 것을 의미하는 것이다. 처벌근거를 완전히 구비한 미수범이 형법 각칙에서 정하는 특별규정에 의하여 예외적으로 처벌된다는 것은 그 자체로 모순이기 때문이다.

독일형법 제23조 제1항에서는 단기 1년 이상의 자유형이 규정된 중죄의 미수는 항상(stets) 처벌하고, 단기 1년 미만의 자유형이나 벌금형이 규정된 경죄의 미수는 법률에 특별한 규정이 있을 때에만 처벌하고 있다. 스위스형법 제22조에서는 장기 3년 이상의 자유형이 규정된 중죄이거나 장기 3년 이하의 자유형이 규정된 경죄이거나 구별하지 아니하고 미수범을 원칙적으로

9) 오영근, 310면.

10) 손동권/김재윤, 429면; 이재상/장영민/강동범, 376면; 임웅, 377면; 정성근/박광민, 389면.

11) 김성돈, 437면 이하; 배종대, 351면; 성낙현, 480면; 신동운, 490면; 안동준, 215면; 이상돈, 482면; 이영란, 399면; 정영일, 327면.

처벌하고 있다. 미수범의 원칙적 처벌이라는 범죄구조론의 관점에서 독일형법과 스위스형법의 태도는 타당하다. 이에 반하여 범죄를 중죄와 경죄로 구별하지 아니하는 형법에서는 예외적으로 미수죄를 처벌하지 아니하는 범죄를 형법 각 본조에 규정하는 것이 입법기술적으로 곤란했을 것이며, 따라서 제29조와 같은 규정이 탄생한 것으로 판단된다. 입법론적으로는 중죄와 경죄를 구별하여 중죄의 미수범을 원칙적으로 처벌함으로써 범죄구조론에 일치하도록 미수범 규정을 정비할 필요가 있다.

## 제 2 절 장애미수

### 1. 장애미수의 의의

제25조 제1항은 “범죄의 실행에 착수하여 행위를 종료하지 못하였거나 결과가 발생하지 아니한 때에는 미수범으로 처벌한다”고 규정하고 있다. 이 규정을 미수범의 일반규정으로도 생각할 수 있지만, 동조 제2항이 “미수범의 형은 기수범보다 감경할 수 있다”고 규정함으로써 제26조의 중지미수와 제27조의 불능미수에서 규정된 형과의 균형상 제25조는 장애미수만을 의미한다고 해석된다. 이에 따라 장애미수는 행위자가 범죄를 저지르려고 실행에 착수하였으나, 외부적인 장애로 범죄를 완성하지 못한 경우만을 의미한다. 다만 제25조 제1항에는 미수범의 경우에 공통적으로 요구되는 요건이 모두 규정되어 있다. 따라서 장애미수는 중지미수나 불능미수와 일반법과 특별법의 관계에 있게 된다.

### 2. 장애미수의 성립요건

장애미수의 성립요건은 ‘범죄실현의사’, ‘실행의 착수’, ‘범죄의 미완성’이다.

#### 2-1. 범죄실현의사

범죄실현의사는 미수범의 주관적 구성요건이다. 구체적인 구성요건실현을 위한 주관적 구성요건요소를 모두 구비하여야 미수범의 성립도 가능하다. 여기에는 일반적으로 요구되는 주관적 구성요건요소인 고의 이외에, 구체적인 구성요건에 따라 특별하게 요구되는 초과주관적 구성요건요소인 목적이나 불법영득의 의사 등도 모두 포함된다. 따라서 처음부터 범죄를 미완성에 그치게 하려는 의도(미수의 고의)[12]는 고의가 아니며, 이 경우에는 미수범도

---

12) 처음부터 범죄를 미완성에 이르게 하려는 의도는 범죄를 실현하지 않으려는 의도이기 때문에 형법상 고의

성립하지 않는다. 미수범의 고의도 기수범의 고의와 전혀 다르지 않다. 범죄실현의사는 미필적 고의이건 조건부 고의이건 불문한다.

"미수범의 고의는 무조건적인 구성요건 실현의사, 즉 확정적 행위의사가 있어야 하며, 조건부 행위의사만으로는 족하지 않다"는 견해[13]가 있다. 여기서 '조건부 행위의사'가 무엇을 의미하는지는 정확하지 않다. 만약 '조건부 행위의사'가 "조건이 충족되면 행위를 시작하겠다"라는 행위의사라면 이는 당연히 고의가 아니다. 고의란 행위시점의 인식과 의사를 의미하므로 행위를 시작하기 이전의 의사는 소위 사전고의에 불과하다.[14] 그러나 범죄를 시작한 이후에 행위의 중단이나 계속 여부를 일정한 조건에 결부시킨 경우라면 이는 당연히 고의에 해당한다. 행위시점에 행위자는 조건 충족 여부와 관계없이, 즉 "조건이 충족되지 않을 수 있다"는 것을 감수하면서 행동하는 미필적 고의를 가지고 있다. 이와 같이 미수범의 고의가 기수범의 고의와 다를 이유는 없다. 미수범은 기수범의 고의로 행위하였지만 범죄가 완성되지 아니한 경우이다.

## 2-2. 실행의 착수

미수범이 성립하기 위해서는 행위자가 범죄실현의사를 가지고 범죄를 시작해야 한다. 범죄의 시작은 실행의 착수를 말한다. 실행의 착수는 예비와 미수의 경계선이 된다. 실행의 착수는 미수범의 처벌근거와 밀접한 관련을 갖는다. 실행의 착수를 결정하는 기준에 대해서는 객관설과 주관설 및 주관적 객관설의 대립이 있다.

### 2-2-1. 객관설

객관설은 객관적인 구성요건적 행위의 개시를 실행의 착수라고 본다. 객관설은 다시 구성요건적 행위의 개시를 파악하는 입장에 따라 형식적 객관설과 실질적 객관설로 구별된다.

① **형식적 객관설** 형식적 객관설은 엄격한 의미에서의 구성요건에 해당하는 행위 또는 적어도 이론적으로 구성요건에 해당한다고 볼 수 있는 행위의 일부분을 행하는 것이 실행의 착수라고 본다. 물론 특수한 경우를 제외하고 이미 구성요건의 일부가 실현되었을 때에는 미수의 인정에서 문제가 없다. 그러나 그 이전 단계에서 법익에 대한 객관적 위험이 인정될 정도로 범죄실현의사가 외부에 표현되어 법적 평화를 위태롭게 하는 경우에도

---

가 될 수 없다.

13) 김성돈, 441면; 김일수/서보학, 379면; 손동권/김재윤, 431면; 신동운, 483면; 이재상/장영민/강동범, 377면; 정성근/박광민, 393면; 진계호/이존걸, 488면.

14) 동취지, 김성돈, 441면; 손동권/김재윤, 431면; 신동운, 483면; 진계호/이존걸, 488면.

미수를 인정하지 못함으로써 미수범의 범위가 너무 좁게 된다.

② **실질적 객관설** 형식적 객관설의 단점을 보완하기 위하여, '구성요건적 행위의 직접 전 단계의 행위를 한 때'가 실행의 착수라는 견해가 실질적 객관설이다. 실질적 객관설의 입장에서는 '구성요건적 행위와 필연적으로 결합되어 있는 행위'[15] 또는 '보호법익에 대한 직접적 위험 내지 법익침해에 밀접한 행위'[16]를 실행의 착수로 본다. 그러나 본래 범죄의 실현은 예비단계부터 기수에 이르기까지 그러한 위험은 점점 양적으로 증가하는 것이기 때문에, 실질적 객관설도 명확한 기준의 제시로는 미흡하다.

객관설은 형식적 객관설이든 실질적 객관설이든 오직 객관적인 구성요건적 행위와 관련해서만 실행의 착수를 결정하려는 데에 단점이 있다. 미수는 주관적인 의사의 객관적인 표현으로 구성되어 있기 때문에 범인의 범죄의사를 도외시하고 범죄개시의 기준을 설정하기는 불가능하다.[17] 객관설은 이 점을 간과하고 있다.

### 2-2-2. 주관설

주관설[18]은 범행의사의 확실성이 인정될 때, 즉 '범의의 비약적 표동'이 실행의 착수라고 본다. 판례[19]도 간첩죄에 관하여는 비밀탐지가 가능한 국내에 침투하거나 상륙할 때 실행의 착수를 인정함으로써 주관설의 입장을 취하고 있다.

그러나 주관설은 구성요건의 유형, 즉 구성요건적 행위의 정형을 도외시하고 미수범을 인정하기 때문에 죄형법정주의의 명확성의 원칙에 어긋나며, 형법을 심정법학으로 만들고 있다. 또한 미수의 인정범위가 너무 확대되는 단점이 있다.

### 2-2-3. 주관적 객관설(절충설)

미수범의 인정범위가 너무 협소한 객관설과 너무 확대된 주관설의 입장은 각각 그 타당성과 부당성을 함께 갖고 있기 때문에 이들을 절충하여 실행의 착수시기를 정하려는 입장이 주관적 객관설이다. 주관적 객관설은 범인의 범행의사를 기준으로 개별적인 행위의 객체 또는 구성요건실현에 대한 직접적인 위험[20]이 인정될 때에 실행의 착수를 인정한다.

---

15) Frank, StGB, 18. Aufl. 1931, S. 87.

16) M.E Mayer, AT, 2. Aufl. 1923, S. 353; RGSt 53, 217; 59, 389; BGHSt 2, 380; 4, 273; 20, 150.

17) 대법원 1986.10.28. 86도1753은 절도의 목적으로 피해자의 집 현관을 통하여 그 집 마루 위에 올라서서 창고 문 쪽으로 향하다가 피해자에게 발각되어 체포된 경우에도 절도죄의 실행의 착수를 부정한다. 이는 행위자의 범행계획을 전혀 고려하지 않는 완전한 객관설의 입장이 된다.

18) 정영석, 204면 이하.

19) 대법원 1958.12.26. 4291형상462; 대법원 1961.9.28. 4294형상232; 대법원 1969.10.28. 69도1606; 대법원 1984.9.11. 84도1381.

20) 대법원 2008.4.10. 2008도1464: "주거침입죄의 실행의 착수는 주거자, 관리자, 점유자 등의 의사에 반하

독일형법은 '범인의 의사에 의하여 직접 구성요건이 실현되는 행위를 개시한 때'가 미수라고 규정함으로써 주관적 객관설을 명문화하였다. 주관적 객관설에 의하면 구성요건의 실현에 직접 연결되는 행위가 실행의 착수가 되며, 이는 행위자의 주관적 표준인 범행계획을 기초로 판단하게 된다. 절충설은 객관설과 주관설의 단점을 배제할 뿐 아니라, 미수범의 처벌근거와도 일치하는 타당한 입장이라고 할 수 있다(통설).

판례는 실행의 착수에 관하여 소위 밀접행위설[21]을 취하고 있다. 또한 절도죄의 실행의 착수에 관하여는 소위 물색행위설[22]을 취하고 있으며, 이러한 물색행위도 동일한 관점에서 이해된다. 학설에서는 이러한 판례의 입장을 실질적 객관설로 파악하는 견해[23]와 주관적 객관설로 파악하는 견해[24]로 나뉘어 있다. 그러나 판례에서는 거의 대부분의 경우 범행계획을 고려하고 그에 따른 '밀접행위'를 판단하는 것으로 보인다.[25] 특히 대법원[26]은 관세법위반에 관하여 "선박을 이용하여 물품을 영해 내에 반입한 때에 실행의 착수가 인정되며, 물품의 양육이나 또는 그 밀접한 행위를 요하지 않는다"[27]고 판단함으로써, 순수한 객관적인 밀접행위만으로 실행의 착수를 인정하는 것이 아님을 분명히 하였다. 즉 범행계획을 고려한 밀접행위는 순수한 객관적 의미의 밀접행위보다 앞당겨질 수 있으며, 대법원은 실행의 착수를 판단하는 데 있어서 이를 인정한 것이다. 따라서 판례의 밀접행위설은 일반적으로 주관적 객관설의 입장이라고 보아야 한다.

---

여 주거나 관리하는 건조물 등에 들어가는 행위, 즉 구성요건의 일부를 실현하는 행위까지 요구하는 것은 아니고 범죄구성요건의 실현에 이르는 현실적 위험성을 포함하는 행위를 개시하는 것으로 족하다고 할 것이나, 침입 대상인 아파트에 사람이 있는지를 확인하기 위해 그 집의 초인종을 누른 행위만으로는 침입의 현실적 위험성을 포함하는 행위를 시작하였다거나, 주거의 사실상의 평온을 침해할 객관적인 위험성을 포함하는 행위를 한 것으로 볼 수 없다."; 대법원 2003.10.24. 2003도4417; 대법원 2006.9.14. 2006도2824.

21) 대법원 1986.12.23. 86도2256; 대법원 1999.11.26. 99도2461; 대법원 2001.7.27. 2000도4298; 대법원 2003.6.24. 2003도1985; 대법원 2010.4.29. 2009도14554.

22) 대법원 1989.9.12. 89도1153; 대법원 1992.9.8. 92도1650; 대법원 2003.6.24. 2003도1985; 대법원 2009.12.24. 2009도9667; 대법원 2012.9.27. 2012도9386.

23) 김성천/김형준, 322면; 김일수/서보학, 381면; 배종대, 354면; 오영근, 310면; 이재상/장영민/강동범, 379면 각주 2); 임웅, 369면; 정성근/박광민, 395면.

24) 손해목, 851면 이하; 이상돈, 501면; 정영일, 331면; 동취지, 밀접행위설이 소위 중간행위개입시설을 일반화시킨 것으로 이해하는 김성돈, 443면 이하.

25) 대법원 2001.7.27. 2000도4298은 "피고인이 일화 500만 ￥은 기탁화물로 부치고 일화 400만 ￥은 휴대용 가방에 넣어 국외로 반출하려고 하는 경우에, 500만 ￥에 대하여는 기탁화물로 부칠 때 이미 국외로 반출하기 위한 행위에 근접·밀착한 행위가 이루어졌다고 보아 실행의 착수가 있었다고 할 것이지만, 휴대용 가방에 넣어 비행기에 탑승하려고 한 나머지 400만 ￥에 대하여는 그 휴대용 가방을 보안검색대에 올려놓거나 이를 휴대하고 통과하는 때에 비로소 실행의 착수가 있다"고 판시함으로써 행위자의 범행계획을 전제로 밀접행위를 판단하고 있다.

26) 대법원 1984.7.24. 83도832는 "선박을 이용하여 물품을 영해 내에 반입한 때에 관세법위반의 실행의 착수가 인정되며, 물품의 양육이나 또는 그 밀접한 행위를 요하지 않는다"고 판시하고 있다. 여기서 대법원은 범행계획의 고려 없이 객관적인 밀접행위만으로 실행의 착수를 인정하는 것이 아님을 알 수 있다.

27) 오영근, 310면; 정영일, 331면은 이 판례를 주관설의 입장으로 파악하고 있다.

### 2-2-4. 구체적인 판단

주관적 객관설에 의할 경우 실행의 착수는 개별적인 구성요건의 해석과 범인의 범행계획이 동시에 고려되어야 한다. 따라서 일반적·획일적인 판단은 불가능하며, 범인의 범행계획과 구성요건의 해석에 의하여 구체적인 상황에서 개별적으로 판단되어야 한다. 다만 다음과 같은 일반원칙이 설명될 수 있다.

형식적 객관설의 의미에서 구성요건적 행위의 일부가 이미 개시되었을 때에는 원칙적으로 실행의 착수를 인정할 수 있다. 특히 결합범 또는 가중적 구성요건의 경우 결합범의 요건이나 가중요건의 일부가 개시되면 실행의 착수가 인정된다. 예컨대 강간죄에서 폭행·협박, 야간주거침입죄에서 주거침입, 특수절도죄에서 건조물의 일부손괴 등의 행위가 있으면 실행의 착수로서 충분하다. 그러나 결합범의 경우에도 구성요건의 구조상 선행행위를 전제로 후행행위를 개시함으로써 실행의 착수가 인정되는 범죄가 있다. 이러한 결합범에서는 후행행위를 개시하지 않는 한 선행행위를 완전히 충족하여도 실행의 착수가 인정되지 않는다. 예컨대 강도살인죄·강도강간죄·준강도죄 등의 경우에는 해당 범죄의 선행행위인 강도나 절도를 완전히 충족하여도 후행행위인 살인·강간이나 폭행·협박을 개시하지 않는 한 아직 실행의 착수가 인정되지 않는다.

강도죄는 폭행·협박이 없는 한 재물의 탈취를 종료했어도 실행의 착수가 인정되지 않는다는 것이 학설의 일반적인 입장이다(통설).[28] 이에 따라 복면한 범인이 강도의 목적으로 흉기를 휴대하고 주거에 침입했으나 주인이 술에 취해 자고 있으므로 재물만 가지고 나온 경우는 특수절도죄만 성립하게 된다. 이러한 통설과 판례의 태도는 의문이다. 범인이 특정범죄인 특수강도의 고의로 특정범죄의 일부를 실현했음에도 실행의 착수를 인정하지 못한다면, 이는 완전한 형식적 객관설의 입장이며, 범인의 특정한 행위반가치를 전혀 고려하지 못한 해석이 된다. 특히 절도죄의 기수보다 강도예비죄를 더 무겁게 처벌하는 형법의 논리체계적 구조를 전혀 고려하지 못한 해석이라고 할 수 있다. 범인의 강도고의가 인정되고 강도죄의 일부분을 실현했다면 폭행·협박이 없었어도 당연히 강도미수죄를 인정해야 할 것이다. 통설과 판례의 변화를 기대한다.

제334조 제1항의 특수강도인 야간주거침입강도죄의 실행착수에 관하여 통설은 "주거 등에 침입할 때가 아니라, 폭행·협박을 개시하는 때라는 점에서 야간주거침입절도죄에서의 행위상황과 다르다"고 한다. 이는 어떠한 경우라도 강도죄의 실행의 착수는 '폭행·협박을 개시하는 때'라는 입장을 관철하려는 것이다.[29] 그러나 강도의 고의로 범행계획에 따라 야간에 주거 등

28) 대법원 1991.11.22. 91도2296; 이에 반하여 주거침입시에 제334조 제1항의 특수강도미수죄가 성립한다는 판례로는 대법원 1992.7.28. 92도917.

29) 통설에서는 야간주거침입강도죄가 본질적으로 강도죄라는 점에서 폭행·협박을 기준으로 실행의 착수를

에 침입한 경우라면 이미 특수강도죄의 일부를 실현한 경우이다. 이러한 경우라면 당연히 야간 주거침입 특수강도죄의 미수[30]가 인정되어야 할 것이다.[31] 통설은 '폭행 · 협박이 개시되기 이전에는 어떠한 경우에도 강도죄의 실행의 착수를 인정하지 못하는 경직된 사고'[32]로부터 벗어나야 한다.

구성요건의 실현을 위한 직접적 행위가 있으면 실행의 착수가 인정된다. 이러한 직접성은 어떤 다른 중간행위의 개입이 없다면 시간적 · 장소적으로 직접 구성요건의 실현에 연결되는 행위의 경우에 인정된다. 물론 이러한 직접성은 범인의 구체적인 범행의사 내지 범행계획을 토대로 판단되어야 한다. 이에 따라 피해자를 저격하여 살해하려는 자는 피해자를 향하여 총을 겨누었을 때 실행의 착수가 있게 되며, 흉기로 피해자를 공격하여 살해하려는 자에 대하여는 흉기를 들고 피해자를 향하여 돌진할 때 실행의 착수를 인정할 수 있다.

판례에 의하면 자동차 내부의 물건을 절취하기 위하여 자동차 앞문의 손잡이를 잡아당기는 행위[33]는 실행의 착수가 되지만, 자동차 내부의 물건을 절취할 생각으로 자동차 실내를 손전등으로 비추어 보는 행위[34]는 아직 실행의 착수가 아니다. 마당의 빨랫줄에 말리고 있는 스웨터를 절취하려는 자는 문을 밀고 들어가거나 담을 넘을 때 실행의 착수가 있게 된다.[35] 그러나 방안의 물건을 절취하려는 자에 대하여는 대문에 들어서거나 담을 넘는 것만으로 절도의 실행착수가 인정되지 않는다.[36]

주거침입과 절도죄의 관계에서 형법은 야간주거침입절도죄만 규정하고 있다. 따라서 주간에 주거에 침입하여 절도죄를 범하는 경우에는 절도죄와 주거침입죄의 성립을 인정하는 것이 일치

---

판단하고 있는데, 그렇다면 "왜 야간주거침입절도죄에서의 실행착수는 절취할 물건을 물색하는 시점이 아니라, 주거침입시점이 되어야 하는지"에 대한 근거가 제시되어야 할 것이다. 즉 통설은 야간주거침입절도죄를 본질적으로 주거침입죄로 파악하는 것인지에 대한 해명이 필요하다.

30) 대법원 1992.7.28. 92도917: "형법 제334조 제1항 소정의 야간주거침입강도죄는 주거침입과 강도의 결합범으로서 시간적으로 주거침입행위가 선행되므로 주거침입을 한 때에 본죄의 실행에 착수한 것으로 볼 것인바, 같은 조 제2항 소정의 흉기휴대 합동강도죄에 있어서도 그 강도행위가 야간에 주거에 침입하여 이루어지는 경우에는 주거침입을 한 때에 실행에 착수한 것으로 보는 것이 타당하다."

31) 동지, 권오걸, 형법각론, 390면; 김성천/김형준, 형법각론, 462면; 정영일, 형법각론, 284면.

32) 대법원 1991.11.22. 91도2296: "강도의 범의로 야간에 칼을 휴대한 채 타인의 주거에 침입하여 집안의 동정을 살피다가 피해자를 발견하고 갑자기 욕정을 일으켜 칼로 협박하여 강간한 경우, 야간에 흉기를 휴대한 채 타인의 주거에 침입하여 집안의 동정을 살피는 것만으로는 특수강도의 실행에 착수한 것이라고 할 수 없으므로 위의 특수강도에 착수하기도 전에 저질러진 위와 같은 강간행위가 구 특정범죄가중처벌등에관한법률 제5조의6 제1항 소정의 특수강도강간죄에 해당한다고 할 수 없다."

33) 대법원 1986.12.23. 86도2256.

34) 대법원 1985.4.23. 85도464.

35) 대법원 1965.6.22. 65도427.

36) 대법원 1986.10.28. 86도1753.

된 학설과 판례의 입장이다. 그러나 절도의 고의로 주거에 침입하는 행위는 범인의 범행계획에 의한 절도행위의 시작으로 보인다. 입법론적으로는 야간주거침입절도죄가 주거침입절도죄로 개정되어 주거침입 자체가 절도죄의 실행착수로 해석되는 것이 바람직하다.

## 2-3. 범죄의 미완성

범죄실현의사로 실행에 착수한 행위는 구성요건적 행위를 종료하지 못하거나 결과가 발생하지 아니한 경우에 미수가 된다. 일반적으로 실행에 착수한 행위가 구성요건적 행위를 종료하지 못한 경우를 착수미수라 하고, 구성요건적 행위는 종료했으나 결과가 발생하지 아니한 경우를 실행미수라 한다. 착수미수와 실행미수의 구별은 중지미수에서 의의가 있지만, 장애미수에서는 특별한 구별의 의미가 없다.

실행미수는 결과범에서만 의미가 있는 반면에, 착수미수는 결과범뿐 아니라 특히 형식범에서도 의미가 있다. 일반적으로 미수의 개념은 형식범과의 융화가 논리적으로 쉽지 않다. 형식범인 경우에는 구성요건적 행위만으로 범죄가 기수에 이르게 되며, 구성요건적 행위는 대부분 순간적으로 완성된다. 그러므로 행위를 종료하지 못한 형식범의 미수를 처벌한다는 규정은 특별한 의미를 가질 수 있다. 그러나 논리적으로 매우 성립하기 어려운 형식범의 미수가 형법에서는 여러 구성요건에서 규정되어 있다. 예컨대 주거침입죄·퇴거불응죄 등은 미수범의 인정이 매우 불합리하거나 곤란한 경우에 속한다.

미수범이 성립하기 위해서는 범죄가 미완성이어야 한다. 이는 행위의 미종료나 결과의 불발생에 의하여 인정된다. 결과범에서는 인과관계와 객관적 귀속이 인정되는 결과만이 구성요건적 결과가 될 수 있으므로, 결과가 발생하여도 구성요건적 행위와 인과관계 또는 객관적 귀속이 부정되는 경우에는 범죄의 미완성에 해당한다.

## 3. 장애미수의 처벌

장애미수는 제25조 제2항에 의하여 기수범의 형보다 감경하여 처벌할 수 있다. 장애미수는 임의적 형 감경사유이다. 또한 미수범을 처벌할 죄는 각칙의 해당 죄에서 정한다(제29조). 이와 같이 제29조는 미수범을 특별한 경우에 예외적으로 처벌하는 것으로 규정하고 있다. 그러나 미수범은 해당 불법 구성요건의 행위반가치를 완전히 구비하고 있으며, 실행의 착수에 의하여 법익에 대한 위험이라는 결과반가치도 구비하기 때문에 원칙적으로 처벌의 대상이 되어야 한다. 범죄론의 구조와 일치하지 아니하는 제29조에 대해서는 입법론적 재고를 요한다.

## 제 3 절 중지미수

### 1. 중지미수의 의의

제26조는 중지범(중지미수)에 관하여 "범인이 실행에 착수한 행위를 자의로 중지하거나 그 행위로 인한 결과의 발생을 자의로 방지한 경우에는 형을 감경하거나 면제한다"고 규정하고 있다. 형법은 장애미수를 형의 임의적 감경사유로 규정한 반면에, 중지미수를 형의 필요적 감면사유로 규정하고 있다. 중지미수와 장애미수 사이에 현저한 처벌의 차이를 두는 것은 범행의 자의적인 중지가 높이 평가받기 때문이다. 중지미수와 장애미수의 결정적인 차이점은 범죄의 미완성에 대한 자의성과 장애성에 있다. 그러므로 중지미수에서 범행의 중지 내지 결과발생의 방지는 행위자의 자의에 의한 의지적 행동이어야 한다.

자의에 의한 범행의 중지는 2가지 방법으로 구분된다. 첫째, 범죄의 실행에 착수한 범인이 그 범죄가 완성되기 이전에 자의로 착수한 행위를 중지하는 경우로서 이를 착수미수라 한다. 착수미수의 경우에는 행위자의 단순한 행위의 중지가 중지미수를 성립시키게 된다. 둘째, 범인의 행위로 인한 결과발생을 자의로 방지하는 경우로서 이를 실행미수라 한다. 실행미수의 경우에는 범행의 단순한 중지만으로 중지미수가 되지 않으며, 결과의 발생을 방지하는 의지적 행동에 의해서만 중지미수가 성립할 수 있다.

### 2. 중지미수의 법적 성격

중지미수(필요적 감면)는 장애미수(임의적 감경)에 비하여 경하게 처벌되고 있다. 경한 처벌의 이유는 범죄의 미완성이 장애에 의한 것이 아니라, 행위자의 자의에 의한 의지적 중지 내지 결과발생방지의 행동이라는 점에 있다. 이러한 중지미수의 "법적 성격 내지 본질이 무엇인가"에 대하여는 학설의 대립이 있다.

① **형사정책설** 중지미수를 관대하게 처벌하는 이유는, 범죄의 실행에 착수한 자에게 그의 다음 행동을 중지할 수 있는 충동을 주기 위하여 형사정책적으로 황금의 다리를 만들어 둔 것이라는 견해[37]이다.

② **법률설** 실행에 착수한 범죄의 중지행위는 행위자가 착수한 행위의 불법이나 책

---

37) 신동운, 496면.

임을 감소 내지 소멸시키는 행위이기 때문에 당연히 형을 감경 내지 소멸시켜 주어야 한다는 견해[38]이다.

③ **보상설**(은사설) 자의에 의한 중지행위는 불법의 영역에서 적법의 영역으로 되돌아온 행위이기 때문에 이러한 공적을 보상해 주어야 한다는 견해[39]이다.

④ **책임이행설** 보상설과 유사한 입장에서, 행위자가 그의 행위에 의하여 저질러진 범죄의 완성을 중지하는 것은 그에게 부과된 원상회복에 대한 의무를 이행하는 것이라고 보고, 이러한 책임의 이행에 중지미수의 중점을 두는 견해가 책임이행설이다.

⑤ **형벌목적설** 형벌목적(일반예방 특별예방)의 관점에서 볼 때 자의로 범행을 중지한 자를 처벌하는 것은 부적절하거나 경한 처벌로 족하다는 견해[40]이다. 형벌목적설은 독일 다수설[41]의 입장이다.

⑥ **결합설** 중지미수에서 형의 면제는 형사정책설에 근거하고 형의 감경은 책임감소에 근거한다는 '형사정책설과 책임감소설의 결합설'이 다수설[42]의 지지를 받고 있다. 또한 형의 면제는 보상설에 근거하고 형의 감경은 책임감소에 근거한다는 '보상설과 책임감소설의 결합설'을 지지하는 견해[43]와 '형벌목적론적 책임감소설'을 지지하는 견해[44]가 있다. 그 밖에 중지미수를 관대하게 처벌하는 이유를 전체적으로 모든 근거들의 복합적인 결합으로 이해하는 견해[45]가 있다.

중지미수에서 책임감소의 관점에 대해서는 다음과 같은 의문이 제기된다. 행위자의 결과발생방지를 위한 진지한 노력에 대하여 책임의 감소를 인정한다면, 똑같은 진지한 노력에도 불구하고 결과발생을 방지하지 못한 경우에는 책임감소를 인정할 수 없는 이유가 무엇인지 의문이 제기된다. 이는 중지미수에서의 필요적 형 감면이 불법의 소멸·감경 또는 책임의 소멸·감경에 근거하는 것이 아니라는 의미가 된다. 그러므로 어떤 학설이든 불법이나 책임의 소멸·감경을 근거로 중지미수를 설명하는 입장에는 찬성할 수 없다. 이미 실현된 불법이나 책임은 차후에 소멸·감소될 성질이 아니다. 예컨대 절도범이 살인죄를

38) 이영란, 415면.
39) 정성근/박광민, 403면.
40) 김성천/김형준, 334면; 손동권/김재윤, 445면 이하; 동취지, 손해목, 872면.
41) Vgl. Eser, S-S StGB § 24 Rdnr. 2 mwN.
42) 안동준, 229면 이하; 임웅, 389면 이하; 정영일, 338면; 진계호/이존걸, 504면; 황산덕, 232면; 성시탁, 중지범, 고시계 1975.3, 110면; 형 면제는 형사정책설의 관점에서, 형 감경은 위법감소설·책임감소설·형사정책설을 결합하는 종합적인 관점에서 이해하는 입장으로는 오영근, 319면.
43) 이재상/장영민/강동범, 393면 이하; 이형국, 246면; 동취지, 위법감소설·책임감소설·보상설을 결합하는 관점에서 이해하는 입장으로는 권오걸, 459면 이하.
44) 김일수, 한국형법 II, 198면; 김일수/서보학, 397면; 성낙현, 499면.
45) 박상기, 366면; 배종대, 363면 이하; 이상돈, 505면 이하; 동취지, 김성돈, 426면.

범하려는 친구의 행동을 말려서 살의를 포기하게 만들었더라도 절도죄의 불법 내지 책임은 이후의 선행으로 소멸되거나 감소되지 않는다.

이와 같이 중지미수에서 결과발생 방지를 위한 범인의 노력은 형벌을 근거지우는 책임과는 관련이 없다. 이러한 노력은 양형책임과 관련을 가질 뿐이다. 중지미수는 형사정책적 고려에서 양형을 법률로 정한 양형규정으로 보아야 한다.[46] 따라서 범행을 중지한 행위자의 태도를 양형에서 이중으로 고려할 수는 없다. 중지미수는 양형책임의 현저한 감소와 이에 대한 보상이 형벌목적과 일치하기 때문에 이를 형사정책적으로 고려하고 있는 것이다.[47]

## 3. 중지미수의 성립요건

중지미수는 미수의 일종으로, 우선 장애미수에서 설명한 미수범의 공통적인 요건들을 모두 구비하여야 한다. '범죄실현의사'와, '실행의 착수' 및 '범죄의 미완성'을 필요로 한다. 다만 중지미수가 갖추어야 할 범죄의 미완성은 특별한 요건으로 구성되어 있다. 중지미수에서는 '자의에 의한(자의성)' '범행의 중지 또는 결과의 방지'가 범죄의 미완성을 이끌어야 한다.

### 3-1. 자의성

중지미수는 행위자의 '자의성'을 전제로 한다. 행위자가 행위를 중지하거나 결과발생을 방지하더라도, 그것이 자의에 의한 것이 아니라 장애에 의한 경우에는 장애미수가 된다. 따라서 범행중지의 자의성은 장애미수와 중지미수를 구별하는 기준이 된다. 자의성의 판단에 대하여는 학설의 대립이 있다.

① 객관설은 외부적 사정으로 범죄가 완성되지 못한 경우는 장애미수이고, 내부원인으로 완성되지 못한 경우는 중지미수라고 본다. 따라서 내부적 동기로 범죄가 완성되지 못한 경우에는 항상 행위자의 자의성이 인정되어 중지미수가 된다. 그러나 내부원인 내지 내부적 동기는 거의 대부분 외부 사정에 영향을 받고 있으므로 이러한 경우에 자의성 여부를 판단하는 기준이 필요한 것이다. 객관설은 자의성의 범위를 너무 확대하고 있다.

② 주관설은 후회·동정·연민 등과 같은 윤리적 동기에 의한 범행중지의 경우에만 자의성을 인정한다. 따라서 주관설은 자의성의 범위를 과도하게 축소하고 있다. 그러나 자의성이란 스스로 결정하는 것을 의미하기 때문에 반드시 윤리적 동기를 요구할 필요는 없다.

---

46) 동취지, 신동운, 496면.

47) 동취지, 김성천/김형준, 334면; 손동권/김재윤, 445면 이하; 손해목, 872면; 신동운, 496면.

③ 프랑크(Frank)공식은 행위자의 심리상태를 기준으로 자의성을 판단한다. '할 수 있었지만 원치 않아서' 범행을 중지한 경우에는 자의성이 인정되지만, '원했지만 할 수 없어서' 중지한 경우에는 자의성을 부정하는 견해[48]이다. 그러나 행위자가 원한다는 심리상태만으로 자의성이 부정될 수는 없다. 행위자가 원하든 또는 원치 아니하든 '할 수 있었지만 하지 아니한 경우'라면 자의성은 인정될 수 있다. 특히 '행위자가 원했고 할 수 있었지만 하지 아니한 경우'[49]에 실질적으로 자의성을 판단하는 기준이 필요한 것이다. 프랑크공식은 실질적으로 자의성 판단이 필요한 경우에 대하여 아무런 입장을 제시하고 있지 않다.

④ 절충설은 객관설과 주관설의 입장을 모두 고려하는 입장으로 다수설[50]의 지지를 받고 있다. 절충설은 의사결정의 자주적인 동기를 기준으로 자의성을 판단한다. 행위자의 자율적 동기와 타율적 동기를 구별하여 자율적인 동기에 의한 경우에만 범행중지의 자의성을 인정하고 있다. 이에 따라 외부적 사정의 영향으로 범행을 중지한 경우에도 행위자의 자율적인 지배력이 인정되면 중지미수가 되고, 내부적 동기에 의한 범행중지라 할지라도 행위자의 자율적인 지배력이 인정되지 않으면 장애미수가 된다.

판례[51]는 '범행의 중지가 사회통념상 범죄실행에 대한 장애라고 보여 지지 않는 한' 자의성을 인정한다. 일반적으로는 이러한 판례의 입장을 절충설이라고 파악하고 있다. 물론 범행의 중지가 사회통념상 범죄실행에 대한 장애에 의한 것으로 보여 진다면, 중지자의 자율적 중지를 인정할 수는 없을 것이다. 또한 사회통념은 객관적 측면으로도 또한 주관적 측면으로도 치우치지 않는다는 점에서 절충적이라고도 볼 수 있을 것이다. 그러나 여기서는 정작 중지자 자신의 동기에 대한 관찰이 결여되어 있다. 즉 외부적 사정의 영향으로 중지한 경우에도 중지자의 자율적인 지배력이 인정되면 자의성을 인정해야 한다. 이러한 점에서 판례의 입장을 중지자의 자율적 동기와 타율적 동기에 따라 자의성을 판단하는 절충설과 일치하는 것이라고 보기는 곤란하다.[52]

---

48) 임웅, 397면; 절충설이 프랑크공식이라는 입장에서 이상돈, 509면.

49) 대법원 1993.10.12. 93도1851: "피고인이 피해자를 강간하려다가 피해자의 다음번에 만나 친해지면 응해 주겠다는 취지의 간곡한 부탁으로 인하여 그 목적을 이루지 못한 후 피해자를 자신의 차에 태워 집에까지 데려다 주었다면 피고인은 자의로 피해자에 대한 강간행위를 중지한 것이고 피해자의 다음에 만나 친해지면 응해 주겠다는 취지의 간곡한 부탁은 사회통념상 범죄실행에 대한 장애라고 여겨지지는 아니하므로 피고인의 행위는 중지미수에 해당한다."

50) 동취지, 신동운, 499면; 자의성을 넓게 인정하려는 취지에서 객관적인 측면을 강조하는 절충설의 입장으로는 오영근, 323면.

51) 대법원 1985.11.12. 85도2002; 대법원 1986.1.21. 85도2339; 대법원 1992.7.28. 92도917; 대법원 1993.10.12. 93도1851; 대법원 1997.6.13. 97도957; 대법원 1999.4.13. 99도640; 대법원 2011.11.10. 2011도10539.

52) 오영근, 322면은 판례의 입장을 주관설에 치우친 절충설로 평가하고 있다. 그러나 판례의 입장은 오히려 객관설에 치우친 절충설로 보인다.

⑤ 규범설은 범행을 중지하게 된 행위자의 심리적 측면을 형벌목적의 관점에서 규범적으로 평가함으로써 자의성을 판단한다.[53] 즉 범행의 중지가 합법성으로의 회귀로 인정된다면 일반예방적 관점이나 특별예방적 관점에서 처벌의 필요가 없다는 것이다.[54] 그러나 규범설은 결국 범행중지의 동기에 어느 정도 윤리적 동기를 요구하는 것이 되므로 주관설의 단점을 그대로 가지게 된다.[55]

중지미수에서 자의성의 문리적 의미는 '스스로 결정'하는 것이다. 타율적인 장애요인이 아니라 스스로 설정한 자율적인 동기에서 행위를 중지하거나 결과발생을 방지할 때 중지미수의 자의성이 인정될 수 있다. 이러한 관점에서 절충설의 입장이 타당하다고 보인다.

행위자의 자율적인 동기가 반드시 윤리적인 동기일 필요는 없다. 중지의 동기가 비윤리적이라도 행위자 스스로 설정하는 자율적인 동기에서 중지했다면 자의성이 인정된다. 예컨대 부녀를 강간하려는 자의 자의성은 피해자가 성관계를 약속했기 때문에 중지한 경우에도 인정될 수 있다.[56] 또한 행위자가 스스로 설정한 자율적인 동기는 외부로부터 나타날 수도 있다. 예컨대 피해자가 행위자를 설득하였고, 이러한 설득에 의하여 행위를 중지한 경우에도 행위자의 자의성이 인정된다. 피해자의 설득이 있었어도 중지의 결정적인 요소는 외부적 작용이 아니라 자신의 자율적인 결심에 대한 지배력이 중지자에게 존재하기 때문이다. 그러나 피해자가 아는 사람이었기 때문에 형사고소가 두려워서, 피해자의 출혈이나 불길이 치솟는 것을 보고 두려움[57]에 중지한 경우, 강간피해자가 생리 중이어서, 임신 중이어서, 수술한지 얼마 안 되어 배가 아프다고 하므로[58] 또는 간음하기 전에 사정이 되어 중지한 경우, 절취할 재물이 예상과는 달리 가치가 없는 물건이어서 중지한 경우, 범행이 발각되었다고 생각되어 중지한 경우[59] 등은 중지의 결정적인 요인이 행위자의 자율적인 지배력이 아니라 외부적 요인에 기인하기 때문에 장애미수에 해당한다. 이러한 경우들은 외부적 사정에 의한 내부적인 강제상태에서 타율적으로 중지한 경우에 해당한다.

실패한 미수의 경우, 예컨대 금고털이가 금고를 열었으나 금고가 비어 있는 경우 또는 폭탄테러범이 그가 갖고 있던 유일한 1개의 폭탄을 던졌으나 불발인 경우에 중지미수는 성립할 여지가 없게 된다.

---

53) 김일수, 한국형법 II, 202면 이하; 김일수/서보학, 400면; 박상기, 369면 이하; 손해목, 878면 이하; 안동준, 232면; 동취지, 규범적 기준을 토대로 심리적 기준의 보완을 주장하는 성낙현, 507면; 정성근/박광민, 407면.

54) Vgl. Roxin, Über den Rückritt von unbeendeten Versuch, FS für Heinitz, 1972. S. 255 f.

55) 손동권/김재윤, 448면; 신동운, 499면; 이재상/장영민/강동범, 396면; 임웅, 397면; 정영일, 340면.

56) 대법원 1993.10.12. 93도1851.

57) 대법원 1997.6.13. 97도957; 대법원 1999.4.13. 99도640.

58) 대법원 1992.7.28. 92도917.

59) 대법원 1986.1.21. 85도2339; 대법원 2011.11.10. 2011도10539.

## 3-2. 착수한 행위의 중지 또는 결과의 방지

중지미수에 있어서 자의적인 범행의 중지는 제26조에 의하여 실행에 착수한 행위를 중지하는 경우와 그 행위로 인한 결과의 발생을 방지하는 경우로 구별된다. 전자가 착수미수이고, 후자는 실행미수이다.

### 3-2-1. 착수미수와 실행미수의 구별

착수미수에서는 범죄의 완성을 위하여 필요한 모든 행위를 아직 다하지 못한 상태에서 더 이상의 행위를 하지 아니하는 단순한 범행의 중지만으로 중지미수가 성립한다. 이에 반하여 실행미수에서는 행위자가 범죄의 완성을 위하여 필요한 모든 행위를 종료한 경우로서, 이때는 적극적으로 결과발생방지를 위한 행위를 전개해야만 중지미수가 성립할 수 있게 된다. 따라서 단순한 범행의 중지는 착수미수의 경우에만 중지미수가 될 수 있다. 예컨대 사람을 살해하려는 자가 탄환 6발 중에서 단지 2발만 발사하고 더 이상의 사격을 하지 아니한 경우는 이것이 착수미수로 판단될 경우에만 중지미수가 가능하며, 실행미수로 판단될 경우에는 장애미수가 된다. 이와 같이 구체적인 사건에서 착수미수와 실행미수를 구별하는 것은 용이하지 않다. 착수미수와 실행미수의 구별기준에 대하여는 객관설과 주관설 및 절충설의 대립이 있다.

#### 3-2-1-1. 객관설

객관설은 행위자가 객관적으로 결과발생의 가능성이 있는 행위를 행한 이상 행위자의 범행계획과 관계없이 실행행위가 종료된 것으로 보는 견해[60]이다. 예컨대 피해자가 사망할 때까지 저격·살해하려고 범행을 계획한 행위자가 1발만 발사하고 중지했어도 중지미수가 성립하지 않는다는 것이다. 이러한 객관설은 중지미수의 성립범위를 너무 협소하게 인정하고 있다.

#### 3-2-1-2. 주관설 — 범행계획설

주관설은 행위자의 의사, 즉 범행계획을 기초로 실행행위의 종료시점을 결정한다.[61] 행위자가 범행계획에서 제1의 행위 이후에 제2의 행위를 준비하고 있었다면 제1의 행위가 종료했어도 아직 착수미수가 된다. 그러나 이러한 견해는 치밀한 범죄자에게 일방적으로 유리한 결과가 되기 때문에 부당하다.

60) 이상돈, 514면.
61) 신동운, 504면; 범행계획에 의한 자연적 행위단일성의 범위에서 착수미수를 인정하는 견해로는 손동권/김재윤, 452면 이하.

종래 독일의 판례는 범행계획설(Tatplantheorie)의 관점에서 착수미수와 실행미수를 구별하였다. 행위자가 확실하게 윤곽을 잡은 범행계획을 기초로 하여 저격 · 찌름 · 타격 · 목조름 등과 같이 하나의 실행행위를 수단으로 결과를 야기하려 했다면 제1행위의 착수시점에서 행위자의 표상을 기준으로 판단하였다(착수시점의 의사설). 착수시점에서 행위자가 당해 수단과 당해 행위로 범죄의 실현을 위한 행위가 종료된다고 생각했다면, 그 이후에 '그의 행위가 범죄완성에 이르도록 하지 못했다는 사실'을 알았더라도 착수미수는 성립할 여지가 없고, 실행미수가 된다는 것이다. 만약 행위자에게 확실한 범행계획이 없었다면, 또는 in dubio pro reo에 따라 확실한 범행계획을 인정할 수 없다면, 마지막 실행행위의 종료시점에서 행위자의 표상을 기준으로 판단하게 된다.[62] 이때를 기준으로 행위자가 결과발생에 필요한 모든 행위를 종결했다고 믿었거나 결과발생이 가능하다고 믿었다면 착수미수는 더 이상 성립하지 않게 된다. 따라서 착수미수는 그 이전에 범행을 중지할 경우에만 성립할 수 있게 된다.

### 3-2-1-3. 주관설 — 중지시점의 의사설(Rücktrittshorizont)

주관설의 입장에서도 "착수미수는 최초의 범행계획이 아니라 중지시점의 행위자의 의사를 기준으로 판단해야 한다"는 견해[63]가 있다. 중지시점에서 행위자가 지금까지 자기의 행위로 결과가 발생하지 않았다고 확신하였거나 적어도 그렇게 신뢰하고 있었음에도 불구하고 더 이상의 필요한 행위를 하지 아니하는 경우에 착수미수가 된다는 것이다. 이 이론을 소위 '중지시점의 의사설'이라고 한다.

형법에서 착수미수와 실행미수의 구별은 중지미수에서만 의미를 가질 수 있기 때문에, 이들의 구별은 중지의 자의성을 고려하여 판단되어야 한다. 그러므로 착수미수와 실행미수의 구별은 행위자의 의사가 기준이 되어야 하며, 결과발생의 가능성이라는 사실도 객관적으로 판단할 것이 아니라, 행위자의 주관적인 인식을 토대로 판단되어야 한다. 그러므로 착수미수와 실행미수는 완전히 주관적인 행위자의 표상에 따라 구별되어야 한다. 이러한 관점에서 착수미수는 행위자가 범죄의 완성을 위하여 필요한 모든 행위를 아직 다하지 못했다고 믿는 경우로서, 이때는 더 이상의 행위를 하지 아니하는 단순한 중지만으로 중지미수가 성립하게 된다. 반면에 실행미수는 행위자가 범죄의 완성을 위하여 필요한 모든 행위를 다했다고 믿는 경우로서, 이때는 결과발생방지를 위한 적극적인 행위를 전개하여야 중지미수가 성립할 수 있게 된다.

독일연방법원은 BGHSt 31, 170[64]에서 "최초의 범행수단이 실패하였음을 알고서도 범행의

[62] BGH, GA 66, 208: Wachsoldatenfall; BGHSt 10, 129: Flaschmannfall; BGHSt 14, 75; 22, 330: Fahrtenmesserfall; BGHSt 22, 176: Rohrzangenfall.

[63] 김성돈, 460면 이하; 김성천/김형준, 340면 이하, 345면; 박상기, 350면 이하; 성낙현, 510면; 이재상/장영민/강동범, 399면 이하; 이형국, 249면.

[64] BGHSt 31, 170(Benzingußfall): "A는 자신과 이혼하려고 하는 부인 B를 살해하기 위하여 갑자기 B에게

완성을 위한 다른 적합한 대용수단을 자의로 포기했다면 착수한 실행행위가 종료하기 이전에 중지한 착수미수가 된다"고 판시함으로써, 종래의 범행계획설을 전면적으로 부정하고, 소위 '중지시점의 의사설'로 태도를 변경하였다. 착수미수와 실행미수의 구별에는 마지막 실행행위의 종료 이후의 행위자의 표상이 기준이 되며, 이때 행위자의 표상은 '행위의 위험성 및 피해자의 반응'에 대한 행위자의 인식을 기초로 해야 한다는 것이다. 마지막 실행행위 이후에 행위자가 '결과발생이 근접했다는 상황을 인식한 경우' 또는 '자기의 행위가 실질적으로 결과를 발생시키기에 부적합하다는 사실을 알지 못하고서 결과발생이 가능하다고 믿는 경우'에는 행위자의 실행행위가 종료하게 된다는 것이다.[65]

따라서 "행위자가 착수한 실행행위를 자의로 중지했는가"라는 문제는 "행위자가 처음부터 확실한 범행계획을 갖고 있었는지"와는 관련이 없으며, 오직 중지시점에서 행위자가 "결과발생이 근접했다는 상황을 인식했거나 자기의 행위가 실질적으로 결과를 발생시키기에 부적합하다는 사실을 알지 못하고서 결과발생이 가능하다고 여기고 있느냐"만이 판단기준이 된다는 것이다. 이러한 점에서 판례의 태도를 전체행위설이라고도 한다. 이러한 '전체행위설' 내지 '중지시점의 의사설'은 독일의 통설[66]이 지지하고 있다. 전체행위설에 의하면 개개의 행위가 자연적 의미의 행위통일체를 이루는 경우에는 최후 행위시점의 행위자의 표상에 따라 실행행위를 종료하지 아니한 착수미수와 실행행위를 종료한 실행미수가 구별된다. 여기서 자연적 의미의 행위통일체란 전체적으로 하나의 목적을 위한 계속적인 행위로 인정되는 경우를 말한다. 따라서 실패한 미수의 경우에는 착수미수의 여지가 없게 된다.

이에 반하여 독일의 소수설[67]은 개별행위설을 주장한다. 자기의 목적을 위하여 계속적으로 새로운 수단을 강구하는 행위자에게 더욱 유리한 전체행위설은 부당하다는 것이다. 이러한 개별행위설의 비판이 그 자체로 부당하지만은 않다. 특히 중지범을 필요적 형 면제의 사유로 규정하고 있는 독일형법의 해석에서 이미 가벌적 범죄행위를 개시한 자에 대한 형 면제의 범위를 확대하는 것은 정의의 관점에서 타당하다고 할 수 없기 때문이다.[68] 그러나 형법은 중지미수를 필요적 형 감면사유로 규정하기 때문에 중지미수에 대해서는 형의 면제뿐 아니라 형의 감경도 가능하다. 따라서 형 감경이 가능한 중지미수의 범위를 개별행위설에 의해서 축소하는 것은 부당하다. 즉 개별행위설에 의할 경우 중지미수의 범위는 객관설에 의할 경우와 동일하게 된다. 또한 '자의에 의한 범행의 중지가 인정되는 경우를 객관적인 개별행위의 종료로 판단함으로써

---

한 통의 휘발유를 끼얹고 성냥으로 불을 붙이려고 하였다. 그러나 성냥을 켜려는 순간에 A와 B는 뒤엉켜 싸움이 벌어지게 되었고, 싸우던 중에 B는 정원으로 도망쳤다. A는 B를 뒤쫓아가서 B를 쓰러뜨리고 B가 의식을 잃을 때까지 목을 졸랐다. B가 의식을 잃자 A는 살인 의도를 포기하고 B를 놓아 주었다."

65) Vgl. BGHSt 31, 175; BGHSt, 33, 299; BGHSt, 35, 90; BGH NStZ 1992, 434; BGH NStZ 1992, 536; BGH NStZ 1993, 40; BGH NStZ 1994, 76; BGH NStZ 99, 299.

66) Vgl. Wessels/Beulke, Strafrecht AT, Rdnr. 633 ff. mwN.; Rudolphi, SK StGB, § 24 Rdnr. 15; Jescheck/Weigend, Lehrbuch AT, § 51 II 3; Kühl, AT, § 16 Rdnr. 33; Otto, Grundkurs AT, § 19 Rdnr. 14 ff.

67) Vgl. Eser, S-S StGB, § 24 Rdnr. 20 f.; Lackner/Kühl, StGB, § 24 Rdnr. 6; Baumann/Weber, Lehrbuch AT, S. 488.

68) 형 면제의 독일형법에서는 중지범이라는 표현이 적절하지만, 필요적 형 감면사유인 형법에서 제26조는 중지범이라는 표제보다 중지미수라는 표제가 적절하다.

중지미수를 부정'하는 관점은 "중지미수 범위를 부당하게 축소한다"는 비판을 면할 수 없다. 따라서 형법의 해석에서 착수미수와 실행미수의 구별을 위해서 개별행위설을 취할 이유는 없다.

### 3-2-1-4. 절충설

절충설은 행위자의 의사와 행위당시의 객관적 사정을 종합하여 결과발생에 필요한 행위가 끝났다고 인정되는 때에 실행행위가 종료한다는 견해로서 다수설[69]의 입장이다. 실행의 착수시기를 절충설에 의하여 판단한다면 실행행위의 종료시기도 절충설에 의하여 판단하는 것이 논리적이라는 것이다.[70]

실행의 착수를 정하는 기준인 주관적 객관설을 실행행위의 종료시점의 판단에 그대로 적용하면, 행위자의 범행의사를 기준으로 개별적인 행위의 객체 또는 구성요건실현에 대한 직접적인 위험이 인정되는 행위를 종료했을 때에 실행행위가 종료하게 된다. 그러나 이러한 행위를 종료한 이후에 자신의 행위가 범죄완성을 위해서 충분하지 못했음을 인식한 행위자가 범죄완성을 위한 다른 방법이 있고 범죄완성을 위해서 이러한 방법을 사용할 수 있음을 알면서도 자의로 더 이상의 행위를 하지 아니하고 중지했다면 중지미수가 부정될 이유는 없다. 이 경우는 범죄완성을 위해서 행위자가 할 수 있는 다른 행동을 취하지 아니하였다는 것이 실행미수가 아닌 착수미수로 인정되어야 한다는 것이다. 예컨대 행위자가 자신의 범행계획에 따라 피해자를 저격하였으나 빗나간 경우는 행위자의 범행의사를 기준으로 개별적인 행위의 객체 또는 구성요건실현에 대한 직접적인 위험이 인정되는 행위를 종료한 이후가 된다. 그러나 행위자가 피해자를 향하여 계속 저격할 수 있었음에도 불구하고 더 이상의 저격을 중지한 경우인데, 이러한 경우를 당장 실행미수로 판단하는 것은 부당하다. 이러한 결과는 객관설의 결론과 차이가 없게 된다. 반면에 행위자가 피해자를 맞출 때까지 저격하려는 범행계획을 가지고 있었다면 피해자가 총에 맞지 않는 동안에는 항상 착수미수가 된다. 이러한 결론은 치밀한 범죄자를 일방적으로 유리하게 하는 범행계획설인 주관설과 차이가 없게 된다.

또한 절충설의 기준을 '행위자의 범행계획에 따라 객관적으로 결과발생에 필요한 행위를 종료했을 때'로 판단한다면, 행위자의 범행계획이 객관적으로 결과발생에 필요한 행위를 포함하고 있지 않을 경우에는 실행행위가 종료될 수 없으므로 항상 착수미수가 된다는 결론이 된다. 예컨대 '객관적인 치사량 미달의 독약으로 사람을 살해하려는 자'는 피해자에게 독약을 먹인 후 더 이상의 행동을 취하지 않고 자리를 떠난 경우에도 착수미수의 중지라는 결론이 된다. 그러나 이 경우 행위자는 그의 무지한 범행계획에 따라 모든 행위

---

69) 신양균, 판례에 나타난 중지미수, 고시연구 1998.5, 69면.
70) Tröndle/Fischer, StGB, § 24 Rdnr. 4.

를 실행했기 때문에 실행미수이어야 하며, 단지 결과의 발생이 불가능한 불능미수 여부가 평가되어야 한다.

#### 3-2-2. 착수한 행위의 중지(착수미수의 중지)

행위자가 아직 실행행위를 종료하지 못한 착수미수의 경우에는 단순히 범행계속을 포기함으로써 중지미수가 성립한다. 여기서 실행행위의 중지는 완전하고 종국적인 범죄실현 의사의 포기를 의미한다. 그러나 통설[71]은 범행을 종국적으로 포기하지 아니한 실행중지[72]도 중지미수가 될 수 있다고 해석한다. 중지범을 처벌하지 아니하는 독일형법과는 달리 형법은 중지미수에 대하여 필요적 형 감면으로 규정하기 때문에 중지의 의미를 독일형법에서와 같이 엄격하게 해석할 필요가 없다는 것이다. 그러나 통설의 견해는 중지미수 규정의 목적론적 의미를 간과하고 있다. 범행을 종국적으로 포기하지 아니한 중지미수를 경하게 처벌할 이유가 없기 때문이다.[73] 또한 실행미수의 중지인 적극적인 결과발생의 방지행위는 범행의 종국적 포기를 전제로 하는 것이며, 실행미수와의 균형상 착수미수의 중지도 범행의 종국적인 포기이어야 할 것이다.

종국적 포기가 영원한 포기를 의미하는 것은 아니므로 종국적 포기에 관한 학설의 대립이 무의미하다는 관점에서, 어떤 기회에 새롭게 시작하려고 하는 경우에도 착수한 행위의 중지가 중지미수에 해당한다는 견해[74]가 있다. 물론 종국적으로 포기한 범행을 차후에 새로운 결의에 의하여 새롭게 시작했을 경우라면, 과거의 첫 번째 범행의 중지는 종국적 포기에 해당한다. 그러나 다음 기회에 새롭게 시작하려는 의도에서 범행을 포기한 경우는 범행의 종국적 포기가 아니므로 중지미수의 성립을 인정할 수 없다.

이러한 실행의 중지에 의하여 결과가 발생하지 않아야 한다. 결과가 발생하면 미수가 아니라 기수에 해당하기 때문이다. 실행의 자의적 중지로 결과가 발생하지 않으리라 생각했는데, 예상외로 결과가 발생한 경우에는 기수의 책임을 부담하여야 한다. 다만 결과의 발생이 중지자의 실행행위와 인과관계가 부정되거나 객관적으로 행위자에게 귀속될 수 없는 결과인 경우에는 결과의 불발생과 동일하게 중지미수가 된다.

---

71) 하태훈, 중지미수의 성립요건, 형사판례연구(7), 1999, 77면.

72) 종국적으로 포기하지 아니한 실행중지는 실질적으로 대부분 장애에 의한 중단일 것이며, 혹 자의성이 인정된다고 하여도 이를 양형에서 고려하면 충분할 것이다.

73) 동지, 박상기, 373면 이하; 신동운, 504면.

74) 권오걸, 467면; 김성돈, 461면.

### 3-2-3. 결과의 방지(실행미수의 중지)

#### 3-2-3-1. 결과의 방지

행위자가 실행행위를 종료한 경우에는 그 행위로 인한 결과의 발생을 방지하여야 중지미수가 성립할 수 있다. 결과발생의 방지는 방지자의 적극적인 행동으로 실현되어야 한다. 또한 방지자의 적극적인 행동은 결과발생을 방지하는 데에 객관적으로 적합한 방법이어야 한다. 의사나 소방관 등 제3자의 도움을 받아 결과발생을 방지하여도 무방하다. 이 경우 제3자의 행위가 반드시 방지자에 의해서 유발되어야 한다는 견해[75]가 있다. 다수설은 제3자의 결과방지 행위가 방지자의 노력으로 볼 수 있는 경우에만 중지미수가 성립할 수 있다고 본다. 그러나 행위자가 결과발생의 방지를 위하여 인공호흡을 실시하는 도중에 이웃집의 연락을 받고 달려온 구조요원에게 자리를 비켜 준 경우에도 그때까지 결과발생 방지를 위한 행위자의 진지한 노력은 중지미수로 평가되어야 한다. 따라서 결과발생의 방지는 '결과방지에 객관적으로 적합한 방법의 적극적 행동에 의한 진지한 노력'으로 충분하다고 해야 한다.[76]

실행미수의 중지는 제3자에게 결과발생방지를 부탁하고 도주하는 경우와 같이 결과발생 방지행위로 충분하며, 진지한 노력도 필요하지 않다는 견해[77]가 있다. 독일형법과 달리 형법은 중지미수를 임의적 형 감면사유로 규정하고 있다는 것을 근거로 한다. 그러나 결과발생방지를 위한 진지한 노력도 없이 중지미수를 인정하는 것은 중지미수의 법적 성격에 관한 어떠한 입장과도 일치할 수 없는 결론이다. 이 견해는 중지미수의 법적 성격을 고려하지 못하고 있다.

#### 3-2-3-2. 결과방지와 결과의 불발생

통설[78]은 결과방지의 행동과 결과의 불발생 사이에 인과관계를 요구한다. 결과의 불발생이 반드시 결과방지를 위한 노력에 의한 것이어야 한다는 것이다. 따라서 중지자가 모르는 사이에 제3자가 결과를 방지한 경우에는 중지미수가 성립하지 않는다고 한다. 이에 반하여 독일형법은 명문으로 '중지자의 중지행위와 관계없이 결과가 발생하지 않은 경우에도 중지자가 자의로 결과발생방지를 위해서 진지한 노력을 한 경우'라면 중지범의 성립을 인정하고 있다. 중지범을 처벌하지 않는 독일형법에서도 결과방지의 행동과 결과의 불발생 사이의 인과관계를 요구하지 않는데, 중지미수를 형의 필요적 감면사유로 규정하는 형법의

75) 김일수/서보학, 403면; 이재상/장영민/강동범, 402면; 임웅, 399면.
76) 동취지, 배종대, 369면; 성낙현, 511면; 신동운, 509면; 성영일, 345면.
77) 오영근, 326면.
78) 동취지, 귀속연관성으로 판단하는 이상돈, 519면.

해석에서 이를 요구함으로써 더 엄격하게 중지미수의 범위를 제한하는 통설의 태도는 의문이다. 중지미수 규정의 본질적인 의미에 합당한 목적론적 해석에 의하여, 중지자의 중지행위와 관계없이 결과가 발생하지 아니한 경우에도 자의에 의한 결과발생방지를 위한 진지한 노력은 중지미수로 인정되어야 할 것이다.[79)]

결과발생 방지행위와 결과의 불발생 사이의 인과관계를 요구하면서도, 중지자가 모르는 사이에 제3자가 결과를 방지한 경우에는 중지미수를 인정하는 견해[80)]가 있다. 그러나 이러한 입장이라면 방지행위와 결과의 불발생 사이의 인과관계를 요구해서는 안 될 것이다.

결과방지를 위한 진지한 노력에도 불구하고 결과가 발생한 경우에는 중지미수가 성립하지 않는다. 다만 결과가 발생했어도 행위자의 범죄실행행위와 결과 사이에 인과관계가 없거나 객관적으로 귀속될 결과가 아닌 경우에는 진지한 결과방지를 위한 노력만으로 중지미수가 인정되어야 한다. 예컨대 甲이 乙을 저격하고 곧 후회하여 병원에 연락하였으나 병원으로 후송 중에 응급차가 신호위반의 과적트럭과 충돌하여 乙이 사망한 경우, 甲의 결과방지를 위한 진지한 노력은 중지미수로 평가되어야 한다.[81)] 또한 결과의 발생이 불가능한 경우에 행위자가 이를 모르고 결과발생방지를 위하여 진지하게 노력한 경우에도 중지미수의 성립을 인정해야 한다. 이는 결과방지의 행동과 결과의 불발생 사이에 인과관계의 존재를 요구하는 통설에 의해서도 인정되고 있다.[82)] 그러나 이러한 입장이라면 결과발생방지행위와 결과불발생 사이의 인과관계를 중지미수의 요건으로 요구해서는 안 될 것이다.

## 4. 중지미수의 처벌

중지미수의 형은 기수범에 비하여 감경 또는 면제한다. 중지미수는 형의 필요적 감면사유이다. 문제는 목적한 범죄를 자의로 중지했지만 행위자의 실행행위로 인하여 이미 다른 범죄가 성립한 경우이다. 예컨대 살인행위를 중지했으나 상해가 일어난 경우 또는 피해자를 불에 태워 살해하려던 행위를 중지했지만 방화죄가 기수에 이른 경우이다. 중지범을 처벌하지 아니하는 독일형법에서는 “범행의 중지가 최초의 실행행위로 성립하는 다른 범죄에 대해서는 영향을 주지 않는다”고 해석된다. 따라서 독일형법에서는 범행의 중지에도

79) 동지, 오영근, 326면; 동취지, 이러한 노력이 인과관계에 갈음할 수 있다는 견해로는 신동운, 509면.
80) 김성천/김형준, 345면; 이상돈, 519면; 이재상/장영민/강동범, 403면 이하; 이형국, 250면 이하; 정영일, 345면.
81) 동지, 손동권/김재윤, 454면; 정성근/박광민, 411면.
82) 이 경우 중지미수를 부정하고 불능미수를 인정하는 견해로는 김성돈, 470면.

불구하고 실현된 다른 범죄의 기수죄가 인정된다. 이는 형법의 해석에서도 동일하다. 다만 형법의 해석에서는 하나의 행위로 가벌적인 살인의 중지미수죄와 상해기수죄의 성립은 논리적으로 불가능하다. 살인의 미수는 상해의 기수를 완전히 포함하기 때문이다. 그러므로 이 경우에는 살인의 중지미수죄만이 성립하게 된다. 반면에 살인의 중지미수죄와 방화기수죄는 각각 그 보호법익을 달리하기 때문에 두 범죄의 상상적 경합이 인정된다.

## 제 4 절 불능미수

### 1. 불능미수 일반론

#### 1-1. 불능미수의 의의

제27조는 불능범에 관하여 "실행의 수단 또는 대상의 착오로 인하여 결과의 발생이 불가능하더라도 위험성이 있는 때에는 처벌한다"고 규정하고 있다. 그러나 학계에서는 제27조를 불능범이 아니라 불능미수에 관한 규정으로 해석한다. 형법의 해석상 위험성이 없는 불가벌의 불능범과 위험성이 있는 가벌적인 불능미수로 구별하고 있다.[83] 불능미수는 임의적 형 감면사유에 해당한다.

일반적으로 위험성이 없어 처벌되지 아니하는 불능범의 사례로 미신범을 들고 있다.[84] 주술로써 사람을 살해하려고 시도하는 경우가 그것이다. 그러나 이와 같이 실현불가능한 비과학적 미신수단에 의한 범행의 시도는 '인과사건의 인간에 의한 지배불가능성'으로 '객관적 귀속이 인정되지 아니하는 결과'를 야기하려는 행위이다. '객관적 귀속이 부정되는 결과'를 야기하려는 행위는 '구성요건적 결과로 평가될 수 없는 결과'를 야기하려는 행위이고, 이는 결국 행위자에게 구성요건적 결과를 야기하려는 의도는 없는 경우이므로 구성요건적 고의가 부정되는 경우이다.[85]

불능범과 불능미수는 우선 미수범의 일반적 요건의 충족을 확인한 이후에 위험성 여부에 따라 양자를 구별하는 것이 학계의 일반적인 입장이다. 그렇다면 미신범을 포함하여 '인과사건의 인간에 의한 지배불가능성'으로 '객관적 귀속이 부정되는 결과'를 야기하려는 행위는 처음부터 '불가벌인 불능범'의 범주에도 들어갈 수 없게 된다. 이러한 비현실적인 행위는 구성요건적 고

83) 학계에서는 중지범과 중지미수를 동의어로 이해하면서, 불능범과 불능미수를 명백하게 구별한다.
84) 김성천/김형준, 350면; 배종대, 375면; 성낙현, 517면; 오영근, 336면; 진계호/이존걸, 519면.
85) 이에 관하여는 상기 '제2편, 제2장, 제2절, 3-2-3. 인간의 행위에 의한 인과사건의 지배가능성' 참조.

의가 부정되어 미수범의 일반적 요건조차 충족시킬 수 없기 때문이다.

### 1-2. 환각범과 불능범

실제로는 처벌되지 아니하는 행위를 형법에 의하여 처벌되는 것으로 오인한 환각범은 불능범과 구별된다. 환각범은 행위자가 객관적인 행위상황을 정확하게 파악하고 있으면서, 단지 그러한 행위가 형벌법규에 의해서 처벌되는 것으로 오인하는 경우이다. 이러한 환각범은 처벌되지 않는다. 행위자의 행위가 처음부터 구성요건에 해당하지 않거나, 위법하지 않거나, 처벌조건을 충족하지 못하기 때문이다.

환각범의 종류로는 ① 죄가 되지 아니하는 행위를 죄가 된다고 오인하는 소위 전도된 금지착오[86] 또는 전도된 포섭의 착오,[87] ② 위법성이 조각되는 행위를 위법성이 조각되지 않는다고 생각하면서 행하는 소위 전도된 허용규범의 착오,[88] ③ 전도된 순수한 처벌조건의 착오[89] 등이 있다.

환각범의 경우는 처음부터 처벌규정이 존재하지 않는다. 이에 반하여 불능범에서는 일단 처벌규정이 존재한다. 다만 불능범에서는 범죄를 완성시킬 수 있는 구성요건적 상황이 실재하고 있지 않으며, 행위자가 착오로 이를 모르고 있을 뿐이다. 따라서 불능범은 '전도된 사실의 착오'에 해당한다.

### 1-3. 구성요건흠결이론

구성요건흠결이론에 의하면 미수범은 구성요건의 마지막 부분이 흠결된 경우이다. 따라서 불능범이 미수로 처벌되기 위해서는 무엇보다도 미수범의 본질이 되는 구성요건의 마지막 부분의 흠결, 즉 구성요건적 결과가 흠결된 경우이어야 한다. 구성요건적 행위주체·행위객체·수단·행위상황 등의 흠결에 의하여 범죄가 기수에 이르지 못한 경우에는 구성요건이 전제로 하고 있는 행위상황이 존재하지 아니하는 것에 불과하다. 이 경우 행위자가 구성요건적 행위상황이 존재하는 것으로 착각했어도 행위자는 전혀 구성요건적 실행의 착수를 할 수 없으며, 이는 단순한 구성요건의 흠결에 불과하게 된다. 이러한 구성요건

86) 예컨대 죄가 된다고 생각하며 행하는 근친상간이나 호모·레즈비언의 성행위, 절도범을 신고하지 않으면 불고지죄에 해당한다고 생각했으면서 신고하지 않는 경우.

87) 예컨대 소녀를 사모하는 남자가 허락 없이 전화를 거는 행위도 주거침입이라 생각하면서 전화하는 행위, 새로 세차한 자동차에 물을 뿌리는 행위도 손괴죄의 재물손괴에 해당한다고 생각하면서 물을 뿌리는 행위.

88) 예컨대 정당방위는 물건에 대해서만 허용된다고 생각하면서 행하는 공격자의 신체에 대한 정당한 반격행위.

89) 예컨대 부인의 돈을 몰래 가져가는 것도 처벌된다고 생각하며 부인의 돈을 몰래 가져가는 행위.

의 흠결은 처벌될 수 없으며, 구성요건적 결과의 흠결만이 미수로 처벌될 수 있다고 한다. 행위자가 이러한 흠결을 모르고 행동한 경우에 단순한 구성요건의 흠결은 처벌되지 않는 불능범이 되며, 구성요건적 결과의 흠결은 처벌되는 불능미수가 된다는 것이다.

그러나 제27조에서는 수단이나 대상의 착오로 인하여 결과의 발생이 불가능한 경우에도 가벌적 불능미수를 인정하기 때문에 형법의 해석에서 구성요건흠결이론이 고려될 여지는 없다.

## 2. 불능미수의 성립요건

불능미수도 미수의 일종으로 우선 미수범의 일반적인 요건들을 구비하여야 한다. '범죄실현의사', '실행의 착수', '범죄의 미완성'을 필요로 한다. 특히 범죄의 미완성은 '실행의 수단 또는 대상의 착오로 인한 결과발생의 불가능'을 이유로 해야 하며, '위험성'이 있어야 한다. 따라서 불능미수가 갖추어야 할 추가적인 특별한 요건은 '실행의 수단 또는 대상의 착오로 인한 결과발생의 불가능'과 '위험성'이다.

### 2-1. 실행의 수단 또는 대상의 착오로 인한 결과발생의 불가능

#### 2-1-1. 결과발생의 불가능

불능미수는 결과발생이 불가능해야 하며, '결과발생의 불가능'은 장애미수와 불능미수를 구별하는 기준이 된다. 다만 불능미수는 결과범뿐 아니라 형식범에서도 인정되어야 하기 때문에 제27조의 '결과발생의 불가능'은 범죄기수 내지 범죄실현의 불가능으로 해석되어야 한다.[90]

불능미수에서 '결과발생(범죄실현)의 불가능'을 어떠한 기준으로 판단해야 하는지 문제된다. 일부의 견해[91]는 자연과학적·사실적 법칙에 따른 판단을 주장한다. 여기서 상식적 판단과 전문가의 판단이 모순될 때에는 전문가의 판단이 우선해야 하며, 이러한 점에서 결과발생 가능성 여부의 판단은 규범적 판단인 위험성판단과 구별된다고 한다. 또한 '결과발생의 불가능'은 "법관의 객관적·사후적 판단에 의하여야 한다"는 견해[92]가 있다. 이 경우 일단 실행행위 이후에 밝혀진 여러 가지 사정들을 모두 고려하여 객관적으로 "결과발생이 애당

90) 동지, 오영근, 336면.

91) 권오걸, 479면; 김성돈, 447면; 김성천/김형준, 353면; 오영근, 337면; 이재상/장영민/강동범, 413면; 정성근/박광민, 416면.

92) 권오걸, 479면; 김성돈, 447면; 신동운, 530면; 정성근/박광민, 416면.

초 불가능하였다"고 판단될 때 불능미수의 성립이 가능하다고 한다.

독일형법의 불능미수는 행위자의 '중대한 무지(aus grobem Unverstand)'로 범죄실현의 완전한 불가능성을 가능하다고 오인한 경우에 성립한다.

우선 구체적으로 위험한 범행의 시도는 장애미수이므로 불능미수의 범주에서 제외된다. 행위 이전의 행위자의 위치에 있는 신중한 인간의 판단에 따라 범죄실현의 가능성이 인정된다면 "범죄의 실현이 전혀 불가능하다(überhaupt nicht zur Vollendung führen konnte)"고 말할 수는 없기 때문이다.[93] 일단 행위 이전의 행위자의 위치에 있는 신중한 인간의 판단에 따라 그 행위가 구체적으로 위험하지 않은 범행의 시도라면 범죄실현의 완전한 불가능성이 인정된다. 즉 행위자의 범행계획을 알고 있는 신중한 인간의 판단에 의하여 그 행위가 범죄기수에 이르지 않을 것이라고 진지하게 받아들일 수 있는 경우를 말한다.

그다음, 이러한 범죄기수의 불가능을 가능하다고 인식한 행위자의 개인적 상황에 따라, 즉 '행위자의 중대한 무지'의 여부에 따라 불능미수와 장애미수로 구별된다. 이때 행위자의 '중대한 무지'는 '정상적인 사람이라면 즉시 범죄실현의 불가능을 인식할 수 있는 것을 행위자의 특별한 어리석음으로 인하여 인식하지 못한 경우'에 인정된다.[94]

따라서 예컨대 살충제나 수면제로 사람을 살해하려 한 경우, 평균인의 경험지식에 따라 기본적으로 실행의 수단이 결과야기에 적합하고 행위자 역시 이를 알고 있었으나, 단지 그 수단의 실질적 특성(Beschaffenheit)이나 강도(Intensität)에 관하여 착오가 있다는 것만으로는 중대한 무지에 의한 행위로 평가되지 않는다고 한다.[95] 이러한 관점에서 독일연방법원[96]은 '부인이 남편을 살해하기 위해서 남편의 간식용 빵에 데트몰(Detmol)[97]이라는 살충제를 약 1초간 2번 뿌렸으며, 남편은 한입을 먹다가 쓴맛 때문에 빵을 버린 사건'에서 불능미수를 부정하고, 장애미수를 인정하였다. 행위자는 살충제의 독이 사람을 살해할 수 있다는 근본적인 사실에 관한 착오는 없었으며, 오직 그 독물질의 특성이나 살상력의 정도에 관해서만 착오가 있었는데, 이러한 착오는 '중대한 무지'에 의한 것이 아니라는 것이다.

독일형법의 불능미수는 '범죄기수의 완전한 불가능' 이외에 행위자의 '중대한 무지'라는 요건을 필요로 한다. 따라서 범죄기수가 불가능한 경우에도 이에 대한 오인이 행위자의 '중대한 무지'로 인한 경우가 아니라면 장애미수가 된다.[98]

형법에서는 불능미수에 대해서 단순히 '결과발생의 불가능'만을 요구하고 있으며, 학

---

93) Vgl. Jescheck/Weigend, Lehrbuch AT, S. 531; Rudolphi, SK StGB, § 23 Rdnr. 7.

94) Vgl. Jescheck/Weigend, Lehrbuch AT, S. 531 f.; Rudolphi, SK StGB, § 23 Rdnr. 7; Vogler, LK StGB, 10. Aufl. § 23 Rdnr. 35; Stratenwerth, Lehrbuch AT, Rdnr. 695; BGE 70 IV, 50.

95) Vgl. Kühl, AT, § 15 Rdnr. 92; Roxin, HRR AT, Fall 57, S. 81f. 191; Radtke, JuS1996, S. 878.

96) Vgl. BGHSt 41, 94 ff.

97) 500ml의 Detmol에는 Fenitrothion이라는 독성분이 0.17%인 0.85ml가 들어 있었으며, Fenitrothion은 70kg의 사람이 40g 정도 먹어야 사망할 수 있는 독성분이다. 즉 빵에 뿌린 Fenitrothion의 양은 대략 치사량의 1/10만 정도이다.

98) 따라서 독일형법의 불능미수는 형법의 불능미수 보다 그 범위가 좁다.

계에서는 '결과발생의 불가능'을 해석함에 있어서도 '자연과학적·사실적 법칙[99]에 따른 객관적·사후적 판단'[100]을 기준으로 한다. 그러나 결과발생의 불가능을 사후적 판단에 의할 경우 불능미수의 범위가 너무나 넓어지기 때문에 장애미수와 불능미수의 구별이 불가능해진다.[101] 또한 자연과학적·사실적으로 결과발생이 불가능한 경우에도 장애미수의 성립을 인정해야 할 경우를 배제할 수 없다. 예컨대 빈 금고를 여는 행위와 같이 실패한 장애미수의 경우에도 자연과학적·사실적으로 결과발생은 불가능하기 때문이다. 따라서 결과발생의 불가능을 자연과학적·사실적 기준으로 판단해서는 불능미수와 장애미수를 구별할 수 없다. 여기서는 '어떤 기준에 의한 어떠한 불가능 내지 어느 정도의 불가능?'이라는 평가적·규범적 기준을 필요로 한다. 이러한 점에서 자연과학적·사실적 법칙에 따라 결과발생의 불가능을 판단함으로써 불능미수와 장애미수를 구별하려는 이론은 타당하다고 할 수 없다.

#### 2-1-1-1. 결과발생이 불가능하지만 불능범·불능미수의 논의에서 제외되어야 할 경우

결과발생이 불가능하지만 불능범·불능미수의 논의에서 제외되어야 할 경우가 있다.[102] 불능범과 불능미수의 논의는 우선 주관적 구성요건요소와 실행의 착수라는 미수범의 일반적 요건을 구비해야 한다. 따라서 이러한 미수범의 일반적 요건을 구비하지 못한 경우는 불능범·불능미수의 논의에서 제외되어야 한다.

미신범을 포함하여 '인과사건의 인간에 의한 지배불가능성'으로 '객관적 귀속이 부정되는 결과'를 야기하려는 행위[103]는 처음부터 구성요건적 고의가 부정되는 경우이므로 불능범·불능미수의 논의에서 제외된다.[104] '행위자가 피해자를 살해하기 위하여 천둥을 동반한 폭우가 내리치는 날에 자주 낙뢰하는 지점으로 피해자를 유인한 경우' 또는 '상속인이 피상속인을 살해하기 위하여 안전도가 낮은 항공기를 타도록 한 경우' 등에서는 처음부터 구성요건적 고의가 부정되므로 불능범·불능미수의 논의에서 제외된다.

또한 자연과학에 대한 중대한 무지에 의한 비현실적인 범행의 시도는 불능범·불능미

99) 권오걸, 479면; 김성돈, 447면; 김성천/김형준, 356면; 오영근, 337면; 이재상/장영민/강동범, 413면; 정성근/박광민, 416면.

100) 권오걸, 479면; 김성돈, 447면; 신동운, 530면; 정성근/박광민, 416면.

101) 불능미수는 이론적 논의에 비해 실질적인 적용범위는 아주 좁다고 한다. Vgl. Vogler, LK StGB, 10. Aufl. § 23 Rdnr. 29; Roxin, Unterlassung, Vorsatz und Fahrlässigkeit, Versuch und Teilnahme im neuen Strafgesetzbuch, JuS 1973, S. 331. 따라서 이러한 불능미수의 범위를 넓히는 관점은 그 자체로 부당하다.

102) '전도된 사실의 착오'의 유형에 해당하지 아니하는 환각범의 경우가 당연히 여기서 제외된다.

103) 이에 관하여는 상기 '제2편, 제2장, 제2절, 3-2-3. 인간의 행위에 의한 인과사건의 지배가능성' 참조.

104) 동지, 박상기, 382면; 배종대, 375면; 이형국, 262면; 정성근/박광민, 414면 이하; 진계호/이존걸, 520면; 동취지, 형법상의 행위로서의 정형성이 인정되지 않는다는 견해로는 김일수, 한국형법 II, 174면; 천진호, 불능범의 위험성 판단 –해석상의 오류를 중심으로–, 비교형사법연구 제1호, 89면.

수의 논의에서 제외된다. 사회 일반인의 관점에서 누구나 알고 있는 자연법칙[105]을 행위자만 몰랐기 때문에 이를 가능하다고 판단한 행위자의 행위는 비현실적이며, 따라서 이 경우는 해당 구성요건적 고의가 탈락된다. 이와 같은 비현실적 범행시도는 미신범의 경우와 완전히 동일하게 '인과사건의 인간에 의한 지배불가능성'으로 '객관적 귀속이 부정되는 결과'를 야기하려는 행위로 평가될 뿐이다. 예컨대 설탕에 살인력이 있다고 오인한 행위자가 설탕으로 살인을 시도하는 경우, 공포탄이나 고무줄 새총으로 항공기를 저격할 수 있다고 오인한 행위자가 5천 미터 상공의 항공기를 저격하는 행위 등이 그러하다. 일반적으로 이러한 경우들은 불능범 내지 불능미수의 사례로 제시되고 있으나, 구성요건적 고의를 인정할 수 없는 이러한 비현실적 범행시도는 불능범·불능미수의 논의에서 제외되어야 한다.

자연과학의 착오는 그것이 중대한 무지에 의한 경우에 한하여 고의가 탈락될 수 있다. 자연과학의 착오라도 예컨대 치사량에 관한 착오는 자연과학의 착오임에 틀림없지만, 이러한 착오가 고의를 탈락시킬 수는 없다. 해당분야의 전문가에게만 가능한 자연과학의 완전한 이해와의 불일치는 고의 인정에 아무런 장애가 되지 않기 때문이다. 사회 일반인의 관점에서 누구나 알고 있는 자연법칙의 한도에서만 착오자의 중대한 무지를 인정할 수 있으며, 이러한 경우에만 비현실적 범행시도로서 고의를 탈락시킬 수 있게 된다.

### 2-1-1-2. 결과발생의 불가능성과 가능성의 구별

불능범·불능미수에 관하여 학계에서의 논의는 위험성 판단에 집중되어 있으며, 결과발생의 불가능성과 가능성의 구별문제는 외면되어 왔다. 그러나 결과발생의 불가능성과 가능성의 구별은 불능미수와 장애미수의 경계를 정하는 중요한 문제이다.

결과발생의 불가능성과 가능성이란 이를 달리 표현하면 결과발생의 위험성 여부에 관한 문제이다. 결과발생의 위험성이 있으면 결과발생이 가능한 것이고, 결과발생의 위험성이 없으면 결과발생이 불가능한 것이다. 따라서 위험성 여부에 의하여 불가벌인 불능범과 가벌적인 불능미수를 구별하는 학계의 입장에서도 불능범과 불능미수에서 공통적으로 요구되는 결과발생의 불가능성에 관한 문제, 즉 결과발생의 가능성과의 구별에 관한 문제를 먼저 해결했어야 한다. 따라서 불가벌인 불능범과 가벌적인 불능미수의 구별기준인 위험성과는 다른 관점에서, 결과발생의 위험성 여부가 논의되어야 한다.

일반적인 학설의 입장에서는 가벌적 불능미수를 제27조의 법문에 따라 '결과발생이 불가능하더라도 위험성이 있는 때'로 이해한다. 그런데 불능미수는 일단 미수죄의 일반적 요건인 실행의 착수가 인정되어야 한다. 이는 예비죄와 미수죄의 구별을 위한 필수적인 요건이다. 실행의 착수

105) 자연법칙의 착오와 존재론적 착오에 관하여는 김호기, '불능미수에서의 착오, 결과발생의 불가능, 위험성', 비교형사법연구 제9권 제1호, 2007.07, 74면 이하 참조.

는 절충설인 인상설에 의하면 법익에 대한 추상적 위험을 의미한다. 또한 결과발생의 불가능은 결과발생의 위험성 없음을 의미한다. 이는 장애미수와 불능미수의 구별기준이다. 이를 종합하면 불능미수는 '실행의 착수를 통하여 ① 법익에 대한 추상적 위험이 인정되는 행위'이고, '결과발생이 불가능하여 ② 범죄실현의 위험성이 없지만', '③ 위험성이 있을 때' 인정될 수 있다는 것이다. 불능미수에서 이러한 ③ 위험성 표지가 무엇인지, 이러한 위험성 표지가 필요한 것인지 의문이 제기된다. 이 책에서는 불능미수에서 이러한 위험성 표지가 필요하지 않다는 입장이다.

**① 구체적 위험설** 결과발생에 대한 불가능성, 즉 결과발생에 대한 위험성이 없는 행위가 불능범·불능미수와 관련된 논의의 대상이 되는 행위이다. 여기서 위험성을 판단해야 하는 대상은 구체적인 결과발생이다. 따라서 구체적인 결과발생에 대한 구체적인 위험이 없어야 결과발생의 불가능성이 인정될 수 있다. 이와 같이 결과발생에 대한 위험성은 구체적 위험설의 관점에서 이해되어야 한다.

구체적 위험설의 관점에서 행위 이전의 행위자의 위치에 있는 신중한 인간의 판단에 따라 그 행위가 구체적으로 위험하지 않은 범행의 시도라면 결과발생의 위험성이 부정된다. 즉 행위자의 범행계획을 알고 있는 신중한 인간의 사전판단(ex ante Betrachtung)[106]에 의하여 그 행위가 범죄기수에 이르지 않을 것이라고 진지하게 받아들일 수 있는 경우에 결과발생의 위험성이 부정되고 결과발생의 불가능성이 인정된다. 이와 같이 범죄기수의 불가능성은 규범적 평가에 의한 판단이어야 한다.

행위자의 범행계획을 알고 있는 신중한 사람이 주어진 상황에서, 즉 사후에 밝혀진 사실을 염두에 두지 않고서, 즉시 사체라고 알 수 있는 객체를 행위자가 경솔하게 살아 있는 사람이라고 오인하여 저격하는 경우는 결과발생의 불가능성이 인정된다. 또한 신중한 사람이 동일한 상황에서 즉시 설탕이라고 알 수 있는 물질을 행위자가 경솔하게 청산가리로 오인하여 독살을 시도하는 경우에도 동일하다.

이에 반하여 행위자의 범행계획을 알고 있는 신중한 사람도 침대에 누워있는 사람이 자연사한 상태라는 것을 즉시 알아 챌 수 없는 경우라면, 즉 신중한 사람도 침대에 누워있는 사람을 살아 있는 사람으로 오인할 수 있는 경우라면, 행위자가 그 사람을 살아 있는 사람으로 오인하고 살해행위를 시도한 경우에 결과발생에 대한 구체적 위험성을 인정해야 한다. 이 경우는 결과발생의 구체적 위험성이 인정되는 범행시도로서 결과발생의 불가능성이 부정되어 장애미수가 된다. 이는 금고를 열었으나 비어 있는 경우나 소매치기가 무일푼인 승객의 호주머니에 손을 찔러 넣은 경우에도 동일하다. 이러한 경우는 특히 실패한 미수인 장애미수에 해당한다.

이와 같이 '사체에 대하여 살인을 시도하는 행위', '상상임신의 부녀에 대한 낙태시도 행위', '장전되지 아니한 총으로 저격하는 행위', '제3자가 이미 총탄을 제거한 총으로 피해자를 저격하는 행위', '제조상의 결함으로 폭발이나 격발이 불가능한 폭탄이나 총에 의하여 살인을 시도

106) 동취지, 이영란, 426면.

하는 행위' 등의 경우에 행위자의 범행계획을 알고 있는 신중한 사람의 사전관찰에 의하여 결과발생이 가능하다고 판단할 경우라면 결과발생의 구체적 위험성이 인정되어 장애미수가 된다. 이에 반하여 신중한 사람이 사전관찰에서 즉시 결과발생이 불가능하다고 판단할 경우라면 결과발생의 구체적 위험성이 부정되는 범행시도로서 불능미수가 된다.

② **구객관설** 구객관설에 의하면 결과발생이 객관적·절대적으로 불가능한 경우는 불능미수가 된다.107) 그러나 구객관설에 의하면 일반인의 관점에서 충분한 결과발생의 위험성이 인정되는 실패한 장애미수를 모두 불능미수로 판단함으로써 불능미수의 범위를 무한정 확대시킨다. 특히 사기미수에 관하여 "피해자를 속일 수 있었는가"라는 문제는 대부분 증명이 불가능한 경우이며, 그렇다면 in dubio pro reo의 원칙에 의하여 사기미수는 모두 불능미수라는 부당한 결과를 초래한다.

③ **주관설** 주관설은 객관적으로 결과발생이 불가능한 경우라도 행위자의 관점에서는 가능하다고 판단한 경우에 결과발생의 가능성을 인정한다. 따라서 불능미수의 경우는 모두 장애미수가 되는 결과를 초래한다.

④ **추상적 위험설과 인상설**(절충설) '행위자가 인식한 사실을 기초로 일반인의 관점에서 법질서에 대한 위험성을 판단'하는 추상적 위험설이나 '법적대적 의사가 일반인에게 법질서를 침해하는 인상을 줄 경우에 위험성을 인정'하는 인상설은 불능미수에서 결과발생의 불가능성을 판단하는 유효한 기준이 될 수 없다. '결과발생의 불가능'이 요건인 불능미수에서 결과발생에 대한 '추상적 위험의 부존재'가 이미 미수범의 일반요건을 구비하기 위한 실행의 착수를 통하여 '추상적 위험'으로 존재하기 때문이다. 즉 동일한 추상적 위험이 긍정되어야 실행의 착수가 인정되고, 동일한 추상적 위험이 부정되어야 결과발생의 불가능이 인정되는 상황이 된다.

형법의 불능범·불능미수의 해석에서 일반적으로 구객관설, 주관설, 구체적 위험설, 추상적 위험설, 인상설 등은 가벌적 불능미수의 위험성을 판단하는 학설108)로 소개되고 있다. 그리고 이 학설들은 대부분 독일 학설에서의 논의가 형법해석에서 그대로 반영된 것이다. 그런데 정작 독일형법의 불능미수 규정에서는 위험성이 요구되고 있지 않다. 실제로 이 견해들은 위험성을 긍정하는 기준으로 등장한 것이 아니다. 범죄실현(결과발생)의 불가능, 즉 범죄실현의 위험성을 부정하는 기준으로 제시된 견해들이다. 형법의 해석에서도 불능미수의 위험성 논의는 새로운 시각

107) 대법원 2007.7.26. 2007도3687: "불능범은 범죄행위의 성질상 결과발생 또는 법익침해의 가능성이 절대로 있을 수 없는 경우를 말한다."; 동지, 대법원 1985.3.26. 85도206; 대법원 2014.6.26. 2014도753; 대법원 2019.3.28. 2018도16002 전원합의체 판결; 대법원 2019.5.16. 2019도97.

108) 앞에서 제시된 학설들은 독일에서 '결과발생의 불가능' = '범죄완성의 위험성 없음'을 판단하는 기준으로 제시되었던 이론들이다. 그러나 형법에서는 동일한 이론들을 가벌적 불능미수의 위험성을 판단하는 기준으로 논의되고 있다.

에서 접근되어야 할 것이다.

결과발생이 가능한 경우의 범행시도는 장애미수가 된다. 불능범·불능미수가 되기 위해서는 결과발생이 불가능해야 한다. 그런데 결과발생이 불가능을 구객관설의 관점에서 판단하면 장애미수의 실체가 사라질 정도로 불능미수의 범위가 확장된다. 반대로 주관설의 관점에서 판단하면 불능미수 자체가 불가능할 정도로 축소된다. 또한 추상적 위험설 내지 절충설은 결과발생의 불가능성과 실행의 착수를 판단하는 데 동일한 기준을 사용함으로써 스텝이 꼬여버렸다. 즉 동일한 추상적 위험이 긍정되어야 실행의 착수가 인정되고, 동일한 추상적 위험이 부정되어야 결과발생의 불가능이 인정되는 상황을 초래하였다. 따라서 결과발생의 불가능성, 즉 결과발생의 위험성 여부는 구체적 위험설에 따라 판단되어야 한다.

### 2-1-2. 실행의 수단 또는 대상의 착오

결과발생의 불가능을 행위자가 이미 알고 있는 경우에는 범죄를 실현할 의사도 없는 경우이므로 해당 범죄고의가 부정된다. 따라서 불능미수는 범죄발생이 불가능함에도 행위자가 착오로 이를 가능하다고 오인한 경우로 국한된다. 제27조는 행위자의 착오를 실행의 수단 또는 대상의 착오로 한정하여 규정하고 있다.

#### 2-1-2-1. 수단의 착오

수단의 착오란 결과를 발생시키기에 불가능한 행위수단을 가능한 수단으로 오인한 경우, 즉 수단의 불가능을 의미한다. 예컨대 쥐약(쿠마테트라릴)에 살인력이 있는 것으로 오인하고[109] 쥐약으로 독살을 시도하는 경우, 비어 있는 엽총으로 저격하는 경우 등과 같이 수단 자체가 범죄를 완성시킬 수 없는 경우이다.

#### 2-1-2-2. 대상의 착오

대상의 착오란 결과를 발생시키기에 불가능한 행위대상을 가능한 대상으로 오인한 경우, 즉 행위객체의 불가능을 의미한다. 예컨대 이미 사망한 사람인 줄 모르고 저격하는 경우, 상상임신의 부녀가 낙태를 시도하는 경우, 자기물건인지 모르고 절취하는 경우 등과 같이 행위객체 자체가 범죄를 완성시킬 수 없는 경우이다.

#### 2-1-2-3. 주체의 착오에 관한 문제

주체의 착오로 범죄의 완성이 불가능한 경우에도 불능미수가 성립할 수 있는지 문제가 된다. 예컨대 진정신분범에서 신분 없는 자가 신분이 있는 것으로 오인하고 행위하는

---

109) 대전지방법원 제1형사부판결, 1996.4.26. 95고합428은 쥐약(쿠마테트라릴)으로 살인을 기도한 행위를 위험성이 없는 불능범으로 보아 무죄로 판단하였다.

경우이다. 이 경우 다수설[110]은 불능미수의 성립을 부정한다. 제27조는 불능미수를 수단의 착오와 대상의 착오로 한정하여 규정하기 때문이라고 한다. 또한 진정신분범에서는 신분자의 특수의무가 불법을 형성하는 것이므로 비신분자의 행위는 미수의 행위반가치를 구비할 수 없으며, 행위반가치를 결한 경우가 불능미수로 처벌되는 것은 죄형법정주의에 반한다고 한다. 이러한 의미에서 주체의 착오에 관하여는 구성요건흠결이론이 적용된다는 견해[111] 도 있다.

본질적으로 부정설의 입장에서 "주체의 착오로 인한 결과발생의 불가능은 위험성이 없기 때문에 논쟁의 실익이 없다"는 견해도 있다.[112] 이에 따라 "주체의 착오로 인한 결과발생의 불가능은 이론상 환각범의 범주에 머무르게 된다"고 한다.[113] 이러한 견해는 일면에서만 타당하다. 진정신분범에서의 신분은 신분자만이 규범의 수명자라는 의미에서 불법의 요소이며, 이러한 불법의 요소가 없는데도 있는 것으로 오인한 행위는 '전도된 법률의 착오'인 환각범에 불과하다. 예컨대 환경미화원이 자신도 공무원이라 생각하고 돈을 받은 경우 또는 군대에서 영양사로 고용된 민간인이 군인의 신분이라 생각하고 직무를 이탈한 경우 등은 처벌법규가 없음에도 있는 것으로 오인한 환각범이다.[114]

그러나 신분의 내용이 아니라 신분의 전제가 되는 사실을 오인한 경우에는 이와 다르다. 예컨대 외유 중에 다른 수뢰사건과 관련하여 파면당한 공무원이 파면된 사실을 모르고 외국에서 타인으로부터 직무와 관련하여 뇌물을 받은 경우는 신분요소의 전제가 되는 사실을 착오한 경우이다. 이는 이론적으로 '전도된 법률의 착오'인 환각범이 아니라, '전도된 사실의 착오'인 불능범에 해당한다. 즉 죄가 되는 상황으로 알고 죄가 되는 행위를 하였으나 외계의 변화가 범죄의 완성을 불가능하게 한 불능범·불능미수에 해당한다.[115] 이러한 의미에서 제27조의 '실행의 수단 또는 대상의 착오'는 단지 예시규정이라고 해석해야 할 것이며, 주체의 착오인 경우에도 불능미수의 성립을 부정해서는 안 될 것이다.[116]

#### 2-1-2-4. 착오의 원인

독일형법은 범죄실현의 불가능성에 대한 행위자의 착오가 '중대한 무지'에 의한 경우에 한하여 불능미수를 인정한다. 따라서 독일형법에서는 범죄실현의 불가능성에 대한 행위

110) 하태훈, 불능주체의 가벌성, 김종원교수화갑기념논문집, 435면 이하.
111) 성낙현, 520면; 이재상/장영민/강동범, 416면; 동취지, 신동운, 526면.
112) 배종대, 377면.
113) 권오걸, 481면; 김성돈, 449면; 김성천/김형준, 354면; 김일수/서보학, 390면; 안동준, 243면; 정성근/박광민, 418면; 조준현, 351면; 진계호/이존걸, 522면.
114) 동지, 손동권/김재윤, 467면 이하.
115) 이 경우 행위자의 행위반가치가 부정될 이유는 없다.
116) 동지, 손동권/김재윤, 468면; 동취지, 박상기, 384면; 이형국, 한국형법 Ⅱ, 338면.

자의 착오가 중대한 무지에 의한 것이 아니라면 불능미수가 아니라 장애미수가 된다. 이에 반하여 형법에서는 범죄실현의 불가능을 행위자가 착오로 가능하다고 오인한 경우라면 그 착오가 행위자의 중대한 무지에 의한 것이든 또는 행위자의 무지와 관계없는 것이든 모두 불능미수가 될 수 있다.

형법과 독일형법의 차이는 특히 경솔한 행위자의 경우에 나타나게 된다. 즉 일반인이라면 범죄실현의 불가능을 금방 알 수 있는 상황을 경솔한 행위자가 착오로 이를 가능하다고 오인한 경우는 제27조에 따라 불능미수의 성립이 가능하지만, 독일형법에 의하면 장애미수가 된다. 그러나 불능미수에서 행위자의 중대한 무지에 의한 착오를 요구하는 독일형법의 태도가 입법론적으로 타당한지에 대해서는 의문이 제기된다. 예컨대 일반인이라면 누구나 사체라는 사실을 금방 알 수 있는 객체를 경솔한 행위자가 살아 있는 사람이라 오인하여 저격하는 행위를 장애미수로 인정할 필요가 있는지에 관한 의문이다. 이러한 경우는 미수범에서 필요한 결과반가치, 즉 법질서에 대한 침해의 양적인 측면에서 범죄실현이 가능한 장애미수보다 범죄실현이 불가능한 불능미수로 고찰되기 때문이다.

특히 독일형법 제23조 제3항의 '행위자의 중대한 무지에 의한 착오'가 자연과학의 착오일 경우에는 불능미수와 관련하여 특별한 의미를 부여할 수 없게 된다. 예컨대 설탕에 살인력이 있다고 오인하거나 밀가루로 낙태시킬 수 있다고 오인하는 경우 등이 그러하다. 그러나 이와 같은 중대한 무지에 의한 자연과학의 착오는 비현실적 수단에 의한 범행시도로서 고의가 부정되는 사안이므로 미수범의 일반적인 요건도 구비하지 못한다. 이러한 점에서 범죄실현의 불가능성에 대한 행위자의 착오가 '중대한 무지'에 의한 경우에 한하여 불능미수를 인정하는 독일형법의 태도는 타당하다고 할 수 없다.

### 2-1-2-5. 치사량미달 사례

치사량미달의 독약으로 사람을 살해하려 한 경우 일반적인 학설의 입장에서는 결과발생의 불가능을 인정함으로써 위험성 여부에 따라 불능범 또는 불능미수를 인정하고 있다(통설). 판례[117]도 기본적으로는 학설과 동일한 입장이다. 다만 대법원[118]은 소위 배추국 사

117) 대법원 1984.2.28. 83도3331: "이 사건 농약의 치사추정량이 쥐에 대한 것을 인체에 대하여 추정하는 극히 일반적 추상적인 것이어서 마시는 사람의 연령, 체질, 영양 기타의 신체의 상황여하에 따라 상당한 차이가 있을 수 있는 것이라면 피고인이 요구르트 한병마다 섞은 농약 1.6cc가 그 치사량에 약간 미달한다 하더라도 이를 마시는 경우 사망의 결과발생 가능성을 배제할 수는 없다."; 동취지, 대법원 1984.2.14. 83도2967.

118) 대법원 1984.2.14. 83도2967: "피고인이 남편을 살해할 것을 결의하고 배추국 그릇에 농약인 종자소독약 유제3호 8ml 가량을 탄 다음 피해자에게 먹게 하여 동인을 살해하고자 하였으나 이를 먹던 위 피해자가 국물을 토함으로써 그 목적을 이루지 못하고 미수에 그친 사실을 인정하고 … 위 농약유제 3호는 동물에 대한 경구지사량에 있어서 엘.디(LD) 50이 Kg당 1.590mg이라고 되어 있어서 피고인이 사용한 위의 양은 그 치사량에 현저히 미달한 것으로 보이고, 한편 형법은 범죄의 실행에 착수하여 결과가 발생하지 아니한

건에서 치사량 미달의 농약으로 살인을 시도한 피고인에 대해서 장애미수를 인정한 원심을 '장애미수와 불능미수의 구별에 관한 심리미진'을 이유로 파기환송하였다. 물론 이 판례가 치사량 미달의 독약으로 사람을 살해하려 한 경우에 장애미수의 인정가능성도 열어두기 위한 것으로 보이지는 않으며, 단지 불능미수를 심리하지 않았다는 판시내용이다. 그러나 일반인의 관점에서 잘 알 수 없는 치사량의 미달은 구체적으로 위험한 범행의 시도로서 장애미수가 인정되어야 한다.[119] 일반적인 학설과 판례의 관점에서는 치사량 미달에 의한 살인시도의 경우 어느 정도에서 장애미수를 인정할 수 있는 것인지 의문이 제기된다.

이에 반하여 독일연방법원[120]은 '부인이 남편을 살해하기 위해서 남편의 간식용 빵에 살충제를 약 1초간 2번 뿌린 사건'에서 장애미수를 인정하였다. 행위자는 살충제의 독이 사람을 살해할 수 있다는 근본적인 사실에 대한 착오는 없었으며, 오직 그 독물질의 특성이나 살상력의 정도에 관하여만 착오가 있었는데, 이러한 착오는 '중대한 무지'에 의한 것이 아니라는 것이다.

생각건대 치사량에 관한 착오는 사실의 착오라기보다는 자연과학의 착오이다. 따라서 자연과학의 착오가 중대한 무지에 의한 경우라면 범죄고의가 부정되어야 한다. 사회 일반인의 관점에서 누구나 알고 있는 자연법칙을 행위자만 몰랐기 때문에 이를 가능하다고 판단한 행위자의 행위는 비현실적이며, 따라서 이 경우는 해당 구성요건적 고의가 탈락된다. 이와 같은 비현실적 범행시도는 미신범의 경우와 완전히 동일하게 '인과사건의 인간에 의한 지배불가능성'으로 '객관적 귀속이 부정되는 결과'를 야기하려는 행위로 평가될 뿐이다. 독일연방법원의 치사량 10만분의 1에 해당하는 살충제를 뿌린 사건은 치사량에 관한 착오가 중대한 무지에 의한 것으로 고의가 부정되는 비현실적인 살인시도라고 평가하는 것이 타당하다. 물론 치사량에 관한 착오가 중대한 무지에 의한 경우에도 살인고의가 부정되는 것과는 별개로 상황에 따라 상해고의는 충분히 인정될 수 있다.

이에 반하여 치사량에 관한 착오가 중대한 무지에 의한 경우가 아니라면, 즉 치사량에 관하여 사회 일반인의 관점에서도 충분히 착오할 수 있는 경우라면 이는 구체적으로 위험

---

경우의 미수와 실행수단의 착오로 인하여 결과발생이 불가능하더라도 위험성이 있는 경우의 미수와는 구별하여 처벌하고 있으므로 원심으로서는 이 사건 종사소독약유 제3호의 치사량을 좀 더 심리한 다음 피고인의 소위가 위의 어느 경우에 해당하는지를 가렸어야 할 것임에도 불구하고 원심이 이를 심리하지 아니한 채 그 판시와 같은 사유만으로 피고인에게 형법 제254조, 제250조 제1항, 제25조의 살인미수의 죄책을 인정하였음은 장애미수와 불능미수에 관한 법리를 오해하였거나 심리를 다하지 아니함으로써 판결에 영향을 미친 위법을 범하였다."

119) 대법원 2007.7.26. 2007도3687은 '불능범은 범죄행위의 성질상 결과발생 또는 법익침해의 가능성이 절대로 있을 수 없는 경우'라는 관점에서, 일정량 이상을 먹으면 사람이 죽을 수도 있는 '초우뿌리'나 '부자' 달인 물을 마시게 하여 피해자를 살해하려 하였으나 피해자가 이를 토해버림으로써 미수에 그친 행위는 불능범이 아닌 살인미수죄에 해당한다고 판시하였다.

120) Vgl. BGHSt 41, 94 ff.

한 범행의 시도로 평가된다. 구체적으로 위험한 범행시도는 불능미수가 아니라 장애미수가 되어야 한다. 또한 정확한 치사량에 관한 해당분야의 전문가와의 불일치 정도에 불과한 착오는 고의 인정에도 아무런 지장을 주지 않으므로 장애미수를 인정하는 데에도 문제가 없다.

치사량에 관한 착오는 불능미수와는 직접 관련이 없다고 해야 한다. 더 나아가 자연과학의 착오는 불능미수와 직접 관련이 없다. 치사량의 착오도 자연과학의 착오 중 하나이며, 자연과학의 착오가 중대한 무지에 의한 경우라면 비현실적인 범행시도로서 해당 범죄고의가 부정된다. 물론 사회 일반인의 관점에서 누구나 알고 있는 자연법칙의 한도에서만 착오자의 중대한 무지를 인정할 수 있으며, 이러한 경우에만 비현실적 범행시도로 고의를 탈락시킬 수 있다. 이에 반하여 자연과학의 착오가 중대한 무지에 의한 경우가 아니라면, 즉 사회 일반인도 그러한 자연과학의 착오가 가능하다면, 이는 사회 일반인의 관점에서도 구체적으로 위험한 범행의 시도이므로 장애미수가 되어야 한다. 종합하면 자연과학의 착오는 비현실적이냐 현실적이냐에 따라 고의가 탈락하거나 장애미수가 된다. 이와 같이 치사량미달과 같은 자연과학의 착오는 불능미수와 직접 관련이 없다고 해야 한다.

## 2-2. 위험성

### 2-2-1. 불능미수와 위험성 표지

제27조는 범죄의 기수가 불가능한 경우라도 위험성이 있는 경우는 불능미수로 처벌한다. 이 규정에 의하여 형법의 불능미수 해석에서는 "위험성을 어떻게 파악해야 하는가"에 대하여 논의가 집중되고 있다.

그러나 "위험성이라는 표지가 불능미수범의 가벌성을 근거지우는 핵심적 표지이거나 또는 다른 미수범의 형태와 구별지우는 가능성을 가진 표지인가"라는 점에 대해서 강한 의문을 제기하는 견해[121]가 있다. '실행의 수단 또는 대상의 착오'와 '결과발생의 불가능' 만으로 불능미수가 완전하게 특정될 수 있으므로, 위험성은 불능미수를 특징짓는 독자적인 표지가 아니라는 것이다.[122] 또한 이렇게 특정된 불능미수는 당연히 위험성이 인정되며, 위험성이 전혀 인정되지 않는 경우는 형법에서 논의의 필요성조차 없다는 것이다.

제27조의 불능미수는 우선 미수범의 일반요건(주관적 구성요건요소, 실행의 착수, 범죄의 미완성)을 충족해야 하고, 이에 더하여 불능미수의 추가요건(결과발생의 불가능, 위험성)을 충족해야 한다. 이에 따라 우선 고의가 부정되면 제27조의 불능미수는 성립할 여지가 없게 된다. 또한 실행의 착수에 의한 절충설의

121) 천진호, 불능범의 위험성 판단 －해석상의 오류를 중심으로－, 비교형사법연구 제1호, 83면 이하; 허일태, 불능미수범에 있어서 위험성의 의미, 형사법연구 제13호, 114면 이하; 동취지, 이형국, 연구 II, 554면.

122) 천진호, 전게논문, 85면 이하, 91면 이하; 허일태, 전게논문, 114면 이하.

추상적 위험이 부정되면 아예 미수범이 성립하지 않으므로 당연히 제27조의 불능미수도 성립할 수 없게 된다. 여기에 추가적으로 결과발생의 구체적 위험(구체적 위험설)[123]이 존재하면 역시 제27조의 불능미수가 성립할 수 없다. 따라서 고의에 의한 범행시도가 실행의 착수에 의한 절충설의 추상적 위험이 인정되고, 결과발생의 구체적 위험이 부정될 때 제27조의 불능미수가 성립할 수 있게 된다. 고의에 의한 범행시도가 실행의 착수에 의한 절충설의 추상적 위험이 인정되고, 여기에 결과발생에 대한 구체적 위험이 있는 경우는 장애미수에 해당한다.

고의에 의한 범행시도가 실행의 착수에 의한 절충설의 추상적 위험이 인정되고, 결과발생의 구체적 위험이 부정되면 제27조의 위험성 여부에 의해서 가벌적인 불능미수와 불가벌의 불능범이 구획된다는 것이 통설의 입장이다. 그렇다면 이러한 위험은 추상적 위험보다 더 위험하고 구체적 위험보다 덜 위험해야 한다. 추상적 위험보다 덜 위험하면 실행의 착수가 부정되고, 구체적 위험보다 더 위험하면 장애미수보다 중한 형벌이 부과되어야 하기 때문이다. 이런 위험이 도대체 어떤 것이고, 존재나 할 수 있는 것인지 의문이 제기된다. 이러한 점에서 제27조의 위험성 표지는 불능미수를 특징짓는 독자적인 표지가 아니라는 견해[124]는 타당하다.

### 2-2-2. 위험성의 판단기준에 관한 학설 개관

제27조의 위험성 표지는 불능미수를 특징짓는 독자적인 표지가 아니다. 그러나 일반적인 학설의 입장에서는 제27조의 불능미수에서 불가벌인 불능범과 가벌적인 불능미수의 구별을 위하여 위험성 표지를 사용하고 있다. 일반적인 학설에서 주장하는 위험성 표지에 관한 내용은 다음과 같다.[125]

#### 2-2-2-1. 객관설

**① 구객관설** 구객관설(형식적 객관설)은 범죄성립의 절대적 불능과 상대적 불능을 구별하여 위험성을 판단한다. 즉 범죄성립의 절대적 불능은 위험성이 없으며, 상대적 불능인 경우에만 위험성이 있다는 견해이다. 판례는 '쿠마테트라릴이라는 쥐약은 살서제로서 사람을 살해할 수 없으므로, 쥐약으로 사람을 살해하려 한 행위는 위험성이 없는 불능범에 불과하다'[126]고 판시한 반면에, '행위자의 능력으로는 약품배합이 미숙하여 히로뽕의 완제품의

123) 이에 관하여는 상기 '제2편, 제5장, 제4절, 2-1-1-2. 결과발생의 불사능성과 가능성의 구별' 참조.

124) 천진호, 전게논문, 85면 이하, 91면 이하; 허일태, 전게논문, 114면 이하; 동취지, 이형국, 연구 II, 554면은 입법론적으로 제27조에서 위험성 표지를 삭제해야 한다고 주장한다.

125) 여기서 '위험성 있음'을 판단하는 기준으로 제시되는 학설들은 독일에서 '위험성 없음'='결과발생불가능'='범죄완성의 위험성 없음'을 판단하는 기준으로 제시되었던 이론들이다.

126) 대전지방법원 제1형사부판결, 1996.4.26. 95고합428. 다만 과거의 대법원 1954.12.21. 4287형상190에서

제조가 불가능한 경우는 절대적으로 불가능한 경우가 아니기 때문에 위험성이 있는 불능미수'[127]라고 판단하고 있다. 이는 원칙적으로 절대적 또는 상대적 불가능에 의해서 위험성을 인정하는 형식적 객관설의 입장이다.[128] 이러한 형식적 객관설의 입장에 있는 판례에서는 구체적인 사안에서 결과발생이 절대적으로 불가능한 경우가 아니라면, 즉 결과발생의 가능성을 배제할 수 없는 경우라면 위험성을 인정하고 있다.[129] 그러나 이러한 판례의 태도는 in dubio pro reo의 원칙에 정면으로 배치된다. 형법적 판단에 있어서는 결과불발생의 가능성을 배제할 수 없는 경우라면 오히려 위험성을 부정해야 하기 때문이다. 더욱이 결과발생이 절대적으로 불가능한 경우가 아니라면, 즉 결과발생의 가능성을 배제할 수 없는 경우라면 불능미수가 아니라 장애미수가 되어야 한다. 장애미수의 거의 대부분은 미수가 될 수밖에 없는 상황이었을 것이므로 상대적 불가능의 기준은 장애미수를 모두 불능미수로 만들게 된다.

**② 신객관설** 신객관설(구체적 위험설)은 위험성을 구체적 위험으로 보며, 구체적 위험을 일반경험법칙의 객관적·사후적 예후에 의한 범죄발생의 개연성으로 이해하는 입장[130]과 객관적·사전적 판단에 의한 범죄발생의 개연성으로 이해하는 입장[131][132]으로 분리된다. 행위자가 인식한 사실과 일반인이 인식할 수 있었던 사정을 기초로 행위자의 특별지식을 고려하여 통찰력 있는 일반인의 일반 경험법칙에 의한 판단에 의하여 결과발생의 개연성을 인정할 수 있는 경우에 구체적 위험이 인정된다는 것이다. 그러나 범죄발생의 개연성을 인정할 수 있다면 결과발생의 가능성이 인정되는 것이므로 장애미수가 되어야 한다.

---

는 '쥐약이 쥐뿐만 아니라 사람도 살해할 효능이 있음은 실험상 인정되는 공지의 사실'이라고 하여 살인미수죄의 성립을 인정하였다.

127) 대법원 1985.3.26. 85도206.

128) 대법원 1954.1.30. 4286형상103: "권총의 탄자가 불량하여 불발된 경우라도 권총의 탄자에 총탄을 충전하여 발사하는 행위는 결과발생의 위험을 내포하고 있다."

129) 대법원 1984.2.28. 83도3331: "농약의 치사추정량이 쥐에 대한 것을 인체에 대하여 추정하는 극히 일반적 추상적인 것이어서 마시는 사람의 연령, 체질, 영양 기타의 신체의 상황여하에 따라 상당한 차이가 있을 수 있는 것이라면 피고인이 요구르트 한 병마다 섞은 농약 1.6cc가 그 치사량에 약간 미달한다 하더라도 이를 마시는 경우 사망의 결과발생 가능성을 배제할 수는 없다."

130) 박상기, 387면; 배종대, 379면, 380면; 안동준, 247; 이재상/장영민/강동범, 418면 이하; 동취지, 강화된 구체적 위험설을 주장하는 견해로는 신동운, 533면 이하; 형 감경의 불능미수에 대해서만 구체적 위험설을 인정하는 견해로는 손동권/김재윤, 472면.

131) 김일수/서보학, 391면, 394면 이하; 오영근, 340면, 342면 이하.

132) 대법원 2019.3.28. 2018도16002 전원합의체 판결: "피고인이 피해자가 심신상실 또는 항거불능의 상태에 있다고 인식하고 그러한 상태를 이용하여 간음할 의사로 피해자를 간음하였으나 피해자가 실제로는 심신상실 또는 항거불능의 상태에 있지 않은 경우 … 피고인이 행위 당시에 인식한 사정을 놓고 일반인이 객관적으로 판단하여 보았을 때 준강간의 결과가 발생할 위험성이 있었으므로 준강간죄의 불능미수가 성립한다."; 동지, 대법원 1978.3.28. 77도4049; 대법원 2005.12.8. 2005도8105.

#### 2-2-2-2. 주관설

주관설[133]은 행위자의 범죄적 의사가 나타난 이상 범죄의 완성이 불가능하더라도 그것은 위험한 행위이며, 따라서 불능미수로 처벌해야 한다는 입장이다. 즉 미수범의 처벌근거는 범죄의사의 외부적 표현으로 완성된다는 견해이다. 주관설은 불능미수와 장애미수를 동일시하는 이론이며, 결국 불능미수를 부정하는 이론이라고 할 수 있다.

#### 2-2-2-3. 절충설

① **추상적 위험설** 추상적 위험설은 행위자가 인식한 사실을 기초로 일반인의 관점에서 법질서에 대한 위험성을 판단한다.[134] 법질서에 대한 위험이 추상적 위험이며, 이 추상적 위험을 주관적 객관설의 입장에서 판단하는 것이다.

② **인상설** 인상설은 행위자의 법적대적 의사가 일반인에게 법질서를 침해하는 인상을 줄 경우에 위험성을 인정한다.[135]

절충설인 주관적 객관설은 미수범의 처벌근거인 위험성을 판단하는 기준이며, 이러한 위험성은 실행의 착수를 통하여 인정된다. 불능미수도 미수범이므로 주관적 객관설의 기준에 따른 실행의 착수를 통하여 이미 '법익에 대한 위험'이라는 결과반가치가 인정되고 있다. 따라서 실행의 착수 이외에 동일한 기준으로 어떠한 위험성을 더 도출할 수 있는 것인지 의문이 제기된다.

독일의 통설[136]에서도 미수범의 처벌근거인 위험성을 절충설의 입장에서 판단하며, 주관적 객관설은 모든 미수범의 위험성을 판단하는 기준이므로 장애미수뿐 아니라 불능미수에서도 주관적 객관설이 법익에 대한 위험성을 판단하는 기준으로 이해되고 있다. 실행의 착수에 의해서 이미 인정된 이러한 추상적 위험을 불능미수의 추가적 요건으로 요구한다는 것은 결국 불능미수에서 더 이상 요구될 위험성의 요건이 존재할 수 없음을 의미한다.

---

133) 이영란, 431면.

134) 김성돈, 453면 이하; 김성천/김형준, 358면 이하; 임웅, 418면; 정성근/박광민, 423면; 정영일, 357면; 조준현, 353면; 진계호/이존걸, 527면; 형 면제의 불능미수에 대해서만 추상적 위험설을 인정하는 견해로는 손동권/김재윤, 372면.

135) 권오걸, 485면; 김일수, 한국형법 II, 190면 이하; 손해목, 913면 이하; 신양균, 불능미수의 법적 성격, 김종원교수화갑기념논문집, 425면; 이명복, 불능미수범의 연구, 사법행정 1991.3, 41면 이하.

136) Vgl. Eser, S-S StGB, Vorbem. § 22 Rdnr. 22 mwN.; Wessels/Beulke, AT, Rdnr. 594, 620; Kühl, AT, § 15 Rdnr. 90.

# 제5절 예 비 죄

## 1. 예비의 의의

예비란 범죄실현을 위한 준비행위로서 실행의 착수 이전에 범죄를 준비하는 일체의 행위를 말한다. 이러한 예비단계에서는 범죄행위가 아직 개시되고 있지 않다. 예비단계에서는 법률이 규정하는 규범의 금지영역을 아직 넘어서고 있지 않기 때문에, 범죄론의 논리구조상 예비는 원칙적으로 처벌되지 않는다. 그러나 예비가 범행준비에 불과할지라도 특별한 위험성이 인정되는 예외적인 경우에는 형사정책적 이유에서 이를 형벌의 대상으로 규정하고 있다. 제28조는 "범죄의 음모 또는 예비행위가 실행의 착수에 이르지 아니한 때에는 법률에 특별한 규정이 없는 한 벌하지 아니한다"고 규정하고 있다.

예비는 외부적인 물적·인적 범죄준비행위이다. 음모도 심리적 준비행위로서 예비의 특수한 형태이며, 범죄의 준비는 음모라는 형식으로도 이루어진다. 심리적 준비행위인 '내심의 의사 내지 범죄결의'를 자신이 혼자서 형성하는 동안에는 형법의 행위가 아니기 때문에 형법의 대상이 되지 않는다. 그러나 타인과의 공동작용이나 타인에게 작용시킴으로써(제31조 제2항, 제3항) 이러한 심리적 준비행위를 형성하는 경우에는 음모라는 예비행위로서 형법의 대상이 될 수 있다. 음모는 일정한 범죄를 실행할 목적으로 2인 이상이 합의를 이루는 것을 말한다. 따라서 단순한 범죄의사의 표명이나 교환은 아직 음모가 아니다(통설).

> 형법은 예비죄에서 음모와 예비를 특별히 구별하지 않는 데 반하여, 관세법 271조 제3항과 제274조 제3항 등에서는 음모를 제외하고 예비만을 규정하고 있다. 따라서 음모와 예비는 구별해야 할 실익이 있다는 견해[137]가 있다. 판례[138]도 동일한 입장이다. 특히 판례[139]는 음모와 예비를 특별히 구별하고 있지 아니한 형법의 적용에서도 동일한 관점[140]을 유지하고 있다. 그러나 이는 지나친 과잉해석으로 보인다.[141] 예비죄를 처벌하는 범죄의 준비행위에 관하여 음모

137) 권오걸, 487면 이하; 김성돈, 474면 이하; 박상기, 355면; 성낙현, 527면 이하; 손동권/김재윤, 476면 이하; 오영근, 345면; 이영란, 400면 이하; 정성근/박광민, 378면.

138) 대법원 1986.6.24. 86도437: "일본으로 밀항하고자 공소외인에게 도항비로 일화 100만엔을 주기로 약속한 바 있었으나 그 후 이 밀항을 포기하였다면 이는 밀항의 음모에 지나지 않는 것으로 밀항의 예비정도에는 이르지 아니한 것이다."

139) 대법원 1984.12.11. 82도3019: "형법 제343조는 그 구성요건으로서 예비·음모를 따로 규정하고 있으니 예비는 음모에 해당하는 행위를 제외하는 것으로 새겨야 할 것인바, 강도예비로 공소를 제기하면서 강도결의를 하였다는 부분을 적시하고 있다 하더라도 그 결의의 일시·장소 등이 명시되어 있지 아니하고 그 공소사실 말미에 강도의 예비를 하였다는 문구 등이 있다면 이는 강도예비죄의 공범관계에 있음을 적시한 것일 뿐 그 결의 자체를 따로 강도음모죄로 공소한 것으로는 볼 수 없다."

140) 배종대, 382면 이하; 이재상/장영민/강동범, 423면 이하.

141) 동취지, 김성천/김형준, 360면; 김일수/서보학, 406면; 신동운, 552면; 이형국, 221면 이하; 임웅, 378면;

행위를 특별히 명문화하지 않았어도 2인 이상이 회합하여 필수적인 범행계획과 역할분담을 수립하는 경우라면 당연히 예비죄에 포함되어야 하기 때문이다. 특히 혼자서 행하는 범행장소 답사 등의 심리적 예비가 예비행위에 포함되듯이 범죄완성을 위한 필수적 준비에 해당하는 2인 이상의 회합(음모)이라면 당연히 예비개념에 포함되어야 한다. 개별법률에서 음모를 특별히 명문화하지 아니한 경우[142]는 해당 범죄예비의 특성상 특히 엄격한 해석을 요구하는 입법자의 표현이라고 보는 것이 합리적이다.

## 2. 예비죄의 법적 성격

예비죄의 법적 성격에 관하여는 "기본범죄와의 관계에서 독자적인 성격을 가질 수 있는지"의 문제가 제기된다. 이에 대하여 예비죄는 '기본범죄의 발현형태'라는 견해, '독자적인 범죄형태'라는 견해 및 '이분설'의 대립이 있다.

### 2-1. 발현형태설

발현형태설은 예비죄를 단순한 기본범죄의 발현형태로 보는 견해이다(통설). 예비죄는 독립된 범죄유형이 아니라, 특별한 경우에 가벌성을 미수 이전의 단계까지 확장한 기본범죄의 수정적 구성요건에 불과하다는 것이다. 이러한 입장에서도 "예비죄가 수정적 구성요건인 이상 실행행위의 상대적·기능적 성격에 의하여 예비죄 자체의 독자적인 실행행위를 인정할 수 있다"는 견해[143]와 "예비죄는 단지 기본범죄의 발현형태이고, 무정형·무한정인 예비행위에 대하여는 그 실행행위성을 인정할 수 없다"는 견해[144]의 대립이 있다.

### 2-2. 독립범죄설

예비죄는 그 자체로 독자적인 불법성을 지니고 있으며, 기본범죄와는 독립된 범죄유형이라는 견해[145]가 독립범죄설이다. 그러므로 예비행위도 당연히 독자적인 예비죄의 구성요건적 실행행위로 인정된다.

---

정영일, 361면.

142) 관세법 제271조 제3항의 밀수출·관세포탈 예비죄, 동법 제274조 제3항의 밀수품취득 예비죄 등.

143) 권오걸, 491면; 김성돈, 477면; 손동권/김재윤, 479면; 손해목, 824면; 안동준, 250면; 이영란, 403면; 이재상/장영민/강동범, 426면; 정성근/박광민, 382면; 진계호/이존걸, 476면.

144) 김성천/김형준, 362면; 신동운, 556면; 오영근, 347면; 이형국, 연구 II, 490면, 491면; 임웅, 381면; 정영일, 364면.

145) 김일수/서보학, 407면; 배종대, 384면.

## 2-3. 이분설

예비죄를 기본범죄의 발현형태와 독립범죄로 구별해야 한다는 견해가 이분설이다. 예비죄는 기본범죄의 예비행위까지 확대한 '비독립적인 예비'와 다른 범죄의 예비에 해당하는 일정한 행위를 독립된 범죄의 형식으로 규정하는 '독립적 예비'로 구성되어 있다는 것이다. 독립적 예비죄는 예컨대 제114조의 범죄단체조직죄 등의 경우이다. 이분설은 비독립적인 예비의 경우에는 발현형태설에 의하여, 독립적 예비의 경우에는 독립범죄설에 의하여 파악하고 있다. 그러나 이분설이 말하는 독립적 예비는 예비죄에서 취급할 대상이 아니라 그 자체로 독립된 일반범죄이다. 예컨대 문서위조죄도 대부분 사기죄의 예비에 불과할 수 있지만, 이를 예비죄에서 취급할 이유는 없다.

## 2-4. 예비죄는 수정적 구성요건?

"예비행위의 실행행위성을 인정할 수 있는가"에 대해서는 학설의 대립이 있다. 독립범죄설에서는 당연히 예비의 실행행위성이 인정되며, 발현형태설에서의 일부[146)]에서도 수정적 구성요건으로서 예비죄의 실행행위성을 인정한다. 그러나 예비죄를 수정적 구성요건으로 파악한다면 예비죄에 관한 독립범죄설과 어떤 법률적 차이가 있는지 의문이다.

결론적으로 예비죄는 수정적 구성요건이 아니다. 제28조의 "… 법률에 특별한 규정이 없는 한 벌하지 아니한다"는 내용이 예비죄의 핵심적인 법문언이다. 예비죄를 처벌하는 특별한 규정이 있는 경우에는 실행행위가 존재하기 이전이라도 처벌하려는 형사정책적으로 단순히 기본범죄의 가벌성의 범위만을 확장한 것이 예비죄이다.[147)] 그러므로 예비죄에 대하여 총칙상의 다른 규정들은 원칙적으로 적용이 배제된다. 예비죄를 처벌하는 규정은 범행을 준비하는 자를 예외적으로 처벌하는 규정일 뿐이며, 범행준비가 미수에 그친 경우나 범행준비를 교사하는 경우 또는 범행준비에 조력하는 행위 등을 예비미수·예비교사·예비방조로 처벌하려는 규정은 아니다. 또한 2인 이상이 공동으로 범행을 준비하거나 상호적으로 범행을 음모했어도 공동정범의 규정이 적용되지 않는다. 각자가 범행을 준비한 자일 뿐이다.

이에 반하여 대법원[148)]은 "정범이 실행의 착수에 이르지 아니한 예비의 단계에 그친

146) 권오걸, 491면; 김성돈, 477면; 손동권/김재윤, 479면; 손해목, 824면; 안동준, 250면; 이영란, 403면; 이재상/장영민/강동범, 426면; 정성근/박광민, 383면; 진계호/이존걸, 476면.

147) 동지, 김성천/김형준, 362면; 신동운, 556면; 오영근, 347면; 이형국, 연구 II, 490면, 491면; 임웅, 381면; 정영일, 364면.

148) 대법원 1976.5.25. 75도1549; 동지, 대법원 1978.2.23. 77도340; 대법원 1979.5.22. 79도552.

경우에는 이에 가공하는 행위가 예비의 공동정범이 될 때를 제외하고는 방조범으로 처벌할 수 없다"고 판시함으로써 예비죄의 공동정범을 인정하고 있다. 통설[149]도 동일한 입장이다. 예비죄의 실행행위성을 인정하는 통설의 입장에서 이와 같이 예비죄의 공동정범을 인정하는 것은 당연한 귀결이라고 볼 수 있다. 그러나 예비죄에서는 부분적 준비행위도 완전한 예비행위로 평가되기 때문에, 즉 실행의 분담이 필요하지 않으므로 공동정범의 규정을 적용할 필요가 없다. 또한 예비죄를 "실행의 착수 이전에도 처벌한다"는 규정으로 이해한다면, 공동의 범죄를 준비하는 자를 공동으로 죄를 범한 자, 즉 공동으로 '실행의 착수 이상의 행위를 행한 자'로 해석할 수는 없다. 따라서 2인 이상이 공동으로 범죄를 준비하는 경우는 각자를 예비죄의 단독범인 동시범으로 보아야 할 것이다.[150]

예비행위의 실행행위성을 인정한다면 이에 대한 교사나 방조도 제31조·제32조에 의하여 원칙적으로 처벌되어야 할 것이며, 이러한 교사·방조는 어디까지나 예비행위 자체에 대한 교사·방조이어야 할 것이다.[151] 그러나 기본범죄를 도외시한 이러한 예비행위 자체에 대한 교사나 방조는 처벌될 수 없다.[152] 기본범죄를 도외시한 예비행위 자체에 대한 교사나 방조는 '본범의 죄를 실행의 착수조차 시키지 않으려는 의도'로 행위하는 것을 의미하므로, 교사고의나 방조고의도 인정될 수 없기 때문이다. 따라서 예비죄의 교사·방조의 문제는 예비행위 자체에 대한 교사·방조의 문제가 아니라, 오히려 실질적으로는 기본범죄의 범행에 대한 교사나 방조에 해당하게 된다. 즉 교사나 방조행위가 있었으나 본범이 아직 실행의 착수에 나아가지 아니한 경우이다.[153]

이와 같이 예비죄는 기본범죄의 수정적 구성요건이 아니라 기본범죄의 단순한 발현형태이다. 형법은 예외적인 특별한 경우에 이러한 발현형태만을 단순하게 처벌하는 것이다.

## 3. 예비죄의 성립요건

### 3-1. 객관적 요건

단순히 범죄를 범할 의사는 형법의 규율대상이 아니다. 최소한 그러한 의사가 외부에 표현되어야 형법의 규율대상인 행위의 성질이 부여된다. 따라서 예비가 처벌되기 위해서는

149) 동취지, 다만 타인예비가 될 경우에는 공동정범의 성립을 부정하는 오영근, 351면 이하.
150) 이 경우 음모죄를 인정하는 견해로는 임웅, 383면.
151) 김일수, 한국형법 II, 227면; 김일수/서보학, 413면; 안동준, 253면; 성낙현, 536면; 이상돈, 614면.
152) 동지, 권오걸, 573면; 김성돈, 680면; 손동권/김재윤, 484면 이하; 오영근, 352면 이하, 611면; 이영란, 408면; 이형국, 230면; 임웅, 383면 이하; 정영일, 368면.
153) 이때 교사의 경우는 제31조 제2항과 제3항에 의하여 예비·음모에 준하여 처벌되고, 방조의 경우는 불가벌이다. 이에 관하여는 아래 '제2편, 제6장, 제4절, 2-2-2. 피교사자의 범죄실행' 참조.

객관적인 범죄의 준비행위가 존재해야 한다. 범죄의 준비행위는 외부에 객관적으로 표현된 외적·심리적 예비행위이다. 외적·심리적 예비행위의 수단·방법에는 제한이 없으며, 이러한 의미에서 예비행위는 무정형·무한정이라고 할 수 있다. 그러나 예비행위를 특별한 경우에 예외적으로 처벌하는 형법의 목적론적 의미에서 예비죄의 예비행위는 축소해석되어야 한다. 즉 기본범죄의 실현에 객관적으로 불명확하거나 부적합한 준비행위는 예비행위에서 배제되어야 한다. 이러한 의미에서 예비행위는 기본범죄의 실현에 적합한 조건이 되는 행위로 제한된다.[154] 따라서 기본범죄가 확정되지 아니한 경우의 준비행위는 예비행위라고 볼 수 없다.[155]

#### 3-1-1. 물적 예비와 인적 예비

외적 예비행위는 범행 준비물을 마련하는 등의 물적 예비뿐 아니라 알리바이 조작을 위하여 또는 범행 후 장물의 처분을 위하여 사전에 다른 사람을 접촉하는 인적 예비도 포함한다.

#### 3-1-2. 심리적 예비

심리적인 범행의 준비도 외적 예비행위일 경우에는 예비죄에 해당한다. 범행계획을 수립하기 위하여 범행장소를 답사하는 것 등이 대표적인 예이다. 제3자와의 관계에서 심리적으로 범행을 준비하는 음모의 경우도 외적 예비행위로서 심리적 예비행위에 해당한다.

### 3-2. 주관적 요건

#### 3-2-1. 예비의사

예비행위는 예비의사에 의하여 이루어져야 한다. 이러한 의미에서 예비의사는 예비죄의 주관적 요건이라고 할 수 있다. 예비의사란 범죄를 범할 목적으로 범죄를 준비하는 의사를 말한다. 따라서 범죄를 준비하는 예비의사는 범죄를 범할 목적을 포함하는 의사가 된다. 이러한 점에서 예비죄의 목적은 일반 목적범에서의 목적과 구조적인 차이를 갖게 된다. 즉 목적범에서의 목적은 일반적인 범죄의사인 고의를 초과하는 초과주관적 구성요건요

154) 대법원 1999.11.12. 99도3801: "형법상 음모죄가 성립하는 경우의 음모란 2인 이상의 자 사이에 성립한 범죄실행의 합의를 말하는 것으로, 범죄실행의 합의가 있다고 하기 위하여는 단순히 범죄결심을 외부에 표시·전달하는 것만으로는 부족하고, 객관적으로 보아 특정한 범죄의 실행을 위한 준비행위라는 것이 명백히 인식되고, 그 합의에 실질적인 위험성이 인정될 때에 비로소 음모죄가 성립한다."; 동지, 대법원 2015.1.22. 2014도10978 전원합의체 판결.

155) 대법원 1959.9.1. 4202형상387: "막연한 범죄의사로 총기를 구입한 것은 살인의 예비라고 볼 수 없다."

소임에 반하여, 예비죄에서의 목적은 예비의사에 포함되어 있다.

일반적으로 예비죄의 주관적 요건은 일반 범죄의 주관적 구성요건과 동일한 차원에서 고의와 목적을 분리하여 설명하고 있다. 예비죄를 독립적 구성요건으로 파악하든 또는 수정적 구성요건으로 파악하든, 예비죄에 구성요건의 실체를 인정한다면, 즉 예비행위의 실행행위성을 인정한다면, 주관적 구성요건요소인 고의를 거론하지 않을 수 없었을 것이다. 따라서 독립범죄설은 예비죄의 고의를 준비행위 자체에 대한 인식과 의사로 본다.[156] 이에 반하여 발현형태설은 기본범죄의 실현에 대한 고의를 예비의 고의로 본다.[157] 그러나 발현형태설의 입장에서도 예비죄에서의 고의는 준비행위에 대한 인식과 의사라는 견해가 있다.[158]

범죄를 준비하는 자는 "죄를 범할 목적으로 범행을 준비한다"는 의사, 즉 예비의사를 갖고 있다. 이러한 예비의사에서 '죄를 범할 목적'을 제외하면, 즉 기본범죄와의 관계를 무시하면, 그 의사는 "단순히 무엇인가를 준비한다"는 의사에 불과하게 된다.[159] 예컨대 문서를 위조한다는 인식과 의사는 행사의 목적을 배제하고서도 의미가 있으나[160], 강도죄를 범하기 위하여 밧줄을 준비한다는 인식과 의사에서 '강도죄를 범할 목적'을 배제하면 아무 의미가 없게 된다. 일반적인 학설에서는 예비죄의 실행행위성과 이에 의한 구성요건으로서의 실체를 인정하기 때문에 예비죄의 본질을 정확하게 파악하지 못하고 있다. 예비죄에는 일반 고의범죄에서와 같은 실행행위성이나 구성요건의 실체가 없다. 그러므로 예비죄의 예비의사를 일반 범죄에서의 고의나 목적과 같은 의미로 이해해서는 안 된다.[161]

### 3-2-2. 타인예비?

타인의 범행을 위하여 준비하는 행위도 예비죄에 포함되는지에 관하여는 학설의 다툼이 있다. 예비죄에서 '죄를 범할 목적'이란 "스스로 죄를 범할 목적뿐 아니라 타인에게 죄를 범하도록 할 목적도 포함한다"는 입장에서 이를 긍정하는 견해[162]도 있다. 그러나 이는 타당하다고 할 수 없다. 오직 타인의 범행을 위하여 예비하는 자의 의사는 예비의사가 아니라 다른 사람의 범행에 조력하려는 방조의사이기 때문에, 타인예비는 명백하게 방조행위가 된다. 따라서 그 타인이 범죄의 실행에 착수하지 않는 한 타인예비는 방조의 미수로서 불가벌이다(통설).

156) 김일수/서보학, 409면; 배종대, 384면.

157) 김성천/김형준, 364면; 박상기, 357면; 손해목, 827면; 안동준, 251면; 이형국, 225면; 정성근/박광민, 383면; 동취지, 준비행위와 기본범죄에 대한 고의가 모두 있어야 한다는 견해로는 정영일, 365면.

158) 권오걸, 470면; 김성돈, 481면; 성낙현, 531면; 손동권/김재윤, 480면; 오영근, 350면; 이영란, 404면; 이재상/장영민/강동범, 427면; 임웅, 381면; 진계호/이존걸, 477면.

159) 동취지, 박상기, 357면; 신동운, 557면; 이형국, 226면; 정성근/박광민, 383면.

160) 문서위조죄는 행사할 목적으로 문서를 위조하는 범죄행위이다.

161) 동지, 신동운, 557면; 정성근/박광민, 383면.

162) 손해목, 830면; 김선복, 예비의 중지, 비교형사법연구 제4권 제1호, 2002, 78면; 차용석, 예비죄, 고시계 1985.5, 68면.

## 4. 예비죄의 중지

예비죄의 미수는 생각할 여지가 없다. 실행착수 이전의 행위만이 예비죄에 해당할 수 있기 때문에 실행의 착수를 요건으로 하는 미수범규정의 적용은 불가능하다.[163] 예비가 범행준비로서 부적절한 경우라도 이는 객관적 예비행위로 평가될 수 없는 행위일 뿐이며, 이를 예비죄의 불능미수로 파악할 수는 없다.

예비죄와 중지미수의 관계는 문제가 되고 있다. 실행에 착수한 이후의 범행중지는 필요적 형 감면사유에 해당하게 되는데, 이러한 중지미수의 규정이 '범행을 준비한 자가 자의로 범행을 포기할 때'에도 적용될 수 있는지 문제되는 것이다. 범죄구조적으로는 예비죄에 중지미수의 규정이 적용될 수는 없다. 그러나 실행착수 이후 자의에 의한 범행포기는 필요적 형 감면의 혜택이 주어지고, 반대로 실행착수 이전의 준비단계에서 범행을 자의로 포기한 경우에는 형 감면의 혜택을 받을 수 없다면 현실적으로 불합리하다. 이러한 불합리는 예비행위의 중지에 대해서도 중지미수의 규정을 유추적용함으로써 해소하여야 한다(통설). 이에 반하여 판례[164]는 예비행위를 중지한 경우에도 예비죄로 처벌함으로써 예비죄에 대한 미수가 불가능하다는 논리를 관철하고 있다.[165] 그러나 이러한 해석은 중지미수의 목적론적 의미와 배치된다. 더욱이 행위자에게 유리한 유추적용은 죄형법정주의에도 위배되지 않는다. 그러므로 중지미수의 규정은 예비죄의 경우에도 유추적용이 가능하다. 자수의 필요적 감면규정의 유추적용을 주장하는 견해[166]도 있으나, 자수하지 아니한 예비죄의 중지자에게 자수규정을 유추적용하는 것은 타당하지 않다.

예비죄에 중지미수 규정을 유추적용함에 있어서도 그 정도와 방법에 대해서는 학설의 대립이 있다. 소수설[167]은 예비의 중지에도 항상 중지미수의 규정을 준용하며, 중지미수의 규정에 의한 형 감면의 기준도 기수죄의 형이 아니라 예비죄의 형이라고 한다. 이에 반하여 다수설에서는 예비죄의 형이 중지미수의 형보다 중한 경우에 한하여 중지미수 규정을 준용한다. 따라서 형 면제의 경우에는 중지미수의 규정이 적용되고, 형 감경의 경우에는 예비죄의 형과 중지미수의 형을 비교하여 경한 형의 규정이 적용된다. 예비의 중지에 관한

163) 이러한 의미에서 예비죄에서 실행행위성을 인정함으로써 구성요건의 실체를 인정하는 학설의 입장에서는 예비죄의 미수를 인정할 수 없는 이유에 대하여 단순하게 "처벌규정이 없다"는 근거 이외에 보다 본질적인 근거를 제시하여야 할 것이다. 예비죄의 실행행위성을 인정하는 한편, 예비는 미수 이전의 단계라는 설명은 비논리적이다. 이러한 설명은 '실행행위는 실행행위 이전의 단계'라는 설명에 불과하기 때문이다.

164) 대법원 1966.4.21. 66도152; 대법원 1966.7.12. 66도617; 대법원 1991.6.25. 91도436; 대법원 1999.4.9. 99도424.

165) 학설에서도 신동운, 560면.

166) 김성돈, 483면; 김일수/서보학, 411면; 동취지, 손동권/김재윤, 459면.

167) 권오걸, 471면; 김성천/김형준, 348면; 성낙현, 534면; 오영근, 332면; 임웅, 386면.

규정이 없으므로 형의 불균형을 시정하는 한도에서만 중지미수가 준용되어야 한다는 것을 이유로 한다. 이는 타당하다. 예비의 중지에 중지미수 규정을 유추적용하는 것은 예비 자체가 중지되었기 때문이 아니라 범행을 중지하였기 때문이다. 예비 자체를 중지했다면, 예컨대 강도범행에 사용할 칼을 구입하려다 그만둔 경우라면 예비죄 자체가 성립하지 않는다. 그러나 예비행위 이후에 범죄실행을 포기했다면 이미 예비죄는 성립했으며 단지 본 범행을 중지한 경우이다. 따라서 이 경우에는 행위자를 위하여 예비죄와 중지미수를 비교하여 경한 규정을 적용해야 한다.

# 제 6 장　정범과 공범

## 제 1 절　정범과 공범 일반론

### 1. 정범과 공범의 의의

형법총칙 제2장 제3절에서는 '공범'이라는 표제하에서 '정범과 공범'을 규정하고 있다. 여기서의 공범은 광의의 공범을 의미한다. 광의의 공범에는 제30조 내지 제34조에서 규정하는 공동정범 · 교사범 · 종범 · 간접정범이 있다. 광의의 공범을 정확히 표현하면 '범죄의 참가형태'라고 할 수 있다. 광의의 공범에는 정범과 협의의 공범을 포함한다. 협의의 공범은 정범에 대립되는 개념으로서 교사범과 방조범만을 의미한다.

정범은 범죄를 실현하는 자이다. 형법각칙의 '구성요건을 실현하는 자'가 정범이다. 정범이 범죄를 실현하는 방법에는 '혼자서 직접 실현하는 경우(직접정범)', '다른 사람을 도구로 이용하여 간접적으로 실현하는 경우(간접정범)' 또는 '2인 이상이 공동으로 실현하는 경우(공동정범)'가 있다. 예컨대 제250조의 '사람을 살해하는 자'에는 혼자서 직접 '사람을 살해하는 자'뿐 아니라, 2인 이상이 공동해서 또는 타인을 도구로 이용하여 간접적으로 '사람을 살해하는 자' 들이 모두 포함되어 있다. 이러한 의미에서 정범의 처벌은 형법각칙의 규정만으로 충분하다. 따라서 형법총칙의 공동정범 및 간접정범에 대한 규정은 단순한 주의규정으로 해석된다.

이에 반하여 협의의 공범은 형법각칙의 '구성요건을 실현하는 자' 이외의 자이다. 따라서 협의의 공범은 형법각칙의 규정만으로는 처벌이 불가능하다. '구성요건을 실현하는 자'는 아니지만 정범이 죄를 범하도록 '교사하거나 방조하는 자'에게도 처벌의 필요성은 인정되기 때문에, 형법총칙에서는 타인의 범죄에 가담하는 행위를 처벌할 수 있도록 특별한 규정을 두고 있다. 이와 같이 공범행위를 처벌하기 위해서는 특별한 규정이 필요하며,

형법총칙은 이를 규정하고 있다. 따라서 교사범과 방조범의 규정은 단순한 주의규정이 아니라 필수적인 규정이 된다.

## 2. 정범 일반론

### 2-1. 정범의 개념

정범은 형법각칙의 '구성요건을 실현하는 자'이다. 그러나 종래 "정범이란 무엇인가"에 관하여 확장적 정범개념설과 제한적 정범개념설의 다툼이 있어 왔다.

#### 2-1-1. 확장적 정범개념설

확장적 정범개념설은 모든 조건에 대해서 동가치성을 인정하는 조건설의 입장에서, 구성요건의 실현에 조건을 제공한 모든 자가 정범이라는 견해이다. 구성요건실현에 대한 인과적인 모든 기여가 동일하게 정범행위라는 입장이다. 이 견해는 본인이 구성요건을 실현한 경우뿐 아니라, 타인이 구성요건을 실현하도록 교사하거나 방조하는 행위도 정범행위에 포함시켜 정범의 개념을 확장시키고 있다. 따라서 형법총칙의 교사범이나 방조범의 규정은 특별규정으로서 요건을 완화하거나 처벌을 감경하는 형벌축소사유가 된다.

#### 2-1-2. 제한적 정범개념설

제한적 정범개념설은 정범개념을 '구성요건을 실현하는 자'로 제한함으로써 형법각칙의 구성요건을 실현한 자만이 정범이라는 견해이다. 따라서 타인이 구성요건을 실현하도록 교사하거나 방조하는 자는 정범이 아니며, 형법각칙의 규정만으로는 이들을 처벌할 수 없게 된다. 형법은 이러한 공범을 처벌할 수 있도록 교사범과 방조범을 특별히 규정하고 있으며, 이 규정들은 형벌확장사유에 해당한다. 현재 거의 이론 없이 받아들여지고 있는 정범개념에 관한 학설이다.

정범개념에 대한 논쟁은 정범과 공범의 구별과 관련하여 의의가 있다. 그러나 정범과 공범의 구별 필요성은 고의범에만 국한된다.[1] 과실범의 정범은 주의의무위반에 의하여 객관적으로 귀속가능한 방법으로 구성요건의 실현에 기여한 모든 사람이다. 따라서 고의범과 다른 구조를 가진 과실범에서는 정범과 공범의 구별실익이 없게 된다. 이러한 점에서 과실범은 확장적 정범개념설에 입각한 단일정범개념(Einheitstäterbegriff)[2]의 범죄유형이라고 할

1) 이 책의 제2편은 고의작위범을 기준으로 설명되고 있다.
2) 동지, 김성돈, 577면.

수 있다. 이는 부작위범에 대해서도 동일하다.

독일의 질서위반법 제14조 제1항은 "질서위반행위에 관여한 자도 질서위반자이다"라고 규정함으로써 확장적 정범개념을 채택하고 있다. 독일의 질서위반법과 유사한 경범죄처벌법 제4조는 교사·방조의 표제하에 "제3조의 죄를 짓도록 시키거나 도와준 사람은 죄를 지은 사람에 준하여 처벌한다"고 규정함으로써 정범과 공범의 동일한 처벌에도 불구하고 제한적 정범개념을 견지하고 있다.

## 2-2. 정범의 종류

정범의 종류로는 직접정범, 간접정범 및 공동정범이 있다. 직접정범은 자신이 직접 범죄를 실행하는 경우이다. 자신이 직접 저격하여 사람을 살해하는 경우가 여기에 해당한다. 간접정범은 타인을 도구로 이용하여 범죄를 실행하는 경우이다. 예컨대 정을 모르는 간호사를 이용하여 피해자에게 독약을 주사하게 하는 경우이다(제34조 제1항). 공동정범은 2인 이상이 공동하여 범죄를 실행하는 경우이며, 예컨대 甲이 피해자를 총으로 위협하고 乙이 피해자의 주머니를 터는 경우이다(제30조).

제19조는 독립행위의 경합에 관하여 "동시 또는 이시의 독립행위가 경합한 경우에 그 결과발생의 원인된 행위가 판명되지 아니한 때에는 각 행위를 미수범으로 처벌한다"고 규정하고 있다. 이러한 독립행위의 경합을 동시범이라고 한다. 동시범은 특수한 정범이 아니라 단순히 각자가 단독정범인 경우이다. 다만 '결과발생의 원인된 행위가 판명되지 아니한 때'에는 in dubio pro reo의 원칙에 의하여 각자가 미수범의 책임을 부담하게 된다. 원인된 행위가 판명되었을 경우에도 동시범이다. 이 경우 1인은 기수범으로 다른 1인은 미수범으로 형사책임을 부담하게 된다. 동시범은 2인 이상이 독자적으로 죄를 범한다는 점에서 2인 이상이 공동하여 죄를 범하는 공동정범과 구별된다.

제263조는 "상해죄의 동시범에서 원인된 행위가 판명되지 아니한 때에는 공동정범의 예에 의한다"고 규정하여 in dubio pro reo의 원칙에 대한 예외를 인정하고 있다. 그러나 이 규정은 책임 없는 형벌을 인정함으로써 법치국가원리에 정면으로 배치하고 있다.

# 3. 공범 일반론

형법은 제한적 정범개념설의 입장에서 협의의 공범으로 교사범과 방조범을 규정하고 있다. 교사범과 방조범은 형법각칙의 규정만으로 처벌되지 않기 때문에 특별규정에 의하여 형벌을 확장한 것이다. 교사범은 제31조에 의하여 '타인을 교사하여 죄를 범하게 한 자'이며, 방조범은 제32조에 의하여 '타인의 범죄를 방조한 자'이다. 여기서 죄를 범하는 자는 타인(정범)이기 때문에 결국 공범은 형법각칙의 '구성요건을 실현하는 정범이 아닌 자'를 의미한다. 그렇다면 형법은 왜 '구성요건을 실현하는 정범이 아닌 자'를 처벌하는지, 그 근거를 제시해야 한다.[3]

## 3-1. 공범의 처벌근거

### 3-1-1. 책임가담설

책임가담설은 공범이 정범을 통하여 법익을 침해하였다는 차원이 아니라, 정범이 법익을 침해하도록 정범을 타락시켰다는 점에서 공범의 처벌근거를 찾는 견해[4]이다. 그러나 책임가담설에 의하면 정범의 행위가 비난불가능한 경우에는 공범의 처벌근거도 소멸되므로 부당하다. 책임가담설에 의하면 13세 정도의 형사미성년자를 교사하여 절도죄를 범하도록 한 경우에는 절도교사죄가 성립할 수 없다는 결론이 된다.

### 3-1-2. 불법가담설

불법가담설은 정범이 불법한 행위를 저지르도록 야기 또는 촉진함으로써 정범의 불법에 가담하는 자가 공범이라고 본다. 정범이 불법한 행위를 저지르도록 야기하거나 촉진하는 공범의 행위는 정범의 불법에 가담하는 행위이며, 이 행위는 정범이 저지른 범죄실현에 대한 인과적 기여가 된다. 따라서 이러한 인과적 기여를 통한 공범의 불법가담이 공범의 처벌근거라고 한다. 그러나 불법가담설은 함정수사의 경우에도 불법성을 인정하기 때문에 부당하다. 수사관이 마약밀매자의 마약판매를 교사하고 마약구매를 가장하여 체포하는 경우가 그러하다.

### 3-1-3. 순수야기설

순수야기설은 공범의 처벌근거를 공범 자체에서 찾는 이론이다. 공범은 정범과 관계없이 형법각칙의 특별한 법익을 침해하기 때문에 처벌된다는 견해이다. 그러나 이 견해는 정당방위나 긴급피난 행위를 도와주는 행위와 같이 적법한 행위에 대한 공범을 인정함으

3) 확장적 정범개념설의 입장에서는 교사범이나 방조범은 다른 정범과 마찬가지로 구성요건실현에 인과적 기여를 했기 때문에 당연히 처벌된다. 따라서 공범의 처벌근거에 관한 논의는 제한적 정범개념설의 입장에서만 의미가 있다.

4) 오영근, 388면.

로써 정범을 전제로 공범의 성립을 인정하는 현행법의 태도와 일치하지 않는다.

### 3-1-4. 종속야기설

종속야기설은 공범은 정범의 범행을 야기하거나 촉진했기 때문에 정범에 종속되어 처벌된다는 견해[5]이다. 형법은 정범을 전제로 공범을 처벌하기 때문에 종속야기설의 관점이 타당하다. 공범의 행위는 '정범 범행에의 가담에 의한 인과적 기여(불법가담설)'나 '공범행위 자체의 법익침해(순수야기설)'가 아니라, 단순히 '정범범죄에 대한 종속'의 기초가 되는 정범의 범행을 야기하거나 촉진하는 행위이다. 공범은 정범에 종속될 뿐이기 때문에, 범행은 정범의 인과적 행위에 의해서만 완성되고 공범은 단지 이에 의존할 뿐이다. 따라서 공범은 정범으로 하여금 범죄를 기수에 이르게 하려는 고의로 행동하여야 하며, 정범이 단지 미수에 그치도록 하려는 함정수사는 공범에 해당하지 않게 된다.

### 3-1-5. 혼합야기설

혼합야기설은 순수야기설과 종속야기설을 혼합한 절충설이다. 일부는 '정범의 범죄실현에 대한 종속'에서 그리고 다른 일부는 '공범 자체의 직접적인 법익침해'에서 공범의 처벌근거를 찾는 입장[6]이다. 공범의 독자적인 처벌근거는 행위반가치에 있고, 종속적인 처벌근거는 결과반가치라는 견해[7]도 동일한 관점이다. 그러나 혼합야기설은 순수야기설을 일부분 수용함으로써 정범의 행위가 불법하지 아니한 경우에도 공범의 성립을 인정하는 순수야기설의 단점을 그대로 안고 있다.[8]

## 3-2. 공범의 종속성

### 3-2-1. 공범종속성설과 공범독립성설

협의의 공범(교사범 방조범)은 정범을 교사하거나 방조하여 정범으로 하여금 죄를 범하게 하는 자이다. 공범이 구성요건을 실현하지는 않지만 정범의 범행을 야기하거나 촉진했기 때문에 정범에 종속되어 처벌된다(종속야기설). 그러나 종래 "공범은 독립하여 성립한다"는 공범독립성설과 "정범에 종속하여 성립한다"는 공범종속성설의 대립이 있었다. 이러한 대립은 정범개념

5) 김성천/김형준, 383면; 박상기, 396면; 배종대, 402면; 손해목, 1060면; 이재상/장영민/강동범, 451면; 이형국, 271면; 정영일, 378면; 조준현, 408면.

6) 권오걸, 519면; 김성돈, 572면; 김일수/서보학, 477면; 성낙현, 611면; 손동권/김재윤, 572면; 이영란, 448면; 진계호/이존걸, 549면 이하.

7) 임웅, 442면 이하; 정성근/박광민, 521면 이하.

8) 동지, 배종대, 402면.

에 대한 확장적 정범개념설과 제한적 정범개념설의 대립과 일치한다.

#### 3-2-1-1. 공범독립성설

공범독립성설은 주관주의 범죄론의 입장에서 "공범의 행위도 반사회적인 징표가 되므로 정범과 관계없이 독립하여 성립한다"는 견해이다. 공범독립성설은 확장적 정범개념설과 맥락을 같이 하여, 공범도 타인의 행위를 이용하여 자기의 범죄를 범하는 독립된 정범이라고 본다. 그러나 공범독립성설은 무엇보다도 형법의 태도와 일치하지 않기 때문에 부당하며, 공범독립성설을 지지하는 견해[9]도 없다.

#### 3-2-1-2. 공범종속성설

구성요건을 실현하는 자는 오직 정범이며, 교사범이나 방조범은 정범으로 하여금 죄를 범하게 하는 자이다. 따라서 공범은 독립하여 존재할 수 없고, 단지 정범이 저지른 범죄에 종속하게 된다는 견해가 공범종속성설이다. 형법의 입장이 공범종속성설이라는 점은 현재 거의 이론 없이 받아들여지고 있다.

### 3-2-2. 종속성의 정도

공범종속성설에 의하여 공범이 정범에 종속하여 성립한다면 "정범이 어느 정도 범죄를 실현해야 공범의 성립이 인정되는지" 또는 "공범은 정범이 실현한 범죄의 어느 부분까지 종속하게 되는지" 문제된다.

① **최소한의 종속형식** 최소한의 종속형식에 의하면 정범의 행위가 구성요건해당성만 갖추면 공범이 성립하며, 그 행위가 적법한지 불법한지는 문제가 되지 않는다. 따라서 타인이 적법한 행위를 하도록 야기하는 경우에도 공범이 성립하게 된다. 그러나 제31조·제32조에 의하여 공범은 정범으로 하여금 죄를 범하도록 교사하거나 방조하는 행위이기 때문에 적법한 행위를 야기하는 경우에는 공범이 성립할 여지가 없다.

② **제한적 종속형식** 제한적 종속형식에 의하면 정범의 행위가 구성요건에 해당하고 위법한 경우에 공범이 성립하며, 정범의 행위가 책임을 구비하였는지는 문제가 되지 않는다. 독일형법은 명문으로 제한적 종속형식을 취하고 있으며, 형법의 해석에서도 일반적으로 제한적 종속형식이 지지되고 있다(통설).

③ **극단적 종속형식** 극단적 종속형식에 의하면 정범의 행위가 구성요건에 해당하고 위법할 뿐 아니라 책임까지 구비한 경우에 공범이 성립한다.[10] 그러나 형법상의 불법은 인

9) 다만 오영근, 381면은 형법이 공범종속성설을 기본으로 하면서 공범독립성설을 가미한 절충적 입장에서 공범을 규정한 것으로 해석한다.

10) 입법론과 해석론을 구별해야 한다는 입장에서 극단적 종속형식을 주장하는 권오걸, 527면; 신동운, 635면; 오영근, 383면 이하.

간이 저지른 행위에 대한 판단인 반면에, 책임은 불법을 저지른 행위자에 대한 판단이다. 책임은 행위자 각자가 스스로 부담해야 하며, 타인의 책임에 종속될 수는 없다.

④ **확장적 종속형식** 확장적 종속형식에 의하면 정범의 행위가 구성요건해당성 · 위법성 · 책임뿐 아니라 가벌성의 조건까지 모두 구비한 경우에만 공범이 성립한다. 이러한 확장적 종속형식을 형법의 해석에서는 채택할 수 없으며, 이를 지지하는 학자도 없다.

## 3-3. 필요적 공범

형법각칙의 구성요건에는 내란죄나 수뢰죄 등과 같이 필수적으로 2인 이상의 참여를 전제로 성립되는 범죄가 있다. 이를 필요적 공범이라 하며, 형법총칙에서 규정하는 임의적 공범인 교사범 · 방조범과 대립되는 개념이다. 그러나 필요적 공범은 그 명칭에도 불구하고 실제로는 정범이다. 필요적 공범 각자는 형법각칙의 '구성요건을 실현하는 자'이며, 이러한 필요적 공범의 행위에 대해서는 직접 형법각칙에 규정된 형벌이 부과되고 있다. 필요적 공범의 종류로는 집합범과 대향범이 있다.

### 3-3-1. 집합범

다수인이 동일한 방향에서 같은 목표를 향하여 공동으로 작용하도록 참여형태를 규정한 범죄가 집합범이다. 집합범에는 참여한 모든 자에게 동일한 법정형을 규정하는 소요죄 등과 참여자의 기능 · 지위 · 역할 · 행위의 양태에 따라 법정형의 차이를 두는 내란죄 등이 있다. 또한 강도 · 절도 · 도주죄 및 강간죄를 2인 이상이 합동하여 범할 경우에 특수강도 · 특수절도 · 특수도주죄 및 특수강간죄(성폭력처벌법)로 가중하여 처벌하고 있는데, 이들 합동범도 집합범에 속한다.

### 3-3-2. 대향범

2인 이상의 참여형태가 대향적 협력에 의하여 이루어지도록 규정된 범죄가 대향범이다. 대향범에는 대향자 모두에게 동일한 법정형이 규정된 아동혹사죄(제274조) 등과 대향자 각각의 법정형이 다른 뇌물죄(수뢰죄 증뢰죄) 등이 있다. 또한 대향자의 일방만 처벌하는 음화반포등죄(제243조) 등이 있다.

### 3-3-3. 필요적 공범과 공동정범 · 교사범 · 방조범

필요적 공범은 형법각칙의 구성요건이 이미 여러 사람의 참가를 전제로 하기 때문에 이러한 범죄의 참가자에 대한 처벌도 형법각칙이 직접 규정하고 있다. 따라서 필요적 공범의 참가자 내부에서는 원칙적으로 형법총칙의 '협의의 임의적 공범'에 관한 규정이 적용되지 않는다(통설).[11]

최근에는 일방만 처벌되는 대향범의 경우 최소협력의 원칙을 근거로 불가벌적 대향자에 대한 협의의 공범규정의 적용가능성을 긍정하는 견해[12]가 나타나기 시작하였다.[13]

필요적 공범 외부에서의 관여행위에 대해서는 임의적 공범의 규정이 적용된다. 다만 참가자 내부에서 일방만 처벌하는 대향범의 경우에, 처벌되지 아니하는 참가자에 대한 관여행위는 처벌되지 않는다. 예컨대 제243조의 음란물판매죄에서 불가벌의 음란물구매자를 교사하거나 방조하는 행위[14][15]는 처벌되지 않는다.[16]

필요적 공범의 외부에서 공동정범으로 범죄에 참여하는 것이 가능한지 문제가 된다. 일반적으로 집합범에서는 외부에서의 공동정범[17]이 성립하지 않지만, 대향범의 경우에는 외부에서 공동정범의 성립이 가능하다고 한다(통설). 그러나 필요적 공범에서는 외부에서 공동정범으로 참여하는 것이 불가능하다고 해야 한다.[18] 필요적 공범에서는 정범을 이미 구

11) 이에 관한 자세한 내용은 이정원, 대향범인 필요적 공범에 대한 임의적 공범규정의 적용가능성, 형사법연구, 제20권 제3호, 2008.9, 109면 이하.

12) 권오걸, 482면; 김일수/서보학, 482면; 배종대, 398면; 정영일, 375면; 진계호, 481면; 원형식, 불가벌적 필요적 공범, 형사법연구 제24호, 2005.12, 83면 이하; 이진국, 대향범의 구조에 관한 일고, 비교형사법연구 제4권 제1호, 2002.07, 104면 이하.

13) 이는 독일 통설의 입장이다: Vgl. Roxin, LK StGB, Vor § 26 Rdnr. 34 ff. nwN.; Cramer/Heine, S-S StGB, Vorbem §§ 25 ff. Rdnr. 47a ff.

14) 친구가 불가벌의 음란물구매자의 구매를 부추기거나 도와주어도 처벌되지 않는다. 다만 판매자의 판매를 도와주기 위하여 음란물구매자를 부추기는 행위는 구매자에 대한 관여행위와 동시에 가벌적 판매자에 대한 관여행위로 음란물판매죄에 대한 방조범이 성립한다.

15) 대법원 2014.1.16. 2013도6969: "금품 등을 공여한 자에게 따로 처벌규정이 없는 이상, 그 공여행위는 그와 대향적 행위의 존재를 필요로 하는 상대방의 범행에 대하여 공범관계가 성립되지 아니하고, 오로지 금품 등을 공여한 자의 행위에 대하여만 관여하여 그 공여행위를 교사하거나 방조한 행위도 상대방의 범행에 대하여 공범관계가 성립되지 아니한다."; 동지, 대법원 1988.4.25. 87도2451; 대법원 2001.12.28. 2001도5158; 대법원 2002.7.22. 2002도1696.

16) 대법원 2005.11.25. 2004도8819; 대법원 2007.10.25. 2007도6712; 대법원 2009.6.23. 2009도544; 대법원 2011.10.13. 2011도6287; 대법원 2015.2.12. 2012도4842; 대법원 2017.6.19. 2017도4240; 대법원 2017.11.14. 2017도3449; 대법원 2020.6.11. 2016도3048.

17) 종래 대법원 1975.10.7. 75도2635; 대법원 1989.3.14. 88도837; 대법원 1994.11.25. 94도1622; 대법원 1996.3.22. 96도313 등은 합동범을 집합범으로 보아 외부관계에서 공동정범의 성립을 부정하였으나, 대법원 1998.5.21. 98도321은 전원합의체 판결로 종래의 태도를 변경하여 합동범의 경우에도 외부관계에서 공동정범의 성립을 인정하였다.

18) 일반적으로 대향범의 외부관계에서 공동정범으로 참여하는 사례로서, 공무원이 그의 아내와 공동으로 수뢰하는 경우를 제시한다. 이 경우는 본질적으로 '공범과 신분'에서 다루어야 할 문제이다. 그러나 비신분자인 공무원의 부인은 구성적 신분의 결여로 신분범인 수뢰죄의 정범적격이 인정되지 않는다. 이에 관하

성요건의 참여자 내부에서 확정하고 있기 때문이다.

이러한 설명은 필요적 공범에 대한 일반적인 설명일 뿐이다. 형법각칙의 구체적인 구성요건이 외부에서의 공범참여가 불가능할 정도로 세분하여 규정하는 경우(예컨대 내란죄)도 있기 때문이다. 따라서 필요적 공범에 대한 공동정범 · 교사범 · 방조범의 성립가능성 문제는 형법각론에서 개별적으로 논의되어야 한다.

## 4. 정범과 공범의 구별

정범은 형법각칙의 '구성요건을 실현하는 자'이고, 공범은 형법각칙의 '구성요건을 실현하는 정범 이외의 자'이다. 그러나 구체적인 사건에서 형법각칙의 '구성요건을 실현하는 자'와 '그 이외의 자'의 구별이 간단하지는 않다. 특히 간접정범과 교사범의 구획이나 공동정범과 방조범의 경계는 매우 확정하기 어렵다. 정범과 공범의 구별기준에 관한 학설로는 객관설 · 주관설 · 행위지배설이 있는데, 현재 거의 대부분의 학자들은 행위지배설의 입장을 취하고 있다.

### 4-1. 객관설

객관설은 구성요건적 행위인 실행행위를 기준으로 정범과 공범을 구별한다. 객관설은 다시 실행행위를 형식적으로 파악하는 형식적 객관설과 실질적으로 파악하는 실질적 객관설로 나뉜다.

#### 4-1-1. 형식적 객관설

형식적 객관설은 구성요건의 형식적 실행행위를 기준으로 정범과 공범을 구별하는 견해이다. 구성요건에 해당하는 행위의 전부 또는 일부를 스스로 행한 자가 정범이며, 실행행위 이외의 방법으로 구성요건실현에 기여한 자가 공범이라고 한다. 그러나 형식적 객관설은 간접정범을 설명할 수 없으며, 범죄실현에 대한 실질적인 인과적 기여를 간과함으로써 정범과 공범의 구별을 불가능하게 만들고 있다. 형식적 객관설에 의하면 예컨대 배후에서 조종하는 범죄조직의 두목은 방조범이 되고, 사장의 지시에 따라 명예훼손의 내용을 타이핑하는 여비서는 정범이 된다.

---

여는 아래 '제2편, 제6장, 제6절, 2-2. "제30조부터 제32조까지의 규정을 적용한다"의 의미' 참조.

### 4-1-2. 실질적 객관설

실질적 객관설은 정범행위로서의 구성요건적 행위를 실질적 관점에서 파악하는 입장이다. 즉 범죄에 대한 인과적인 행위기여의 비중에 따라 정범과 공범을 구별한다. 범죄에 대하여 현저한 비중의 인과적 행위기여를 한 자는 정범이고, 현저하지 아니한 행위기여에 머무른 자는 공범이라고 한다. 그러나 실질적 객관설은 다시 "인과적 행위기여의 현저한 비중을 어떤 기준으로 판단할 것인지"의 문제를 갖게 된다. 이에 관하여는 필연설과 동시설 등이 주장되고 있다.

필연설은 범죄실현에 필연적인 행위를 한 자가 정범이며, 그 이외의 행위를 한 자가 공범이라고 한다. 그러나 필연설에 의하면 금고털이범에게 반드시 필요한 열쇠를 제작해 건네준 자는 공범이 아니라 정범이라는 결과가 된다.

동시설은 구성요건적 행위의 시점을 기준으로 행위시점에 가담한 자가 정범이며, 실행행위의 전후에서 가담한 자는 공범이라는 입장이다. 그러나 동시설에 의하면 범행계획이나 역할 분담 등을 통하여 사전에 범죄를 기획하는 범죄조직의 두목이 방조범에 불과하게 된다.

실질적 객관설이 정범행위로서의 구성요건적 행위를 실질적 관점에서 파악하려는 태도는 타당하다고 할 수 있다. 그러나 실질적 객관설에서는 행위자의 주관적 의사를 전혀 고려하지 않고 '현저한 인과적 행위기여'라는 객관적 척도만으로 실질적 관점의 구성요건적 행위를 판단하기 때문에 구체적인 사건에서 항상 타당한 결론의 도출이 불가능하게 된다.

## 4-2. 주관설

주관설은 조건설의 입장에서 "범죄실현에 대한 모든 인과적 행위기여는 동일한 가치를 갖는다"고 본다. 따라서 객관적인 실행행위에 의해서는 정범과 공범의 구별이 불가능하고, 오직 주관적 기준에 의해서만 구별이 가능하다고 한다. 주관설에는 행위자의 고의를 기준으로 판단하는 고의설과 범죄의 목적 내지 범죄이익을 기준으로 판단하는 목적설 내지 이익설이 있다. 고의설은 "행위자가 정범고의로 행동하는가 공범고의로 행동하는가"에 따라 정범과 공범을 구별하며, 목적설 내지 이익설은 "자기의 목적이나 이익을 위하여 행동하는가 또는 타인의 목적이나 이익을 위하여 행동하는가"에 따라 정범과 공범을 구별한다.

독일의 판례는 왕정재판소 이래 주관설을 견지해 왔다.[19] 예컨대 "사생아 생모의 부탁으로

---

19) 물론 근래에 와서는 독일의 판례도 행위지배설의 입장이나 실질적 객관설의 입장을 고려한 제한적인 주관

영아를 욕조에 빠뜨려 살해한 생모의 언니는 단지 공범의 의사로 행동하였기 때문에 언니는 방조범에 불과하다"[20] 또는 "망명한 소련 정치인 2명을 KGB의 밀명을 받고 독극물총으로 암살한 피고인은 단지 공범의사로 행동하였기 때문에 방조범에 불과하다"[21] 등의 판결이 있다.

주관설은 정범과 공범을 구별함에 있어서 범죄실현에 대한 객관적인 행위기여를 도외시하여 결국 구성요건적 정형을 무시하고 있다. 또한 불법의 요소가 아니라 단순히 범행동기에 불과할 수 있는 정범의사와 공범의사에 의하여 정범과 공범을 구별하는 태도는 형법을 심정법학으로 만들게 된다.

## 4-3. 행위지배설

행위지배설은 실질적 관점의 구성요건적 행위를 기초로 정범과 공범을 구별한다는 점에서 실질적 객관설과 유사하다. 실질적 객관설의 기본입장은 행위지배설의 기초가 되었다. 그러나 실질적 객관설이 행위자의 주관적 의사를 전혀 고려하지 아니하고 객관적인 입장(인과적 행위기여)에서만 구성요건적 행위를 판단함에 반하여, 행위지배설은 객관적 요소와 주관적 요소를 결합한 행위지배라는 개념으로 정범과 공범을 구별한다. 따라서 행위를 지배하는 자가 실질적 관점의 구성요건적 행위를 하는 정범이 된다.

행위지배란 구성요건에 해당하는 사건진행을 장악하는 것이며, 사태의 핵심형상을 지배하는 것이다. 사태의 핵심형상을 조종하거나 저지함으로써 사건을 그와 같이 완성시킬 수 있는 자가 정범이며, 자기의 행위지배 없이 사건의 주변인물로서 다른 방법(범죄의 야기나 촉진의 방법)으로 범죄실현에 가담하는 자가 공범이다. 범행에 대하여 "할 것인지 여부(Ob)"와 "어떻게 할 것인지(Wie)"를 결정했던 자가 행위를 지배한 정범이다. 이와 같이 행위지배는 행위지배의사(조종 의사)뿐 아니라 객관적인 행위가담(인과적 행위기여)을 함께 고려한다. 행위지배설은 현재 거의 대부분의 학자들에 의하여 지지되고 있다.

독일의 록신(Roxin)교수는 행위지배이론을 실행지배 · 의사지배 · 기능적 행위지배로 분류하여 설명하고 있으며, 이러한 분류는 대부분의 학자들로부터 광범위한 지지를 받고 있다.

### 4-3-1. 실행지배

실행지배는 직접정범의 행위지배형태이다. 직접정범은 구성요건적 행위를 직접 실행

설을 취하고 있다.

20) RGSt 74, 85(sog. Badewannen-Fall).

21) BGHSt 18, 87(sog. Staschinskij-Fall).

함으로써 행위를 지배하게 된다.

#### 4-3-2. 의사지배

의사지배는 간접정범의 행위지배형태이다. 타인을 도구로 이용하여 죄를 범하는 간접정범은 도구로 이용되는 타인보다 훨씬 우월한 의사력에 의하여 행위를 지배하게 된다. 록신 교수는 이러한 의사지배를 착오지배에 의한 의사지배, 강요지배에 의한 의사지배 및 조직적 권력기구에 의한 의사지배로 분류하였다.

① **착오지배에 의한 의사지배** 도구인 타인의 착오를 이용하여 획득한 우월한 의사력으로 행위를 지배하는 형태가 착오지배에 의한 의사지배이다. 예컨대 정을 모르는 간호사로 하여금 환자에게 독약을 주사하도록 지시하는 의사의 경우가 그러하다. 이때 도구인 간호사는 착오의 한도에서 의사자유가 상실되어 있으며, 사태를 모두 파악하고 있는 의사는 도구인 간호사에 비하여 훨씬 우월한 의사력을 갖게 된다. 의사는 우월한 의사력으로 간호사의 착오를 지배하여 전체 사건의 행위를 지배하게 된다.

② **강요지배에 의한 의사지배** 도구로 이용되는 타인을 강요하여 획득한 우월한 의사력으로 행위를 지배하는 형태가 강요지배에 의한 의사지배이다. 예컨대 포악한 조직폭력배의 두목이 신입자에게 충성의 표시로 스스로 손가락을 자르도록 명령한 경우가 그러하다. 이때 신입자는 강요된 한도에서 의사자유가 상실되며, 두목은 피강요자에 비하여 훨씬 우월한 의사력을 갖게 된다. 이러한 두목의 의사력은 피강요자의 의사를 강요로 지배함으로써 전체 사건의 행위를 지배하게 된다. 강요지배의 경우에는 "피강요자가 의사자유를 상실하고 있는지"가 의사지배를 판단하는 기초가 된다. 피강요자가 의사자유를 상실하고 있지 않다면 강요자의 우월한 의사력이 인정되지 않으며, 이때는 의사지배를 인정할 수 없게 된다. 따라서 이러한 경우에는 간접정범의 성립이 부정되고, 공범인 교사범의 성립만이 문제된다.

③ **조직적 권력기구에 의한 의사지배** 록신은 착오지배와 강요지배에 의한 의사지배 이외에 조직적 권력기구에 의한 의사지배를 인정하고 있다. 예컨대 나치시대에 유대인을 학살한 사람들은 거대한 조직적 권력기구의 부속에 불과하고, 조직적 권력기구의 우두머리는 부속들을 장악하고 언제든지 교체할 수 있으며, 이러한 교체권력을 통하여 부속들에 비하여 훨씬 우월한 의사력을 구비하게 된다는 것이다. 결국 조직적 권력기구의 우월한 의사력은 외형적으로 부속들이 저지르는 전체범행을 장악함으로써 의사지배에 의한 행위지배가 인정된다고 한다.

조직적 권력기구에 의한 의사지배는 구성요건의 정형을 무시할 정도로 정범의 범위를 확대시키고 있다. 따라서 록신의 조직적 권력기구에 의한 의사지배에 대해서는 비판이 제기되고 있다. 즉 도구로 이용되는 타인이 아직 의사자유를 소유하고 있는 동안에는 그 타인의 행위지배가 인정되며, 이 한도에서 이용자의 우월한 의사력이나 의사지배가 인정될 수 없다는 것이다. 그러므로 피이용자가 완전한 범죄성립요건을 갖추고 있는 경우에 이용자는 공동정범 또는 공범으로서의 참여만이 가능하다고 한다.[22] 결국 조직적 권력기구의 경우도 록신이 제시하는 강요지배를 기준으로 판단해야 할 문제이다.

### 4-3-3. 기능적 행위지배

기능적 행위지배는 공동정범의 행위지배형태이다. 공동정범은 공동의 의사에 의하여 각자의 역할분담에 따라 분업적으로 구성요건을 실현한다. 따라서 각자의 행위기여는 단순한 부분적 행위지배가 아니라 전체범행의 실현을 조종하거나 저지함으로써 사건이 그와 같이 완성되도록 기능하는 전체행위에 대한 행위지배가 인정된다. 이러한 의미에서 공동정범의 행위지배형태를 기능적 행위지배라고 한다.

다만 록신[23]은 의무범과 자수범에서 행위지배설을 포기하고 있다. 의무범에서의 정범은 행위지배가 아니라 특별의무위반에 의해서 그리고 자수범에서의 정범은 자수적인 신체적 실행에 의해서만 인정될 수 있다는 것이다. 따라서 행위지배는 지배범죄에서만 가능한 정범의 기준이고, 의무범과 자수범에서는 행위지배가 정범의 기준이 될 수 없다고 한다.[24]

물론 자수범(예컨대 위증죄)에서 스스로 범죄를 실행하지 아니하는 간접정범이나 공동정범의 성립은 불가능하다. 그러나 이는 해당 범죄의 특성에 의하여 스스로 범죄를 실행하지 아니하는 공동정범이나 간접정범의 성립이 불가능할 뿐이다. 자수범의 경우에도 스스로 범죄를 실행하는 자에 대한 실행지배(행위지배)를 부정할 이유는 없다. 또한 의무범에 있어서 특별의무위반이 정범의 불법을 특징짓는 것은 사실이다. 그러나 특별의무를 부담하는 정범은 직접 범죄를 실현하거나 비신분자인 타인을 도구로 이용[25]하는 것이 가능하며, 이러한 범죄실현 형태는 행위지배로 이해되어야 한다. 따라서 의무범이나 자수범에 대하여 행위지배설을 포기하는 관점은 타당하다고 할 수 없다.[26]

---

22) Vgl. Jescheck/Weigend, Lehrbuch AT, S. 664 f.; 이정원, 간접정범의 성부가 문제되는 경우, 박정근박사화갑기념논문집, 525면 이하, 539면 이하 참조.

23) Roxin, LK StGB, 11 Aufl. § 25 Rdnr. 36 ff.

24) 우리나라에서도 김일수, 한국형법 Ⅱ, 249면 이하; 김일수/서보학, 423면, 425면; 박상기, 394면 이하; 손동권/김재윤, 504면; 손해목, 952면 이하; 안동준, 262면; 이재상/장영민/강동범, 444면; 정성근/박광민, 501면.

25) 이에 관한 록신 교수의 견해와 이에 대한 비판은 아래 '제2편, 제6장, 제2절, 2-1-3. 고의는 있지만 목적이나 신분이 없는 도구의 경우' 참조.

26) 동취지, 자수성·의무성과 행위지배를 함께 요구하는 권오걸, 515면; 성낙현, 548면; 오영근, 360면.

# 제 2 절 간접정범

## 1. 간접정범의 의의

### 1-1. 간접정범의 개념

간접정범은 다른 사람을 도구로 이용하는 범죄실현형태이다. 의사가 정을 모르는 간호사에게 주사약 대신 독약을 넘겨주어 환자를 살해하는 경우 또는 정신병자를 충동하여 방화하는 경우 등이 여기에 해당한다. 여기서 범죄를 실현하는 자는 간호사나 정신병자를 이용하는 자이며, 간호사나 정신병자는 정범의 범죄실현에 이용되는 도구에 불과하다. 간접정범에서 범죄실현에 이용되는 도구를 '생명 있는 도구' 또는 '범행매개자'라고 한다.

> 직접정범의 경우에도 총이나 칼 등 도구를 사용하거나 맹수나 독사 등 동물을 도구로 이용하여 사람을 살해할 수 있다. 또한 직접정범이 범행에 이용하는 도구는 사람인 경우도 있다. 예컨대 범인 甲이 옥상에 나란히 서 있는 乙을 밀어 乙이 넘어지면서 A를 밀침으로써 A가 옥상에서 떨어져 사망케 하는 경우가 그러하다. 그러나 여기서 도구인 乙은 마치 물건이나 기계적인 도구와 같이 이용되고 있으므로 乙의 행동은 형법상의 행위로 평가되지 않는다. 이러한 의미에서 乙은 생명 없는 도구이며, 甲은 직접정범이 된다.

간접정범의 핵심은 자유롭지 아니한 인간을 도구로 이용하여 범죄를 실현한다는 점에 있다. 이때 피이용자는 사실적 또는 법적으로 이용자에 비하여 하위의 지위에 있으며, 이러한 관계에 의하여 이용자만이 자기의 의사로 사건을 조종하는, 즉 사태를 파악하고 전체 사건을 장악하는 지배적 역할을 하게 된다. 이와 같이 이용자는 피이용자를 조종하여 사건 진행을 지배하는 (간접)정범이고, 피이용자의 행동은 단순히 이용자의 조종의사에 의한 결과에 불과하게 된다.

### 1-2. 간접정범의 본질

간접정범의 본질에 관하여는 학설의 다툼이 있다. 통설[27]은 간접정범을 정범의 하나로 보며, 독일형법은 이를 명문으로 규정하고 있다. 반면에 소수설[28]은 간접정범의 본질을

27) 동취지, 도구형(정범형) 간접정범과 공범형(제34조) 간접정범으로 구별하는 견해로는 오영근, 407면, 417면 이하.

28) 신동운, 628면 이하, 667면; 정영석, 271면 이하; 차용석, 형사법강좌 II, 702면; 박정근, 간접정범, 고시계 1966.10, 69면.

공범으로 파악하고 있다.

종래의 주관주의 범죄론은 공범독립성설에 입각하여 간접정범을 공범이라고 파악하였다. 간접정범이라는 개념은 공범종속성설이 피교사자가 처벌받지 않을 때에 교사자도 처벌되지 아니하는 결함을 구제하기 위하여 만들어 낸 불필요한 개념이라는 것이다. 간접정범은 공범독립성설의 입장에서 당연히 교사범이나 방조범의 일종에 불과하다는 것이다.

소수설은 공범종속성설에 입각하면서도 간접정범을 공범으로 파악하고 있다. 공범종속성설에 의할 경우 종속형식에 따라 정범이 성립하지 않으면 공범도 성립할 수 없기 때문에 이러한 불합리한 점을 극복하기 위하여 "본래는 공범이지만 정범과 같이 취급되는 간접정범을 특별히 규정하고 있다"는 것이다.[29] 따라서 제34조 제1항은 간접정범의 행위를 교사 또는 방조의 행위로 명문화하고, 이에 대한 처벌도 교사 또는 방조의 예에 의하도록 규정한다는 것이다. 또한 간접정범의 규정은 특별한 예외규정이기 때문에, 이용자의 교사·방조행위 이외에 피이용자의 행위로 인한 범죄행위의 결과발생을 요건으로 함으로써 그 처벌범위를 제한하고 있다고 한다.[30]

제250조의 '사람을 살해하는 자'나 제329조의 '타인의 재물을 절취하는 자'에는 자신이 혼자서 직접 사람을 살해하거나 타인의 재물을 절취하는 직접정범뿐 아니라 다른 사람을 도구로 이용하여 사람을 살해하거나 타인의 재물을 절취하는 간접정범도 포함된다. 따라서 타인을 도구로 이용하여 범죄를 실현하는 간접정범은 피이용자를 조종하여 사건진행을 지배하는 정범이며, 피이용자의 행동은 단지 이용자의 의사의 실현에 불과하다. 그러므로 간접정범을 정범으로 이해하는 통설의 견해는 타당하다. 다만 간접정범에 관한 현행법의 규정은 간접정범의 본질을 담아내지 못하고 있다. 이러한 문제점은 아래 '1-3. 현행법의 규정'에서 자세히 검토한다.

간접정범은 그 본질에 있어서 정범이며, 따라서 간접정범은 행위를 지배하는 자이어야 한다. 이러한 간접정범의 행위지배를 록신은 의사지배라 하였으며, 의사지배는 우월적 인식과 의사에 의한 행위지배를 의미하였다. 또한 록신은 간접정범의 행위지배인 의사지배를 강요지배와 착오지배 및 조직적 권력기구에 의한 지배라는 3가지 형태로 분류하였다. 이 중에서 강요지배나 착오지배에 의한 의사지배는 대부분의 학자들에 의하여 지지되고 있으며, 이러한 의사지배는 간접정범의 행위지배 형태를 대부분의 경우 아주 적절하게 설명하고 있다. 그러나 우월한 인식과 의사에 의한 의사지배 없이도 간접정범을 인정해야 할 경우가 있다. 목적이나 신분이 없는 고의 있는 도구의 경우가 그러하다. 또한 조직적 권력기구에 의한 지배형태에 대하여도 학설의 다툼이 있다. 이러한 문제점들은 구체적인 경우

29) 정영석, 272면.
30) 신동운, 631면 이하; 신동운, 간접정범의 본질에 관한 일고찰, 유기천박사고희기념논문집, 194면 이하.

에서 자세히 설명한다.

## 1-3. 현행법의 규정

제34조 제1항은 간접정범에 관하여 "어느 행위로 인하여 처벌되지 아니하는 자 또는 과실범으로 처벌되는 자를 교사 또는 방조하여 범죄행위의 결과를 발생하게 한 자는 교사 또는 방조의 예에 의하여 처벌한다"고 규정하고 있다. 이 규정의 문언에 의하여 소수설은 간접정범을 공범으로 파악하고 있다. 그러나 이 조항의 문리적 표현에 집착해서는 간접정범의 본질을 찾을 수 없다. 교사행위는 타인이 범죄를 결의하도록 하는 행위이며, 방조행위는 타인이 범죄를 범하도록 조력하는 행위이다. 또한 '범죄행위의 결과를 발생하게 한 자'의 문리적 표현에서 범죄행위의 결과는 피이용자가 발생시킨 것으로 이해된다. 간접정범에서의 피이용자는 범죄를 결의하지도 않았고 범하지도 않았으며, 범죄행위의 결과도 피이용자가 아니라 이용자가 발생시킨 것이다. 예컨대 정을 모르는 간호사에게 주사약 대신 독약을 넘겨주어 환자를 살해하는 경우에 있어서, 간호사는 범죄를 결의하지도 않았고 범죄행위의 결과도 발생시키지 않았다. 범죄행위, 즉 살인행위의 결과는 이용자인 의사가 우월한 의사력으로 발생시킨 것이다. 간호사가 발생시킨 피해자의 사망결과는 고의나 과실(신뢰의 원칙)이 부정되기 때문에 결코 범죄행위라고 할 수 없는 단순히 불운한 주사행위의 결과일 뿐이다. 더욱이 본 조항은 '범죄행위의 결과를 발생하게 한 자'라고 표현함으로써 간접정범이 결과범에서만 가능한 듯이 규정하고 있다. 그러나 형식범의 경우에도 간접정범의 성립을 부정할 이유가 없으며, 본 조항의 문리적 표현과는 달리 간접정범의 성립은 결과가 발생한 경우뿐 아니라 결과가 발생하지 아니한 경우라도 미수범의 성립이 인정되어야 한다. 이와 같이 많은 결함이 있는 제34조 제1항은 입법론적으로 당장 개정되어야 할 조문이다. 다만 정범에 관한 규정은 임의적 주의규정으로 해석되기 때문에 본 조항은 간접정범의 본질에 합당한 목적론적 해석의 여지가 광범위하게 허용될 수 있다.

간접정범의 행위인 제34조 제1항의 '교사 또는 방조하여'는 '이용하여'의 의미로 해석하여야 한다. 또한 '범죄행위의 결과를 발생하게 한 자'는 '범죄를 실현한 자'로 해석되어야 한다. 이러한 해석은 특히 형식범의 경우에 의미가 있다. "교사 또는 방조의 예에 의하여 처벌한다"는 단순한 입법의 표현오류로 보아야 할 것이다. 일반적으로 간접정범은 지능적이고 야비한 방법으로 범죄를 실행하기 때문에 방조범의 경우와 같이 감경처벌의 필요성이 전혀 인정되지 않는다.

## 2. 간접정범의 범위

제34조 제1항에 의하면 간접정범은 '어느 행위로 인하여 처벌되지 아니하는 자 또는 과실범으로 처벌되는 자를 교사 또는 방조하여 범죄행위의 결과를 발생하게 한 경우'이다. 그러나 제34조 제1항은 '타인을 이용하여 범죄를 실현하는' 간접정범의 범위를 제한하기 위하여 규정된 조항이 아니다. 예컨대 제250조의 '사람을 살해하는 자'에는 '타인을 도구로 이용하여 사람을 살해하는 자'가 당연히 포함되어 있다. 따라서 제34조 제1항이 간접정범이라는 특별한 범죄형태를 형성하는 규정은 아니며, '타인을 이용하여 범죄를 실현하는 경우'도 각 구성요건의 범죄를 실현하는 정범이라는 당연한 내용을 알려주는 주의규정에 불과하다.

제34조 제1항에서 '범죄행위의 결과를 발생하게 하는'의 본질적인 의미는 '범죄를 실현하는'이 된다. 결과범뿐 아니라 형식범에서도 간접정범의 성립이 가능하며, 기수의 경우뿐 아니라 미수의 경우에도 간접정범의 성립이 가능하다. 또한 제34조 제1항의 '교사 또는 방조하여'는 '이용하여'를 의미한다(통설). 예컨대 일상 언어사용에서 의사가 간호사로 하여금 환자에게 주사를 놓도록 지시하는 행위를 "의사가 간호사에게 주사행위를 교사했다"고 할 수는 없다. 교사·방조는 범죄를 교사·방조하는 것이므로 '범죄가 아닌 간호사의 주사'를 '교사·방조'하는 것으로 볼 수는 없기 때문이다. 이와 같은 이용행위는 간접정범이 범죄를 실현하는 수단 내지 방법이다.

제34조 제1항은 피이용자의 범위를 '어느 행위로 인하여 처벌되지 아니하는 자 또는 과실범으로 처벌되는 자'로 규정하고 있다. 그러나 이는 부정확한 표현이다. 일반적으로 피이용자가 범죄성립요건을 모두 갖추고 있는 경우에는 비록 처벌조건이나 소추조건의 결여로 처벌되지 아니하는 경우라 할지라도 이용자는 간접정범이 아니라 교사범이 되기 때문이다. 또한 독일의 일부 학설[31]과 판례[32]에서는 피이용자가 범죄성립요건을 모두 갖추고 있는 경우에도 '정범 배후의 정범(Täter hinter dem Täter)', 즉 '배후정범'의 개념을 인정함으로써 간접정범의 성립이 가능하다고 본다. 따라서 피이용자의 범위도 학설의 발전에 좀 더 맡겨둘 필요가 있다.

간접정범의 성립이 문제되는 경우로는 '구성요건에 해당하지 않는 행위를 이용하는 경우', '구성요건에는 해당하나 위법하지 아니한 행위를 이용하는 경우' 및 '구성요건에 해당하고 위법하지만 책임이 없는 행위를 이용하는 경우'가 있다. 그 밖에 "피이용자가 범죄

31) Vgl. F. C. Schroeoder, Der Täter hinter dem Täter, 1965, mwN.; Roxin, LK StGB, § 25 Rdnr. 95, 102, 128 ff.; Cramer/Heine, S-S StGB,§ 25 Rdnr. 23 ff.; Ambos, GA 1998, S. 226.

32) Vgl. BGHSt 40, 218; 42, 65.

성립요건을 모두 갖추고 있는 경우에 간접정범이 성립할 수 있는지"에 대하여는 학설의 다툼이 있다. 그러나 피이용자의 태도가 형법상 행위로서의 성질을 구비하지 못한 경우에는 간접정범이 성립할 여지가 없으며, 직접정범의 성립만이 문제된다. 또한 간접정범은 고의범죄에서만 문제가 될 수 있으며, 과실범죄에서는 문제가 되지 않는다. 주의의무위반행위에 타인이 이용되었어도 이는 간접적인 의무위반이 아니라 직접적인 의무위반으로 평가되기 때문이다.[33]

## 2-1. 구성요건에 해당하지 않는 행위를 이용하는 경우

### 2-1-1. 객관적 구성요건에 해당하지 않는 도구의 경우

이용자의 강요나 기망에 의하여 피이용자 스스로 자살하게 하거나 자상하게 함으로써 또는 스스로 자기의 물건을 손괴하게 함으로써 살인죄·상해죄·손괴죄의 간접정범이 될 수 있다.[34] 이때 이용자에게는 강요에 의한 강요지배나 기망에 의한 착오지배를 통하여 피이용자의 행위를 장악함으로써 전체행위를 지배하는 의사지배에 의한 행위지배가 인정될 수 있다. 그러나 강요나 기망에도 불구하고 피강요자·피기망자의 행위를 장악하지 못한 경우에는 배후인의 행위지배가 부정되어 간접정범이 성립하지 않게 된다.

예컨대 A가 B에게 농약을 건네주며 자살을 강요한 경우라도 B의 사망이 B가 스스로 결심하여 결행한 결과라면 이에 대한 A의 행위지배(의사지배)는 인정될 수 없다. 따라서 A는 제250조 살인죄의 간접정범이 아니라, 제253조의 위계·위력에 의한 살인죄로 처벌된다.

이에 반하여 사이비 종교의 교주인 X가 열렬한 신도 Y에게 "농약은 사탄의 물이지만 자신이 사탄의 마력을 격퇴시켰으므로 이미 악마를 이길 수 있는 성수가 되었다"고 기망함으로써 농약을 마시게 한 경우에는 Y의 사망에 대한 X의 행위지배가 인정된다. 즉 X는 Y를 기망하여 착오에 빠진 Y의 행위를 장악하였으므로 Y의 사망에 이르는 전체행위를 지배하는 행위지배(의사지배)가 인정된다. 따라서 X는 제253조가 아니라, 제250조에 의하여 살인죄의 간접정범으로 처벌된다.

### 2-1-2. 고의 없는 도구의 경우

간접정범의 가장 대표적인 예로 등장하는 경우가 고의 없는 도구를 이용하는 경우이다. 의사가 정을 모르는 간호사에게 독약을 영양제라 기망하여 환자에게 주사하게 한 경우가 그러하다. 이 경우 간호사의 행위는 환자를 살해하려는 고의가 결여되었기 때문에 살인죄의 구성요건에 해당하지 않는다. 의사는 기망에 의하여 우월한 의사력으로 피기망자인

33) 과실범은 주의의무위반이라는 하나의 형태로만 범죄가 성립하는 '단일정범개념'으로 이해되는 범죄이다.
34) 대법원 2006.9.28. 2006도2963.

간호사의 행위를 장악하였고, 이에 따라 의사의 이용행위는 환자를 사망에 이르게 하는 전체행위에 대한 행위지배가 인정된다. 따라서 의사는 살인죄의 간접정범으로 처벌된다.

### 2-1-3. 고의는 있지만 목적이나 신분이 없는 도구의 경우

목적범에 있어서 목적은 초과주관적 구성요건요소이기 때문에 고의가 있어도 목적이 없는 행위는 구성요건해당성이 인정되지 않는다. 또한 진정신분범에서는 신분이 없는 자의 고의 있는 행위도 구성요건에 해당하지 않는다. 이와 같이 고의는 있지만 목적이나 신분이 없어 구성요건에 해당하지 아니하는 타인의 행위를 이용하여 범죄를 저지르는 경우에 간접정범이 성립할 수 있는지 문제된다. 예컨대 A가 친한 친구 B에게 부탁하여 그가 판매할 음란물을 보관시킨 경우 또는 공무원이 친구를 이용하여 뇌물을 받는 경우가 그러하다.

목적이나 신분이 없는 도구의 경우에는 피이용자가 고의를 가지고 행위하기 때문에, 이러한 피이용자의 행위에 대하여 이용자의 우월한 의사력이나 의사지배가 인정될 수는 없다. 따라서 간접정범의 행위지배를 의사지배로 파악하는 록신은 고의 있는 도구의 경우 의사지배에 의한 간접정범의 성립을 부정한다. 목적 없는 고의 있는 도구의 경우에는 간접정범의 성립을 부정하면서 피이용자에 대하여는 직접정범을 인정하고, 이용자에 대하여는 교사범의 성립을 인정한다.[35] 이에 반하여 고의 있는 신분 없는 도구의 경우는 간접정범의 성립을 인정한다. 그러나 이때의 간접정범은 의사지배가 아니라 특별의무에 근거하는 특수한 간접정범의 형태라고 한다.[36] 우리나라에서도 소수설[37]이 록신의 견해를 지지하고 있다.

록신은 범죄를 지배범·의무범·자수범으로 구획하여 행위지배를 오직 지배범죄에 대한 정범

---

35) Roxin, LK StGB, 11 Aufl. § 25 Rdnr. 140 ff.: 록신(Roxin)에 의하면 이러한 경우는 대부분 현실적으로 피이용자의 목적(또는 다른 초과주관적 구성요건요소, 예컨대 불법영득의사)을 부정할 수 없다고 한다. 따라서 피이용자는 목적 없는 도구가 아니라 목적 있는 직접정범이 된다고 한다. 만약 피이용자의 목적을 인정할 수 없다면, 피이용자와 이용자 모두에게 범죄가 성립하지 않는다고 한다.

당시에 록신은 '농장주가 하인으로 하여금 타인의 오리까지 섞여 있는 오리무리를 자신의 농장으로 몰아넣게 한 사안'을 제시하여 설명하였는데, 현재 독일형법의 절도죄는 자기 불법영득의사뿐 아니라 제3자 불법영득의사도 포함하는 것으로 개정되었다. 현행 독일형법에 의하면 하인은 직접정범, 농장주에 대해서는 교사범의 성립이 인정된다.

36) Roxin, LK StGB, 11 Aufl. § 25 Rdnr. 134 ff.: 신분범은 신분에 의한 특별의무위반에 의해서 정범이 되는 의무범이고, 의무범은 행위지배가 아닌 의무위반에 의해서 정범이 근거지워진다고 한다.

37) 김일수, 한국형법 II, 261면 이하; 김일수/서보학, 432면 이하, 434면 이하; 박상기, 441면 이하, 447면; 손해목, 952면 이하; 신분이나 목적이 결여된 고의 있는 도구의 경우에 의사지배를 인정할 수 없으므로, 배후자에게 교사범의 성립을 인정해야 한다는 입장으로는 임웅, 483면 이하; 동취지, 고의 있는 목적 없는 도구의 경우에는 의사지배를 인정하는 성낙현, 595면; 고의 있는 신분 없는 도구의 경우에는 의사지배를 인정하는 안동준, 288면 이하.

의 기준으로 이해하면서, 의무범죄에 대한 정범의 기준은 특별의무위반이고, 자수범죄에 대한 정범의 기준은 자수적인 신체적 실행이라고 한다. 의무범죄에서 특별의무위반은 '특별의무에 의한 행위지배'가 아니라는 것이다. 그러나 의무범죄에서 특별의무위반이 정범의 기준이 되어야 한다면, 어떻게 고의 있는 신분 없는 도구를 이용하는 신분자는 직접정범이 아니라 특수한 간접정범이 되어야 하는지 의문이 제기된다. 법적 의무는 타인을 이용하여 위반하여도 자신의 직접적인 의무위반이 되기 때문이다. 즉 의무위반은 타인과 공유하거나 타인에게 전가할 수 있는 것이 아니다. 이러한 이유로 '고의는 있지만 목적이나 신분이 없는 도구'의 경우에 관한 록신의 이론에는 찬성할 수 없다.

이에 반하여 고의가 있지만 목적이나 신분 없는 도구의 경우에 이용자에 대하여는 간접정범[38]의 성립을 인정하고, 피이용자에 대하여는 방조범의 성립을 인정하는 것이 다수설[39]의 입장이다. 이 경우 이용자에게는 의사지배가 아니라, 이용자의 목적이나 신분에 의하여 실질적으로 피이용자를 이용하여 행위를 지배하는 행위지배가 인정된다고 한다. 이러한 행위지배를 의사지배와는 성격이 다른 규범적·심리적 행위지배 또는 사회적 행위지배라고 한다.[40] 이러한 다수설의 견해는 타당하다. 이 경우 이용자는 목적이나 신분에 의하여 피이용자보다 우월한 지위에 있으며, 이러한 지위에 의하여 피이용자의 행위를 지배하기 때문에 행위지배가 인정된다.

고의는 있지만 목적이나 신분 없는 도구의 경우는 제34조 제1항의 공범형 간접정범이라는 견해[41]가 있다. 이러한 이론구성을 위하여 이 견해는 공범이론에서 '구체적 상황에서 개별 행위자에 대한 법적 비난이라는 책임의 본질에 근거를 둔 책임개별화 원칙'도 포기하고, 이를 근거로 하는 '제한적 종속형식'마저 포기하고 있다.[42]

## 2-2. 구성요건에 해당하지만 위법하지 아니한 행위를 이용하는 경우

국가기관의 적법한 행위를 이용하거나 위법성조각사유로 행동하는 자를 이용하여 범

38) 대법원 1997.4.17. 96도3376 : "범죄는 '어느 행위로 인하여 처벌되지 아니하는 자'를 이용하여서도 이를 실행할 수 있으므로, 내란죄의 경우에도 '국헌문란의 목적'을 가진 자가 그러한 목적이 없는 자를 이용하여 이를 실행할 수 있다."

39) 배후자의 간접정범을 인정하는 반면 피이용자의 가벌성을 부정하는 견해로는 김성돈, 652면 이하, 653면 이하.

40) 김성돈, 653면, 654면; 배종대, 444면; 이재상/장영민/강동범, 457면; 정성근/박광민, 527면, 528면 이하; 진계호/이존걸, 594면; 신분범의 정범표지를 특별의무위반으로 이해하는 동시에, 신분이나 목적 없는 고의의 도구를 이용하는 경우에 규범적 행위지배를 인정하는 입장으로는 손동권/김재윤, 511면.

41) 오영근, 421면.

42) 오영근, 384면 이하.

죄를 실현하는 경우에 이용자는 간접정범이 된다. 예컨대 국가기관에 허위의 신고를 하여 피해자가 구속되게 하는 경우, 정당방위를 이용하기 위하여 피해자에게 방위자에 대한 공격을 유도하는 경우, 또는 낙태를 시도한 조산사가 임부의 출혈이 심해지자 의사를 찾아가 부탁함으로써 의사가 임부의 생명을 구하기 위하여 긴급피난으로 낙태수술을 하도록 하는 경우 등이 그러하다. 이러한 경우에 이용자에게는 기망이나 강요로 피이용자의 행위를 장악하여 전체행위를 지배하는 행위지배가 인정될 수 있다.

## 2-3. 구성요건에 해당하고 위법하지만 책임 없는 행위를 이용하는 경우

구성요건에 해당하고 위법하지만 책임 없는 행위를 이용하는 경우에도 간접정범의 성립이 가능하다. 이러한 경우로는 책임능력 없는 도구를 이용하는 경우, 정당한 이유 있는 법률의 착오를 이용하는 경우 및 강요된 행위자를 이용하는 경우가 있다. 제한적 종속형식에 의하면 책임 없는 도구를 이용하는 경우에는 간접정범의 성립도 가능하지만 교사범이나 방조범의 성립도 가능하게 된다. 따라서 간접정범과 교사범의 구별이 특히 중요하게 된다.[43)]

책임 없는 자의 불법행위를 이용하여 범죄를 실현하는 경우에는 "이용자와 피이용자 중에서 누가 행위를 지배하고 있는가"에 의하여 이용자에 대한 간접정범 내지 교사범의 성립이 결정된다. 배후인인 이용자가 전체행위를 장악하고 이에 따라 행위지배가 인정된다면 이용자는 간접정범이 된다. 반대로 이용자가 직접실행자인 피이용자에게 범죄의 실현을 맡겨 놓음으로써 피이용자인 직접행위자가 사태를 장악하였다면 이용자는 공범(교사범)에 불과하게 된다.

### 2-3-1. 책임능력 없는 도구

책임능력 없는 형사미성년자를 이용하여 범죄를 실현하는 경우에 이용자는 간접정범이 될 수 있다. 이용자가 우월한 인식과 의사에 의하여 피이용자인 책임무능력자의 행위를 장악함으로써 전체행위를 지배하고 있다면 이용자는 간접정범이 된다. 예컨대 5세 정도의 아동에게 과자를 사주며 집에서 귀중품을 내어 오도록 시키는 경우가 그러하다. 그러나 13세 정도의 중학생을 이용하여 절도나 방화하는 경우 이용자는 교사범에 해당한다.[44)] 13세 정도의 중학생은 시비에 대한 변별능력이 충분히 인정되므로 직접행위자인 피이용자에게 범행에 대한 행위지배가 인정된다(다수설). 이 경우 형사미성년자를 절대적 책임무능력자로 규

43) 공범의 종속성에서 극단적 종속형식을 취하면, 불법하지만 책임이 없는 자를 이용하여 범죄를 실현하는 경우에는 공범의 성립이 불가능하고 간접정범의 성립만이 가능하게 된다: 권오걸, 527면; 신동운, 677면 이하; 오영근, 384면 이하.

44) RGSt 61, 265.

정한 형법의 취지를 고려하여 이용자에 대한 교사범의 성립가능성을 부정하는 견해[45]가 있으나 타당하다고 할 수 없다. 사태를 완전히 파악하고 행위를 장악하고 있는 직접행위자가 형사미성년자라고 하여 그의 실행지배를 부정할 수는 없다. 불법행위를 지배하는 형사미성년자에 대해서는 법적비난이 배제될 뿐이며, 이러한 경우에 공범의 성립을 인정하기 위해서 제한적 종속형식이 구축된 것이다.

#### 2-3-2. 정당한 이유 있는 법률의 착오를 이용하는 경우

제16조에 의하여 책임이 면제되는 '정당한 이유 있는 법률의 착오로 행동하는 자'를 이용하여 범죄를 실현하는 경우에도 간접정범이 성립할 수 있다. 다만 이용자가 피이용자의 그러한 착오를 의도적으로 유발하였거나 착오에 빠진 상태를 인식하고 이를 적극적으로 이용하는 경우에만 우월한 인식과 의사에 의한 행위지배를 인정할 수 있다.

#### 2-3-3. 자유 없는 도구

제12조에 의한 강요된 행위를 이용하는 경우에도 간접정범이 성립할 수 있다. 다만 이 경우에 이용자에게는 강요에 의한 행위지배가 인정되어야 한다. 만약 피강요자의 자발적 의사가 인정되는 경우에는 직접행위자인 피강요자의 행위지배가 인정되며, 이 한도에서 이용자의 행위지배는 인정되지 않으므로 이용자는 교사범이 될 뿐이다.

### 2-4. 피이용자가 완전한 범죄성립요건을 구비한 경우

피이용자가 범죄성립요건을 모두 구비한 경우에도 간접정범이 성립할 수 있는지 문제된다. 피이용자가 정당한 이유 없는 법률의 착오를 범한 경우, 피이용자가 객체의 착오를 범한 경우 또는 조직적 권력기구의 경우 등이 여기에 해당한다. 이러한 경우에도 간접정범의 성립이 가능하다는 견해[46]가 있으나, 다수설은 제34조 제1항의 '어느 행위로 인하여 처벌되지 아니하는 자'라는 법문에 의하여 간접정범의 성립을 부정한다. 독일에서는 일부 학설[47]과 판례[48]에서 '정범 배후의 정범(Täter hinter dem Täter)'의 개념을 사용하여 피이용

45) 김일수/서보학, 437면; 박상기, 444면 이하; 성낙현, 597면; 극단적 종속형식의 입장에서 권오걸, 607면; 신동운, 677면; 오영근, 420면.

46) 김일수/서보학, 437면 이하; 박상기, 448면 이하; 성낙현, 598면; 손동권/김재윤, 518면 이하; 손해목, 961면; 정영일, 447면 이하; 최우찬, 간접정범 고시계 1994.3, 23면; 도구형 간접정범에 대해서는 제34조가 적용되지 않는다는 관점에서 오영근, 412면; 입법론적인 관점에서 이형국, 302면.

47) Vgl. F. C. Schroeoder, Der Täter hinter dem Täter, 1965, mwN.; Roxin, LK StGB, § 25 Rdnr. 95, 102, 128 ff.; Roxin, JZ 1995, S. 49; Cramer/Heine, S-S StGB,§ 25 Rdnr. 23 ff.

48) Vgl. BGHSt 40, 218; 42, 65.

자가 범죄성립요건을 모두 구비한 경우에도 간접정범의 성립을 인정하고 있다.

'정범 배후의 정범'의 개념을 인정하는 것은 타당하지 않다. 타인을 이용하는 모든 경우에 간접정범의 규정을 적용한다면 이는 정범과 공범의 구획을 무너뜨리게 될 것이며, 간교한 교사범이나 방조범을 (간접)정범으로 처벌하게 되어 형법을 심정법학으로 만들게 된다. 특히 간접정범의 개념은 형법이론사에서 단지 보충적인 역할[49]만을 담당해 왔기 때문에 보충적인 한도에서만 간접정범을 적용하는 것이 간접정범의 역사적 의미와도 일치하는 해석이 된다.

피이용자에게 정당한 이유 없는 법률의 착오를 유발시킨 이용자는 교사범으로 처벌되어야 한다. 이 경우 피이용자는 형법적으로 완전한 자기의 책임하에서 행위하고 있으므로 이에 대해서는 실행지배를 인정할 수 있으며, 이러한 행위를 유발시킨 자는 전형적인 공범이 된다.

피이용자에게 객체의 착오를 유발시킨 이용자는 동시범인 직접정범이 된다. 예컨대 '범인이 자신을 살해하려는 계획을 알게 된 A가 그의 원수 B를 자신이 있는 곳으로 유인함으로써 자기 대신 범인에게 살해되도록 하는 경우' 또는 '시력이 좋은 甲이 X를 살해하려는 乙에게 전방에 오는 사람이 X라고 기망함으로써 자기의 원수 Y가 저격되도록 하는 경우'가 그러하다. 이러한 경우에는 유발자의 지배하에 속해 있지 아니한 힘이 이미 범죄완성을 위하여 준비되어 있기 때문에, 유발자가 행위지배적인 태도로 나아감으로써 직접정범이 성립하게 된다. 예컨대 지뢰밭으로 피해자를 유인하는 경우와 마찬가지로 발파시각에 피해자를 발파장소로 유인하는 경우에도 유발자는 간접정범이 아니라 직접정범이 된다. 이 경우 발파시각을 범인과 제3자 중 누가 결정했는가는 유발자에게 직접정범을 인정함에 있어서 아무런 문제가 되지 않는다.

조직적 권력기구의 경우 권력기구를 조종하는 자에게는 전체행위를 지배하는 기능적 행위지배가 인정되며, 이 한도에서 공동정범[50]의 성립이 가능하다.[51]

## 3. 간접정범의 처벌

### 3-1. 기수범의 처벌

제34조 제1항이 간접정범을 "교사 또는 방조의 예에 의하여 처벌한다"고 규정한 것은 입법의 오류이다. 타인을 이용하여 범죄를 실현하는 방법이 외형적·형식적으로 교사와 유사한 형태이든 또는 방조와 유사한 형태이든 이들 사이에서 불법내용에는 어떤 차이도 인정되지 않는다. 예컨대 정을 모르는 간호사에게 독약을 영양제로 속여 환자에게 주사하도

49) Vgl. Welzel, Das deutsche Strafrecht, S. 106.

50) Vgl. Jescheck/Weigend, Lehrbuch AT, S. 670; Samson, SK StGB, § 25 Rdnr. 36.

51) 이에 관한 구체적인 내용은 이정원, 간접정범 성부가 문제되는 경우, 박정근박사화갑기념논문집, 525면 이하 참조.

록 지시하는 경우이거나 또는 의사가 환자에게 주사할 영양제병의 영양제를 쏟아버리고 독약을 넣어 정을 모르는 간호사가 그 독약을 환자에게 주사하는 경우이거나 두 경우의 불법내용은 동일하다. 이와 같이 간접정범은 지능적이고 야비한 방법으로 범죄를 실행하는 경우이기 때문에 일반적으로 방조범의 경우와 같이 감경처벌의 필요성이 전혀 인정되지 않는다.

간접정범의 처벌은 형법각칙의 규정에 의한다. 제250조의 '사람을 살해하는 자'는 직접적으로 사람을 살해하는 경우뿐 아니라 간접적으로 타인을 이용하여 사람을 살해하는 경우도 포함된다. 이러한 의미에서 간접정범에 관한 총칙의 규정은 단순한 주의규정이다. 제34조 제1항에 대해서는 간접정범의 본질에 합당한 목적론적 해석의 여지를 광범위하게 인정해야 한다.

### 3-2. 미수범의 처벌

간접정범이 미수인 경우에는 미수범의 규정에 따라 처벌된다. 제34조 제1항은 간접정범을 '범죄행위의 결과를 발생하게 한 자'로 규정하고 있으나, 간접정범을 결과범에 한정할 이유가 없으며, 미수범의 경우에 불가벌이어야 할 이유도 없다.

## 4. 관련문제

### 4-1. 간접정범의 실행의 착수

간접정범의 실행의 착수시기에 관하여는 학설의 대립이 있다. 일부의 학설[52]은 이용자가 피이용자를 이용하기 시작한 때에 실행의 착수가 있다고 본다. 간접정범에서의 피이용자는 도구로 이용되는 단순한 물건과 같기 때문에 범죄의 실행착수는 이용자의 행위를 기준으로 판단해야 한다는 것이다. 이에 반하여 간접정범의 미수는 범행매개자의 행위를 기준으로 판단해야 한다는 견해[53]가 있다. 범행매개자는 단순한 기계적 도구가 아니라 구성요건적 실행행위에 관여하는 인간도구라는 것을 이유로 한다.

그러나 미수범의 실행착수를 판단하는 주관적 객관설의 기준에 의하면 이러한 획일적인 판단은 의문이다. 간접정범도 하나의 범죄실현형태이므로 이를 전체적으로 관찰하여 일반적인 실행착수의 기준인 주관적 객관설에 의하여 구체적인 경우에 개별적으로 판단하여

52) 권오걸, 617면; 이영란, 488면; 이재상/장영민/강동범, 462면; 임웅, 486면 이하; 조준현, 423면.
53) 김성돈, 664면; 신동운, 685면; 이상돈, 558면 이하; 이형국, 303면.

야 한다. 따라서 구체적인 경우에 이용자의 표상에 따라 개별적인 행위의 객체 또는 구성요건실현에 대한 직접적인 위험이 인정될 때에 실행의 착수를 인정할 수 있다.[54]

일반적으로 간접정범의 실행착수는 악의의 도구와 선의의 도구인 경우에 각각 다른 기준으로 판단될 수 있다.[55] 이용자의 표상에 의하여 악의의 도구인 경우(강요지배)에는 피이용자의 행위가 기준이 될 수 있으며, 선의의 도구인 경우(착오지배)에는 피이용자를 이용하는 이용자의 행위종료시점에 실행의 착수를 인정할 수 있을 것이다. 예컨대 정을 모르는 간호사에게 독약주사를 넘겨주는 의사는 이를 넘겨주었을 때 실행의 착수가 인정된다. 일반적으로 이러한 경우에 이용자의 이용행위의 종료는 다른 외부적 행위의 개입이 없으면 구성요건의 실현에 직접 연결되기 때문이다.[56] 그러나 이는 어디까지나 이용자의 구체적인 범행계획을 기초로 판단해야 한다. 예컨대 A가 B를 살해하기 위하여 독약을 혼입한 설탕을 소포로 B에게 송부한 경우에는 송부할 때가 아니라 행위자의 범행계획에 의하면 적어도 피해자가 이를 수령할 때 실행착수가 인정될 수 있다(주관적 객관설). 또한 X가 Y의 약국에 방화하기 위하여 바닥에 휘발유를 뿌려 두었는데 Y가 담배불을 버려서 화재가 난 경우에는 X가 휘발유를 뿌려둔 시점에 실행의 착수를 인정하기는 어렵다. 이용자의 범행계획에 의하면 피이용자가 담배를 피우기 위하여 불을 켤 때 또는 담배를 피우며 들어오는 경우에는 약국에 들어설 때 실행의 착수를 인정할 수 있을 것이다(주관적 객관설).

## 4-2. 간접정범과 착오

### 4-2-1. 이용자의 피이용자에 대한 착오

간접정범에서 이용자가 피이용자의 고의나 책임능력에 관하여 착오한 경우가 문제된다. 이용자가 피이용자를 고의 없는 도구 또는 책임능력 없는 도구로 오인하였는데, 피이용자가 고의 또는 책임능력을 구비하고서 범죄를 실현한 경우의 문제이다.

이 경우 이용자에 대하여 간접정범의 성립을 인정하는 견해[57]가 있다. 그러나 이는 정범과 공범의 구별에 관하여 주관설을 취할 경우에만 가능한 결론이다. 피이용자는 자신의 범행에 대한 실행지배에 의하여 완전한 정범이 인정되므로, 이용자의 이용행위는 객관적으로 공범의 범주에 머무르게 된다.

이러한 점에서 피이용자에 대한 착오의 경우 간접정범의 미수를 인정해야 한다는 견

54) 동지, 김성천/김형준, 329면; 박상기, 453면 이하; 배종대, 451면; 성낙현, 600면; 안동준, 290면; 오영근, 413면 이하; 정영일, 441면.

55) 정성근/박광민, 397면; 진계호/이존걸, 598면 이하.

56) 동취지, 이용자의 이용행위가 완료되어 도구가 이용자의 지배권을 벗어난 때 실행의 착수라는 입장의 김일수/서보학, 439면; 손동권/김재윤, 440면; 손해목, 967면.

57) 유기천, 115면; 제한적 입장: 원칙적으로 공범이 성립하지만, 의사지배가 인정되는 경우에는 배후정범의 간접정범이 성립할 수 있다는 견해로는 정영일, 450면.

해[58][59]가 있다. 정범의 고의와 공범의 고의는 구별되기 때문이라고 한다. 그러나 간접정범의 미수를 인정하려면 실행의 착수가 인정되어야 하는데, 피이용자를 도구라고 오인한 이용자의 이용행위만으로 실행의 착수를 인정하는 것도 주관설의 입장이다. 주관적 객관설에 의한다면 이러한 경우는 간접정범의 미수가 아니라 간접정범의 예비에 불과하다고 해야 한다.[60] 피이용자가 자신의 범행을 독자적으로 실행하는 것이 범행에 대한 이용자의 실행의 착수로 인정될 수는 없기 때문이다.

이 경우는 이용자에 대하여 공범의 성립을 인정하는 것이 타당하다(통설). 피이용자에 대한 착오의 경우에 이용자는 정범의 고의로 행동하지만, 객관적으로는 공범의 범주에 머무르는 경우이다. 이때 정범의 고의는 무조건적인 범죄실현의사로서 공범의 고의를 포함하게 된다.[61] 이 한도에서 이용자에 대해서는 완전한 공범의 성립이 인정된다. 반면에 정범의 고의로 피이용자를 이용하는 행위만으로는 이용자에 대하여 간접정범의 미수를 인정할 수 없다. 이와 같이 하나의 행위가 공범의 기수와 예비죄로 평가될 경우 해당범죄에 대한 준비행위는 공범의 기수에 대하여 보충관계에 의한 법조경합으로 파악해야 한다. 따라서 이용자의 도구에 대한 착오의 경우는 공범의 성립만을 인정해야 한다.

이와 반대의 경우, 즉 직접실행자가 고의와 책임을 완전하게 구비한 정범이라 생각했는데, 실제로는 직접실행자에게 고의나 책임이 결여된 경우가 있다. 이러한 경우는 간접정범의 착오가 아니라 공범(교사범 방조범)의 착오에 해당한다. 이 중에서 피이용자의 책임에 관하여 이용자가 착오한 경우에는 제한적 종속형식에 의하여 공범의 성립에 아무런 지장이 없다. 이에 대해서는 이론이 없다. 그러나 피이용자의 고의에 관하여 이용자가 착오한 경우에는 공범의 미수[62]에 불과하게 된다. 다수설[63]에서는 이 경우에도 직접행위자의 책임능력에 관한 착오와 동일하게 이용자에게 공범의 성립을 인정하고 있으나 타당하다고 할 수 없다. 이 경우에는 교사자가 피교사자로 하여금 범죄를 결의하도록 시도하였으나 피교사자가 범죄를 결의하지 아니함으로써 실패한 경우인 교사의 미수에 불과하기 때문이다.[64] 이 경우

58) 피이용자의 책임능력에 관한 착오에서는 교사범의 성립을 인정하면서, 피이용자의 고의에 관한 착오에서는 간접정범의 미수를 인정하는 박상기, 451면, 452면.

59) Vgl. Kühl, AT, § 20 Rdnr. 84, 86; Samson, SK StGB, § 25 Rdnr. 112.

60) 박상기, 452면: 간접정범의 미수는 제34조 제1항과 제31조 제3항에 의하여 예비죄로 처벌된다고 한다. 그러나 (간접)정범의 미수에 대해서 제31조 제3항을 적용하는 것은 부당하다.

61) 공범의 기수와 간접정범의 미수의 상상적 경합을 인정하는 견해로는 손동권/김재윤, 524면.

62) 교사의 경우에는 실패된 교사로서 제31조 제3항에 따라 예비·음모에 준하여 처벌되며, 방조의 경우에는 불가벌이다. 이는 물론 당해 고의범의 구성요건에 한정된 판단이며, 구체적인 사건에서는 과실범의 성립 여부도 판단되어야 한다.

63) 책임 없는 직접행위자의 경우에만 한정하여 이용자에게 공범의 성립을 인정하는 견해로는 박상기, 451면; 손동권/김재윤, 524면.

64) 동취지, 정영일, 450면.

간접정범의 성립을 인정하는 견해[65]도 있으나, 이는 정범고의가 없는 자를 고의정범으로 처벌하는 것이므로 죄형법정주의에 위배되며 부당하다.[66]

### 4-2-2. 피이용자의 착오

피이용자가 구체적 사실에 대한 객체의 착오나 방법의 착오를 일으킨 경우 이러한 피이용자의 착오가 이용자인 간접정범에게 어떻게 작용하게 되는지 문제된다. 우선 피이용자의 방법의 착오는 이용자에게도 방법의 착오로 작용한다는 점에 대해서는 견해가 일치하고 있다. 그러나 피이용자가 객체의 착오를 일으킨 경우, 이것이 이용자에게 어떻게 작용하는지에 대해서는 학설의 다툼[67]이 있다. 소수설[68]에서는 피이용자의 객체착오가 이용자에게도 객체의 착오로 작용한다고 본다. 그러나 이 경우는 이용자가 이용하는 도구의 착오로 인하여 이용자가 의도하지 않았던 다른 객체의 법익침해로 나타난 경우이기 때문에 마치 조준사격한 총탄이 옆 사람을 명중시킨 방법의 착오와 동일하게 된다. 따라서 피이용자의 객체착오가 이용자에게는 방법의 착오로 작용한다고 보는 다수설의 견해가 타당하다.

피이용자의 구체적 사실에 대한 객체착오의 경우에 있어서, 고의 있는 도구의 객체착오는 이용자에게도 객체의 착오로 작용하고, 기계적 도구의 객체착오는 이용자에게 방법의 착오로 작용한다는 견해[69]가 있다. 그러나 매개자의 객체착오가 이용자에게 방법의 착오로 작용한다는 것은 매개자의 특성과는 전혀 관계가 없다. 고의 있는 도구가 객체의 착오를 한 경우라도 이는 이용자에게 방법의 착오로 작용해야 한다. 예컨대 A를 상해할 것을 강요받은 피이용자가 B를 A로 오인하여 B를 상해한 경우, 이용자의 측면에서는 방법의 착오로 의도하지 못했던 B의 상해결과가 야기된 것으로 평가해야 한다. 따라서 이 견해는 타당하지 않다.

또한 ① 객체선정을 피이용자가 주도한 경우이거나 ② 피이용자의 객체착오에 대해서 이용자에게 미필적 고의가 있는 경우는 피이용자의 객체착오가 이용자에게도 객체착오로 작용하고, ③ 객체선정을 이용자가 주도한 경우는 피이용자의 객체착오가 이용자에게 방법의 착오로 작용

---

65) 간접정범의 본질을 공범으로 파악하는 입장에서 신동운, 680면; 고의 없는 직접행위자의 경우에만 한정하여 이용자에게 간접정범의 성립을 인정하는 견해로는 박상기, 452면.

66) 손동권/김재윤, 525면은 이 경우 이론적으로 공범의 미수를 인정하면서, 간접정범으로 처벌해도 무방하다고 한다. 그러나 이론적으로 공범의 미수를 인정하면서 간접정범으로 처벌하는 것은 근거 없는 처벌이며 심정법학의 결론이다.

67) 사실의 착오에 있어서 법정적 부합설을 지지하는 입장에서는 이 경우 객체의 착오를 인정하든 방법의 착오를 인정하든 결과에서 차이가 없게 된다: 신동운, 682면; 이재상/장영민/강동범, 463면; 임웅, 488면; 정성근/박광민, 536면; 진계호/이존걸, 600면.

68) 배종대, 452면; 안동준, 291면.

69) 교사범에서 정범의 구체적 사실에 관한 객체착오에 관하여 김성돈, 684면. 다만 김성돈, 662면에서는 피이용자의 객체착오의 경우 '정범 배후 정범'을 인정하지 않는 한 간접정범의 성립이 배제된다고 한다. 그러나 '피이용자인 도구에게 처음부터 구비되지 아니한 고의나 책임'이 '피이용자의 구체적 사실에 대한 객체착오'에 의해서 새롭게 만들어질 수는 없다고 해야 한다.

한다는 견해[70]도 있다. 그러나 ① 최종적인 객체선정을 피이용자가 주도한 경우에는 이용자가 작동시킨 매개자인 도구의 오작동에 의하여 구체적으로 인식하지 못한 범죄의 실현으로 평가해야 하기 때문에, 이는 이용자에게 방법의 착오로 나타나게 된다. 또한 ② 이용자에게 피이용자의 객체착오를 감수하겠다는 미필적 고의가 있는 경우는 처음부터 이용자에게 착오가 없는 경우이므로 착오의 문제는 발생될 여지가 없게 된다. 이 한도에서 이 견해는 타당하지 않다.

다만 이 견해의 '③ 객체선정을 이용자가 주도한 경우'는 '이용자가 피이용자에게 설명한 객체에 대한 묘사에 의하여 피이용자의 객체착오가 유발된 경우'를 의미하는 것이라고 보인다. 예컨대 저녁 6시경 일정한 곳을 산책하는 파란 모자를 쓴 작은 체격의 A를 상해하라고 강요한 경우, 이용자가 피이용자에게 설명한 A에 대한 묘사에 의하여 피이용자가 동일한 조건의 B를 상해했다면, 피이용자의 객체착오는 객체에 대한 이용자의 묘사에 의해서 유발된 것이 된다. 따라서 이 경우는 피이용자의 객체착오가 이용자에게 작용하는 문제라기보다는, 이용자 스스로의 객체착오가 문제되는 경우라고 보아야 한다. 즉 피이용자의 객체착오는 이용자의 객체착오의 결과라고 파악하는 것이 타당하다.

## 4-3. 신분범과 간접정범

진정신분범에서 신분 없는 자가 신분 있는 타인을 도구로 이용하여 범죄를 실현하는 것은 불가능하다. 진정신분범은 신분 있는 자만이 정범으로 범죄를 실현할 수 있기 때문이다. 이 경우 신분 없는 이용자는 제한적 종속형식에 의하여 공범으로서의 가담만이 가능할 뿐이다.

## 4-4. 자수범과 간접정범

자수범은 행위자가 직접 실행행위를 해야만 성립하는 범죄를 말한다. 행위자의 직접적인 실행 이외의 다른 방법으로는 당해 구성요건의 특별한 반가치가 실현될 수 없는 성질의 범죄가 자수범이다. 따라서 자수범은 실행지배가 없는 한, 의사지배나 규범적·심리적 행위지배에 의한 간접정범 또는 기능적 행위지배에 의한 공동정범의 형태로는 범죄의 실현이 불가능하다.

형법상의 자수범을 3가지 유형[71]으로 분류하여 열거하는 견해[72]가 있다. 첫째의 유형으로는 범죄의 실행에 행위자의 신체를 수단으로 요구하는 범죄이며, 준강간죄·준강제추행죄·피구금

---

70) 박상기, 450면.

71) 이러한 자수범의 3유형은 Herzberg, Eigenhändige Delikte, ZStW 82(1970), 913 ff.의 분류이다.

72) 권오걸, 626면; 배종대, 454면; 성낙현, 604면; 손동권/김재윤, 530면; 안동준, 294면; 이재상/장영민/강동범, 467면; 임웅, 490면 이하.

부녀간음죄·군형법상의 계간 등이 여기에 속한다고 한다. 둘째로는 신체적 행위가 아닐지라도 일신상의 인격적 행위를 요구하는 범죄로 업무상 비밀누설죄 등이 있으며, 셋째로는 소송법 등 형법 이외의 법률이 행위자 스스로의 행위를 요구하는 범죄로 위증죄나 군형법상의 군무이탈죄가 여기에 속한다고 한다. 그러나 여기서 업무상 비밀누설죄를 자수범으로 분류한 것은 의문이다. 예컨대 수다스럽고 호기심 많은 사환의 지득이 가능하도록 업무상 비밀에 관한 서류를 탁자 위에 엎어놓고 외출하는 경우에 간접정범의 성립을 부정할 이유가 없다.

자수범은 의사지배나 기능적 행위지배에 의하여 범죄가 실현될 수 없다는 점 이외에는 다른 독자적인 기능을 갖고 있지 않다. 따라서 "구체적인 구성요건이 자수범에 속하는지" 여부는 형법각론의 연구분야가 될 뿐이다. 즉 "구체적인 구성요건이 직접적인 실행행위를 하지 않는 공동정범이나 간접정범의 형태로 실현될 수 있는지"를 탐구함으로써 자수범 여부가 밝혀질 수 있다.[73] 이러한 의미에서 자수범의 3가지 유형별 분류는 실익이 없으며, 매우 자의적이어서 찬성하기 어렵다.

## 4-5. 특수교사·방조

제34조 제2항은 특수교사·방조에 대하여 "자기의 지휘, 감독을 받는 자를 교사 또는 방조하여 전항의 결과를 발생하게 한 자는 교사인 때에는 정범에 정한 형의 장기 또는 다액에 그 2분의 1까지 가중하고 방조인 때에는 정범의 형으로 처벌한다"고 규정하고 있다. 이 조항이 특수한 간접정범[74][75]을 가중처벌하려는 것인지 또는 특수한 공범(교사범 방조범)[76]을 가중처벌하려는 것인지에 관하여는 학설의 다툼이 있다. 통설[77]은 이 조항이 특수한 간접정범뿐 아니라 특수한 공범에도 동일하게 적용된다고 해석한다.

그러나 이 규정에 대해서 특별한 의미[78]를 부여할 수 있는지 의문이 제기된다. 이 규정에 의하면 자기의 지휘·감독을 받는 자를 교사·방조하거나 이러한 자를 이용하여 죄를 범한 자는 가중처벌되는 데 반하여, 이러한 자를 교사·방조하고 더 나아가 협력하여 공동으로 범죄를 실행하는 경우에는 공동정범으로 가중처벌되지 않는다.[79] 정범은 무조건적인 범죄의 실현을 의도하고 있으므로, 이러한 정범이 자기의 지휘·감독을 받는 자와 공동으

73) 동취지, 권오걸, 626면; 신동운, 696면.

74) 김성천/김형준, 411면; 김일수/서보학, 444면; 정영석, 275면 이하; 조준현, 425면.

75) 제34조 제1항의 공범형 간접정범에만 적용되는 특수 공범형 간접정범이라는 견해로는 오영근, 421면 이하.

76) 남흥우, 239면, 245면; 황산덕, 263면.

77) 동취지, 정영일, 442면.

78) 공모공동정범의 문제를 특수교사·방조로 해결하려는 견해로는 김성돈, 667면; 박상기, 458면; 동취지, 이상돈, 558면. 그러나 이는 부당하다. 이러한 해결방법은 공모에만 참여한 우두머리는 가중처벌되고, 공모에 참여한 이후에 실행행위까지 분담하면 가중처벌하지 못하는 결과를 초래한다.

79) 이에 관하여는 이정원, 공모공동정범, 중앙대학교 법학논문집 제6집, 120면 참조.

로 죄를 범하였다고 하여 가중된 불법을 실현했다고 판단되지도 않는다. 만약 이러한 가중처벌의 필요성이 인정되는 구성요건이 있다면, 이는 형법각칙에서 예외적으로 특별하게 규율할 사항이지 일반적인 총칙의 규정으로 해결해서는 안 된다. 더욱이 공범은 정범에 종속되어 처벌되고 있는데, 제34조 제2항은 오히려 죄를 초과하는 형을 인정하고 있다. 이러한 점에서 제34조 제2항은 책임주의에 반하는 과잉의 형벌을 규정한 위헌법률이라는 비판을 면할 수 없다.

## 제 3 절 공동정범

### 1. 공동정범의 의의

제30조는 공동정범에 관하여 "2인 이상이 공동하여 죄를 범한 때에는 각자를 그 죄의 정범으로 처벌한다"고 규정하고 있다. 예컨대 甲이 피해자를 흉기로 위협하는 동안에 乙이 피해자의 몸을 뒤져 재물을 찾아내는 경우와 같이, 공동정범은 공동행위자가 협력하여 분업적으로 범죄를 실현하는 형태이다. 이러한 경우에 외형적으로는 각각의 공동자가 단지 구성요건의 일부만 실현한 것으로 관찰된다 할지라도, 각각의 공동자는 전체범행에서 일부의 불법만을 실현한 것이 아니다. 각각의 공동자의 분업적 행위실행과 기능적 역할분배에 의하여 각각의 부분실행은 전체행위를 지배하게 된다. 따라서 각각의 공동자는 단순히 범행의 일부에 대한 정범이 아니라 전체범행에 대한 정범자로 평가된다. 이러한 행위지배형태를 록신은 기능적 행위지배라고 했으며, 기능적 행위지배는 공동정범의 정범성을 근거지울 수 있게 된다.

공동정범에서 외형적으로 부분적인 실행이 전체범행에 대한 행위지배로 평가되는 것은 행위자가 공동가공의 의사에 의하여 전체범행을 실현하기 위한 기능적인 행위기여를 한다는 점에 있다. 행위자가 단순히 부분적 실행에 대한 인식과 의사만을 가지고 있다면, 여기에는 부분행위에 대한 지배만이 인정될 뿐이며 전체행위에 대한 지배가 인정될 수 없다. 따라서 이러한 경우라면 전체범죄에 대한 공동정범의 성립이 불가능하고 방조범의 성립만이 가능하게 된다. 그러나 부분적 행위를 수행하는 행위자가 전체범행을 완성시키려는 의사를 가지고 전체범행의 완성에 필요한 본질적 기능의 부분적 행위를 실행한 경우에는 공동정범이 성립하게 된다. 그러므로 공동정범에서는 그 성립요건으로 공동가공의 의사와 이에 따른 본질적인 행위기여를 필요로 한다.

## 2. 공동정범의 본질: 범죄공동설과 행위공동설?

종래 공동정범의 본질에 관하여는 범죄공동설과 행위공동설의 대립이 있어 왔다. 범죄공동설[80]은 수인이 공동하여 특정범죄를 행하는 데에 공동정범의 본질이 있다고 해석한다. 따라서 범죄공동설에서는 공동정범으로 실현되는 범죄가 특정되어야 하며, 특정된 범죄를 공동으로 실현하는 경우에만 공동정범이 성립한다고 한다. 예컨대 A와 B가 공모하여 각각 X와 Y를 살해한 경우에는 공동정범이 성립하지 않는다고 한다. 이에 반하여 행위공동설[81]은 수인이 자연적 의미의 행위를 공동으로 하여 범죄를 수행하는 것이라고 해석한다. 따라서 행위공동설에 의하면 자연적 의미의 행위를 공동으로 하는 한 공동정범자 각각이 다른 고의를 가지고 있었다 할지라도 범죄의 특정과 관련 없이 공동정범이 성립하게 된다. 예컨대 상해고의의 甲과 살인고의의 乙이 X에 대하여 폭행하는 경우에도 공동정범이 성립하며, 과실범과 고의범의 공동정범도 인정한다.

이러한 범죄공동설과 행위공동설의 논쟁은 공동정범의 본질을 밝히는 데에 아무런 기여를 하지 못하고 있다. 공동가공의 의사에 의한 행위기여, 즉 공동의 의사에 의한 실행의 분담으로 충분히 공동정범을 근거지울 수 있기 때문이다. 형법에서 범죄공동설과 행위공동설의 대립은 무의미하다(통설).

## 3. 공동정범의 성립요건

2인 이상이 공동하여 죄를 범하는 공동정범은 제30조에 의하여 정범으로 처벌된다. 공동정범자 각자는 기능적 행위지배로 전체행위에 대한 지배력을 구비하고 있으므로 공동정범 각자는 형법각칙의 해당 구성요건이 규정하고 있는 정범이다. 공동정범자 각자는 그의 행위기여를 포기하거나 제공함으로써 당해 전체범행을 중단[82]시키거나 그대로 실현시킬 수 있다는 의미에서 전체범행에 대한 행위지배를 가진다. 공동정범의 전체범행에 대한 지배력은 각 공동자의 행위기여가 범죄실현에 본질적인 기능을 발휘한다는 점에 있다. 이러한 행위기여는 공동가공의 의사에 의하여 전체범죄의 실현을 위해서 제공되기 때문에 전체범행에서 본질적인 기능을 발휘할 수 있다. 이에 따라 공동정범은 의사의 공동(주관적 요건)과 실행의 공동(객관적 요건)에 의하여 성립하게 된다.

---

80) 신동운, 603면; 제한적 입장의 오영근, 367면.

81) 이영란, 455면; 이재상/장영민/강동범, 472면 이하; 임웅, 450면; 정성근/박광민, 549면; 정영일, 388면.

82) 공동자 일부가 행위기여를 유효하게 포기하고 나머지 공동자에 의하여 범죄가 실현되었다면 최초의 범죄는 좌절된 것이고, 새로운 범죄가 나머지 공동자에 의하여 실현된 것이다.

## 3-1. 주관적 요건

### 3-1-1. 공동의 의사

공동정범은 주관적으로 공동의사, 즉 공동가공의 의사를 필요로 한다. 공동가공의 의사에 의하여 제공된 행위기여만이 전체범행에 대한 본질적인 기능이 인정될 수 있으며, 이러한 경우에만 기능적 행위지배라는 전체범행에 대한 행위지배가 인정되기 때문이다. 그러므로 공동정범에서 공동의사는 전체범행에 대한 기능적 행위지배를 근거지우는 본질적인 요소가 된다.

공동의사 내지 상호양해는 반드시 명시적인 의사표시를 요하는 것이 아니다. 공동으로 인식이 가능한 묵시적 의사표시로도 충분하다. 또한 공동의사는 동시에 동일한 장소에서 직접적인 의사연락을 통하여 형성될 필요도 없다. 순차적 또는 간접적인 방법에 의하여도 공동의사의 형성이 가능하다. 따라서 격지간의 면식이 없는 자들 사이에서도 공동의사의 형성은 가능하다. 공동의사는 대부분 사전에 형성될 것이지만, 행위시에 공동의사를 형성하는 우연적 공동정범도 인정된다. 예컨대 공동의 의사에 의한 절도죄의 행위 도중에 새로운 의사의 합치에 의하여 수면 중의 주인을 깨워 강도로 돌변하는 경우가 그러하다.

### 3-1-2. 주관적 요건과의 관련문제

#### 3-1-2-1. 편면적 공동정범

공동범행의 의사가 일방에게만 있는 소위 편면적 공동정범은 공동정범이 될 수 없다. 일방만이 공동범행의 의사로 행위 했어도 그 의사는 상호양해에 의한 공동범행의 의사가 아니라 단순한 전체범행에 대한 가담(조력)의 의사에 불과하다. 이러한 의사는 공동정범에 있어서 전체범행에 대한 행위지배를 근거지울 수 없다.

공동정범자 1인이 공동자들 사이에 합의된 공동범행계획을 초과하여 범죄를 실현한 경우에도 다른 공동자들은 초과된 부분에 대한 공동정범의 책임을 부담하지 않는다. 초과부분에 대한 형사책임은 초과행위를 한 자의 부담이 될 뿐이다. 초과행위를 한 자가 공동범행의 의사를 가지고 행위했어도 이는 행위자 개인의 독자적인 단독범죄에 불과하다.

#### 3-1-2-2. 과실범의 공동정범

과실범에 대해서도 공동정범이 성립할 수 있는지 문제된다. 예컨대 사냥꾼 A와 B가 동시에 사람을 멧돼지로 오인하고 멧돼지를 포획할 공동의 의사로 엽총을 발사하는 경우 또는 X와 Y가 협력하여 옥상에서 폐건축물을 치울 공동의 의사로 함께 무거운 폐건축물을 낙하시켜 행인에게 상처를 입히는 경우 등이 여기에 해당한다. 대법원[83]은 행위공동설을 기초로 "공동정범은 행위의 공동으로 족하며, 공동의사도 행위를 공동으로 할 의사를 의미하기 때문에 과실범의 공동정범도 가능하다"는 입장이다. 소수설[84]도 "과실공동정범에서의 공동의 의사란 주의의무위반의 공동을 의미한다"는 입장에서 판례와 결론을 같이 한다. 그러나 과실범에서는 공동가공의 의사가 존재하지 않기 때문에 공동정범의 성립을 인정할 수 없다(통설). 2인 이상이 과실범을 실현한 경우에는 각각의 동시범이 인정되며, 각자는 각자의 주의의무위반행위에 의한 결과에 귀속될 뿐이라고 해야 한다.

과실범의 공동정범의 인정 여부는 과실범에서 결과발생이 누구의 행위에 의한 것인지 불분명한 경우에 특히 실익이 있다. 예컨대 사냥꾼 사례에서 멧돼지로 오인된 사람이 1발의 총탄에 의하여 사망하였고, 그 총탄이 누구의 사격에 의한 것인지 불분명한 경우에 통설에 의하면 A와 B 모두 무죄[85]가 되는 반면에, 판례와 소수설에 의하면 A와 B 모두 과실치사죄의 책임을 부담하게 된다. 그러나 판례와 소수설은 결과야기가 증명되지 아니한 주의의무위반행위 자체를 과실범으로 처벌하기 때문에 타당하다고 할 수 없다. 더욱이 판례와 소수설은 피해자가 명백하게 A의 총탄에 의하여 사망하였고, B의 총탄은 빗나갔거나 총의 불량으로 격발 자체가 안 되었을 경우에도 B에게 과실치사의 책임을 부담시키게 된다. 이러한 부당성은 공동참여자가 많으면 많을수록 더욱 확실하게 보인다. 예컨대 '100m 전방의 농부를 허수아비로 오인한 100명의 동아리모임 대학생들이 동시에 돌을 던져 맞추는 놀이를 하였는데, 모든 돌들이 아예 농부 주변까지도 도달하지 못했으나 그 중 한 사람이 던진 돌이 농부의 머리에 명중하여 농부가 사망한 경우'에 과실공동정범을 긍정하는 판례와 소수설의 견해에 의하면 100명 모두가 과실치사죄의 공동정범이 된다. 이는 농부를 명중시킨 대학생이 확인된 경우에도 100명의 대학생 모두를 과실치사죄의 공동정범으로 처벌하는 부당한 결론에 이르게 된다. 판례와 소수설은 형법이 명백하게 규정한 과실치사죄라는 과실결과범을 추상적 위험범인 과실형식범으로 만들고 있다.

소수설은 '주의의무위반의 공동'[86]을 오해하고 있다. 위의 사례에서 주의의무위반의

83) 대법원 1979.8.21. 79도1249; 대법원 1982.6.8. 82도781; 대법원 1994.3.22. 94도35; 대법원 1996.8.23. 96도1231; 대법원 1997.11.28. 97도1740; 대법원 2009.6.11. 2008도11784; 대법원 2017.4.28. 2015도12325; 대법원 2018.1.25. 2017도13628.

84) 이상돈, 565면; 이재상/장영민/강동범, 483면; 정영일, 390면; 조준현, 413면; 심재우, 과실범의 공동정범, 고시계 1980.4, 36면; 동취지, 주의의무위반에 대한 공동의 행위기여라는 관점에서 정성근/박광민, 573면; 제한적 입장의 김일수/서보학, 460면, 462면 이하; 이용식, 과실범의 공동정범, 형사판례연구(7), 1999, 105면 이하.

85) 형법은 과실범의 미수를 처벌하는 규정을 가지고 있지 않다.

86) 김일수/서보학, 459면; 이상돈, 565면; 이재상/장영민/강동범, 483면; 정영일, 390면; 조준현, 413면; 이용식, 전게논문, 105면.

본질은 사람을 '멧돼지로 오인'이나 지나가는 행인을 '보지 못함' 또는 농부를 '허수아비로 오인'하는 점에 있다. 그러나 여기에는 어떤 '의사의 연락'이나 '공동'이 존재하지 않는다. 오히려 '엽총격발'이나 '폐건축물 낙하' 또는 '돌을 던짐'이라는 점에서 '의사의 연락'이나 '공동'이 존재하고 있을 뿐인데, 여기에는 주의의무위반의 실체가 존재하지 않는다. 또한 공동자들 사이의 합의도 '멧돼지로 오인'이나 '행인을 보지 못함' 또는 '허수아비로 오인'에 대한 합의가 아니라, '야수를 향한 저격'이나 '폐건축물 낙하' 또는 '허수아비를 향하여 돌을 던짐'에 대한 합의인 것이다.

공동정범은 주관적 요건으로 공동가공의 의사를 요하며, 이 공동가공의 의사는 전체행위에 대한 행위지배를 근거지우기 때문에, 각각의 공동자는 단순한 부분적 정범이 아니라 전체범행에 대한 정범이 된다. 과실범에서는 이러한 공동가공의 의사가 인정될 수 없기 때문에 과실범에서의 부분실행은 전체행위에 대한 행위지배를 근거지울 수 없다. 그러므로 과실범의 공동정범은 인정될 수 없다. 또한 과실범은 주의의무위반이라는 점에 범죄실현의 본질이 있다. 그러나 이러한 주의의무는 법률이 개별적으로 각자에게 부담시키는 것이다. 따라서 이러한 주의의무위반은 각자가 개별적으로 위반할 수 있을 뿐이며, 이러한 위반을 타인과 공유할 수는 없다. 이러한 의미에서 과실범은 자수범의 일종이다. 구성요건적 결과의 발생에 대하여 수개의 주의의무위반이 인과적으로 동일하게 작용한 경우에도, 각자의 주의의무위반이 결과에 대하여 각각 인과적으로 작용한 것일 뿐이다. 그러므로 공동의 행위가 있는 경우에도 각자의 과실행위는 개별적으로 평가되어야 하며, 각자는 항상 단독범이 된다.

최근 대법원[87]은 '피고인들이 분리수거장 방향으로 담배꽁초를 던져버리는 한편, 피고인들 각자 본인 및 상대방이 버린 담배꽁초 불씨가 살아 있는지를 확인하고 이를 완전히 제거하는 등 화재를 미리 방지할 주의의무가 있음에도 이를 게을리한 채 만연히 현장을 떠난 과실이 인정되고 이러한 피고인들 각자의 과실이 경합하여 이 사건 화재를 일으켰다고 보아, 피고인들 각자의 실화죄 책임을 인정'하였다. 위 판례사안에서 대법원은 원심의 판단 중 '이 사건 화재가 피고인들 중 누구의 행위에 의한 것인지 인정하기에 부족하다'는 취지의 부분'에 관하여 "피고인들의 근무내용, 화재 발생 시간과 장소 및 경위, 법익침해 방지를 위한 행위의 용이성 등을 고려할 때, 피고인들이 각자 본인 및 상대방의 담뱃불로 인하여 화재가 발생할 수 있음을 충분히 예견할 수 있어, 상호간에 담배꽁초 불씨가 남아 있는지를 확인하고 이를 완전히 제거할 주의의무가 있음에도 이를 위반한 채 분리수거장 부근에서 담배꽁초 불씨를 튕기고 담배꽁초를 던져 버린 후 아무런 조치 없이 현장을 떠났고, 이러한 피고인들의 각 주의의무 위반과 이 사건 화재의 발생 사이에 인과관계가 인정된다는 취지의 부가적 판단으로 볼 수 있다"고 판시하고 있다. 이는 결국 "분리수거장 부근에서 담배꽁초 불씨를 튕긴 피고인 각각의 개별적 과실행위만으로는 실화결과와의 인과관계를 인정할 수 없다"는 점과 "이후 아무런 조치 없이 현장을 떠

87) 대법원 2023.3.9. 1022도16120.

난 피고인들의 과실행위가 화재발생을 야기하였다"는 점을 확인한 것이다. 여기서 "피고인들이 각자 본인 및 상대방의 담뱃불로 인하여 화재가 발생할 수 있음을 충분히 예견할 수 있었음에도 이후 아무런 조치 없이 현장을 떠났다"는 것은 실화결과를 야기한 피고인 각각의 주의의무위반으로서 피고인 각각 실화죄의 동시범에 해당한다. 이를 굳이 공동의사가 결여된 과실공동정범의 형상에 욱여넣을 필요가 없다. 위 판례사안에서 대법원도 이미 "개별적 과실행위가 공동의 이름으로 묶일 수는 없다"는 사실을 느낀 것으로 보인다.

### 3-1-2-3. 승계적 공동정범

승계적 공동정범은 선행자에 의해서 범죄가 실현되는 중간에 공동가공의 의사로 그 범죄에 참여하는 경우를 말한다. 예컨대 선행자가 강도의 고의로 피해자를 폭행하여 제압한 이후에 후행자와 공동의 의사로 재물을 탈취하는 경우 또는 야간에 창고의 문을 손괴하고 창고에 침입한 선행자가 예상외로 절취할 물건이 많았기 때문에 전화로 친구를 불러내어 재물을 절취하는 경우 등이 그러하다. 공동의사의 형성이 반드시 사전에 이루어져야 하는 것은 아니므로 승계적 공동정범의 경우에도 공동의사에 의하여 실현된 부분에 대해서는 공동정범이 성립하게 된다. 이 점에 대해서는 이론이 없다. 문제는 "공동의사를 형성하기 이전에 선행자에 의하여 실현된 부분에 대해서도 후행자에게 공동정범이 성립할 수 있는가"이다.

적극설[88]은 후행자에게도 선행자가 실현한 부분을 포함한 전체범행에 대한 공동정범의 성립을 인정할 수 있다고 본다. 후행자가 선행자의 선행행위를 인식하고 이를 이용하려는 의사를 근거로 실행에 참가한 경우에는 전체범행에 대한 공동정범이 성립한다는 것이다. 특히 선행자에 의하여 실현된 가중사유도 후행자가 이를 인식하고 인용하면서 가공한 경우에는 후행자도 전체범행에 대한 공동의 의사로 실행을 분담하는 공동정범이 된다고 한다.

소극설(통설)[89]은 소위 승계적 공동정범의 경우에 후행자가 가담한 이후의 행위에 대해서만 공동정범의 성립을 인정한다. 형법상 추인이나 사후고의를 인정할 수는 없으며, 단순한 사전행위에 대한 인식은 행위지배를 대신할 수 없으므로[90] 소극설의 입장은 타당하다. 대법원[91]도 소극설의 입장이다. 다만 후행자는 그가 가담한 이후의 범죄에 대한 공동정범 이외에 경우에 따라서는 전체범죄에 대한 방조범의 성립이 가능하며, 이때는 두 범죄의 상상적 경합에 의한 형사책임을 부담하여야 한다.[92]

---

88) 김성돈, 616면; 정영석, 252면; 황산덕, 266면; 권문택, 승계적 공동정범, 고시계 1972.4, 40면.
89) 승계적 공동정범의 개념을 부정하는 입장에서도, 김일수/서보학, 451면; 신동운, 588면 이형국, 288면 이하.
90) Vgl. Roxin, Täterschaft und Tatherrschaft, S. 290 f.
91) 대법원 1982.6.8. 82도884; 대법원 1997.6.27. 97도163; 대법원 2007.11.15. 2007도6336; 대법원 2014.5.16. 2012도3676; 춘천지법 2000.4.19. 99노1078.
92) 예컨대 피해자에 대한 선행자의 폭행·협박 이후에 재물탈취에만 가담한 후행자에 대해서는 합동절도죄와

## 3-2. 객관적 요건

### 3-2-1. 공동의 실행

공동정범은 2인 이상이 공동하여 죄를 범하는 것이며, 공동하여 죄를 범한다는 것은 공동의 의사에 의한 공동의 실행을 의미한다. 여기서 공동의 실행이란 전체범죄를 실현하는 데에 본질적인 기능을 발휘하는 객관적인 인과적 행위기여를 말한다. 즉 전체 범행계획에 의하여 범죄를 실현하는 데에 불가결한 요건이 되는 행위기여를 의미한다. 이와 같이 공동정범에서는 단순한 부분행위에 대한 지배가 아니라 전체범죄에 대한 지배력이 인정되며, 록신은 이를 기능적 행위지배라 하였다. 그러나 "각 공동정범자의 행위기여가 공동의 실행으로 평가되는지"에 관하여는 구체적·개별적인 사례에서 첨예한 의견의 대립을 보이고 있으며, 이에 따라 공동정범과 방조범의 구획에 대하여 격렬한 학설의 다툼이 있게 된다.

원칙적으로 범죄의 실행단계에서 공동의 의사에 기하여 제공되는 행위기여는 공동의 실행으로 평가된다. 공동의 의사에 기하여 망을 보는 행위도 원칙적으로 실행단계에서 제공되는 범죄실현에 본질적 기능을 갖는 공동의 실행으로 평가된다. 범죄실현의 방해요소를 제거하거나 방지하는 행위기여는 범죄실현에 있어서 본질적인 기능을 하기 때문이다. 또한 실행단계에서의 행위기여는 범행현장에 같이 있는 것을 요구하지 않는다. 예컨대 멀리서 무전기나 휴대폰을 이용하여 역할의 분담이나 행동 등을 지시하거나 외부의 동정 등에 관한 정보를 전달하는 행위기여 역시 공동의 실행에 해당한다.

그러나 실행단계에서의 행위기여라도 범죄의 실현에 본질적인 기능을 발휘하지 못하는 단순한 종속적인 행위기여는 공동의 실행으로 평가되지 않는다. 이는 범죄의 구성요건적 행위의 일부를 실행하는 경우에도 동일하다. 예컨대 사장이 불러주는 타인에 대한 무고나 명예훼손의 내용을 타이핑하는 여비서 또는 이를 신문사에 보내는 사환의 행위기여는 단순한 대체적인 종속적 행위기여에 불과하며, 따라서 방조범이 성립할 뿐이다. 또한 객관적 행위기여가 아닌, 다른 공동자의 범행결의를 강화시키는 등의 심리적·주관적 기여도 행위지배를 근거지울 수 없다. 이러한 기여는 정신적 방조에 불과할 뿐이다.

문제는 "실행단계 이전의 준비단계나 실행행위 직후에 제공되는 행위기여가 공동의 실행으로 평가될 수 있는가"이다. 적극설(통설)[93]과 판례[94][95]는 이를 가능하다고 본다. 이에

---

강도방조죄의 상상적 경합이 인정된다.

93) Vgl. Cramer/Heine, S-S StGB, § 25 Rdnr. 66 ff. mwN.

94) 대법원 1993.3.23. 92도3327; 대법원 2003.10.10. 2003도3516; 대법원 2014.12.24. 2014도10199; 대법원 2015.7.23. 2015도3080; 대법원 2017.10.26. 2017도8600; 대법원 2017.12.22. 2017도12649; 대법원 2018.1.24. 2017도11408; 대법원 2018.4.19. 2017도14322.

95) Vgl. BGHSt 36, 250; BGH NJW 91, 1068.

반하여 소극설[96]은 공동정범에서 공동의 실행을 실행단계에서의 행위기여로 엄격하게 제한하고 있다. 따라서 실행착수 이전이나 기수 이후의 행위기여는 공동의 실행이 될 수 없다고 한다.

전체범행의 실현에 대하여 본질적인 기능을 발휘하는 불가결한 행위기여가 실행단계라는 엄격한 시간적 제약을 받아야 한다는 소극설의 입장은 의문이다. 행위지배설은 이러한 시간적 제약을 염두에 두고 있지 않기 때문이다. 예컨대 현금이송차가 모퉁이를 돌 때 교통사고를 가장하여 현금을 강탈하려는 범행계획에 의하여 현금이송차의 골목진입 직전에 건물 옥상에서 동료에게 손전등으로 신호하는 행위는 전체범행의 실현을 위한 불가결한 행위기여가 된다. 이러한 행위가 실행착수 이전의 가담이기 때문에 방조범이라는 결론은 부당하다. 이는 실행단계 직후의 행위기여에 있어서도 동일하다. 예컨대 은행강도범행의 완전한 실현을 위하여 은행의 후문에서 자동차시동을 걸어놓고 기다리는 경우가 그러하다. 이러한 의미에서 공동정범의 행위는 범죄의 기수에 대한 인과적 행위기여에 제한되지 않으며, 전체범행의 실현에 대한 인과적 행위기여면 충분하다고 해야 한다.[97] 다만 공동정범의 행위기여는 적어도 전체범죄의 종료 이전에 제공되어야 한다.[98] 범행의 종료 이후에는 범죄실현을 위한 본질적인 행위기여가 존재할 수 없기 때문이다.

### 3-2-2. 객관적 요건과의 관련문제: 공모공동정범

범죄의 모의에 참여한 모든 공모자를 공동정범으로 보는 견해를 소위 공모공동정범설이라 한다. 이와 같이 공모자 전원을 정범으로 처벌한 예는 소위 음모이론으로서 이미 중세의 이탈리아에서 인정되었으며, 이는 독일의 보통법시대 이래 18세기 카롤리나 형법전 제148조에 의하여 명문으로 인정되고 있었다. 카롤리나 형법전 제148조는 살인음모자 전원을 정범으로 처벌한다고 규정하였으며, 이 규정에 의하여 살인죄 이외의 다른 범죄에 대하여도 공모자는 정범으로 처벌되었다.[99] 그러나 이러한 음모이론은 정범과 공범개념의 확립에 의하여 소멸되었다.

종래 일본과 우리나라의 판례에서는 범죄의 모의에 참여한 모든 공모자를 공동정범으로 처벌하였다. 처음에 학계에서는 이러한 판례의 태도를 "공동의 실행도 없이 공모만으로 공동정범을 인정한다"고 하여 '판례에서 인정하는 공동정범은 공모공동정범'이라고 비판하

96) 박상기, 404면; 이형국, 289면; 임웅, 459면; 정영일, 395면; 진계호/이존걸, 565면; 원칙적으로 실행단계에서의 행위기여만을 공동의 실행으로 이해하면서, 범행계획을 수립하고 실행을 지시하는 두목의 경우에 한하여 예외를 인정하는 입장으로 김일수/서보학, 452면 이하; 손동권/김재윤, 548면.

97) Vgl. Tröndle/Fischer, StGB, § 25 Rdnr. 25.

98) 김일수, 한국형법 Ⅱ, 289면.

99) Vgl. Winter, Die Entwicklung der Mittäterschaft im 19. Jahrhundert, Diss. Heidelberg, 1981, S. 19 ff.

였으나, 이후 판례의 태도를 지지하는 학자들이 공모에 의한 공동정범의 성립에 대한 이론적 기초를 제공하기에 이르렀다. 이것이 소위 공모공동정범론이며, 대표적인 이론으로는 공동의사주체설과 간접정범유사설이 있다.

공동의사주체설[100]은 공모에 의하여 형성되는 공동의사주체의 행동이 공동정범이라고 파악하여 그 주체의 범행은 구성원 모두에게 귀속된다고 보는 입장이다. 그러나 이 이론은 현대의 형법에서 채택할 수 없는 단체책임의 원리를 기초로 하기 때문에, 현대의 법이론과 일치하지 않는다.

간접정범유사설[101]은 직접 실행을 분담하지 아니한 공모자의 형사책임을 '공모에 의한 직접실행자에 대한 이용행위'에서 찾고 있다. 즉 각각의 공동정범자는 상호간에 다른 공범자의 실행행위를 이용하여 자기의 범행의사를 실현하는 것이라고 한다. 이러한 의미에서 공동정범은 일부 직접정범이며, 일부 간접정범이라는 것이다. 공동정범을 이와 같이 부분적 간접정범으로 파악하는 견해는 종래 독일[102]에서도 빈번히 주장된 바 있다. 그러나 부분적 간접정범의 이론은 공동정범에서 공동의 의사와 공동의 실행의 본질을 전혀 이해하지 못하고 있다. 공동정범에서 각 공동자의 행위기여는 전체범죄의 일부에 대한 행위지배가 아니라 전체범행에 대한 행위지배가 되는 것이며, 이러한 결론은 그러한 행위기여가 공동의 의사에 의하여 제공되기 때문이다. 즉 공동정범에서 공동의 의사와 공동의 실행은 불가분의 관계에 있게 된다. 부분적 간접정범의 이론은 '각 공동자가 스스로 실행한 부분'에 '공모에 의하여 다른 공동자에 대한 이용행위로 실현한 부분'을 추가함으로써 각각의 공동정범자의 전체범행에 대한 귀속을 인정하고 있으며, 이는 공동의 의사와 공동의 실행을 완전히 분리하여 관찰하는 태도이다.

집단범죄에 있어서 직접 실행행위를 하는 자는 대부분 하수인이다. 따라서 판례는 실행행위에 가담하지 아니하는 집단의 우두머리를 공동정범으로 처벌하기 위하여 소위 공모공동정범을 인정해 왔다. 그러나 범죄를 조직·계획하는 두목의 기능적 행위지배는 통설에 의해서도 인정되고 있다. 최근의 판례[103]에서도 공모공동정범의 요건으로 기능적 행위지배를 요구함으로써 과거의 무리한 공모공동정범과 결별하고 있다. 그 밖에 일반적으로 공모에 의한 공동정범은 인정될 수 없다. 공모는 그 자체로 공동의 의사를 형성할 수 있을 뿐이며, 의사만으로 정범이 성립할 수는 없기 때문이다.

---

100) 草野豹一郎, 刑法總則講義, 1956, 117面 以下; 西原春夫, 刑法總論, 1977, 325面 以下.

101) 藤木英雄, 共謀共同正犯, 可罰的違法性の理論, 1967, 331面 以下.

102) RGSt 63, 101; 71, 24; Kohler, Leitfaden des deutschen Strafrechts, 1912, S. 32.

103) 대법원 2004.6.24. 2002도995; 대법원 2007.11.15. 2007도6075; 대법원 2011.9.29. 2009도2821; 대법원 2015.7.23. 2015도3080; 대법원 2018.1.24. 2017도11408; 대법원 2018.4.19. 2017도14322; 대법원 2019.4.11. 2015도1230; 대법원 2020.2.6. 2018도8808; 대법원 2021.3.25. 2020도18285; 대법원 2021.7.21. 2020도16062; 대법원 2022.1.27. 2021도11170.

판례는 '공모관계의 이탈'이라는 개념을 사용하고 있다. 공모관계에서 이탈의 요건과 효과는 다른 공모자가 실행에 착수하기 이전에 이탈의 의사를 명시적·묵시적으로 표시하고 더 이상 범행에 가담하지 아니함(이탈)으로써 이탈 이후의 범행에 대해서 책임을 지지 않는다고 한다.[104] 그러나 이러한 '공모관계에서의 이탈'은 판례와 같이 획일적으로 해결할 수 있는 문제가 아니다. '공모관계에서의 이탈'은 공동정범의 미수, 예비(음모)의 중지, 특히 공동정범과 중지미수에 관한 해석의 문제라고 해야 한다.

또한 판례[105]는 공모에 주도적으로 참여한 공모자가 실행착수 이전에 공모관계의 이탈을 위해서는 그가 제공한 기능적 행위지배의 해소를 요구하고 있는데, 이러한 태도는 판례가 공모공동정범의 요건으로 기능적 행위지배를 요구하는 것과 밀접한 관련을 갖는다. 즉 공모공동정범은 더 이상 공모라는 주관적 요건만으로 성립하지 않게 되었으므로 행위지배 없는 단순 공모참여자는 방조범에 불과하게 된다. 방조의 이탈은 방조행위의 인과관계로 방조범의 성립 여부가 결정된다. 이에 반하여 행위지배를 구비한 모의참여자는 기능적 행위지배를 해소함으로써 공모관계의 이탈이 인정될 수 있는데, 기능적 행위지배를 해소한 이후 다른 공모자에 의해서 실현된 범죄라면 이는 최초의 공모범죄와는 다른 별개의 범죄라고 해야 한다. 따라서 이탈자가 책임질 범죄가 아니다. 다만 행위지배를 해소하는 경우라도 예비(음모)의 중지에 관한 문제까지 해소된 것은 아니라는 점을 유의해야 한다.

## 4. 관련문제

### 4-1. 공동정범과 미수

#### 4-1-1. 공동정범과 미수범 일반론

공동정범은 각자가 정범이다. 따라서 전체범행이 기수인 경우에는 공동정범자 모두가 기수의 책임을 부담하게 된다. 그러나 전체범행이 미수인 경우에는 모든 공동정범자가 미수로 처벌되어야 하는지 문제된다. 이 경우 다수설과 판례[106]는 전체적 해결방법에 의하여 모든 공범자에 대하여 미수를 인정한다. 이에 따라 전체범죄가 미완성으로 종결될 때까지 아직 자신의 실행부분으로 가담하지 아니한 공동자도 미수로 처벌된다.

그러나 이러한 전체적 해결방법은 행위지배설의 관점에서 찬성하기 어렵다. 공동정범

---

104) 대법원 1972.4.20. 71도2277; 대법원 1986.1.21. 85도2371; 대법원 1995.7.11. 95도955; 대법원 1996.1.26. 94도2654; 대법원 2011.1.13. 2010도9927; 대법원 2015.2.16. 2014도14843; 대법원 2018.1.25. 2017도12537.

105) 대법원 2007.4.12. 2006도9298; 대법원 2008.4.10. 2008도1274; 대법원 2010.9.9. 2010도6924; 대법원 2011.1.13. 2010도9927. 대법원 2015.2.16. 2014도14843.

106) 대법원 2002.8.27. 2001도513; 대법원 2008.4.10. 2008도1274; 대법원 2010.9.9. 2010도6924; 대법원 2011.1.13. 2010도9927.

이 정범으로 처벌되는 이유는 공동자 각자의 기능적 행위지배에 의하여 부분적 행위지배가 아니라 전체범행에 대한 행위지배가 인정되기 때문이다. 즉 공동의 의사에 의한 공동의 실행이 전체범행에 대한 행위지배가 인정되는 때문이다. 이러한 행위지배가 미수범의 경우라 하여 달라질 이유가 없다. 따라서 미수범의 경우에도 그 한도까지 공동의 의사에 의한 공동의 실행을 분담한 공동자만이 미수범의 공동정범이 되어야 한다.[107] 여기서 공동의 실행을 분담한 공동자는 미수로 종결된 범행에 대한 기능적 행위지배를 판단하여야 한다.[108] 이러한 점에서 공동정범에서의 미수는 개별적 해결방법[109]에 의하여야 한다. 다수설은 단순한 공동의 의사만으로 미수범의 공동정범을 인정함으로써 결국 미수범의 경우에 판례가 인정하던 소위 공모공동정범을 긍정하는 결과가 되고 있다.

### 4-1-2. 공동정범과 중지미수

공동정범에서 공동자들의 자의적인 중지에 의하여 전체범행이 완성되지 아니한 경우에는 자의로 중지한 공동정범자만이 중지미수의 적용을 받게 된다.[110] 문제는 '이러한 자의적인 중지와 관계없이 범죄가 미완성이 된 경우' 또는 '범죄가 실행중지자의 선행된 행위부분과 관계없이 독자적으로 실현된 경우'이다. 독일형법 제24조 제2항 단서는 이러한 경우에 "범죄를 중지시키려는 중지자의 자의적이고 진지한 노력으로 중지범이 성립한다"고 규정하고 있다.

중지미수에서 결과방지의 행동과 결과의 불발생 사이의 인과관계를 요구하는 통설[111]에 의하면 독일형법과 동일한 결론이 되도록 중지미수 규정을 해석하는 것은 불가능하다. 그러나 중지범을 불가벌로 규정한 독일형법에서도 결과방지의 행동과 결과의 불발생 사이의 인과관계를 요구하지 않는데, 중지미수를 형의 필요적 감면으로 규정하는 형법의 해석에서 이를 요구함으로써 더 엄격하게 중지미수의 범위를 제한하는 통설의 태도는 의문이다. 중지미수 규정의 본질적인 의미에 합당한 목적론적 해석은 중지자의 중지행위와 관계없이 결과가 발생하지 않은 경우에도 자의에 의한 중지자의 결과발생방지를 위한 진지한 노력이 중지미수로 인정되어야 할 것이다.[112] 또한 결과가 발생했어도 행위자의 실행행위

107) 동지, 김성돈, 638면; 김일수/서보학, 455면 이하; 신동운, 609면; 임웅, 373면; 정성근/박광민, 397면; 진계호/이존걸, 498면; 동취지, 이상돈, 495면.

108) 예컨대 반출된 도품을 실어나르기 위해서 또는 공동범행자의 도주를 확보하기 위해서 골목 끝에서 시동을 걸고 대기하고 있던 공범자가 범행이 실패로 끝났음을 인식하고 현장을 떠난 경우에도 '시동을 걸고 대기'하고 있었던 행위기여는 실패한 미수범행에 대한 기능적 행위기여로 인정된다.

109) Vgl. Schilling, Der Verbrechensversuch des Mittäters und des mittelbaren Täters, 1975, S. 104 ff.

110) 대법원 1969.2.25. 68도1676; 대법원 1986.3.11. 85도2831; 서울고법 1985.8.14. 85노1547.

111) 동취지, 귀속연관성으로 판단하는 이상돈, 519면.

112) 동지, 신동운, 610면; 오영근, 330면; 동취지, 이상돈, 518면.

와 결과 사이에 인과관계가 없거나 객관적으로 귀속될 결과가 아닌 경우에는 진지한 결과방지를 위한 노력만으로 중지미수가 인정되어야 한다.[113]

그러나 공동정범이나 공범의 경우에는 결과발생방지를 위한 자의적이고 진지한 노력 없이 단순하게 자신의 범행만을 중지했다고 하여 중지미수의 규정을 적용할 수 없다. 이 경우는 다른 공동자에 의한 범죄의 실현을 방치함으로써 범죄가 실현되도록 한 것이므로, 중지자의 단순한 착수중지에 대해서 중지미수의 혜택을 줄 이유가 없게 된다. 또한 일부의 공동자가 자의로 그들의 실행부분의 행위를 중지했더라도, 전체범행의 완성이 중지자가 이미 제공한 행위기여와 관련을 갖는 경우에는 중지미수의 규정이 적용될 여지가 없다.

### 4-2. 공동정범의 착오

공동정범자 중 1인의 착오는 다른 공동정범자들에게 어떠한 영향을 미치게 되는지 문제된다. 통설은 이러한 경우를 착오의 일반이론으로 해결하고 있다. 즉 착오자의 고의에 영향을 주는 착오는 다른 공동정범자의 고의에도 동일하게 작용한다고 한다.[114] 그러나 이러한 통설의 태도는 의문이다. 착오는 공동의 의사에 포함될 수 없기 때문이다. 통설은 또다시 공동정범의 착오에서 공모에 의한 공동정범을 인정하는 결과를 초래하고 있다.

공동정범은 각각의 공동정범자가 전체범행에 대하여 행위지배를 구비한 정범이다. 공동정범을 전체로서의 정범으로 파악해서는 공동정범의 실체에 접근할 수 없다. 따라서 공동정범자 중 1인의 착오가 다른 공동정범자에게 어떻게 작용되는지는 착오자와 다른 공동정범자를 각각 분리하여 검토해야 한다. 공동정범자 1인의 객체착오는 다른 공동정범자에 대하여 방법의 착오로 작용하게 된다. 즉 다른 공동정범자는 착오자와 달리 객체의 착오를 하지 않았고, 다만 인식하지 못했던 다른 객체에 범죄가 실현된 경우일 뿐이다. 그러나 공동정범자 1인의 방법의 착오는 다른 공동정범자에게도 방법의 착오로 작용하게 된다.[115]

예컨대 3명의 절도범들이 만약의 추적자가 있으면 추적자에게 총격을 가하도록 공모하였다. 이에 따라 A는 권총 3자루를 절취하여 다른 공범자들에게 나누어 주었다. B는 범행장소를 답사하여 명확한 범행을 기획하였으며 각자의 역할 등을 지시하였고, A와 C에게 총기 다루는 방법과 사격연습을 시켰다. 범행당일 3명의 절도범은 범행 중에 발각되어 쫓기게 되었고, 공범자 중의 C가 뒤에서 함께 도주 중인 A를 추적자로 오인하여 총격을 가하였다. A는 C의 총격으로

113) 동지, 오영근, 330면.
114) Vgl. Cramer/Heine, S-S StGB, § 25 Rdnr. 96 mwN.; Jescheck/Weigend, Lehrbuch AT, S. 675 f.; BGHSt 16, 268.
115) 동지, 이형국, 295면.

사망하였다.[116)]

통설에 의하면 위 사례에서 B와 C뿐만 아니라 살해된 A도 자기의 살인에 대한 공동정범이 되고 있으며, 이는 일단 일반적인 상식에도 어긋난다.[117)] 이러한 비상식적인 결론은 공동자 1인의 착오를 공동의 의사에 포함시킨 결과이다. 각 공동자를 개별적으로 판단하면 C의 객체착오는 A와 B에게 방법의 착오로 작용한다. 따라서 B는 추적자에 대한 살인미수죄와 A에 대한 과실치사의 책임을 부담하게 된다(구체적 부합설). A는 사망하였기 때문에 법률적 평가가 불필요하다. 논리적으로만 생각한다면 A에게는 추적자에 대한 살인미수죄가 성립할 것이고, 자기에 대한 과실치사는 구성요건해당성이 인정되지 아니한다.

# 제4절 교 사 범

## 1. 교사범의 의의

교사범이란 타인에게 범죄를 결의시켜 이를 실행하게 한 자를 말한다. 범죄의 정범은 교사자가 아니라 피교사자인 타인이다.

형법각칙의 구성요건에서는 직접 · 간접 · 공동으로 범죄를 범하는 자를 정범으로 처벌한다. 교사범은 여기에 해당하지 않으므로 형법각칙의 규정만으로는 처벌되지 않는다. 그러나 교사범은 정범의 범죄를 야기하고 있으며, 이러한 행위는 처벌받아 마땅하므로 형법은 특별규정을 통해 이를 처벌하고 있다. 즉 제31조 제1항은 교사범에 관하여 "타인을 교사하여 죄를 범하게 한 자는 죄를 실행한 자와 동일한 형으로 처벌한다"고 규정하고 있다. 교사범은 피교사자가 범죄를 실행함으로써 처벌되므로, 교사범은 정범에 종속하여 성립하게 된다.

교사범은 "타인에게 범죄를 실현시킨다"는 차원에서 타인을 이용하여 죄를 범하는 간접정범과 유사하다. 그러나 간접정범이 피이용자에 비하여 우월한 의사력으로 행위를 지배하는 정범임에 반하여, 교사범은 피교사자인 정범에게 행위지배를 완전히 맡겨 놓은 공범에 불과하다. 교사범은 사건전개의 주변인물로서 범행을 지배하지는 않는다.

## 2. 교사범의 성립요건

교사범은 '타인을 교사하여 그 타인으로 하여금 범죄를 범하게 하는 자'이다. 따라서

116) BGHSt 11, 268의 변형사례.
117) BGHSt 11, 268은 총격을 당한 A가 사망하지 않은 사건이었으며, BGH는 A에 대하여도 살인미수죄의 공동정범을 인정하였다.

교사범이 성립하기 위해서는 교사자의 교사행위와 피교사자의 범죄실행이 있어야 한다.

## 2-1. 교사자의 교사행위

### 2-1-1. 교사행위

#### 2-1-1-1. 교사행위의 의의

교사행위란 타인에게 범행을 결의시키는 행위를 말한다. 따라서 그 타인이 이미 그 범행을 결의하고 있었다면 교사는 불가능하다.

교사자가 교사행위를 통하여 타인에게 결의시키는 범죄는 구체적인 범죄이어야 한다. 막연히 범죄를 범하라는 것은 교사에 해당하지 않는다.[118] 그러나 구체적인 범죄의 명시가 없더라도, 당사자 사이에서 공통적으로 알 수 있는 범죄인 경우에는 교사로서 충분하다.[119] 예컨대 피해자를 혼내주라는 명령[120]은 폭행이나 상해에 대한 교사행위, 즉 구체적 범죄행위에 대한 묵시적 교사행위로 인정된다.

#### 2-1-1-2. 교사행위의 수단

일반적으로 교사행위의 수단에는 제한을 두고 있지 않다. 따라서 정범이 범죄를 결의하게 하는 모든 수단, 예컨대 명령·지시·설득·애원·요청·유혹·감언·이익제공·기망·위협[121] 등이 교사행위로서 유효하다고 한다(통설).

이러한 통설의 태도는 의문이다. 형법은 교사범을 정범과 동일한 형으로 처벌하므로 교사범의 불법내용도 정범의 불법과 비례되도록 교사자의 교사행위가 해석되어야 하기 때문이다. 따라서 교사행위는 명백한 정신적 접촉을 통하여 의사형성에 영향을 줄 수 있는 수단으로 제한되어야 한다.[122] 독일의 다수설[123]도 교사행위에는 명백한 정신적 연결이

---

118) 대법원 1984.5.15. 84도418: "연소한 자에게 밥값을 구하여 오라고 말한 것이 절도범행을 교사한 것이라고 볼 수 없다."

119) 대법원 1969.4.22. 69도255; 대법원 1991.5.14. 91도542.

120) 대법원 1997.6.24. 97도1075: "교사자가 피교사자에게 피해자를 정신 차릴 정도로 때려주라고 교사하였다면 이는 상해에 대한 교사로 봄이 상당하다."

121) 다만 강요·기망이나 위력의 수단을 통하여 타인으로 하여금 범행을 결의하게 하는 경우는 간접정범의 성립이 가능하다.

122) 동지, 권오걸, 567면; 박상기, 459면; 이상돈, 592면.

123) Cramer/Heine, S-S StGB, § 26 Rdnr. 7 mwN.; Roxin, LK StGB, § 26 Rdnr. 3 mwN.; 보다 엄격한 입장으로, 동기지배를 요구하는 Jakobs, Lehrbuch AT, S. 666 f.; 계획지배를 요구하는 Schulz, Anstiftung und Beihilfe, JuS 1986, S. 937 ff.; 불법협정의 의미에서 공동계획을 요구하는 Puppe, Der objektive Tatbestand der Anstiftung, GA 1984, S. 101 ff.

필수적이라고 본다. 단순히 범행을 자극할 만한 상황을 만든 것은 명백한 정신적 연결이 결여되기 때문에 교사의 수단으로 충분하지 않다. 예컨대 평소 미워하던 자가 지나가는 곳에 고가품을 떨어뜨려 놓고 그가 점유이탈물횡령죄를 범하도록 하는 행위는 교사행위라고 볼 수 없다.[124] 또한 단순한 충고나 정보제공 역시 정범과 비례할 만한 불법이 인정되지 않으므로 교사의 수단으로 부족하며, 이러한 행위는 '정신적 방조행위'에 불과하다.

### 2-1-1-3. 부작위에 의한 교사

교사행위는 명시적 방법 이외에 묵시적 방법에 의해서도 가능하다. 그러나 부작위에 의한 교사는 불가능하다(통설). 보증인의 지위에 있는 자가 '범행을 이미 결의한 자'[125]의 범죄를 방지하지 아니한 경우에도 교사범이 성립할 여지는 없다. 교사란 범행결의가 없는 자에게 범행을 결의시키는 것이기 때문이다. 또한 아직 범행을 결의하지 아니한 자에 대하여 범행결의를 하지 못하도록 하는 '보증인의 지위'란 법률적으로 존재할 수가 없다. 법률이 현실적으로 "타인으로 하여금 범행을 결의하지 못하도록 하라"는 보증인의 의무를 어느 누구에게도 부과할 수는 없기 때문이다. 법률은 그의 수명자에게 오직 '누구에게든 가능한 것(Jemandmögliche)'만을 요구할 수 있을 뿐이다.

폭력조직의 부하가 두목의 말을 오인하고 피해자를 상해한 경우, 부하의 행동을 저지하지 아니한 두목에 대하여 선행행위에 의한 보증인의 의무위반을 인정함으로써 부작위 교사가 가능하다는 견해[126]가 있다. 그러나 과잉충성자의 행동을 미리 예상해서 위험방지의 보증의무를 부과하는 것에 대해서는 일반적인 수긍이 불가능하다. 만약 보증인의 의무위반이 인정되는 경우라면 교사범이 아니라 정범의 성립을 인정해야 한다. 예컨대 사람의 생명이나 신체를 침해할 위험성이 있는 정신병자를 감독하는 자와 같이, 피감독자로부터 발생되는 위험을 지배하는 지위에 있는 감독자가 피감독자의 법익침해의 결과를 의도적으로 방지하지 아니한 경우에는 정범으로 형사책임을 부담하여야 한다.

### 2-1-1-4. 간접교사

간접교사는 정범을 교사하도록 타인을 교사하는 경우이다. 예컨대 A가 B에게 X를 통한 범행을 의뢰하였고, B가 이에 응하여 X로 하여금 죄를 범하도록 X를 교사하는 경우이다. 이때 A의 B에 대한 교사행위가 정범 X가 범한 죄에 대한 교사로서 인정될 수 있는지 문제된다. 종래에는 "명문규정이 없다"는 이유로 간접교사를 부정하는 견해[127]가 있었으

124) 통설의 입장에서도 김성돈, 672면; 손동권/김재윤, 575면; 이재상/장영민/강동범, 498면에서는 "단순히 범죄를 유발할 수 있는 상황을 만든 것만으로는 교사행위라고 할 수 없다"고 한다.

125) 대법원 1991.5.14. 91도542.

126) 안동준, 296면; 오영근, 391면; 정영일, 413면; 제한적 입장의 손동권/김재윤, 578면.

127) 정영석, 260면 이하; 황산덕, 283면.

나, 현재는 일반적으로 간접교사를 교사범으로 본다(통설).[128] 교사자에게는 정범의 범죄를 야기함으로써 충분히 정범과 동일한 처벌의 필요성과 타당성이 인정되기 때문에 간접교사와 직접교사는 질적으로 동일하다고 해야 한다.[129]

동일한 관점에서 '교사자가 타인을 교사하여 범죄를 실행하게 하였으나, 그 타인은 자신이 직접 범죄를 실행하지 아니하고 또 다른 사람을 교사하여 범죄를 실행하게 하는 연쇄교사의 경우'도 교사범으로 처벌된다. 예컨대 X가 Y를 교사하여 범죄를 실행하게 하였으나, 피교사자인 Y가 자신이 범죄를 실행하지 아니하고 A를 교사함으로써 결국 A가 범죄를 실행하게 된 경우에 X와 Y 모두가 교사범으로 처벌된다.

교사행위는 범죄행위와 피교사자가 특정되어야 한다는 관점에서 소위 연쇄교사 내지 재교사와 간접교사를 구별하는 견해[130]가 있다. 연쇄교사의 경우는 피교사자가 특정되어 있지 않으므로 교사범의 성립을 부정해야 한다는 것이다. 따라서 연쇄교사의 경우는 제31조 제2항의 효과없는 교사에 불과하다고 한다.[131] 간접교사의 경우에도 범죄행위와 피교사자가 특정되지 않으면 교사범이 성립하지 않는다고 한다.[132]

물론 불특정인에 대한 교사는 인정되지 않는다. 그러나 연쇄교사의 경우에도 최초의 교사자가 교사한 범죄는 실현되었으며, 최초 교사자의 교사행위로부터 야기되어 실현된 범죄에 대해서는 최초 교사자에게 형사책임의 귀속을 면제시켜 줄 어떤 사유도 인정할 수 없다. 이와 같이 최초의 교사자의 교사행위가 분명한 효과가 있었음에도 불구하고 이를 효과 없는 교사로 취급하는 것은 타당하다고 할 수 없다. 따라서 연쇄교사의 경우에도 간접교사와 동일하게 정범과 동일한 처벌의 필요성과 타당성을 인정해야 한다.

특히 간접교사의 경우에도 범죄행위와 피교사자가 특정되지 않으면 교사범이 성립하지 않는다는 결론은 지나치다. 간접교사는 대부분의 경우 적절한 범행대리인을 잘 선정할 수 있는 사람에게 의뢰하는 형식으로 이루어지게 되는데, 이때 최초 교사자에게는 피교사자가 특정되어 있지 않다. 그러나 이 경우에도 '최초 교사자의 교사행위'에 의해서 '최종 교사자의 특정한 피교사자에 대한 교사' 및 '피교사자의 범죄실현'이 야기되고 있으며, 이와 같이 야기된 범죄실현에 대해서는 최초 교사자에게 교사자로서의 형사책임 귀속을 배제해야 할 어떤 사유도 찾을 수 없다. 따라서 이 경우에도 간접교사자에 대해서는 교사범의 성립을 인정해야 한다.

이와 같이 연쇄교사든 간접교사든 비록 최초 교사자에게 범죄를 실현할 피교사자가 특정되어 있지 않았을지라도, '최종 교사자에 의한 교사' 및 '특정 피교사자에 의한 범죄실현'을 야기한 교사자라면 특별한 사정이 없는 한 이에 대한 귀속이 인정되어야 한다. 형사책임 귀속이 부정될 수 있는 특별한 사정은 최초의 교사행위로부터 아주 비규칙적이고 비전형적인 인과의 진행

128) 대법원 1967.1.24. 66도1586; 대법원 1974.1.29. 73도3104.

129) 동지, 배종대, 464면; 손동권/김재윤, 592면; 이형국, 309면; 진계호/이존걸, 615면.

130) 오영근, 392면; 이상돈, 595면 이하.

131) 이상돈, 596면.

132) 오영근, 392면.

과정을 통해서 야기된 '최종 교사자에 의한 교사' 및 '특정 피교사자에 의한 범죄실현'인 경우에 인정될 수 있는데, 일반적으로 이러한 상황을 상정하기는 거의 불가능하다.

연쇄교사를 포함하여 간접교사의 경우에는 최초의 교사자와 정범인 직접실행자 사이에 몇 명의 순차적인 교사자가 있었는가와 관계없이 교사행위에 의한 범죄가 실현되고 있다. 따라서 수인의 순차적인 교사행위로 범죄가 실현된 경우에는 교사행위를 한 자 모두가 교사범으로 처벌된다.

#### 2-1-2. 교사자의 고의

##### 2-1-2-1. 교사자의 고의의 의의

교사범의 성립에 있어서는 객관적 구성요건인 교사행위 이외에 주관적 구성요건인 교사자의 고의가 필요하다. 교사자의 고의란 '타인으로 하여금 범죄를 실행하도록 하려는 고의'를 의미한다. 이러한 교사자의 고의를 독일형법은 명문으로 규정하고 있다.[133] 반면에 형법은 교사자의 고의를 특별히 규정하고 있지 않다. 따라서 종래 일부 학설[134]은 과실에 의한 교사도 인정하였다. 그러나 '의도 없이 타인에게 범죄를 결의시키는 행위'를 불법행위로 설정하여 법률적으로 금지하는 것은 논리적으로도 현실적으로도 불가능하다. 현재에는 "교사범의 성립에 주관적 구성요건으로서 고의를 요하며, 과실에 의한 교사범의 성립은 불가능하다"는 데에 학설이 일치하고 있다(통설).

##### 2-1-2-2. 교사자의 고의의 내용

교사자의 고의는 '피교사자의 범행결의에 대한 고의'와 '정범의 범죄실현에 대한 고의', 즉 이중의 고의(doppelter Vorsatz) 내지 중첩된 고의를 말한다(통설). 교사범은 정범으로 하여금 범행결의를 하게 하여 범죄를 실현시키는 것이므로 이러한 모든 객관적 행위상황에 대한 인식과 의사가 교사범의 고의가 된다. 따라서 정범의 범죄실현에 대한 인식과 의사도 교사자의 고의의 내용에 포함된다.

##### 2-1-2-3. 교사자의 고의와 미수의 교사

교사자의 고의는 '교사행위' 자체에 대한 고의 이외에 '피교사자에 의한 범죄실현'의 고의, 즉 교사한 범죄가 기수에 이르도록 하려는 의도를 포함해야 한다. 따라서 교사한 범죄를 단지 미수에 그치게 하려는 의도는 교사자의 고의가 될 수 없다. 이와 같이 피교사자

---

133) 독일형법 제26조는 "고의로, 타인으로 하여금 그 타인이 고의로 범한 위법행위를 결심하게 하였던 자는 교사자로서 정범과 동일하게 처벌한다"고 규정한다.

134) 염정철, 총론(공저), 367면 이하; 이건호, 형법학개론, 188면; 현재에도 과실의 교사가능성을 인정하는 견해로는 이상돈, 590면 이하.

로 하여금 범죄를 완성시키려는 의도가 아니라 단지 미수에 그치게 하려는 의도가 있었던 경우를 '미수의 교사'라고 한다. 현실적으로 함정수사(agent provocateur)의 경우가 미수의 교사에 해당한다. 함정수사란 보통 범인의 검거를 위하여 범죄를 행하도록 사주하고 범죄가 기수에 이르기 전에 체포하는 수사방법을 말한다.

고의란 범죄를 실현하려는 의도를 말하므로 미수범의 성립에도 완전한 기수의 고의를 요한다. 범죄를 미수에 그치게 하려는 의도는 범죄를 실현하지 않으려는 의도에 불과하며, 미수의 고의로는 미수범도 성립할 여지가 없게 된다. 이러한 고의의 내용이 공범이라고 하여 달라질 이유가 없다. 따라서 피교사자로 하여금 범죄를 완성에 이르게 하려는 의도 없이 단지 미수에 그치게 하려는 의도는 교사의 고의로 인정될 수 없다. 교사고의가 부정되는 미수의 교사에서는 교사범이 성립하지 않는다(통설).

### 2-1-2-4. 함정수사

미수의 교사는 교사자의 고의가 부정됨으로써 그 자체로는 어떠한 형태의 범죄도 성립하지 않는다. 예비죄도 성립되지 않는다. 예비죄에서의 고의는 "죄를 범할 목적으로 범죄를 준비한다"는 인식과 의사를 의미하는데, 미수의 교사에서는 죄를 범하려는 의도가 결여되어 있기 때문이다. 따라서 함정수사가 완전한 의미의 미수의 교사인 경우에는 불가벌이다. 그러나 함정수사에서 '미수의 교사에도 불구하고 정범이 범죄를 실현한 경우'와 '정범의 범죄성립 여부와 관계없이 확실한 검거만을 의도하는 경우'는 이에 대한 가벌성이 문제된다.

#### 2-1-2-4-1. 미수의 교사에도 불구하고 정범이 범죄를 실현한 경우

미수의 교사인 함정수사에서 수사관의 의도와는 달리 정범에 의하여 범죄가 실현된 경우에 일부 학설[135]에서는 교사범의 성립을 부정하고 방조범의 성립을 인정한다. 특히 '미수의 교사를 행하는 자는 … 적어도 위험고의는 있는 것이며, 이때 입증가능한 교사자의 위험고의는 미필적 고의와 인식 있는 과실의 중간에 걸치게 되며, … 객관적 사정에 의해 약한 미필적 고의 정도의 기수고의를 인정할 수 있는 한, 교사범보다는 방조범의 예로 처벌하는 것이 좋을 것'이라고 설명하는 견해[136]도 있다. 그러나 교사자의 고의가 부정됨으로써 교사범의 성립이 부정된다면, 이와 같은 미수의 교사행위를 한 자의 주관적·심리적 태도는 방조의 고의를 인정하기에도 부족하다.[137] 방조범의 고의도 '타인의 범죄실현'에 조력하기 위하여 행동해야만 인정될 수 있을 뿐이며, '타인의 범죄 미실현'의 의도로 범죄

---

135) 김일수, 한국형법 II, 338면 이하; 박상기, 468면; 배종대, 458면.
136) 김일수, 한국형법 II, 338면 이하.
137) 동지, 김성돈, 643면; 손동권/김재윤, 582면; 임웅, 496면.

에 조력하는 척하는 행동에는 방조범의 고의도 인정되지 않는다. 범죄실현을 의도하지 않는 경우에는 정범고의 · 교사고의 · 방조고의 · 예비고의 등 범죄에 대한 모든 고의가 인정될 수 없다. 따라서 이 견해에는 찬성할 수 없다.

다수설[138]은 '수사관의 의도와 달리 정범의 범죄가 기수에 이르렀을 때에는, 결과발생에 대한 교사자의 과실 유무에 따라 과실책임을 질 수 있을 것'이라고 한다. 이에 대해서는 "교사행위의 과실은 생각할 수 없다"는 비판[139]이 제기된다. 그러나 다수설의 견해가 '과실의 교사를 인정하는 것'이 아니므로, 이러한 비판은 타당하지 않다.

함정수사에서 수사관의 의도와 달리 정범의 범죄가 기수에 이르렀을 경우에 실현된 범죄에 대하여 수사관의 교사나 방조가 인정될 수는 없다. 수사관은 교사나 방조와 관련하여 단지 '미수의 고의'만을 가지고 있을 뿐이며, 과실의 공범은 존재할 수 없기 때문이다. 그러나 수사관의 과실 유무에 따라 정범으로서의 과실책임은 인정될 수 있다. 즉 주의의무위반에 의하여 과실범의 구성요건을 충족시킨 경우에는 과실범의 정범으로서 형사책임을 부담하여야 한다.[140]

#### 2-1-2-4-2. 정범의 범죄실현 여부와 관계없이 확실한 검거만 의도하는 경우

함정수사는 일반적으로 '미수단계에서의 체포'라는 의사와 관계없이 진행된다. 실행의 착수 즉시 체포하는 것은 대부분의 경우 확실한 물증확보에 비효과적이다. 따라서 수사팀은 정범의 미수 · 기수보다 도주의 효과적인 차단에 관심이 있게 된다. 그렇다면 이 경우는 교사자에게 범죄실현(기수)에 대하여 적어도 미필적 고의가 인정되며, 따라서 단순히 미수의 교사라고 할 수는 없게 된다. 이러한 함정수사의 경우는 2가지 형태로 나누어 생각할 수 있다. 첫째는 범행의사를 이미 갖고 있는 자에 대하여 수사기관이 계략으로 범행의 기회를 주거나 범행을 용이하게 하여 검거하는 방법이다. 둘째는 피교사자가 아직 범행의사를 가지고 있지 아니한 경우에 범행을 저지르도록 유도하여 검거하는 방법이다.

① 범행의사를 이미 갖고 있는 자에 대하여 수사기관이 계략으로 범행의 기회를 주거나 범행을 용이하게 하여 검거하는 기회제공형 함정수사의 경우에 '범행의 기회를 주거나 범행을 용이하게 하는 방법'은 교사의 수단으로 충분하지 않다.[141] 이는 전형적인 방조의 수단이다. 그러므로 이 경우에는 원칙적으로 '구성요건의 단계'에서 방조범이 성립하게 된다.

---

138) 동취지, 성낙현, 630면; 임웅, 497면.

139) 배종대, 458면.

140) 과실범은 주의의무위반에 의해서 성립하는 범죄이며, 주의의무위반은 그 외형이 공동 · 간접 · 교사 · 방조의 어떤 형태일지라도 동일한 정범행위일 뿐이다. 이러한 점에서 과실범은 단일정범개념의 범죄에 해당한다.

141) 이에 관하여는 상기 '제2편, 제6장, 제4절, 2-1-1-2. 교사행위의 수단' 참조: "교사행위는 명백한 정신적 접촉을 통하여 의사형성에 영향을 줄 수 있는 수단이어야 한다."

이러한 결론은 교사행위의 수단에 제한을 두지 않는 통설의 입장에서도 동일할 것이다. 범행의사를 이미 갖고 있는 자에 대한 교사행위는 교사의 미수에 해당할 것이지만, 동시에 '범행의 기회를 주거나 범행을 용이하게 하는' 교사행위의 수단은 완전한 방조행위에 해당한다. 또한 교사의 미수는 방조의 기수에 포함되는 법조경합[142]이 되므로, 이 경우에는 방조범만 성립하게 된다.

② 정범이 아직 범행의사를 갖고 있지 아니한 경우에 범행을 저지르도록 유도하여 검거하는 범죄유발형 함정수사의 경우에는 원칙적으로 '구성요건의 단계'에서 교사범의 성립이 인정된다.[143][144] 함정수사관들이 정범의 기수에 대하여 적어도 미필적 고의로 정범의 범행을 유발하기 때문이다.

범행의 기회를 제공하거나 범죄를 유발하는 함정수사는 '구성요건의 단계'에서 방조범 또는 교사범에 해당할 수 있다. 다만 함정수사는 위법성의 단계에서 허용될 수 있다. 특히 독일 헌법재판소[145]는 "마약사범 · 무기판매 · 위조통화유통과 같이 위험하고 밝혀내기 어려운 범죄와의 투쟁을 위하여 함정수사는 필수적이며 허용된다(für notwendig und zulässig)"는 입장이며, 독일의 다수설[146]도 동일한 입장이다. 범죄를 유발하는 함정수사의 경우에는 긴급피난(Beweis- oder Strafverfolgungsnotstand)이나 법익주체의 승낙, 특히 추정적 승낙에 의하여 위법성이 조각될 수 있다는 것이다. 이러한 견해는 타당하다. 피교사자의 범죄실현(기수)을 인식하고 의지적으로 교사한 자에 대하여 구성요건의 단계에서는 교사범의 성립을 부정할 수 없으나, 위법성의 단계에서 예외적으로 그러한 교사행위를 허용해 주는 것이 논리적이다.[147] 다만 이러한 함정수사는 예외적 허용규범에 의하여 위법성이 조각될 뿐이기 때문에 비례의 원칙에 위배되는 함정수사는 허용될 수가 없다. 예컨대 '범죄혐의가 없는 자에 대한 함정수사' 또는 '보호법익의 완전한 위험이나 침해를 목표로 하고 있는 함정수사'는 허용되지 않는다. 반면에 실질적인 법익의 위험이나 침해가 배제된 함정수사는 거증을 위한 또는 형사소추를 위한 긴급행위로서 허용될 수 있다.

범죄유발형 함정수사에 있어서 교사자가 피교사자의 형식적 기수를 인식한 경우와 실질적 종료를 인식한 경우로 구분하여 전자의 경우에는 그 가벌성을 부정하고, 후자의 경우에만 교사범

142) 이에 대하여는 아래 '제2편, 제6장, 제4절, 4-1. 교사의 미수' 참조.

143) 동지, 박상기, 468면 이하.

144) 이는 독일의 통설과 판례의 입장이다: Samson, SK StGB, Vorbem. § 26 Rdnr. 36 mwN.; Jakobs, Lehrbuch AT, S. 683 f.; BGHSt 32, 345; 33, 283; BGH NJW 86, 75.

145) Vgl. BVerfGE 57, 250; BVerfG NStZ 87, 276.

146) Vgl. Samson, SK StGB, Vorbem. § 26 Rdnr. 38; Baumann/Weber, Lehrbuch AT, S. 561; Franzheim, NJW 79, 2014, 2017 f.; Küper, GA 74, S. 321.

147) Vgl. BVerfGE 57, 250(284); BGHSt 41, 42(64).

의 성립을 인정하는 견해[148]가 있다. "함정수사에서 교사자로서의 처벌을 피하려면 반드시 정범이 기수에 이르기 전에 검거해야 하는데, 이는 지나치게 경직되고 형식주의에 사로잡힌 결함이 있다"고 비판하면서, 이에 따라 교사자의 고의는 정범의 형식적 기수가 아니라 실질적 종료에 대한 것이라고 주장한다. 또한 "피교사자의 실행행위가 형식적 기수에 이른 이후라도 회복하기 어려운 종국적인 법익침해의 단계(실질적 종료)에 이르기 전에 그치게 하려는 의사를 가진 이상 교사자의 행위반가치를 부정해야 한다"는 논리를 전개하고 있다.[149] 그러나 교사자가 피교사자의 범죄실현에 대하여 형식적 기수를 의도하고 교사한 경우라면 교사자의 고의가 부정되지 않으므로 구성요건의 단계에서 행위반가치를 부정함으로써 교사범의 성립을 부정할 수는 없다.[150] 오히려 이 경우는 위법성의 단계에서 긴급피난 등의 허용규정을 통하여 해결해야 한다. 특히 마약범죄 등에서 공범자 전원의 일망타진을 위한 수사에서는 교사자가 피교사자의 범죄실현에 대하여 형식적 기수를 의도한 경우뿐 아니라 실질적 종료를 의도하고 교사한 경우라도 위법성의 단계에서 긴급피난 등의 허용규정이 적용되어야 한다. 따라서 교사자가 피교사자의 형식적 기수를 인식한 경우와 실질적 종료를 인식한 경우를 구별하여 형법적으로 달리 취급하는 관점은 타당하다고 할 수 없다.

## 2-2. 정범의 실행행위

### 2-2-1. 피교사자의 범행결의

교사자의 교사행위에 의하여 피교사자는 범행을 결의하여야 한다. 교사자의 교사행위와 피교사자의 범행결의 사이에는 인과관계가 있어야 한다. 피교사자의 범행결의가 교사자의 교사행위와 인과적인 연관관계가 없는 경우에는 실패한 교사에 불과하다(제31조 제3항). 예컨대 이미 범죄를 결의하고 있는 자에 대한 교사행위가 그러하다.

이미 범행을 결의하였지만 그 실행을 주춤거리고 있던 자를 교사하여 확실하게 범행을 결심하게 하는 경우는 범행결의의 강화에 해당하며, 이는 정신적 방조가 된다. 그러나 범죄의 실행에 대하여 회의를 갖고 있던 자를 교사하여 범행을 결심시켰으면 완전한 교사에 해당한다.

### 2-2-2. 피교사자의 범죄실행

제31조 제1항에 의하여 '타인을 교사하여 죄를 범하게 한' 경우에 교사범이 성립한다. 따라서 피교사자는 적어도 범죄의 실행에 착수해야 한다. 피교사자가 범죄의 실행을 승낙하고 예비·음모에 나아간 경우에는 아직 제31조 제1항의 '타인을 교사하여 죄를 범하게

148) Roxin, LK StGB, § 26 Rdnr. 19 f.; Tröndle/Fischer, StGB, § 26 Rdnr. 8.
149) 성낙현, 629면; 임웅, 396면 이하; 차용석, 미수의 공범, 고시계 1991.12, 33면, 35면.
150) 동지, 박상기, 469면.

한' 경우에 해당하지 않는다. 이 경우는 제31조 제2항에 의하여 피교사자가 범죄의 실행을 착수하지 아니한 경우, 즉 교사의 미수로서 교사자와 피교사자는 음모 또는 예비에 준하여 처벌된다.

예비죄를 교사함으로써 피교사자가 예비죄를 범한 경우에도 제31조 제1항의 '타인을 교사하여 죄를 범하게 한' 경우에 해당하지 않는다. 예비죄는 그 자체로 범죄가 아니라 '범죄의 준비'에 불과하기 때문이다. 만약 교사자가 피교사자로 하여금 예비죄만 범하게 하려는 의도[151]로 피교사자를 교사했다면, 이는 미수의 교사에 불과하게 된다. 즉 교사자의 고의가 부정되어 교사범이 성립하지 않는다.[152]

예비죄의 교사의 문제는 예비행위 자체에 대한 교사의 문제가 아니라 오히려 기본범죄에 대한 교사 내지 방조의 문제에 해당한다. 이미 범행을 결의하고 있는 정범으로 하여금 범행준비를 하도록 교사하는 것은 정범의 범죄를 방조하는 행위이다. 또한 아직 범행을 결의하고 있지 아니한 자로 하여금 범행준비를 하도록 교사하는 것은 실질적으로 범죄 교사행위에 해당한다. 다만 정범이 아직 범죄실행에 착수하지 아니한 경우이다.[153]

착수한 범죄는 적어도 불법의 요건을 갖추어야 한다. 즉 구성요건에 해당하고 위법성조각사유가 존재하지 않아야 한다. 그러나 피교사자의 행위가 책임까지 구비할 필요는 없다. 정범과 교사범 각자는 각자의 책임을 부담하면 충분하기 때문이다(제한적 종속형식).

## 3. 교사범의 처벌

제31조 제1항에 의하여 교사범은 정범과 동일한 형으로 처벌된다. 여기서 동일한 형이란 법정형이 동일함을 말하며, 선고형이 동일할 필요는 없다. 또한 반드시 정범이 먼저 처벌되어야 하는 것도 아니다.

제34조 제2항은 특수한 교사·방조에 대하여 "자기의 지휘, 감독을 받는 자를 교사 또는 방조하여 전항의 결과를 발생하게 한 자는 교사인 때에는 정범에 정한 형의 장기 또는 다액에 그 2분의 1까지 가중하고 방조인 때에는 정범의 형으로 처벌한다"고 규정한다. 그러나 제34조 제2항은 헌법상 법률유보의 대원칙인 비례의 원칙에 위배되는 불필요한 형벌을 규정한 위헌법률이라고 해야 한다.[154]

---

151) 현실적으로 이러한 의도는 존재할 수 없다. 다만 함정수사의 목적에서 '피교사자로 하여금 본범의 범죄에 대한 실행의 착수조차 시키지 않으려는 의도'는 가능하겠지만, 이러한 의도는 정범으로 하여금 범죄를 범하지 못하도록 하려는 의도에 불과하다.

152) 동지, 권오걸, 573면; 김성돈, 680면; 손동권/김재윤, 484면 이하; 오영근, 352면, 611면; 이형국, 230면; 임웅, 383면 이하; 정영일, 368면.

153) 이때 교사로 평가되는 경우는 제31조 제2항과 제3항에 의하여 예비·음모에 준하여 처벌되고, 방조로 평가되는 경우는 불가벌이다.

154) 제34조 제2항에 관하여는 상기 '제2편, 제6장, 제2절, 4-5. 특수교사·방조' 참조.

## 4. 관련문제

### 4-1. 교사의 미수

교사의 미수는 교사자가 피교사자에 대하여 범죄를 범하도록 교사하였으나 교사자의 교사가 완성되지 못한 경우이다. 교사의 미수로는 ① 교사자의 교사에 의하여 피교사자가 범죄의 실행을 승낙하고 실행에 착수하였으나 미수에 그친 경우, ② 피교사자가 범죄의 실행을 승낙하였으나 실행에 착수하지 아니한 경우, ③ 교사자가 피교사자를 교사하였으나 피교사자가 범죄의 실행을 승낙하지 아니한 경우 및 ④ 교사자가 피교사자를 교사하였으나 피교사자가 이미 범행을 결의하고 있었던 경우 등이 논의되고 있다.

교사의 미수에서도 교사자는 피교사자로 하여금 범죄를 실현시키려는 의도로 교사행위를 하고 있다. 따라서 처음부터 피교사자의 범행이 미수에 그치도록 하려는 미수의 교사는 교사의 미수와 구별된다. 미수의 교사와는 달리 교사의 미수에서는 교사자의 고의가 부정되지 않는다.

#### 4-1-1. 피교사자의 범행이 미수에 그친 경우

교사자의 교사에 의하여 피교사자가 범죄의 실행을 승낙하고 실행에 착수하였으나 미수에 그친 경우를 보통 좁은 의미의 교사의 미수라고 한다.[155] 그러나 이 경우는 엄밀한 의미에서 교사의 미수가 아니라 정범의 미수이다.[156] 교사자의 교사에 의하여 피교사자가 범죄의 실행을 승낙하고 실행에 착수하였다면 제31조 제1항에 의하여 본질적으로 교사자의 교사는 미수가 아니라 기수에 이른 것이다. 따라서 교사자는 '정범의 미수'와 동일한 법정형의 한도에서 처벌된다.

#### 4-1-2. 효과 없는 교사

교사자의 교사에 의하여 피교사자가 범죄의 실행을 승낙하였으나 실행에 착수하지 아니한 경우를 '효과 없는 교사'라고 한다. 교사자의 교사에 의하여 피교사자가 이를 승낙하였다면 교사자의 교사는 일단 실패하지는 않았다. 다만 피교사자가 실행에 착수하지 않았기 때문에 교사자의 교사행위는 효과가 없게 된다. 효과 없는 교사의 경우는 교사의 미수에 해당한다. 교사범이 성립하기 위해서는 피교사자가 적어도 범죄의 실행에 착수해야 하기 때문이다. 따라서 효과 없는 교사에 대해서는 제31조 제1항의 적용이 불가능하다.

155) 동취지, 권오걸, 571면; 박상기, 465면.
156) 동지, 김성돈, 681면; 배종대, 464면 이하; 신동운, 646면; 동취지, 오영근, 395면 각주 1).

일반적 · 원칙적으로 공범의 미수는 처벌이 불가능하다. 공범의 미수란 '타인의 범죄에 가담하는 행위를 완성하지 못한 것'을 의미하며, 이는 전체 범죄의 구조에서 관찰하면 '아직 실행의 착수 이전이라는 것'을 의미한다. 그러므로 이러한 공범의 미수를 처벌하기 위해서는 법률의 특별한 규정을 필요로 한다. 형법은 이에 대한 특별한 규정을 두고 있다. 즉 제31조 제2항은 효과 없는 교사의 경우에 교사자와 피교사자를 예비 · 음모에 준하여 처벌하도록 규정하고 있다.

### 4-1-3. 피교사자가 범죄의 실행을 승낙하지 아니한 경우

교사자가 피교사자를 교사하였으나 피교사자가 범죄의 실행을 승낙하지 아니한 경우에 교사자의 교사행위는 실패하게 된다. 그러므로 교사자의 교사는 미수에 불과하게 된다. 이러한 형태의 교사의 미수에 대하여 형법은 제31조 제3항의 특별규정을 두어 교사자를 예비 · 음모에 준하여 처벌한다.

### 4-1-4. 피교사자가 이미 범행을 결의하고 있었던 경우

교사자의 교사행위 이전에 피교사자가 이미 범행을 결의하고 있었던 경우를 소위 omnimodo facturus라고 한다. 이미 범행을 결의하고 있는 자에게 범죄를 결의하게 하는 것은 무의미하므로, 이 경우 교사자의 교사행위는 실패하게 된다.[157] 그러므로 이 경우도 교사의 미수에 해당한다.

이 경우는 제31조 제3항의 "교사를 받은 자가 범죄의 실행을 승낙하지 아니한 때"에 해당한다고 볼 수는 없다. 그러나 피교사자는 이미 범죄를 결의하고 있었기 때문에, 피교사자가 교사받은 범죄의 실행을 승낙하였다 하여도 실질적으로는 범죄의 실행을 승낙하지 아니한 경우와 동일하다. 이 한도에서 '피교사자가 이미 범행을 결의하고 있었기 때문에 실패한 교사'의 경우는 '피교사자가 범죄의 실행을 승낙하지 않았기 때문에 실패한 교사'와 동일한 정도의 가벌성이 인정된다. 따라서 제31조 제3항에 따라 예비 · 음모에 준하여 처벌되어야 한다. 다만 입법론적으로는 제31조 제3항이 omnimodo facturus의 경우를 완전히 포함할 수 있도록 법문을 구성할 필요가 있다.

피교사자가 이미 범행을 결의하고 있었기 때문에 실패한 교사는 교사의 미수로 평가되는 것 이외에, 경우에 따라서는 그 교사행위가 피교사자의 범행결의를 강화시킬 수 있다. 이 경우 실패한 교사가 정범의 범죄결의를 강화시켰다면 이는 정신적 방조에 해당하여 교사의 미수 이외에 방조범의 기수를 충족시키게 된다. 다만 이들 두 죄는 상상적 경합이 아니라 법조경합의 관계가 된다. 즉 타인의 범죄에 가담하는 데에 실패한 경우(교사의 미수)는 성

157) 대법원 1991.5.14. 91도542.

공한 경우(방조의 기수)에 포함될 뿐이다.[158] 이러한 omnimodo facturus와 관련된 구체적인 사례들은 다음과 같이 해결될 수 있다.

**① 절도를 결의한 자에게 강간을 교사하는 경우** 이미 절도를 결의하고 있는 타인에게 강간을 교사하는 경우에 교사자는 강간죄의 교사범으로 처벌된다. 정범은 강간에 관하여 전혀 사전의 계획이 없었으며, 정범의 강간결의는 교사자의 교사행위에 의하여 형성된 것이다. 이때 교사자가 정범의 절도결의를 포기시켰다는 것은 형법적 평가의 대상이 되지 않는다. 따라서 이러한 사실은 교사자의 강간교사죄의 성립에 전혀 영향을 주지 못한다.

**② 절도를 결의한 자에게 강도를 교사하는 경우** 절도를 결의한 자에게 강도를 교사하는 경우에도 교사자는 완전한 강도죄의 교사범으로 처벌된다. 그러나 이 경우에 '절도죄의 부분에 관한 한 omnimodo facturus로서 교사의 미수이고, 절도죄를 초과하는 부분에 대하여는 교사의 기수'라는 문제가 발생한다. 이러한 문제점을 해결하기 위해서는 다음의 사례를 분석하여 비교할 필요가 있다.

> 甲이 A의 시계를 절취하려고 결심하고 있었는데, 이러한 사실을 모르는 乙이 甲에게 A의 시계와 지갑을 절취하도록 교사함으로써 甲이 A의 시계와 지갑을 절취하였다.

이 사례에서도 시계의 절취에 대해서는 교사의 미수가 되고, 지갑의 절취에 대해서는 완전한 교사가 성립하게 된다는 문제를 제기할 수 있다. 그러나 전체적으로 乙의 교사는 실패한 교사이다. 절도범죄를 결의한 자에 대한 절도교사는 성공하지 못한 '교사의 미수'에 불과하다. 동시에 乙의 교사행위는 甲의 범행결의를 강화시켰다. 시계의 절취결의에서 시계와 지갑의 절취결의로 강화시켰으며, 이는 범행결의의 강화로서 정신적 방조에 해당한다. 이러한 결론은 주간에 주거에 침입하여 절도를 범하려고 계획한 자에게 야간주거침입절도죄를 범하도록 교사하는 경우에도 동일하다. 여기서 피교사자가 결의한 범죄와 교사자가 교사하는 범죄가 동질의 범죄라면 omnimodo facturus의 경우가 된다는 것을 알 수 있다. 그러나 절도를 결의한 자에게 강도를 교사하는 경우는 결의하고 있던 범죄와는 질적으로 전혀 다른 범죄를 교사한 경우이다. 강도에 관한 한 정범은 사전에 범죄결의를 하고 있지 않았으며, 교사자의 교사에 의하여 비로소 강도 범행을 결의하게 된 것이다. 따라서 결의한 범죄와 교사한 범죄가 질적으로 다른 범죄인 경우에는 완전한 교사범이 성립하게 된다.[159]

---

158) 동취지, 신동운, 645면.
159) 동지, 박상기, 461면.

이미 범행을 결의한 자에게 중한 범죄를 교사한 경우 중한 범죄에 대한 교사범의 성립을 인정하는 것이 통설의 입장이다. 그러나 교사는 질적으로 새로운 범죄를 결의시키는 것으로 이해하여야 한다. 절도죄를 결의한 자에게 야간주거침입절도죄를 교사하거나 강도죄를 결의한 자에게 특수강도죄 등 동질의 범죄를 교사하는 것은 교사의 미수(omnimodo facturus)로 평가하는 것이 타당하다.[160] 결의한 범죄와 질적으로 다른 중한 범죄를 교사한 경우에는 중한 범죄에 대한 교사범의 성립을 인정하는 것이 타당하다.

범행을 결의한 자에게 중한 범죄를 교사한 경우 중한 범죄에 대한 방조죄의 성립을 인정하는 견해[161]도 있으나, 이는 동질의 범죄 한도에서만 타당하다. 질적으로 전혀 다른 범죄를 교사한 경우는 완전한 교사범의 성립을 인정해야 한다.

**③ 강간을 결의한 자에게 절도를 교사하는 경우** 강간을 결의한 자에게 절도를 교사하는 경우에는 정범이 미리 결의하고 있었던 범죄와 교사자가 교사한 범죄 사이에 전혀 동질성이 인정되지 않는다. 교사자가 교사한 범죄에 관하여 정범은 사전에 전혀 범행을 결의하지 않았으며, 교사자의 교사행위에 의하여 비로소 범행을 결의하였으므로 완전한 절도죄의 교사범이 성립한다.

**④ 강도를 결의한 자에게 절도를 교사하는 경우** 강도를 결의한 자에게 절도를 교사한 경우에도 질적으로 전혀 다른 범죄를 교사하는 경우이다. 그러나 이는 교사범이 아니라 omnimodo facturus의 경우가 된다. 정범이 결의하고 있던 강도결의에는 이미 완전한 절도의 결의가 포함되어 있기 때문이다. 따라서 이는 교사의 미수에 해당한다.[162] 그러나 이 경우에는 기수인 방조범이 성립하지 않는다. 강도를 결의한 자에게 절도를 교사하는 행위는 범행결의의 강화가 아니라 범행결의의 약화로 작용하기 때문에 방조행위인 조력에 해당하지 않는다.[163]

이미 범행을 결의한 자에게 경한 범죄를 교사한 경우 경한 범죄에 대한 방조범의 성립을 인정하는 견해[164]가 있다. 이와 유사한 차원에서 이 경우 "경한 범죄에 대한 방조범의 성립이 가능하다"는 것이 다수설의 입장이다. 그러나 중한 범죄를 범하려는 자를 교사함으로서 경한 범죄를 범하려는 의사로 변경시킨 경우라면 이것이 범행결의의 강화로 평가되는 것은 불가능하다. 만약 중한 범죄에 대해서 아직 확고하게 결의하지 못한 자를 교사하여 경한 범죄를 범하도록 교사한 경우를 염두에 둔 것이라면, 이는 omnimodo facturus의 경우가 아니라, 범죄를 결의하지 아니한 자에 대한 완전한 교사행위로 평가해야 한다. 따라서 이미 범행을 결의한 자에게 경한 범죄를 교사한 경우가 경한 범죄에 대한 방조행위로 평가될 가능성은 없다고 해야 한다.

---

160) 동지, 박상기, 461면.
161) 손동권/김재윤, 576면; 오영근, 394면; 이형국, 309면.
162) 다만 형법은 절도예비죄를 처벌하지 않는다.
163) 동지, 손동권/김재윤, 577면.
164) 신동운, 646면; 안동준, 295면.

### 4-2. 정범의 실행행위의 초과

피교사자가 교사받은 범죄를 초과하여 실행한 경우, 교사자는 초과한 부분에 대하여 형사책임을 부담하지 않는다. 교사자는 초과된 부분에 대하여 교사행위를 하지 않았기 때문이다. 예컨대 교사자가 절도를 교사했는데, 피교사자가 야간주거침입절도죄나 강도죄를 범한 경우에 교사자는 절도교사죄의 책임만을 부담한다. 교사자가 상해를 교사하였는데, 피교사자가 상해치사죄나 살인죄를 범한 경우에도 교사자는 상해교사죄의 책임만을 부담한다. 다만 피해자의 사망에 대하여 교사자의 과실이 있는 경우에는 상해치사죄에 대한 교사범의 책임을 부담하여야 한다(통설). 여기서 피해자의 사망에 대한 과실이란 교사자의 예견가능성을 의미한다. 즉 피교사자가 상해치사나 살인죄를 범한다는 것이 예견가능한 경우에 교사자는 상해치사죄에 대한 교사범의 책임을 부담하게 된다.[165]

교사자가 상해를 교사하였는데 피교사자가 상해치사죄나 살인죄를 범한 경우 교사자에 대하여 상해교사죄와 과실치사죄의 상상적 경합을 인정하는 견해[166]가 있다. 제15조 제2항은 정범에 관한 규정이므로, 이 규정을 교사범에 적용하는 것은 행위자에게 불리한 유추적용으로 허용될 수 없다는 것이다. 그러나 상해를 교사하여 예견가능한 피해자의 사망을 야기한 행위에 대해서 상해교사죄만 인정하는 것은 여기서의 불법내용을 완전하게 포착하지 못한 결론으로 타당하지 않다. 피해자의 사망이 상해교사에 의해서 발생된 결과라면 결과적가중범인 상해치사죄의 교사범을 인정하는 것은 타당하다. 이는 예견가능한 피해자 사망야기에 대한 정범으로서의 책임 대신에 교사범으로서의 책임만을 인정하는 것이므로 행위자에게 불리한 유추가 아니라 유리한 유추라고 보아야 한다.

폭행죄를 범하도록 교사받은 피교사자가 절도죄를 범하는 경우 또는 모욕죄를 범하도록 교사받은 피교사자가 살인죄를 범하는 경우는 '정범의 실행행위의 초과'가 아니라, 피교사자가 범죄의 실행을 승낙하고 실행에 나아가지 아니한 경우이다. 즉 제31조 제2항에 의한 교사의 미수에 불과하다.

통설은 피교사자가 교사받은 범죄와는 본질적으로 다른 새로운 범죄를 범한 경우를 '질적 초과'로 설명하고 있으나 타당하다고 할 수 없다.[167] 실행행위의 질적 초과에는 교사한 범죄 이외의 초과부분이 있어야 하며, 이러한 의미에서 정범의 실행행위에는 교사한 범죄가 포함되어야 하기 때문이다. 오히려 통설이 양적 초과로 설명하는 경우, 예컨대 '절도죄를 범하도록 교사

165) 대법원 1993.10.8. 93도1873; 대법원 1997.6.24. 97도1075; 대법원 2002.10.25. 2002도4089.

166) 오영근, 397면 이하.

167) 질적 불일치라는 용어를 사용하는 권오걸, 577면, 578면; 김성돈, 682면 이하; 손동권/김재윤, 587면; 오영근, 396면 이하; 이상돈, 596면 이하; 이영란, 497면 이하.

받은 피교사자가 강도죄를 범하는 경우'가 질적 초과라고 해야 한다. 이 경우는 초과된 부분에 대하여 본질적인 차이를 인정할 수 있다는 의미에서 질적 초과(Exzeß)라고 할 수 있다. 양적 초과는 초과부분에 대하여 본질적인 차이를 인정할 수 없는 경우로 한정하여야 한다.[168] 피교사자가 교사받은 범죄와 비교하여 양적으로 초과하고 있지만 본질적으로 같은 범죄를 범한 경우라면 교사범의 성립에 아무런 지장이 없게 된다.[169]

실행행위의 초과와는 반대로 교사받은 범죄(강도 살인죄)보다 적게 실행(강도죄 절도죄)한 경우에는 적게 실행한 한도에서 완전한 교사범과 교사한 한도에서 교사의 미수가 성립하며, 두 죄는 상상적 경합이 된다.

## 4-3. 정범에 대한 교사자의 착오

교사자의 정범에 대한 착오로는 우선 '교사자가 피교사자를 책임능력자라 생각하고 교사하였으나 책임무능력자인 경우'가 있다. 그러나 피교사자의 책임능력에 관한 착오는 교사범의 성립에 아무런 영향을 주지 못한다. 제한적 종속형식에 의하여 교사자는 피교사자가 불법한 행위를 하도록 교사하였고, 피교사자가 이에 따라 그 불법행위를 행한 이상 교사범이 성립한다.

교사자가 피교사자의 고의에 대하여 착오를 일으킨 경우도 교사자의 정범에 대한 착오에 해당된다. '교사자가 피교사자를 고의로 범죄를 실행하는 정범이라 생각했으나, 피교사자에게 범죄의 고의가 없었던 경우'가 여기에 해당한다. 예컨대 의사가 간호사로 하여금 피해자를 살해하도록 독약이 들어 있는 주사약을 건네주었으나 간호사가 이를 전혀 알아차리지 못한 경우가 그러하다. 다수설은 이 경우 교사범의 성립을 인정한다. 객관적인 법상태로는 간접정범에 해당하지만, 이용자에게 행위지배가 인정되지 아니하므로 공범의 한도에서 형사책임을 인정하자는 것이다. 그러나 이는 제31조의 법문에 반하여 공범론의 기초인 공범의 종속성을 무너뜨리는 결과가 된다. 이 사례에서 의사는 간호사로 하여금 살인죄를 범하도록 교사했으나 간호사는 살인을 결의하지 않았다. 따라서 의사의 교사행위는 실패하였고, 이는 제31조 제3항에 의한 교사의 미수에 해당한다.[170] 여기서는 실패한 교사가 우연하게 교사한 범죄의 실현에 이르게 되었을 뿐이며, 우연히 실현된 범죄[171]에 대한 교사죄의 성립을 인정해서는 안 된다.

---

168) 동취지, 본질적 불일치와 비본질적 불일치로 설명하는 이상돈, 596면 이하.

169) 동지, 이상돈, 597면.

170) 동취지, 정영일, 450면.

171) 이는 과실치사죄에 해당하지만, 실패한 교사에 대하여 예비죄에 준한 처벌과 법조경합이 된다.

이 사례는 객관적·외형적으로 의사가 간호사를 이용하여 범죄를 범하는 간접정범으로 전개되었다. 그러나 의사는 범죄를 범할 정범의 고의를 가지고 있지 않았다. 의사는 단지 공범의 고의로 행동하고 있으며, 공범의 고의는 정범의 고의를 대신할 수 없다.[172] 따라서 의사는 간접정범이 될 수 없다.[173][174]

## 4-4. 정범의 착오

피교사자가 객체의 착오나 방법의 착오를 일으킨 경우에 "이러한 피교사자의 착오가 교사자에게 어떻게 작용되는지" 문제된다.[175] 일부 학설[176]은 이 경우 착오론의 일반원칙에 따라 피교사자의 방법의 착오는 교사자에게도 방법의 착오로, 피교사자의 객체의 착오는 교사자에게도 객체의 착오로 작용한다고 한다. 물론 피교사자의 방법의 착오는 이용자에게도 방법의 착오로 작용하게 된다. 그러나 피교사자가 객체의 착오를 일으킨 경우에는 피교사자의 착오로 인하여 교사자가 의도하지 않았던 다른 객체의 법익침해가 나타난 경우이기 때문에, 마치 조준사격한 총탄이 옆 사람을 명중시킨 방법의 착오와 동일하다. 따라서 피교사자의 객체착오도 교사자에게는 방법의 착오로 작용한다고 보아야 한다(다수설).

다만 '교사자가 교사한 범죄'와 '피교사자가 실현한 범죄'가 구체적으로 일치하지 아니하는 경우라도 '피교사자가 실현한 범죄'가 교사의 내용과 본질적인 점에서 일치하면 피교사자의 객체착오는 교사자에게 객체의 착오로 평가된다. 따라서 피교사자의 객체착오가 교사자의 교사를 통해서 유발된 경우라면 정범의 객체착오는 교사자에게도 객체의 착오로 작용하게 된다. 예컨대 甲이 乙에게 "초록색 모자를 쓰고 지팡이를 짚고 다니는 A가 저녁 6시경에 숲길을 산책하니 그를 저격하라"[177]고 교사하였고, 乙은 甲이 설명했던 사람을 발견하고 저격하였으나 저격당한 사람이 A가 아니라 B인 경우에 정범 乙의 객체착오는 교사자 甲에게도 객체의 착오로 작용하게 된다.[178] 이 경우는 피교사자 乙이 교사자 甲의 교

---

172) 일반적으로 정범의 고의는 공범의 고의를 포함하지만, 공범의 고의는 정범의 고의를 포함하지 않는다.

173) 이에 반하여 형사처벌의 필요성을 감안함으로써 간접정범의 성립을 인정하는 견해로는 박상기, 452면; 간접정범의 본질을 공범으로 파악하는 입장에서 신동운, 680면.

174) 손동권/김재윤, 525면은 이 경우 이론적으로 공범의 미수를 인정하면서, 간접정범으로 처벌해도 무방하다고 한다. 그러나 이론적으로 공범의 미수를 인정하면서 간접정범으로 처벌하는 것은 근거 없는 처벌이며 심정법학의 결론이다.

175) 사실의 착오에 있어서 법정적 부합설을 지지하는 입장에서는 이 경우 객체의 착오를 인정하든 방법의 착오를 인정하든 결과에서 차이가 없게 된다: 신동운, 650면; 이재상/장영민/강동범, 503면; 임웅, 502면; 정성근/박광민, 591면; 진계호/이존걸, 612면.

176) 김성돈, 684면; 김성천/김형준, 419면; 배종대, 461면; 공범의 종속성을 근거로 하는 손동권/김재윤, 588면.

177) Vgl. BGHSt 27, 214 ff.

178) 동취지. 박상기, 464면.

사에 본질적으로 일치하는 범행을 실현하였기 때문에 실현된 범죄에 대한 교사범의 성립을 부정할 수 없게 된다.

# 제5절 방 조 범

## 1. 방조범의 의의

방조범이란 타인의 범죄에 조력하는 자를 말하며, 제32조는 이를 종범이라는 표제로 규정하고 있다. 방조범은 타인의 범죄를 도와주는 자이므로 방조범은 정범의 범행을 전제로 하며, 정범의 범죄에 종속하여 성립하게 된다. 이러한 점에서 방조범은 교사범과 공통점을 가지고 있다. 방조범과 교사범은 범죄를 범하는 자가 아니며, 범죄를 범하는 타인을 교사하거나 방조함으로써 타인의 범죄에 가담하는 협의의 공범에 해당한다. 다만 방조범은 정범에 대하여 감경된 한도에서 종속성이 완화된다(제32조 제2항).

타인의 범죄를 도와주는 방조행위와 타인과 공동하여 죄를 범하는 공동정범의 행위는 행위지배에 의하여 구별된다. 공동정범은 공동의 의사에 의하여 각자의 역할 분담에 따라 분업적으로 구성요건을 실현하는 행위지배자임에 반하여, 방조범은 죄를 범하는 정범에게 행위지배를 완전히 맡겨 놓고 있다.[179)]

## 2. 방조범의 성립요건

방조범은 정범의 범죄를 방조하는 자이므로, 방조범의 성립에는 방조자의 방조행위와 정범의 실행행위를 필요로 한다.

### 2-1. 방조행위

#### 2-1-1. 방조자의 방조행위

#### 2-1-1-1. 방조행위의 방법

방조행위란 정범의 범죄를 도와주는 행위이다. 정범의 범죄를 도와주는 방법은 거동에 의한 거동방조 이외에 언어에 의한 언어방조도 가능하다.

---

179) 이에 관하여는 상기 '제2편, 제6장, 제1절, 4. 정범과 공범의 구별' 참조.

거동방조는 기술적·물질적인 유형적 방조로서, 도구를 주선하는 행위나 범행장소를 제공하는 행위 또는 자금을 제공하는 행위 등이 있다. 언어방조는 지적·정신적인 무형적 방조로서, 실행방법에 대한 조언이나 필요한 정보의 제공, 기술적 조언, 범행결의의 강화 등이 여기에 해당한다. 장물처분의 약속 또는 알리바이의 증언을 약속하는 행위는 정범의 범행결의를 강화하는 언어방조이다.

정범의 범죄에 조력하는 방조의 개념은 무한정의 색깔이 없는 개념[180]으로써 방조행위는 정범의 범죄에 도움이 되는 모든 방법으로 가능하다. 다만 방조행위는 불법한 행위이므로 최소한 불법한 행위로서의 객관적인 질(Qualität)이 요구된다. 이러한 문제는 방조행위의 인과관계와 관련하여 논의되고 있다.

### 2-1-1-2. 방조행위와 인과관계

독일의 판례[181]에 의하면 방조범은 '정범의 법익침해를 가능하게 하거나 강화하거나 본범의 실행을 용이하게 함으로써 정범의 범죄를 촉진하는 자'이다. 따라서 방조행위는 정범의 범죄를 촉진함으로써 충분하며 본범의 범행 그 자체에 대하여 인과적일 필요가 없다고 한다.[182] 이러한 독일 판례에 대하여 "정신적 방조와 부작위에 의한 방조의 경우에 증명의 곤란함을 회피하는 수단에 불과하다"는 비판[183]이 제기되고 있다. 독일의 판례는 방조의 미수를 완전한 방조범으로 처벌하고 있다는 것이다.[184] 이러한 비판은 타당하다. 예컨대 절도범의 애인이 "얼굴이 알려지면 체포될 위험이 있으니 범행 중에는 반드시 착용하라"고 권유하면서 건네준 마스크를 절도범이 귀찮아하며 쓰레기통에 버린 경우, 절도범의 애인은 절도범의 범죄를 촉진하고 있지만 이러한 방조행위는 미수에 불과할 뿐이다. 즉 정범의 범행과 인과적 연관관계가 인정되지 아니하는 방조행위는 미수로 평가되어야 한다. 특히 형법은 교사의 미수와는 달리 방조의 미수는 처벌하지 않으므로, 가벌적인 방조행위로 평가되기 위해서는 정범의 범행과의 인과관계가 요구되는 것은 당연하다. 이는 무한정의 방조개념을 불법의 질이라는 관점에서 합리적으로 제한할 수 있는 방법이기도 하다.

또한 방조범의 처벌근거를 위험증대의 관점에서 파악하여, 방조행위의 인과관계가 불필요하다는 견해가 있다. "방조행위는 본범의 범죄실현이나 결과에 대한 위험증대로 충분

---

180) Vgl. Cramer/Heine, S-S StGB, § 27 Rdnr. 6.

181) RGSt 58, 113; 73, 54; BGHSt 2, 130; BGH NStZ 1985, 318; Karlsruhe NStZ 1985, 78.

182) 방조행위의 원인성을 확인할 필요는 없고, 피방조범행을 촉진하는 정도면 충분하다는 입장으로는 김성천/김형준, 425면; 방조행위가 피방조자의 실행행위에 대한 원인이 되었어야 할 필요는 없으며, 실행행위에 도움을 준다는 면에서의 사회통념상 관련성 정도의 영향은 있어야 한다는 입장으로는 정영일, 425면 이하.

183) Samson, Hypothetische Kausalverläufe, 1972, S. 55 ff.; Vgl. Cramer/Heine, S-S StGB, § 27 Rdnr. 8.

184) Vgl. Samson, Kausalität der Beihilfe, FS für Peters, S. 121 f. Anm. 4.

하다"[185]거나 "방조행위는 본범의 범행을 위한 위험증대로 충분하다"[186]는 것이다.[187] 그러나 이 견해는 방조범을 구체적 위험범 내지 추상적 위험범으로 만들게 된다. 즉 "공범의 처벌근거가 정범의 범행을 야기하거나 촉진하는 데 있다"는 점을 간과함으로써 방조범을 종속적 범죄가 아닌 독자적인 구체적 내지 추상적 위험에 의하여 성립하는 독자적 위험범으로 만들고 있는 것이다. 결국 위험증대이론은 방조행위의 인과관계를 부정함으로써 처벌되지 않는 방조의 미수를 완전한 방조범으로 처벌하는 결과를 초래하고 있다.

방조행위는 본범에 대하여 인과적이어야 한다(통설).[188] 이는 판례[189]의 입장이기도 하다. 공범의 처벌근거가 타인의 범죄행위를 야기하거나 촉진하는 데에 있으므로 정범의 범죄행위에 어떤 원인도 제공하지 아니한 사람을 공범으로 처벌할 이유가 없기 때문이다. 다만 이러한 입장에서도 인과관계를 상당인과관계설의 관점[190]에서 파악하는 견해와 기회증대의 관점(다수설)[191]에서 파악하는 견해 및 조건설 내지 합법칙적 조건설의 관점[192]에서 파악하는 견해의 대립이 있다.

그러나 조건설 내지 합법칙적 조건설의 관점에서 방조범의 구체적인 인과관계를 정할 수는 없다.[193] 예컨대 땀을 뻘뻘 흘리며 금고를 부수고 있는 금고털이범에게 음료수를 건네주는 행위도 조건설 내지 합법칙적 조건설의 관점에서는 인과적이지만 이를 방조행위라고 볼 수는 없다. 광범위한 조건설 내지 합법칙적 조건설에서는 마땅히 형사책임을 부담시켜야 할 방조행위를 한정하는 것이 부적절하다.[194][195] 따라서 방조범의 인과관계에 대하

185) Schaffstein, Die Risikoerhöhung als objektives Zurechnungsprinzip im Strafrecht, FS für honig, S. 169 ff.

186) Herzberg, Anstiftung und Beihilfe, GA 1971, S. 6 ff.

187) 예컨대 배고픈 범인에게 식사를 제공하거나, 안마를 해 주거나 파이팅을 외쳐주는 것도 경우에 따라 방조로 평가할 수 있게 된다.

188) 이는 독일 통설의 입장이기도 하다: Vgl. Cramer/Heine, S-S StGB, § 27 Rdnr. 7 ff. mwN.; Roxin, LK StGB, § 27 Rdnr. 2 ff.

189) 대법원 1965.8.17. 65도388: "간첩이란 정을 알면서 숙식을 제공하거나 심부름으로 안부편지나 사진을 전달하는 행위는 간첩죄의 방조행위가 아니다."; 대법원 1983.4.12. 82도43: "입영기피를 결심한 자에게 몸조심하라고 악수를 나눈 행위는 정신적 방조에 해당하지 않는다."; 대법원 1984.8.21. 84도781: "웨이터가 미성년자를 홀 출입구까지 안내한 행위는 미성년자를 클럽에 출입시킨 행위의 방조행위가 아니다."; 대법원 1990.12.11. 90도2178: "축산목장의 관리인이 업주의 지시에 따라 축사청소 등의 행위에 종사하는 것은 업주의 정화시설 설치의무 위반에 대한 방조행위가 아니다."; 동지, 대법원 1966.7.12. 66도470; 대법원 1967.1.31. 66도1661; 대법원 1986.2.25. 85도2533; 대법원 2021.9.9. 2017도19025 전원합의체 판결; 대법원 2021.9.16. 2015도12632.

190) 배종대, 642면.

191) Vgl. Roxin, LK StGB, § 27 Rdnr. 2 ff.

192) 이재상/장영민/강동범, 512면; 이형국, 317면; 동취지, 정영일, 425면; 진계호/이존걸, 623면.

193) Vgl. Samson, FS für Peters, S. 122; Roxin, LK StGB, § 27 Rdnr. 3.

194) 동지, 신동운, 661면.

195) 인과관계 확정 이후 형사책임 귀속을 위한 기준을 별도로 마련한다면 조건설도 의미 있는 이론이 될 수

여는 합리적인 변형이 요구된다. 방조행위는 구성요건실현의 기회를 현실적으로 증대시키는 경우'에 한하여 인과관계를 인정해야 한다. 이러한 의미에서 록신(Roxin)은 방조행위를 '인과적 위험증대를 통한 종속적 법익침해'라고 하였다.[196] 이에 따라 방조행위는 '구성요건의 실현을 가능하게 하거나 용이하게 하거나 범행결의를 강화시키거나 범죄의 성공을 확보함으로써 정범의 범행에 유용하고 정범의 범죄상황을 유리하도록 만드는 모든 행위'를 의미하게 된다. 범죄실현의 기회를 감소시키는 경우에는 방조행위로 평가되지 않는다. 이러한 변형은 상당인과관계설의 관점에서도 가능하지만, 상당인과관계설의 관점은 상당성의 기준을 확보하는 데에 문제가 있다.

#### 2-1-1-3. 부작위에 의한 방조

방조행위는 작위뿐 아니라 부작위에 의하여도 가능하다(통설).[197] 이는 부작위에 의한 교사행위가 거의 일치된 견해에 의하여 부정되는 것과 아주 대조적이다. 방조의 개념이 그만큼 광범위하기 때문이다.

부작위가 불법한 행위로 형법상 의미를 갖기 위해서는 부작위가 일정한 법적 의무위반인 경우로 한정된다. 예컨대 지나가는 행인이 절도범을 목격하고도 제지하지 않는 부작위는 법적의무의 위반이 없으므로 방조행위가 될 수 없다. 따라서 방조행위로 평가될 수 있는 부작위는 적어도 법적의무의 위반이어야 한다. 이러한 법적의무는 '보증인의 의무'와 '보증인의 의무 이외의 의무'로 구별될 수 있다.

먼저 '보증인의 의무 이외의 의무'를 위반하는 부작위가 방조행위로 평가될 수 있는지 문제된다. 그러나 이러한 부작위에 의한 방조는 불가능하다. 일반적으로 '보증인의 의무 이외의 의무'를 위반하는 경우에는 그러한 의무위반에 대한 법적 제재[198]가 마련되어 있다. 따라서 부작위에 의한 방조는 그 부작위가 최소한 보증인의 의무위반으로 평가되는 경우에만 가능하다(통설).[199]

원칙적으로 통설의 입장을 지지하면서 "정범이 부진정부작위범인 경우에는 부작위를 통해 정범의 범죄에 가담하는 자에게 보증인적 지위가 없더라도 제33조를 통하여 부작위에 의한 방조

---

있다. 실제로 중립적 행위에 의한 방조의 경우에 객관적 귀속이론으로 해결하는 견해도 있다: Vgl. Frisch, Beihilfe durch neutrale Handlungen, FS für Lüderssen, 2002, S. 544 ff.; 이에 관한 자세한 내용은 신양균, 중립적 행위에 의한 방조, 형사법연구 제26호, 2006.12, 13면 이하 참조.

196) Roxin, LK StGB, § 27 Rdnr. 5.

197) 대법원 1984.11.27. 84도1906; 대법원 1985.11.26. 85도1906; 대법원 1996.9.6. 95도2551; 대법원 1997.3.14. 96도1639; 대법원 2006.4.28. 2003도4128.

198) 예컨대 경범죄처벌법 제3조 제1항 제6호 도움이 필요한 사람 등의 신고불이행 등.

199) Vgl. Cramer/Heine, S-S StGB, § 27 Rdnr. 15.

범의 성립이 가능하다"는 견해[200]가 있다. 그러나 이 견해는 타당하다고 할 수 없다. 개념적으로 부진정부작위범이란 보증인의 의무위반만이 불법을 형성할 수 있는 범죄이기 때문이다. 따라서 부진정부작위범에서 보증인의 의무위반은 행위지배 여부에 의하여 해당 범죄의 정범 또는 방조범으로 평가되는 반면에, 보증의무 없는 자의 부작위는 의무위반이 결여되어 해당 부진정부작위범죄와 관련하여 어떠한 불법행위로도 평가되지 않는다.

보증의무위반의 부작위는 일반적으로 부진정부작위범의 정범행위로 평가된다. 따라서 보증의무위반의 부작위는 어떤 기준에 의하여 정범과 방조범으로 구획될 수 있는지 문제될 수 있다. 이는 기본적으로 정범과 공범의 구별기준인 행위지배에 의하여 결정되어야 한다.

원칙적으로 범죄의 결과발생을 방지할 보증인이 결과발생을 방지하지 아니한 경우에는 범죄실현에 대한 행위지배가 긍정되는 부작위로 평가된다. 이러한 행위지배가 긍정되는 부작위는 작위에 의한 범죄실현과 실질적으로 동일한 가치가 인정되기 때문이다. 다만 순수한 형식범이나 특수한 행위정형을 요하는 범죄에서는 단순한 부작위만으로 작위에 의한 범죄실현과 실질적으로 동일한 가치가 인정되지 않으며, 따라서 행위지배도 인정되지 않는다.[201] 이들 범죄와 관련하여 특수한 행위정형을 구비할 수 없는 부작위는 방조행위로 평가될 수 있을 뿐이다. 예컨대 경비원이 주거침입행위를 저지하지 아니한 경우는 주거침입죄의 방조범이 성립할 뿐이다.[202]

보증의무위반의 부작위가 방조행위로 평가되기 위해서는 실현된 범죄에 대한 행위지배가 부정되어야 한다.[203] 그러나 보증인이 '범죄의 결과발생을 방지하지 아니한 자'로 평가될 경우에는 실현된 범죄에 대한 행위지배가 인정되기 때문에 방조범이 아니라 부진정부작위범의 정범이 성립한다. 따라서 부작위에 의한 방조는 '결과의 발생을 방지할 보증인'이 아니라, '제3자인 정범의 범죄행위를 방지할 보증인'의 부작위만이 여기에 해당할 수 있게 된다. 결국 부작위에 의한 방조범은 '정범의 범죄행위를 방지할 보증인의 지위에 있는 자가 그 범죄행위를 방지하지 않는 경우'에만 성립이 가능하다.[204]

다만 '제3자의 불법행위를 방지할 보증인'의 부작위도 실현된 범죄에 대한 행위지배가 인정되는 경우가 있다. 예컨대 제3자를 해칠 수 있는 정신병자를 감독하는 자가 결과발생을 방지하지 아니한 경우는 감독자 스스로 제3자를 해치지 않았어도 발생된 결과에 대한 정범으로서의 부진정부작위범이 성립하게 된다. 따라서 부작위에 의한 방조범은 부작위자

200) 김성돈, 689면.
201) 동취지, 박상기, 480면.
202) 동지, 백형구, 형법각론, 389면; 진계호/이존걸, 620면.
203) 동취지, 이상돈, 611면 이하.
204) 김일수/서보학, 497면; 손해목, 1091면; 이재상/장영민/강동범, 510면; 임웅, 508면; 정성근/박광민, 597면; 진계호/이존걸, 620면; 신양균, 부작위에 의한 방조, 형사판례연구(6), 1998, 146면.

에게 보증인의 의무가 있음에도 불구하고 그 부작위가 범죄실현에 대한 행위지배가 인정되지 않음으로써 정범으로서의 부작위범이 성립하지 않는 경우로 한정된다.[205)]

#### 2-1-1-4. 방조행위의 시기

방조행위의 시기는 정범의 실행착수 전·후와 관계없이 가능하다. 범죄의 준비단계에서도 정범의 범죄에 유용한 방조행위가 얼마든지 가능하기 때문이다. 또한 정범의 범죄가 기수에 이른 후라도 종료되기 전까지는 방조범이 성립할 수 있다. 예컨대 추적되고 있는 절도범을 오토바이를 이용하여 안전하게 도피시키는 행위 또는 절도죄가 기수에 이른 후에 도품을 같이 옮기는 행위 등이 방조행위에 해당할 수 있다.[206)] 그러나 정범의 범죄가 종료에 이른 이후에는 방조범도 성립할 여지가 없게 된다.

### 2-1-2. 방조범의 고의

방조범의 성립에 있어서는 객관적 구성요건인 방조행위 이외에 주관적 구성요건으로 방조범의 고의가 필요하다. 독일형법은 교사자의 고의와 마찬가지로 방조범의 고의에 대해서도 명문으로 규정하고 있다. 반면에 형법은 방조범의 고의를 특별히 규정하고 있지 않다. 그러나 일치된 견해는 과실에 의한 방조범의 성립을 인정하지 않는다.

교사자의 고의와 동일하게 방조범의 고의도 방조행위에 대한 고의와 정범의 범죄실현에 대한 고의, 즉 이중의 고의 내지 중첩된 고의를 요한다. 방조는 정범의 범죄를 도와주는 것이므로 이러한 모든 객관적 행위상황에 대한 인식과 의사가 방조범의 고의가 된다. 따라서 정범의 범죄실현에 대한 인식과 의사도 방조범의 고의의 내용이어야 한다. 정범의 범죄실현에 대한 고의란 정범의 범죄가 기수에 이르도록 도와주려는 의도를 말한다. 정범의 범죄가 단지 미수에 그치게 할 의사로 방조하는 경우(미수의 방조)는 방조범의 고의가 부정되어 방조범이 성립하지 않는다.

보이스피싱조직에 은행계좌를 개설하여 그 접근매체를 넘겨주는 행위는 보이스피싱조직이 범하는 재산범죄에 대하여 개괄적으로 방조의 고의가 인정된다. 보이스피싱조직이 언제 누구를 대상으로 범행할 것인지 여부를 알 수 없는 경우라도 사기죄의 방조고의가 부정될 수는 없다. 대법원[207)]은 이 경우 사기방조를 부정하고 있으나, 보이스피싱 사기 등의 재산범죄에서 필수적

205) Vgl. Rudolphi, SK StGB, Vor § 13 Rdnr. 41.

206) '종료는 범행단계로서 일반화할 수 없는 개념'이라는 입장에서 원칙적으로 기수 이후의 방조범의 성립을 반대하는 견해로는 박상기, 485면.

207) 대법원 2018.7.19. 2017도17494 전원합의체 판결: 보이스피싱 조직에게 은행계좌를 개설하여 그 접근매체를 양도하였고, 보이스피싱 조직원의 기망에 의하여 피해자가 사기피해금을 이체하였는데, 계좌명의인이 다른 접근매체를 이용하여 사기피해금의 일부를 인출한 사안에서 계좌명의인의 사기방조를 부정하면서, 보이스피싱조직에 대한 횡령죄의 성립을 부정하고 피해자에 대한 횡령죄의 성립을 인정하였다. 이러한

전제가 되는 은행계좌 접근을 지원하는 행위에 대해서 그 방조범의 성립을 부정하는 것은 타당하다고 할 수 없다.

대법원 판례사안에서는 계좌명의인이 다른 접근매체를 이용하여 사기피해금의 일부를 인출하였는데, 그럼에도 불구하고 보이스피싱조직원의 피해자에 대한 사기죄가 성립하는 이상 계좌명의인의 사기방조죄가 부정되어서는 안 된다. 계좌명의인이 다른 접근매체를 이용하여 사기피해금의 일부를 인출한 부분은 보이스피싱조직을 매개체로 피해자에 대하여 금원을 편취하는 소위 삼각사기의 경우라고 보아야 한다.[208]

방조범의 고의는 정범의 범죄실현에 대한 인식과 의사를 포함하지만, 정범은 방조범의 방조행위를 인식할 필요가 없다. 따라서 정범의 의사와 관계없이 일방적으로 정범의 범죄를 방조하는 소위 편면적 방조범도 가능하다. 예컨대 절도범의 애인이 일방적으로 몰래 망을 보아주는 행위도 정범의 범죄를 도와주는 행위이다.

## 2-2. 정범의 실행행위

방조범은 타인의 범죄를 방조하는 것이므로, 타인(정범)의 범죄를 전제로 방조범이 성립한다. 정범의 범죄는 제한적 종속형식에 의하여 구성요건에 해당하고 위법하면 충분하며, 책임까지 구비할 필요는 없다. 또한 방조는 정범의 범죄가 고의범죄인 경우에만 가능하다. 정범이 과실범죄를 실현한 경우, 즉 범죄실현에 대하여 고의가 없는 경우에는 이에 대한 고의의 공범 가담은 불가능하다. 다만 경우에 따라 배후인에게 행위지배(의사지배)가 인정될 경우에는 간접정범의 성립이 가능하다.

정범의 범죄는 적어도 미수의 단계에 이르러야 방조범이 성립한다. 정범의 범죄가 아직 예비단계인 경우에는 방조범은 미수에 불과하다. 교사의 미수가 특별규정에 의하여 처벌되는 것과는 달리, 방조범의 미수에 대하여는 특별한 처벌규정이 없다. 따라서 방조범의 미수는 불가벌이다.

이에 반하여 예비죄에 실행행위성을 인정함으로써 예비죄 자체에 대한 방조범의 성립을 인정하는 견해[209]가 있다. 그러나 제32조는 타인의 범죄를 방조하는 자를 방조범으로 처벌하고 있으며, 여기서 타인의 범죄란 명백하게 본범을 의미하는 것이지 그 예비죄를 말

---

다수의견에 대하여 피해자에 대한 횡령죄의 성립을 부정하고 보이스피싱조직에 대한 횡령죄의 성립을 긍정하는 김소영, 박상옥, 이기택, 김재형 대법관의 별개의견과 보이스피싱조직 및 피해자에 대한 횡령죄의 성립을 모두 부정하는 조희대 대법관의 반대의견이 있다.

208) 만약 계좌명의자에게 In-Dubio 원칙에 따라 보이스피싱사기에 대한 사기방조의 미필적 고의조차 인정될 수 없는 경우라면, 즉 의뢰인들이 정상적인 금융거래에 계좌를 이용할 것이라는 신뢰를 가지고 있었던 경우라면, 별도의 접근매체로 금원을 인출한 계좌명의인의 행위는 트릭절도라고 보아야 할 것이다.

209) 김일수, 한국형법 Ⅱ, 227면; 김일수/서보학, 413면; 안동준, 253면; 성낙현, 536면; 이상돈, 614면.

하는 것은 아니다. 또한 예비죄 자체에 대한 방조행위란 실질적으로 본범의 범행을 방조하는 경우이다. 그렇지 않다면 기본범죄를 도외시한 예비행위 자체에 대한 방조행위란 결국 '본범의 죄를 실행의 착수조차 시키지 않으려는 의도'로 행위하는 것을 의미하므로 방조고의도 인정될 수 없다. 방조고의 없는 자에 대하여 예비의 방조를 인정하는 것은 예비행위를 예외적으로 처벌하려는 예비죄의 목적에도 반한다(통설).[210] 따라서 예비죄 자체에 대한 방조행위란 실질적으로 본범의 범행을 방조하는 경우로 보아야 한다. 이 경우는 방조자가 본범의 범행을 방조하였으나 피방조자가 아직 실행의 착수에 나아가지 아니한 경우로서 방조의 미수가 되며, 형법은 이를 처벌하지 않는다. 그 밖에 예비죄를 방조하는 행위는 "그 자체가 예비행위로 평가될 수 있는지" 문제된다. 그러나 이는 부정된다. 여기서는 "죄를 범하기 위하여 범죄를 준비한다"는 예비의사가 인정되지 않기 때문이다.

## 3. 방조범의 처벌

제32조 제2항에 의하여 방조범의 형은 정범의 형보다 감경한다. 방조범은 형의 필요적 감경사유이다. 이 한도에서 방조범의 종속성은 완화되고 있다. 다만 형법 제98조 제1항의 간첩방조와 관세법 제271조 제1항 등은 방조범의 형을 정범과 동일한 형으로 처벌하도록 규정하고 있다.

제34조 제2항은 특수방조에 대한 형의 가중을 "자기의 지휘, 감독을 받는 자를 … 방조하여 전항의 결과를 발생하게 한 자는 … 방조인 때에는 정범의 형으로 처벌한다"고 규정하고 있다. 그러나 제34조 제2항은 죄를 초과하는 형을 인정하고 있다. 따라서 이 조항은 헌법상 법률유보의 대원칙인 비례의 원칙에 위배되는 불필요한 형벌을 규정한 위헌법률이라고 해야 한다.[211]

## 4. 관련문제

방조범과 관련된 문제점들은 교사범에서 설명한 내용들과 대부분 동일하다. '정범의 실행행위의 초과',[212] '정범에 대한 방조범의 착오'[213] 및 '정범의 착오'[214]에 대하여는 교

---

210) 대법원 1976.5.25. 75도1549; 동지, 대법원 1978.2.23. 77도340; 대법원 1979.5.22. 79도552; 대법원 1979.11.27. 79도2201.

211) 이에 관하여는 상기 '제2편, 제6장, 제2절, 4-5. 특수교사·방조' 참조.

212) 이에 관하여는 상기 '제2편, 제6장, 제4절, 4-2. 정범의 실행행위의 초과' 참조.

213) 이에 관하여는 상기 '제2편, 제6장, 제4절, 4-3. 정범에 대한 교사자의 착오' 참조.

214) 이에 관하여는 상기 '제2편, 제6장, 제4절, 4-4. 정범의 착오' 참조.

사범에서 설명한 이론이 그대로 적용된다. 다만 방조범의 미수는 형법상 처벌규정이 없으므로 논의의 대상이 되지 않는다.

① **방조범의 방조범** 교사범의 경우와 동일하게 간접방조·연쇄방조는 모두 정범의 범행에 조력하는 행위이므로 이에 대해서는 완전한 방조범이 성립한다. 방조범을 방조하는 자는 이미 그의 행위가 정범의 행위에 대한 조력이 된다는 사실을 의식하고 있으므로 방조의 고의가 부정될 수 없다.

② **교사의 방조범** 교사자를 방조하는 행위도 또한 정범의 행위가 실현되도록 조력하는 행위이다. 따라서 이 경우에도 방조범이 성립한다. 다만 교사의 미수[215]에 대한 방조범은 성립하지 않는다. 교사의 미수에 대한 방조는 전체 범죄론의 구조에서 보면 아직 정범의 실행착수 이전이며, 따라서 이에 대한 공범의 성립은 특별규정을 필요로 한다. 그러나 방조범의 미수에 대해서는 형법에 특별한 처벌규정이 없다.

③ **방조범의 교사** 정범을 방조하도록 교사하는 행위도 결국 정범의 범행에 조력하는 행위이므로, 이 경우도 완전한 방조범이 성립한다.

## 제 6 절 공범과 신분

### 1. 공범과 신분 일반론

#### 1-1. 서 론

신분범은 신분이 있는 자만이 정범으로 범할 수 있는 범죄이다. 따라서 신분이 없는 자는 그 범죄를 정범으로 범할 수 없다. 그러나 신분 있는 자를 유발하여 신분범죄를 범하도록 하는 공범의 경우는 이와 다르다. 신분 없는 자도 신분 있는 자로 하여금 신분범죄를 저지르도록 유발하거나 촉진하는 것은 얼마든지 가능하다. 이와 같이 신분범죄에 비신분자가 공범으로 가담한 경우에 비신분자를 어떻게 처벌해야 하는지 문제가 된다.

공범종속성에 의하여 공범은 정범의 범죄에 종속하여 성립하게 된다. 그러나 신분범에서는 공범의 종속성이 엄격하게 유지되기 어렵다. 비신분자인 공범에게는 신분범죄에서 신분요소에 의하여 형성 내지 가중·축소되는 불법내용을 구비할 수가 없기 때문이다. 예컨대 정범의 직계존속을 살해하도록 교사한 자에게는 존속살해의 불법이 인정되지 않기

215) 다만 피교사자가 실행에 착수하여 미수에 그친 경우는 본질적으로 교사의 미수가 아니므로, 이 경우는 여기에서 제외된다.

때문에 보통살인의 교사범으로 처벌하면 충분하다. 따라서 신분범의 경우에는 비신분공범의 종속성완화가 필요하게 된다. 이러한 공범의 종속성완화의 문제는 공범과 신분의 문제로 논의되고 있으며, 제33조는 "신분이 있어야 성립되는 범죄에 신분 없는 사람이 가담한 경우에는 그 신분 없는 사람에게도 제30조부터 제32조까지의 규정을 적용하며, 다만 신분 때문에 형의 경중이 달라지는 경우에 신분이 없는 사람은 무거운 형으로 벌하지 아니한다"고 규정하고 있다.

## 1-2. 신분의 의의와 종류

### 1-2-1. 신분의 의의

신분범에서는 행위자의 신분이 범죄의 성립이나 형의 가감에 영향을 미치게 된다. 여기서 신분이란 행위자와 관련된 범죄의 특별한 인적 요소로서 개인의 특수한 지위나 상태를 의미한다. 예컨대 성별·연령 등과 같은 사람의 정신적·육체적 또는 법적 특성, 공무원·의사·친족관계 등과 같은 사람의 사회적 지위나 관계, 업무성·상습성 등과 같은 범인의 특수한 인적 상태 등이 여기에 해당한다. 부진정부작위범에서 보증인의 지위도 개인의 특수한 지위나 상태인 신분에 해당한다. 이러한 신분은 반드시 계속성을 가져야 하는 것은 아니며, 일시적 성격의 신분도 얼마든지 가능하다.

행위자와 관련된 범죄의 특별한 인적 요소인 신분은 행위와 관련된 불법요소와 구별된다. 행위와 관련된 불법요소는 구성요건적 결과나 범행수단 또는 실행방법 등 범죄의 실질적 불법성을 특징짓는 요소로서, 이러한 요소는 행위자 개인의 특수한 지위 내지 상태라기보다 누구에게나 존재할 수 있는 일반적 요소이다. 따라서 이러한 행위관련적 불법요소에 관하여는 공범의 종속성완화가 불필요하다. 예컨대 흉기를 휴대하여 절도죄를 범하도록 교사하는 경우에 교사자는 흉기를 휴대한 자가 아님에도 특수절도의 교사범이 되어야 하며, 인질강도를 교사하는 경우에도 동일하다. 고의·목적·불법영득의사 등도 주관적 불법요소로서 행위와 관련된 불법요소에 속한다(통설).[216]

판례[217]는 모해위증죄를 신분범으로 보아 모해목적이 없는 정범을 단순위증죄로 처벌하고, 모해목적이 있는 교사자를 제33조 단서에 의하여 모해위증교사죄로 처벌하였다.[218] 이러한 판례의 태도는 타당하지 않다. 모해목적을 신분요소로 해석할 수 있다고 가정해도, 판례사안은 정

216) Vgl. BGHSt 22, 380; Tröndle/Fischer, StGB, § 28 Rdnr. 6.

217) 대법원 1991.3.12. 90도2869; 대법원 1992.10.27. 92도2196; 대법원 1994.12.23. 93도1002.

218) 정영일, 형법각론, 848면; 모해목적을 행위자관련적 주관요소로 이해함으로써 모해위증죄의 간접정범을 인정하는 손동권/김재윤, 형법각론, 839면; 동취지, 손동권/김재윤, 610면.

범이 모해목적 없는 비신분자이고 교사자가 모해목적 있는 신분자이다. 제33조 단서는 신분범에 비신분자가 가담하는 경우에 적용되는 규정이므로, 모해목적 없는 일반범에 모해목적 있는 신분자가 가담하는 위 판례사안에서는 제33조 단서가 적용될 수 없다고 해야 한다. 더욱이 제152조 제2항의 모해위증죄에서의 모해목적은 행위자관련적 신분요소가 아니라, 초과주관적 구성요건요소로서 행위관련적 불법요소이다(통설). 따라서 통설에서는 모해의 목적이 있는 교사자를 위증죄의 교사범으로 처벌할 수 있을 뿐이라고 주장한다.

모해의 목적으로 타인의 위증을 유발하는 자는 외형적으로 모해위증죄를 지배하는 정범, 즉 고의 있는 목적 없는 도구를 이용하는 모해위증죄의 간접정범으로 보여질 수 있다. 그러나 교사자는 법률에 의하여 선서한 증인이 아니므로 정범으로서의 불법을 구비할 수 없다. 또한 위증죄에 관하여는 완전한 교사범이 성립하지만 여기에는 모해의 목적으로 위증을 교사하는 불법이 고려되지 못하고 있다. 즉 위증교사죄를 초과하는 부분은 '고의 있는 목적 없는 도구를 이용하는 간접정범'으로 보이지만, 이 부분에 대해서는 교사자가 신분이 없기 때문에 간접정범이 성립하지 않으며, 또한 정범이 이 부분을 실현하지 않았기 때문에 교사범도 성립하지 않는다.

우선 판례사안에서 피교사자인 증인은 자신의 허위증언에 의해서 피고인이 부당하게 또는 불리하게 형사처벌을 받을 수 있음을 모를 수가 없음에도 법정에서 허위의 증언을 하고 있다. 그렇다면 어떻게 증인의 모해목적이 부정될 수 있는 것인지 의문이 제기된다. 만약 증인의 모해목적이 in-dubio 원칙에 의하여 증명되지 아니한 경우라면 통설과 판례는 교사자의 고의를 잘못 판단한 것으로 보인다. 모해의 목적으로 위증을 교사한 자는 무고의 고의로 행위하고 있으며, 위증을 교사하는 행위는 무고의 고의 없는 타인을 이용하여 무고죄를 범하는 수단이 된다. 따라서 여기서는 무고죄의 간접정범과 위증교사죄의 상상적 경합을 인정하여야 한다.[219]

### 1-2-2. 신분의 종류

제33조 법문에 의하여 신분의 종류는 구성적 신분, 가감적 신분 및 소극적 신분으로 분류되고 있다(통설).

① **구성적 신분** 구성적 신분은 범죄를 구성하는 신분이다. 신분을 구비한 자에 의해서만 범죄가 성립하며, 구성적 신분이 결여되면 다른 어떤 범죄도 성립하지 않게 된다. 예컨대 수뢰죄에서의 '공무원이나 중재인', 위증죄에서의 '선서한 증인', 횡령죄에서의 '타인의 재물을 보관하는 자,' 배임죄에서의 '타인의 사무를 처리하는 자' 등이 구성적 신분에 해당한다. 이와 같이 구성적 신분에 의해서만 성립되는 범죄를 진정신분범이라 한다. 구성적 신분은 제33조 본문의 적용대상이 된다.

② **가감적 신분** 가감적 신분은 구성적 신분과는 달리 행위자의 신분이 범죄의 구성에 영향을 주는 것이 아니라, 단지 형벌의 가중이나 감경에만 영향을 미친다. 가감적 신분에 의하여 성립되는 범죄를 부진정신분범이라고 한다. 예컨대 존속살해죄에서의 '직계비속

219) 이에 관하여는 이정원, 모해목적으로 단순위증을 교사한 자의 형사책임, 이한교교수 정년기념논문집, 2000.8, 84면 이하 참조.

이나 직계비속의 배우자', 업무상 횡령죄에서의 '업무자' 등이 가감적 신분에 해당한다. 이러한 범죄에서 신분이 없는 자의 행위는 일반범죄를 구성하게 된다. 가감적 신분은 제33조 단서의 적용대상이 된다.

상습범에서의 '상습범인' 등도 가감적 신분에 해당한다. 그러나 이러한 신분은 책임신분이며, 이러한 책임신분은 본질적으로 공범에서 종속성의 완화와는 전혀 관련이 없다. 제한적 종속형식에 의하면 책임은 공범종속의 대상이 아니기 때문이다.

③ **소극적 신분** 행위자의 신분이 범죄의 성립이나 형벌을 배제하는 경우의 신분이 소극적 신분이다. 소극적 신분으로는 의료법위반에 있어서의 의사의 신분이나 변호사법 위반에서의 변호사의 신분과 같이 불법한 범죄의 성립을 배제하는 불구성적 신분, 제9조의 14세 되지 아니하는 자와 같이 책임을 배제하는 책임조각신분 및 친족상도례에서 친족의 신분과 같이 형벌을 배제하는 형벌조각신분이 있다. 이러한 소극적 신분은 공범의 종속성 완화를 전혀 필요로 하지 않으므로 제33조의 적용과는 아무 관련이 없다.

통설의 구성적 신분과 가감적 신분의 구별을 형식적 분류라고 하면서, 제33조의 신분을 위법신분과 책임신분으로 분류하는 것은 실질적 관점의 분류라고 한다.[220] 이러한 실질적 분류를 대부분의 통설도 굳이 반대하고 있지는 않다.[221] 그러나 이러한 관점은 타당하지 않다. 책임신분을 책임의 경중을 결정하는 요소라고 이해해야 한다면, 이러한 책임요소에 의한 책임개별화에 대해서는 본질적으로 별도의 규정이 필요하지 않다. 책임이란 불법행위에 대한 개별적 비난가능성이므로 어느 경우이든 행위자는 자신의 책임을 부담하면 충분하기 때문이다. 이는 형법의 책임원칙과 공범의 제한적 종속형식에 의한 당연한 결론이다. 따라서 종속성의 완화와 관련된 제33조의 신분은 위법신분만을 규정한 것이라고 해석해야 한다.

## 2. 구성적 신분과 공범

제33조의 본문은 "신분이 있어야 성립되는 범죄에 신분 없는 사람이 가담한 경우에는 그 신분 없는 사람에게도 제30조부터 제32조까지의 규정을 적용한다"고 규정하고 있다. 이 규정에서 '신분이 있어야 성립되는 범죄'와 "제30조부터 제32조까지의 규정을 적용한다"라는 부분의 해석에 관하여는 학설의 다툼이 있다.

---

220) 김성돈, 703면 이하; 정성근/박광민, 609면 이하.

221) 통설이 제33조 단서의 규정을 '공범에 있어서 책임의 개별화원칙을 선언한 것'으로 이해하고 있으므로, '책임신분=가감적 신분'이라면 자동적으로 '위법신분=구성적 신분'이 된다.

### 2-1. '신분이 있어야 성립되는 범죄'의 의미

'신분이 있어야 성립되는 범죄'는 진정신분범을 의미하며, 여기서의 신분은 구성적 신분을 말한다(통설). 이에 반하여 '신분이 있어야 성립되는 범죄'는 진정신분범뿐 아니라 부진정신분범도 포함하며, 제33조의 단서는 부진정신분범의 과형만을 규정한 것이라는 소수설[222]이 있다. 그러나 제33조의 규정은 공범의 종속성완화와 관련된 규정이라고 파악되어야 한다. 즉 제33조 본문의 진정신분범에서는 공범의 종속성완화를 인정하지 않으며, 동조 단서의 부진정신분범에서는 공범의 종속성완화를 인정하는 규정이다.

### 2-2. "제30조부터 제32조까지의 규정을 적용한다"의 의미

진정신분범에서 신분 없는 자의 공범가담에 대해서는 제33조 본문에 의하여 공범의 종속성이 그대로 유지되고 있다. 따라서 구성적 신분이 없는 자가 신분 있는 자를 교사하거나 방조하는 경우에 진정신분범의 교사범 또는 방조범이 성립하게 된다. 예컨대 공무원이나 중재인이 그 직무와 관련하여 재물을 수수하도록 교사하거나 방조하는 비신분자는 수뢰교사죄 또는 수뢰방조죄에 해당하게 된다.

독일형법 제28조 제1항은 진정신분범에서 비신분자의 공범가담을 필요적 형 감경사유로 규정함으로써 구성적 신분이 결여된 공범(교사범·방조범)의 종속성을 법률적 감경의 한도에서 완화시키고 있다. 예컨대 비신분자의 수뢰교사죄는 수뢰죄의 형보다 감경하며, 수뢰방조죄는 방조죄의 감경과 비신분자로서의 감경에 의하여 이중의 법률적 감경을 받게 된다. 입법론적으로 독일형법의 태도는 타당하다. 본래 진정신분범에서 구성적 신분은 범죄의 불법내용을 정하는 중요한 요소가 된다. 그러나 비신분자의 공범가담에서는 신분에 의한 불법내용이 완전하게 충족될 수 없기 때문에 비신분자의 공범가담에 대해서는 적어도 법률적 감경의 한도에서 종속성의 완화가 필요하다. 이러한 점에서 제33조 본문이 비신분자에 대한 공범의 종속성을 그대로 유지하고 있는 것은 타당하다고 할 수 없다. 입법론적으로 진정신분범에서 비신분자의 공범가담은 필요적 감경의 한도에서 종속성이 완화되어야 할 것이다.[223]

"제30조부터 제32조까지의 규정을 적용한다"의 의미에서 특히 문제가 되는 부분은 공동정범의 적용이다. 신분 없는 자는 진정신분범의 정범적격이 인정될 수 없기 때문이다. 이에 관하여는 제33조 본문이 명문으로 신분 없는 자도 진정신분범의 공동정범이 될 수

222) 김성돈, 708면 이하; 오영근, 429면; 진계호/이존걸, 635면.

223) 동지, 권오걸, 641면; 배종대, 479면; 성낙현, 656면 이하; 손동권/김재윤, 625면; 안동준, 313면; 오영근, 437면; 이재상/장영민/강동범, 527면 이하; 이형국, 325면; 진계호/이존걸, 643면.

있음을 입법적으로 명백히 한 것이라고 해석한다(통설).[224] 그러나 이러한 통설의 태도는 부당하다. 공동정범은 부분적 정범이 형법총칙의 특별규정을 통하여 전체범죄에 대한 완전한 정범으로 처벌되는 것이 아니라, 기능적 행위지배에 의하여 전체범죄를 지배하는 완전한 정범이기 때문에 정범으로 처벌되는 것이다. 따라서 진정신분범에서 비신분자가 단순히 외부적 행위만을 공동으로 한다고 하여 그 범죄에 대한 기능적 행위지배가 인정될 수는 없다. 즉 구성적 신분을 구비하지 않고서는 진정신분범죄의 행위지배가 인정되지 않으며, 행위지배가 인정되지 않는 행위기여는 절대로 정범행위가 될 수 없다.[225] 따라서 행위지배가 부정되는 공동의 실행은 단순한 방조행위에 불과할 뿐이다. 예컨대 공무원의 부인이 남편을 대신하여 업자로부터 남편의 직무와 관련하여 재물을 받아오는 행위는 수뢰죄의 공동정범행위가 아니라 방조행위로 평가되어야 한다.[226] 그러므로 제33조의 명문의 규정에도 불구하고, 구성적 신분 없는 자가 진정신분범에 공동정범으로 가담하는 것은 논리적으로도 현실적으로도 불가능하다. 진정신분범에서 행위지배의 핵심적 요소는 구성적 신분에 포함되어 있기 때문이다. 통설은 정범의 의미를 오해하고 있다.[227]

## 2-3. 신분자가 비신분자의 행위에 가담하는 경우

제33조의 본문은 비신분자가 구성적 신분범죄에 가담하는 경우를 규정하고 있으므로, 신분자가 비신분자의 행위에 가담하는 경우는 제33조 본문의 적용대상이 되지 아니한다. 이러한 경우에는 신분자에 대하여 간접정범의 성립만이 문제가 될 뿐이다. 즉 직접행위자

---

224) 대법원 1990.11.13. 90도1848; 대법원 2003.10.24. 2003도4027; 대법원 2011.7.14. 2011도3180; 대법원 2012.6.14. 2010도14409; 대법원 2017.5.30. 2017도13792; 대법원 2021.9.16. 2021도5000.

225) 대법원 1997.12.26. 97도2249: "공직선거및선거부정방지법 제257조 제1항 제1호 소정의 각 기부행위제한 위반의 죄는 같은 법 제113조, 제114조, 제115조에 각기 한정적으로 열거되어 규정하고 있는 신분관계가 있어야만 성립하는 범죄이고 죄형법정주의의 원칙상 유추해석은 할 수 없으므로 위 각 해당 신분관계가 없는 자의 기부행위는 위 각 해당 법조항위반의 범죄로는 되지 아니하며, 또한 위 각 법조항을 구분하여 기부행위의 주체 및 그 주체에 따라 기부행위제한의 요건을 각기 달리 규정한 취지는 각 기부행위의 주체자에 대하여 그 신분에 따라 각 해당 법조로 처벌하려는 것이고, 각 기부행위의 주체로 인정되지 아니하는 자가 기부행위의 주체자 등과 공모하여 기부행위를 하였다고 하더라도 그 신분에 따라 각 해당법조로 처벌하여야 하지 기부행위의 주체자의 해당법조의 공동정범으로 처벌할 수도 없다."; 동지, 대법원 1993.11.9. 93도2716; 대법원 1997.6.13. 96도346; 대법원 2007.4.26. 2007도309.

226) 행위기여의 객관적 중요도가 아무리 높아도 행위지배가 부정되면 방조행위에 불과하고, 행위기여의 객관적 중요도가 아무리 떨어져도 기능적 행위지배가 인정되면 공동정범이 된다. 예컨대 범죄완성에 필수적인 공헌도가 인정되는 금고열쇠 제작 및 교부행위는 방조행위에 불과하고, 공동의 범행의사에 의한 망보기는 범죄완성에 특별한 기여를 하지 못했어도 기능적 행위지배가 인정되는 공동정범 행위이다.

227) 통설의 입장에서도 입법론적으로는 공동정범의 적용을 배제하는 것이 타당하다고 한다: 권오걸, 641면; 배종대, 479면; 성낙현, 661면; 손동권/김재윤, 625면; 안동준, 313면; 오영근, 437면; 이재상/장영민/강동범, 527면; 이형국, 325면; 임웅, 524면; 진계호/이존걸, 642면 이하.

인 비신분자는 진정신분범의 정범이 될 수 없으며, 단순히 신분자의 '고의 있는 신분 없는 도구'가 될 뿐이다. 예컨대 공무원이 비공무원을 이용하여 뇌물을 수수하거나 의사가 간호사를 이용하여 허위진단서를 작성케 한 경우에 공무원은 수뢰죄의 간접정범이 되며, 의사는 허위진단서작성죄의 간접정범이 된다.

## 3. 가감적 신분과 공범

제33조의 단서는 "신분 때문에 형의 경중이 달라지는 경우에 신분이 없는 사람은 무거운 형으로 벌하지 아니한다"고 규정하고 있다. 이 규정은 가감적 신분에 의한 부진정신분범에서 공범의 종속성완화를 규정하고 있다. 예컨대 교사자가 정범의 직계존속을 살해하도록 교사한 경우에 교사자는 존속살해교사죄가 아니라 보통살인교사죄로 처벌된다.

### 3-1. 제33조 단서의 적용범위

제33조 단서의 적용범위는 제33조 본문의 적용범위와 차이가 있는지 문제된다. 제33조 단서의 적용범위는 제33조 본문과는 달리 협의의 공범(교사범, 방조범) 이외에 공동정범에 대해서도 적용이 가능하다는 것이 일반적인 학설의 입장이다. 특히 독일형법 제28조 제2항은 이를 명문으로 규정하고 있다.[228] 그러나 제33조 단서의 '협의의 공범에 대한 적용'과 '공동정범에 대한 적용'은 그 성격이 완전히 다를 뿐 아니라, 제33조 단서의 적용범위에 공동정범을 포함시키는 것이 적절한 것인지 의문이 제기된다.

#### 3-1-1. 제33조 단서의 협의의 공범에 대한 적용

제33조 단서는 부진정신분범에 비신분자가 협의의 공범으로 가담하는 경우 비신분자에 대한 공범의 종속성을 완화하는 것으로 규정하고 있다. 비신분자에게는 신분에 포함된 불법요소의 불비로 인하여 정범의 신분범죄를 그대로 비신분자인 공범에게 종속시키는 것이 불합리하기 때문이다. 따라서 정범의 존속살해죄를 교사·방조한 비신분자인 공범은 보통살인죄의 교사·방조의 한도로 종속성이 완화된다.

제33조 단서는 부진정신분범에서 신분자가 비신분자의 일반범죄에 협의의 공범으로 가담하는 경우에는 적용되지 않는다. 제33조는 부진정신분범에 비신분자가 가담하는 경우를 규정한 것이기 때문이다. 신분자가 비신분자의 일반범죄에 협의의 공범으로 가담하는

228) 형법 제33조의 '공범과 신분'이라는 표제와는 달리, 독일형법 제28조는 '특별한 인적 요소'라는 표제를 사용하고 있다. 즉 독일형법 제28조는 공범에 한정된 신분만을 규정하는 것이 아니다.

경우란 신분자가 일반범죄를 범하는 비신분자를 도구로 이용하여 신분범의 범죄를 실현하는 것이다. 따라서 신분자는 '고의 있는 신분 없는 도구'를 이용하는 간접정범이 된다. 예컨대 피교사자로 하여금 자신의 친부를 살해하도록 교사한 경우가 여기에 해당한다. 이때 피교사자는 보통살인죄의 정범이며, 동시에 존속살인죄를 간접정범으로 범하는 이용자의 고의 있는 신분 없는 도구가 된다. 따라서 부진정신분범에서 신분자가 비신분자의 일반범죄에 협의의 공범으로 가담하는 경우에 제33조 단서가 적용될 여지는 없다.

#### 3-1-2. 제33조 단서의 공동정범에 대한 적용

공동정범에 대한 제33조 단서의 적용은 종속성의 완화라는 예외적인 특별규정의 의미가 전혀 인정되지 않는다. 정범은 각자의 행위지배에 따라 정범으로서의 책임을 부담해야 하기 때문이다. 즉 부진정신분범과 일반범죄의 공동정범으로 가담하는 자들은 각자의 신분에 따라 범죄를 지배하기 때문에, 각자의 신분에 의한 행위지배로 실현된 범죄의 정범으로 처벌되는 것은 당연하다. 예컨대 친구와 공모하여 자신의 친부를 살해하는 경우 공동자들은 각각의 행위지배에 따라 존속살해죄와 살인죄의 공동정범으로 가담할 수 있는 것이다. 따라서 제33조 단서가 공동정범에 적용되는 것으로 해석하는 것은 불필요한 과잉의 해석이라고 해야 한다.

### 3-2. "무거운 형으로 벌하지 아니한다"의 의미

가중적 신분에 의한 부진정신분범에서 비신분자의 공범가담이 중한 형으로 처벌되지 않는 것은 당연하다. 그러나 감경적 신분에 의한 부진정신분범에서 비신분자의 공범가담을 경한 형으로 처벌하는 것은 부당하다.[229] 따라서 제33조 단서의 "무거운 형으로 벌하지 아니한다"의 의미는 "신분 없는 자는 통상의 형으로 처벌한다"고 해석되어야 한다(통설).[230]

---

229) 제33조 단서의 문언에 따라 경한 신분범에 공범으로 가담한 비신분자에 대해서 경한 형으로 처벌해야 한다는 입장으로는 김성돈, 711면 이하; 신동운, 717면; 오영근, 432면 이하; 신동운, 공범과 신분, 고시계 1991.12, 47면.

230) 대법원 1994.12.23. 93도1002: "신분관계로 인하여 형의 경중이 있는 경우에 신분이 있는 자가 신분이 없는 자를 교사하여 죄를 범하게 한 때에는 형법 제33조 단서가 형법 제31조 제1항에 우선하여 적용됨으로써 신분이 있는 교사범이 신분이 없는 정범보다 중하게 처벌된다."

# 제 3 편

## 특수한 범죄유형

제 1 장 과 실 범
제 2 장 결과적가중범
제 3 장 부작위범

# 제 1 장 과 실 범

## 1. 과실범 일반론

### 1-1. 과실범의 의의

범죄는 행위를 전제로 한다. 형법상 행위는 사회적으로 의미 있는 인간의 태도를 말한다. 형법상 행위에는 고의행위뿐 아니라 과실행위도 포함된다. 고의행위와 과실행위는 범죄를 실현하려는 의사의 유무에 의하여 구별된다. 고의행위가 모든 객관적 상황을 인식하고 범죄를 실현하려는 의사에 의한 행위임에 반하여, 과실행위는 사회생활에서 요구되는 주의를 태만함으로 인하여 범죄실현의 의사 없이 구성요건을 실현하는 행위이다.

과실범에 관하여 제14조는 "정상적으로 기울여야 할 주의를 게을리하여 죄의 성립요소인 사실을 인식하지 못한 행위는 법률에 특별한 규정이 있는 경우에만 처벌한다"고 규정한다. 여기서 '정상적으로 기울여야 할 주의'란 사회생활에서 요구되는 주의의무를 말한다. 따라서 과실범은 법적으로 금지된 구성요건이 주의의무위반에 의하여 실현되는 범죄를 의미하게 된다. 과실범에서는 범죄실현의 중심점이 '법적 주의의무위반'이라는 점에 놓이게 되며, 과실범은 의무위반을 본질로 하는 범죄가 된다.[1)]

### 1-2. 과실범의 처벌

과실범이 언제나 처벌되어야 하는 것은 아니며, '법률에 특별한 규정이 있는 경우에만 처벌'될 뿐이다. 과실범은 고의범과 달리 범죄실현의사가 없는 행위로서 고의범에 비하여 불법 및 이에 대한 책임이 현저히 가볍기 때문이다. 형법은 아래의 5가지 유형의 죄에 관

1) 제3편에서는 이와 같이 의무위반을 본질로 하는 특수한 범죄유형들을 설명한다.

하여만 과실범을 처벌하는 특별한 규정을 두고 있다.

① **실화죄** 제170조의 실화죄, 제171조의 업무상·중실화죄·173조의2의 과실폭발성물건파열등죄에서는 보통과실, 업무상과실 및 중과실이 모두 처벌된다.

② **과실일수죄** 제181조의 과실일수죄에서는 보통의 과실만 처벌된다. 따라서 업무상과실이나 중과실도 보통의 과실로 평가될 뿐이다.

③ **과실교통방해죄** 제189조의 과실교통방해죄에서는 보통과실, 업무상과실 및 중과실이 모두 처벌된다.

④ **과실치사상죄** 제266조의 과실치상죄, 제267조의 과실치사죄, 제268조의 업무상·중과실치사상죄에서는 보통과실, 업무상과실 및 중과실이 모두 처벌된다.

⑤ **과실장물죄** 제364조의 업무상·중과실장물죄에서는 보통과실은 처벌되지 않으며, 오직 업무상과실과 중과실만 처벌된다.

## 1-3. 과실범의 종류

### 1-3-1. 인식 있는 과실과 인식 없는 과실

제14조의 '정상적으로 기울여야 할 주의를 게을리하여 죄의 성립요소인 사실을 인식하지 못한 행위'가 과실행위임에는 틀림이 없다. 이를 '인식 없는 과실'이라 한다. 그러나 객관적 행위상황을 인식했어도 범죄를 실현하려는 의사가 결여된 경우에는 고의가 아니라 과실의 범주에 들어간다. 이러한 경우를 '인식 있는 과실'이라 한다. 따라서 제14조는 "모든 과실행위를 포함하지 못하고 있다"는 비판을 면할 수 없다.[2)]

형법은 인식 있는 과실과 인식 없는 과실을 법적으로 달리 취급하지 않는다.[3)] 다만 인식 있는 과실은 미필적 고의와의 경계에 의하여 과실범의 한계를 정하는 기능을 한다.

### 1-3-2. 보통의 과실, 업무상과실 및 중과실

형법은 업무상과실을 보통의 과실에 비하여 무겁게 처벌한다. 그러나 업무상과실이 보통의 과실에 비하여 중한 주의의무위반을 요구하는 것은 아니다. 다만 업무자에게는 일반인에 비하여 높은 예견가능성이 인정되기 때문에 동일한 주의의무위반에 대하여도 중한 불법이 인정된다.[4)] 이에 반하여 업무상과실이 책임이 가중된 과실이라는 견

---

2) 신동운, 232면; 오영근, 192면; 이재상/장영민/강동범, 183면; 이형국, 연구 Ⅱ, 656면; 임웅, 535면; 진계호/이존걸, 253면; 한정환(1), 506면.

3) 물론 현실적으로 인식 있는 과실은 중과실로 인정되는 경우가 많을 것이다. 그러나 인식 없는 과실의 경우라고 하여 중과실이 부정되는 것은 아니다.

4) 동지, 배종대, 678면; 동취지, 높은 주의의무가 요구되므로 불법이 가중된다는 입장으로는 권오걸, 385면;

해[5]가 있으나 타당하다고 할 수 없다. 업무상과실은 업무자 누구에게나(Jemandmögliche) 요구되는 주의의무를 위반한 과실이기 때문에 책임이 아니라 불법의 영역에 속한다.

형법은 중과실에 대하여도 보통의 과실에 비하여 무거운 처벌을 인정한다. 중과실은 사회생활에서 요구되는 주의의무를 현저히 태만함으로써 보통의 과실에 비하여 주의의무 위반의 정도가 크기 때문에 중한 불법이 인정된다. 여기서 '주의의무를 현저히 태만함'은 약간의 주의만 기울였어도 범죄의 실현을 피할 수 있었던 경우에 '약간의 주의를 기울이지 아니한 행위자의 중대한 경솔함'을 의미한다.

형법은 업무상과실과 중과실을 모두 하나의 조문에서 하나의 구성요건으로 규정하고 있다. 따라서 업무자가 중과실에 의하여 과실범의 구성요건을 실현한 경우는 1개의 죄만 성립한다. 형법은 업무상과실과 중과실에 관하여 항상 1개의 구성요건에서 '업무상과실 또는 중과실'이라고 규정하고 있으므로, 중과실은 업무상과실이 적용되지 아니하는 경우에만 보충적으로 적용될 수 있다고 보아야 한다. 이에 따라 업무상과실에는 중과실이 포함되어 있으며, 중과실은 업무상과실에 대하여 단지 보충적이라고 해석된다.[6]

## 1-4. 과실의 체계적 지위

과실범에서 "과실이라는 요소가 범죄론의 체계에서 어떠한 지위를 가지는가"의 문제에 대하여는 책임요소설, 위법성요소설 및 구성요건요소설의 대립이 있다.

### 1-4-1. 책임요소설

인과적 행위론의 입장에서는 과실이 고의와 마찬가지로 심리적·주관적 요소인 책임요소라고 본다. 따라서 주의의무위반은 책임요소로서의 의미만을 갖게 되며, 과실의 기준도 행위자에 따라 주관적으로 결정되어야 한다고 본다. 그러나 인과적 행위론은 현대 형법학에서 이미 극복되었다. 고의·과실은 책임의 요소가 아니라 일차적으로 불법의 내용으로서 구성요건 요소가 된다.

### 1-4-2. 위법성요소설

위법성요소설에 의하면 '과실범은 형법이 보호하려는 법익을 침해하거나 위태롭게 하는 과실행위 그 자체로부터 위법성이 나오는 것이 아니라, 오직 정상의 주의를 태만한다는

---

신동운, 233면; 오영근, 196면; 임웅, 536면; 동취지, 김성천/김형준, 125면; 불법 및 책임이 가중된다는 견해로는 김일수/서보학, 443면; 성낙현, 400면; 손해목, 702면; 동취지, 이상돈, 150면.

5) 이영란, 164면; 이재상/장영민/강동범, 184면; 정성근/박광민, 430면; 조준현, 358면; 진계호/이존걸, 255면.

6) 동지, 김일수/서보학, 444면; 중과실과 업무상과실을 택일관계로 이해하는 견해로는 임웅, 536면.

일정한 사실관계에서 위법성이 생기는 범죄'라고 한다. 이에 따라 과실은 위법성의 요소라고 한다. 그러므로 일상생활에서 필수적인 목적을 추구하는 행위는 필요한 모든 안전조치를 강구한 이상, 즉 객관적 주의의무를 모두 이행한 이상, 그것은 허용된 행위로서 위법성이 없는 적법한 행위라고 한다. 위법성요소설은 '허용된 위험의 이론'에 착안하여 주장된 이론으로서 신과실이론이라고도 한다.

그러나 위법성이 없는 행위를 범죄구성요건으로 규정하는 것은 타당하지 않다. 본래 구성요건이란 입법자가 위법한 행위 중에서도 특히 형벌이 부과되어야 할 행위를 선별하여 유형별로 형법각칙에 기술한 것이다. 따라서 구성요건은 전형적인 불법이어야 하며, 이를 위법하지 아니한 행위까지 개방적으로 포괄하여 규정할 수는 없다.[7]

### 1-4-3. 구성요건요소설

과실은 주의의무위반이라는 일정한 행위수행의 방식을 의미하므로 과실범죄의 구성요건요소라는 견해이다(통설). 범죄의 불법내용은 결과반가치와 행위반가치이며, 과실범에서의 불법내용은 법익에 대한 침해 내지 위태화라는 결과반가치와 주의의무위반에 의한 구성요건의 실현이라는 행위반가치이다. 이러한 불법내용은 구성요건의 요소로서 구성요건에 표현되어 있다. 따라서 주의의무위반이라는 과실은 구성요건요소가 된다. 이는 고의범에서 지적·의지적 구성요건의 실현이라는 행위반가치가 구성요건요소인 것과 동일하다.

### 1-4-4. 과실의 이중적 기능

주의의무위반이라는 과실은 과실범죄의 행위반가치를 의미하는 구성요건의 요소가 된다. 동시에 객관적인 주의의무를 지키지 아니한 경솔한 인간의 태도에 대한 평가(비난가능성)는 과실이 가지는 또 하나의 기능이다. 즉 법률이 사회생활에서 요구되는 주의의무를 다할 것을 명령했음에도 불구하고 행위자가 이러한 법적 명령을 부주의하게 지키지 않았다는 것에 대하여 행위자는 개인적·주관적으로 법적 비난을 받게 된다. 이것이 책임형태로서의 과실이며, 법률의 요구를 따르지 아니한 부주의한 인간의 태도라는 심정반가치로서 책임의 영역에 속하게 된다. 이와 같이 과실은 불법의 요소인 동시에 책임형태라는 이중성격 내지 이중기능을 갖게 된다.

## 2. 과실범의 구성요건

과실범은 주의의무위반에 의하여 구성요건을 실현하는 범죄이다. 그러므로 주의의무

---

7) 이에 관하여는 상기 '제2편, 제2장, 제1절, 3-4. 벨첼(Welzel)의 개방적 구성요건이론' 참조.

위반은 과실범의 본질적인 구성요건이 된다. 또한 과실범은 주의의무위반에 의하여 범죄가 실현되어야 하므로 '범죄의 실현'도 과실범의 구성요건이다. 과실결과범의 경우에는 구성요건적 결과의 발생이 범죄의 실현에 해당한다. 따라서 과실결과범[8]에서는 '주의의무위반'과 '결과의 발생'이 구성요건요소가 된다. 물론 여기서 '결과의 발생'은 주의의무위반과 인과적 연관관계가 있으며, 행위자에게 객관적으로 귀속될 결과만을 의미한다.

과실범에서는 단순거동범인 형식범이 존재할 수 없다.[9] 단순한 주의의무위반행위만으로 가벌적인 불법내용을 구성하는 것은 형법의 보충성의 원칙이나 명확성의 원칙과 조화를 이룰 수 없기 때문이다. 고의범에서는 견해에 따라 형식범으로 해석될 수 있는 방화죄·교통방해죄의 경우에도 과실범에서는 주의의무위반에 의하여 불이 나거나 교통이 방해되는 결과가 발생해야 과실범의 성립이 인정된다.[10] 따라서 형법의 과실범은 모두 결과범이라고 해야 한다.

## 2-1. 주의의무위반

### 2-1-1. 주의의무의 내용

일상생활에서 사람의 행동이나 태도는 타인의 법익이나 공공의 법익에 대하여 의도하지 않은 침해 내지 침해의 위험을 가할 수 있다. 따라서 법률은 일반인에게 의도하지 않은 법익에 대한 침해 내지 침해의 위험이 나타나지 않도록 주의하라고 요구한다. 이러한 법적 요구가 주의의무이다. 이와 같이 주의의무는 자기의 구체적인 태도나 행동으로부터 나타나는 법익침해에 대한 위험을 예견하여 미리 적절한 방어조치를 취하라는 법적 명령을 의미한다. 이러한 주의의무는 위험에 대한 예견의무와 회피의무를 그 내용으로 한다.

형법은 객관적으로 불가능한 것(Jemandmögliche)을 불법으로 정하여 지키도록 요구할 수가 없으므로, 예견의무와 회피의무는 객관적 예견가능성과 객관적 회피가능성을 토대로 부과될 수 있다. 따라서 주의의무위반은 객관적 예견가능성과 객관적 회피가능성으로 판단할 수 있게 된다.

### 2-1-2. 주의의무위반의 판단기준

주의의무위반, 즉 객관적 예견가능성과 객관적 회피가능성을 판단함에 있어서는 종래

8) 제181조의 과실일수죄는 명문으로 '제177조 또는 제178조에 기재한 물건을 침해하거나 제179조에 기재한 물건을 침해하여 공공의 위험을 발생'시키는 결과가 요구되는 과실결과범이다.

9) 동지, 김성돈, 505면; 김일수/서보학, 453면; 동취지, 성낙현 472면 이하.

10) 독일형법 제161조의 과실위증죄도 주의의무위반에 의한 위증이라는 동법 제156조의 객관적 요건을 충족함으로써 성립하는 과실결과범으로 해석되고 있다. Vgl. Lenkner, S-S StGB, § 163 Rdnr. 2, 10.

행위자의 개인적 능력을 기준으로 판단하는 주관설과 일반인을 기준으로 판단하는 객관설의 대립이 있다.

#### 2-1-2-1. 주관설

과실범에서 주의의무위반은 행위자 개인의 능력을 기준으로 판단해야 한다는 견해이다. 개별적 주의의무위반설이라고도 한다. 주관설에 의하면 법률이 요구하는 주의의무는 행위자 개인에게 가능한 주의의무를 의미한다. 개인적인 능력에 의하여 법익의 침해나 위험에 대한 예견이 가능하다면 법률은 이에 대하여 주의의무를 부과할 수 있다는 것이다. 따라서 신중한 사람과 경솔한 사람에게 요구되는 주의의무는 각각 다르게 된다.[11]

#### 2-1-2-2. 객관설

과실범의 주의의무위반은 객관적 주의의무의 침해 내지 사회생활에서 요구되는 주의의 태만을 의미하므로 이는 일반인을 기준으로 판단해야 한다는 견해이다(통설). 주의의무위반은 과실범의 구성요건이므로 이러한 의무는 일반인 누구에게나 요구될 수 있어야 하며(Jemandmögliche), 따라서 주의의무위반의 판단기준은 일반인이어야 한다.

주의의무위반의 여부는 '구체적인 상황과 행위자의 사회적인 역할에서 신중하고 양심적인 사람, 즉 평균인에게 요구할 정도의 주의의무'를 기준으로 '사전 관찰방법(ex ante Betrachtung)'에 의하여 판단해야 한다.[12] 이때 '구체적인 상황과 행위자의 사회적인 역할'에서 판단한다는 것은 "행위자에게 특별지식이 있는 경우에 이를 고려해야 한다"는 의미이다. 예컨대 골목 안에 유아원이 있고 평일의 12시경에는 유아들이 마구 뛰어나온다는 사실을 알고 있는 행위자의 특별지식은 주의의무위반의 판단에서 고려되어야 한다. 이러한 행위자의 특별지식은 행위자의 특별능력과 구별된다. 행위자의 특별지식은 '특별지식을 가지고 있는 평균인'이라는 의미에서 객관적인 기준이 된다. 업무자의 특별지식도 여기에 해당한다. 반면에 행위자의 특별능력은 완전한 개인적 능력이므로 주관적인 기준이며, 이는 책임의 영역에 속한다.

주의의무위반을 객관적 주의의무위반과 주관적 주의의무위반으로 구별하여 객관적 주의의무위반은 과실범의 객관적 구성요건요소이고, 주관적 주의의무위반은 주관적 구성요건요소라는 견해[13]가 있다. '주관적 주의의무위반만이 과실범에서의 행위반가치'[14]라고 파악하는 입장이

11) 객관설의 타당성을 인정하면서도, 행위자의 능력이 객관적 일반인을 초과하는 경우에는 주의의무의 상한을 행위자의 능력으로 높여야 한다는 입장으로는 손동권/김재윤, 354면; 동취지, 한정환(1), 521면.
12) Vgl. BGH GA 1969, 246.
13) 김성돈, 506면 이하; 김일수, 한국형법 Ⅱ, 412면 이하; 동취지, 이상돈, 156면.
14) 김일수, 한국형법 Ⅱ, 412면; 동취지, 김성돈, 512면 이하.

다. 그러나 이러한 견해는 부당하다. 과실범에서는 그의 행위수행 방식인 객관적 주의의무위반이라는 점에서 이미 행위반가치가 인정되기 때문이다. 주의의무의 개별적 이행가능성이라는 주관적인 기준으로 판단해야 하는 것은 책임이며, 이는 법률의 요구를 따르지 못한 부주의한 인간의 태도라는 심정반가치이다. 이와 같이 개인의 특별능력은 어디까지나 책임의 문제이므로 형법이 반가치로 판단하는 불법의 내용이 될 수 없다.

### 2-1-3. 주의의무위반의 한계

#### 2-1-3-1. 허용된 위험의 이론

주의의무는 자기의 구체적인 태도나 행동으로부터 나타나는 법익의 침해나 침해의 위험[15]을 예견하여 미리 적절한 방어조치를 취하라는 법적 명령, 즉 예견의무와 회피의무를 그 내용으로 한다. 따라서 법익의 침해나 침해의 위험에 대한 예견이 객관적으로 가능하다면 예견의무가 부과되고, 이에 따라 예견된 위험이 실현되지 않도록 회피의무를 이행하여야 한다. 그러나 우리의 일상생활에서 법익의 침해나 침해의 위험에 대한 예견이 가능하더라도 항상 회피의무의 이행을 요구할 수는 없다. 예컨대 시내버스 운전자는 언젠가는 교통사고를 일으켜 사람의 생명이나 신체 또는 타인의 재산권을 침해할 수 있다는 것이 예견가능하다. 그러나 운전자는 회피의무를 이행하여 운전을 그만둘 수는 없으며, 법률도 이 경우에 "예견가능하니 회피의무를 이행하라"고 명령할 수가 없다. 이러한 문제는 자동차운전 이외에도 외과수술, 수술을 위한 마취, 공장의 가동, 교량의 건축, 원전의 가동, 스키리프트의 운행 등 우리 사회의 거의 모든 영역에서 찾을 수 있다. 이와 같이 예견가능하고 회피가능한 위험의 실현이라고 하여 이러한 활동 모두를 법적으로 금지할 수는 없다. 따라서 이러한 경우에는 필요한 안전조치를 취한 이상 그들이 가지는 사회적 효용성에 의하여, 이러한 시설이나 활동과 결합된 위험은 허용되어야만 한다. 이를 '허용된 위험'이라 한다.

허용된 위험은 우리의 사회생활과 결부되어 완전히 정상적이라고 인정되는 '사회적으로 상당한 행위'에 포함되어 있다. 따라서 허용된 위험은 처음부터 구성요건에 포함될 수 없게 된다. 구성요건이란 본래 위법한 행위 중에서도 전형적인 불법만을 선별하여 형법각칙에 기술한 것이므로 본래부터 위법하지 아니한, 즉 정상적인 사회활동에 포함되어 있는 사회적으로 상당한, 허용된 위험은 구성요건에 해당할 수가 없다.[16] 그러므로 "주의의무의 내용은 허용된 위험에 의하여 수정된다"고 할 수 있다. 이와 같이 허용된 위험은 구성요건단계의 구성요건배제사유로 이해되어야 한다(통설).

---

15) 과실범은 법익에 대한 침해(침해범)나 침해의 위험(위험범)이라는 결과의 발생을 요건으로 하는 결과범이다.

16) 이에 관하여는 상기 '제2편, 제3장, 제6절, 4. 기타 사회상규에 위배되지 아니하는 행위' 참조.

이에 반하여 '허용된 위험'의 독자적인 구성요건해당성 배제기능을 부정하면서, "허용된 위험은 단순히 구성요건해당성 배제사유와 위법성조각사유의 집합개념에 불과하다"는 견해[17]가 있다. 그러나 만약 허용된 위험이 집합개념이라면 이를 분류하여 분석하는 것이 학문의 태도일 것이다. 특히 전체구성요건이론을 취하지 않는 한, 구성요건해당성과 위법성조각사유는 각각 독자적인 기능이 인정되어야 하기 때문에 더욱 그러하다. 결국 이 견해는 구성요건의 선별기능(Auslesefunktion)[18]을 간과하여 구성요건해당성과 위법성의 구별을 무의미하게 만들고 있다.

예쉑(Jescheck)[19]은 앞에서 거론된 사안들과 허용된 위험을 구별한다. 즉 앞에서 거론된 사안들은 사회적으로 상당한 행위로서 처음부터 구성요건해당성이 배제되는 행위라고 한다. 이에 반하여 허용된 위험은 '위험을 무릅쓴 구조행위' 등과 같이 애당초 위험한 행위로서 구성요건에 의하여 금지되어 있으나, 이익교량 등 다른 관점에 의하여 예외적으로 허용되는 위법성조각사유라는 것이다. 이 견해는 허용된 위험에 관한 내용상의 다른 견해라기보다는 용어사용에 대한 다른 견해이다. 즉 통설이 말하는 구성요건해당성 배제사유로서의 허용된 위험에 대해서는 사회적 상당성이라는 용어를 사용하고, 위법성조각사유에 대해서만 허용된 위험이라는 용어를 사용하자는 것이다.[20] 허용된 위험이라는 용어에서 허용규범과의 착각을 유발할 수 있기 때문에 수긍이 갈 수도 있는 견해이지만, 허용된 위험이 사회적으로 상당한 행위라는 것은 역사적으로 오랜 형법사의 인식이다.

### 2-1-3-2. 신뢰의 원칙

#### 2-1-3-2-1. 신뢰의 원칙

신뢰의 원칙은 허용된 위험을 토대로 독일의 판례[21]가 도로교통사고와 관련된 사안을 통하여 발전시킨 이론이다. 즉 모든 교통규칙을 준수하는 운전자는 '특별한 사정이 없는 한' 다른 교통관여자들도 자기와 동일하게 교통규칙을 준수한다고 신뢰하면 족하고, 다른 운전자가 주의의무에 위반하여 비정상적으로 행동할 것까지 예견하여 이에 대한 방어조치를 취할 의무는 없다는 것이다. 따라서 신뢰의 원칙에 의한 행위가 비록 법익을 침해하더라도 주의의무위반(과실)을 인정할 수 없게 된다.

---

17) 박상기, 305면; 동취지, 배종대, 489면 이하.

18) 박상기, 84면; 배종대, 119면.

19) Jescheck/Weigend, Lehrbuch AT, S. 401 ff.

20) 즉 구성요건 배제사유로서 사회적 상당성의 내용을 통설과 같이 이해하면서, 통설의 '허용된 위험=사회적 상당성, 그러므로 허용된 위험≠위법성조각사유'라는 용어사용 대신에, '위법성조각사유=허용된 위험, 그러므로 허용된 위험≠사회적 상당성'이라는 용어를 사용하자는 입장이다.

21) BGHSt 7, 118; 12, 81; 13, 169; BGH VRS 14, 294; 15, 123; 62, 166; BGH StrVert 88, 251; BGH NJW 80, 251.

대법원[22]은 상대 운전자의 차선위반이나 갓길운행 · 신호위반 · 무모한 추월 등의 경우에 신뢰의 원칙을 적용하고 있으며, 우선권 차량은 다른 운전자가 대기하리라고 신뢰할 수 있다고 한다. 따라서 대법원은 자동차와 자동차의 관계에서 신뢰의 원칙을 엄격하게 적용한다고 볼 수 있다. 이는 자동차와 자전거의 관계에서도 동일하다. 즉 자동차 전용도로에서의 자전거운행이나 야간에 전조등을 켜지 않은 자전거운행 또는 자전거 운전자가 넘어지는 등의 경우에 신뢰의 원칙을 엄격하게 적용하고 있다.[23] 자동차와 보행자의 관계에서도 고속도로나 자동차 전용도로에서의 보행자 또는 육교 밑의 횡단이나 신호위반 횡단 등에서 신뢰의 원칙을 적용하고 있다.[24] 그러나 통행금지가 임박한 시간에 횡단보도 아닌 곳에서 무단횡단하는 경우는 경험칙상 예측할 수 있으므로 운전자의 과실이 인정된다고 판단하였다.[25]

신뢰의 원칙은 도로교통사고의 사례에서만 인정될 수 있는 원칙이 아니라, 공장이나 건설현장 또는 위험한 시설의 운영이나 외과수술 등과 같이 다수인의 업무분담이 요구되는 모든 영역에서 주의의무위반의 제한원리로 적용된다. 예컨대 종합병원에서 수술하는 의사는 다른 동료의사의 검사결과를 신뢰하면 족하고, 수혈하는 간호사는 의사가 실시한 혈액형검사를 신뢰하면 충분하다.

신뢰의 원칙이 적용되려면 행위자 스스로가 법익의 침해와 인과적인 다른 주의의무를 모두 준수하였어야 한다. 행위자가 법익의 침해와 인과적인 다른 주의의무를 위반했다면 이미 이러한 주의의무위반은 과실범으로 평가되기 때문이다.

### 2-1-3-2-2. 신뢰의 원칙의 적용한계

신뢰의 원칙이 적용되려면 상대방의 주의의무준수를 신뢰할 수 없을 정도의 특별한 사정이 있어서는 안 된다. 특별한 사정은 '상대방의 규칙위반을 이미 인식한 경우'이거나 '상대방의 규칙준수를 신뢰할 수 없는 경우'이다. 예컨대 도로교통에서 상대방이 음주운전자이거나 무모한 보행자임을 운전자가 이미 인식한 경우에는 상대방의 규칙준수를 기대할 수 없게 된다. 또한 상대방이 어린이나 고령의 노인 또는 불구자인 경우에도 상대방의 규칙준수를 신뢰할 수 없다. 이는 초보운전자임을 표시한 자동차의 운전자에 대해서도 동일하다. 이러한 경우에는 다른 모든 주의의무를 준수하는 행위자라도 상대방이 규칙에 위반하여 비정상적으로 행동할 것까지 예견하여 행동하여야 한다.

---

22) 대법원 1984.5.29. 84도483; 대법원 1990.2.9. 89도1744; 대법원 1992.7.28. 92도1137; 대법원 1992.8.18. 92도 934; 대법원 1998.9.22. 98도1854; 대법원 1999.8.24. 99다30428; 대법원 2001.11.9. 2001다56980; 대법원 2002.9.6. 2002다38767.

23) 대법원 1980.8.12. 80도1446; 대법원 1983.2.8. 82도2617; 대법원 1984.9.25. 84도1695; 대법원 1994.4.26. 94도548; 대법원 1994.6.28. 94도995.

24) 대법원 1977.6.28. 77도403; 대법원 1985.9.10. 84도1572; 대법원 1987.9.8. 87도1332; 대법원 1990.1.23. 89도1395; 대법원 1993.2.23. 92도2077.

25) 대법원 1980.5.27. 80도842; 대법원 2009.4.23. 2008도11921.

이는 도로교통사고 이외에 다수인의 업무분담이 요구되는 다른 영역에서도 동일하다. 예컨대 새로 배치된 초보의 업무분담자나 업무분담관계에서 지휘·감독을 받는 자에 대해서는 상대방의 규칙준수를 신뢰할 수 없는 특별한 사정이 인정된다. 이러한 특별한 사정들에 대해서는 획일적인 판단이 불가능하며, 개별적인 사건에서 구체적으로 종합적인 규범적 가치판단에 의하여 확정될 수 있을 뿐이다.

일반적으로 행위자 스스로가 규칙을 준수하지 아니한 경우에는 신뢰의 원칙이 적용되지 않는다.[26] 이는 행위자 스스로의 규칙위반에 대하여 제재를 가하기 위한 것이 아니라, 규칙에 위반하는 행위를 통하여 다른 관여자의 규칙위반행위를 야기하였거나 이를 인식할 수 있게 되어 신뢰의 원칙이 적용될 기초가 상실되기 때문이라고 한다.[27][28] 또는 스스로 규칙을 위반하는 자는 자기가 야기한 위험을 타인이 극복할 것이라고 신뢰해서는 안 된다고 한다.[29] 그러나 논리적으로 자신의 규칙위반과 신뢰의 원칙은 별개의 문제라고 보아야 한다. 이미 법익의 침해와 인과적으로 연관관계가 있는 주의의무 위반행위는 그 자체로 법익침해를 야기한 과실행위가 긍정되기 때문이다. 이 경우 자신의 규칙위반은 신뢰의 원칙과 관련하여 객관적 귀속의 범위만을 확정할 수 있을 뿐이다. 여기서는 특히 객관적 귀속의 기준 중의 하나인 자기책임의 원리가 중요하게 작용할 수 있을 것이다. 이러한 의미에서 행위자 스스로 규칙을 준수하지 않는 경우를 신뢰의 원칙의 적용에 대한 한계의 문제로 보는 관점은 타당하다고 할 수 없다.[30]

## 2-2. 결과의 발생

과실범에서는 주의의무위반 이외에 구성요건적 결과가 발생하여야 범죄가 성립하게 된다. 고의범죄에서는 결과가 발생하지 않아도 미수범이 성립할 수 있으나 형법은 과실범의 미수를 처벌하지 않는다.

과실범죄에서의 구성요건적 결과의 발생도 고의범죄에서의 그것과 다르지 않다. 구성요건적 결과의 발생은 주의의무위반과 인과관계가 있고 행위자에게 객관적으로 귀속될 결과만을 의미하게 된다.[31]

---

26) 물론 여기서의 규칙위반은 사고발생에 영향을 미친 경우에 한한다. 예컨대 자동차의 정비를 태만하여 전조등이 깨진 상태에서 운전하다가 사고를 낸 경우라도 조명이 밝은 상태에서의 사고인 경우에는 신뢰의 원칙의 적용이 배제될 이유가 없다.

27) 이재상/장영민/강동범, 203면.

28) Vgl. Cramer/Sternberg-Lieben, S-S StGB, § 15 Rdnr. 215.

29) 권오걸, 393면; 김일수/서보학, 329면; 배종대, 493면; 이상돈, 161면; 이형국, 연구 Ⅱ, 678면 이하; 정성근/박광민, 448면; 정영일, 179면; 진계호/이존걸, 279면.

30) 동취지, 신동운, 243면.

31) 이에 관하여는 상기 '제2편, 제2장, 제2절 인과관계와 객관적 귀속' 참조.

## 3. 과실범에서의 위법성

과실범의 구성요건에 해당하는 행위도 위법성이 추정된다. 문제는 "과실범죄에서도 고의범죄에서와 같이 예외적인 허용규범에 의하여 위법성이 조각될 수 있는가"라는 점이다. 학설에서는 이론 없이 과실범에서도 허용규범에 의하여 위법성이 조각될 수 있다고 본다. 예컨대 정당방위에 의하여 현재의 부당한 공격자를 권총자루로 내리치는 순간에 격발되어 총상을 입히는 경우 또는 경고사격을 한다는 것이 총상을 입히는 경우, 긴급피난에 의하여 중환자를 병원으로 이송하는 도중에 과속으로 인하여 교통사고를 일으키는 경우, 또는 피해자의 승낙에 의하여 음주운전자임을 인식한 동승이나 운동경기에 수반되는 위험 등의 경우가 허용될 수 있다고 한다.

통설의 입장에서도 "과실범의 위법성조각사유에서 주관적 정당화요소가 필요한지"에 관하여는 필요설과 불요설 및 부분적 필요설이 대립하고 있다. 필요설은 "과실로 초래되는 결과에 대해서까지 행위자의 인식을 요구할 수는 없지만 적어도 자신이 정당방위상황에서 행동한다는 점은 인식해야 한다"고 본다.[32][33] 불요설은 "객관적 정당화 사유가 존재하는 것만으로 과실범죄의 결과반가치가 소멸되며 남는 것은 행위불법인데 이는 미수상황에 해당하며, 과실범에서는 미수를 처벌하지 않기 때문에 행위불법을 상쇄시킬 주관적 정당화요소가 필요하지 않다"고 한다.[34][35] 부분적 필요설은 "주관적 정당화요소가 과실결과범에서는 불필요하지만 과실형식범에서는 행위불법을 상쇄시킬 주관적 정당화요소가 필요하다"는 견해[36][37]이다.

허용규범은 객관적인 허용규범의 상황에서 주관적으로 자신에게 주어진 권원에 의한 행위에 대하여 위법성을 조각하는 것이다. 그러므로 주관적 정당화요소가 결여된 행위가 전체 법규범과의 충돌이 없는 적법한 행위로 평가될 수는 없다. 만약 이러한 행위가 적법한 행위로 평가될 수 있다면, 법률은 모든 법수명자에게 '주관적 정당화요소가 결여된 행위에 의해서 침탈되는 법익의 상실'을 인용하도록 강요하는 것이 된다. 이는 현재의 범죄론 체계에서 수용할 수 없는 부당한 결론이다.

현실적으로 과실범죄의 구성요건에 해당하는 행위는 객관적인 허용규범상황에서의 행위일지라도 주관적으로 자신에게 주어진 권원에 의한 행위가 될 수는 없다. 따라서 논리적

---

32) 김성돈, 515면; 김일수/서보학, 331면; 손해목, 730면; 임웅, 555면; 한정환(1), 533면.
33) Vgl. Maurach/Gössel/Zipf, Lehrbuch AT II, S. 122 f. mwN.; Jakobs, Lehrbuch AT, S. 364 ff.
34) 박상기, 308면; 배종대, 496면; 성낙현, 420면; 손동권/김재윤, 367면; 안동준, 326면; 이상돈, 171면; 이재상/장영민/강동범, 206면; 정성근/박광민, 440면; 진계호/이존걸, 267면.
35) Vgl. Lenkner, S-S StGB, Vorbem. §§ 32 ff. Rdnr. 99.
36) 이형국, 333면 이하.
37) Vgl. Jescheck/Weigend, Lehrbuch AT, S. 589.

으로 과실범의 구성요건에 해당하는 행위는 허용규범에 의하여 위법성이 조각될 가능성이 없다. 오히려 과실범죄에서는 예외적으로 허용될 주의의무 위반행위에 대하여 법률이 처음부터 주의의무를 부과할 수 없어야 한다. 이러한 의미에서 과실범죄의 구성요건에는 처음부터 예외적으로 조각되어야 할 불법이 포함되어 있지 않다. 즉 위법성조각사유로 설명되어야 할 내용은 이미 주의의무위반에서 배제되어 있다. 예컨대 승낙이나 추정적 승낙에 의한 운동경기 중의 상해는 과실범과 관련해서 단지 허용된 위험에 불과할 뿐이며, 정당방위에 의하여 현재의 부당한 공격자를 권총자루로 내리치는 순간에 격발되어 총상을 입히는 경우[38]이거나 경고사격을 한다는 것이 총상을 입히는 경우 또는 긴급피난에 의하여 중환자를 병원으로 이송하는 도중에 과속으로 인하여 교통사고를 일으킨 경우에도 허용된 위험의 법리가 적용될 수 있다.[39] 물론 이 경우 "허용된 위험에 해당하는지 또는 불법한 주의의무위반에 해당하는지"는 개별적인 사건에서 종합적인 규범적 가치판단에 의하여 확정될 수 있을 뿐이다.

음주운전자의 차량에 동승하는 경우에 운전자의 동승자에 대한 과실치상을 피해자의 승낙에 의한 적법한 행위로 파악하는 견해[40]가 있다. 그러나 음주운전차량에 동승한 사실을 동승자의 신체에 대한 과실치상행위를 승낙한 것으로 판단함은 사실의 왜곡뿐 아니라 법이론적으로도 타당하다고 할 수 없다. 이러한 관점은 동승자에 대한 음주운전자의 과실치상행위를 법률이 허용해 주는 결과를 초래하기 때문이다. 즉 음주운전자는 동승자의 신체를 과실로 침해할 권한을 제24조로부터 부여받고 있는 결과를 초래한다.

음주운전의 경우 동승자의 신체침해에 대한 음주운전자의 과실을 부정할 수는 없다. 따라서 이 경우는 원칙적으로 과실치상죄의 성립을 인정해야 한다. 다만 특수한 경우, 예컨대 음주운전자의 손해배상책임이 거의 소멸될 정도로 민사법상의 과실상계가 적용될 수 있는 경우라면 형사법적으로도 자기책임의 원리에 의하여 객관적 귀속이 부정될 수는 있을 것이다.

## 4. 과실범에서의 책임

과실범에서의 책임은 행위자의 의사와 관련되지 않는 한도에서만 고의범죄에서의 책임과 동일할 수 있다. 따라서 14세 미만의 자나 심신상실자는 책임능력이 없으며, 심신미

38) 이 경우 고의에 의한 폭행(현재의 부당한 공격자를 권총자루로 내리치는 행위)은 정당방위로 위법성이 조각되며, 과실에 의한 총상의 결과는 허용된 위험의 법리의 적용여부에 따라 과실치상죄의 구성요건해당성 여부가 결정된다.

39) 동취지, 권오걸, 397면.

40) 박상기, 308면; 배종대, 496면; 성낙현, 419면 이하; 이형국, 334면 이하; 정성근/박광민, 440면; 진계호/이존걸, 268면; 한정환(1), 534면 이하; 동취지, 손동권/김재윤, 367면; 이재상/장영민/강동범, 206면; 임웅, 555면; 조준현, 366면.

약자의 경우는 한정된 책임능력만이 인정될 수 있다. 이와 같은 과실범에서의 책임비난은 기본적으로 적법행위에 대한 기대가능성으로부터 인정될 수 있으며, 구체적으로는 객관적 주의의무에 대한 개별적 이행가능성이다.

과잉긴급피난, 과잉자구행위, 강요된 행위, 면책적 긴급피난 등의 책임조각사유들은 과실범에서의 책임과 관련하여 직접적인 적용이 불가능하다. 이러한 책임조각사유에 의한 행위들은 행위자의 의사를 전제로 하기 때문이다. 다만 과실범에서 책임의 근거가 되는 개별적 이행가능성이라는 기준은 여기서 거론된 상황들과 관련하여 특별한 의미를 가질 수 있다. 예컨대 정당방위·긴급피난·자구행위 또는 강요된 행위나 면책적 긴급피난 등의 긴급상황에서의 과실행위에 대해서는 개별적 이행가능성의 여부에 의하여 책임조각이 확정될 수 있다. 즉 이러한 긴급상황에서의 과실행위에서는 행위자의 객관적 주의의무에 대한 개별적 이행가능성에 의하여 과잉방위·과잉긴급피난·과잉자구행위·강요된 행위·면책적 긴급피난의 규정을 유추적용하는 것이 가능하며 또한 합리적이라고 생각한다.

책임배제사유인 제16조의 법률의 착오는 과실범에 대해서 적용될 여지가 없다. 과실범 처벌법규의 착오에 정당한 이유가 인정될 수 없는 경우라면 불법한 과실범죄는 면책되지 않을 것이며, 착오에 정당한 이유가 인정되는 경우라면 처음부터 행위자의 과실도 인정될 수 없을 것이기 때문이다. 따라서 위법성의 인식은 과실범에서 책임비난의 전제조건이 될 수 없다. 다만 객관적 주의의무에 대한 구체적 행위자의 인식가능성은 과실범에서 책임비난의 전제조건이 된다. 구체적 행위자가 객관적 주의의무를 인식할 수조차 없었던 경우에는 행위자를 주의의무 위반행위로 비난할 수가 없기 때문이다. 결국 객관적 주의의무에 대한 구체적 행위자의 인식가능성은 객관적 주의의무에 대한 개별적 이행가능성의 문제가 된다. 따라서 과실범에서의 책임은 위법성의 현실적인 인식을 전제로 하는 것이 아니라 주관적인 위법성의 인식가능성을 전제로 한다. 이러한 주관적인 위법성의 인식가능성을 인정할 수 없는 과실행위에 대해서는 과실행위에 대한 법적 비난이 불가능하다. 이러한 이유에서 '주의의무위반에 의한 결과의 발생'에 대하여 행위자의 개별적 예견가능성[41]은 과실책임의 근거가 된다. 다만 행위자의 개인적 능력이 객관적 주의의무를 준수할 수 없는 경우에도 행위자 스스로가 자기의 능력 밖의 일을 하겠다고 나선 경우에는 소위 인수책임(Übernahmeverschulden)이 인정된다.

41) 다만 과실결과범(과실범은 모두 결과범이다)에서도 고의범에서와 마찬가지로 주의의무위반과 결과발생 사이의 인과관계에 대한 객관적 예측가능성은 객관적 귀속의 문제이다. 즉 객관적으로 예측이 불가능한 결과의 발생은 구성요건적 결과의 발생이 아니다. 이에 관하여는 상기 '제2편, 제2장, 제2절 인과관계와 객관적 귀속' 참조.

# 제 2 장 결과적가중범

## 1. 결과적가중범의 의의

### 1-1. 결과적가중범의 의의

결과적가중범이란 기본범죄를 실현할 때 나타날 수 있는 전형적인 위험의 결과가 발생하면 그 형이 가중되는 범죄를 말한다. 결과적가중범에서의 '중한 결과'는 기본범죄에 내포되어 있는 '중한 결과'를 의미하므로 기본범죄와 관계없이 단순하게 결과만 발생시킨 경우에 비하여 중한 불법이 인정되어 가중 처벌된다. 이러한 결과적가중범의 일반적인 형태는 고의에 의한 기본범죄의 실현과 기본범죄를 범할 때 나타날 수 있는 과실에 의한 중한 결과가 결합하는 범죄유형이다. 형법은 결과적가중범에 대하여 제15조 제2항에서 "결과 때문에 형이 무거워지는 죄의 경우에 그 결과의 발생을 예견할 수 없었을 때에는 무거운 죄로 벌하지 아니한다"고 규정하고 있다. 제15조는 형법이 "사실의 착오"라는 표제하에 규정하고 있는데, 동조 제2항은 결과적가중범에 관한 규정으로서 사실의 착오와는 전혀 관계가 없다.

형법의 결과적가중범은 상해치사죄, 폭행치사상죄, 낙태치사상죄, 유기치사상죄, 강간치사상죄, 강도치사상죄, 체포감금치사상죄, 교통방해치사상죄 등 중한 결과가 거의 모두 상해나 사망의 결과에 국한되어 있다. 다만 제168조의 연소죄도 결과적가중범으로 해석되고 있으며, 연소죄에서의 중한 결과는 상해나 사망의 결과가 아닌 제168조에서 규정한 다른 건조물이나 물건에의 연소이다.

독일형법에서는 실화치사죄와 과실일수치사죄 등과 같이 기본범죄가 과실범인 결과적가중범도 인정하고 있으나, 형법은 기본범죄가 고의에 의한 경우만을 결과적가중범으로 규정하고 있다. 따라서 독일형법에서 실화치사죄 또는 과실일수치사죄에 해당하는 사안은 형법의 해석에서는 단순히 실화죄·과실일수죄와 과실치사죄의 상상적 경합만이 인정될 수 있을 뿐이다.[1] 다만 특별법에서는 기본범죄가 과실에 의한 결과적가중범도 규정하고 있다. 예컨대 환경범죄단속법(환경범죄 등의 단속 및 가중처벌에 관한 법률) 제5조 제2항은 '업무상과실 또는 중대한 과실로 오염물질을 불법배출함으로써 사람을 죽거나 다치게 한 경우'를 결과적가중범으로 처벌하고 있다.

### 1-2. 진정결과적가중범과 부진정결과적가중범

결과적가중범에서의 중한 결과는 적어도 과실에 의하여 실현되어야 한다. 형법이 무과실에 의한 결과를 불법영역에 끌어들일 수는 없기 때문이다. 형법은 누구에게든 그것을 지키도록 요구할 수 있는 것(Jemandmögliche)만을 불법으로 정하여 반가치 판단을 할 수 있을 뿐이므로, "무과실에 의한 결과도 발생시키지 말라"는 요구는 할 수가 없다. 따라서 결과적가중범에서의 중한 결과는 최소한 행위자의 과실에 의하여 실현되어야 한다. 이와 같이 기본범죄와 과실에 의한 중한 결과의 결합으로 구성되는 결과적가중범을 진정결과적가중범이라 한다. 진정결과적가중범의 경우 중한 결과에 대하여 행위자의 고의가 인정되면 결과적가중범은 성립하지 않는다. 이때는 기본범죄와 중한 결과에 대한 고의범이 성립하게 된다. 예컨대 요부조자를 유기하는 자에게 피유기자의 사망에 대하여 고의가 인정되면 유기치사죄가 성립하지 않고, 고의살인죄[2]만 성립하게 된다.[3]

그러나 예외적으로는 중한 결과에 대한 고의범이 결과적가중범보다 경하게 처벌되는 경우가 있다. 예컨대 교통을 방해하여 과실로 사람을 상해한 경우에는 교통방해치상죄가 성립하여 무기 또는 3년 이상의 징역형으로 처벌되는 데 반하여, 교통을 방해하여 고의로 사람을 상해한 경우에는 일반교통방해죄와 상해죄의 상상적 경합으로 중한 죄인 일반교통방해죄(10년 이하의 징역 또는 1,500만원 이하의 벌금)로 처벌되어 형벌의 균형이 무너지게 된다. 즉 중한 결과를 과실로 야기한 경우보다 중한 결과에 대하여 고의가 있는 경우가 가볍게 처벌된다. 따라서 이러한 경우는 과실로 중한 결과를 야기한 경우뿐 아니라 고의로 중한 결과를 야기한 경우에도 결과적가중범의 성립을 인정해야 한다(논리해석). 이와 같이 중한 결과에 대하여 과실이 있는 경우

---

1) 이는 법익보호에 충분하지 못하므로 입법의 재고를 요한다.

2) 이 경우 유기죄는 살인죄에 대하여 보충관계에 의한 법조경합이 될 뿐이다.

3) 대법원 1980.9.24. 79도1387은 "피고인이 믿는 종교인 여호와의 증인의 교리에 어긋난다는 이유로 최선의 치료 방법인 수혈을 거부함으로써 딸을 사망케 하였다면 유기치사죄를 구성한다"고 판시하였는데, 이에 대해서는 의문이 제기된다. 즉 피고인이 수혈을 거부해도 딸이 사망하지 않을 것이라고 여겼는지(이때는 유기의 고의도 인정하기 어렵다) 또는 수혈을 거부하면 딸이 사망에 이를 것이라고 생각했는지(이때는 적어도 살인의 미필적 고의가 인정된다)에 의하여 과실치사죄 또는 부진정부작위범에 의한 살인죄가 성립하게 된다. 유기치사죄는 "수혈을 거부하면 고통스럽고 치유기간이 길어질 수 있으나 절대 사망하지는 않는다"고 신뢰하는 경우에만 가능하다.

뿐 아니라 고의가 있는 경우에도 성립하는 결과적가중범을 부진정결과적가중범이라 한다. 특수공무방해치상죄(제144조 제2항), 현주건조물방화치사상죄(제164조 제2항), 교통방해치상죄(제188조) 등이 부진정결과적가중범으로 해석된다.[4)]

## 2. 결과적가중범의 성립요건

### 2-1. 기본범죄의 실현

결과적가중범이 성립하기 위해서는 우선 기본범죄가 실현되어야 한다. 일반적으로 결과적가중범의 기본범죄는 고의에 의하여 실현되며, 형법에서는 모든 결과적가중범의 기본범죄가 고의에 의한 경우만을 규정하고 있다. 그러나 환경범죄단속법 제5조 제2항은 기본범죄가 과실범인 경우에도 결과적가중범을 인정하고 있다.

### 2-2. 중한 결과의 발생

#### 2-2-1. 중한 결과

결과적가중범에서의 중한 결과는 규범의 보호목적의 관점에서 '기본범죄와 결합되어 있는 전형적인 위험의 실현'만을 의미하게 된다. 예컨대 폭행을 당한 자가 분에 못 이겨 자살한 경우에는 폭행치사죄가 성립하지 않는다. 자살이라는 위험의 실현은 폭행죄와 결합된 전형적인 위험이 아니기 때문이다. 이러한 기준은 일반 고의범죄에서 설명한 '결과의 발생에 대한 인과관계와 객관적 귀속의 이론'에 의하여 정립될 수 있다.

##### 2-2-1-1. 중한 결과의 인과관계

결과적가중범에서 중한 결과의 인과관계는 고의범죄에서 설명한 내용과 전혀 다르지 않다. 행위자가 기본범죄행위[5)]를 통해서 구성요건적 결과를 야기했다면 인과관계가 인정된다. 이는 조건설에 의하여 확정될 수 있다.

##### 2-2-1-2. 중한 결과의 객관적 귀속

기본범죄에 의해서 야기된 결과라도 그것만으로는 아직 결과적가중범에서의 중한 결

---

4) 그러나 제144조 제2항과 제188조 중에서도 특수공무방해치사죄와 교통방해치사죄는 진정결과적가중범이다.

5) 결과적가중범에서 중한 결과를 발생시키는 행위는 기본범죄이다. 폭행치사죄에서 사망의 결과를 발생시키는 고의의 폭행행위는 부주의하게 사람을 사망에 이르게 하는 행위가 된다.

과에 해당하지 않는다. 불법구성요건으로서의 중한 결과는 행위자에게 그의 작업으로서 귀속될 수 있는, 즉 객관적으로 귀속될 수 있는 결과이어야 한다.[6] 객관적 귀속의 기본적인 기준[7]은 객관적 예측가능성과 회피가능성이며, 객관적 예측가능성과 회피가능성을 구체화한 객관적 귀속의 기준으로는 ① 규범의 보호목적, ② 인간의 행위에 의한 인과적 사건진행의 지배가능성, ③ 행위자에 의하여 만들어졌거나 증가된 법률적으로 금지된 위험의 실현 등이 있다.

결과적가중범에서 객관적으로 귀속될 중한 결과는 ① 규범의 보호목적이라는 기준에 의하여 기본범죄와 결합된 전형적인 위험의 실현에 한정된다. 중한 결과가 기본범죄와 결합된 전형적인 위험의 실현이 아닌 경우에는 발생된 결과가 결과적가중범이라는 규범의 보호범위 밖에서 발생한 것이므로 구성요건적 결과의 발생으로 평가되지 않는다. 예컨대 강간피해자가 자살하거나 비관하여 폭음한 결과 위장병이라는 결과가 발생하여도, 이러한 결과는 강간치사죄나 강간치상죄라는 규범의 보호범위 밖의 위험이 실현된 것이므로 결과적가중범이 성립하지 않는다. 이러한 경우는 ③ 행위자에 의하여 만들어졌거나 행위자에 의하여 증가된 법률적으로 금지된 위험의 실현이라는 기준에 의해서도 객관적 귀속이 인정되지 않는다. 강간피해자의 자살이나 위장병 발생은 강간행위자에 의하여 만들어진 위험의 실현이 아니라 피해자 스스로가 만든 위험의 실현이다. 일반적으로 이러한 기준은 '중한 결과와의 직접관계'라고 표현되고 있다(통설).[8] 반면에 강간피해자가 강간을 피하기 위하여 창문으로 뛰어내려 상해·사망의 결과가 발생한 경우에는 기본범죄와 직접성이 인정되는, 즉 '행위자에 의하여 만들어진 위험의 실현(소위 위험창출)'인 결과이므로 강간치상죄·강간치사죄의 결과적가중범이 성립하게 된다.

### 2-2-2. 중한 결과에 대한 과실

형법은 무과실에 의한 결과를 불법영역에 끌어들일 수가 없으므로 결과적가중범에서의 중한 결과는 적어도 과실에 의하여 실현되어야 한다. 진정결과적가중범은 중한 결과가 오직 과실에 의하여 발생한 경우에만 성립하며, 부진정결과적가중범은 중한 결과가 과실뿐 아니라 고의에 의해서 발생한 경우에도 성립한다.

#### 2-2-2-1. 중한 결과에 대한 과실의 내용

과실이란 주의의무위반을 의미하며, 주의의무의 내용은 법익침해에 대한 위험을 예견

6) 이에 관하여는 상기 '제2편, 제2장, 제2절, 3-1. 객관적 귀속이론의 본질' 참조.

7) 이에 관하여는 상기 '제2편, 제2장, 제2절, 3-2. 객관적 귀속의 기준' 참조.

8) 인과관계 제한에 관한 법적 근거가 없다는 것을 이유로 직접성을 통하여 결과적가중범의 처벌을 완화할 필요가 없다는 견해로는 신동운, 251면.

하여 미리 적절한 방어조치를 취하라는 법적 명령, 즉 예견의무와 회피의무이다. 따라서 객관적 예견가능성과 회피가능성은 주의의무위반을 판단하는 기초가 된다. 다만 결과적가중범에서는 현실적으로 기본범죄의 실현에 의하여 당연히 중한 결과에 대한 주의의무위반이 인정된다. 중한 결과가 기본범죄에 의해서 야기되고 객관적으로 귀속될 결과라면, 즉 기본범죄에 의해서 직접적으로 야기된 결과라면, 중한 결과에 대한 행위자의 과실이 부정되는 경우를 상정할 수가 없다. 어떤 기본범죄를 실현함으로써 어떤 중한 결과가 직접 발생될 수 있다면 법규범은 당연히 "그러한 범죄를 저지르면 그러한 중한 결과가 발생될 수 있으니 모든 사람은 그러한 기본범죄를 저지르지 말라"고 요구하게 되며, 이러한 법적 요구를 따르지 않음으로써 주의의무위반은 당연히 긍정된다.

제15조 제2항은 결과적가중범에 관하여 "결과 때문에 형이 무거워지는 죄의 경우에 그 결과의 발생을 예견할 수 없었을 때에는 무거운 죄로 벌하지 아니한다"고 규정하고 있다. 제15조 제2항의 '예견가능성'은 '주의의무위반'이라는 것이 학설의 일반적인 입장이다.[9] 다만 이러한 예견가능성을 과실의 기준으로 이해하는 견해,[10] 주관적 주의의무위반으로 이해하는 견해,[11] 객관적 주의의무위반과 주관적 주의의무위반을 모두 포함하는 것으로 이해하는 견해[12]의 차이가 있다.

그러나 기본범죄를 실현하는 행위자는 누구나 기본범죄와 결합된 전형적인 위험, 즉 중한 결과의 발생을 예견할 수 있다. 예컨대 사람을 폭행하는 경우, 폭행죄와 결합된 전형적인 위험인 사상의 결과가 발생할 수 있다는 사실은 누구나 예견할 수 있다. 그러므로 결과적가중범에서는 기본범죄의 실현으로 인과관계와 객관적 귀속이 긍정된 중한 결과의 발생에 대하여 예외 없이 객관적인 주의의무위반이 인정된다. 만약 구체적으로 발생된 '그 결과'가 객관적으로 예견이 불가능한 경우였다면, '그 결과'는 객관적 귀속이 부정되는 결과로서 결과적가중범의 구성요건적 중한 결과가 발생되지 아니한 경우에 해당한다. 그러므로 제15조 제2항의 예견가능성은 객관적 귀속의 일반적인 기준을 규정한 것이라고 해석하여야 한다.[13]

물론 입법자의 의도는 제15조 제2항의 예견가능성이 중한 결과에 대한 과실을 의미하는 것

---

9) 제15조 제2항의 예견가능성을 객관적 귀속과 중한 결과에 대한 과실과는 구별되는 독자적인 결과적가중범의 요건으로 해석하는 견해로는 김성천/김형준, 152면.

10) 박상기, 313면; 손동권/김재윤, 381면; 안동준, 333면; 오영근, 139면; 이형국, 344면; 임웅, 566면; 정성근/박광민, 460면; 정영일, 185면.

11) 김성돈, 530면; 배종대, 508면; 진계호/이존걸, 290면.

12) 권오걸, 405면; 김일수/서보학, 342면; 성낙현, 432면; 신동운, 252면 이하; 이영란, 177면; 이재상/장영민/강동범, 213면.

13) 동취지, 이상돈, 182면 이하, 186면 이하.

이라고 보인다. 제정형법 당시 객관적 귀속이론은 일반적으로 알려지지 않았었기 때문이다. 그럼에도 불구하고 결과적가중범에서 예견가능성을 과실의 판단기준으로 거론할 이유는 없다. 행위자가 야기한 결과라면 객관적 예견가능성과 객관적 회피가능성으로 객관적 귀속이 긍정되며, 객관적 귀속이 긍정된 결과에 대해서 똑같은 기준으로 또다시 과실 여부를 판단할 이유가 없기 때문이다. 이와 같은 결과적가중범의 목적론적 의미에 따라 제15조 제2항의 예견가능성은 객관적 귀속의 기준으로 해석하는 것이 타당하다.

#### 2-2-2-2. 중한 결과에 대한 과실의 기준시기?

학설에서는 거의 이론 없이 제15조 제2항의 예견가능성을 과실의 내용으로 파악하기 때문에 예견가능성의 기준시기에 관하여도 설명하고 있다. 결과적가중범에서 중한 결과에 대한 과실은 기본범죄의 실행시에 존재하여야 한다는 것이다. 따라서 기본범죄를 범한 이후에 새로운 고의나 과실에 의하여 중한 결과를 발생시킨 경우에는 결과적가중범이 성립하지 않는다고 한다.[14] 예컨대 요부조자를 유기한 이후에 새로운 고의·과실에 기하여 피해자에게 사망이나 상해의 결과를 발생시킨 경우에는 유기죄와 살인죄·상해죄 또는 유기죄와 과실치사·과실치상죄의 경합범이 성립할 뿐이며, 결과적가중범인 유기치사상죄는 성립하지 않는다고 한다.

이는 아주 당연한 결론이다. 다만 제15조 제2항의 예견가능성은 객관적 귀속의 일반적 기준이며, 기본범죄와 인과관계 및 객관적 귀속이 인정되는 중한 결과라면 기본범죄의 실현으로 이 시점에서 중한 결과에 대한 과실은 항상 인정될 수밖에 없다. 만약 범인이 요부조자를 유기한 이후에 새로운 고의나 과실에 의한 행위로 피유기자의 사망이나 상해의 결과를 발생시킨 경우라면, 이러한 중한 결과는 최초의 유기행위에 의하여 야기된 결과가 아니므로 처음부터 결과적가중범의 성립은 문제가 되지 않는다. 따라서 결과적가중범에서 과실의 기준시점은 특별히 논의의 대상이 되지 않는다고 해야 한다.

## 3. 관련문제

### 3-1. 결과적가중범의 공동정범

종래 판례[15]는 "상해치사죄의 공동정범은 피해자를 살해할 의도 없이 상해행위를 공동으로 실행하면 성립하며 결과를 공동으로 할 의사는 필요하지 않다"고 하여 결과적가중

14) 배종대, 508면; 손동권/김재윤, 381면; 이재상/장영민/강동범, 214면; 임웅, 566면; 정성근/박광민, 459면; 정영일, 185면; 진계호/이존걸, 291면.

15) 대법원 1978.1.17. 77도2193; 대법원 1984.2.28. 83도3162; 대법원 1990.6.26. 90도765.

범의 공동정범을 인정하였다. 이러한 판례의 입장에 대해서 '각 공동자의 중한 결과에 대한 예견가능성을 살피지 않고 결과적가중범의 공동정범을 인정하는 판례의 태도는 부당하며, 이는 결국 단순한 결과책임을 인정하는 것'이라는 비판[16]이 제기되었다. 그 이후 판례[17]에서도 이러한 비판의 타당성을 인정함으로써 "공동자 1인이 강도의 기회에 피해자에게 상해를 가하여 살해한 경우에 타 공동자가 그 살인행위나 치사의 결과를 예견할 수 있었던 경우에 한하여 강도치사죄의 죄책을 진다"고 판시하고 있다.

그러나 결과적가중범의 공동정범은 기본범죄의 공동정범이 중한 결과에 대한 개별적인 과실(동시범)에 의하여 공동정범으로 처벌되는 것에 불과하다고 보아야 한다. 즉 중한 결과에 관한 한 주의의무를 공동으로 위반하는 것이 아니라 각자가 개별적으로 위반한 것이다.[18] 다만 기본범죄의 공동적인 실현으로 중한 결과가 야기(인과관계)된 경우, 이에 대한 객관적 귀속도 인정되는 결과라면 각 공동자의 중한 결과에 대한 과실은 자동적으로 인정된다. 반면에 중한 결과가 기본범죄의 공동적인 실현으로부터 야기된 것으로 볼 수 없고, 명백하게 공동의사를 벗어난 공동정범자 1인의 초과 고의·과실행위에 의하여 발생된 경우에는 다른 공동정범자들이 공동의 기본범죄로 야기되지도 아니한 결과로 형사책임을 부담할 이유가 없다.

이러한 관점에서 외형적으로 공동정범자 1인의 행위로 중한 결과가 발생한 경우에는 "그 행위가 공동의사에 의한 공동정범의 범주에 들어있는 기본범죄행위로 평가될 수 있는가"를 평가함으로써 결과적가중범의 공동정범의 문제가 해결될 수 있다. 공동정범의 범주에 대한 평가는 기본범죄에 대한 일반적인 평가이어야 한다. 예컨대 강도공모자 1인이 "폭력행사는 겁주는 데 목적이 있으니까 절대 피해자를 다치게 하지 말자"라는 사전약속에 반하여 피해자를 상해·살해한 경우에도 "그것이 일반적인 강도범행의 폭행으로 볼 수 있는지"가 판단되어야 한다. 이때 강도공모자 1인의 폭력행사가 일반적인 강도범행의 폭행으로 판단되는 한, 그 결과는 공동의 강도범행으로 야기된 결과이고, 통상 강도의 폭행으로 피해자가 죽거나 다칠 수 있다는 것은 객관적으로 예견가능하고 회피가능(객관적 귀속)한 결과이다. 따라서 객관적으로 예견가능한 결과라면 각각의 공동정범자들은 중한 결과에 대해서도 결과적가중범으로서의 형사책임을 부담해야 한다.

---

16) 배종대, 510면 이하; 손동권/김재윤, 386면 이하; 안동준, 287면; 이재상/장영민/강동범, 214면 이하; 이형국, 연구 Ⅱ, 688면; 임웅, 569면.

17) 대법원 1990.6.22. 90도767; 대법원 1991.11.12. 91도1818; 대법원 1997.10.10. 97도1720; 대법원 2000.5.12. 2000도745; 대법원 2002.4.12. 2000도3485; 대법원 2005.5.26. 2005도945; 대법원 2008.6.26. 2007도6188; 대법원 2013.4.26. 2013도1222.

18) 이에 관하여는 상기 '제2편, 제6장, 제3절, 3-1-2-2. 과실범의 공동정범' 참조.

구체적인 공동정범자 1인의 "나는 밖에서 망만 보았는데, 사전약속에 반한 행동의 결과를 어떻게 예견할 수 있겠는가" 등의 변명은 의미가 없다. 통상의 강도범행에서 예상과 다른 사건의 전개, 예컨대 흉기를 사용한 피해자의 격렬한 저항 등은 얼마든지 가능하고, 이러한 경우 사전약속에 반한 행동의 결과발생도 얼마든지 가능하기 때문이다. 공동의 강도범행에서 야기된 피해자의 상해·사망결과는 그것이 통상의 인과과정[19]을 통해 발생한 것이라면 누구나 객관적으로 예견가능하고 객관적으로 회피가능한 객관적 귀속이 긍정되는 결과라고 해야 한다. 객관적 귀속이 긍정되면 당연히 객관적 예견가능성도 인정되므로 각각의 공동정범자들은 결과적가중범에 대하여 형사책임을 부담해야 한다.

## 3-2. 결과적가중범의 공범

과실범의 공동정범이 범죄의 체계상 구조적으로 인정될 수 없듯이, 과실범의 교사나 방조도 인정되지 않는다. 따라서 결과적가중범의 공범은 결과적가중범의 공동정범과 동일한 구조로 인정될 수 있다. 이에 따라 결과적가중범의 공범은 '기본범죄의 공범'과 '중한 결과의 과실정범'이 결합한 형태가 된다.

## 3-3. 결과적가중범의 미수

### 3-3-1. 중한 결과가 발생하지 아니한 경우

결과적가중범은 기본범죄와 결합된 전형적인 위험이 발생된 경우에 이를 가중하여 처벌하는 데에 목적이 있다. 따라서 결과적가중범에서 기본범죄를 범하였으나 중한 결과가 발생하지 아니한 경우에는 처음부터 결과적가중범이 성립하지 않으며, 결과적가중범의 미수도 생각할 여지가 없게 된다.

그러나 부진정결과적가중범의 경우에는 중한 결과가 발생하지 아니한 경우에도 결과적가중범의 미수를 인정할 실익이 있다. 부진정결과적가중범은 행위자가 기본범죄와 결합된 전형적인 위험을 실현할 의도로 행동하는 경우도 포함하고 있으며, 이때 기본범죄와 결합된 중한 결과를 발생시키려는 의도로 행동하는 행위반가치는 충분히 가중처벌의 대상이 되어야 하기 때문이다. 예컨대 사람을 살해·상해할 의도로 현주건조물에 방화하였지만 사람의 사망·상해라는 결과가 발생하지 않은 경우에는 형의 균형상 현주건조물방화죄와 살인·상해미수죄의 상상적 경합을 인정하는 것보다 현주건조물방화치사상죄의 미수를 인정

19) 인과과정의 전개가 전형적이고 규칙적이었을 경우에는 그 결과의 발생이 객관적으로 예견이 가능하고 회피가 가능했기 때문에 객관적 귀속이 긍정되고, 인과과정이 비전형적이고 비규칙적으로 아주 이상하게 전개된 경우에는 결과에 대한 객관적 예견가능성과 객관적 회피가능성을 인정할 수 없으므로 객관적 귀속이 부정된다.

하는 것이 보다 합리적이다. 그러나 형법은 현주건조물방화치사상죄(제164조 제2항)에 대하여 미수범 처벌규정을 두고 있지 않다. 또한 형법은 현주건조물방화치사상죄 이외에 부진정결과적가중범에 해당하는 폭발성물건파열치상죄(제172조 제2항 제1문), 가스·전기등 방류치상죄(제172조의2 제2항 제1문), 가스·전기등 공급방해치상죄(제173조 제3항 제1문), 특수공무방해치상죄(제144조 제2항 제1문)와 교통방해치상죄(제188조 제1문)에 대해서도 미수범을 처벌하는 규정을 두고 있지 않다. 이들 부진정결과적가중범들은 미수범 처벌규정에서 의도적으로 배제되어 있다.

이에 반하여 부진정결과적가중범에 대해서 예외적으로 미수범을 처벌하는 규정이 있다. 제182조는 현주건조물일수치상죄(제177조 제2항 제1문)에 대한 미수범을 처벌하고 있다. 따라서 현주건조물일수죄가 기수에 이르고 고의의 상해죄가 미수에 그친 경우는 현주건조물일수치상미수죄가 성립한다는 견해[20]가 있다. 그러나 제182조의 미수범 처벌규정이 "예외적으로 현주건조물일수치상죄에 대해서만 미수범을 처벌하려는 의도로 특별하게 규정되었다"고 해석하기는 곤란하다. 왜냐하면 다른 부진정결과적가중범과는 달리 현주건조물일수치상죄에 대해서만 미수죄의 성립을 인정해야 할 특별한 이유가 없기 때문이다.[21] 제182조가 제177조 제2항을 제외하지 아니한 것은 오히려 입법의 오류라고 보인다. 다만 부진정결과적가중범[22]에서 고의에 의한 중한 결과가 발생하지 아니한 경우에 이를 미수범으로 처벌할 것인지에 관하여는 향후 개별적 구성요건별로 입법론적 논의가 필요한 부분이다.

현주건조물일수죄가 기수에 이르고 고의의 상해죄가 미수에 그친 경우에 현주건조물일수치상미수죄의 성립을 인정하는 입장에서도, 이는 결과적가중범에 대한 미수가 아니라 현주건조물일수죄와 상해죄의 결합범인 현주건조물일수상해죄에 대한 미수로 이해하는 견해[23]가 있다. 더욱이 이 견해는 "현주건조물방화치사상죄 등을 비롯하여 다른 부진정결과적가중범의 경우에도 중한 결과에 대해서 고의가 있는 고의의 결합범에 대해서는 미수범 처벌규정이 없더라도 미수죄를 인정해야 한다"는 입장이다. 그러나 이러한 입장은 입법론이라면 몰라도 해석론으로는 죄형법정주의의 관점에서 부당하다. 무엇보다도 이 견해는 "부진정결과적가중범[24]과 고의의 결합범[25]은 명백하게 구별된다"는 점을 간과하고 있다.

---

20) 성낙현, 442면; 오영근, 145면; 이상돈, 194면; 임웅, 568면; 정영일, 189면.

21) 동지, 김성돈, 535면; 이재상/장영민/강동범, 389면; 정성근/박광민, 463면; 진계호/이존걸, 294면; 동취지, 배종대, 515면; 신동운, 547면 이하.

22) 제144조 제2항 제1문, 제164조 제2항, 제172조 제2항 제1문, 제172조의2 제2항 제1문, 제173조 제3항 제1문, 제177조 제2항 제1문, 제188조 제1문.

23) 손동권/김재윤, 384면 이하; 동취지, 박상기, 323면, 362면; 이영란, 398면.

24) … 상해·사망에 이르게 한 때에는 …: 제164조 제2항, 제177조 제2항 등.

25) … 상해·살해한 때에는 …: 제301조, 제301조의2, 제324조의3, 제324조의4, 제337조, 제338조, 제340조 제2항, 제3항 등.

즉 고의의 결합범에 대해서는 논란의 여지없이 당연히 미수죄[26]의 성립이 가능하다.[27] 오히려 고의의 결합범 중에서 미수범 처벌규정이 결여된 강간상해죄(제301조 전단)와 강간살인죄(제301조의2 전단)에 대해서는 입법론적 재고를 요하는 부분이다. 따라서 부진정결과적가중범에 대해서 미수범을 처벌하는 규정은 오로지 현주건조물일수치상죄(제177조 제2항 제1문)에서만 발견된다(제182조).

중한 결과가 발생하지 아니한 경우에 결과적가중범의 미수가 논란이 되는 부분은 부진정결과적가중범에 한정된다. 그러나 부진정결과적가중범을 입법자가 의도적으로 만든 범죄형태라고 볼 수는 없다. 결과적가중범의 입법과정에서 법정형의 책정 오류에 기인하여 만들어진 범죄형태가 부진정결과적가중범인 것이다. 따라서 부진정결과적가중범은 중한 결과를 고의로 야기하는 경우가 중한 결과를 과실로 야기하는 경우보다 법정형이 낮아지는 오류를 해석에 의하여 교정하면서 만들어지게 된다. 이러한 부진정결과적가중범은 만들어지지 않도록 입법과정에서 세심한 주의를 기울여야 한다. 또한 부진정결과적가중범 중에서 고의의 결합범 형태로 구성되는 범죄에 대해서는 개별적 구성요건에서 미수범 적용이 타당할 것인지 여부에 관하여 입법론적으로 세밀하게 검토할 필요가 있다. 예컨대 사람을 살해할 목적으로 현주건조물에 방화하였으나 살인에 실패한 경우 '현주건조물방화죄와 살인미수죄의 상상적 경합'을 인정할 것인지 또는 '현주건조물방화치사미수죄'를 인정할 것인지 사이에 입법론적 논의가 필요하다.

### 3-3-2. 기본범죄가 미수에 그친 경우

기본범죄와 결합된 중한 결과가 발생하였으나 기본범죄가 미수에 그친 경우에는 결과적가중범의 미수가 인정될 수 있는지 문제된다. 예컨대 강간죄를 범하려는 자가 피해자에게 상처를 입혔으나 강간죄는 미수에 그친 경우이다. 이 경우 형법은 미수를 처벌하는 규정을 두고 있지 않으며, 중한 결과가 발생한 이상 결과적가중범은 미수가 아니라 기수라는 것이 일반적인 학설의 입장이다(통설).[28]

1995.12.29.의 개정형법은 강도와 절도의 죄에 관한 제342조의 미수범 처벌규정에서 "단, 제340조 중 사람을 사상에 이르게 한 죄는 예외로 한다"는 단서규정을 삭제하였다. 이 개정형법에 의하여 강도상해 · 치상죄(제337조), 강도살인 · 치사죄(제338조), 해상강도상해 · 치상죄(제340조 제2항), 해상강도살인 · 치사 · 강간죄(제340조 제3항)가 제342조의 미수범 처벌규정에 포함되었다.[29]

---

26) 제324조의5: 제324조의3, 제324조의4; 제342조: 제337조, 제338조, 제340조 제2항, 제3항.

27) 동취지, 김성돈, 534면; 이재상/장영민/강동범, 389면: "결과적가중범의 미수범에 대한 처벌규정이 있는 경우에도 이는 고의범인 결합범에 대해서만 적용되고 결과적가중범의 미수는 있을 수 없다."

28) 대법원 1984.7.24. 84도1209; 대법원 1988.8.23. 88도1212; 대법원 1995.4.7. 95도94; 대법원 1999.4.9. 99도519; 대법원 2003.5.30. 2003도1256; 대법원 2005.12.9. 2005도7342; 대법원 2007.9.6. 2007도4959; 대법원 2008.4.24. 2007도10058; 대법원 2017.7.11. 2015도3939.

29) 통설의 입장에서는 제342조의 개정에도 불구하고 일반적인 고의의 결합범인 강도상해 · 살인죄, 해상강도상해 · 살인죄에 대한 미수죄의 성립만을 인정하고, 강도치상 · 치사죄, 해상강도치상 · 치사죄에 대한 미수

따라서 이들 죄에 대한 미수범은 기본범죄의 미수를 통하여 인정될 수 있게 되었다. 제324조의5의 미수범 처벌규정도 인질상해·치상죄(제324조의3)와 인질살해·치사죄(제324조의4)를 포함하고 있다.[30)]

또한 입법론적으로도 특히 기본범죄가 중한 범죄[31)]인 결과적가중범에서는 기본범죄의 기수와 미수를 구별하는 것이 마땅하다. 특히 결과적가중범의 중지의 경우는 기수와의 구별필요성이 높아진다.[32)] 예컨대 '강도범행을 시도한 범인이 피해자에게 상처를 입혔으나 그 이후에 자의로 강도범행을 중지한 경우'는 '강도범행을 강행한 강도치상죄 기수'와 비교하여 그 불법의 현저한 차이가 인정된다. 이러한 점에서 개정형법의 태도를 '이론적으로 진일보한 것'으로 평가하는 견해[33)]도 있다.

물론 1995.12.29.의 형법 일부개정에서 제342조의 미수범 처벌규정 중 단서조항을 삭제한 의도는 "결과적가중범의 미수범이 당연히 불가능하므로 단서규정을 유지할 이유가 없다"는 것이다.[34)] 그러나 1995.12.29.의 형법 일부개정 후 이에 대한 수많은 논의가 있어 왔고, 그 이후 여러 차례 형법개정이 있었음에도 불구하고 이를 그대로 방치함으로써 "결과적가중범의 미수범 인정가능성이 원천적으로 불가능하다"는 입법자의 입장이 계속 유지되는 것으로만 평가할 수 없게 되었다. 또한 대법원[35)]도 전원합의체 판결로 준강도미수죄와 관련하여 절도미수범이 체포를 면탈할 목적으로 폭행한 행위에 대하여 준강도미수죄를 인정함으로써 종래의 입장을 변경하였다. '절도의 기수·미수에 따라 준강도기수·미수를 인정하는 것'과 '결과적가중범에서 기본범죄의 기수·미수에 따라 결과적가중범의 기수·미수를 결정하는 것'은 구조적으로 완전히 동일하다고 해야 한다.

성폭력범죄의 처벌 등에 관한 특례법 제15조는 강간 등 상해·치상죄와 강간 등 살인·치사죄에 대하여 그 미수범을 처벌하고 있다. 다만 동법 제8조와 제9조의 죄 중 강간 등 치상·치사죄에 대한 미수범의 처벌은 불가능하다. 강간 등 치상·치사죄에서 중한 결과인 상해·사망의 결과가 발생하지 아니하면 결과적가중범은 아예 성립하지 않게 되며, 또한 기본범죄가 미수인 경우에는 동법 제8조·제9조에 의하여 강간 등 치상·치사죄가 이미 기수에 이르기 때문이다.

---

죄의 성립은 부정하고 있다.

30) 다만 이 중에서 인질상해죄와 인질살해죄는 결과적가중범이 아니라 일반적인 고의의 결합범에 해당하며, 고의의 결합범에 대해서는 일반적으로 미수죄의 성립이 가능하다.

31) 법정형의 단기가 1년 이상의 자유형이 규정된 범죄라면 중한 범죄로 볼 수 있다.

32) 이 경우 아예 결과적가중범의 성립을 부정하고, 기본범죄의 미수범과 중한 결과에 대한 과실범의 상상적 경합을 인정하는 견해로는 정영일, 188면.

33) 김일수, 한국형법 Ⅱ, 457면 이하; 동취지, 권오걸, 410면.

34) 법무부, 형법개정법률안 제안이유서, 형사법개정자료(XIV), 1992.10, 178면.

35) 대법원 2004.11.18. 2004도5074 전원합의체 판결.

성폭력처벌법의 전신인 성폭력범죄의 처벌 및 피해자 보호 등에 관한 법률은 1994.1.5.의 제정 당시에 결과적가중범의 미수를 인정할 수 있도록 규정하고 있었다. 이 규정에 대해서는 '지나치게 많은 특별법이 만들어지면서 생긴 의도하지 않은 결과'라고 판단하는 견해[36]가 있었다. 이 견해의 판단처럼 성폭력특별법은 1997.8.22.의 개정에서 현재의 성폭력처벌법 제8조와 제9조와 동일하게 규정함으로써 기본범죄가 미수인 경우에도 강간등 치사상죄의 기수가 되도록 규정하였다.

결과적가중범에서 기본범죄가 미수인 경우 형법의 입법형식을 5가지로 분류하여 분석한 견해[37]가 있다. 제1유형은 미수범 처벌규정을 앞에 두고 그 뒤의 결과적가중범 규정에서 그 미수죄를 범한 자도 행위주체에 포함시키는 유형이다. 제2유형은 결과적가중범에 대한 처벌규정을 먼저 두고 그 뒤에서 기본범죄의 미수죄만 처벌하는 규정을 두는 유형이다. 제3유형은 입법자가 명시적으로 결과적가중범의 미수죄를 처벌하는 규정을 두는 유형이다. 제4유형은 결과적가중범에 대한 처벌규정을 먼저 두고 그 뒤에서 미수죄를 처벌하는 일반규정을 두되, 선행하는 결과적가중범 규정에서 행위주체를 특정한 미수범으로 한정하는 유형이다. 제5유형은 기본범죄의 미수가 불가벌인 낙태지사상죄와 같은 유형이다.

제5유형의 문제는 별론으로 하고, 제1유형에서 제4유형까지의 입법형식은 결과적가중범의 미수를 해석함에 있어서 특별한 의미를 부여할 수 없다. 이러한 입법유형이 입법자가 결과적가중범에서 기본범죄가 미수인 경우를 각각 달리 해결하기 위해서 의도적으로 규정한 것이 아닐 뿐더러, 논리적으로도 각각의 범죄유형에서 유의미한 차이도 인정되지 않기 때문이다. 특별한 의미를 부여할 수 없는 문자유형에 구애됨이 없이 결과적가중범의 미수의 문제는 논리적으로 해석해야 할 문제이다. 다만 제5유형의 결과적가중범에서는 기본범죄가 불가벌인 미수에 머무를 경우 결과적가중범의 성립 자체를 부정하는 것이 타당하다(통설). 형법의 형식적 불법조차 구비하지 못한 불가벌인 낙태미수행위를 범죄라 볼 수는 없으므로, 낙태미수에 의해서 치상의 결과가 발생하더라도 '기본범죄에 내포된 전형적 위험이 실현되는 경우를 가중처벌하는 결과적가중범'의 구성에 필수적인 전제조건이 충족되지 못한 것으로 보아야 한다.

---

36) 배종대, 514면; 동취지, 김성돈, 534면; 박상기, 323면.

37) 변종필, 결과적가중범에서 기본범죄가 미수인 경우의 법해석, 비교형사법연구, 제6권 제1호, 2004, 352면 이하.

# 제3장 부작위범

## 1. 부작위범 일반론

### 1-1. 부작위범의 의의

일반적으로 범죄는 금지규범을 위반하는 형태, 즉 법익을 침해하거나 위태롭게 하는 작위행위의 형태로 실현된다. 이러한 범죄는 고의의 작위범이다. 그러나 범죄는 명령규범의 위반에 의해서도 실현된다. 과실범은 법적 명령인 주의의무에 위반하여 범죄를 실현하는 형태에 해당한다. 과실범 이외에 부작위범도 명령규범인 작위의무의 위반이 법익을 침해하거나 위태롭게 하는 범죄의 실현으로 평가된다. 예컨대 제319조 제2항의 퇴거불응죄는 "주거권자의 퇴거요구에 응하라"는 법적 명령을 부과하고 있으며, 이러한 법적 명령의 위반이 범죄를 구성하게 된다. 여기서 법적 명령을 위반하는 형태는 주거권자의 퇴거요구에 응하지 않는, 즉 외형적으로 아무런 행동을 취하고 있지 않지만 내용적으로는 법적 명령을 거부하는 부작위이다. 이러한 부작위에 의하여 실현되는 범죄를 부작위범이라 한다.

부작위범이란 법적 명령을 위반함으로써 실현되는 범죄를 말하며, 여기서의 부작위는 단순히 '아무것도 하지 않음'이 아니라 '무엇인가를 하지 않음', 즉 법적 명령을 거부하는 행위로 평가된다. 형법은 부작위범으로 전시군수계약 불이행죄(제103조 제1항), 다중불해산죄(제116조), 전시공수계약불이행죄(제117조) 및 퇴거불응죄(제319조 제2항) 등을 규정하고 있다. 이러한 부작위범을 진정부작위범이라 한다.

또한 형법은 제18조에서 "위험의 발생을 방지할 의무가 있거나 자기의 행위로 인하여 위험발생의 원인을 야기한 자가 그 위험발생을 방지하지 아니한 때에는 그 발생된 결과에 의하여 처벌한다"고 규정함으로써 일정한 자에게 위험발생 방지의무를 부과하고 있으며, 이러한 의무에 위반하는 부작위를 발생된 결과에 의하여 처벌하고 있다. 예컨대 유아를 양육하고 보호해야 할 엄마가 위험에 처한 유아를 구조하지 아니한 엄마의 부작위는 살인죄를 구성하게 된다. 이 경우는 형법각칙에서 본래 금지규범의 형태로 구성된 범죄가 제18조에 의해서 부과된 작위의무를 이행하지 아니함으로써 부작위의 형태로 실현된 경우이다. 이를 부진정부작위범이라 한다.

## 1-2. 부작위범의 종류

부작위범은 진정부작위범과 부진정부작위범으로 구별된다. 진정부작위범과 부진정부작위범의 구별에 대해서는 형식설과 실질설의 대립이 있다.

### 1-2-1. 형식설

형식설은 형법각칙의 구성요건 규정이 명령규정인가 금지규정인가에 의하여 진정부작위범과 부진정부작위범을 구별하는 견해이다(통설).[1] 형법각칙이 명령규범의 형식으로 구성요건을 규정함으로써 법적 명령의 위반 자체가 범죄를 구성하는 경우는 진정부작위범이며, 부작위에 의하여 작위범의 구성요건(금지규범)을 실현하는 경우가 부진정부작위범이라는 입장이다.

### 1-2-2. 실질설

실질설은 범죄의 내용과 성질을 검토하여 실질적 관점에서 진정부작위범과 부진정부작위범을 구별하는 견해이다. 진정부작위범은 법률이 요구하는 작위행위를 단순히 행하지 않음으로써 명령규범위반의 부작위범이 된다. 따라서 이러한 행동요구는 당연히 형법이 명문으로 규정해야만 한다. 또한 진정부작위범은 형법에 규정된 명령에 거역하는 부작위만으로 성립되는 단순한 거동범으로 구성된다. 반면에 부진정부작위범은 결과방지의 의무 있는 자(보증인)가 이러한 의무를 이행하지 않음으로써 작위범의 구성요건을 실현하는 경우라고 한다. 즉 결과발생 방지의무의 불이행이라는 부작위만이 실질적으로 작위에 의하여 구성요건을 실현하는 것과 동일하게 평가될 수 있다는 것이다. 따라서 부진정부작위범은 결과범에서만 가능하며, 결과의 발생을 방지할 의무가 있는 보증인의 신분이 있는 자만이 범할 수 있는 신분범이 된다.[2]

현행법의 해석에서 진정부작위범에 관한 한 형식설과 실질설의 결론은 동일하다. 형식설과 실질설의 차이는 형식범에서도 부진정부작위범의 성립이 가능한지에 관하여 나타

---

1) 동취지, 예외적으로 실질설의 관점도 함께 고려하는 입장으로는 김일수/서보학, 353면; 이영란, 205면 이하.

2) 실질설은 독일 다수설의 입장이다: Vgl. Jescheck/Weigend, Lehrbuch AT, S. 605 ff. mwN.; Stree, S-S StGB, § 13 Rdnr. 1a ff.; Wessels/Beulke, AT, Rdnr. 696.

나게 된다. 부작위에 의하여 작위범의 구성요건을 실현하는 경우가 부진정부작위범이라고 파악하는 형식설의 입장에서는 형식범에 대한 부진정부작위범의 성립이 가능하다. 반면에 "실질적으로 작위에 의하여 구성요건을 실현하는 것과 동일하게 평가될 수 있는 경우에만 부진정부작위범의 성립이 가능하다"는 실질설의 입장에서는 형식범에서 부진정부작위범의 성립이 불가능하다. 형식범이란 특별한 행위방식에 의하여 범죄가 성립하며, 그 불법내용이 특별한 행위방식으로 충족된다. 따라서 형식범에서의 부작위는 이러한 '특별한 행위방식에 의한 불법'이 제시될 수 없기 때문에 행위지배가 인정되지 않으며, 이러한 부작위는 경우에 따라 방조행위로 평가될 수 있을 뿐이다.

형식설의 입장에서도 결과의 발생을 부진정부작위범의 구성요건요소로 보는 입장[3)]이 있다. 또한 형식범에 대한 부진정부작위범의 성립을 인정하기 위해서 결과발생의 위험을 부진정부작위범의 구성요건요소로 보는 입장[4)]도 있다. 그러나 결과의 발생이나 결과발생의 위험은 결과범을 전제로 한 구성요건요소이다. 추상적 위험범에 대한 부진정부작위범의 성립을 인정하기 위해서 "추상적 위험범의 경우에도 위험이 현실적으로 나타나야 한다"는 입장[5)]도 있다. 그러나 현실적으로 나타나는 위험은 추상적 위험이 아니라, 구성요건적 결과인 구체적 위험이다.

부진정부작위범이 처벌되는 이유는 실질적으로 '작위에 의한 범죄실현과 동일한 불법'이 인정되기 때문이다. 따라서 부진정부작위범의 전제가 되는 보증의무도 실질설의 입장에서 실질적으로 판단되어야 한다.[6)] 이러한 의미에서 진정부작위범과 부진정부작위범의 구조와 성질을 실질적으로 규명하는 실질설이 형식설에 비하여 보다 우수한 이론이라고 할 수 있다.[7)]

### 1-3. 작위와 부작위의 구별 및 형법적 판단대상의 선정

작위와 부작위가 혼재되어 있을 경우 작위와 부작위의 구별에 관하여는 자연적 관찰방법과 평가적 관찰방법의 대립이 있다. 자연적 관찰방법[8)]에 의하면 작위와 부작위는 에

3) 권오걸, 423면; 김성돈, 550면; 배종대, 523면; 손동권/김재윤, 398면; 이영란, 216면 이하; 정영일, 112면 이하.

4) 김일수/서보학, 488면; 안동준, 338면; 임웅, 576면; 정성근/박광민, 473면; 진계호/이존걸, 183면.

5) 김성돈, 550면; 동취지, 이재상/장영민/강동범, 127면.

6) 형식설을 취하는 통설의 입장에서도 보증인지위의 발생근거 중 광범위한 사회상규 내지 조리의 범위를 실질설의 관점에서 제한한다. 이는 결국 보증인지위의 발생근거를 실질설에 의해서 판단하는 결과가 된다.

7) 동지, 박상기, 328면; 성낙현, 449면; 이형국, 347면; 조준현, 298면; 조병선, 환경형법을 계기로 새로이 전개된 형법해석학적 이론들, 청주대 법학논집 제6집, 1992, 242면 이하; 형식설과 실질설을 절충하는 입장으로는 손해목, 783면 이하; 이상돈, 231면; 조준현, 384면 이하.

8) 김성돈, 541면; 박상기, 326면 이하; 배종대, 520면; 성낙현, 445면; 손동권/김재윤, 395면; 오영근, 162

너지투입의 유무에 의해서 쉽게 구별되므로 우선 작위행위와 결과발생 사이의 인과관계를 판단하고, 인과관계가 부정될 경우에만 부작위를 검토하면 충분하다고 한다.[9][10] 이에 반하여 평가적 관찰방법[11]에서는 법적 비난의 중점 내지 사회적 의미의 중점이 어디에 있는가를 판단함으로써 작위와 부작위를 구별하고 있다.

작위는 어떤 에너지를 투입함으로써 사건을 전개시키거나 일정한 방향으로 그 에너지를 조종함으로써 무엇인가를 행하는 것이며, 부작위는 어떤 에너지를 작용시키지 않음으로써 무엇인가를 행하지 않는 것이다. 이러한 부작위는 진정부작위범의 경우에 그 자체가 구성요건을 실현시키게 되며, 부진정부작위범의 경우에는 구성요건적 결과를 발생시키게 된다. 따라서 작위와 부작위가 혼재되어 있을 경우에도 작위와 부작위는 사실판단에 의하여 간단하게 구별될 수 있다.[12] 다만 작위와 부작위가 혼재되어 있을 경우 “어떤 것을 형법적 판단의 대상[13]으로 삼아야 하는지”가 문제된다. 왜냐하면 부작위가 형법적 판단의 대상일 경우에는 신분자(보증인)만이 행위주체가 될 수 있기 때문이다.[14]

작위와 부작위가 결합된 경우는 특히 과실범에서 많이 나타난다. 예컨대 ‘깜깜한 밤에 전조등을 켜지 않고 자전거를 운행하다가 횡단보도를 건너던 사람을 상해하는 경우’[15] 또는 ‘소독하지 않은 염소털을 노동자에게 넘겨주어 작업시킴으로써 여러 사람이 감염되어 사망한 경우’[16] 등이 그러하다. 이들 사건에서 ‘전조등을 켜지 않음’ 내지 ‘염소털을 소독하지 않음’이라는 부작위와 ‘전조등을 켜지 않은 상태의 운전’ 내지 ‘소독하지 않은 염소털

면; 이영란, 203면; 이재상/장영민/강동범, 125면; 조준현, 384면.

9) 대법원 2004.6.24. 2002도995: “어떠한 범죄가 적극적 작위에 의하여 이루어질 수 있음은 물론 결과의 발생을 방지하지 아니하는 소극적 부작위에 의하여도 실현될 수 있는 경우에, 행위자가 자신의 신체적 활동이나 물리적·화학적 작용을 통하여 적극적으로 타인의 법익 상황을 악화시킴으로써 결국 그 타인의 법익을 침해하기에 이르렀다면, 이는 작위에 의한 범죄로 봄이 원칙이고, 작위에 의하여 악화된 법익 상황을 다시 되돌이키지 아니한 점에 주목하여 이를 부작위범으로 볼 것은 아니며, 나아가 악화되기 이전의 법익 상황이, 그 행위자가 과거에 행한 또 다른 작위의 결과에 의하여 유지되고 있었다 하여 이와 달리 볼 이유가 없다.”

10) 논증 부담이 많은 부작위를 우선 검토해야 한다는 견해로는 이상돈, 234면.

11) 권오걸, 415면; 신동운, 122면; 정성근/박광민, 469면; 정영일, 111면; 진계호/이존걸, 181면.

12) 안동준, 336면; 이재상/장영민/강동범, 125면; 임웅, 571면; 이세화, 형법상 작위와 부작위의 구별 및 동치성에 관한 연구, 경남대 박사학위논문 2007.2, 79면 이하; 동취지, 김일수/서보학, 348면.

13) 작위·부작위의 구별을 사실판단의 문제로 보고, 이와 같이 구별된 작위행위·부작위행위 중에서 형법적 판단의 대상을 정하는 것을 규범적 판단의 문제로 파악함으로써 양자를 엄격하게 구별하는 이세화, 상게논문, 6면 이하; 동지, 안동준, 336면; 동취지, 김일수/서보학, 348면; 이재상/장영민/강동범, 125면; 임웅, 572면 이하.

14) 진정부작위범의 경우에는 형법이 명문으로 일정한 작위행위를 요구하고 있으며, 이러한 작위의무의 불이행이 곧바로 구성요건의 실현으로 연결되기 때문에 특별히 형법적 판단대상을 선정해야 하는 문제는 발생될 여지가 없다.

15) 독일 왕정재판소의 자전거 전조등 사건: RGSt 63, 362.

16) 독일 왕정재판소의 염소털 사건: RGSt 63, 211.

을 넘겨줌'이라는 작위 중에서 어떤 것이 형법적 판단의 대상이어야 하는지에 관하여, 독일의 다수설[17)]은 사회적 행위의미의 중점이라는 규범적 관점에서 작위행위를 형법적 판단의 대상으로 파악하였다. 이들 사건에서는 '전조등을 켜지 않고 도로교통에 참여' 내지 '염소털을 소독하지 않고 노동자들에게 넘겨줌'이라는 적극적인 행위가 명백하게 구성요건적 결과를 야기시키고 있으며, '전조등을 켜지 않음' 내지 '염소털을 소독하지 않음'이라는 부작위 요소는 단지 과실범죄의 본질에서 필수적으로 요구되는 행위양태에 불과하다는 것이다.

작위와 부작위 중 형법판단의 대상을 확정하기 위해서 사회적 행위의미의 중점이라는 규범적 척도를 사용한 독일 다수설의 입장은 타당하다고 할 수 있다. 다만 이러한 판단의 전제가 되는 작위와 부작위의 판단에서 오류가 발견된다. 여기서는 '전조등을 켜지 않음' 내지 '염소털을 소독하지 않음'을 부작위로 파악한 반면에, '전조등을 켜지 않고 도로교통에 참여' 내지 '염소털을 소독하지 않고 노동자들에게 넘겨줌'이라는 부작위+작위를 작위로 파악하였다는 것이다. 이들 사건에서 '전조등을 켜지 않음' 내지 '염소털을 소독하지 않음'이 부작위라면, '자전거를 타고 도로교통에 참여' 내지 '염소털을 노동자들에게 넘겨줌'이 작위에 해당하는 것이다. 그렇다면 형법의 판단대상이 되는 불법행위의 의미는 명백하게 불법내용이 포함된 부작위에서 찾아야 한다.

> 이와 같은 사안을 소위 과실부작위범으로 파악하는 것이 일반적인 학설의 입장이다. 그러나 행위자에게는 '전조등을 켜지 않음' 내지 '염소털을 소독하지 않음'이라는 하나의 의무위반만이 있었을 뿐이다. 즉 이러한 경우에 주의의무와 작위의무는 완전히 일치하는 동일한 하나의 의무일 뿐이다. 따라서 하나의 의무위반행위를 과실부작위범으로 파악하는 일반적인 학설의 태도는 의문이다. 과실범의 주의의무는 그것이 작위의무든 부작위의무든 전혀 구별하지 않는다. 그저 주의의무일 뿐이다. 따라서 이 경우는 그냥 과실범으로 파악하면 충분하다. 더욱이 부작위범은 형법이론에서 단지 보충적인 역할만을 할 뿐이다. 이러한 점에서 과실범에서는 형법적 판단의 대상을 정하기 위해서 작위와 부작위를 구별할 특별한 실익이 없다. 이에 반하여 고의범의 경우에는 작위와 부작위 중 형법적 판단의 대상을 정하는 문제가 매우 중요하다.

예컨대 '우물에 빠진 A가 큰소리로 구조를 요청하였고, 지나가던 甲이 A를 구조하기 위하여 밧줄을 들고 달려왔으나, A가 자기의 원수임을 알게 된 甲이 A를 구조하지 않음으로써 A가 사망한 경우'에는 "甲이 A를 구조하지 않았다"는 부작위만이 형법적 판단의 대상이 된다. 따라서 甲이 A를 구조할 보증인이 아니라면 범죄를 구성하지 않게 된다. 그러나 A가 밧줄을 잡은 이후에 밧줄을 그대로 우물에 떨어뜨림으로써 A가 사망한 경우라면,

17) Vgl. Stree, S-S StGB, Vorbem. § 13, Rdnr. 158 mwN.; Wessels/Beulke, AT, § 16 Rdnr. 700.

甲은 작위행위에 의한 살인죄의 죄책을 면할 수가 없다. 여기서는 오직 A가 사망에 이르도록 밧줄을 놓아버리는 작위행위만이 형법적 판단의 대상이 되기 때문이다. 이때 A의 작위행위가 명백하게 형법적 판단의 대상이 된 이상, "甲이 A를 구조하지 않았다"는 부작위는 형법적 판단의 대상이 될 여지가 없게 된다. 이 한도에서 작위와 부작위 중에서 형법적 판단의 대상을 정하는 문제는 간단하게 해결될 수 있다.

이에 반하여 A가 밧줄을 잡으려는 순간에 자기의 원수임을 알게 된 甲이 밧줄을 우물에 떨어뜨리는 경우에는 작위와 부작위 중 형법적 판단의 대상을 정하는 문제가 그리 간단하지 않다. 따라서 이 경우에는 규범적 평가를 통하여 형법적 판단대상을 선정해야 한다. 여기서는 "甲이 A를 구조하지 않았다"는 단순한 부작위보다는, "이미 현실화될 수 있는 구조가능성이 열린 이후에 이를 좌절시킨다"는 점에서 A가 밧줄을 잡으려는 순간에 밧줄을 우물에 떨어뜨리는 작위행위에 범죄실현의 중점이 놓이게 된다. 그러나 밧줄을 내려주던 중에 자기의 원수임을 알게 된 甲이 밧줄을 그대로 우물에 떨어뜨린 경우에는 아직 현실화될 수 있는 구조의 가능성이 열려있지 않았으므로, 밧줄을 우물에 떨어뜨리는 작위행위보다 "甲이 A를 구조하지 않았다"는 부작위가 형법적 판단의 대상이 되어야 한다.

현실적으로 이러한 작위와 부작위 중에서 형법적 판단대상의 선정문제는 의료행위에 있어서 중요한 문제로 나타난다. 예컨대 더 이상 소생의 가망이 없다고 판단한 의사가 인공호흡기계의 작동을 중지시킴으로써 환자가 사망한 경우가 그러하다. 이 경우 인공호흡기계의 작동을 중지시키는 작위행위와 인공호흡기계의 작동을 중지시킴으로써 치료를 하지 아니하는 부작위 중에서 어떤 행위를 형법적 판단의 대상으로 해야 하는지 문제된다. 이 경우 인공호흡기계의 작동을 중지시키는 치료의사의 작위행위는 치료를 하지 아니하는 부작위의 한 방법에 불과하다고 보아야 한다. 따라서 여기서는 치료하지 아니하는, 즉 더 이상의 무의미한 구조노력을 포기하는 부작위가 형법적 판단의 대상이 되어야 한다.

인공호흡기계의 작동을 중지시키는 경우에도 그것이 치료의사 이외의 사람에 의한 행위라면 작위행위가 형법적 평가의 대상이 된다. 이 경우는 "치료 안함"이라는 부작위가 존재하고 있지 않다. 이에 반하여 익사 직전의 사람을 구출하여 인공호흡을 시도하다가 도저히 회생의 가망이 없다고 판단되어 인공호흡을 중단하는 경우는 무의미한 구조노력을 포기하는, 즉 단순한 '구조 안함'이라는 부작위만이 문제된다. 여기서는 사람의 생명을 침해하는 작위행위가 존재하고 있지 않다.

이러한 의미에서 죽음에 임박하였고 고통이 극심한 환자가 품위 있는 죽음을 맞이할 수 있도록 생명유지장치를 제거하는 담당의사의 행위, 소위 존엄사는 위법성조각사유의 관점에서가 아니라 부진정부작위범의 구성요건단계에서 판단되어야 한다. 생명유지장치를 제거하는 담당의사의 행위에서는 치료중단이라는 부작위가 형법적 평가의 대상이 되며, 또한 법률은 이러한 경우에 무의미한 고통만 안겨 주는 생명연장의 의무를 계속해서 담당의사에게 부과할 수는 없기 때문에 담당의사의 작위의무위반이 부정되어야 한다. 이에 따라 작위의무위반이 없는 담당의사의 부작위는 살인죄의 구성요건에 해당하지 않는다.

작위행위 이후에 동일한 범죄실현을 위한 부작위는 형법적으로 특별한 의미가 없다. 예컨대 사람을 살해하기 위하여 흉기를 휘두른 자가 병원으로 연락하는 등의 구조조치를 취하지 않았기 때문에 피해자가 사망한 경우에 행위자의 부작위는 별도로 문제되지 않는다. 다만 작위행위 이후에 다른 범죄실현을 위한 부작위는 별개의 범죄행위로 평가된다. 예컨대 피해자를 감금한 이후에 탈진상태에 빠진 피해자를 방치함으로써 사망하게 한 경우는 별도의 부작위에 의한 살인죄가 성립한다.

이에 반하여 부작위행위 이후에 동일한 범죄실현을 위한 작위행위는 전체로서 하나의 작위행위만이 문제된다. 예컨대 사망의 위험에 빠진 자를 구조하지 않는 보증인이 피보증인을 살해한 경우는 작위에 의한 살인죄만 문제된다. 이러한 의미에서 아직 결과를 야기하지 아니한 부작위는 결과를 야기한 작위에 대하여 단지 보충적인 관계에 있을 뿐이다.

## 2. 부작위범의 구성요건

진정부작위범은 구성요건적 부작위에 의하여 성립한다. 이러한 구성요건적 부작위는 형법이 개별적으로 규정하기 때문에 형법각론에서 개별적으로 논의할 내용이다. 부진정부작위범의 구성요건은 부작위에 의한 구성요건적 결과의 발생이다. 그 밖에 부진정부작위범이 고의범인 경우에는 주관적 구성요건요소를 모두 구비해야 한다.

과실부작위범에서는 주의의무위반의 내용이 작위의무위반의 내용과 완전하게 일치하므로, 과실부작위범이라는 범죄형태를 인정할 필요가 없다. 보증인의 의무 있는 자가 작위의무를 부주의하게 이행하지 않은 것은 그 자체로 주의의무위반이 된다. 여기서는 주의의무위반에 의한 과실범의 성립을 인정하면 충분하다. 보증의무가 없는 자에 대해서는 작위의무뿐 아니라 주의의무도 부과되지 않는다.

### 2-1. 구성요건적 결과의 발생

부진정부작위범이 처벌되는 이유는 부작위에 의한 범죄의 실현이 작위에 의한 범죄의 실현과 실질적으로 동일한 가치가 인정되기 때문이다. 이러한 동일한 가치의 인정은 결과범에서만 가능하며, 형식범에서는 불가능하다.[18] 그러므로 부진정부작위범에서는 결과의

18) 이에 관하여는 상기 '제3편, 제3장, 1-2-2. 실질설' 참조.

발생이 객관적 구성요건요소가 된다.[19] 결과범에서 구성요건적 결과의 발생이란 범인의 부작위와 인과적인 연관관계가 있고 또한 객관적으로 귀속시킬 수 있는 결과의 발생만을 의미한다.[20]

## 2-2. 부작위

### 2-2-1. 부작위

구성요건적 결과는 범인의 부작위에 의하여 발생되어야 한다. 여기서 부작위는 구체적으로 구성요건적 결과발생의 위험이 있는 상태에서 필요한 구조행위를 하지 않는 것이다. 따라서 부작위는 단순히 '아무것도 하지 않음'이 아니라 '법적으로 요구되는 일정한 작위를 하지 않음'을 의미한다.

### 2-2-2. 작위의 가능성?

부진정부작위범에서 부작위란 가능한 작위를 행하지 않음을 의미한다. 법률은 불가능한 것을 행하도록 요구할 수 없기 때문이다. 따라서 법적으로 요구되는 일정한 작위는 물리적·현실적으로 가능해야 한다.

일반적으로 ① 기절한 상태나 묶여 있는 상태 또는 불구 등의 이유로 행위무능력의 상태에 있을 때, ② 위험한 상태의 장소로부터 거리가 먼 때, ③ 구조를 위한 필수적 장비의 부재, ④ 그러한 장비의 사용에 대한 무지 또는 ⑤ 개인적 무능력(예컨대 수영을 못하는 사람)의 경우에는 작위의 가능성이 인정되지 않는다.[21]

이러한 작위의 불가능성에 의하여 부작위의 일부는 형법상의 행위영역에서 배제되고, 일부는 구성요건의 영역에서 배제된다. 다수설은 이를 일반적 행위가능성과 개별적 행위가능성으로 구별하고 있다. 행위자가 법률이 요구하는 적극적 작위의무를 이행할 수 있는 일반적·객관적인 가능성은 형법상 행위의 영역에 관한 문제이고, 이는 주로 일정한 시간이나 장소와 같은 객관적 상황과 관련을 갖는다고 한다. 이에 반하여 작위의무를 이행할 수 있는 개인적 능력, 즉 개별적 행위가능성은 부작위범의 구성요건에 관한 문제이며, 주로 신체적·정신적 조건이나 적절한 구조수단의 존재[22]와 같은 외적 조건이 여기에 해당한다

19) 제18조는 부진정부작위범에 관하여 "… 그 발생된 결과에 의하여 처벌한다"고 규정하고 있으나, 이 규정이 "결과가 발생하지 않은 경우에는 처벌하지 않겠다"는 의미는 아니다. 범죄실현의 고의가 있는 경우에는 결과가 발생하지 않아도 미수범으로 처벌된다.

20) 이에 관하여는 상기 '제2편, 제2장, 제2절 인과관계와 객관적 귀속' 참조.

21) Vgl. Wessels/Beulke, AT, § 16 Rdnr. 708.

22) 그러나 이러한 외적 조건, 예컨대 필수적 의약품이 없는 경우 등이 개별적 행위가능성에 해당하는지 의문

고 한다.[23)]

그러나 이러한 설명에 대하여는 수긍과 의문이 동시에 제기된다. 범죄론의 구조에서 행위의 영역과 불법의 영역은 구분되고 있으며, 이를 일반적 행위가능성과 개별적 행위가능성으로 판단하는 것은 일견 수긍이 간다. 그러나 개별적 행위가능성인 개인적 능력이 부족하여 작위에 나아가지 못한 경우에도 "형법상 행위로서의 부작위가 있었다"고 판단될 수 있는지 의문이 제기된다. 또한 개인적 능력은 책임과 어떤 기준에 의하여 구별될 것인지 의문이다.

생각건대 부작위범은 작위범과 완전히 다른 구조를 가지고 있다. 작위범에서는 '인간으로서 가능한' 영역이 행위에, '누구에게든 가능한' 영역이 불법에, 그리고 행위자 '스스로에게 가능한' 영역이 책임에 해당한다. 작위범에서는 외부적인 인간의 행동이 존재하기 때문에 이러한 구조개념의 설정이 가능하다. 그러나 외부적인 인간의 행동이 존재하지 아니하는 부작위범에서는 이와 다르다. 여기서 부작위란 '아무것도 하지 않음'이 아니라 '무엇인가를 하지 않음'을 의미하므로 그 구조개념이 항상 행위자인 부작위자를 전제로 설정되어야 한다는 것이다. 그러므로 '무엇인가를 하지 않음'은 '행위자에게 개별적으로 가능한 무엇인가를 하지 않음'이어야 할 것이다. 예컨대 '장님이 그의 아들을 구조하지 못했다거나 또는 3살짜리 어린이가 물에 빠진 어머니를 구경만 하고 있었다는 것[24)]은 '구성요건에 해당하지 않는 부작위'가 아니라, 처음부터 부작위가 아닌 비행위로 평가되어야 한다.[25)] 따라서 일반적 행위가능성뿐 아니라 개별적 행위가능성도 행위영역의 문제라고 보아야 한다.

불법의 영역도 동일한 차원에서 이해되어야 한다. 행위자에게 가능한 작위 중에서도 누구에게나 요구될 수 있는 작위의 경우에만 그러한 작위에 나아가지 아니한 부작위를 불법으로 평가할 수 있다. 즉 법률은 "결과발생 방지에 대한 보증인의 지위에 있는 모든 사람에게 그 결과의 발생을 방지하라"고 요구할 수 있으므로 구성요건에 해당하는 부작위는 보증인의 보증의무에 위반하는 경우만을 의미한다. 그러므로 불법인 부작위는 '법률이 요구하는 무엇인가를 하지 않음'을 의미한다.

부작위범의 책임은 불법한 부작위에 대한 비난가능성의 문제로 한정되어야 한다. 여기서는 한정책임능력자 · 법률의 착오 · 책임조각사유 등이 문제가 된다. 책임무능력자의 부

---

이 제기된다.

23) 일반적 · 개별적 작위가능성을 모두 부작위범의 구성요건에 관한 문제로 이해하는 견해로는 성낙현, 450면 이하; 이형국, 348면.

24) 그러나 3살짜리의 어린이가 슈퍼에서 사탕을 주머니에 집어넣는 작위행위는 불법하지만 책임이 없는 행위로 평가된다.

25) 동지, 임웅, 578면 이하.

작위는 대부분의 경우가 작위의 가능성에 의하여 행위의 영역에서 배제된다. 다만 책임무능력자라도 구체적인 경우에 행위자의 작위가 일반적으로 가능한 경우라면 행위로서의 부작위가 인정되므로 부작위범의 심사대상이 된다. 예컨대 13세 정도의 형사미성년자의 부작위는 불법한 부작위행위로 평가될 수 있으며, 이 경우는 부작위자의 책임능력이 문제될 뿐이다.

이러한 입장에서 형법상 행위로서의 부작위는 행위자에게 가능한 작위에 나아가지 아니한 경우이며, 구성요건적 부작위는 보증인의 보증의무위반이어야 한다. 즉 작위의 가능성 문제는 '인간에 의한 지배가능성'과 관련을 가지므로, 구성요건의 영역이 아니라 행위영역에서 다루어져야 한다. 따라서 작위의 가능성이 없는 부작위는 형법상 비행위로 평가된다.[26]

### 2-2-3. 동가치성

법률은 모든 사람에게 "구성요건의 실현을 방지하는 것이 가능하다면 그러한 범죄의 실현을 방지하라"고 요구할 수는 없다. 오직 범죄실현의 방지에 대한 보증인의 지위에 있는 사람에게만 이러한 요구를 할 수 있을 뿐이다. 법률의 이러한 요구가 가능한 것은 부작위에 의한 범죄의 실현이 작위에 의한 범죄실현과 실질적으로 동일한 가치가 인정되기 때문이다.

#### 2-2-3-1. 부작위의 작위와의 실질적 동가치성

법익의 침해나 위험을 방지하는 것이 가능한 경우라도 모든 사람의 부작위를 작위에 의한 범죄의 실현과 동일하다고 평가할 수는 없다. 예컨대 수영장에서 어린이가 익사 직전에 있었으나 아무도 구조하지 아니한 경우, 수영능력이 있으면서 구조행위에 나아가지 아니한 구경꾼들의 부작위가 모두 해당 어린이를 살해하는 행위로 평가될 수는 없다. 그러나 어린이의 부모나 수영장 구조요원이 어린이를 구조하지 아니한 부작위는 어린이를 살해하는 작위행위와 동일하게 평가될 수 있다. 이와 같이 결과발생을 방지할 의무 있는 자가 그 결과를 고의로 방지하지 아니한 경우에는 법적으로 작위에 의한 구성요건의 실현과 동일하다고 평가할 수 있게 된다. 부작위의 작위와의 동가치성은 법적으로 요구되는 '결과발생을 방지할 의무'를 위반함으로써 인정되며, 이를 통하여 해당 부작위가 구성요건에 해당하는 행위로 평가될 수 있다. 여기서 '결과발생을 방지할 의무'는 결과발생을 방지할 지위에 있는 자에게 부과되며, 결과의 발생을 방지할 지위를 보증인의 지위라고 한다. 보증인의 지위에 있는 자의 부작위는 실질적으로 범죄를 실현하는 작위와 동일하게 평가된다. 보증

26) 동지, 임웅, 579면.

인의 지위에 대하여는 항을 바꾸어 자세히 설명한다.

#### 2-2-3-2. 행위정형과 실질적 동가치성

부진정부작위범은 부작위에 의한 범죄의 실현이 작위에 의한 범죄실현과 실질적으로 동일한 가치가 인정되는 경우에 성립할 수 있다. 그러므로 구성요건적 행위방식에 일정한 정형이 요구되는 범죄에서는 단순한 부작위만으로 작위에 의한 범죄실현과 실질적으로 동일한 가치가 인정되지 않는다. 단순한 부작위는 일정한 행위정형의 불법내용을 포함할 수 없기 때문이다. 형식범은 특별한 행위방식에 의하여 그 불법내용이 충족되고 범죄가 성립하기 때문에, 이러한 특별한 행위방식을 제시할 수 없는 부작위는 범죄의 실현에 대한 행위지배가 인정되지 않으며, 경우에 따라 방조행위로 평가될 수 있을 뿐이다. 그러므로 부진정부작위범은 오직 결과범에서만 가능하게 된다.

결과범 중에서도 특별한 행위정형이 요구되는 경우에는 부작위범이 성립하지 않는다. 예컨대 특수절도·특수강도·특수상해죄 등의 범죄에서는 특수한 범죄실현의 행위정형이 부작위로 나타날 수 없다. 따라서 이들 범죄에서는 부진정부작위범의 성립이 불가능하며, 경우에 따라 방조범의 성립만 가능하다.

### 2-3. 부작위범과 고의

부진정부작위범에서도 주관적 구성요건요소로서 고의를 필요로 한다. 여기서의 고의도 객관적 행위상황에 대한 인식과 범죄실현의사를 그 내용으로 한다. 다만 부진정부작위범에서는 범죄실현의사와 결합된 적극적인 행위(작위)가 존재하지 않으므로 고의의 내용은 부진정부작위범의 구조를 고려하여 파악해야 한다.[27] 즉 범죄의 객관적 구성요건요소 외에 보증인의 지위를 발생시키는 상황에 대한 인식도 고의의 내용이 된다. 또한 결과발생방지의 가능성이 있음에도 불구하고 결과발생의 방지행위에 나아가지 않으려는 의사가 부진정부작위범에서 고의의 의지적 요소가 된다.

작위범과는 달리 부진정부작위범에서는 고의가 필요하지 않다는 견해[28]가 있다. 부작위범에서는 "목적성이 부정되며, 오직 잠재적 목적성(potentielle Finalität)만이 인정될 수 있다"는 목적적 행위론에서의 주장이 그것이다. 예컨대 "가능한 작위의무를 이행할 것인지 또는 이행하지

27) BGHSt 19, 295, 299는 '가능한 작위행위에 나아감과 나아가지 않음 사이의 결정'을 부작위의 고의(Vorsätzliches Unterlassen ist die Entscheidung zwischen Untätigbleiben und möglichem Tun)라고 한다.

28) Armin Kaufmann, Die Dogmatik der Unterlassungsdelikte, 1959, S. 66 ff.; ders, Lebendiges und Totes in Bindings Normentheorie, 1954, S. 284 ff.; Welzel, Das Deutsche Strafrecht, S. 204 f.

않을 것인지"에 관하여 아직 결정하지 못하고 있는 경우 또는 이를 증명할 수 없는 경우에도 고의의 부진정부작위범의 성립을 인정해야 한다는 것이다. 따라서 부진정부작위범에서는 작위의 가능성에 대한 인식 있는 부작위와 인식 없는 부작위의 성립만이 가능하며, 인식 있는 부작위의 경우에는 범죄실현의사가 불필요하다는 것이다. 그러나 목적적 행위론자의 주장과 같이 "가능한 작위의무를 이행할 것인지 또는 이행하지 않을 것인지"에 관하여 아직 결정하지 못하고 있는 경우 또는 이를 증명할 수 없는 경우에 고의의 부진정부작위범을 인정할 수는 없다. 범죄실현의사가 없는 고의를 인정할 수는 없기 때문이다. 다만 '결과발생방지의 가능성'과 '작위의무의 이행으로 나아가지 아니하면 결과가 발생한다는 사실'을 인식한 보증인이 결과발생의 방지를 위한 작위행위에 나아가지 아니한 경우에는 결과의 발생을 의욕했거나 또는 적어도 이를 감수 내지 용인한 것이므로 범죄실현의사가 부정될 수 없는 경우라고 해야 한다.

## 2-4. 부작위범의 처벌

제18조는 부진정부작위범의 처벌에 관하여 "그 발생된 결과에 의하여 처벌한다"고 규정한다. 제18조의 문리적 표현에도 불구하고, 결과가 발생하지 아니한 경우에 미수범의 성립은 당연히 가능하다.

부진정부작위범도 작위범과 동일한 형으로 처벌된다. 그러나 부진정부작위범에서는 작위에 의한 범죄실현에 비하여 그 불법내용이 경미한 경우가 대부분이므로 임의적 감경사유로 규정할 필요가 있다. 독일형법 제13조 제2항은 부진정부작위범을 형의 임의적 감경사유로 규정하고 있다.

입법론적으로는 부진정부작위범에 대한 임의적 형 감경의 규정이 필요하다. 다만 과실부작위범을 인정하는 통설의 입장이라도 입법론적으로 부작위에 의한 과실범의 형을 감경할 필요는 없을 것이다. 주의의무이든 작위의무이든 동일한 하나의 의무를 위반했을 뿐인 과실부작위범이 주의의무위반의 과실범과 비교하여 경미한범죄실현으로 평가될 수가 없기 때문이다. 과실범은 단일정범개념[29]으로 이해해야 하며, 그 불법의 중심내용도 의무위반이라는 점에서는 동일하다. 이는 부작위에 의한 방조의 경우에도 동일하다. 방조범은 종속범죄이므로 정범에 종속하여 성립하며, 광범위한 방조의 개념은 그것이 작위이든 부작위이든 불법의 차이를 인정할 수 없다.

# 3. 보증인의 지위

## 3-1. 보증인의 지위의 의의

부진정부작위범에서 부작위는 구성요건적 부작위이다. 구성요건적 부작위는 '구성요

29) 김성돈, 576면.

건적 결과의 발생을 방지할 의무를 위반하는 것'을 의미한다. 이러한 의무는 구성요건적 결과발생을 방지할 지위에 있는 자에게만 부과되며, 결과발생을 방지해야 할 지위를 보증인의 지위라고 한다. 제18조는 '위험발생을 방지할 의무가 있거나 자기의 행위로 위험발생의 원인을 야기한 자'를 보증인의 지위에 있는 자로 규정하고 있다. 따라서 부진정부작위범은 보증인의 지위에 있는 자에 의해서만 범해질 수 있는 진정신분범에 해당한다.

## 3-2. 보증인의 지위의 체계적 위치

종래에는 보증인의 지위를 위법성의 요소로 이해하는 입장[30]이 있었다. 부진정부작위범은 작위의무위반에 의하여 위법성이 형성된다는 입장[31]이다. 그러나 구성요건은 입법자가 위법한 행위 중에서도 특히 형벌이 과해져야 할 행위를 선별하여 유형별로 형법각칙에 기술한 것이기 때문에 구성요건은 전형적인 불법이어야 하며, 이를 개방적으로 위법하지 아니한 행위까지 포괄하여 규정할 수는 없다.[32] 따라서 부진정부작위범에서 작위의무위반은 구성요건에 해당하는 전형적인 불법행위라고 해야 한다.

보증인의 지위가 구성요건요소라는 점에 대하여는 학설의 이론이 없다(통설). 따라서 부진정부작위범에서 구성요건적 부작위는 보증인의 지위에 있는 자의 부작위를 의미한다. 다만 통설은 보증인의 지위와 그 근거가 되는 보증의무를 법체계적으로 분리하여 이해하고 있다. 범죄가 작위행위에 의하여 저질러지는 경우에는 구성요건요소로서 법적 의무가 요구되지 않는 반면에, 동일한 범죄가 부작위에 의하여 저질러지는 경우에는 구성요건요소로서 보증의무가 요구되는 것은 부당하다는 것이다. 따라서 보증인의 지위는 구성요건요소이며, 그 근거가 되는 보증의무는 위법성의 요소라고 한다. 이를 이분설 내지 분리설이라고 한다(통설). 통설이 보증인의 지위와 보증의무를 이와 같이 구별하는 실질적인 이유는 보증인의 지위만이 구성요건적 고의의 인식대상이 되고 보증의무는 고의의 인식대상이 아니라는 점에 있다. 보증의무에 관한 착오는 사실의 착오가 아니라 법률의 착오가 된다는 것이다.

부진정부작위범에서 보증인의 지위가 구성요건요소라는 점은 분명하다. 따라서 보증인이라는 '사실'에 대한 인식은 고의의 내용이 되며, 이에 대한 착오는 고의를 조각하게 된다. 그러나 보증인 지위의 '내용과 범위'는 그 구성요건요소가 가지고 있는 규범적 내용으로서 이에 대한 인식은 책임비난의 전제가 되는 위법성의 인식이 된다.[33]

30) 유기천, 120면.

31) 이는 과실범에서 주의의무를 위법성의 요소로 파악하는 신과실이론과 체계적으로 동일한 입장이라고 할 수 있다.

32) 이에 관하여는 상기 '제2편, 제2장, 제1절, 3-4. 벨첼(Welzel)의 개방적 구성요건이론' 참조.

33) 이에 대한 상세한 내용은 상기 '제2편, 제2장, 제3절, 2-1-4. 의미의 인식?' 참조.

보증의무는 '보증인의 지위라는 구성요건요소의 의미' 내지 '보증인의 지위라는 구성요건요소가 가지고 있는 규범적 내용'을 의미한다고도 볼 수 있다. 다만 보증인의 지위든 보증의무든 그것이 주어지는 상황에 대한 착오는 사실의 착오에 해당하고, 그것의 내용과 범위에 관한 착오는 법률의 착오에 해당한다.

보증인의 지위에 있는 자는 내용적으로 보증의무를 부담하는 자를 의미한다. 구성요건적 행위주체를 구성하는 구성요건적 사실에 있어서 그 사회적·법적 의미내용은 규범의 내용이며, 이에 대한 착오는 법률의 착오로 평가된다.[34] 따라서 보증의무를 통설과 같이 구성요건요소와 분리된 독자적인 위법성의 요소로 이해하는 것은 타당하다고 할 수 없다.[35] 보증의무는 구성요건요소인 보증인의 지위를 형성하는 규범적 내용일 뿐이다.[36]

## 3-3. 보증인의 지위의 발생근거

제18조는 '위험의 발생을 방지할 의무가 있거나 자기의 행위로 인하여 위험발생의 원인을 야기한 자'에게 위험발생을 방지할 의무를 부과하고 있다. 이러한 위험발생을 방지할 의무 있는 자가 보증인의 지위에 있는 자이다. 보증인지위의 발생원인에 대하여는 학설의 대립이 있다. 형식설과 실질설(또는 기능설)의 대립이 그것이다.

형식설은 법령·계약·조리 또는 선행행위에 의하여 작위의무가 부과되며, 이러한 의무에 의하여 보증인의 지위가 발생된다고 본다. 이에 반하여 실질설은 부작위의 작위와의 동가치 판단을 기초로 작위의무를 부과할 수 있다고 본다. 종래의 통설[37]은 형식설을 지지하였으나, 현재는 형식설을 기초로 하면서 실질설에 의한 수정을 인정하는 절충설[38]이 통설의 입장이다.

이러한 통설의 입장은 진정부작위범과 부진정부작위범의 구별기준이 형식설이라는 사실과 무관하지 않다. 그러나 이미 설명한 바와 같이 진정부작위범과 부진정부작위범은 실질설의 입장에서 구별하여야 하며, 보증인지위의 발생근거도 규범적 가치판단에 의한 '부작위의 작위와의 동가치성'이라는 실질적인 관점에서 찾아야 한다.[39] 형식설에서 말하는 법률·계약·사회상규 또는 선행행위 등도 보증인의 지위의 발생근거가 될 수도 있겠지만,

34) 이에 대한 상세한 내용은 상기 '제2편, 제2장, 제3절, 2-1-4. 의미의 인식?' 참조.
35) 동취지, 김성돈, 559면 이하; 김성천/김형준, 161면 이하; 이상돈, 247면; 정영일, 116면.
36) Vgl. Wessels/Beulke, AT, § 16 Rdnr. 717: '보증인의 지위를 근거지우는 상황'에 대한 인식은 고의의 내용이며, 보증의무 그 자체는 규범의 내용이라고 한다.
37) 유기천, 123면; 정영석, 108면; 황산덕, 70면; 현재에도 정영일, 117면 이하, 120면.
38) 다만 실질설을 기초로 형식설에 의한 제한을 주장하는 절충설의 입장으로는 권오걸, 425면; 김일수/서보학, 361면 이하; 박상기, 336면; 성낙현, 465면; 임웅, 587면; 정성근/박광민, 480면.
39) 동지, 이형국, 연구 Ⅱ, 711면.

이들 속에 포함된 보증인의 지위는 동가치성이라는 실질적인 기준에 의하여 합리적으로 선별될 수 있을 뿐이다.[40] 실질설의 입장에서 보증인지위의 발생근거를 설명하면 다음과 같다.

### 3-3-1. 특별한 법익보호를 위한 특별한 보호의무

특별한 법익보호를 위하여 특별한 보호의무가 부과될 수 있는 경우에 보증인의 지위가 발생될 수 있다. 제18조 전단의 '위험의 발생을 방지할 의무'는 이러한 '특별한 법익보호를 위한 특별한 보호의무'로 해석된다. 학설에 의하여 인정되는 특별한 보호의무는 ① 밀접한 혈연관계, ② 특별한 생활공동체나 위험공동체, ③ 특별한 보호의무나 보조의무의 인수, ④ 특별한 의무와 결부된 행위자의 신분 등으로부터 발생하게 된다.

#### 3-3-1-1. 밀접한 혈연관계

특별한 법익보호를 위한 특별한 보호의무는 밀접한 혈연관계로부터 발생될 수 있다. 이러한 특별한 보호의무는 대부분 법률에서 직접 규정하고 있다. 예컨대 부부간의 부양의무, 친족간의 부양의무나 친권자의 보호의무(민법 제826조, 제974조, 제913조) 등이 그것이다.

밀접한 혈연관계에 의한 특별한 보호의무를 규정하는 법규정도 항상 보증인의 지위를 발생시키는 것은 아니다. 밀접한 혈연관계에서도 부작위의 작위와의 동가치성이 개별적인 경우에 구체적으로 판단되어야 한다. 예컨대 이혼소송이 제기되어 별거 중인 부부 사이이거나 성년의 자녀와 친권자 사이에서는 항상 모든 법익에 대한 보증인의 지위가 인정될 수는 없으며, 동가치성의 규범적 가치판단에 의하여 보증인의 지위가 발생될 수 있을 뿐이다.

#### 3-3-1-2. 특별한 생활공동체나 위험공동체

특별한 생활공동체(사실혼 관계) 또는 특별한 위험공동체(고산등반대 해저탐험대)와 같은 긴밀한 사실상의 공동관계에서는 구성원 상호간에 특별한 법익보호를 위하여 특별한 보호의무를 부담해야 하며, 이에 따라 보증인의 지위가 발생될 수 있다. 그러나 알콜중독자나 마약중독자들의 노숙만남 또는 범죄자들의 만남 등과 같은 우연한 공동관계에서는 그들 상호간에 보호의무를 부과할 수 없으며, 보증인의 지위도 발생되지 않는다. 여기서 "긴밀한 사실상의 공동관계인가 또는 우연한 공동관계인가"는 사회정형성, 즉 "사회정형적인 위험상태에서 상호간의 보조와 원조를 규범적으로 유지해야 하는가"를 기준으로 판단해야 한다.

#### 3-3-1-3. 특별한 보호의무나 보조의무의 인수

특별한 보호의무나 보조의무를 자의로 인수한 자는 자신의 자유로운 인수에 의하여

40) 조병선, 전게논문, 청주대학교 법학연구소 법학논집 제6집, 242면 각주 33) 참조.

특별한 법익보호를 위한 보호의무를 부담한다. 예컨대 의사나 간호사의 환자치료나 간호임무, 수영장 구조요원의 구조임무, 유아를 돌보는 보모의 보호임무 등을 자의로 인수한 자는 특별한 법익보호의무를 부담하게 된다. 이때 보증인의 지위의 발생근거는 계약체결의 민사법적 유효성이 아니라, 관련된 보호의무의 사실상의 인수가 기준이 된다(통설).[41]

특별한 보호의무나 보조의무를 사실상 인수한 자는 의무의 인수를 유효하게 벗어남으로써 보증인의 지위를 떠나게 된다. 예컨대 환자를 치료하는 의사는 본인이나 치료를 의뢰한 보호자의 퇴원요구에 의한 퇴원결정으로 환자보호의무로부터 벗어나게 된다.[42]

#### 3-3-1-4. 특별한 의무와 결부된 행위자의 신분

보증의무는 '특별한 의무와 결부된 행위자의 신분'으로부터 직접 발생될 수 있으며, 이는 법익에 대한 위험을 방지해야 할 특별한 의무를 부담하는 신분이 당해 구성요건의 보호목적과 밀접하게 결부된 경우이다. 이 경우 대부분 상기의 '3-3-1-3. 특별한 보호의무나 보조의무의 인수'에 의하여 보증인의 지위가 발생할 수 있지만, 이러한 '자발적 인수'와 독립하여 보증의무가 부과될 수도 있다.[43] 예컨대 의료법에 의한 의사의 응급조치의무(제16조), 경찰관 직무집행법에 의한 보호조치의무(제4조) 등이 여기에 해당한다. "어느 정도로 이러한 신분상의 의무에서 보증의무가 도출될 수 있는가"는 구체적인 사건에서 "실질적으로 결과의 발생을 방지할 의무가 부과되고 있는가"를 기준으로 판단해야 한다.

### 3-3-2. 특별한 위험원에 의한 책임의무

특별한 위험원에 대하여 책임의무가 부과되는 경우에도 보증인의 지위가 발생될 수 있다. 제18조 후단의 '위험발생의 원인을 야기한 자의 위험발생 방지의 책임'이 이러한 '특별한 위험원에 대한 책임의무'로 해석된다. 학설에 의하여 인정되는 책임의무로는 ① 안전조치의무, ② 제3자에 대한 감독의무, ③ 선행된 위험행위가 있다.

#### 3-3-2-1. 안전조치의무

특별한 위험원에 대해서는 안전조치를 취할 책임이 부과되며, 이러한 책임으로부터 보증의무가 발생될 수 있다. 위험한 물건이나 시설의 소유자 또는 운영자는 자기의 책임하

---

41) Vgl. Wessels/Beulke, AT, § 16 Rdnr. 720.

42) 서울지법 남부지원 제1형사부, 1998.5.15. 98고합8은 보호자의 퇴원요구에 응한 의사에 대하여 부진정부작위범에 의한 살인죄의 성립을 인정하였다. 퇴원요구를 받은 의사로서는 환자의 생명을 보호하기 위하여 의료행위를 계속해야 할 의무와 환자의 요구에 따라 환자를 퇴원시킬 의무사이에 충돌이 일어나게 되는데, 이 경우 의사는 환자의 생명을 보호할 의무가 우선한다는 것이다. 그러나 이 판례는 의사의 보증의무의 발생근거와 동일한 관점에서의 의무해제를 간과하고 있다. 다만 이 판결의 상고심인 대법원 2004.6.24. 2002도995에서는 의사에 대해서 작위의 방조범을 인정하였다.

43) Vgl. Stree, S-S StGB, § 13 Rdnr. 31.

에 놓여 있는 위험원에 대하여 위험의 발생을 방지할 책임이 있다. 이를 사물지배에 근거한 책임의무라 한다. 건물이나 자동차 또는 위험한 기업의 운영자 등의 책임이 여기에 해당한다. 또한 일정한 사회적 지배영역 내에서 물건이나 시설 또는 설비의 상태로부터 기인하는 위험에 대해서는 그러한 상태의 지배자가 안전조치의 책임을 부담한다. 예컨대 사고차량을 방치하고 도주한 운전자는 사고차량의 상태로부터 발생되는 결과에 대한 보증인으로서의 책임을 부담하여야 한다. 이를 상태지배에 근거한 책임의무라 한다.

위험한 물건이나 시설로부터 제3자의 안전을 위하여 안전조치의무나 감시의무를 자발적으로 인수한 자도 이러한 자발적 인수로부터 보증의무를 부담하게 된다. 예컨대 공사장의 현장감독이나 도로건설의 현장에서 차량통제 등을 담당하는 근로자의 의무가 여기에 해당한다.

#### 3-3-2-2. 제3자에 대한 감독의무

제3자에 대한 감독의무로부터 보증의무가 발생될 수 있다. 예컨대 사람의 생명이나 신체를 침해할 위험성이 있는 정신병자에 대한 감독의무 또는 미성년인 자에 대한 친권자의 감독의무로부터 발생하는 보증의무가 그러하다. 이때 보증의무는 "감독자가 피감독자로부터 발생되는 위험을 지배하는 지위에 있는지"를 기준으로 판단한다.[44]

#### 3-3-2-3. 선행된 위험행위

선행행위로 위험발생의 원인을 야기한 자는 위험발생을 방지할 보증의무를 부담한다(제18조 후단). 위험원을 만든 자의 책임의무는 보증의무에 해당한다. 예컨대 사고 운전자의 책임의무인 구호의무는 선행행위에 의한 보증의무이며, 타인을 불법체포·감금한 자는 탈진한 피해자를 구조할 보증인의 지위[45]에 있게 된다.

선행행위에 의한 보증인지위의 발생에 있어서 선행된 위험행위가 불법한 행위이어야 하는지 또는 적법한 선행행위로부터도 보증의무가 발생될 수 있는지 문제된다. 종래에는 "선행행위가 반드시 적법할 것을 요하지 않는다"는 견해[46]가 있었으나, 현재는 "선행행위가 불법해야만 보증인의 지위가 발생될 수 있다"는 것이 통설의 입장이다. 적법한 행위로부터 야기되는 위험에 대하여 법적으로 결과발생 방지의무를 부과할 수는 없으므로 통설의 견해는 타당하다. 따라서 부당한 공격자에 대한 정당방위에 의해서 야기된 위험의 경우 등에 있어서는 보증의무가 발생되지 않는다. 이러한 위험들은 선행행위자가 만든 위험이라기보다는 오히려 피해자가 스스로 만든 위험으로 보인다.

---

44) Jescheck/Weigend, Lehrbuch AT, S. 628.

45) 대법원 1982.11.23. 82도2024.

46) 황산덕, 70면; 현재도 오영근, 169면; 정영일, 118면.

도로교통법 제54조 제1항의 구호조치의무로부터 적법한 선행행위에 의한 보증인의무의 발생가능성을 인정하는 견해[47]가 있다. 도로교통법 제54조 제1항은 도로교통사고에서 운전자의 귀책사유가 없는 경우에도 구호조치의무를 부과[48]하는 규정이라는 것을 근거로 한다. 그러나 이러한 구호조치의무 불이행에 대해서는 이를 진정부작위범으로 처벌하는 도로교통법 제148조가 마련되어 있다. 일반적으로도 진정부작위범에서의 의무위반은 보증인의 의무위반이 될 수 없다. 예컨대 공무원의 직무유기나 경범죄처벌법상의 신고의무위반이 발생된 결과에 대한 보증의무위반으로 평가될 수는 없다. 따라서 책임 없는 사고운전자의 구조의무불이행은 도로교통법 제148조의 처벌 이외에, 발생된 결과에 대한 보증의무위반으로 평가되지는 않는다.[49]

선행행위의 불법을 요구하는 통설의 견해에 대해서는 결정적인 예외가 발견되었다. 적법한 선행행위에 의하여 야기된 위험이라 할지라도 오직 선행행위자의 이익을 위하여 야기된 위험의 경우에는 예외적으로 보증의무를 부과해야 한다는 견해[50]가 그것이다. 이는 공격적 긴급피난에 의하여 제3자에게 위험을 야기하는 경우에 나타날 수 있다. 예컨대 추운 겨울밤에 자전거를 타고 가던 A가 커브길에서 갑자기 과속으로 돌진하는 자동차를 피하기 위하여 인도로 재빨리 뛰어들었고, 이때 인도를 걸어가던 고령의 할머니가 A와 충돌하여 다리골절의 상처를 입은 경우가 그러하다. 이 사례에서 할머니에게 다리골절의 상해를 입힌 A의 선행행위는 긴급피난에 의하여 허용된 행위에 해당한다. 통설에 의하면 이 경우 A에게는 추운 겨울밤에 꼼짝 못 하고 동사의 위험에 처한 할머니를 구조할 보증인의 지위가 발생하지 않는데, 이는 부당하다. 이 사례에서의 위험은 직접 할머니로부터 나온 것이 아니라 오직 A의 생명이라는 법익을 보호를 위해서 야기된 것이다. 그러므로 적법한 선행행위라 할지라도 오직 선행행위자의 이익을 위하여 야기된 위험의 경우에는 선행행위자에게 결과발생방지의 책임의무를 부과하는 것이 타당하다.

적법한 선행행위에 의하여 야기된 위험의 경우에도 입법론적으로는 일정한 위험방지의 의무를 부과하는 것이 필요한 경우가 있다. 즉 정당방위에 의해서 야기된 위험의 경우에도 부당한 공격자의 법익을 일정한 요건하에서 보호할 필요가 있으며, 이 한도에서 법적 의무를 부과할 필요가 있다. 물론 이러한 의무위반은 작위와의 동가치성이 인정되지 않기 때문에 발생된 결과에 대한 범죄로 처벌할 수는 없다. 그러나 진정부작위범 형식의 단순한 의무위반죄로 처벌하는 것이 가능하고 필요하다. 독일형법 제323c조의 소위 착한 사마리아인의 구조조항에서는 기대가능성(Zumutbarkeitsklausel)의 요건하에서 구조의무불이행을 1년 이하의 징역이나 벌금형으로 처벌하고 있다.

---

47) 오영근, 169면; 임웅, 583면; 정영일, 118면.

48) 대법원 1981.6.23. 80도3320; 대법원 1990.9.25. 90도978; 대법원 2002.5.24. 2000도1731; 대법원 2015.10.15. 2015도12451.

49) 동취지, 손동권/김재윤, 409면 이하.

50) Vgl. Wessels/Beulke, AT, § 16 Rdnr. 727.

## 4. 부작위범의 위법성조각사유: 의무의 충돌

부진정부작위범도 구성요건해당성에 의하여 당연히 위법성의 추정을 받게 되며, 예외적인 허용규범에 의하여 위법성이 조각된다. 부작위범에서 특히 문제가 되는 위법성조각사유는 의무의 충돌이다.

### 4-1. 의무의 충돌의 의의

의무의 충돌이란 동시에 이행해야 할 두 개 이상의 작위의무가 존재하지만 오직 하나의 작위의무이행만이 가능한 경우를 말한다. 충돌하는 2개 이상의 작위의무가 존재하는 경우에만 의무의 충돌이 되며, 두 개 이상의 부작위의무가 동시에 존재하거나 작위의무와 부작위의무가 동시에 존재하는 경우에는 의무의 충돌이 발생하지 않는다. 예컨대 사람을 살해하지 않을 부작위의무와 타인의 재물을 절취하지 않을 부작위의무는 동시에 이행할 수 있으므로 논리적으로 의무의 충돌이 일어나지 않는다. 작위의무와 부작위의무가 동시에 존재하는 경우에도 부작위의무는 작위의 행동을 취하지 않음으로써 충족되면서 동시에 작위의무는 작위행위로 이행하는 것이 가능하다(다수설). 따라서 의무의 충돌은 오직 부작위범과 관련해서만 의미를 갖게 된다. 예컨대 물에 빠진 두 아이 중 친권자의 선택에 따라 오직 한 아이의 구조만이 가능한 경우가 의무의 충돌이 된다.

작위의무와 부작위의무가 동시에 존재하는 경우도 의무의 충돌이 될 수 있다는 견해[51]가 있다. 예컨대 절도범이 타인의 주거로 도주한 경우에 절도범을 추적하는 경찰관에게는 절도범을 체포해야 할 작위의무와 동시에 타인의 주거를 침입해서는 아니 될 부작위의무가 존재하며, 이때 의무의 충돌이 있다는 것이다. 그러나 이 경우는 의무의 충돌이 아니라 일반적인 긴급피난의 문제에 불과하다.

하나밖에 없는 인공호흡기로 중환자를 치료하는 중에 인공호흡기가 절대적으로 필요한 다른 응급환자가 실려 들어온 경우에도 진료의사에게는 중환자의 치료행위를 중단할 수 없는 부작위의무와 새로 들어온 응급환자를 치료해야 할 작위의무가 발생하지만, 두 의무는 서로 충돌하지 않는다. 만약 이러한 두 개의 의무를 충돌관계에서 관찰하는 논리적 오류를 범한다면, 의사에게는 새로 들어온 환자를 치료하지 않는 것뿐 아니라 치료 중의 인공호흡기를 떼어 내어 새로 들어온 응급환자를 치료하는 것도 의무의 충돌에 의하여 허용된다는 위험한 결론에 이르게 된다. 여기서는 오직 경우에 따라 긴급피난에 의하여 위법성이 조각될 수 있을 뿐이다. 예컨대 치료 중인 환자에게서 인공호흡기를 떼어 내는 것이 환자에게 생명의 지장 없이 고통만을 주는 경우

---

51) 김성천/김형준, 234면; 손동권/김재윤, 221면; 손해목, 498면 이하; 신동운, 311면; 오영근, 210면 이하; 이형국, 연구 I, 339면; 정영일, 231면.

에 한하여 새로 들어온 환자의 생명을 구조하는 것은 긴급피난으로 허용될 수 있다. 만약 인공호흡기를 떼어 내는 것이 치료 중인 환자의 생명을 침해하는 경우에는 새로 들어온 응급환자를 구조하는 것이 불가능한 경우[52]에 해당한다.

이러한 의무의 충돌은 실질적 의무의 충돌이라 하며, 단지 법규범의 구조로부터 논리적으로만 의무가 충돌하는 논리적 충돌과 구별된다. 예컨대 전염병예방법에 따른 의사의 신고의무와 형법상 의사의 비밀유지의무의 관계가 소위 의무의 논리적 충돌에 해당한다. 그러나 의무의 논리적 충돌에서는 오직 하나의 의무만이 존재하기 때문에 실질적인 의무의 충돌은 일어나지 않는다. 형법의 업무상 비밀누설죄는 전염병예방법에 따른 의사의 신고의무라는 법률의 규정에 의하여 위법성이 조각되기 때문이다.

실질적 의무의 충돌을 동가치 의무의 충돌과 이가치 의무의 충돌로 구별[53]하고, 이가치 의무의 충돌에서는 큰 가치의 의무를 이행함으로써 작은 가치의 의무를 이행하지 못한 경우에 위법성이 조각되지만, 동가치 의무의 충돌에서는 위법성의 조각은 불가능하고 책임의 조각만이 가능하다는 견해[54]가 있다. 그러나 이 견해는 타당하지 않다. 이가치 의무의 충돌에서는 일반적인 제22조의 긴급피난으로 충분히 해결되기 때문에 의무의 충돌이라는 특별한 위법성조각사유를 필요로 하지 않는다. 따라서 의무의 충돌은 동가치 의무의 충돌의 경우에 위법성조각사유로서 의미를 가질 수 있다(통설).[55] 예컨대 두 생명 중에서 오직 하나의 생명만을 구하는 것이 가능한 경우에 한 생명에 대한 구조의 포기가 불법하다고 평가될 수는 없다. 즉 의무의 충돌로 포기한 구조는 피해자의 생명에 대한 부당한 침해에 해당하지 않으며, 이에 대한 정당방위도 불가능하다.

## 4-2. 의무의 충돌의 법적 성격

### 4-2-1. 견해의 대립

① 의무의 충돌을 작위의무의 제한이라는 구성요건의 차원에서 이해하는 견해[56]가 있다. 충돌하는 법익 전체의 보호가 불가능한 운명적 상황에서 행위의 옳고 그름을 판단하는 것이 불가능하다는 점에서 그 법적 성격을 찾아야 한다는 것이다. 그러나 의무의 충돌의

52) 이에 관하여는 상기 '제3편, 제3장, 2-2-2. 작위의 가능성?' 참조.
53) 이를 '해결할 수 없는 충돌'과 '해결할 수 있는 충돌'이라고도 하며, 동가치 의무의 충돌에서는 행위자에게 선택의 여지가 주어지지 않으므로 '해결할 수 없는 충돌'이고, 이가치 의무의 충돌에서는 충돌되는 의무 중에서 큰 가치의 의무이행을 행위자가 선택할 수 있는 경우로서 '해결할 수 있는 충돌'이라고도 한다.
54) 배종대, 271면; 손해목, 499면; 이상돈, 256면; 정영일, 233면; 진계호/이존걸, 381면 이하.
55) 동취지, 다만 생명 대 생명의 경우는 예외적으로 책임이 조각된다는 견해로는 신동운, 313면.
56) 박상기, 215면.

경우에도 구조의무자는 반드시 하나의 의무를 이행하여야만 한다. 작위의무제한설은 이러한 의무 부과에 대하여 전혀 설명을 할 수 없기 때문에 타당하다고 할 수 없다.

② 의무의 충돌은 적법도 불법도 아닌 자신의 책임하에서 결정이 가능한, 예컨대 자살과 같은 소위 법으로부터 자유로운 영역이라는 견해[57]가 있다. 그러나 법으로부터 자유로운 영역이라는 개념[58]을 인정한다고 하더라도, 의무의 충돌의 경우에 의무를 이행하지 않는 것이 일단은 구성요건에 해당하므로 법적 평가의 대상에서 제외될 수는 없다.[59]

③ 의무의 충돌은 긴급피난의 일종 또는 긴급피난의 특수한 경우로 파악하는 견해[60]가 있다. 의무의 충돌은 의무를 이행할 수 없는 긴급상태에 있을 것을 요한다는 점에서 긴급피난과 차이가 없으며, 긴급피난에서의 이익의 충돌과 구조적으로도 유사하다는 것이다. 그러나 긴급피난의 본질적인 특징은 보다 큰 법익의 보호를 위하여 작은 법익의 희생을 법규범이 허용한다는 점에 있으므로 이익교량이 긴급피난의 본질적 내용이 된다. 반면에 의무의 충돌은 동시에 이행해야 할 두 개 이상의 작위의무가 존재하기 때문에 어쩔 수 없이 그중 하나의 작위의무만 이행하는 것을 허용할 수밖에 없는 경우이다. 이때 전체 법규범은 모든 작위의무의 이행을 요구할 수 없으며, 이행하지 못한 작위의무의 위반을 불법으로 평가할 수가 없는 것이다. 그러므로 긴급피난과 의무의 충돌은 그 본질적인 내용을 달리하고 있다.

④ 의무의 충돌은 사회상규에 위배되지 아니하는 정당행위로서 독립된 위법성조각사유라는 견해[61]가 있다.

### 4-2-2. 사 견

의무의 충돌은 오직 부진정부작위범의 해석으로부터 도출될 수 있는 부작위범의 특수한 위법성조각사유에 해당한다. 따라서 의무의 충돌은 본질적으로 부작위범에서만 적용이 가능한 특수한 위법성조각사유의 관점에서 고찰하는 것이 타당하다. 이를 초법규적 긴급행위라 할 수도 있을 것이고 또는 제20조의 규정내용에 실질적인 의미를 부여하지 않는다면[62] 정당행위로 명명해도 문제가 되지는 않는다. 다만 의무의 충돌은 긴급피난이나 정당

---

57) Vgl. Arthur Kaufmann, Rechtsfreier Raum und eigenverantwortliche Entscheidung, FS für Maurach, S. 337.

58) 이에 관하여는 상기 '제2편, 제2장, 제3절, 1-2-2. 위법성조각설' 참조.

59) 배종대, 269면; 이재상/장영민/강동범, 260면.

60) 김성천/김형준, 232면; 배종대, 269면; 손해목, 491면; 신동운, 311면; 이재상/장영민/강동범, 261면; 이형국, 연구 Ⅱ, 311면; 정성근/박광민, 268면 이하; 정영일, 232면; 진계호/이존걸, 378면.

61) 권오걸, 225면; 김성돈, 565면 이하; 김일수/서보학, 248면; 성낙현, 267면 이하; 손동권/김재윤, 224면; 안동준, 140면 이하; 오영근, 211면; 이영란, 264면; 임웅, 266면.

62) 제20조의 규정은 "Gebotsein이라는 일반규정을 근거로 초법규적 위법성조각사유가 인정될 수 있다"는 선

행위의 법리를 벗어나 오직 부작위범의 구조와 법리에 의하여 이해되고 해석되어야 한다.

통설은 큰 법익에 대한 작위의무와 작은 법익에 대한 작위의무가 동시에 존재하는 경우를 의무의 충돌로 이해하며, 이 경우를 긴급피난의 균형성의 원리에 의하여 문제를 해결하고 있다. 예컨대 '甲의 두 아이 중에서 한 아이 A는 익사 직전에 있었고, 다른 한 아이 B는 타인의 고급승용차를 향하여 돌을 던지며 놀고 있을 경우'에 甲은 A의 생명을 구조할 보증인의 지위[63]에 있으며 동시에 타인의 재물에 대한 손괴의 결과를 방지할 보증인의 지위[64]에 있게 된다. 이에 따라 甲에게는 외형적으로 동시에 이행해야 할 두 개의 작위의무가 존재하게 된다. 물론 이 경우를 긴급피난의 균형성의 원리로 해결하는 결론은 타당하지만, 이 경우를 의무의 충돌로 이해하는 통설의 관점은 타당하지 않다. 본래 의무의 충돌은 균형성의 원리에 구애받지 않고서 허용되는 위법성조각사유이다. 이 사안은 의무충돌이 아니라, 아주 전형적이고 일반적인 제22조의 긴급피난의 경우이다.

## 4-3. 의무의 충돌의 내용

동시에 이행해야 할 두 개 이상의 구조의무가 존재하고 있으나, 높은 가치의 의무를 이행함으로써 다른 낮은 가치의 의무를 이행하는 것이 불가능한 경우 낮은 가치의 의무위반은 현재의 위난에 의한 긴급피난으로 위법성이 조각된다. 이에 반하여 이행하지 못한 의무와 이행한 의무가 동일한 가치일 경우에는 균형성의 원리에 의하여 긴급피난이 성립하지 않는다. 예컨대 물에 빠진 두 아이 중에서 한 아이만 구조한 부의 경우 또는 동시에 실려 온 응급환자 중에서 한 환자만 살릴 수 있었던 의사의 경우 등이 여기에 해당한다. 그러나 이러한 경우를 불법한 의무위반으로 평가할 수는 없다. 법률은 "오직 하나의 의무이행이 가능한 경우라도 현실적으로 존재하고 있는 모든 의무를 이행하라"고 요구할 수가 없기 때문이다. 따라서 위의 사례에서 이행하지 못한 의무위반은 불법한 의무위반이 아니다.

그러나 위의 사례에서 이행하지 못한 의무에 대하여 "작위의 불가능성으로 처음부터 부작위가 없었다든가 또는 구성요건에 해당하는 의무위반이 없다"고 말할 수는 없다. 구조자는 다른 선택으로 다른 사람을 구조할 수 있었으며, 이에 관한 한 분명히 구조의무위반이 인정되기 때문이다. 다만 이를 위법하다고 평가할 수가 없을 뿐이다. 따라서 의무의 충돌은 구조적으로 부진정부작위범에서 인정되는 허용규범으로 구성되어야만 한다. 즉 의무

---

언적 주의규정이라는 것이 이 책의 입장이다. 이에 관하여는 상기 '제2편, 제3장, 제6절 정당행위' 참조.

63) 여기서는 특별한 법익보호를 위한 보증인의 지위가 밀접한 혈연관계로부터 발생되고 있다. 이에 관하여는 상기 '제3편, 제3장, 3-3-1-1. 밀접한 혈연관계' 참조.

64) 여기서는 갑의 B에 대한 감독의무로부터 보증인의 지위가 발생되고 있다. 이에 관하여는 상기 '제3편, 제3장, 3-3-2-2. 제3자에 대한 감독의무' 참조.

의 충돌은 동시에 존재하는 모든 작위의무의 이행을 요구할 수 없기 때문에 부진정부작위범의 구조에 의하여 법률이 허용하지 않을 수 없는 위법성조각사유라고 해야 한다.

## 5. 부작위범의 책임

상기 '2-2-2. 작위의 가능성?'에서 설명한 바와 같이 부진정부작위범의 책임은 불법한 부작위에 대한 비난가능성의 문제로 한정된다. 여기서는 한정책임능력자·법률의 착오·책임조각사유 등이 문제가 되며, 책임무능력자의 부작위는 대부분의 경우가 작위의 가능성에 의하여 행위의 영역에서 배제된다. 다만 책임무능력자라도 구체적인 경우에 행위자의 작위가 일반적으로 가능한 경우라면 행위로서의 부작위가 인정되므로 부작위범의 심사대상이 된다. 예컨대 13세 정도의 형사미성년자의 부작위는 불법한 부작위행위로 평가될 수 있으며, 이 경우는 부작위자의 책임능력이 문제될 뿐이다.

작위범에서와 동일하게 부진정부작위범에서도 면책적 긴급피난에 의하여 책임이 조각될 수 있다. 예컨대 자신의 할머니와 약혼녀가 익사 직전에 있었는데 할머니의 희생으로 자신의 약혼녀를 구조한 경우가 그러하다. 이 경우 구조자는 할머니의 생명에 대하여만 보증인의 지위에 있으며, 약혼녀의 생명보호에 대하여는 보증의무를 부담하지 않는다. 이러한 경우에 적용될 수 있는 것이 면책적 긴급피난이다. 또한 낮은 가치의 의무를 이행하고 높은 가치의 의무를 이행하지 못한(외형적으로 의무의 충돌이 있는) 경우에도 면책적 긴급피난이 적용될 수 있다. 그러나 이를 면책적 의무의 충돌로 이해해서는 안 된다.

> "작위의무이행의 기대가능성(Zumutbarkeit des pflichtmäßigen Handelns)의 문제가 부진정부작위범의 범죄론 체계에서 어디에 위치해야 하는가"에 대해서는 학설의 다툼이 있다. 작위의무이행의 기대불가능성은 "구성요건해당성을 조각한다"고 보는 견해,[65][66] "위법성을 조각한다"는 견해,[67] "책임을 조각한다"는 견해[68][69] 등이 그것이다.
>
> 본래 적법행위의 기대가능성은 책임의 본질이다.[70] 따라서 작위의무이행의 기대가능성도 당연히 책임의 영역에 속한다고 해야 한다. 다만 기대불가능성을 이유로 한 초법규적 책임조각사

65) 박상기, 340면.

66) Stree, S-S StGB, Vorbem. §§ 13 ff. Rdnr. 155 f.; Tröndle/Fischer, StGB, § 13 Rdnr. 16; BGHSt 4, 23; 6, 57; BGH NStZ 84, 164.

67) Küper, Grund- und Grenzfragen der rechtfertigenden Pflichtkollision im Strafrecht, 1979, S. 97 ff.

68) 김일수, 한국형법 Ⅱ, 508면; 김성돈, 567면 이하; 성낙현, 468면; 이재상/장영민/강동범, 128면; 동취지, 권오걸, 421면; 오영근, 176면; 이상돈, 257면; 이형국, 351면; 임웅, 578면, 592면.

69) Rudolphi, SK StGB, Vor § 13 Rdnr. 31; Welzel, JZ 58, S. 496; Wessels/Beulke, AT, § 16 Rdnr. 735; Jescheck/Weigend, Lehrbuch AT, S. 635; BGH, JR 68, 6; Köln NJW 73, 861.

70) 이에 관하여는 상기 '제2편, 제3장, 제1절, 3. 책임의 본질' 참조.

유는 인정되지 않으며, 면책적 긴급피난에 의한 해결이 가능하다.[71] 그 밖에 작위의무이행의 기대가능성의 현저한 약화는 양형책임에서 고려되어야 할 사항이다.

## 6. 관련문제

### 6-1. 부작위범의 정범과 공범

#### 6-1-1. 부작위범과 정범

결과발생 방지의무 있는 보증인이 결과를 발생시킬 의도로 의무를 이행하지 아니하면 직접정범의 부진정부작위범이 성립하게 된다. 부진정부작위범에서는 구성요건적 결과를 방지하지 않았다는 것이 작위행위에 의하여 범죄를 실현한 것과 동일하게 평가되므로, 부진정부작위범은 부작위자 개인에게 명령된 작위의무를 스스로(eigenhändig) 이행하지 않음으로써 성립하게 된다.[72] 이러한 의미에서 부진정부작위범은 자수범의 성질을 가진다. 따라서 부진정부작위범은 간접정범의 형태로는 범해질 수 없다. 예컨대 결과발생 방지의무를 부담하는 보증인이 결과발생을 방지하려는 제3자나 다른 보증인을 기망하거나 강요하여 결과발생의 방지를 방해한 경우에도 결과발생의 방지를 방해한 보증인은 스스로 결과발생 방지의무를 이행하지 않는 직접정범 형태의 부진정부작위범이 된다. 또는 경우에 따라, 특히 강요를 통하여 구조가능성을 단절시키는 작위행위로 평가되는 경우에는 직접정범 형태의 작위범이 성립하게 된다.[73]

또한 부진정부작위범은 공동정범의 형태로도 범해질 수 없다. 결과를 야기하는 작위의무위반은 그 자체로 발생된 결과에 대한 완전한 인과성이 인정되기 때문이다. 따라서 다수의 보증인이 공동의 의사로 결과발생 방지의무를 이행하지 아니한 경우에도 보증인 각자는 발생된 결과에 대한 단독범인 동시범에 해당한다.[74] 법률은 법적 의무를 수명자 각자에게 각각 부과하고 있을 뿐이며, 이를 다른 사람과 공동으로 지키도록 부과하지는 않는다. 따라서 법적 의무는 각자가 부담하는 것이지 이를 타인과 공유할 수는 없다. 이러한 의미에서 부작위범은 단일정범개념(Einheitstäterbegriff)[75]으로 파악되는 범죄형태라고 보아

---

71) 이에 관하여는 상기 '제2편, 제3장, 제5절, 4. 초법규적 책임조각사유의 인정 여부' 참조.

72) Vgl. Rudolphi, SK StGB, Vor § 13 Rdnr. 37; Cramer/Heine, S-S StGB, Vorbem. §§ 25 ff. Rdnr 85; Roxin, LK StGB, § 25 Rdnr. 206 f.

73) Vgl. Roxin, LK StGB, § 25 Rdnr. 216; Cramer/Heine, S-S StGB, § 25 Rdnr. 56; Rudolphi, SK StGB, Vor § 13 Rdnr. 37.

74) Cramer/Heine, S-S StGB, § 25 Rdnr. 79; 그러나 Roxin, LK StGB, § 25 Rdnr. 215는 부진정부작위범의 공동정범을 인정한다. 다만 이 경우는 공동자 각자가 스스로 부진정부작위범의 정범이므로 실질적 의미는 없다고 한다.

75) 동지, 김성룡, 부진정부작위범의 한국적 해석으로서 단일정범개념, 비교형사법연구 제5권 제1호, 2003.07,

야 한다.

### 6-1-2. 부작위범과 공범

부작위에 의한 공범가담이 가능한지 문제된다. 이에 관하여 "부작위에 의한 교사자로서의 공범가담은 불가능하다"는 것이 일치된 학설의 입장이다. 그러나 방조행위는 작위뿐 아니라 부작위에 의하여도 가능하다. 다만 여기서는 부작위에 의한 방조범과 부작위 정범의 구별이 특히 문제된다. 이는 보증의무위반의 부작위에 대한 행위지배 여부에 의해서 결정된다.[76] 부작위에 의한 방조범은 '정범의 범죄행위를 방지할 보증인의 지위에 있는 자가 그 범죄행위를 방지하지 아니한 경우'에만 성립이 가능하다. 이 경우에도 그 부작위는 범죄실현에 대한 행위지배가 부정되어야 한다.

보증인의 신분 없는 자가 부작위범에서 보증인의 범죄실현을 교사하거나 방조하는 것은 얼마든지 가능하며, 이에 관하여는 특별한 문제가 없다. 그러나 보증인의 신분자 A가 보증인 B의 범죄실현을 교사하거나 방조하는 것은 보증인 A 스스로가 피보증인에 대한 범죄결과를 방지하지 아니하는 보증의무위반에 해당한다. 이러한 의미에서 부작위범은 단일정범개념으로 파악되는 범죄형태라고 해야 한다.

## 6-2. 부작위범과 미수

제18조는 "… 그 발생된 결과에 의하여 처벌한다"고 규정하고 있으나, 부진정부작위범에서도 결과가 발생하지 아니한 경우에는 당연히 미수죄로 처벌된다(통설). 부진정부작위범에서 미수의 문제는 "언제 실행의 착수가 있는가"이다. 이에 대하여는 '최초의 구조가능시점'을 기준으로 하는 견해[77]와 '최후의 구조가능시점'을 기준으로 하는 견해[78]가 있다. 최초의 구조가능시점설은 부진정부작위범의 미수를 판단함에 있어서 의무해태라는 관점을 고려하는 점에서 타당하다. 부진정부작위범에서 범죄실현의 중심점은 법적 의무위반에 있기 때문이다. 그러나 그것은 최초의 구조가능성이 아니라, 최초의 법적 명령의 가능성으로 판단되어야 한다.[79] 또한 미수범의 처벌근거는 주관적인 범죄의사의 외부적 표현이 법적 평화의 위험을 초래하는 데 있으며, 실행의 착수는 이러한 위험성이 인정되는 시점에 인정된다. 따라서 실행의 착수는 주관적 객관설에 의하여 확정되어야 하며, 이 기준이 부작위

---

110면 이하, 133면.

76) 이에 관하여는 상기 '제2편, 제6장, 제5절, 2-1-1-3. 부작위에 의한 방조' 참조.

77) Vgl. Herzberg, Der Versuch beim unechten Unterlassungsdelikt, MDR 73, S. 89.

78) Vgl. Welzel, Das deutsche Strafrecht, S. 221.

79) Vgl. Eser, S-S StGB, § 22 Rdnr. 47 ff. 48, mwN.

범이라고 하여 달라질 이유가 없다. 이러한 관점에서 구조의무자의 주관적인 표상에 의하여 요보호자에게 구체적인 위험이 있는 시점에 구조행위에 나아가지 아니하면 부작위범의 실행의 착수를 인정할 수 있다(통설).[80]

다만 부작위범에서는 명백하게 의무불이행이 표현된 경우가 아니라면 정상적인 형태로 미수범을 인정하기가 곤란한 것이 사실이다. 작위범과 달리 부작위범에서는 자연적 의미의 외부적인 행동이 결여되어 있기 때문이다. 예컨대 실행의 착수 이후라도 구조행위로 나아가면 이론적으로는 중지미수에 해당할 것이지만 현실적으로는 미수죄를 인정하기가 거의 불가능하다. 이는 장애미수의 경우에도 동일하다. 예컨대 제3자가 요보호자에 대한 구조를 시작하자 뒤늦게 합세하여 의무를 이행하는 보증인의 경우가 그러하다. 조금 늦게 구조행위를 시작하는 것에 대하여 미수죄로 처벌하기 위한 가벌성의 경계를 설정하기가 현실적으로 거의 불가능하기 때문이다. 그러나 현실적 불가능성 때문에 부작위범에서 최후의 구조가능시점을 실행의 착수로 볼 수는 없다. '현실적 불가능성' 또는 '의무불이행 표시의 명백성'에 관한 문제는 in dubio pro reo로 해결하면 충분하기 때문이다.

80) 동지, 대법원 2021.5.27. 2020도15529: "부작위를 실행의 착수로 볼 수 있기 위해서는 작위의무가 이행되지 않으면 사무처리의 임무를 부여한 사람이 재산권을 행사할 수 없으리라고 객관적으로 예견되는 등으로 구성요건적 결과 발생의 위험이 구체화한 상황에서 부작위가 이루어져야 한다."

# 제 4 편

## 죄 수 론

제 1 장 죄수론 일반
제 2 장 일 죄
제 3 장 수 죄

# 제 1 장 죄수론 일반

## 1. 죄수론의 의의

한 사람의 범인이 행한 한 개의 행위 또는 수개의 행위들이 하나의 구성요건을 여러 번 충족시키거나 여러 구성요건들을 충족시켰을 경우에 "범인이 몇 개의 범죄를 저질렀고 어떻게 처벌되어야 하는가"의 문제에 관한 논의가 죄수론이다. 따라서 죄수론에서는 '일죄와 수죄의 구별기준'과 "수죄의 경우를 어떻게 처벌할 것인지"가 문제된다.

대부분 하나의 행위결의가 하나의 의사실행으로 현실화되어 하나의 구성요건을 충족시키면 일죄가 된다. 이때는 해당 구성요건에 규정된 형벌의 범위에서 처벌함으로써 충분하다. 그러나 수개의 구성요건이 실현된 경우에 실현된 모든 구성요건에서 정한 형을 합산하여 처벌하는 것은 행위자의 책임을 초과하는 형벌이 될 수 있다. 따라서 형법은 실체적 경합과 상상적 경합을 구별하여 그 처벌을 제37조 내지 제40조에서 행위자에게 유리한 방법으로 규정하고 있다.

수개의 독립된 행위가 여러 번 또는 수개의 구성요건을 충족시킨 경우에는 수죄가 성립하며, 이들 수죄는 실체적 경합이 된다. 실체적 경합의 경우에는 중한 책임이 인정되어 각 죄에 정해진 형 중에서 가장 무거운 형을 가중하여 처벌하되,[1] 가중된 형은 개별 범죄에 정한 형의 합산을 초과해서는 안 된다(제38조 제1항 제2호). 반면에 하나의 행위가 수개의 구성요건 또는 동일한 구성요건을 여러 번 충족시킨 경우에는 상상적 경합이 되며, 상상적 경합은 각 죄 중에서 가장 무거운 죄에 정한 하나의 형벌만이 적용된다(제40조).

1) 독일형법 제53조는 이를 전체형벌(Gesamtstrafe)이라고 한다.

## 2. 죄수결정의 기준

죄수를 결정하는 기준에 대하여는 행위표준설, 법익표준설, 의사표준설, 구성요건표준설 등의 대립이 있다.

### 2-1. 행위표준설

행위표준설은 자연적 의미의 행위의 수를 기준으로 죄수를 결정한다. 이에 따르면 한 번의 간음·추행시마다 하나의 강간·강제추행죄가 성립하며,[2] 동일인에 대하여 여러 차례에 걸쳐 금품갈취를 위한 협박의 서신을 보낸 경우에는 수개의 공갈미수죄가 성립한다.[3] 반면에 하나의 행위에 의하여 수차례 구성요건을 충족시키거나 수개의 구성요건을 충족시키는 상상적 경합은 일죄에 불과하게 된다.

### 2-2. 법익표준설

법익표준설은 침해되는 보호법익 내지 결과의 수를 기준으로 죄수를 결정한다. 이에 따르면 한 번의 행위로 수개의 법익을 침해하거나 수개의 결과를 발생시킨 경우에는 수죄가 된다. 예컨대 위조통화를 사용하는 행위는 위조통화행사죄와 사기죄의 양죄가 성립하게 된다.[4] 다만 상상적 경합은 실질적으로 수죄이지만 처벌상 일죄로 취급하는 데 불과하다고 한다. 반면에 여러 차례의 행위에 의하여 하나의 법익 내지 하나의 결과를 발생시키는 접속범의 경우에는 일죄가 된다.

### 2-3. 의사표준설

의사표준설은 행위자의 범죄의사를 기준으로 죄수를 결정한다. 의사의 단일성이 인정되는 경우는 일죄이며, 수개의 범죄의사가 인정되면 수죄가 된다. 이에 따르면 상상적 경합이나 연속범은 하나의 범죄의사에 의한 것이므로 일죄가 된다.

---

2) 대법원 1982.12.14. 82도2442; 동지, 대법원 1983.11.8. 83도2474; 대법원 1996.9.10. 96도1544; 대법원 1999.4.23. 98도4455; 대법원 2000.11.10. 99도782; 대법원 2007.1.11. 2004도3870.

3) 대법원 1958.4.11. 4290형상360.

4) 대법원 1979.7.10. 79도840.

## 2-4. 구성요건표준설

구성요건표준설은 구성요건 해당사실을 기준으로 죄수를 결정한다. 구성요건을 1회 충족하면 일죄이며, 수개의 구성요건을 충족시키거나 수회 구성요건을 충족시키면 수죄가 된다. 구성요건표준설에 의하면 상상적 경합은 본래 수죄이나 과형에 있어서만 일죄가 될 뿐이라고 한다. 판례[5]는 조세포탈죄에 관하여 위반사실의 구성요건 충족횟수를 기준으로 죄수를 판단하고 있다.

## 2-5. 사 견

甲이 乙의 뺨을 한 번 때렸다면 폭행죄를 한 번 범한 것으로써 일죄에 해당한다. 甲이 乙을 지난달에도 때렸는데 이번 달에도 또 때렸다면 두 번의 폭행죄를 범한 것이다. 그러나 동일한 기회에 연속해서 3~4번 때렸다면 이는 한 번의 폭행죄에 해당할 뿐이다. 이러한 구별은 원칙적으로 행위의 수를 기준으로 판단한 것이다. 다만 그 행위는 자연적 의미의 행위가 아니라 법적·사회적 관점의 행위를 의미한다. 즉 일죄와 수죄는 행위의 법적·사회적 단일성과 다수성에 의하여 구획된다. 그러나 법적·사회적 행위의 수를 판단하기 위해서는 행위·구성요건·범죄의사 및 법익 내지 결과의 수를 모두 고려하지 않으면 안 된다. 이러한 행위의 법적·사회적 단일성과 다수성은 일죄와 수죄의 개별적인 검토를 통하여 정립될 수 있다.

제40조는 상상적 경합에 관하여 "한 개의 행위가 여러 개의 죄에 해당하는 경우에는 가장 무거운 죄에 대하여 정한 형으로 처벌한다"고 규정한다. 여기서 '여러 개의 죄'란 여러 개의 구성요건에 해당함을 의미하며, 통설[6]과 판례[7]는 이를 수죄로 본다. 그러나 제40조는 상상적 경합을 단일범행으로 인정하여 단일형벌에 의한 책임만을 부과하고 있다. 이러한 의미에서 제37조에서의 수죄와 제40조에서의 여러 개의 죄는 그 내용이 동일하지 않음을 알 수 있다. 즉 실체적 경합에서의 수죄는 다수의 범행을 의미하고 있으며, 상상적 경합에서는 여러 개의 구성요건에 해당하는 단일범행을 의미하고 있을 뿐이다.

---

5) 대법원 2000.4.20. 99도3822; 대법원 2001.3.13. 2000도4880; 대법원 2011.3.24. 2010도13345.

6) 다만 박상기, 배종대, 성낙현, 안동준, 오영근, 이재상/장영민/강동범, 이형국, 정성근/박광민 교수 등은 일죄설과 수죄설의 다툼을 무의미하다고 본다.

7) 대법원 1984.6.26. 84도782; 대법원 1998.3.24. 97도2956; 대법원 2000.7.7. 2000도1899; 대법원 2014.1.23. 2013도12064; 대법원 2015.4.23. 2014도16980.

## 3. 수죄의 처벌에 관한 기본원칙

수죄의 처벌에 관한 기본원칙으로는 병과주의와 흡수주의 및 가중주의가 있다.

### 3-1. 병과주의

병과주의는 수죄의 형기를 합산하여 처벌하는 방식이다. 형법에서는 무기징역이나 무기금고 이외의 이종의 형인 때에는 병과주의를 채택하고 있으며(제38조 제1항 제3호), 특히 과료와 과료 또는 몰수와 몰수는 병과할 수 있도록 규정하고 있다(제38조 제1항 제2호 단서).

### 3-2. 흡수주의

흡수주의는 수죄 중에서 가장 무거운 죄에 대하여 정한 형으로 처벌하고, 다른 죄에 대하여 정한 형은 여기에 흡수시키는 원칙이다. 형법은 실체적 경합인 경우에 수죄 중에서 가장 무거운 죄에 대하여 정한 형이 사형 또는 무기징역이나 무기금고인 때에는 흡수주의를 채택하고 있다(제38조 제1항 제1호). 다만 무거운 죄에 대하여 정한 형의 하한이 가벼운 죄에 대하여 정한 형의 하한보다 낮은 경우에, 가벼운 죄에 대하여 정한 하한의 형으로 처벌하는 원칙을 결합주의라 한다.

### 3-3. 가중주의

가중주의는 여러 개의 죄 중에서 가장 무거운 죄에 대하여 정한 형을 가중하는 방법으로 전체형을 정하는 원칙을 말한다. 수죄의 처벌에 대하여 가장 일반적으로 채택되는 원칙이다. 제38조 제1항 제2호도 '각 죄에 대하여 정한 형이 사형, 무기징역, 무기금고 외의 같은 종류의 형인 경우에는 가장 무거운 죄에 대하여 정한 형의 장기 또는 다액에 그 2분의 1까지 가중'하도록 규정하고 있다. 다만 각 죄에 대하여 정한 형의 장기 또는 다액을 합산한 형기 또는 액수를 초과할 수 없도록 병과주의에 의하여 제한하고 있다.

# 제2장 일 죄

## 1. 일죄의 의의

단일한 의사에 의한 단일한 행위가 1개의 구성요건을 1회 충족시킨 경우에는 일죄가 되며, 여러 개의 독립된 의사에 의한 여러 개의 행위가 여러 개의 구성요건들을 여러 번 충족시킨 경우에는 수죄가 된다. 그러나 일반적으로 인간의 행위는 이와 같이 독립된 행위로만 구성되는 것이 아니라 연속적인 행위로도 구성되어 있으므로, 연속된 인간의 행위를 "어떤 기준으로 절단하여 죄수를 결정할 것인지"가 문제된다.

자연적 의미에서 하나의 행위는 하나의 행위결의가 하나의 의사실행으로 현실화된 경우에 인정된다.[1] 이러한 하나의 행위는 일죄를 구성하며, 그것이 비록 여러 개의 구성요건에 해당한다 할지라도 제40조에 의하여 가장 무거운 죄의 단일범행으로 인정된다.

그러나 자연적 의미에서 여러 개의 행위가 곧바로 여러 개의 죄를 의미하지는 않는다. 자연적 의미에서 여러 개의 행위일지라도 법적·사회적 의미로 단일행위일 때에는 단일범행에 불과할 뿐이다.[2] 소위 포괄일죄로 명명되는 결합범·계속범·접속범·연속범·집합범 등이 단일범행으로 논의되고 있다. 또한 본 범죄에 포함되어 처벌되는 독자적인 사전행위나 사후행위도 여러 개의 행위에 해당하지만, 보충관계나 흡수관계에 의하여 본 범죄의 단일범행으로 인정된다. 즉 사전행위나 사후행위의 불법내용과 책임내용은 이미 본 범죄에 포함되어 있기 때문에 법조경합과 동일하게 취급된다.

이러한 일죄의 종류로는 법조경합과 포괄일죄 및 상상적 경합이 있으며, 일반적으로 법조경합과 포괄일죄를 단순일죄라고 한다. 다만 통설은 상상적 경합을 "원래는 수죄이지

---

1) Vgl. Stree/Sternberg-Lieben, S-S StGB, Vorbem. §§ 52 ff. Rdnr. 11: Eine Handlung im natürlichen Sinn.

2) Vgl. Stree/Sternberg-Lieben, S-S StGB, Vorbem. §§ 52 ff. Rdnr. 12 ff.: Eine Handlung im Sinne einer rechtlichen Handlungseinheit.

만 일죄로 처벌한다"는 의미에서 '과형상 일죄'라고 한다. 그러나 여기서의 여러 개의 죄는 '여러 개의 구성요건에 해당함'만을 의미하기 때문에, 실체적 경합(제37조)에서의 수죄와는 명백히 구별되어야 한다.

이러한 일죄의 종류는 통설에 의할 경우 다음과 같이 구별되고 있다.[3)]

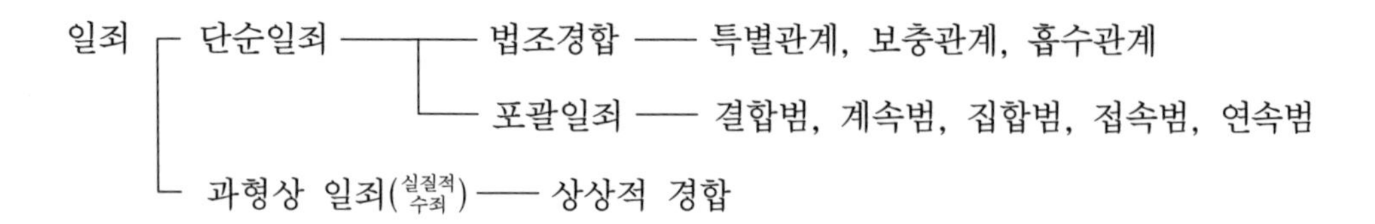


형법은 수죄를 실체적 경합으로 인정하고, 수죄가 되지 아니하는 모든 경우를 일죄로 처벌하고 있다. 즉 형법은 죄수에 관하여 일죄와 수죄만을 구별하고 있을 뿐이다. 다만 일죄로 처벌되는 여러 유형은 각각의 특징에 의하여 법이론적 차이를 가지게 된다. 따라서 일죄의 여러 유형은 강학상 분류의 필요성이 인정된다. 그러나 일죄를 통설과 같이 단순일죄와 과형상 일죄로 분류하고, 단순일죄를 법조경합과 포괄일죄의 분류하는 것은 무의미할 뿐 아니라 부정확하다. 오히려 일죄는 각각의 유형과 특성에 따라 병렬적으로 분류하는 것이 정확하다고 판단된다. 따라서 이 책에서는 일죄를 다음과 같이 분류한다.

일죄
- 단순일죄: 1개의 행위가 1개의 구성요건을 실현하는 경우
- 법조경합: 특별관계, 보충관계, 흡수관계
- 불가벌적 사전·사후행위
- 포괄일죄: 접속범(연속범과 집합범에 대해서는 다툼이 있음)
- 상상적 경합

## 2. 단순일죄

단순일죄란 하나의 행위가 하나의 구성요건을 한 번 충족시킨 경우를 의미한다. 이러한 단순일죄는 외형상 경합의 형태가 나타난다 할지라도 그것은 진정경합이 아니라 부진정경합에 불과하다. 예컨대 불법체포·감금죄나 주거침입과 같은 계속범의 경우는 전체가 하나의 구성요건적 행위에 불과하며, 따라서 단순일죄를 형성한다. 또한 폭행·협박죄와

3) 배종대, 542면 도표 참조; 성낙현, 672면; 오영근, 455면 이하; 이재상/장영민/강동범, 536면 이하; 임웅, 609면 이하; 정성근/박광민, 635면 이하.

절도죄의 결합형태인 강도죄 또는 강도죄와 살인죄의 결합형태인 강도살인죄와 같은 결합범의 경우도 하나의 구성요건적 행위에 불과하다. 결합범의 경우는 결합되는 구성요건과의 관계에서 특별관계에 의한 법조경합이 된다.

## 2-1. 법조경합

법조경합이란 하나의 행위가 외형상 수개의 구성요건에 해당하는 듯이 보이지만, 실제로는 하나의 구성요건이 다른 구성요건들의 적용을 배척하기 때문에 형법적으로 단순히 일죄만이 성립하는 경우를 말한다. 이 경우 수개의 구성요건들의 경합은 단순한 외형상의 경합에 불과하며,[4] 이를 부진정경합이라고도 한다. 이러한 법조경합은 특별관계·보충관계·흡수관계에 의하여 이루어진다.

### 2-1-1. 특별관계에 의한 법조경합

하나의 형벌법규가 다른 형벌법규의 모든 요소를 포함하는 경우에 특별한 범죄구성요건의 실현은 필수적으로 일반구성요건을 충족시키게 된다. 예컨대 존속살해죄의 실현은 필수적으로 일반살인죄의 구성요건을 완전히 충족시킨다. 이때 특별법과 일반법의 관계가 특별관계이며, 특별법 우선의 원칙에 의하여 일반법의 적용은 배제된다. 특별관계는 특별규정이 일반규정의 불법내용을 포함하고 법익을 같이하는 경우에 인정된다. 따라서 기본적 구성요건과 가중적·감경적 구성요건 사이[5] 또는 결합범·결과적가중범과 그 내용인 범죄 사이[6]에서 특별관계가 인정된다. 특별관계에 의한 법조경합의 경우에는 특별구성요건에 해당하는 범죄의 일죄만이 인정된다.

### 2-1-2. 보충관계에 의한 법조경합

구성요건의 성질에 따라서는 어느 형벌법규가 다른 형벌법규와의 관계에서 단지 보충적으로만 적용이 가능한 경우가 있다. 이러한 경우에 당해 형벌법규는 다른 형벌법규의 적용이 배제되는 경우에 한하여 효력이 인정되며, 이를 보충관계라 한다.[7] 이러한 보충관계는 법률의 명시적인 규정에 의하여 또는 형벌법규의 종합적인 해석에 의하여 인정된다.

---

4) 따라서 법조경합(Gesetzeskonkurrenz)은 실제로 형벌법조의 경합이 일어나는 경우가 아니라, 법조단일(Gesetzeseinheit)의 경우에 불과하다고 한다. Vgl. Stree/Sternberg-Lieben, S-S StGB, Vorbem. §§ 52 ff. Rdnr 102; BGHSt 25, 377; 28, 13, 19.

5) 폭행죄와 특수폭행죄, 절도죄와 특수절도죄, 일반살인죄와 존속살해죄·촉탁살인죄 등.

6) 강도죄와 절도죄 또는 폭행죄·협박죄, 상해치사죄와 상해죄 또는 과실치사죄 등.

7) 기본법은 보충법에 우선한다(lex primaria derogat legi subsidiariae).

제99조[8)]의 일반이적죄, 제167조[9)]의 일반물건방화죄, 제179조[10)]의 일반건조물일수죄 등은 법률이 명시적으로 보충관계를 규정하고 있다.

형벌법규의 종합적인 해석에 의하여 보충관계가 인정되는 경우로는 동일한 구성요건상의 미수범과 기수범, 상해죄와 살인죄 또는 위험범과 침해범(유기죄, 살인죄) 등의 경과범죄가 있다. 또한 기본구성요건의 침해방법과 동일한 법익에 대한 가벼운 침해방법의 경우도 단지 보충적인 효력만이 인정된다. 예컨대 방조범과 교사범, 교사범과 정범, 방조범과 정범, 부작위범과 작위범, 과실범과 고의범 등의 관계가 그러하다.

### 2-1-3. 흡수관계에 의한 법조경합

흡수관계에 의한 법조경합은 어떤 범죄구성요건이 다른 범죄구성요건에 필연적으로 포함되어 있는 것은 아니지만, 중한 범죄구성요건의 실현에 의하여 '경한 범죄구성요건의 불법내용과 책임내용이 실현된 중한 범죄의 불법내용 속으로 용해될 정도로 결합되는 경우'에 인정된다. 따라서 결합되는 범죄구성요건은 당해 범죄구성요건의 실현과정에서 규칙적·전형적으로 결합되어야만 한다. 이 경우 결합되는 범죄는 실현되는 범죄에 흡수되어 실현된 범죄의 구성요건만이 적용된다.[11)] 그러나 이러한 결합의 규칙성과 전형성이 어느 정도에 이르러야 흡수관계에 의한 법조경합이 인정될 수 있는지 분명한 것은 아니다. 따라서 흡수관계에 의한 법조경합은 독일의 학계[12)]에서도 그 개념과 범위에 관하여 격렬한 다툼이 있다.

일반적으로 이러한 흡수관계는 '전형적 또는 불가벌적 수반행위'라는 용어로 사용되고 있다. 예컨대 저격하여 사람을 살해하는 경우에 피살자 의복의 손괴, 자동차 절취의 경우에 휘발유 절도, 감금의 수단으로 폭행·협박을 한 경우에 폭행·협박, 도주죄에 수반되는 죄수복의 절도 등은 실현된 범죄에 규칙적·전형적으로 결합되는 수반행위로서 인정되고 있다. 그러나 수반행위가 일반적인 결합의 규칙성 내지 전형성의 범위를 초과할 경우는 그 자체의 고유한 불법내용의 실현이 인정되므로 흡수관계에 의한 법조경합(부진정경합)이 아니라 상상적 경합(진정경합)이 인정된다.

### 2-1-4. 법조경합의 효과

법조경합에 의하여 적용이 배제되는 법률은 형벌의 근거가 되지 못한다. 따라서 배제

8) 전7조에 기재한 이외에 대한민국의 군사상 이익을 해하거나 …
9) 불을 놓아 전3조에 기재한 이외의 물건을 소훼하여 …
10) 물을 넘겨 전2조에 기재한 이외의 건조물 … 항공기 또는 광갱을 침해한 자 …
11) 전부법은 부분법을 폐지한다(lex comsumens derogat legi consumtae).
12) Vgl. Stree/Sternberg-Lieben, S-S StGB, Vorbem. §§ 52 ff. Rdnr. 130 ff. mwN.

된 법률은 판결주문이나 이유에도 기재되지 않는다. 다만 법조경합에 의하여 배제되는 구성요건도 적용되는 법률의 한 부분이므로, 제3자는 배제되는 범죄에 대하여 공동정범 또는 공범으로서의 가담이 가능하다. 또한 양형의 단계에서 배제되는 법률이 정한 형벌의 하한은 고려되어야 한다. 즉 법조경합의 경우에 구체적인 선고형은 '적용이 배제되는 법률에 정해진 형의 하한'에 미달되어서는 안 된다.[13)]

## 2-2. 불가벌적 사전·사후행위

일반적으로 부진정경합은 행위단일의 경우에 나타나며, 법조경합이 여기에 해당한다. 그러나 행위다수의 경우에도 부진정경합이 나타날 수 있다. 불가벌적 사전·사후행위가 이러한 행위다수에 의한 부진정경합의 경우에 해당한다. 불가벌적 사전·사후행위는 그 자체로 독립된 행위이지만, 이들 행위에 대한 불법이나 책임의 내용은 주된 범죄의 실현에 대한 처벌에 의하여 완전히 평가되고 있기 때문에 별도의 죄를 구성하지 않게 된다. 따라서 사전·사후행위는 주된 범죄와의 보충관계나 흡수관계에 의하여 그 적용이 배제된다. 예컨대 절도죄에 대한 평가는 절도범이 사후에 도품을 처분하는(장물죄에 해당하는) 행위도 같이 평가한다. 이러한 불가벌적 사전·사후행위는 행위단일에 의한 부진정경합의 경우가 아니라, 실질적으로는 행위다수에 의한 부진정경합의 경우이기 때문에 법조경합과는 구별될 수 있다.[14)] 다만 불가벌적 사전·사후행위는 평가단일(Bewertungseinheit)[15)]이라는 관점에서 부진정경합이며, 그 효과에 있어서는 법조경합과 동일하다.[16)]

### 2-2-1. 불가벌적 사전행위

불가벌적 사전행위는 보충관계나 흡수관계에 의하여 주된 범죄에 포함된다. 따라서 주된 범죄의 단순일죄만이 성립하게 된다. 예컨대 예비행위는 주된 범죄의 미수나 기수에 대하여 보충관계가 인정되는 불가벌적 사전행위가 되며, 자동차를 절취하기 위하여 자동차 열쇠를 횡령하거나 절취하는 행위는 자동차 절도와 흡수관계가 인정되는 불가벌적 사전행

---

13) Vgl. Stree/Sternberg-Lieben, S-S StGB, Vorbem. §§ 52 ff. Rdnr. 103, 141 mwN.; BGHSt 1, 152; 15, 345; 20, 235; 30, 167. 독일형법 제52조 제2항 제2문에서 규정하고 있는 이러한 차단효과(Sperrwirkung)는 법조단일(Gesetzeseinheit)의 경우에도 인정되어야 한다. 이러한 관점에서 행위단일(Handlungseinheit)을 법조경합(Gesetzeskonkurrenz) 내지 법조단일(Gesetzeseinheit)과 구별하는 것은 거의 의미가 없다고 한다.

14) Vgl. Stree/Sternberg-Lieben, S-S StGB, Vorbem. §§ 52 ff. Rdnr. 102; Wessels/Beulke, AT, § 17 Rdnr. 795.

15) Vgl. Stree/Sternberg-Lieben, S-S StGB, Vorbem. §§ 52 ff. Rdnr. 113.

16) 동취지, 박상기, 512면, 521면 이하.

위가 된다. 이러한 흡수관계의 불가벌적 사전행위는 절도범이 준강도를 범하는 경우 또는 공갈미수범이 강도죄로 전환하는 경우에도 인정될 수 있다.

### 2-2-2. 불가벌적 사후행위

불가벌적 사후행위는 주된 범죄에 의하여 획득한 지위 내지 이익을 확보·보존하거나 사용·처분하는 행위로서 이러한 행위의 불법 내지 책임내용도 주된 범죄의 처벌에 의하여 완전히 평가되기 때문에 주된 범죄 하나만이 단순일죄로서 단일한 평가를 받게 된다. 따라서 불가벌적 사후행위는 흡수관계에 의하여 주된 범죄에 포함된다. 예컨대 절도범이 획득한 도품을 환가처분하거나 반환을 거부하거나 손괴하는 행위는 절취물을 소유자와 같이 처리하는 행위이므로 불가벌적 사후행위에 불과하게 되며, 주된 범죄인 절도죄에 흡수된다. 이러한 불가벌적 사후행위는 대부분 재산범죄에서 나타나게 되지만, 재산범죄 외에도, 예컨대 간첩이 수집한 국가비밀을 적국에 누설하는 경우 등이 불가벌적 사후행위에 해당한다.

주된 범죄는 사후행위를 배타적으로 평가함으로써 평가단일의 근거가 된다는 점에서 사후행위의 불가벌성이 인정된다. 따라서 사후행위의 불가벌성은 주된 범죄를 통하여 획득한 지위나 이익의 확보나 성취와 관련된 경우에만 인정된다. 즉 주된 범죄를 통하여 침해된 대상 그 자체가 사후행위로 또 다시 침해되는 경우라면 사후행위의 불가벌성이 인정된다. 다만 새로운 법익을 침해하지 않았다는 것이 사후행위의 불가벌성에 대한 필수적인 요건은 아니다. 예컨대 절도죄와 손괴죄가 보호법익을 달리할지라도 절취한 문서를 손괴하는 행위는 주된 범죄를 통하여 침해된 대상을 사후행위로 또 다시 침해하는 경우로서 불가벌적 사후행위에 해당한다. 또한 사취한 재물을 확보하기 위하여 상대방을 폭행·협박하는 경우에도, 재물확보에 관한 한 불가벌적 사후행위이므로, 강요죄의 성립만이 가능하며, 공갈죄나 강도죄는 성립할 여지가 없게 된다.[17]

사후행위의 불가벌성은 주된 범죄가 실제로 처벌 가능한 경우뿐 아니라 처벌이 불가능한 경우에도 인정된다. 따라서 주된 범죄에 대해서 공소시효가 완성된 경우에도 사후행위의 불가벌성이 인정된다.[18] 이때 사후행위에 대한 공소시효의 완성 여부는 문제가 되지 않는다.

그러나 주된 범죄에 대한 증명이 불가능하여 처벌할 수 없는 경우이거나 주된 범죄에서 행위자의 책임무능력 등에 의하여 책임이 없는 경우는 사후행위가 독자적으로 처벌될

17) Vgl. Stree/Sternberg-Lieben, S-S StGB, Vorbem. §§ 52 ff. Rdnr. 114.

18) Vgl. Stree/Sternberg-Lieben, S-S StGB, Vorbem. §§ 52 ff. Rdnr. 116; Samson/Günther, SK StGB, § 52 Rdnr. 102; Jescheck/Weigend, Lehrbuch AT, S. 736; BGHSt 23, 360.

수 있다. 이러한 경우에 선행행위는 사후행위를 배타적으로 평가할 수 있는 평가단일의 근거가 될 수 없기 때문이다. 다만 처벌될 수 없는 선행행위의 법정형이 사후행위의 법정형보다 가벼운 경우에는 사후행위의 처벌이 In-dubio-Satz에 의하여 가벼운 선행행위의 처벌범위로 제한되어야 한다.[19)]

이에 반하여 주된 범죄에 대한 처벌조건이나 소추조건이 결여되어 주된 범죄가 처벌될 수 없는 경우에는 사후행위도 불가벌이 된다. 이 경우에 선행행위는 사후행위를 배타적으로 평가할 수 있는 평가단일의 근거가 될 수 있기 때문이다. 따라서 주된 절도죄에 제328조 제1항의 인적 처벌조각사유가 존재하거나 동조 제2항의 소추조건인 고소가 없기 때문에 구체적으로 처벌될 수 없는 경우에는 사후행위도 불가벌이 된다.

제3자가 불가벌적 사후행위에 공범의 형식으로 가담하는 경우에, 행위자에게는 그 사후행위에 대한 정범의 성립이 부정되어도 제3자는 공범으로 처벌된다. 불가벌적 사후행위도 그 자체로는 주된 범죄의 한 부분이므로 적용이 배제되는 범죄에 대하여 공동정범 또는 공범으로서의 가담은 얼마든지 가능하다.

## 3. 포괄일죄

여러 개의 행위가 포괄적으로 한 개의 구성요건에 해당하여 일죄를 구성하는 경우를 포괄일죄라 한다. 그러나 포괄일죄는 현실적으로 여러 개의 행위가 한 개의 구성요건을 한 번 충족시키는 경우가 아니라, 동종의 구성요건을 여러 번 충족시키는 경우이다. 다만 이러한 여러 개의 행위는 장소적·시간적으로 근접되어 있고 동일한 범행의사에 의하여 저질러지기 때문에 사회적·법적 의미에서 수죄가 아니라 포괄하여 행위단일의 일죄로 평가된다. 이러한 점에서 포괄일죄는 현실적으로 하나의 구성요건적 행위가 하나의 구성요건을 충족시키는 단순일죄와 구별된다. 이러한 포괄일죄의 종류로는 접속범·연속범 및 집합범이 논의되고 있다.

포괄일죄는 '한 개의 구성요건이 여러 개의 행위를 결합하여 결합된 행위 자체가 한 개의 구성요건적 행위를 이루거나', '구성요건의 성질상 동종행위의 반복이 예상되는 경우' 및 '여러 개의 행위가 이미 완성된 위법상태를 유지하는 데 지나지 않는 경우'에 여러 개의 행위가 법적 의미에서 한 개의 행위로 흡수되어 일죄를 구성하는 것이라고 한다(통설). 이러한 관점에서 접속범·연속범·집합범 이외에 계속범과 결합범도 포괄일죄라는 것이 통설의 입장이다. 그러나 이러한 통설의 태도는 포괄일죄를 일률적으로 설명하지 못하고 있다. 또한 포괄일죄는 여러 개의 행위가 한 개의 구성요건적 행위로 흡수되는 것이 아니라, 여러 개의 행위가 포괄하여 일죄로

19) Vgl. Stree/Sternberg-Lieben, S-S StGB, Vorbem. §§ 52 ff. Rdnr. 115.

평가되는 것일 뿐이다. 즉 일정한 범행상황에서 동종의 다수행위가 단일한 불법을 단지 양적으로만 확대시키는 작용만 하기 때문에 이들을 포괄하여 하나의 단일행위로 평가하는 것이다. 이러한 의미에서 단순일죄와 포괄일죄는 구별되어야 하며, 계속범과 결합범은 포괄일죄가 아니라 단순일죄로 취급함이 타당하다.[20)]

## 3-1. 접속범

접속범은 밀접한 시간적·장소적 접속하에서 단일의사에 기한 동일 구성요건에 속하는 동일한 종류의 행위를 반복할 때 인정된다. 이러한 접속범은 동일 법익에 대한 불법의 양적 증가에 불과하기 때문에 포괄하여 일죄를 구성하게 된다. 동일한 기회에 동일한 부녀에 대하여 수회 간음하거나, 절도범이 자동차를 대기시키고 수회 물건을 반출하여 절취하는 경우 또는 동일인으로부터 직무에 관하여 수회 뇌물을 수수하는 공무원의 경우 등이 여기에 해당한다. 그러나 범인의 반복된 행위가 다른 법익을 침해하거나 동일한 법익이라 하더라도 다른 주체의 전속적 법익을 침해한다면 단순한 불법의 양적 증가로만 평가되지는 않으므로, 이 경우는 접속범에 해당하지 않는다.

접속범이 성립하기 위하여는 ① 반복된 행위가 시간적·장소적으로 밀접하게 접속되어 행하여져야 하며, ② 그러한 행위는 단일한 범죄의사에 의하여야 하며, ③ 반복된 행위는 동일한 법익에 대한 것이어야 하고 동일한 범죄구성요건에 속해야 한다. 다만 여기서 동일한 범죄구성요건이란 가중적·감경적 구성요건을 포함한다.

## 3-2. 연속범

연속범이란 연속된 여러 개의 행위가 동종의 범죄에 해당하는 것을 말한다. 기회가 될 때마다 1년간 수회 현금을 절취한 점원의 경우, 또는 한 달간 수차례 연속적으로 특정인의 주거를 주간이나 야간에 침입하거나 흉기를 휴대하고 기수나 미수의 절도죄를 범한 경우가 여기에 해당한다. 이와 같이 연속범에서는 밀접한 시간적·장소적 접속이 인정되지 않으며, 수개의 행위가 동일한 범죄구성요건에 해당하지 않는다는 점에서 접속범과 구별된다.

연속범에서도 범의의 단일성이 인정되고, 동일한 구성요건은 아니더라도 동일한 법익에 대한 동종의 침해로 인정되며, 밀접한 접속성은 아니더라도 시간적·장소적인 계속성이 인정되고 있다. 따라서 연속범을 "포괄일죄로 볼 수 있는지"에 관하여는 학설의 다툼이 있다. 다수설은 연속범도 동일한 의사와 동일한 방법에 의한 동일한 법익에 대한 계속적인

20) 동지, 권오걸, 622면 이하; 김성돈, 741면; 신동운, 741면 이하; 임웅, 620면.

침해행위이므로 포괄하여 일죄로 평가해야 한다고 본다. 판례[21]도 동일한 입장이다. 이에 반하여 연속범은 실질적으로 수죄라는 견해가 있다. 연속범은 "실질적으로 수죄이나 단일한 계속적인 범의에 의한 행위이므로 처분상의 일죄로 취급해야 한다"는 견해[22]와 "실질적으로 수죄이므로 경합범의 성립을 인정해야 한다"는 견해[23]가 그것이다. 특히 경합범의 성립을 인정하는 견해는 "연속범을 포괄일죄로 평가한다면 많은 죄를 범한 자에게 특혜를 주는 것이 되어 부당하다"는 입장에서 연속범의 개념을 부정하고 있다.

연속범의 개념은 법적 근거도 없으며, 단일한 계속적인 범행의사가 수개의 행위를 하나로 포괄할 수 있다는 것도 의문이다. 예컨대 전과자들은 항상 계속적 범의를 갖고 있을 것이며, 생리적·충동적 범행의 경우에는 단일한 계속적인 범행의사가 인정되지 않아 경합범의 처벌을 받게 되어 심각한 형벌의 불균형을 초래하게 된다. 실질적 정의의 관점에서 연속범의 개념은 부정되어야 하고, 이 경우 실체적 경합을 인정해야 한다.

다수설은 이에 대하여 "연속범의 경우에 개별적 행위를 하나하나 밝히는 것은 소송경제상 무의미한 낭비를 초래하므로, 이러한 사정은 양형의 단계에서 고려하는 방법으로 해결하는 것이 실질적으로 유용하다"[24]고 한다. 또는 "실질적 정의의 측면에서 문제는 있지만 다른 대안이 없으며, 형법의 보장적 기능이 미약한 우리의 현실에서 모처럼 판례가 제시한 행위자에게 유리한 이론 틀을 뒤집을 필요가 없다"고 한다.[25] 그러나 이러한 문제점은 상상적 경합뿐 아니라 실체적 경합의 경우에도 항상 나타나는 문제점이며, 이러한 문제점을 완전히 법관에게 일임된 영역인 양형의 단계에서 해결하려는 입장에는 결코 찬성할 수 없다. 더욱이 하나하나 정확하게 밝혀지지 아니한 범죄사실이 법관에게 완전히 맡겨진 양형에 의하여 처벌되어야 하는 것은 행위자에게 유리한 이론 틀이 아니라, 형법의 보장적 기능을 파괴하는 이론 틀에 불과하다.

다수설과 판례가 인정하는 연속범의 요건은 다음과 같다. 우선 연속범이 되기 위해서는 개별적인 행위가 범죄성립요건을 모두 갖추어야 한다. 그 밖에 소추조건이나 처벌조건도 갖추어야 한다. 포괄일죄에서도 고소는 분리가능하며, 고소권자는 일부에 대하여만 고소할 수 있기 때문이다. 공소시효가 경과한 사건도 이와 동일하다. 연속범의 객관적 요건으로는 개별적인 행위가

21) 대법원 1984.8.14. 84도1139; 대법원 1990.9.25. 90도1588; 대법원 2000.1.21. 99도4940; 대법원 2002.7.12. 2002도2029; 대법원 2005.11.10. 2004도42; 대법원 2010.5.27. 2007도10056; 대법원 2014.7.24. 2013도6785; 대법원 2020.2.13. 2019도5186.

22) 황산덕, 299면; 동취지, 연속범의 개념을 부정하면서 독일형법상 연속범의 성립요건을 형법상 포괄일죄를 결정하는 기준으로 사용할 수 있다는 견해로는 신동운, 764면; 동취지, 안동준, 364면.

23) 권오걸, 667면 이하; 김성돈, 747면; 박상기, 509면 이하; 정성근/박광민, 656면; 정영일, 478면.

24) 배종대, 549면; 성낙현, 684면; 손동권/김재윤, 643면; 오영근, 468면; 이재상/장영민/강동범, 547면; 진계호/이존걸, 663면; 동취지, 김일수/서보학, 527면.

25) 배종대, 549면; 임웅, 616면 이하.

피해법익이 동일하고, 개별적인 범죄실행의 형태가 유사하며, 동일한 관계를 이용한다는 시간적·장소적 계속성이 인정되어야 한다. 또한 주관적 요건으로는 범의의 단일성이 인정되어야 한다. 연속범의 범위를 제한하기 위하여 주관적 요건으로 전체고의를 요구하는 견해가 있으나, 다수설은 "계획적이고 치밀한 범죄인에게 순간범인보다 특혜를 주어 부당하다"는 것을 이유로 이를 부정하고 있다.

### 3-3. 집합범

집합범이란 다수의 동종의 행위가 동일한 의사에 의하여 반복되는 영업범·직업범·상습범을 의미한다. 판례[26]와 다수설은 이들 집합범이 "영업성·상습성·직업성에 의하여 개별적인 행위를 하나의 행위로 통일시키고 있다"는 관점에서 포괄일죄로 본다. 그러나 영업성·상습성·직업성이 개별적인 행위를 포괄시킬 수는 없으며, 따라서 집합범은 실체적 경합으로 처벌되어야 한다(다수설). 경우에 따라서 이러한 집합범은 단순일죄로 평가되거나 접속범의 요건을 충족시킬 수 있다.

### 3-4. 포괄일죄의 처리

포괄일죄는 실체법적으로 한 개의 범죄이며, 한 개의 형벌법규만 적용된다. 따라서 가중적 범죄와 기본적 범죄가 접속범의 형태로 저질러진 경우에는 가중적 범죄의 일죄만 성립한다. 다만 포괄일죄의 일부분에 대하여는 제3자가 공동정범이나 공범으로서 가담하는 것이 가능하다.

포괄일죄는 소송법적으로도 일죄이며, 따라서 포괄일죄에 대한 공소제기의 효력이나 판결의 기판력은 포괄되는 모든 범죄사실에 미치게 된다. 이는 공소사실이 단순일죄로 공소가 제기된 경우에도 동일하다.

## 4. 상상적 경합

### 4-1. 상상적 경합의 의의

제40조는 상상적 경합에 대하여 "한 개의 행위가 여러 개의 죄에 해당하는 경우에는

---

26) 대법원 1990.4.24. 90도653; 대법원 1999.11.26. 99도3929; 대법원 2004.9.24. 2004도3532; 대법원 2007.6.29. 2006도7864; 대법원 2010.2.11. 2009도12627; 대법원 2010.5.27. 2010도2182; 대법원 2012.5.10. 2011도12131; 대법원 2013.8.23. 2011도1957; 대법원 2016.1.28. 2015도15669.

가장 무거운 죄에 대하여 정한 형으로 처벌한다"고 규정하고 있다. 상상적 경합이란 한 개의 행위가 여러 개의 죄에 해당하는 경우를 말하며, 관념적 경합이라고도 한다. 상상적 경합에는 한 개의 폭탄을 투척하여 여러 사람을 살해하는 동종의 상상적 경합과 여러 사람을 살해 내지 상해하고 가옥과 수개의 물건을 손괴하는 이종의 상상적 경합이 있다.

형법이 상상적 경합에 관하여 '여러 개의 죄에 해당하는 경우'라고 규정함으로써 "상상적 경합이 일죄인지 수죄인지"에 관하여 학설의 다툼이 있다. 통설과 판례[27]는 상상적 경합을 수죄로 본다. 그러나 제40조는 상상적 경합을 단일범행으로 인정하여 단일형벌에 의한 책임만을 부과하고 있으며, 따라서 상상적 경합에서의 수죄는 여러 개의 구성요건에 해당하는 단일범행을 의미한다. 이러한 의미에서 상상적 경합은 관념적인 수죄, 즉 수죄로 생각할 수 있으나 실제로는 일죄일 뿐이라고 해야 한다. 상상적 경합에서의 수죄는 실체적 경합에서 말하는 수죄의 구성부분인 일죄에 불과하다.

## 4-2. 상상적 경합의 요건

제40조에 의하여 '한 개의 행위가 여러 개의 죄'에 해당할 때 상상적 경합이 된다. 상상적 경합의 요건은 '행위의 단일성'과 '여러 개의 죄'이다.

### 4-2-1. 행위의 단일성

상상적 경합은 '한 개의 행위'가 여러 개의 죄에 해당하여야 한다. 따라서 여러 개의 구성요건에 해당하는 행위는 단일성이 인정되어야 하며, 여기서의 행위단일성은 자연적 의미의 행위단일성이 아니라 법적 행위단일성을 의미한다. 이러한 행위단일성은 각각의 구성요건에 해당하는 행위가 완전히 동일한 경우뿐 아니라 부분적으로만 일치하는 경우에도 인정될 수 있다.

#### 4-2-1-1. 행위의 완전 동일성

각각의 구성요건에 해당하는 행위가 완전히 동일한 경우에는 행위의 단일성이 인정된다. 예컨대 한 개의 폭탄을 투척함으로써 상해죄와 살인죄 및 손괴죄의 구성요건을 충족시킨 경우에는 각각의 구성요건에 해당하는 행위가 완전히 동일하며, 이 경우에는 아무런 문제없이 행위의 단일성이 인정된다. 행위의 단일성은 하나의 완전히 동일한 행위가 고의의

27) 대법원 2000.7.7. 2000도1899: "상상적 경합은 1개의 행위가 실질적으로 수개의 구성요건을 충족하는 경우를 말하고, 법조경합은 1개의 행위가 외관상 수개의 죄의 구성요건에 해당하는 것처럼 보이나 실질적으로 1죄만을 구성하는 경우를 말하며, 실질적으로 1죄인가 또는 수죄인가는 구성요건적 평가와 보호법익의 측면에서 고찰하여 판단하여야 한다."; 동지, 대법원 1984.6.26. 84도782; 대법원 1998.3.24. 97도2956; 대법원 2014.1.23. 2013도12064; 대법원 2015.4.23. 2014도16980.

손괴죄와 과실치사상죄를 실현시킨 경우에도 인정된다. 또한 여러 개의 부작위범의 구성요건을 충족시킨 경우에도 상상적 경합이 가능하다. 이때 행위의 단일성은 여러 개의 부작위범의 구성요건을 충족시키는 작위의무의 불이행이 동일한 경우에 인정된다.

#### 4-2-1-2. 행위의 부분적 동일성

각각의 구성요건에 해당하는 행위가 완전히 일치하지 않고 부분적으로만 일치하는 경우에도 상상적 경합이 인정될 수 있다. 예컨대 사기죄에서 기망행위의 일부분인 위조문서의 행사는 행위다수가 아니라 행위단일로 인정된다. 그러나 문서위조죄와 동행사죄 또는 문서위조죄와 사기죄는 행위의 부분적 동일성도 인정되지 않으므로 행위단일이 아니라 별개의 독립된 행위다수에 해당한다.[28)][29)]

그러나 부분적인 시간적 동시성이 행위단일을 근거지울 수는 없다. 예컨대 계속범인 주거침입죄나 감금죄와 이러한 위법상태에서 강도죄나 강간죄를 저지르는 행위는 독립적인 수개의 행위에 해당한다. 다만 계속범의 위법상태가 직접 과실범의 내용인 주의의무위반이 되는 경우이거나 계속범의 위법상태의 계속이 직접 다른 범죄의 수단이 된 경우에는 행위단일이 인정되어 상상적 경합이 된다.[30)] 예컨대 음주운전 중의 업무상 과실치사상죄를 범한 경우 또는 강도죄나 강간죄를 범하기 위하여 피해자를 빈집으로 끌고 들어가는 경우에는 행위의 부분적 동일성에 의하여 상상적 경합이 인정된다.

> 판례[31)]는 행사의 목적으로 문서를 위조하고 위조문서를 행사하여 사기죄를 범한 경우 문서위조죄와 위조문서행사죄 및 사기죄의 실체적 경합을 인정하고 있다. 그러나 위조문서를 행사함으로써 사람을 기망하는 경우에는 행위단일을 인정하는 것이 타당하다. 또한 판례[32)]는 음주

---

28) 동지, 정성근/박광민, 662면; 정영일, 483면 이하.

29) 다수설은 반대 입장이다: 김일수/서보학, 533면; 손동권/김재윤, 654면; 이재상/장영민/강동범, 557면.

30) 대법원 1983.4.26. 83도323: "강간죄의 성립에 언제나 직접적으로 또 필요한 수단으로서 감금행위를 수반하는 것은 아니므로 감금행위가 강간미수죄의 수단이 되었다 하여 감금행위는 강간미수죄에 흡수되어 범죄를 구성하지 않는다고 할 수는 없는 것이고, 그때에는 감금죄와 강간미수죄는 일개의 행위에 의하여 실현된 경우로서 형법 제40조의 상상적 경합관계에 있다."; 동지, 대법원 1984.8.21. 84도1550; 동취지, 대법원 1997.1.21. 96도2715: "감금행위가 강간죄나 강도죄의 수단이 된 경우에도 감금죄는 강간죄나 강도죄에 흡수되지 아니하고 별죄를 구성한다."

31) 대법원 2009.10.15. 2009도7459: "원심이 피고인에 대하여 유죄로 판단한 각 유가증권위조, 위조유가증권행사, 사문서위조 및 위조사문서행사의 점과 무죄로 판단한 위 사기의 점은 형법 제37조 전단의 경합범 관계에 있지만 …"; 동지, 대법원 2010.11.25. 2010도11509; 대법원 2012.2.23. 2011도14441; 대법원 2014.9.26. 2014도8076; 대법원 2015.2.16. 2014도14843; 대법원 2016.10.13. 2015도17777; 대법원 2017.12.22. 2017도14560.

32) 대법원 2008.11.13. 2008도7143: "음주로 인한 특정범죄가중처벌 등에 관한 법률 위반(위험운전치사상)죄와 도로교통법 위반(음주운전)죄는 입법 취지와 보호법익 및 적용영역을 달리하는 별개의 범죄이므로, 양 죄가 모두 성립하는 경우 두 죄는 실체적 경합관계에 있다."; 대법원 2010.1.14. 2009도10845; 대법원

운전 중의 교통사고로 피해자에게 상해를 입힌 경우 도로교통법상의 음주운전죄와 특가법상의 위험운전치상죄의 실체적 경합을 인정한다. 그러나 여기서도 행위단일을 인정하는 것이 타당하다.

### 4-2-1-3. 행위의 부분적 동일성과 연결효과

실질적으로 수개의 행위가 행위의 부분적 동일성에 의하여 행위단일로 평가되는 제3의 행위에 의하여 다시 행위단일로 연결될 수 있는지 문제된다. 예컨대 음주운전의 상태에서 범한 2건의 업무상 과실손괴죄(도로교통법 제151조)의 경우가 여기에 해당한다. 이 경우 2건의 업무상 과실손괴죄에 해당하는 행위는 수개의 행위이지만, 각각의 행위는 음주운전행위와 행위의 부분적 동일성에 의하여 행위단일로 평가된다. 이때 음주운전행위에 의한 연결효과에 의하여 전체행위가 행위단일로 평가될 수 있는지의 문제이다.

판례[33]는 "허위공문서작성죄와 동행사죄가 수뢰 후 부정처사죄와 각각 상상적 경합관계에 있을 때에는 허위공문서작성죄와 동행사죄 상호간은 실체적 경합범관계에 있다고 할지라도 상상적 경합범관계에 있는 수뢰 후 부정처사죄와 대비하여 가장 중한 죄에 정한 형으로 처단하면 족한 것이고 따로 경합가중을 할 필요가 없다"고 하여 연결효과에 의한 상상적 경합을 인정하고 있다. 그러나 학설에서는 "서로 다른 두 개의 행위가 다른 행위에 의하여 한 개가 될 수 없다"는 이유로 연결효과에 의한 상상적 경합을 부정하는 견해[34]와 '연결작용을 하는 제3의 행위가 다른 수개의 행위에 비하여 중한 죄에 해당할 것'을 조건으로 이를 긍정하는 견해[35][36]가 대립하고 있다.

상상적 경합을 수죄의 관점에서 파악하는 통설의 입장에서는 "독립적인 여러 개의 행위가 공통적인 부분적 동일성에 의하여 행위단일로 연결될 수 없다"는 결론이 당연하다고 보인다. 그러나 상상적 경합을 행위단일의 입장에서 일죄로 파악한다면 중한 죄를 통하여 연결효과에 의한 상상적 경합을 인정하는 것은 필연적인 귀결이 된다. 즉 중한 A죄의 구성요건에 해당하는 행위와 경한 X죄의 구성요건에 해당하는 행위에서 '행위의 부분적 동일성'에 의한 행위단일이 인정된다면 결국 중한 A죄의 행위단일이 되는 것이고, 동시에 이러

---

2018.1.25. 2017도15519.

33) 대법원 1983.7.26. 83도1378; 대법원 2001.2.9. 2000도1216.

34) 권오걸, 684면; 김성천/김형준, 456면; 박상기, 519면 이하; 성낙현, 694면; 손해목, 1144면 이하; 안동준, 367면; 오영근, 484면; 이재상/장영민/강동범, 559면; 정영일, 486면.

35) 김성돈, 762면 이하; 김일수/서보학, 535면; 배종대, 558면; 손동권/김재윤, 655면; 이영란, 549면; 임웅, 625면; 정성근/박광민, 663면.

36) 이는 독일의 통설과 판례의 입장이다: Vgl. Jescheck/Weigend, Lehrbuch AT, S. 721 f mwN.; Tröndle/Fischer, StGB, Vor § 52 Rdnr. 34; Vogler, LK StGB, § 52 Rdnr. 29; Wessels/Beulke, AT, § 17 Rdnr. 780; BGHSt 3, 165; 33, 6; 33, 125; 36, 153; BGH NStZ 1995, 135.

한 행위단일의 A죄와 그보다 경한 Y죄의 구성요건에 해당하는 행위에서 또 다시 '행위의 부분적 동일성'에 의한 행위단일이 인정된다면 결국 A죄와 X죄 및 Y죄의 구성요건에 해당하는 행위는 전체적으로 행위단일이 인정되어 상상적 경합이 성립하게 된다.

#### 4-2-2. 여러 개의 죄

제40조에 의하여 단일성이 인정되는 행위가 '여러 개의 죄'에 해당하여야 상상적 경합이 된다. 그러나 여기서 '여러 개의 죄'는 제37조에서의 '수개의 죄'와는 달리, 실질적인 여러 개의 죄가 아니라 관념상의 여러 개의 죄를 의미한다. 따라서 제40조의 '여러 개의 죄'는 단순히 여러 개의 구성요건에 해당하는 것을 의미할 뿐이다. 이러한 여러 개의 죄는 서로 다른 여러 개의 구성요건에 해당하는 경우뿐 아니라 동종의 구성요건에 여러 회 해당하는 경우를 포함한다. 전자를 이종의 상상적 경합이라 하며, 후자를 동종의 상상적 경합이라고 한다.

여러 개의 죄가 이종의 상상적 경합이 되는 경우에는 아무런 문제가 없다. 그러나 동종의 상상적 경합에 있어서는 구성요건의 보호법익이 구성요건적으로 개별적인 고유가치가 인정되는 한도에서만 여러 개의 죄에 해당할 수 있다. 즉 생명 · 신체 · 자유 · 명예 등과 같은 전속적 법익에 대해서는 법익주체의 수에 상응하여 구성요건적으로 개별적인 고유가치가 인정되기 때문에 법익주체의 수에 따른 수개의 구성요건해당성이 인정된다. 또한 국가적 법익이나 사회적 법익 가운데에서도 그 법익이 구성요건적으로 개별적인 고유가치를 가진 경우에는 제40조의 여러 개의 죄에 해당한다. 예컨대 하나의 행위로 수인을 무고하는 경우[37] 또는 여러 개의 공무집행을 방해하는 경우[38]에는 상상적 경합이 된다.

이에 반하여 재산죄와 같은 비전속적 법익에 대하여는 대부분 구성요건적으로 개별적인 고유가치가 인정되지 않는다. 따라서 수인의 소유자에 속하는 재물을 하나의 행위에 의하여 손괴하거나 절취하여도 단순일죄에 불과하게 된다.

### 4-3. 상상적 경합의 효과

상상적 경합은 실체법상 여러 개의 구성요건에 해당하지만 행위단일이 인정되는 일죄이다. 따라서 제40조는 가장 무거운 죄에 대하여 정한 형으로 처벌한다. 여기서 가장 무거운 죄에 대하여 정한 형은 형의 상한뿐 아니라 형의 하한도 고려되어야 한다. 따라서 상상적 경합의 경우에 가벼운 죄의 하한이 가장 무거운 죄의 하한보다 중한 경우에는 가벼운

---

37) 대법원 1967.7.25. 66도1222.
38) 대법원 1961.9.2. 4201형상415.

죄의 하한보다 경한 형으로 처벌할 수 없게 된다. 이를 소위 차단효과(Sperrwirkung)라고 한다. 독일형법 제52조 제2항 제2문은 차단효과를 명문으로 규정하고 있다. 가벼운 죄가 병과형이나 부가형을 규정하는 경우에는 이들도 고려해야 한다. 가벼운 죄도 상상적 경합이 인정되는 일죄의 부분이기 때문이다.

상상적 경합은 소송법적으로도 일죄이다. 따라서 공소의 제기나 확정판결의 기판력은 행위단일이 인정되는 전체에 대하여 효력이 미치게 된다. 다만 상상적 경합은 행위단일의 일죄이지만 '실질적으로 여러 개의 구성요건에 해당하는' 경우로서 공소시효나 고소 등의 요건은 각각 관계되는 구성요건에 대해서만 효력이 있다.

# 제3장 수　　죄

## 1. 실체적 경합의 의의

경합범이란 수개의 독립된 행위가 각각 수개의 죄에 해당하는 경우를 말하며, 이를 실체적 경합이라 한다. 실체적 경합에서의 수죄는 각각 독립된 행위에 의하여 저질러진 경우를 의미하므로, 상상적 경합에서의 하나의 행위에 의한 '여러 개의 죄'와 엄격하게 구별되어야 한다. 상상적 경합에서의 여러 개의 죄는 실체적 경합에서 말하는 수죄의 구성부분인 일죄에 불과하기 때문이다.

행위자가 각각 독립된 행위로 수개의 범죄를 저질렀다면 각각의 범죄에 대하여 각각의 형벌이 부과되어야 할 것이다. 그러나 이러한 형의 병과는 형벌의 목적에 일치할 수 없는 불합리한 중형의 결과를 야기할 수 있으므로, 형법은 실체적 경합의 경우에 원칙적으로 가중주의를 채택하였다.

## 2. 실체적 경합의 종류

제37조는 '판결이 확정되지 아니한 수개의 죄' 및 '금고 이상의 형에 처한 판결이 확정된 죄와 그 판결확정 전에 범한 죄'를 실체적 경합으로 규정하고 있다. 실체적 경합은 '판결이 확정되지 아니한 수개의 죄'인 동시적 경합범, 그리고 '금고 이상의 형에 처한 판결이 확정된 죄와 그 판결확정 전에 범한 죄'의 사후적 경합범으로 구별된다.

### 2-1. 동시적 경합범

제37조 전단의 '판결이 확정되지 아니한 수개의 죄'가 동시적 경합범이다. 여기서 수개

의 죄는 각각 독립된 행위에 의하여 저질러진 경우를 말하며, 판결이 확정되지 않았어야 한다. 판결의 확정이란 상소 등 통상의 불복방법에 의하여 더 이상 다툴 수 없는 상태를 말한다.

또한 수개의 확정되지 아니한 죄는 동시에 판결될 수 있는 상태에 있는 경우에만 동시적 경합범이 된다. 따라서 1심에서 별도로 판결된 수죄는 항소심에서 병합심리를 한 때에 동시적 경합범이 된다.

## 2-2. 사후적 경합범

제37조 후단의 '금고 이상의 형에 처한 판결이 확정된 죄와 그 판결확정 전에 범한 죄'가 사후적 경합범이다. 하나의 또는 수개의 죄에 대하여 금고 이상의 형에 처한 판결의 확정이 있는 경우에 그 이전에 범한 죄는 '금고 이상의 형에 처한 판결이 확정된 죄'와 사후적으로 경합범이 된다. 따라서 금고 이상의 형에 처한 판결의 확정 이후에 범한 죄는 경합범이 되지 않는다. 예컨대 행위자가 순차적으로 A · B · C의 3범죄를 저지르고 검거되었으나 B범죄만 발각되어 금고 이상의 형에 처한 판결이 확정되었고, 그 판결의 확정 이후에 도주한 범인이 추가로 D · E 2범죄를 저지른 경우에 A · C죄와 B죄는 사후적 경합범이 되며, D죄와 E죄는 동시적 경합범이 된다. 그러나 A · B · C죄와 D · E죄는 서로 경합범이 되지 않는다.[1] 이러한 사후적 경합범을 인정하는 취지는, 확정판결 이전에 저질러진 범죄는 당연히 경합범으로 처벌되어야 할 것이기 때문에, 그것이 어떠한 이유로 경합범이 되지 아니한 경우에 사후에라도 경합범을 인정하는 것이다.

다만 "선행범죄로 유죄의 확정판결을 받은 사람이 그 후 별개의 후행범죄를 저질렀는데 유죄의 확정판결에 대하여 재심이 개시된 경우, 후행범죄가 그 재심대상판결에 대한 재심판결 확정 전에 범하여졌다면 아직 판결을 받지 아니한 후행범죄와 재심판결이 확정된 선행범죄 사이에는 사후적 경합범이 성립하지 않는다"는 것이 최근 대법원 전원합의체 판결[2]의 입장이다. 재심판결이 후행범죄에 대한 판결보다 먼저 확정되는 경우에는 재심판결을 근거로 형식적으로 후행범

---

1) 대법원 1970.12.22. 70도2271: "확정판결 전에 저지른 범죄와 확정판결 후에 저지른 범죄는 형법 제37조에서 말하는 경합범 관계에 있는 것이 아니다."; 동지, 대법원 1990.12.10. 90초108; 대법원 2010.11.25. 2010도10985.

2) 대법원 2019.6.20. 2018도20698 전원합의체 판결: "재심판결이 후행범죄 사건에 대한 판결보다 먼저 확정된 경우에 후행범죄에 대해 재심판결을 근거로 후단 경합범이 성립한다고 하려면 재심심판법원이 후행범죄를 동시에 판결할 수 있었어야 한다. 그러나 아직 판결을 받지 아니한 후행범죄는 재심심판절차에서 재심대상이 된 선행범죄와 함께 심리하여 동시에 판결할 수 없었으므로 후행범죄와 재심판결이 확정된 선행범죄 사이에는 후단 경합범이 성립하지 않고, 동시에 판결할 경우와 형평을 고려하여 그 형을 감경 또는 면제할 수 없다."; 동지, 대법원 2019.7.25. 2016도756; 대법원 2019.10.31. 2016도7281; 대법원 2019.10.31. 2018도6003.

죄를 판결확정 전에 범한 범죄로 보아 후단 경합범이 성립한다고 하면, 선행범죄에 대한 재심판결과 후행범죄에 대한 판결 중 어떤 판결이 먼저 확정되느냐는 우연한 사정에 따라 후단 경합범 성립이 좌우되는 형평에 반하는 결과가 발생한다는 것을 근거로 한다. 이에 대하여는 "재심심판절차에서도 공소장변경 또는 관련사건 병합 등의 절차를 통하여 후행범죄에 대하여 심리한 후 동시에 판결할 수 있으므로, 재심판결의 기판력이 후행범죄에 미치고, 후행범죄는 확정된 재심판결 범죄와 후단 경합범의 관계에 있다"는 반대의견[3]이 있다. 그러나 유죄의 확정판결 등에 대해 재심개시결정이 확정된 후 재심심판절차가 진행 중이라는 것만으로 확정판결의 존재 내지 효력이 부정되는 것은 아니므로[4] "재심심판절차에서는 특별한 사정이 없는 한 검사가 재심대상사건과 별개의 공소사실을 추가하는 내용으로 공소장을 변경하는 것은 허용되지 않고, 재심대상사건에 일반 절차로 진행 중인 별개의 형사사건을 병합하여 심리하는 것도 허용되지 않는다"[5]는 대법원 2019.6.20. 2018도20698 전원합의체 판결의 태도는 타당하다.

사후적 경합범이 되기 위해서는 경합범의 일부에 대하여 금고 이상의 형에 처한 판결의 확정이 있어야 하며, 그 이전에 범한 죄가 있어야 한다. 확정된 판결은 금고 이상의 형에 처하는 것이어야 한다. 따라서 벌금형의 확정판결이 있었던 경우는 여기에 해당하지 않으며, 약식명령이나 즉결심판이 확정된 재판도 여기에서 제외된다. 금고 이상의 형에 처한 판결이 확정되었다면 이에 대하여 선고유예나 집행유예가 확정된 경우이거나 이들 판결의 유예기간이 경과하여 형의 선고가 실효되거나 면소된 것으로 간주된 때 또는 확정판결의 죄에 대하여 일반사면이 있는 경우에도 사후적 경합범에서 '금고 이상의 형에 처한 확정판결'의 요건으로 충분하다.[6] 따라서 사후적 경합범에서 '금고 이상의 형에 처한 판결이 확정된 죄'란 어느 죄에 대하여 금고 이상의 확정판결이 있었던 사실 자체를 의미한다. 다만 사후적 경합범은 동시심판의 가능성이 있었던 사건을 동시적 경합범과 동일하게 취급하려는 취지에서 규정된 것이므로, 최종의 사실심인 항소심판결선고시를 기준으로 사후적 경합범을 인정하는 것이 타당하다는 견해[7]가 있다. 물론 이러한 관점은 입법론적[8]으로 충분한 의미가 있지만, 해석론의 관점에서는 확정판결과 항소심판결선고를 동일시할 수 없다.[9]

---

3) 대법원 2019.6.20. 2018도20698 전원합의체 판결의 다수의견에 대한 대법관 김재형, 대법관 이동원의 반대의견.

4) 대법원 2019.6.20. 2018도20698 전원합의체 판결; 동지, 대법원 2005.9.28. 2004모453; 대법원 2017.9.21. 2017도4019.

5) 대법원 2019.6.20. 2018도20698 전원합의체 판결: "재심대상판결을 전후하여 범한 선행범죄와 후행범죄의 일죄성은 재심대상판결에 의하여 분단되어 동일성이 없는 별개의 상습범이 된다. 그러므로 선행범죄에 대한 공소제기의 효력은 후행범죄에 미치지 않고 선행범죄에 대한 재심판결의 기판력은 후행범죄에 미치지 않는다."

6) 대법원 1995.12.22. 95도2446; 대법원 1996.3.8. 95도2114.

7) 권오걸, 696면; 김성돈, 770면 이하; 김일수/서보학, 541면; 배종대, 564면; 이영란, 554면 이하.

8) 안동준, 369면; 이재상/장영민/강동범, 565면; 진계호/이존걸, 684면.

9) 손동권/김재윤, 662면; 성낙현, 701면; 신동운, 779면; 오영근, 488면; 이재상/장영민/강동범, 566면; 이

특히 사후적 경합범의 확정판결을 항소심판결선고시를 기준으로 이해하는 입장에서 동시적 경합범에서의 확정판결을 '통상의 불복절차에 의해서 다툴 수 없는 상태'로 해석[10]하는 것은 동시적 경합범과 사후적 경합범의 중첩부분을 인정하는 부당한 결론을 초래한다.

2004.1.20.의 개정형법은 제37조의 사후적 경합범에서 확정판결의 범위를 '금고 이상의 형에 처한 확정판결'로 제한하였다. 개정형법 이전에는 사후적 경합범에서 확정판결의 범위를 제한하지 않았으며, 이에 따라 벌금형에 처한 확정판결의 전후에 범하여진 범죄들은 서로 경합범이 되지 않았다. 그러나 개정형법에 의하여 이 경우에도 동시적 경합범을 인정할 수 있게 되었다. 개정형법은 이러한 경우에 경합범의 성립을 인정함으로써 행위자에게 유리한 법적용을 꾀하려고 하였다.

금고 이상의 형에 처한 판결의 확정 이전에 범한 죄는 판결의 확정 이전에 종료된 범죄를 의미한다. 따라서 계속범에 있어서 위법상태의 계속 중에 판결의 확정이 있는 경우에는 사후적 경합범이 되지 않는다.[11]

## 3. 경합범의 처벌과 형의 집행

### 3-1. 동시적 경합범의 처벌

동시적 경합범의 처벌에 대하여는 제38조가 규정하고 있다. 가중주의를 원칙으로 하되 각 죄에 정한 장기 또는 다액을 합산한 형기나 액수를 초과할 수 없도록 하고 있으며, 일정한 경우에는 흡수주의와 병과주의를 채택하고 있다.

#### 3-1-1. 가중주의의 원칙

제38조 제1항 제2호 전단은 경합범의 처벌에 관하여 '각 죄에 대하여 정한 형이 사형, 무기징역, 무기금고 외의 같은 종류의 형인 경우에는 가장 무거운 죄에 대하여 정한 형의 장기 또는 다액에 그 2분의 1까지 가중하여 처벌'하는 가중주의 원칙을 규정하고 있다. 다만 동호 후단에서는 '가중주의가 각 죄에 정한 형의 장기 또는 다액을 합산한 형기나 액수를 초과할 수 없도록' 병과주의에 의하여 가중주의의 원칙을 제한하고 있다. 따라서 경합

---

형국, 379면; 임웅, 631면; 정영일, 495면; 진계호/이존걸, 684면.

10) 권오걸, 692면; 김성돈, 767면; 김일수/서보학, 541면; 배종대, 564면; 이영란, 553면.

11) 대법원, 2002.7.12. 2002도2029: "사기죄에 있어서 동일한 피해자에 대하여 수회에 걸쳐 기망행위를 하여 금원을 편취한 경우, 그 범의가 단일하고 범행 방법이 동일하다면 사기죄의 포괄일죄만이 성립한다 할 것이고, 포괄일죄는 그 중간에 별종의 범죄에 대한 확정판결이 끼어 있어도 그 때문에 포괄적 범죄가 둘로 나뉘는 것은 아니라 할 것이고, 또 이 경우에는 그 확정판결 후의 범죄로서 다루어야 한다."

범의 처벌에서 가중주의의 원칙은 병과주의의 한도로 제한된다. 각 죄에 선택형이 있는 경우에는 먼저 형종을 선택하여 가중한다. 다만 과료와 과료, 몰수와 몰수는 병과할 수 있다(동호 단서). 이때 징역과 금고는 동종의 형으로 간주하여 징역형으로 처벌하며(동조 제2항), 자유형의 가중은 50년을 초과할 수 없다(제42조 단서).

### 3-1-2. 흡수주의

경합범에서 가장 무거운 죄에 대하여 정한 형이 사형, 무기징역, 무기금고인 경우에는 가장 무거운 죄에 대하여 정한 형으로 처벌한다(제38조 제1항 제1호). 사형 또는 무기징역이나 무기금고를 가중하는 것은 무의미하고 너무 가혹하므로, 형법은 이 경우 흡수주의를 채택하고 있다.

### 3-1-3. 병과주의

경합범에서 각 죄에 대하여 정한 형이 무기징역, 무기금고 외의 다른 종류의 형인 경우에는 병과한다(제38조 제1항 제3호). 다른 종류의 형은 유기자유형과 벌금·과료, 벌금과 과료, 자격정지와 구류 등과 같이 종류가 다른 형벌을 의미한다. 병과주의는 각 죄에 정한 형이 다른 종류인 경우뿐 아니라, 한 개의 죄에 대하여 다른 종류의 형이 병과될 수 있도록 규정된 경우에도 적용된다. 과료와 과료, 몰수와 몰수도 병과할 수 있다(제38조 제1항 제3호).

## 3-2. 사후적 경합범의 처벌

경합범 중 판결을 받지 아니한 죄가 있는 때에는 그 죄와 판결이 확정된 죄를 동시에 판결할 경우와 형평을 고려하여 그 죄에 대하여 형을 선고한다(제39조 제1항 제1문). 이 경우 그 형을 감경 또는 면제할 수 있다(제39조 제1항 제2문). 일사부재리의 원칙상 확정판결을 받은 죄에 대해서는 다시 판결할 수 없으므로 판결을 받지 아니한 죄에 대해서만 형을 선고할 수 있도록 하면서, 이들을 동시적 경합범으로 처리하였을 때와의 균형을 유지하도록 하였다. 또한 판결을 받지 아니한 죄에 대해서 동시적 경합범으로 처리하였을 때와의 균형을 유지할 수 있도록 임의적 감면규정을 두었다.

2005.7.29. 개정형법 이전의 구형법 제39조 제1항은 사후적 경합범에 대하여 판결을 받지 아니한 죄에 대해서만 형을 선고하도록 하였으며, 동조 제2항에서는 제1항에 의한 수개의 판결을 제38조의 예에 의하여 형을 집행하도록 규정하고 있었다. 이에 따라 사후적 경합범에 대하여 선고되는 형은 동시적 경합범으로 취급될 경우 받을 수 있는 혜택이 완전히 배제되었으며, 다만 그 집행에서만 제38조의 예에 의하도록 하였다. 그러나 제39조 제2항이 규정하였던 '제38조

의 예에 의한 형의 집행'은 '그 각 판결이 선고한 형기를 위 법조의 예에 의하여 경감 집행한다는 취지가 아니고, 그 각 판결의 선고형을 합산한 형기를 위 법조의 예에 의하여 그 경합범 중 가장 중한 죄에 정한 법정형의 장기에 그 2분의 1을 가중한 형기의 범위 내에서 집행한다는 취지'라는 것이 판례[12]의 입장이었다. 이에 의하면 사후적 경합범은 결국 수개의 판결이 실질적으로 거의 합산되어 집행되는 결과를 초래하게 된다.[13]

2005.7.29. 개정형법은 사후적 경합범에 대하여 동시적 경합범으로 처리할 때와의 균형을 유지하게 하였다. 판결을 받지 아니한 죄에 대해서 양형을 통한 조정으로 동시적 경합범으로 처리할 때와 동일한 결과가 유지될 수 있도록 한 것이다.[14] 이와 같이 조정된 양형에 의하여 수개의 판결을 합산하여 집행하여도 동시적 경합범으로 처리할 때와 균형이 유지될 수 있게 되었으므로, 제39조 제2항의 규정은 삭제되었다.

2005.7.29. 개정형법 이전의 구형법 제39조 제1항에 대해서는 "제37조 후단이 사후적 경합범을 규정한 취지에 비추어, 사후적 경합범에 대하여는 입법론적으로 다시 전체형을 정할 수 있도록 해야 한다"는 입법론적 비판이 제기되고 있었다.[15] 이러한 관점에서 판결을 받지 아니한 죄에 대한 형의 선고는 제38조가 고려되어야 한다고 주장하였다. 즉 판결이 확정된 죄에서 선고된 형이 사형·무기징역·무기금고인 때에는 판결을 받지 아니한 죄에 대하여 별도의 형을 선고할 수 없고, 각 죄에 정한 형이 동종의 형인 때에는 이미 선고된 형을 포함한 형이 제38조 제1항 제2호에서 가중한 형기 또는 액수를 초과할 수 없다는 것이다. 2005.7.29.의 개정형법은 이러한 관점을 채택한 것으로 볼 수 있다.

그러나 입법론적으로는 사후적 경합범에 대하여 새로운 전체형을 정할 수 있도록 하는 것이 바람직하다. 즉 제37조 후단의 규정은 사후적 경합범을 동시적 경합범과 동일하게 취급하려는 의도라고 이해해야 한다. 일사부재리의 원칙도 재심의 경우와 같이 행위자에게 유리한 경우에는 적용되지 않고 있다. 이러한 문제를 법관에게 완전히 일임된 양형고려를 통하여 해결하려는 것은 형법이 사법법으로서의 임무를 해태하는 것이다.

### 3-3. 형의 집행과 경합범

경합범에 의한 판결의 선고를 받은 자가 경합범 중의 어떤 죄에 대하여 사면 또는 형의 집행이 면제된 때에는 다른 죄에 대하여 다시 형을 정한다(제39조 제3항). 이는 경합범에 대하여 하나의 형이 선고된 경우에 적용된다. 경합범에 대하여 각각 다른 형이 선고된 경우에는 어떤 죄에 대하여 사면 또는 형의 집행이 면제되었다고 하여 형을 다시 정할 이유가 없기 때문이다. 이 경우 형의 집행에 있어서는 이미 집행한 형기를 통산한다(동조 제4항).

---

12) 대법원 1967.3.6. 67초6.

13) 동지, 신동운, 782면.

14) 배종대, 568면은 사후적 경합범에 대한 판단을 하면서 이미 확정된 판결을 고려하여 형을 선고하는 것도 양형판단에서 이미 확정된 판결을 다시 심리하는 결과가 된다는 비판을 제기한다. 그러나 받을 수 있었던 동시적 경합범의 혜택을 사후에 양형에서라도 고려하는 것은 당연하다고 해야 한다.

15) 독일형법 제55조는 사후적 경합범에 대하여 전체형주의를 채택하고 있다.

# 제 5 편

## 형벌과 보안처분

제 1 장 형 벌
제 2 장 보안처분

# 제 1 장 형 벌

## 제 1 절 형벌의 종류

형벌은 범죄에 대한 법률효과이며, 국가공권력에 의한 법익의 박탈이다. 형벌은 언제나 공형벌이며, 사인에 의한 형벌은 존재하지 않는다. 형벌에 의하여 박탈되는 법익으로는 생명·자유·명예·재산이 있으며, 현행 형법에서는 사형·징역·금고·자격상실·자격정지·벌금·구류·과료·몰수의 9가지 종류의 형벌을 규정하고 있다(제41조). 이 중에서 사형은 생명이라는 법익을 박탈하는 생명형이며, 징역·금고·구류는 자유형, 자격상실과 자격정지는 명예형, 그리고 벌금·과료와 몰수는 재산형에 해당한다. 다만 몰수는 재산형으로서의 성질과 보안처분으로서의 성질을 함께 가지고 있는 것으로 이해되고 있다.

형벌은 주형과 부가형으로 구별된다. 주형은 단독으로 선고될 수 있는 형벌임에 반하여, 부가형은 주형에 부가하여 선고되는 형벌이다. 형법은 몰수형의 부가성을 인정하고 있다(제49조).

### 1. 생명형(사형)

#### 1-1. 현행법의 사형제도

사형은 수형자의 생명을 박탈하는 것을 내용으로 하는 형벌이며, 현행 형법이 규정하는 형벌 중에서 가장 무거운 형벌이다. 사형제도는 야만적이고 잔인한 형벌이며, 오판에 대한 회복도 불가능하고 형벌의 합리적인 목적과도 무관하다는 이유로 많은 나라에서 폐지하고 있으며, 이러한 추세는 점점 확산되고 있다. 그러나 형법을 비롯한 특별형법에서는 광범위하게 사형을 규정하고 있다. 특히 제93조의 여적죄는 사형을 절대적 법정형으로 규정하고 있다.

사형의 집행방법에 있어서 근대 형법 이전에는 모든 잔인한 방법들이 사용되었으나, 현행법은 교정시설 안에서 교수하여 집행하도록 규정하고 있다(제66조). 다만 군형법 제3조는 소속 군 참모총장이 지정한 장소에서 총살로써 집행도록 규정하고 있다.

## 1-2. 사형존폐론

### 1-2-1. 사형폐지론

베까리아(Beccaria)는 1764년 '범죄와 형벌'이라는 저서를 통하여 최초로 사형제도의 폐지를 주장하였다. 그 이후에도 사형제도의 폐지에 관한 논의는 꾸준히 진행되어 왔다. 국제적으로는 국제사면위원회가 전 세계의 사형폐지운동을 전개하고 있으며, 우리나라에서도 1989년에 사형폐지운동협의회가 결성되어 활동하고 있다. 이러한 영향에 의하여 현재 독일 · 프랑스 · 이탈리아 · 노르웨이 등의 나라에서는 법률적으로 모든 범죄에 대하여 사형을 폐지하였으며, 영국 · 이스라엘 · 브라질 · 캐나다 등의 국가에서는 전시범죄나 군범죄를 제외한 일반범죄에 대하여 사형을 폐지하였다. 그 밖에 사형을 존치시키는 나라에서도 최근 수년간 사형집행을 하지 않은 국가로는 벨기에 · 터키 · 필리핀 · 볼리비아 등이 있다.[1)]

사형폐지의 논점은 대략 다음과 같다.

① 사형은 야만적이고 잔혹한 형벌이며,[2)] 인간의 존엄과 가치의 전제가 되는 생명권을 박탈하기 때문에 헌법에 반한다. 생명이란 그 자체가 비대체적이고 절대적인 가치를 가지므로 이를 박탈하는 형벌은 헌법정신과 일치할 수 없다. ② 사형은 오판에 대한 회복이 불가능하다. ③ 사형은 일반인이 기대하는 것처럼 위하적 효과를 가지지 못한다. 이는 사형을 폐지한 많은 국가에서 폐지 이전에 비하여 중죄의 발생률이 증가하지 않았다는 통계에 의하여 입증되고 있다.[3)] 베까리아(Beccaria)도 "무기형의 위하력이 사형의 위하력에 비하여 훨씬 크기 때문에 사형은 폐지되어야 한다"고 주장하였다. ④ 사형은 형벌의 합리적 목적인 행위자에 대한 교화 · 개선에 아무런 기여를 하지 못하는 단순한 응보에 불과하다. 또한 이러한 응보는 일반예방의 관점에서도 정당화될 수 없다.[4)] 다른 잠재적 범죄인이 범

1) 배종대, 572면 참조.

2) 무엇보다도 사형제도는 출구가 없다고 오판하는 범죄인들을 흉포하게 만들어, 이에 의한 일반국민의 잔혹한 피해를 증폭시킨다. 흉악범죄인에 대한 사형집행이 일반국민의 복수감정에 일조를 할 수 있는 반면에, 선량한 일반국민의 정서에 상처를 입히게 된다. 가혹한 복수의 사회는 전반적으로 사회 전체를 어둡게 만든다.

3) 손동권/김재윤, 674면; 정영일, 사형제도에 대한 형사정책적 의미, 형사정책 1986, 319면 이하 참조.

4) 오영근, 500면 이하 참조.

죄를 저지르지 않도록 하기 위해서 사람의 생명을 박탈할 수는 없기 때문이다. ⑤ 사형은 정치적 반대세력이나 소외집단 등에 대한 탄압도구로 악용될 수 있는 국가의 폭력이다.[5]

### 1-2-2. 사형존치론

사형을 폐지한 국가보다도 더 많은 국가, 예컨대 남한과 북한 · 미국 · 러시아 · 중국 · 일본 등에서는 여전히 사형을 존치시키고 있다. 모든 사람은 태어날 때부터 생명권을 가지고 있으나 타인의 생명권을 침해한 자는 자신의 생명권을 주장할 수 없다는 것이다. 또한 현재 사형을 폐지한 국가에서도 예컨대 테러범죄 등 중대한 범죄에 대한 효과적인 대책으로 사형을 부활해야 한다는 주장이 일어나고 있다고 한다.

사형존치의 논점은 대략 다음과 같다.

① 모든 사람은 생명에 대하여 본능적인 애착을 가지고 있으므로 사형의 위하력이 부정될 수 없다. 사형의 위하력이 통계에 의하여 밝혀지지 않는다고 하여도, 분명히 사형의 예고는 범죄에 대한 강력한 억제력을 가지고 있다. ② 형벌의 가장 현실적인 목적이 응보에 있으므로 극악한 범죄는 마땅히 사형으로 응분의 대가를 받아야 하며, 이는 일반국민의 정의관념에 부합된다. ③ 사형의 폐지가 개념논리적으로 타당하다고 하여도, 사회의 법의식이 사형을 요구하고 있을 때에는 아직까지 사형은 적정하고 필요한 형벌이 된다. 사형의 폐지가 우리의 현실에서는 아직 시기상조이다.

### 1-2-3. 사 견

형벌은 국가공권력의 행사이다. 국가공권력은 특정한 목적을 위하여 행사된다. 그러나 아무리 훌륭한 목적을 수행하기 위한 것이라도 국가공권력의 행사는 일정한 제한을 받게 되며, 이는 법치국가원리의 당연한 요청이다. 헌법은 이러한 국가공권력 행사의 한계를 명백히 하고 있으며, 이 한계를 초과하면 헌법에 위배됨으로써 당연히 무효인 불법한 공권력의 행사가 된다.

헌법은 기본권 조항을 통하여 모든 국가공권력이 국민의 기본적인 권리를 침해할 수 없음을 규정하고 있다. 다만 헌법 제37조 제2항 전단은 "국민의 모든 자유와 권리는 국가안전보장 · 질서유지 또는 공공복리를 위하여 필요한 경우에 법률로써 제한할 수 있다"고 법률유보의 기본원리를 규정하고 있다. 동시에 후단에서는 "… 제한하는 경우에도 자유와 권리의 본질적인 내용을 침해할 수 없다"는 본질적 내용 침해금지를 규정하고 있다. 국가공권력이 아무리 훌륭한 목적을 수행하기 위한 것이라도 국민의 자유와 권리의 본질적인 내용까지 침해하면서까지 행사될 수 없다는 것이다. 여기서 본질적인 내용의 침해는, 그

---

5) 배종대, 575면.

침해로 인하여 당해 자유와 권리의 행사가 영구적으로 회복이 불가능한 경우에 인정된다. 생명의 침해는 한 번의 침해로 영구적으로 회복이 불가능하기 때문에, 국가 공권력에 의한 생명의 침해는 항상 헌법 제37조 제2항 후단의 본질적 내용 침해금지에 위배된다. 이러한 의미에서 무기징역이나 무기금고의 규정도 위헌법률이라 할 수 있다. 다만 가석방이나 감형·사면제도와의 연결가능성에 의하여 위헌성이 축소될 수 있을 뿐이다.

헌법에 의하여 제한되는 국가공권력은 행정공권력에 제한되지 않는다. 입법공권력이나 사법공권력도 그것이 헌법에 의하여 부여된 권한인 이상 당연히 헌법의 제한에 따라야 한다. 따라서 사형을 인정하는 법률의 입법뿐 아니라 사형의 선고 및 사형의 집행도 헌법 제37조 제2항 후단의 규정에 배치된다.

## 2. 자유형(징역, 금고, 구류)

### 2-1. 자유형의 의의

자유형이란 수형자의 신체적 자유의 박탈을 내용으로 하는 형벌을 말한다. 형법은 자유형으로 징역·금고·구류라는 3종류의 형을 인정하고 있다. 본래 범죄인에 대한 자유의 박탈은 범죄에 대한 정당한 응보로서의 고통이다. 그러나 현재의 자유형은 신파의 목적형주의의 영향에 의하여 수형자를 수형기간 동안 격리·수용함으로써 범죄로부터 사회를 방위하며, 동시에 교화·개선조치를 취함으로써 범죄인을 건전한 사회인으로 복귀시키는 재사회화의 목적을 수행하게 되었다. 이에 따라 형집행법(형의 집행 및 수형자의 처우에 관한 법률) 제1조는 '수형자의 교정교화와 건전한 사회복귀를 도모'하는 데 목적이 있음을 선언하고 있다.

### 2-2. 형법의 자유형

#### 2-2-1. 징 역

징역은 수형자를 교정시설에 수용하여 정해진 노역에 복무하게 하는 형벌로서 자유형 가운데 가장 무거운 형벌이다(제67조). 징역에는 무기징역과 유기징역의 2종이 있다. 유기징역은 1개월 이상 30년 이하이며, 형을 가중할 때에는 50년까지로 한다(제42조). 무기징역은 기간의 제한이 없는 종신형에 해당한다. 다만 헌법합치적 해석에 의하면, 무기형의 경우에도 20년이 경과한 후에는 가석방을 가능하게 함으로써(제72조 제1항) 종신형의 위헌성이 배제될 수 있다.

최근 범죄의 흉포화에 대한 대처방법으로 가석방 없는 무기형의 도입이 논의되고 있다. 그러나 사형과 마찬가지로 가석방 가능성이 배제된 무기형도 헌법 제37조 제2항 후단의 본질적 내용 침해금지에 배치되는 형벌이라는 것이 이 책의 관점이다. 가석방은 응보형주의의 객관적인 관점이 아닌 신파의 주관주의 관점에서 채택된 제도이다. 이러한 가석방 제도를 이용하여 응보형인 무기형의 상한을 확장하는 것은 가석방 제도 자체를 왜곡시키는 모순된 법논리의 전개라고 해야 한다. '가석방 없는 무기형'은 재사회화의 준비가 완료되어 더 이상 형집행의 필요성이 소멸된 수형자에 대하여 무의미한 보복에만 몰두하는 형벌에 불과하다. 역설적이기도 하지만, 현재도 이미 사형의 선고는 실질적으로 가석방 없는 무기형을 대체하고 있다.[6)]

### 2-2-2. 금 고

금고는 수형자를 교정시설에 수용함으로써 자유를 박탈하는 형벌이다(제68조). 금고는 정해진 노역에 복무할 의무가 없다는 점에서 징역과 구별된다. 다만 형집행법 제67조는 금고의 수형자에 대하여도 신청에 따라 작업을 부과할 수 있도록 규정하고 있다. 금고도 징역과 마찬가지로 유기금고와 무기금고의 2종이 있으며, 그 형기는 징역의 경우와 동일하다(제42조). 형법은 형기가 동일한 경우에 징역에 비하여 금고를 가벼운 형벌로 인정하고 있다(제50조, 제41조).

### 2-2-3. 구 류

구류는 1일 이상 30일 미만의 기간 동안 수형자를 교정시설에 수용함으로써 자유를 박탈하는 형벌이다(제46조, 제68조). 구류는 정해진 노역에 복무할 의무가 없다는 점에서 징역과 구별되며, 그 기간이 1일 이상 30일 미만이라는 점에서 기간이 최소한 1개월 이상인 징역·금고와 구별된다. 또한 구류는 형벌이라는 점에서 형사소송법상의 강제처분인 구금과 구별되고, 벌금·과료를 납입하지 아니한 경우의 환형처분인 노역장유치(제70조)와 구별된다.

구류는 자유형 중에서 가장 가벼운 형벌로서, 형법에서는 경미한 범죄, 예컨대 공연음란죄·과실치상죄·폭행죄·협박죄 등에서 선택형으로 규정되어 있으며, 주로 경범죄처벌법 등 경미범죄에 대한 법률에서 규정하고 있다.

## 2-3. 자유형의 문제점

### 2-3-1. 단기자유형의 문제점

단기자유형은 보통 6개월 이하의 자유형을 말한다. 이와 같은 단기의 자유형은 그 기

---

6) 제78조 제1호 사형에 대한 형의 시효기간 30년은 2023.8.8. 형법일부개정으로 삭제되었다.

간 동안 사회복귀를 위한 개선효과를 기대할 수 없고, 오히려 혼거구금에 의하여 다른 수형자로부터 범죄의 감염을 받을 위험성이 많으므로 형벌의 개선·교화의 목적에 배치되는 결과를 초래하게 된다. 따라서 단기자유형은 폐지되거나 제한되어야 하며, 선고유예·집행유예·벌금형 등의 수단으로 대체되어야 한다는 데에 학설이 일치하고 있다.

#### 2-3-2. 자유형의 단일화문제

역사적으로 금고는 과실범이나 정치범·사상범 등 명예를 존중할 필요가 있을 때 부과하는 형벌로서 인식되어 왔다. 과거의 수형자들은 마치 노예와 같은 작업을 강요당했기 때문에 금고는 징역에 비하여 가벼운 형벌에 해당할 수 있었다. 그러나 현재는 징역과 금고의 구별에 대한 비판이 제기되고 있으며, 징역과 금고의 구별 타당성에 관한 문제가 자유형의 단일화 논의이다.

현재는 금고가 징역에 비하여 가벼운 형벌이라든가 또는 징역은 비명예구금이고 금고는 명예구금에 해당한다는 등의 의미가 부여되지 않는다. 작업의 부과가 명예손상이 아니며, 행형적으로도 작업은 수형자의 교화·개선을 위한 중요한 기능이 인정되고 있다. 따라서 일치된 학설의 입장[7]에서는 징역과 금고에 대한 구별의 폐지를 주장한다(통설). 다만 구류는 아예 형벌의 영역에서 배제시키는 것이 바람직하다(다수설).[8] 30일 미만의 구금은 형벌의 목적과 전혀 일치할 수 없으며, 선고유예·집행유예·벌금형 등의 수단으로 대체하는 것이 더 효과적이기 때문이다.

## 3. 재산형(벌금, 과료, 몰수)

재산형이란 범인으로부터 일정한 재산을 박탈하는 것을 내용으로 하는 형벌을 말한다. 형법은 재산형으로서 벌금과 과료 및 몰수를 규정하고 있다.

재산형 중에서 특히 벌금형은 중세유럽에서의 범죄행위에 대한 속죄금이나 배상금에서 유래한 형벌이다. 중세유럽에서의 범죄행위에 대한 속죄금이나 배상금은 공형벌이 아닌 개인적 배상제도의 성질을 가지고 있었다. 그러나 이는 국가 형사사법의 확립에 따라 공형벌인 벌금으로 전환되었다. 벌금형은 국가재정수입도 증가시키는 유용한 형벌제도로서 발전을 거듭하여 왔으며, 특히 경미한 범죄와 이익취득범죄에 대한 적절한 형벌로서 그 기능을 담당하게 되었다. 벌금형은 단기자유형의 폐단을 줄이는 대체수단으로서도 중요한 기능을 담당하고 있다.

---

7) 반대 견해로는 손동권/김재윤, 682면.

8) 반대 견해로는 권오걸, 716면; 손동권/김재윤, 681면; 안동준, 333면; 이영란, 575면.

## 3-1. 벌 금

### 3-1-1. 현행법의 벌금형

벌금형은 범죄자에게 일정한 금액의 지불을 강제적으로 부담시키는 형벌이며, 현행법에서 인정하는 가장 무거운 재산형에 해당한다. 벌금은 5만원 이상으로 하며, 그 상한에는 제한이 없다. 다만, 감경하는 경우에는 5만원 미만으로 할 수 있다(제45조). 형법의 벌금제도는 일정한 금액을 벌금으로 선고하는 총액벌금제도를 채택하고 있다. 법정형의 범위에서 벌금액을 정함에 있어서는 형법에 특별한 규정이 없으므로 양형에 관한 일반규정(제51조)이 적용될 뿐이다. 경제사정의 변동에 따르는 벌금과 과료의 액에 관한 특례는 벌금등 임시조치법에서 정한다. 동법 제3조에서는 "이 법 또는 다른 법령에 의하여 산출되거나 다른 법령에 규정된 벌금의 다액이 10만원 미만일 때에는 그 다액을 10만원으로 한다"고 규정하고 있다.

벌금형은 형벌이므로 일신전속적이어야 한다. 따라서 벌금의 대납은 허용되지 않으며, 국가에 대한 채권과도 상계할 수 없다. 또한 벌금에 대하여는 상속이나 공동연대책임도 인정되지 않는다.

벌금은 판결확정일로부터 30일 내에 납입하여야 한다(제69조 제1항 본문). 다만 벌금을 선고할 때에는 동시에 그 금액을 완납할 때까지 노역장에 유치할 것을 명할 수 있다(제69조 제1항 단서). 벌금을 선고할 때에는 이를 납입하지 아니하는 경우의 노역장 유치기간을 정하여 동시에 선고하여야 하며(제70조 제1항), 선고하는 벌금이 1억원 이상 5억원 미만인 경우에는 300일 이상, 5억원 이상 50억원 미만인 경우에는 500일 이상, 50억원 이상인 경우에는 1천일 이상의 노역장 유치기간을 정하여야 한다(제70조 제2항). 벌금을 납입하지 아니한 자는 1일 이상 3년 이하의 기간 노역장에 유치하여 작업에 복무하게 한다(제69조 제2항). 벌금의 선고를 받은 자가 그 금액의 일부를 납입한 경우에는 벌금과 노역장 유치기간의 일수에 비례하여 납입금액에 해당하는 일수를 뺀다(제71조).

### 3-1-2. 현행 벌금형의 문제점

#### 3-1-2-1. 총액벌금형제도(일수벌금형제도의 도입문제)

형법의 벌금제도는 일정액을 벌금으로 선고하는 총액벌금형제도를 채택하고 있다. 그러나 총액벌금형제도는 범인의 경제사정을 고려할 수 없는 단점이 있다. 따라서 부유한 범인에게는 전혀 형벌의 효과를 기대할 수 없으며, 가난한 범인에게는 너무 가혹한 형벌이 될 수 있다. 이러한 폐단은 일수벌금형제도의 도입으로 해소될 수 있다. 일수벌금형제도는 먼저 범행의 경중에 따라 벌금일수를 정하고, 범인의 경제적 사정을 고려하여 1일의 벌금액을 정하는 벌금형제도를 말한다. 이러한 일수벌금형제도는 벌금형의 일반예방기능은 물론 특별예방기능에도 충실할 수 있는 정당한 형벌이라고 할 수 있다. 독일과 오스트리아 등에서는 일수벌금형제도를 채택하고 있다.

#### 3-1-2-2. 벌금의 분납제도

벌금형은 단기자유형의 폐단을 방지하는 대체수단으로 유용한 기능을 발휘할 수 있다. 그런데 피고인의 경제사정에 따라 벌금형이 단기자유형으로 전환될 위험성이 있게 된다. 이러한 단점은 벌금의 분납제도를 채택함으로써 해소될 수 있다. 피고인의 벌금납입가능성을 고려하여 벌금의 분납과 납입기간 등을 정해주는 제도가 필요하다.

#### 3-1-2-3. 벌금형의 집행유예제도

형법에서는 벌금형에 대하여 선고유예를 인정하면서 전면적인 집행유예는 인정하지 않고 있다(제59조, 제62조). 2016.1.6.의 개정형법에서야 비로소 500만원 이하의 벌금형에 대해서만 집행유예가 가능하도록 개정하였다. 그러나 중한 자유형에 대한 집행유예를 인정하면서 자유형보다 경한 형벌인 500만원을 초과하는 벌금형의 집행유예를 인정하지 않는 것은 모순이며, 500만원을 초과하는 벌금형에 대한 집행유예를 부정해야 할 합리적인 이유가 없다(통설).

#### 3-1-2-4. 그 밖의 문제점

단기자유형의 폐단을 해소하기 위해서는 징역형만을 법정형으로 규정하고 있는 가벼운 범죄에 대하여 벌금형을 선택형으로 규정할 필요가 있다.

벌금형은 경한 범죄에 대하여 피고인의 법익침해를 최소로 하면서도 현대의 경제사회에서 아주 적절하고 효과적인 형벌이 되고 있다. 다만 벌금형의 부담은 범인 이외에 범인의 가족에게까지 미치게 되어 형벌의 일신전속적 성질을 해하고 있다. 특히 타인의 경제활동을 보조하면서 저질러지는 환경범죄 · 조세범죄 · 기업범죄 등에 있어서는 벌금의 대납 등을 통하여 형벌의 일신전속적 성질이 침해됨으로써 벌금형의 결함이 나타나게 된다. 이러한 벌금형의 결함에도 불구하고 벌금형이 가지는 장점은 결코 포기될 수 없을 만큼 크다. 따라서 벌금형에 대해서는 그의 단점들이 보완되어 정당한 형벌이 될 수 있도록 계속적인 연구가 필요하다.

### 3-2. 과 료

과료도 일정한 금액의 지불을 강제적으로 부담시키는 형벌이라는 점에서 벌금형과 동일한 재산형에 해당한다. 그러나 과료는 벌금보다 금액이 적으며, 경미한 범죄에 대하여 부과된다. 과료는 2천원 이상 5만원 미만이며(제47조), 판결확정일부터 30일 내에 납입하여야 한다(제69조 제1항). 과료를 납입하지 아니한 자에 대하여는 1일 이상 30일 미만의 기간 동안 노역장에 유치하여 작업에 복무하게 한다(제69조 제2항). 과료를 선고할 때에는 이를 납입하지 아니하는 경우의 노역장 유치기간을 정하여 동시에 선고하여야 하며(제70조 제1항), 과료의 선고를 받은 사람이 그 금액의 일부를 납입한 경우에는 과료액과 노역장 유치기간의 일수에 비례하여 납입금액에 해당하는 일수를 뺀다(제71조). 과료는 제41조에 의한 형벌이므로 행정벌인 과태료와 구별된다. 과료는 액수의 차이를 제외하면 내용적으로 벌금과 동일하므로 입법론적으로는 일수벌금제도를 채택하고 과료를 폐지하는 것이 타당하다.

## 3-3. 몰 수

### 3-3-1. 몰수의 의의

몰수는 범죄의 반복이나 범죄에 의한 이익의 취득을 방지하기 위하여 범죄행위와 관련된 재산을 박탈하는 형법상의 법률효과이다. 형법은 원칙적으로 몰수를 다른 형에 부가하여 과하는 부가형으로 규정하고 있다(제49조 본문). 다만 행위자에게 유죄의 재판을 아니할 때에도 몰수의 요건이 있는 때에는 몰수만을 선고할 수 있다(제49조 단서). 이러한 몰수를 형법은 형벌의 한 종류로 규정하고 있다.

몰수의 종류에는 임의적 몰수와 필요적 몰수가 있으며, 형법은 임의적 몰수를 원칙으로 한다(제48조). 필요적 몰수는 형법각칙이나 특별형법에 개별적으로 규정되어 있다. 예컨대 뇌물죄에 관한 제134조, 국가보안법 제15조, 특정범죄가중법 제13조, 공무원범죄몰수법(공무원범죄에 관한 몰수특례법) 제3조 등이 그러하다.

### 3-3-2. 몰수의 법적 성질

몰수가 “형벌에 해당하는지 또는 보안처분에 해당하는지”에 관하여는 학설의 다툼이 있다.

① 형법은 몰수를 재산형으로 규정하기 때문에 형식적으로 형벌에 해당하지만 실질적으로는 대물적 보안처분이라는 견해[9]가 있다. 범죄반복의 위험성을 예방하고 범인이 범죄로부터 부당한 이익을 취득하지 못하도록 하는 것은 보안처분의 본질에 속한다는 것이다. 이는 종래 통설[10]의 견해이었다.

② 제41조가 몰수를 형벌의 일종으로 규정하고 있는 이상 몰수는 형벌이라는 견해[11]

9) 김성돈, 791면; 손해목, 1187면; 정성근/박광민, 687면.
10) 유기천, 355면; 정영석, 305면; 황산덕, 310면.
11) 김성천/김형준, 483면; 배종대, 579면; 오영근, 510면; 이영란, 582면; 동취지, 권오걸, 724면.

가 있다. 그러나 이 견해는 몰수의 실질적 의미를 간과하고 있다.

③ 현재 다수설은 몰수를 하나의 성질을 가진 제도가 아니라, 그 목적에 따라 성질을 달리하는 제도로 해석한다. 행위자나 공범의 소유에 속하는 물건의 몰수는 재산형으로서의 성질을 가지나, 제3자의 소유에 속하는 물건의 몰수는 보안처분의 성질을 가진다는 것이다.

본질적으로 다수설의 입장은 타당하다. 모든 몰수가 대물적 보안처분의 성질을 가지는 것은 아니며, 반면에 형법이 몰수를 형벌의 일종으로 규정했다고 하여 모든 몰수를 형벌로 파악할 수도 없다. 다만 행위자나 공범의 소유에 속하는 물건의 몰수가 모두 재산형으로서의 성질을 가진다고는 볼 수 없다. 행위자나 공범의 소유에 속하는 물건의 몰수라 할지라도 그 물건 자체가 위험하거나 다른 범죄에 사용할 위험이 있는 경우에는 보안처분의 성질을 가진 몰수라고 해석하여야 한다.[12]

### 3-3-3. 몰수의 대상

몰수의 대상은 다음에 열거한 물건의 전부 또는 일부이다(제48조 제1항). 여기서의 물건은 유체물 이외에 권리나 이익도 포함한다.[13]

① **제1호** 범죄행위에 제공하였거나 제공하려고 한 물건: 이는 범행의 도구나 수단인 물건, 즉 범행에 사용한 흉기 등의 물건이나 사용하려고 준비한 도박자금 등의 물건을 의미한다.

② **제2호** 범죄행위로 인하여 생겼거나 취득한 물건: 이는 범행의 산출물, 즉 범행에 의하여 새롭게 생긴 위조문서 · 통화 등의 물건이나 범죄로 취득한 장물 등의 물건을 의미한다.

③ **제3호** 제1호 또는 제2호의 대가로 취득한 물건: 예컨대 장물의 매각대금 등이 여기에 해당하며, 범죄에 의한 부정한 이익을 박탈하려는 데 그 취지가 있다.

### 3-3-4. 몰수의 요건

몰수의 대상은 ① 범인 외의 자의 소유에 속하지 아니하거나, ② 범죄 후 범인 외의 자가 사정을 알면서 취득한 물건임을 요한다(제48조 제1항).

#### 3-3-4-1. 범인 외의 자의 소유에 속하지 아니하는 물건

몰수의 대상은 범인 외의 자의 소유에 속하지 아니하는 물건이어야 한다. 여기서의 범

12) 동지, 손동권/김재윤, 689면 이하; 신동운, 803면; 안동준, 384면.

13) 대법원 1976.9.28. 76도2607; 대법원 2004.5.28. 2004도1442; 대법원 2006.2.24. 2005도4737; 대법원 2012.6.14. 2012도534; 대법원 2015.1.15. 2012도7571; 대법원 2017.1.12. 2016도15470; 대법원 2021.9.9. 2017도19025 전원합의체 판결(웹페이지).

인은 공범도 포함한다.[14] 따라서 범인이나 공범 외의 자의 소유물은 몰수할 수 없다. 그러나 무주물이나 소유자 불명인 물건 또는 금제품 등은 여기에 포함되지 않으므로 몰수할 수 있다. 범인 외의 자의 소유에 속하는 물건에 대하여 몰수의 선고가 있는 때에는 그 물건에 대한 피고인의 소지를 몰수하는 데 그치고 제3자의 소유권에는 영향을 미치지 아니한다.[15]

#### 3-3-4-2. 범죄 후 범인 외의 자가 사정을 알면서 취득한 물건

범인 외의 자의 소유에 속하는 물건이라도 당해 물건이 제48조 제1항에 속하는 물건이라는 사실을 알면서 취득한 때에는 몰수의 대상이 된다.

### 3-3-5. 추징 및 폐기

몰수의 대상인 물건을 몰수할 수 없을 때에는 그 가액을 추징한다(제48조 제2항). 문서 · 도화 · 전자기록 등 특수매체기록 또는 유가증권의 일부가 몰수의 대상이 된 경우에는 그 부분을 폐기한다(제48조 제3항). 추징과 폐기는 몰수의 취지를 관철하기 위한 사법처분이며, 실질적으로 부가형의 성질을 갖는다. 몰수할 수 없을 때는 분실 · 훼손 · 제3자의 선의취득 등 사실상 · 법률상 몰수할 수 없을 때를 말한다.

## 4. 명예형(자격상실, 자격정지)

### 4-1. 명예형의 의의

명예형은 범인의 일정한 자격을 박탈 내지 제한하는 형벌로서 자격형이라고도 한다.[16] 형법이 인정하는 명예형으로는 자격상실과 자격정지가 있다. 독일형법은 자격형이 피고인의 사회복귀에 부정적인 작용만 할 뿐이라는 것을 이유로 자격형을 일정한 형벌의 부수효과로만 규정하고 있다. 그러나 형법은 자격정지에 대하여 독자적인 형벌을 인정하고 있다.

### 4-2. 자격상실

제43조 제1항에 의하여 사형, 무기징역 또는 무기금고의 판결을 받은 자는 ① 공무원

14) 대법원 2006.11.23. 2006도5586; 대법원 2007.3.15. 2006도8929; 대법원 2013.5.23. 2012도11586.

15) 대법원 1970.2.10. 69다205; 대법원 1999.5.11. 99다12161; 대법원 2008.2.14. 2007도10034; 대법원 2017.9.29. 2017모236.

16) 일정한 자격의 박탈 · 제한이 범인의 명예에 대한 손상이라는 의미에서 명예형이라 지칭할 뿐, 공권력으로 직접 범인의 명예를 손상시키는 형벌이라는 의미는 아니다.

이 되는 자격, ② 공법상의 선거권과 피선거권, ③ 법률로 요건을 정한 공법상의 업무에 관한 자격, ④ 법인의 이사·감사 또는 지배인 기타 법인의 업무에 관한 검사역이나 재산관리인이 되는 자격을 상실한다. 형법의 자격상실은 사실상 독자적인 형벌이 아니라, 일정한 형의 선고가 있으면 그 형의 효력으로서 당연히 일정한 자격이 상실되는 형의 부수효과로 규정하고 있다.

### 4-3. 자격정지

자격정지는 일정기간 동안 일정한 자격의 전부 또는 일부가 정지되는 것을 말한다. 형법은 '일정한 형의 부수효과로서의 당연정지'와 '판결에 의하여 과해지는 독자적인 형벌로서의 자격정지'를 인정하고 있다.

제43조 제2항에 의하여 유기징역 또는 유기금고의 판결을 받은 자는 그 형의 집행이 종료하거나 면제될 때까지 ① 공무원이 되는 자격, ② 공법상의 선거권과 피선거권, ③ 법률로 요건을 정한 공법상의 업무에 관한 자격이 정지된다(제43조 제2항 제1문). 이때의 자격정지는 독자적인 형벌이 아니라 일정한 형의 부수효과에 불과하다. 다만 다른 법률에 특별한 규정이 있는 경우에는 그 법률에 따른다(제43조 제2항 제2문).[17]

자격의 당연정지 이외에 형법은 판결선고에 의해서도 제43조 제1항에 기재된 자격의 전부나 일부를 정지할 수 있음을 인정하고 있으며, 이때 자격정지는 선택형이나 병과형으로 과해진다. 판결선고에 의한 자격정지의 기간은 1년 이상 15년 이하이다(제44조 제1항). 자격정지 기간은 자격정지가 선택형인 때에는 판결의 확정일로부터 기산하며, 유기징역 또는 유기금고에 병과한 때에는 징역 또는 금고의 집행이 종료하거나 면제된 날로부터 기산한다(제44조 제2항).

## 제 2 절 형의 경중

### 1. 형의 경중의 의의

제41조는 9종류의 형벌을 규정하고 있으며, 이들 형벌 사이의 경중에 관한 문제는 형법해석에서 중요한 의미가 있다. 예컨대 제1조 제2항의 '경한 신법주의' 또는 제38조·제40조의 '경합법 처벌례' 등에서 형의 경중이 문제된다. 형법 제50조는 이러한 형의 경중에

17) 헌재 2018.1.28. 2012헌마409 등의 집행유예자와 수형자에 대하여 전면적·획일적으로 선거권을 제한한 것에 대하여 위헌 및 헌법불합치 결정에 따라 개정·신설된 단서 조항이다.

관하여 규정하고 있다.

## 2. 형의 경중에 관한 기준

형의 경중은 제41조에 규정된 순서에 의한다(제50조 제1항 본문). 사형 · 징역 · 금고 · 자격상실 · 자격정지 · 벌금 · 구류 · 과료 · 몰수의 순서가 된다. 다만 무기금고와 유기징역은 무기금고를 무거운 것으로 하고, 유기금고의 장기가 유기징역의 장기를 초과하는 때에는 유기금고를 무거운 것으로 한다(제50조 제1항 단서).

같은 종류의 형은 장기의 긴 것과 다액의 많은 것을 무거운 것으로 하고, 장기 또는 다액이 같은 경우에는 단기의 긴 것과 소액의 많은 것을 무거운 것으로 한다(제50조 제2항). 같은 종류의 형에서는 장기와 다액이 형의 경중을 판단하는 기준이 되며, 장기와 다액이 같은 경우에는 단기와 소액으로 형의 경중을 판단한다. 부정기형과 정기형 사이의 형의 경중은 부정기형의 장기와 단기의 중간형을 기준으로 비교해야 한다.[18]

제50조 제1항과 제2항을 제외하고는 죄질과 범정을 고려하여 경중을 정한다(제50조 제3항). 법정형이 동일한 경우에는 죄질과 범정이 형벌의 경중을 판단하는 기준이 된다.

법정형 이외에 처단형과 선고형에 있어서도 위와 동일한 취지로 형의 경중이 판단된다. 이에 대하여 명문의 규정은 없으나 판례가 취하고 있는 입장이다. 판례는 집행유예가 집행면제보다 가볍고,[19] 징역형의 선고유예는 벌금형보다 가볍다[20]고 판시하고 있다. 다만 실형의 징역형과 집행유예된 징역형의 경중에 관하여는 판례의 입장이 일관되지 못하고 있다. 형기가 길어도 집행유예된 징역형이 가볍다[21]고 판시한 경우도 있고, 집행유예 여부와 관계없이 형기에 따라 경중을 판단한 경우[22]도 있다. 그러나 집행유예 여부와 관계없이 형기에 따라 경중을 판단하는 것은 형소법 제368조 불이익변경금지원칙의 목적론적 의미에 배치되며, 상소의 위축을 가져오므로 타당하다고 할 수 없다.

---

18) 대법원 2020.10.22. 2020도4140 전원합의체 판결: “피고인이 항소심 선고 이전에 19세에 도달하여 제1심에서 선고한 부정기형을 파기하고 정기형을 선고함에 있어 불이익변경금지 원칙 위반 여부를 판단하는 기준은 부정기형의 장기와 단기의 중간형이 되어야 한다.”

19) 대법원 1963.2.14. 62도248; 대법원 1985.9.24. 84도2972 전원합의체 판결.

20) 대법원 1966.4.6. 65도1261.

21) 대법원 1965.12.10. 65도826; 대법원 1970.3.24. 70도33; 대법원 1986.3.25. 86모2; 대법원 2016.3.24. 2016도1131.

22) 대법원 1966.12.8. 66도1319; 대법원 1970.5.26. 70도638; 대법원 1976.1.27. 75도1543.

# 제3절 형의 양정

## 1. 양형의 의의

형의 양정 또는 양형이란 법정형에 법률상의 감경·가중 및 정상참작감경을 하여 처단형을 확정하고, 그 범위 내에서 구체적으로 선고할 형을 정하는 것을 말한다. 형법은 구체적인 범죄에 대하여 선고할 수 있는 형의 범위만을 정하고 있을 뿐이며, 개별적인 형의 양정에 관하여는 광범위하게 법관의 재량에 일임하고 있다. 따라서 양형의 영역에서는 "어떠한 합리적인 기준을 설정할 수 있는지"가 중요한 과제가 된다.

## 2. 형의 양정의 단계

구체적인 사건에 대한 개별적인 형의 양정은 법정형·처단형·선고형의 순으로 확정되어 진다.

### 2-1. 법정형

일정한 범죄행위에 대한 법률효과로서 형법이 규정하고 있는 형벌이 법정형이다. 예컨대 일반살인죄에 대한 제250조 제1항의 사형·무기 또는 5년 이상의 징역이나, 절도죄에 대한 제329조의 6년 이하의 징역 또는 1천만원 이하의 벌금 등이 법정형이다. 법정형은 구체적인 형의 양정을 위한 형 선택의 일차적인 기준이 된다.

### 2-2. 처단형

법정형이 법률상의 가중·감경 및 정상참작감경에 의하여 처단의 범위로 구체화된 형을 처단형이라 한다. 법정형에 선택할 형종이 있는 경우에는 먼저 형종을 선택한 후, 그 형을 가중·감경하여 처단형이 정해진다.

#### 2-2-1. 형의 가중과 감경

##### 2-2-1-1. 형의 가중

형의 가중은 법률상 가중만 허용되며 재판상의 가중은 허용되지 않는다. 법률상의 가중에는 일반적인 가중사유와 특수한 가중사유가 있다.

일반적 가중사유는 모든 범죄에 대하여 일반적으로 형이 가중되는 사유로서 형법총칙의 누범가중(제35조)과 경합범가중(제38조)이 여기에 해당한다. 형법 제34조 제2항의 특수교사·방조죄도 여기에 해당한다.

특수적 가중사유는 형법각칙의 특별구성요건에 의한 가중사유이며, 상습범가중(제264조, 제332조)과 특수범죄의 가중(제144조, 제278조)이 여기에 해당한다.

#### 2-2-1-2. 형의 감경

형의 감경에는 법률상 감경과 재판상의 감경인 정상참작감경이 있다.

##### 2-2-1-2-1. 법률상의 감경

법률상 감경으로는 형법총칙이 규정하고 있는 일반적인 필요적 감경사유로서 심신미약(제10조 제2항), 중지미수(제26조), 방조범(제32조 제2항)이 있다. 또한 형법총칙이 규정하고 있는 일반적인 임의적 감경사유로는 과잉방위·과잉피난·과잉자구행위(제21조 제2항·제22조 제3항·제23조 제2항), 장애미수(제25조 제2항), 불능미수(제27조 단서), 자수·자복(제52조)[23]이 있다.

법률상 감경은 형법총칙의 일반적인 감경사유 이외에도 형법각칙의 특별구성요건에 의한 감경사유가 있다. 예컨대 제90조·제101조·제111조 제3항·제120조·제175조·제213조 등에서는 자수의 경우를 필요적 감면사유로 규정하고 있으며, 제153조·제154조·제157조에서는 자복·자수의 경우를 필요적 감면사유로 규정하고 있다. 또한 형법은 '약취·유인·매매 또는 이송된 자를 안전한 장소로 풀어 준 때(제295조의2)'와 '인질을 안전한 장소로 풀어 준 때(제324조의6)'를 임의적 감경사유로 규정하고 있다.

##### 2-2-1-2-2. 재판상의 감경(정상참작감경)

법률상 감경 이외에 형법은 재판상의 감경을 인정하고 있다. 제53조는 "범죄의 정상에 참작할 만한 사유가 있는 경우에는 그 형을 감경할 수 있다"고 규정하고 있다. 이를 정상참작감경이라 한다. 법률상 형을 가중·감경한 경우에도 정상에 참작할 만한 사유가 있는 때에는 재판상의 정상참작감경을 할 수 있다. 정상참작감경에서 '범죄의 정상에 참작할 만한 사유'는 제51조에 의하여 판단하며, 정상참작감경에도 형의 법률상 감경에 관한 제55조 제1항을 준용한다. 그러나 수개의 정상참작감경사유가 있더라도 거듭 감경할 수는 없다.[24]

---

23) 자수는 범인이 수사기관에 대하여 자발적으로 자신의 범죄를 신고하여 소추를 구하는 의사표시를 하는 것이며(제52조 제1항), 자복은 피해자의 명시한 의사에 반하여 공소를 제기할 수 없는 범죄에 있어서 고소권자·고발권자 또는 피해자에게 범죄를 고백하는 것을 말한다(제52조 제2항).

24) 대법원 1964.4.7. 63도10.

#### 2-2-2. 형의 가감례

##### 2-2-2-1. 형의 가중·감경의 순서

한 개의 죄에 정한 형이 여러 종류인 때에는 먼저 적용할 형을 정하고 그 형을 감경한다(제54조). 형을 가중·감경할 사유가 경합된 때에는 ① 각칙 조문에 따른 가중, ② 제34조 제2항에 따른 가중, ③ 누범 가중, ④ 법률상 감경, ⑤ 경합범 가중, ⑥ 정상참작감경의 순서에 의한다(제56조).

##### 2-2-2-2. 형의 가중·감경의 정도와 방법

###### 2-2-2-2-1. 형의 가중정도

유기징역이나 유기금고에 대하여 형을 가중하는 때에는 50년까지로 한다(제42조 단서). 일반적 가중사유인 특수교사·방조(제34조 제2항), 누범 가중 및 경합범 가중(제35조, 제38조)과 특수적 가중사유인 상습범(제264조, 제332조) 및 특수범죄(제261조, 제334조)의 가중정도는 형법에 각각 별도로 규정되어 있다.

###### 2-2-2-2-2. 형의 감경정도와 방법

제55조 제1항에 의한 법률상 감경정도는 다음과 같다.

① 사형을 감경할 때에는 무기 또는 20년 이상 50년 이하의 징역 또는 금고로 한다. ② 무기징역 또는 무기금고를 감경할 때에는 10년 이상 50년 이하의 징역 또는 금고로 한다. ③ 유기징역 또는 유기금고를 감경할 때에는 그 형기의 2분의 1로 한다. ④ 자격상실을 감경할 때에는 7년 이상의 자격정지로 한다. ⑤ 자격정지를 감경할 때에는 그 형기의 2분의 1로 한다. ⑥ 벌금을 감경할 때에는 그 다액의 2분의 1로 한다. ⑦ 구류를 감경할 때에는 그 장기의 2분의 1로 한다. ⑧ 과료를 감경할 때에는 그 다액의 2분의 1로 한다.

"형기의 2분의 1로 감경"한다는 것은 '형기의 장기와 단기를 모두 2분의 1로 감경'하는 것을 의미한다.[25] 법률상 감경할 사유가 수개 있는 때에는 거듭 감경할 수 있다(제55조 제2항). 정상참작감경의 정도와 방법에 대해서는 법률상 감경에 관한 제55조 제1항을 준용한다.[26]

### 2-3. 선고형

선고형이란 법원이 처단형의 범위 내에서 구체적으로 형을 양정하여 당해 피고인에게

---

25) 대법원 2021.1.21. 2018도5475 전원합의체 판결: "장기와 단기를 모두 2분의 1로 감경하는 것이 아닌 장기 또는 단기 중 어느 하나만을 2분의 1로 감경하는 방식이나 2분의 1보다 넓은 범위의 감경을 하는 방식 등은 죄형법정주의 원칙상 허용될 수 없다."

26) 대법원 1959.8.21. 4292형상358; 대법원 1964.10.28. 64도454; 대법원 1992.10.13. 92도1428.

선고하는 형을 말한다. 이때 구체적인 선고형을 정하는 양형의 조건으로는 ① 범인의 연령·성행·지능과 환경, ② 피해자에 대한 관계, ③ 범행의 동기·수단과 결과, ④ 범행 후의 정황이 있다(제51조).

> 선고형은 이와 같이 처단형의 범위 내에서 양형의 조건들을 참작하여 정해져야 한다. 그러나 처단형을 정할 때 사용되는 정상참작감경제도가 실질적으로는 법관이 직관적으로 피고인에게 선고할 적당한 형량을 정하고 나서 그 형량이 법정형에 대해 법률상 가중·감경한 형벌의 범위 안에 들어오지 않을 경우에 그것을 고치는 수단으로 이용될 뿐이므로, 사실은 양형이 선고형－정상참작감경－처단형의 순서로 이루어진다는 견해[27]가 있다. 또한 제51조의 양형의 조건을 정상참작감경에 참작할 사유로 사용한다면,[28] 결국 동일한 기준을 한 번은 정상참작감경을 위하여 다른 한 번은 선고형을 정하기 위하여 사용하는 것이 되며 이는 인식론적으로 허구라고 한다.[29] 이러한 정상참작감경제도의 불합리성은 전체적인 법정형을 낮춤으로써 극복될 수 있다고 한다.[30]
>
> 이러한 비판은 그 타당성이 인정될 수 있으며, 처단형의 범위를 정하는 정상참작감경제도는 폐지되는 것이 바람직하다.[31] 다만 전체적인 법정형을 낮춤으로써 정상참작감경제도의 불합리성을 극복하려 한다면 결국 모든 구성요건의 법정형을 제55조 제1항의 예로 낮추어야 할 것이며, 이는 형법의 보호적 기능에 심각한 장애를 초래하게 된다. 즉 정상참작감경의 사유가 없는 경우까지 법정형이 감경되는 결과가 된다.

### 2-3-1. 양형의 조건

당해 피고인에게 선고되는 구체적인 선고형의 양정은 행위자의 책임을 기초로 판단되어야 한다. 독일형법 제46조 제1항은 이를 명문으로 규정하고 있는데, 명문의 규정이 없는 형법에서도 동일하게 해석된다. 따라서 형벌의 특별예방이나 일반예방의 목적은 행위자의 책임과 일치하는 한도에서 고려되어야 하며, 결코 책임의 범위를 벗어나서는 안 된다.

#### 2-3-1-1. 양형책임의 개념

양형의 기초가 되는 양형책임이 범죄성립요건인 책임과 동일한 개념인지에 관하여는 학설의 대립이 있다. 통설은 '양형책임과 형벌근거책임은 서로 관련된 개념이지만 그 실질과 대상을 달리하는 것'이라고 본다. 즉 범죄의 성립요건인 책임은 비난가능성을 의미함에

27) 배종대, 586면 이하.

28) 권오걸, 748면; 김성돈, 802면; 김일수/서보학, 580면; 손동권/김재윤, 701면; 손해목, 1193면; 안동준, 391면; 이재상/장영민/강동범, 595면; 정영일, 544면; 진계호/이존걸, 719면.

29) 배종대, 587면.

30) 배종대, 588면.

31) 동지, 오영근, 521면.

대하여, "양형책임은 행위에 대한 사회윤리적 불법판단의 경중을 결정하는 모든 요소의 총체, 즉 책임 있는 불법을 의미하며, 여기서는 범죄 전후의 행위자의 태도도 포함된다"는 의미에서 양자는 구별된다고 한다.

상기 '제2편, 제4장, 제1절, 2. 책임의 근거'에서 설명한 바와 같이, 양형책임과 범죄성립요건으로서의 책임의 개념은 구별되어야 한다. 그러나 양형책임이든 범죄성립요건으로서의 책임이든 불법에 대한 책임비난은 구체적인 범죄와 행위자가 관련된 모든 요소에서 그 근거를 찾아야 한다. 따라서 개념적으로 구별되는 두 책임의 판단대상은 동일하다.[32] 범죄성립요건에서는 불법에 대한 책임비난의 유무 및 감경된 책임비난만을 확정하고, 그 양의 측정은 양형에서 이루어지는데, 이를 양형책임이라고 할 수 있다.

#### 2-3-1-2. 양형에 있어서 책임과 예방

학설에서는 책임과 예방이 양형에서 어떻게 고려될 수 있는지 논의가 되고 있다.

##### 2-3-1-2-1. 범주이론

범주이론에 의하면 책임과 완전하게 일치하는 정확한 형벌은 정하여질 수 없고, 책임에 적합한 형벌은 오직 상한과 하한으로 그 범위만이 설정될 수 있다고 본다. 따라서 그 범위 안에서 일반예방과 특별예방을 고려하여 구체적인 형을 양정할 수 있다고 한다. 범주이론은 다수설에 의하여 지지되고 있다.

##### 2-3-1-2-2. 유일형이론

유일형이론에 의하면 책임은 언제나 하나의 고정된 크기를 가지므로 정당한 형벌도 언제나 하나일 수밖에 없다고 한다. 이에 대하여는 "책임과 일치하는 형벌을 정하는 것은 불가능하므로 유일형이론은 가설에 불과하다"는 비판이 제기된다.[33][34] 또한 "책임과 일치하는 형벌을 정하는 것은 불가능하며, 유일형이론에 의하여도 유일형은 유일한 형의 발견이 아니라 형의 양정을 통하여 확정되기 때문에 범주이론과 유일형이론은 차이가 없다"는 견해[35][36]도 있다.

##### 2-3-1-2-3. 단계이론

단계이론은 형벌의 확정이 2단계의 과정에서 이루어져야 한다는 이론이다. 우선 형벌의 양은 오직 유책한 불법의 비중에 의하여 확정하고, 그다음의 단계에서 형벌의 종류와

32) 동취지, 성낙현, 719면.
33) 성낙현, 720면; 이재상/장영민/강동범, 598면.
34) Tröndle/Fischer, StGB, § 46 Rdnr. 11.
35) 박상기, 552면.
36) Vgl. Arthur Kaufmann, Das Schuldprinzip, S. 261 ff.

집행 여부는 특별예방 및 일반예방의 목적을 종합적으로 고려하여 결정해야 한다는 것이다.[37] 그러나 이러한 단계이론에 대하여는 "책임에 적절한 양형의 본질을 간과하고 있으며, 이에 따라 양형에서 특별예방의 관점을 약화시키는 결과를 초래하고 있다"는 비판[38]이 제기되고 있다.

형법이론에 관한 결합설의 입장에서 볼 때, 불법에 대한 책임비난의 근거는 구체적인 범죄와 행위자가 관련된 모든 요소이다. 따라서 행위자에 대한 특별예방의 문제 역시 책임의 영역에서 제외될 수 없다. 이에 반하여 일반예방은 법정형의 예고로 그 목적을 거의 달성하는 것이므로 이를 양형에서 특별히 더 고려해야 할 여분이 남아있는 것으로 보기 곤란하다.[39] 이러한 점에서 일반예방은 형벌근거책임에서의 역할 외에 양형책임에서의 특별한 역할을 인정하기가 어렵다. 양형에서 책임과 예방의 문제는 이와 같이 이해하면 충분하며, 양형책임에서 책임과 예방을 분류하는 것 자체가 부당하다. 오히려 개별적인 구체적인 상황에서 책임과 특별예방의 관점은 종합적으로 고려되어야 합리적인 형의 양정이 이루어질 수 있다. 이러한 의미에서 양형은 법관에게 일임된 영역으로 불리고 있다.[40]

#### 2-3-1-3. 양형의 조건

제51조는 형을 정함에 있어서 고려해야 할 일반적인 조건을 ① 범인의 연령, 성행, 지능과 환경, ② 피해자에 대한 관계, ③ 범행의 동기, 수단과 결과, ④ 범행 후의 정황으로 규정하고 있다.

#### 2-3-1-4. 이중평가의 금지

일정한 양형의 조건과 동일한 조건이 이미 법적 구성요건요소로 되어 있는 경우에는 이를 양형에서 이중으로 평가해서는 안 된다. 이를 이중평가의 금지라 한다. 독일형법 제46조 제3항은 이를 명문으로 규정하고 있으나, 명문의 규정이 없는 형법에서도 동일하게 해석된다. 예컨대 폭력행위처벌법 제2조 내지 제3조의 특수범행의 수단은 제51조 제3호의 범행의 수단이라는 양형의 조건으로 평가할 수 없다.

---

37) Vgl. Horn, SK StGB, § 46 Rdnr. 33 ff.

38) Tröndle/Fischer. StGB, § 46 Rdnr. 5.

39) 적극적 일반예방의 관점이라도 "진짜 처벌받네"라는 일반의 인식에 따른 규범의식의 강화 정도에 불과하다.

40) 동취지, 오영근, 516면.

## 제4절 형의 면제, 판결선고 전 구금일수의 산입과 판결의 공시

### 1. 형의 면제

형의 면제란 범죄는 성립하지만 형벌을 과하지 않는 경우이다. '형의 면제'는 확정판결 이전의 사유로 형벌을 과하지 않는다는 점에서 확정판결 이후의 사유로 형의 집행이 면제되는 '형의 집행면제'와 구별된다.

형법총칙이 인정하는 일반적인 형의 면제사유로는 중지미수(제26조), 불능미수(제27조 단서), 자수 및 자복(제52조)이 있다. 이러한 형의 면제사유는 모두 형의 감경과 택일적으로 규정되어 있고, 중지미수는 필요적 감면사유이나 그 이외에는 모두 임의적 감면사유로 규정되어 있다.

형법각칙에서도 특별구성요건에 의한 형의 면제사유를 규정하고 있다. 예컨대 범인은닉죄에서 친족간의 특례규정(제151조 제2항)과 재산범죄에 대한 죄에서의 친족상도례 규정(제328조 제1항 · 제344조 · 제354조 · 제361조 · 제365조)에서는 형의 면제사유로서 인적 처벌조각사유를 규정하고 있다.

그 밖에 제90조 · 제101조 · 제111조 제3항 · 제120조 · 제175조 · 제213조 등에서는 자수를 필요적 형의 면제사유로 규정하고 있으며, 제153조 · 제154조 · 제157조에서는 자백 · 자수를 필요적 형의 면제사유로 규정하고 있다. 다만 이들 모두는 형의 감경과 택일적으로 규정되어 있다.

### 2. 판결선고전 구금일수의 통산

판결선고전의 구금을 미결구금이라 한다. 미결구금은 형이 아니지만 피고인의 입장에서는 자유형과 동일하다. 따라서 제57조 제1항은 "판결선고전의 구금일수는 그 전부를 유기징역, 유기금고, 벌금이나 과료에 관한 유치 또는 구류에 산입한다"고 규정하고 있다.[41] 이 경우에 구금일수의 1일은 징역 · 금고 · 벌금이나 과료에 관한 유치 또는 구류기간의 1일로 계산한다(제57조 제2항).

### 3. 판결의 공시

재판의 결과는 피해자의 이익이나 피고인의 명예회복을 위하여 공시될 필요가 있다.

---

41) 판결선고전 구금일수의 전부 또는 일부를 산입하도록 규정한 2014.12.30. 이전의 제57조 제1항은 '일부'의 부분이 헌재 2009.6.25. 2007헌바25의 위헌결정으로 '일부'의 부분이 삭제되고 그 전부를 산입하는 것으로 개정되었다.

형법은 피해자의 이익이나 피고인의 명예회복을 위하여 판결선고와 함께 그 내용의 전부 또는 일부를 관보나 일간신문 등에 게재하여 공적으로 알리는 제도를 마련하고 있으며, 이를 판결의 공시라 한다. 형법은 다음의 경우에 판결의 공시를 인정하고 있다.

① 피해자의 이익을 위하여 필요하다고 인정할 때에는 피해자의 청구가 있는 경우에 한하여 피고인의 부담으로 판결공시의 취지를 선고할 수 있다(제58조 제1항). 이 제도는 피해자의 이익을 위한 경우로서, 피해자의 청구를 요건으로 피고인의 부담으로 판결의 공시를 인정하고 있다.

② 피고사건에 대하여 무죄의 판결을 선고하는 경우에는 무죄판결공시의 취지를 선고하여야 한다. 다만, 무죄판결을 받은 피고인이 무죄판결공시 취지의 선고에 동의하지 아니하거나 피고인의 동의를 받을 수 없는 경우에는 그러하지 아니하다(제58조 제2항). 이는 피고인의 명예회복을 위한 제도이다. 2014.12.31.의 형법부분개정에서 피고인의 명예회복을 강화하기 위하여 무죄판결공시의 취지를 필요적으로 선고하도록 개정하였다.

③ 피고사건에 대하여 면소의 판결을 선고하는 경우에는 면소판결공시의 취지를 선고할 수 있다(제58조 제3항). 면소판결공시 역시 2014.12.31.의 형법부분개정에서 피고인의 명예회복을 강화하기 위한 취지에서 신설한 조항이다.

# 제 5 절 누 범

## 1. 누범의 의의

누범이란 범죄를 누적적으로 반복하여 범하는 것을 말한다. 누범은 일정한 요건하에서 가중처벌된다.

제35조 제1항은 "금고 이상의 형을 선고받아 그 집행이 종료되거나 면제된 후 3년 내에 금고 이상에 해당하는 죄를 지은 사람은 누범으로 처벌한다"고 규정하고 있다. 이를 특히 협의의 누범 또는 형법상의 누범이라고 한다. 누범의 형은 그 죄에 대하여 정한 형의 장기의 2배까지 가중한다(제35조 제2항).

누범에서 이전의 범죄는 그 자체로 심판의 대상이 아닌 반면에, 경합범에서는 수개의 죄가 동시에 심판의 대상이 된다. 이러한 점에서 누범은 경합범과 구별되며,[42] 누범은 새로운 범죄의 성립요소나 그 가중유형 또는 새로운 법원칙이 아닌 단순한 양형규정으로 해

42) 누범을 죄수론의 관점에서 이해하는 견해로는 손해목, 1157면; 오영근, 471면; 이영란, 540면; 정영일, 502면 이하.

석된다(통설).

누범은 상습범과도 구별된다. 상습범은 범죄의 반복으로 징표되는 범죄적 성향이나 습벽에 의하여 특징지어지는 특별한 범죄이며, 형법각칙의 가중적 구성요건으로 규정되어 있다. 또한 상습범은 일정한 범죄적 성향 내지 습벽에 의하여 범죄를 반복하는 것이므로, 반복되는 범죄는 동일하거나 동종의 범죄이어야 한다. 반면에 누범은 단순한 범죄의 반복으로 인정된다. 아주 형식적인 전과가 그 요건이며, 반복된 범죄가 동일하거나 동종의 범죄일 것도 요하지 않는다. 누범은 형법총칙에 규정되어 있다.

현실적으로 누범과 상습범은 중첩되어 상습누범의 경우가 대부분이다. 그러나 누범이 반드시 상습범이거나, 상습범이 반드시 누범인 것은 아니다.

## 2. 누범가중의 문제점

제35조 제2항은 누범의 형을 그 죄에 대하여 정한 형의 장기의 2배까지 가중한다. 그러나 이러한 누범의 가중처벌은 일사부재리의 원칙, 평등의 원칙 및 형법의 책임주의에 위배됨이 없는지 문제가 되고 있다.

### 2-1. 누범가중과 일사부재리의 원칙

누범가중은 이전의 범죄를 이유로 형을 가중하는 것이므로 이전의 범죄가 다시 처벌되는 것이 되어 헌법 제13조 제1항의 일사부재리원칙에 위배되는지 문제된다. 이에 관하여 누범은 이전의 판결을 통한 경고를 무시하고 다시 범죄를 저질렀다는 점에서 초범에 비하여 무거운 형의 양정을 받아야 하는 양형규정이므로 누범가중으로 전범이 다시 처벌되는 것은 아니라고 한다(통설).[43] 그러나 통설이 한편으로 양형에 관하여 범주이론[44]을 취하면서, 다른 한편으로 누범을 양형규정으로 본다면, 누범가중은 책임의 범주를 이탈하는 형의 양정이 될 것이다. 이러한 의미에서 '전판결의 대상이 된 범행의 행위책임이 누범가중으로 처벌받는 행위의 가중근거인 생활영위책임으로 가장하여 논증되고 있을 뿐'이라는 비판[45]은 정당하다.

---

43) 대법원 1968.1.31. 67도1633; 대법원 1970.9.29. 70도1656; 대법원 1971.4.28. 71도374; 대법원 1990.1.23. 89도2227; 대법원 2008.12.24. 2006도1427; 대법원 2014.7.10. 2014도5868; 헌재 2002.10.31. 2001헌바68.

44) 성낙현, 720면; 안동준, 396면; 이재상/장영민/강동범, 598면; 임웅, 670면; 진계호/이존걸, 727면.

45) 배종대, 601면; 동취지, 권오걸, 764면; 오영근, 476면.

### 2-2. 누범가중과 평등의 원칙

누범가중은 전과자라는 사회적 신분에 의한 차별대우를 인정하는 결과가 되어 헌법 제11조 제1항의 평등원칙에 반한다는 비판[46]이 제기된다. 이에 대하여 '누범가중은 피고인의 책임과 특별예방 및 일반예방이라는 형벌의 목적에 비추어 피고인에게 적합한 형을 양정하는 것이며, 누범은 양형의 조건'이라는 것이 다수설과 판례[47]의 입장이다. 그러나 누범이 양형의 조건이라면 법정형을 초과하는 것은 허용될 수 없다.[48]

### 2-3. 누범가중과 책임주의

누범가중의 이유는 "이전의 판결을 통한 경고를 무시하고 다시 범죄를 저질렀다"는 점에서 초범에 비하여 책임이 무거우며, 행위자의 반사회적 위험성도 커지기 때문이라는 것이 다수설의 입장이다. 누범에 대한 이러한 중한 책임의 인정근거는 정당하다. 그러나 다수설이 누범의 중한 책임을 양형책임으로 파악하고 있다면, 중한 책임은 처단형의 범위에서 부과되어야만 정당화될 수 있다. 만약 누범의 법정형을 가중한다면 이는 이미 양형의 범위를 떠난 새로운 범죄유형이며, 그렇다면 일사부재리의 원칙과 평등의 원칙에 위배되는 위헌규정이 된다.

그러나 누범은 양형의 조건임에 틀림없으며, 그렇다면 누범가중의 규정은 결국 책임주의에 위배되는 조항이 된다. 형법의 책임주의에 위배되면 이는 헌법의 기본원칙인 비례의 원칙에 위배되는 위헌조항이 된다. 입법론적으로 누범가중의 규정은 삭제하고, 누범은 제51조에서 양형의 조건으로 고려하도록 규정하는 것이 바람직하다.[49]

## 3. 누범가중의 요건

이 책에서는 누범가중을 책임주의에 위배되며, 따라서 헌법의 비례성의 원칙에 위배되는 위헌조항이라고 파악하고 있다. 그러나 제35조 제1항은 누범에 관하여 "금고 이상의 형을 선고받아 그 집행이 종료되거나 면제된 후 3년 내에 금고 이상에 해당하는 죄를 지은

46) 권오걸, 764면; 배종대, 601면; 오영근, 476면; 이영란, 544면.

47) 대법원 1983.4.12. 83도420; 대법원 2008.12.24. 2006도1427; 대법원 2014.7.10. 2014도5868; 헌재 2002.10.31. 2001헌바68.

48) 동지, 안동준, 400면; 오영근, 475면.

49) 동지, 권오걸, 764면 이하, 766면; 김성천/김형준, 494면; 동취지, 김성돈, 816면; 신동운, 814면 이하; 오영근, 477면.

사람은 누범으로 처벌한다"고 규정하고 있다. 누범가중의 요건은 다음과 같다.

### 3-1. 금고 이상의 형의 선고

전범의 형은 금고 이상의 형이어야 한다. 금고 이상의 형의 선고를 받은 이상 적용된 법률이 형법이든 특별법이든 또는 이전의 범죄가 고의범이든 과실범이든 문제가 되지 않는다. 사형이나 무기징역 또는 무기금고의 형을 선고받은 경우에도 감형이나 특별사면 또는 형의 시효의 완성으로 그 집행이 면제된 때에는 누범의 요건을 충족하게 된다.

전범에 대한 금고 이상의 형의 선고는 유효해야 한다. 따라서 일반사면에 의하여 형선고의 효력이 상실된 때에는 누범의 전과가 되지 않는다.[50] 그러나 복권(제82조)은 형선고의 효력을 상실시키는 것이 아니라, 형의 선고로 인하여 상실 또는 정지된 자격을 회복시키는 것에 불과하므로 누범가중에 있어서 고려의 대상이 되지 아니한다.[51]

금고 이상의 형의 선고는 실형의 선고를 의미하며, 집행유예의 선고는 여기에 포함되지 않는다. 집행유예의 선고가 실효되거나 취소됨이 없이 집행유예기간을 경과한 때에는 형의 선고가 효력을 상실하므로(제65조) 누범의 전과가 될 수 없으며, '집행유예 기간 중'은 '형의 집행이 종료되거나 면제된 후 3년 내'라는 누범시효의 요건을 충족시킬 수 없기 때문이다.[52]

### 3-2. 금고 이상에 해당하는 죄

누범가중의 대상이 되는 범죄는 금고 이상의 형에 해당하는 범죄이어야 한다. 금고 이상의 형은 법정형이 아니라 선고형이다.[53] 누범가중의 대상이 되는 범죄는 전범과 동일하거나 동종의 범죄일 필요가 없으며, 누범가중의 대상이 되는 범죄가 고의범죄든 과실범죄든 불문한다.

50) 대법원 1964.3.31. 64도34; 대법원 1965.11.30. 65도910.

51) 대법원 1981.4.14. 81도543.

52) 대법원 1983.8.23. 83도1600: "금고이상의 형을 받고 그 형의 집행유예기간 중에 금고 이상에 해당하는 죄를 범하였다 하더라도 이는 누범가중의 요건을 충족시킨 것이라 할 수 없다."; 동지, 대법원 1965.10.5. 65도676; 대법원 1969.8.26. 69도1111.

53) 대법원 1982.9.14. 82도1702: "금고 이상에 해당하는 죄라 함은 유기금고형이나 유기징역형으로 처단할 경우에 해당하는 죄를 가리키는 것으로서 그 죄에 정한 형 중 선택한 형이 벌금형인 경우에는 누범가중의 대상이 될 수 없다."; 대법원 1960.12.21. 4293형상841; 대법원 1982.7.27. 82도1018.

## 3-3. 집행이 종료되거나 면제된 후 3년 내

전범에 대한 형의 집행이 종료되거나 면제된 후 3년 내에 범한 죄에 대해서만 누범가중이 가능하다. 이를 누범시효라 한다. 누범시효의 기산점은 전범에 대한 형의 집행이 종료되거나 면제된 날이며, 3년의 기간은 누범가중의 대상이 되는 범죄의 실행착수를 기준으로 결정한다. 포괄일죄의 일부 범행이 누범기간 내에 이루어지고 나머지 범행이 누범기간 경과 후에 이루어진 경우 그 범행 전부가 누범에 해당한다.[54] 전범의 형이 집행 전이거나 집행 중, 예컨대 집행유예기간이나 가석방기간 중에 범해진 죄에 대해서는 누범관계가 인정되지 않는다.[55]

## 4. 누범의 효과

누범의 형은 그 죄에 대하여 정한 형의 장기의 2배까지 가중한다(제35조 제2항). 다만 유기징역과 유기금고는 50년까지만 가중할 수 있다(제40조 단서). 누범의 형은 그 범죄에 적용할 형의 장기만을 가중하고 있으므로 단기를 가중할 필요는 없다. 누범으로 인하여 가중되는 형은 법정형을 의미한다.

## 5. 판결선고후의 누범발각

제36조는 "판결선고후 누범인 것이 발각된 때에는 그 선고한 형을 통산하여 다시 형을 정할 수 있으며, 다만 판결선고후 누범인 사실이 발각되더라도 선고한 형이 종료되었거나 그 집행이 면제된 후에는 예외로 한다"고 규정하고 있다. 이는 사술에 의하여 전과사실을 은폐한 피고인에게 특혜를 주지 않으려는 목적에서 규정된 것이다. 그러나 이 규정에 대해서는 "일사부재리의 원칙에 반하며, 형사피고인의 진술거부권을 보장하고 있는 형사소송의 원리에도 반한다"는 것이 일치된 학설의 입장이다. 판결확정 이후에 양형의 조건을 참작하여 다시 형을 정할 수는 없으므로, 학설의 입장은 정당하다.

---

54) 대법원 2012.3.29. 2011도14135: "포괄일죄의 일부 범행이 누범기간 내에 이루어진 이상 나머지 범행이 누범기간 경과 후에 이루어졌더라도 그 범행 전부가 누범에 해당한다고 보아야 한다."

55) 대법원 1965.10.5. 65도676; 대법원 1976.9.14. 76도2071; 대법원 1983.8.23. 83도1600.

# 제6절 집행유예 · 선고유예 · 가석방

## 1. 집행유예

### 1-1. 집행유예의 의의

집행유예란 일정한 기간 동안 형의 집행을 유예하고, 그 유예기간을 경과한 때에는 형의 선고의 효력을 잃게 하는 제도이다. 집행유예는 단기자유형의 집행으로 인한 여러 가지 폐단을 방지하고 피고인에게 형의 집행을 받지 않으면서 용이하게 사회에 복귀할 수 있도록, 특히 목적형주의의 특별예방이라는 관점에서 인정되는 제도이다. 집행유예의 법적 성질에 관하여는 '형벌과 보안처분이 함께 공존하는 고유한 종류의 법효과'라는 견해[56]와 '단순한 형집행의 변형'으로 이해하면서도 '보안처분이 수반되는 집행유예는 독자적인 제3의 형사제재'라는 견해[57]가 있으나, '집행유예는 일반예방의 관점에서 형집행의 필요가 없고 특별예방의 관점에서 형벌완화가 필요한 경우에 등장하는 단순한 형집행의 변형'으로 파악하는 다수설의 입장이 타당하다.

### 1-2. 집행유예의 요건

제62조는 일정한 요건하에서 1년 이상 5년 이하의 기간 형의 집행을 유예할 수 있도록 규정하고 있다. 유예기간은 1년 이상 5년 이하의 범위에서 법원의 재량에 의하여 결정되며, 그 기간은 보통 선고된 형의 기간보다 긴 기간이 된다. 형을 병과하는 경우에는 그 형의 일부에 대하여도 집행을 유예할 수 있으나(제62조 제2항), 하나의 형의 일부에 대한 집행유예는 허용되지 않는다. 집행유예의 요건은 다음과 같다.

#### 1-2-1. 3년 이하의 징역이나 금고 또는 500만원 이하의 벌금의 형을 선고할 경우

집행유예는 3년 이하의 징역이나 금고 또는 500만원 이하의 벌금의 형을 선고하는 경우에만 가능하다. 500만원을 초과하는 벌금을 납입할 수 없는 경우의 노역장유치에 대해서는 집행유예를 할 수 없게 되어, 결국 자유형보다 경미한 형벌의 집행이 더 가혹하게 되는 결과를 초래한다(통설).

---

56) 김일수/서보학, 597면; 성낙현, 727면; 동취지, 권오걸, 785면; 정영일, 558면.
57) 박상기, 565면; 손동권/김재윤, 726면; 오영근, 535면.

### 1-2-2. 정상에 참작할 만한 사유

집행유예를 위해서는 정상에 참작할 만한 사유가 있어야 한다. 정상참작사유란 형의 집행 없이 형의 선고만으로도 피고인에게 충분한 경고기능이 인정되어 장래에 재범을 하지 않을 것으로 기대되는 상황을 말한다. 정상참작사유의 판단기준에 관하여 형법은 명문으로 '제51조(양형의 조건)의 사항을 참작하여'라고 규정하고 있다. 정상참작사유의 판단시점은 판결선고시를 기준으로 한다.

### 1-2-3. 금고 이상의 형을 선고한 판결이 확정된 때부터 그 집행을 종료하거나 면제된 후 3년까지의 기간에 범한 죄가 아닐 것

제62조 제1항 단서는 '금고 이상의 형을 선고한 판결이 확정된 때부터 그 집행을 종료하거나 면제된 후 3년까지의 기간에 범한 죄'에 대하여 집행유예를 할 수 없도록 규정하고 있다. 여기서 '금고 이상의 형을 선고한 판결이 확정된 때'란 실형의 선고를 의미하며, 집행유예의 선고를 포함하지 않는다. 따라서 집행유예기간 중에도 집행유예의 선고는 얼마든지 가능하다. 이러한 해석은 2005.7.29.의 개정형법에 의하여 가능하게 되었다. 즉 개정형법은 제62조 제1항과 더불어 제63조를 개정하면서, "집행유예의 선고를 받은 자가 유예기간 중 고의로 범한 죄로 금고 이상의 실형을 선고받아 그 판결이 확정된 때에는 집행유예의 선고는 효력을 잃는다"고 변경하였다. 따라서 집행유예의 선고를 받은 자가 유예기간 중 고의로 범한 죄로 금고 이상의 실형의 선고를 받은 경우가 아니라면, 즉 집행유예의 선고를 받아 그 판결이 확정된 경우라면 집행유예의 선고는 효력을 잃지 않게 된다. 이와 같이 제63조의 개정은 집행유예기간 중에도 집행유예의 선고가 가능함을 전제로 구성된 것으로 해석된다.[58] 2005.7.29.의 개정형법 전후와 관계없이 제62조 제1항 단서의 '그 집행을 종료하거나 면제 후'는 실형을 전제로 한 것이라는 관점에서 집행유예기간 중의 집행유예가 가능하다는 견해[59]도 결론을 같이하고 있다.

판례는 2005.7.29.의 개정 전후와 관계없이 원칙적으로 집행유예기간 중의 집행유예를 부정하면서, "형법 제37조의 경합범관계에 있는 수죄가 전후로 기소되어 각각 별개의 절차에서 재판을 받게 된 결과 어느 하나의 사건에서 먼저 집행유예가 선고되어 그 형이 확정되었을 경우 다른 사건의 판결에서는 다시 집행유예를 선고할 수 없다면 그 수죄가 같은 절차에서 동시에 재판을 받아 한꺼번에 집행유예를 선고받을 수 있었던 경우와 비교하여 현저히 균형을 잃게 되므로 이러한 불합리가 생기는 경우에 한하여 제62조 제1항 단서 규정의 '형의 선고를 받아'라

58) 동지, 권오걸, 792면 이하; 김성돈, 820면; 김일수/서보학, 600면; 신동운, 846면 이하.
59) 박상기, 568면; 배종대, 607면 이하; 정성근/박광민, 722면 이하; 진계호/이존걸, 746면 이하.

는 의미는 실형이 선고된 경우만을 가리키고 형의 집행유예를 선고받은 경우는 포함되지 않는다고 해석함이 상당하다"고 하여 소위 여죄설의 입장[60]을 견지하고 있다. 학설에서도 제62조 제1항 단서의 '형의 선고'는 집행유예를 포함하는 것으로 해석하는 견해[61]도 있다.

그러나 집행유예기간 중의 범죄에 정상참작사유가 있음에도 불구하고 집행유예 선택에 대한 법원의 재량을 박탈해야 할 근거를 찾을 수 없다. 더욱이 집행유예기간 중의 범죄에 대하여 집행유예 선고가능성을 원천적으로 차단하는 것은 제63조에 의하여 집행유예를 실효케 하는 결과를 초래함으로써 피고인에게 부당한 이중의 부담을 지우게 된다. 즉 정상참작사유로 집행이 유예된 형을 집행 받아야 할 뿐 아니라, 정상참작사유가 인정되는 집행유예기간 중의 범죄에 대해서도 실형이 선고되어야 하기 때문이다. 판례의 여죄설도 집행유예기간 중의 범죄에 대한 집행유예 선고가능성을 배제하는 것은 아니라는 점을 주목해야 한다.

## 1-3. 집행유예와 보호관찰

형의 집행을 유예하는 때에는 보호관찰을 받을 것을 명하거나 사회봉사 또는 수강을 명할 수 있다(제62조의2 제1항). 이 경우 보호관찰의 기간은 집행을 유예한 기간으로 한다(제62조의2 제2항 본문). 다만 법원은 유예기간의 범위 내에서 보호관찰기간을 따로 정할 수 있다(제62조의2 제2항 단서). 사회봉사명령 또는 수강명령은 집행유예기간 내에 이를 집행한다(제62조의2 제3항). 집행유예기간 중의 보호관찰·사회봉사·수강명령 등은 특별예방적인 다양한 프로그램을 통하여 범죄인의 재사회화를 도모하려는 제도이다. 집행유예기간 중의 보호관찰·사회봉사·수강명령은 보호관찰법의 적용을 받는다(제3조 제1항 제2호).

## 1-4. 집행유예의 효과

집행유예의 선고가 취소 또는 실효됨이 없이 유예기간을 경과한 때에는 형의 선고는 효력을 잃는다(제65조). 형의 선고가 효력을 잃는다는 것은 "형의 선고에 의한 법적 효과가 장래에 향하여 소멸한다"는 의미이다.[62] 따라서 집행이 면제될 뿐만 아니라 형의 선고가 없었던 상태로 돌아가게 된다. 그러나 형의 선고가 있었다는 기왕의 사실까지 없어지는 것은

---

60) 대법원 1989.9.12. 87도2365; 대법원 2002.2.22. 2001도5891; 대법원 2007.2.8. 2006도6196; 대법원 2007.7.27. 2007도768.

61) 정영일, 560면; 해석론으로는 집행유예기간 중의 집행유예가 불가능하다는 전제에서 입법론적 재검토를 요구하는 견해로는 이재상/장영민/강동범, 619면; 임웅, 689면 이하.

62) 대법원 2022.7.28. 2020도13705: "제65조에서 '형의 선고가 효력을 잃는다'는 의미는 … 형의 선고에 의한 법적 효과가 장래에 향하여 소멸한다는 취지이다."; 대법원 1983.4.2. 83모8; 대법원 2007.5.11. 2005도5756; 대법원 2008.1.18. 2007도9405; 대법원 2010.9.9. 2010도8021; 대법원 2014.9.4. 2014도7088; 대법원 2016.6.23. 2016도5032; 헌재 2018.1.25. 2017헌가7.

아니므로 이미 발생한 법률효과에는 영향을 미치지 않는다.[63)]

## 1-5. 집행유예의 취소와 실효

### 1-5-1. 집행유예의 취소

집행유예의 취소에는 필요적 취소와 임의적 취소가 있다. 제64조 제1항은 "집행유예의 선고를 받은 후 제62조 제1항 단서의 사유가 발각된 때에는 집행유예의 선고를 취소한다"고 하여, 집행유예의 필요적 취소를 규정하고 있다. 따라서 집행유예의 선고를 받은 후 해당 범죄가 금고 이상의 형을 선고한 판결이 확정된 때부터 그 집행을 종료하거나 면제된 후 3년까지의 기간에 범한 죄라는 사실이 발각된 때에는 집행유예의 선고를 취소해야 한다.

제64조 제1항의 집행유예 취소규정에 대해서는 일사부재리의 원칙과 피고인의 진술거부권 보장에 반한다(다수설)는 비판이 제기되고 있다. 그러나 집행유예를 단순한 형집행의 변형으로 파악한다면, 집행유예의 취소가 일사부재리 원칙에 위배되는 것으로 볼 수는 없다. 또한 제64조 제1항의 집행유예 취소규정이 헌법 제12조 제2항에서 보장하는 피고인의 진술거부권에 배치된다는 비판[64)]도 타당하지 않다. 피고인의 묵비에도 불구하고 수사기관의 수사활동으로 확보한 증거에 의하여 묵비한 범죄사실로 처벌하는 것이 진술거부권에 대한 침해가 될 수는 없으며, 동일한 차원에서 진술거부권 행사 여부와 관계없이 집행유예라는 형집행 변형의 요건을 구비하지 못한 것을 사후에 발견했다면 당연히 이를 취소할 수 있어야 한다.[65)] 따라서 제64조 제1항에 의한 집행유예의 취소가 진술거부권 행사에 대한 불이익을 의미하는 것은 아니다.

집행유예의 임의적 취소는 제64조 제2항이 규정하고 있다. 제64조 제2항은 "제62조의2의 규정에 의하여 보호관찰이나 사회봉사 또는 수강을 명한 집행유예를 선고받은 자가 준수사항이나 명령을 위반하고 그 정도가 무거운 때에는 집행유예의 선고를 취소할 수 있다"고 규정하고 있다. 집행유예 선고취소의 심리 도중 집행유예 기간이 경과하면 형의 선고는 효력을 잃기 때문에 더 이상 집행유예의 선고를 취소할 수 없고 취소청구를 기각할 수밖에 없다. 집행유예의 선고 취소결정에 대한 즉시항고 또는 재항고 상태에서 집행유예

---

63) 대법원 1983.4.2. 83모8: "제65조가 … 형의 선고는 효력을 잃는다는 취의는 형의 선고의 법률적 효과가 없어진다는 것일 뿐 형의 선고가 있었다는 기왕의 사실 자체까지 없어진다는 뜻이 아니므로 위 전단의 집행유예기간을 무사히 경과하여 형의 선고자체가 효력을 상실함으로써 형법 제81조가 정하는 7년의 기간이 경과한 것이라는 소론 논지는 독자적 견해에 지나지 아니하여 채용할 수 없다."

64) 배종대, 611면.

65) 동지, 박상기, 572면 이하.

기간이 경과한 때에도 같다.[66] 이처럼 집행유예의 선고 취소는 '집행유예 기간 중'에만 가능하다는 시간적 한계가 있다.

#### 1-5-2. 집행유예의 실효

집행유예의 선고를 받은 자가 '유예기간 중 고의로 범한 죄'로 금고 이상의 '실형'을 선고받아 그 판결이 확정된 때에는 집행유예의 선고는 효력을 잃는다(제63조). 집행유예가 실효되면 선고된 형이 집행된다.

2005.7.29.의 개정형법 이전의 구형법 제63조는 집행유예 실효 요건으로 '유예기간 중 금고 이상의 형의 선고를 받아 그 판결이 확정된 때'로 규정함으로써 '과실범죄'로 금고 이상의 형에 대한 '집행유예'의 선고를 받아 그 판결이 확정된 경우에도 집행유예의 선고가 효력을 상실하였다. 또한 집행유예는 판결 이후의 재범의 위험성을 대상으로 하는 것이므로 그 실효사유는 당연히 '유예기간 중에 범한 죄'를 대상으로 해야 함에도 불구하고, 단순히 '유예기간 중 금고 이상의 형을 선고받은 판결의 확정'이라고만 규정하고 있었다. 따라서 유예기간 이전에 범한 죄에 대한 판결의 확정도 집행유예의 실효사유가 되었다. 이러한 문제들에 대해서는 일치된 학설의 입법론적 비판이 있었으며, 개정형법은 이러한 비판을 모두 수용하였다.

## 2. 선고유예

### 2-1. 선고유예의 의의

선고유예란 비교적 경미한 범죄자에 대하여 일정한 기간 동안 형의 선고를 유예하고, 그 유예기간을 경과한 때에는 면소된 것으로 간주하는 제도이다. 선고유예는 피고인이 형의 선고를 받지 않으면서 용이하게 재사회화가 이루어질 수 있도록 특별예방의 관점에서 인정되는 제도이다.

선고유예의 법적 성질에 관하여는 학설의 다툼이 있다. 다수설은 선고유예의 법적 성질을 형벌도 보안처분도 아닌 독자적 내지 제3의 형사제재로 이해한다. 이에 반하여 소수설[67]은 선고유예를 보안처분과 결부될 수 있는 제재라는 점에서 특별예방적 관점에서 고안된 광의의 전환수단의 하나라고 한다. 집행유예는 형의 집행만을 유예하는 제도이므로 그 법적 성격이 형집행의 단순한 변형으로 이해될 수 있는 것과 마찬가지로, 선고유예는 형의 선고를 유예하는 제도라는 점에서 이를 특별예방의 목적에서 인정하는 형선고의 단순한 변형으로 이해하면 충분하다.

66) 대법원 2005.8.23. 2005모444; 대법원 2016.6.9. 2016모1567; 대법원 2023.6.29. 2020도927.
67) 권오걸, 775면; 임웅, 693면.

## 2-2. 선고유예의 요건(제59조 제1항)

### 2-2-1. 1년 이하의 징역이나 금고, 자격정지 또는 벌금의 형을 선고할 경우

선고유예는 1년 이하의 징역이나 금고, 자격정지 또는 벌금의 형을 선고할 경우에만 가능하다. 형을 병과하는 경우에도 그 형의 전부 또는 일부에 대하여 선고를 유예할 수 있다(제59조 제2항).

### 2-2-2. 뉘우치는 정상이 뚜렷할 것

뉘우치는 정상이 뚜렷하다는 것은 행위자에게 형을 선고하지 않아도 재범의 위험이 없다고 인정되는 경우를 말한다. 뉘우치는 정상이 뚜렷함은 제51조에 규정된 양형의 조건을 고려하여 판단하며, 판단시점은 판결시를 기준으로 한다.

### 2-2-3. 자격정지 이상의 형을 받은 전과가 없을 것

자격정지 이상의 형을 받은 전과가 있는 사람에 대하여는 선고유예가 허용되지 않는다(제59조 제1항 단서). 벌금형이나 구류·과료의 형을 받은 전과가 있는 경우에는 선고유예가 허용된다.

## 2-3. 선고유예와 보호관찰

형의 선고를 유예하는 경우에 재범방지를 위하여 지도 및 원호가 필요한 때에는 보호관찰을 받을 것을 명할 수 있다(제59조의2 제1항). 이때 보호관찰의 기간은 1년으로 한다(제59조의2 제2항). 선고유예기간 중의 보호관찰도 집행유예기간 중의 보호관찰과 동일한 관점에서 특별예방적인 다양한 프로그램을 통하여 범죄인의 재사회화를 도모하려는 제도이다. 형의 선고를 유예하는 경우의 보호관찰도 보호관찰법의 적용을 받는다(제3조 제1항 제1호).

## 2-4. 선고유예의 효과

선고유예의 판결을 할 것인가는 법원의 재량에 속한다. 선고유예는 유죄판결의 일종이며, 따라서 선고유예의 판결을 하는 경우에도 범죄사실과 선고할 형을 결정하여야 한다. 형의 선고유예를 받은 후 그 선고유예가 실효됨이 없이 2년을 경과한 때에는 면소된 것으로 본다(제60조).

## 2-5. 선고유예의 실효

형의 선고유예를 받은 자가 유예기간 중 자격정지 이상의 형에 처한 판결이 확정되거나 자격정지 이상의 형에 처한 전과가 발견된 때에는 유예한 형을 선고한다(제61조 제1항).

선고유예는 유예기간 중에 자격정지 이상의 형을 받아 그 판결이 확정된 경우에 효력을 잃게 되며, 자격정지 이상의 형에 처한 전과가 발견된 때에도 그 효력을 잃게 되어 유예한 형을 선고하게 된다. 자격정지 이상의 형의 대상인 죄는 고의범죄뿐 아니라 과실범죄를 포함한다. 이때 유예된 형의 선고는 필수적이다. 유예된 형의 선고는 검사의 청구에 의하여 그 범죄사실에 대하여 최종의 판결을 한 법원이 한다(형소법 제336조).

선고유예의 실효에 의하여 필요적 형선고의 사유는 제61조 제1항의 전단과 후단에서 제63조 집행유예의 실효사유 및 제64조 제1항의 집행유예에 대한 필요적 취소사유와 유사하게 규정하고 있다. 따라서 제61조 제1항 후단의 '자격정지 이상의 형에 처한 전과의 발견'이라는 사유에 대해서는 집행유예의 필요적 취소사유를 규정한 제64조 제1항에 대한 비판과 동일한 차원의 "일사부재리의 원칙과 진술거부권의 보장에 반한다"는 비판이 가능하다고 한다.[68] 이에 반하여 "제61조 제1항 후단의 사유에 의한 선고유예의 실효는 재범방지에 있는 것이 아니고, 본래 경합범으로서 동시에 재판할 경우와 불균형이 생기지 않도록 하는 등 적정한 형벌권의 행사를 목적으로 하는 것이므로 위 비판은 타당하지 않다"는 견해[69]가 있으며, 이 견해는 집행유예의 실효사유에 관한 대법원[70]의 입장을 인용하고 있다.

그러나 선고유예를 특별예방의 목적에서 인정하는 단순한 형선고의 변경으로 이해한다면, 즉 선고유예가 유예한 형선고와 분리된 독자적인 형선고가 아니라고 파악하는 한, 선고유예의 실효가 일사부재리의 원칙에 반하는 것이라고 할 수는 없다. 또한 제64조 제1항의 집행유예 취소사유에서 설명한 바와 같이, 진술거부권 행사 여부와 관계없이 선고유예라는 형선고 변형의 요건을 구비하지 못한 것을 사후에 발견했다면 당연히 이를 취소할 수 있어야 할 것이다. 따라서 제61조 제1항 후단의 선고유예 취소사유는 정당하다고 해야 한다.

제61조 제1항 전단의 '유예기간 중에 자격정지 이상의 형을 받아 그 판결이 확정된 경우'라는 사유에 대해서는 2005.7.29.의 개정형법이 집행유예의 실효사유로 수용한 것과 동일한 차원

68) 김성돈, 829면; 김일수/서보학, 609면; 배종대, 615면; 안동준, 405면; 이재상/장영민/강동범, 627면; 임웅, 697면; 정영일, 556면; 진계호/이존걸, 757면.

69) 권오걸, 780면 각주 43); 박상기, 563면 이하.

70) 대법원 1997.7.18. 97모18: "형의 집행유예 선고의 실효에 관한 규정인 형법 제63조는 집행유예의 실효사유로서 집행유예기간 중 금고 이상의 형을 선고한 판결이 확정된 것을 요구하고 있을 뿐이고 그와 같이 금고 이상의 형이 확정된 죄가 집행유예기간 중에 범한 것인지 여부를 불문하고 있는바, 위 규정의 입법취지는 재범의 방지뿐만 아니라, 본래 경합범으로서 동시에 재판하여 단일한 형을 선고할 복수의 죄에 대하여 각각 별도로 재판이 진행되어 선고한 수개의 형이 별도로 확정된 경우에 그 복수의 죄에 대하여 동시에 재판하였더라면 한꺼번에 실형이 선고되었을 경우와 불균형이 생기지 않도록 하는 등 범죄자에 대한 적정한 형벌권 행사를 도모하고자 함에도 있다." 그러나 2005.7.29.의 개정형법은 이러한 대법원의 입장과는 반대의 관점에서 제63조의 집행유예의 실효사유를 변경하였다.

에서 '선고유예기간 중에 범한 죄'를 대상으로 선고유예의 실효사유를 구축해야 한다는 입법론적인 비판[71]이 제기되고 있다. 제61조 제1항 전단에 의한 선고유예의 실효는 선고유예를 받은 이후의 재범방지를 위한 것이므로, 이러한 비판은 타당하다.

제59조의 규정에 의하여 보호관찰을 명한 선고유예를 받은 자가 보호관찰기간 중에 준수사항을 위반하고 그 위반의 정도가 무거운 때에도 유예한 형을 선고할 수 있다(제61조 제2항). 이때는 제61조 제1항과는 달리 형의 선고가 임의적이다.

## 3. 가석방

### 3-1. 가석방의 의의

가석방이란 징역이나 금고의 집행 중에 있는 사람이 그 행상이 양호하여 뉘우침이 뚜렷한 때에, 형기만료 전에 조건부로 수형자를 석방하고 일정한 기간이 경과한 때에는 형의 집행을 종료한 것으로 간주하는 제도를 말한다. 가석방은 불필요한 형 집행기간을 단축함으로써 수형자의 자발적인 사회적응을 용이하게 하여 신속한 재사회화를 촉진하기 위한 특별예방의 관점에서 인정되는 제도이며, 사법처분이 아니라 형집행작용인 행정처분에 해당한다.

### 3-2. 가석방의 요건

가석방은 다음의 요건(제72조)이 구비된 경우에 교정시설의 소장이 가석방대상자를 선정하여 가석방심사위원회에 가석방심사를 신청하며, 가석방심사위원회는 가석방 적격여부를 결정하여 법무부장관에게 신청하고, 법무부장관이 허가한다(행형법 제119조 내지 제122조).

#### 3-2-1. 징역이나 금고의 집행 중에 있는 사람이 무기형은 20년, 유기형은 형기의 3분의 1을 지난 후일 것

가석방은 원칙적으로 징역이나 금고의 집행 중에 있는 사람에 대해서만 인정된다. 벌금을 납입하지 아니한 경우의 노역장유치도 대체자유형이며, 자유형의 선고를 받은 사람에 비하여 벌금형의 선고를 받은 사람을 불이익하게 처우해야 할 이유는 없다. 따라서 노역장유치에 대해서도 가석방이 허용될 수 있다(통설).[72]

---

71) 정성근/박광민, 718면.

72) 해석상 노역장유치에 대한 가석방을 부정하면서, 노역장유치나 구류에 대해서도 가석방이 가능하도록 입

가석방은 무기형은 20년, 유기형은 형기의 3분의 1을 지난 이후에 가능하다. 여기서의 형기는 선고형을 의미하며, 사면 등에 의하여 감형된 경우에는 감형된 형을 기준으로 한다. 이 경우 형기에 산입된 판결선고 전 구금일수는 가석방에 있어서 집행을 경과한 형기에 산입한다(제73조 제1항). 또한 사면 등에 의하여 감형된 경우의 가석방은 감형된 형을 기준으로 해야 하므로, 감형에 의하여 사형이 무기의 형으로 감경된 때에 판결확정 후 구금일수는 경과한 기간에 산입해야 한다.

#### 3-2-2. 행상이 양호하여 뉘우침이 뚜렷한 때

행상이 양호하여 뉘우침이 뚜렷한 때란 수형자에게 남은 형벌을 집행하지 않아도 다시 죄를 범하지 않을 것으로 기대되는 경우를 말한다. 이러한 판단은 수형자 개인에 대한 특별예방적 관점을 기준으로 해야 한다. 따라서 중대한 범죄라는 것을 이유로 가석방을 불허해서는 안 된다.

#### 3-2-3. 벌금이나 과료가 병과되어 있는 때에는 그 금액을 완납할 것

벌금이나 과료가 병과되어 있는 경우에는 그 금액을 완납하여야 한다(제72조 제2항). 다만 벌금이나 과료에 관한 노역장 유치기간에 산입된 판결선고 전 구금일수는 그에 해당하는 금액이 납입된 것으로 본다(제73조 제2항).

### 3-3. 가석방기간과 보호관찰

가석방의 기간은 무기형에 있어서는 10년으로 하고, 유기형에 있어서는 남은 형기로 하되, 그 기간은 10년을 초과할 수 없다(제73조의2 제1항). 이는 유기형의 가석방기간이 무기형의 가석방기간보다 길어지는 것을 방지하기 위한 규정이다.

가석방된 자는 가석방기간 중 보호관찰을 받는다(제73조의2 제2항 본문). 선고유예나 집행유예의 경우에는 보호관찰이 임의적 처분(제59조의2, 제62조의2)이지만, 가석방의 경우에는 보호관찰이 필요적 처분이다. 다만 가석방을 허가한 행정관청이 보호관찰의 필요가 없다고 인정한 때에는 이를 행하지 아니한다(제73조의2 제2항 단서). 가석방기간 중의 보호관찰에 대해서도 보호관찰법이 적용된다(제3조 제1항 제3호).

### 3-4. 가석방의 효과

가석방의 처분을 받은 후 그 처분이 실효 또는 취소되지 아니하고 가석방기간을 경과

법적 개선을 주장하는 견해로는 정영일, 571면.

한 때에는 형의 집행을 종료한 것으로 본다(제76조 제1항). 형의 집행을 종료한 것으로 간주하는 데에 그치며, 집행유예와 같이 형의 선고가 실효하는 것은 아니다.[73] 가석방기간 중에는 아직 형의 집행이 종료된 것이 아니므로, 가석방기간 중에 다시 죄를 범해도 누범에 해당하지는 않는다.[74]

### 3-5. 가석방의 실효와 취소

#### 3-5-1. 가석방의 실효

가석방 중 고의로 지은 죄로 금고 이상의 형을 선고받아 그 판결이 확정된 때에는 가석방의 처분은 효력을 잃는다(제74조).

#### 3-5-2. 가석방의 취소

가석방의 처분을 받은 자가 감시에 관한 규칙을 위배하거나 보호관찰의 준수사항을 위반하고, 그 정도가 무거운 때에는 가석방처분을 취소할 수 있다(제75조). 가석방처분의 취소는 임의적이며, 법무부장관의 재량에 속한다.

#### 3-5-3. 가석방의 실효와 취소의 효과

가석방이 실효되거나 취소되었을 경우에 가석방 중의 일수는 형기에 산입하지 않는다(제76조 제2항). 따라서 가석방이 실효되거나 취소되었을 경우에는 수형자는 가석방 당시의 잔형기간의 형을 집행받아야 한다.

## 제 7 절 형의 시효, 형의 소멸과 실효 및 복권, 형의 기간

### 1. 형의 시효

### 1-1. 형의 시효의 의의

형의 시효란 형의 선고를 받은 사람이 판결이 확정된 후 그 집행을 받지 아니하고 일

73) 대법원 1976.3.9. 75도3434.
74) 대법원 1976.9.14. 76도2058.

정한 기간이 지나면 집행이 면제되는 제도를 말한다. 형의 시효는 시간의 경과로 인하여 형의 선고와 집행에 의한 적극적인 일반예방의 기능이 미약해지고, 또한 범죄인이 형집행을 받지 않고 살아온 삶의 보호필요성이 증대한다는 점에서 인정되는 제도이다.

형의 시효는 공소시효와 구별된다. 공소시효는 미확정의 형벌권인 공소권을 소멸시키는 제도임에 반하여(형소법 제249조), 형의 시효는 확정된 형벌권을 소멸시키는 제도이다.

## 1-2. 시효의 기간

시효는 형을 선고하는 재판이 확정된 후 그 집행을 받지 아니하고 제1호에서 제7호의 구분에 따른 기간이 지나면 완성된다(제78조).

1. 삭제 <2023.8.8>[75]
2. 무기의 징역 또는 금고: 20년,
3. 10년 이상의 징역 또는 금고: 15년
4. 3년 이상의 징역이나 금고 또는 10년 이상의 자격정지: 10년
5. 3년 미만의 징역이나 금고 또는 5년 이상의 자격정지: 7년
6. 5년 미만의 자격정지, 벌금, 몰수 또는 추징: 3년
7. 구류 또는 과료: 1년

시효의 개시일은 판결확정일로부터 진행하고, 그 말일 24시에 종료한다. 시효기간의 초일인 확정판결일은 시간을 계산하지 아니하고 1일로 산정한다(제85조).

## 1-3. 시효의 효과

형을 선고받은 사람에 대해서는 시효가 완성되면 그 집행이 면제된다(제77조). 집행면제의 효과는 시효의 완성으로 당연히 발생하며, 별도의 재판을 필요로 하지 않는다. 시효의 완성으로 형의 집행이 면제될 뿐이며, 형의 선고가 실효되는 것은 아니다.

## 1-4. 시효의 정지와 중단

### 1-4-1. 시효의 정지

시효는 형의 집행의 유예나 정지 또는 가석방 기타 집행할 수 없는 기간은 진행되지

---

75) 제78조 제1호 사형에 대한 형의 시효기간 30년은 2023.8.8. 형법일부개정으로 삭제되었는데, 이는 사형의 선고에 대하여 그 집행이 면제되는 시효완성의 효과를 방지하기 위한 개정이었다.

아니한다(제79조 제1항). 기타 집행할 수 없는 기간이란 천재지변 등의 불가항력 사유로 인하여 형을 집행할 수 없는 기간을 말하며, 형을 선고받은 사람이 도주하거나 소재불명의 기간은 여기에 해당하지 않는다. 시효는 형이 확정된 후 그 형의 집행을 받지 아니한 자가 형의 집행을 면할 목적으로 국외에 있는 기간 동안은 진행되지 아니한다(제79조 제2항). 시효의 정지는 정지사유가 소멸하면 다시 잔여 시효기간이 진행한다.

#### 1-4-2. 시효의 중단

징역·금고와 구류의 시효는 그 집행을 위하여 수형자를 체포한 때에 중단되며, 벌금과 과료·몰수·추징의 시효는 강제처분을 개시함으로 인하여 중단된다(제80조). 따라서 검사의 명령에 의하여 집달관이 벌금형의 집행에 임하였으나 압류대상물건의 평가액이 집행비용에도 미달하여 집행불능이 된 경우에도 강제처분을 개시한 것이므로 이에 의하여 벌금형의 시효기간은 중단된다.[76] 시효가 중단되면 시효기간은 처음부터 다시 시작한다.

## 2. 형의 소멸과 실효 및 복권

### 2-1. 형의 소멸

형의 소멸이란 유죄판결의 확정으로 발생한 형의 집행권이 소멸하는 것을 말한다. 형의 소멸원인으로는 형의 집행의 종료, 가석방기간의 만료, 형의 집행의 면제,[77] 시효의 완성 또는 범인의 사망 등이 있다.

그러나 형의 소멸원인에 의하여 형의 집행권이 소멸하여도 범인의 전과사실은 그대로 남기 때문에 전과자는 여러 가지 자격제한이나 사회생활의 불이익을 받을 수 있다. 따라서 형법은 범죄인의 갱생과 사회복귀를 용이하게 하기 위하여 형의 실효(제81조)와 복권(제82조)을 규정하고 있다.

그 밖에 형의 선고유예나 집행유예기간이 경과하면 형의 집행권이 소멸할 뿐만 아니라 면소된 것으로 간주되거나, 형의 선고 자체가 효력을 잃는다. 사면법에 의한 일반사면과 특별사면의 경우에도 형의 집행권이 소멸할 뿐만 아니라 형의 선고 자체가 효력을 잃는다.

---

76) 대법원 1979.3.29. 78도8.

77) 사면법 제5조 제1항 제2호: "특별사면: 형의 집행이 면제된다. 다만, 특별한 사정이 있을 때에는 이후 형 선고의 효력을 상실하게 할 수 있다."

## 2-2. 형의 실효

### 2-2-1. 재판에 의한 형의 실효

징역 또는 금고의 집행을 종료하거나 집행이 면제된 자가 피해자의 손해를 보상하고 자격정지 이상의 형을 받음이 없이 7년을 경과한 때에는 본인 또는 검사의 신청에 의하여 그 재판의 실효를 선고할 수 있다(제81조). 실효의 재판이 확정되면 형의 선고에 기한 법적 효과는 장래를 향하여 소멸하게 된다.

### 2-2-2. 형의 실효 등에 관한 법률

형실효법(형의 실효 등에 관한 법률) 제7조 제1항은 수형인이 자격정지 이상의 형을 받음이 없이 형의 집행을 종료하거나 그 집행이 면제된 날부터 일정한 기간이 경과한 때에 자동적으로 그 형이 실효되는 것으로 규정하고 있다. 3년을 초과하는 징역 또는 금고는 10년(제1호), 3년 이하의 징역 또는 금고는 5년(제2호), 벌금은 2년의 기간이 경과한 때(제3호)에 자동적으로 그 형이 실효되며, 구류와 과료는 형의 집행을 종료하거나 그 집행이 면제된 때에 즉시 그 형이 실효된다(제7조 제1항 단서). 다만 제1항 제1호 및 제2호를 적용할 때 징역과 금고는 같은 종류의 형으로 보고 각 형기를 합산한다(제7조 제2항 단서). 하나의 판결로 여러 개의 형이 선고된 경우에는 각 형의 집행을 종료하거나 그 집행이 면제된 날부터 가장 무거운 형에 대한 제1항의 기간이 경과한 때에 형의 선고는 효력을 잃는다(제7조 제2항).

## 2-3. 복 권

자격정지의 선고를 받은 자가 피해자의 손해를 보상하고 자격정지 이상의 형을 받음이 없이 정지기간의 2분의 1을 경과한 때에 본인 또는 검사의 신청에 의하여 자격의 회복을 선고할 수 있다(제82조).

# 3. 형의 기간

## 3-1. 형의 기간의 계산

년 또는 월로 정한 기간은 역수에 따라 계산한다(제83조). 따라서 중간의 일·시·분·초는 정산하지 않고 역수에 따라 년·월을 단위로 계산하는 역법적 계산방법에 의한다.

## 3-2. 형기의 기산

형기는 판결이 확정된 날부터 기산한다(제84조 제1항). 징역·금고·구류와 유치에 있어서 구속되지 아니한 일수는 형기에 산입하지 아니한다(제84조 제2항).

형의 집행과 시효기간의 초일은 시간을 계산함이 없이 1일로 산정하며(제85조), 이는 형의 선고유예와 집행유예의 기간의 경우에도 동일하다. 형기만료에 의한 석방은 형기만료일에 한다(제86조).

# 제 2 장 보안처분

## 1. 서 론

### 1-1. 보안처분의 의의

범죄행위에 대한 형법의 법률효과로는 형벌 외에 보안처분이 마련되어 있다. 형벌이 책임을 전제로 하는 형법의 법률효과인 반면에, 보안처분은 책임을 전제로 하지 않는 형법의 또 다른 법률효과이다. 보안처분은 행위자의 장래의 위험성에 대한 합목적적인 처분이므로 책임을 전제로 하지 않는다. 다만 보안처분도 헌법에 의해서 보장된 법률유보에 의하여만 부과될 수 있으며, 모든 법률유보의 기본원칙인 비례의 원칙을 따라야 한다.

형법이 범죄행위에 대한 법률효과로서 형벌 외에 보안처분을 마련하고 있는 이유는 형벌만으로 그 목적을 달성할 수 없거나 법적 관점에서 형벌의 부과가 허용되지 않는 경우도 있기 때문이다. 따라서 특정범죄자에 의한 범죄로부터 사회를 방위하고 그들을 재사회화하기 위한 특별예방의 관점에서 형법은 형벌 외에 보안처분을 마련하고 있다.

### 1-2. 보안처분의 종류

#### 1-2-1. 대인적 보안처분과 대물적 보안처분

대인적 보안처분은 장래의 위험성을 방지하기 위한 '사람에 대한 보안처분'을 말하며, 대물적 보안처분은 '물건에 대한 보안처분'을 말한다. 현재 치료감호법(치료감호 등에 관한 법률) 등 보안처분을 규정하고 있는 법률에서는 모두 대인적 보안처분만을 인정하고 있다.

#### 1-2-2. 자유박탈보안처분과 자유제한보안처분

보안처분은 자유침해의 정도에 따라 자유박탈보안처분과 자유제한보안처분으로 구별된다. 치료감호법의 치료감호처분은 일정한 시설에 격리·수용하는 처분이므로 자유박탈보안처분에 해당한다. 이에 반하여 보호관찰처분이나 보안관찰처분은 자유제한보안처분에 해당한다.

### 1-3. 보안처분의 입법례

보안처분의 입법례는 "형벌과 보안처분을 어떠한 관계로 규정하는가"에 따라 일원주의, 이원주의 및 대체주의로 구별된다.

#### 1-3-1. 일원주의

일원주의는 형벌과 보안처분을 동일시하여 양자 중에서 택일하여 하나만을 적용하는 원칙이다. 따라서 형벌의 특별예방효과를 기대할 수 없는 경우에는 보안처분만을 선고하게 된다.

#### 1-3-2. 이원주의

이원주의는 형벌과 보안처분을 동시에 선고하고 중복적으로 집행하는 원칙이다. 형벌은 책임을 전제로 하고, 보안처분은 장래의 위험성에 대한 처분이므로 범죄에 의하여 나타난 책임과 장래의 위험성에 대하여 이중의 수단으로 대처해야 한다는 것을 근거로 한다. 이원주의에서는 일반적으로 보안처분보다 형벌을 먼저 집행하게 된다. 보안처분은 형벌을 보충하는 것이며, 형벌은 기간이 특정되어 있음에 반하여 보안처분은 부정기이기 때문에 형벌이 먼저 집행되어야 한다는 것이다. 그러나 이원주의에 대하여는 이중처벌이라는 비판이 있다.

#### 1-3-3. 대체주의

대체주의는 보안처분을 형벌의 대체수단으로서 사용하는 원칙이다. 형벌은 책임의 정도에 따라 언제나 선고되고, 그 집행의 단계에서 보안처분으로 대체되거나 보안처분의 집행이 끝난 후에 형벌을 집행하게 된다. 이때 먼저 집행된 보안처분의 기간은 형기에 산입하며, 또는 형벌집행의 유예가 가능하도록 한다. 치료감호법의 치료감호(제18조)가 대체주의의 입장이다.

## 2. 현행법의 보안처분

현행법에서의 보안처분은 치료감호법에서의 치료감호, 치료감호법과 보호관찰법(보호관찰 등에 관한 법률)에서의 보호관찰, 보안관찰법에서의 보안관찰 및 소년법에서의 보호처분 등이 있다. 또한 형법에서도 보호관찰·사회봉사·수강명령의 보안처분을 규정하고 있다.

### 2-1. 치료감호법

치료감호법은 '심신장애 상태, 마약류·알코올이나 그 밖의 약물중독 상태, 정신성적 장애가 있는 상태 등에서 범죄행위를 한 자로서 재범의 위험성이 있고 특수한 교육·개선 및 치료가 필요하다고 인정되는 자에 대하여 적절한 보호와 치료를 함으로써 재범을 방지하고 사회복귀를 촉진하는 것을 목적으로' 일정한 요건하에서 치료감호(제2조, 제2조의2)와 보호관찰(제32조)의 보안처분을 규정하고 있다(제1조).

#### 2-1-2. 치료감호법의 치료감호

##### 2-1-2-1. 치료감호의 의의

치료감호는 심신장애자, 마약류·알코올 기타 약물중독자, 정신성적 장애자를 치료감호시설에 수용하여 치료하는 보안처분을 말한다(제2조, 제16조). 치료감호법은 성질이 서로 다른 심신장애자와 약물중독자 및 정신성적 장애자를 치료감호에 통합하고 있으며, 이에 대하여는 치료처분의 실효성을 기대할 수 없다는 비판[1]이 있다. 다만 치료감호법은 심신장애자와 약물중독자 및 정신성적 장애자를 특별한 사정이 없는 한 구분·수용하도록 규정하고 있다(제19조).

##### 2-1-2-2. 치료감호의 요건

치료감호의 대상자는 치료감호시설에서의 치료가 필요하고 재범의 위험성이 있는 금고 이상의 형에 해당하는 죄를 범한 심신장애자와 약물중독자 및 정신성적 장애자이다(제2조 제1항). 치료감호의 대상인 심신장애자는 '형법 제10조 제1항의 규정에 의하여 벌할 수 없거나 동조 제2항의 규정에 의하여 형이 감경되는 심신장애자로서 금고 이상의 형에 해당하는 죄를 지은 자(제2조 제1항 제1호)'이고, 치료감호의 대상인 약물중독자는 '마약·향정신성의약품·대마 그 밖에 남용되거나 해독작용을 일으킬 우려가 있는 물질이나 알코올을 식음·섭취·흡입·흡연 또는 주입받는 습벽이 있거나 그에 중독된 자로서 금고 이상의 형에 해당하는 죄를 지은 자(제2조 제1항 제2호)'이다. 이때 '남용되거나 해독작용을 일으킬 우려가 있는 물질'

1) 배종대, 626면.

에 관하여 자세한 사항은 대통령령으로 정한다(제2조 제2항). 치료감호 대상인 정신성적 장애자는 '소아성기호증, 성적가학증 등 성적 성벽이 있는 자로서 금고 이상의 형에 해당하는 성폭력범죄를 지은 자(제2조 제1항 제3호)'이다.

### 2-1-2-3. 치료감호의 내용

치료감호의 선고를 받은 자에 대하여는 치료감호시설(제16조의2)에 수용하여 치료를 위한 조치를 하며(제16조 제1항), 치료감호시설과 치료 그 밖에 필요한 사항은 대통령령으로 정한다(제3항). 치료감호시설에의 수용은 15년을 초과할 수 없으며, 다만 약물중독자인 피치료감호자를 치료감호시설에 수용하는 때에는 2년을 초과할 수 없다(제2항). 치료감호심의위원회는 치료감호만을 선고받은 피치료감호자가 그 집행개시 후 1년을 경과한 때에는 상당한 기간을 정하여 그의 법정대리인 · 배우자 · 직계친족 · 형제자매에게 치료감호시설 외에서의 치료를 위탁할 수 있으며(제23조 제1항), 치료감호와 형이 병과되어 형기 상당의 치료감호를 집행받은 자에 대하여는 상당한 기간을 정하여 그 법정대리인 등에게 치료감호시설 외에서의 치료를 위탁할 수 있다(제2항). 이에 따라 치료위탁을 결정하는 경우 치료감호심의위원회는 법정대리인 등으로부터 치료감호시설 외에서의 입원 · 치료를 보증하는 내용의 서약서를 제출받아야 한다(제3항). 치료감호심의위원회는 피치료감호자에 대하여 그 집행개시 후 매 6개월마다 종료 또는 가종료 여부를, 가종료 또는 치료위탁된 피치료감호자에 대하여는 가종료 또는 치료위탁 후 매 6개월마다 종료 여부를 심사 · 결정한다(제22조).

치료감호와 형이 병과된 경우에는 치료감호를 먼저 집행한다. 이 경우 치료감호의 집행기간은 형기에 산입한다(제18조). 치료감호법의 치료감호는 대체주의를 채택하고 있다.

치료감호시설에의 수용은 치료감호법 제16조 제2항의 기간 내에서 치료감호위원회의 종료나 가종료의 결정으로 또는 치료감호시설 외에서의 치료를 위하여 친족에게 위탁의 결정으로 끝나게 된다(제22조). 피치료감호자에 대하여 형사소송법 제471조 제1항 각 호의 어느 하나에 해당하는 사유가 있는 때에는 동조의 규정에 따라 검사는 치료감호의 집행을 정지할 수 있으며, 이 경우 치료감호의 집행이 정지된 자에 대한 관찰은 형집행정지자에 대한 관찰의 예에 따른다(제24조).

치료감호의 종료는 보호관찰기간이 만료된 때이다(제35조 제1항). 다만 치료감호심의위원회는 피보호관찰자의 관찰성적 및 치료경과가 양호한 때에 보호관찰기간 만료 전에 보호관찰의 종료를 결정할 수 있다(제2항).

### 2-1-3. 치료감호법의 보호관찰

#### 2-1-3-1. 보호관찰의 의의

치료감호법의 보호관찰은 가종료한 피치료감호자와 치료위탁된 피치료감호자를 감호시설 외에서 지도·감독하는 보안처분이다. 보호관찰은 피감호자를 감호시설에 수용하지 아니하고 일정장소에의 출입금지나 특정물품의 사용금지 등 기타 준수사항을 부과한다는 점에서 자유제한보안처분에 해당한다.

#### 2-1-3-2. 보호관찰의 요건

치료감호법의 보호관찰은 '피치료감호자에 대한 치료감호가 가종료된 때', '피치료감호자가 치료감호시설 외에서의 치료를 위하여 법정대리인 등에게 위탁된 때' 개시된다(제32조 제1항 제1호, 제2호). 제16조 제2항 각 호에 따른 기간 또는 같은 조 제3항에 따라 연장된 기간이 만료되는 피치료감호자에 대하여 제37조에 따른 치료감호심의위원회가 심사하여 보호관찰이 필요하다고 결정한 경우에는 치료감호기간이 만료되었을 때 개시된다(제32조 제1항 제3호).

#### 2-1-3-3. 보호관찰의 내용

피보호관찰자는 보호관찰법 제32조 제2항의 규정에 따른 준수사항을 성실히 이행하여야 하며(제33조 제1항), 제37조에 따른 치료감호심의위원회는 피보호관찰자의 치료경과 및 특성 등에 비추어 필요하다고 판단되면 제1항에 따른 준수사항 외에 제2항 제1호 내지 제9호의 사항 중 전부 또는 일부를 따로 보호관찰기간 동안 특별히 지켜야 할 준수사항으로 부과할 수 있다(제2항). 치료감호심의위원회는 피보호관찰자가 제1항 또는 제2항의 준수사항을 위반하거나 상당한 사정변경이 있는 경우에는 직권 또는 보호관찰소의 장의 신청에 따라 준수사항 전부 또는 일부의 추가·변경 또는 삭제에 관하여 심사하고 결정할 수 있다(제3항). 제1항부터 제3항까지의 규정에 따른 준수사항은 서면으로 고지하여야 하며(제4항), 보호관찰소의 장은 피보호관찰자가 제1항부터 제3항까지의 준수사항을 위반하거나 위반할 위험성이 있다고 인정할 상당한 이유가 있는 경우에는 준수사항의 이행을 촉구하고 제22조에 따른 가종료 또는 제23조에 따른 치료의 위탁의 취소 등 불리한 처분을 받을 수 있음을 경고할 수 있다(제5항).

피보호관찰자 또는 그 법정대리인 등은 대통령령이 정하는 바에 따라 출소 후의 거주 예정지 그 밖에 필요한 사항을 미리 치료감호시설의 장에게 신고하여야 하며, 출소 후 10일 이내에 주거·직업·치료를 받는 병원 그 밖에 필요한 사항을 보호관찰관에게 서면으로 신고하여야 한다(제34조).

보호관찰의 기간은 3년으로 한다(제32조 제2항). 다만 치료감호심의위원회는 피보호관찰자의 관찰성적 및 치료경과가 양호하면 보호관찰기간 만료 전에 보호관찰의 종료를 결정할 수 있다(제35조 제2항). 따라서 보호관찰기간 만료 전이라도 치료감호심의위원회의 치료감호의 종료결정이 있는 때, 피보호관찰자가 다시 치료감호의 집행을 받게 되어 재수용되거나 새로운 범죄로 금고 이상의 형의 집행을 받게 된 때에는 보호관찰이 종료된다(제32조 제3항 제2호, 제3호). 그러나 치료감호심의위원회는 피보호관찰자가 과실범을 제외한 금고 이상의 형에 해당하는 죄를 범한 때, 제33조의 준수사항 그 밖에 보호관찰에 관한 지시·감독을 위반한 때, 제32조 제1항 제1호의 규정에 따라 보호관찰이 개시된 피보호관찰자가 증상이 악화되어 치료감호가 필요하다고 인정되는 때에는 결정으로 가종료 또는 치료의 위탁을 취소하고 다시 치료감호를 집행할 수 있다(제36조).

## 2-2. 보호관찰 등에 관한 법률

보호관찰법은 죄를 지은 사람으로서 재범 방지를 위하여 체계적인 사회 내 처우가 필요하다고 인정되는 사람을 지도하고 보살피며 도움으로써 건전한 사회 복귀를 촉진하고, 효율적인 범죄예방 활동을 전개함으로써 개인 및 공공의 복지를 증진함과 아울러 사회를 보호하는 보안처분으로서 보호관찰, 사회봉사, 수강 및 갱생보호를 규정하고 있다. 보호관찰법에 의한 보호관찰의 대상자는 ① 형법 제59조의2에 따라 보호관찰을 조건으로 선고유예를 받은 사람, ② 형법 제62조의2에 따라 보호관찰을 조건으로 집행유예를 받은 사람, ③ 형법 제73조의2 또는 보호관찰법 제25조에 따라 보호관찰을 조건으로 가석방·임시퇴원한 사람, ④ 소년법 제32조 제1항 제4호와 제5호에 의하여 보호처분을 받은 사람 및 ⑤ 기타 다른 법률에 의하여 이 법에 의한 보호관찰을 받도록 규정된 사람이다(제3조 제1항). 사회봉사 또는 수강의 대상자는 ① 형법 제62조의2에 따라 사회봉사 또는 수강을 조건으로 형의 집행유예를 선고받은 사람, ② 소년법 제32조에 따라 사회봉사명령 또는 수강명령을 받은 사람, ③ 다른 법률에서 이 법에 따른 사회봉사 또는 수강을 받도록 규정된 사람이다(동조 제2항). 갱생보호 대상자는 형사처분 또는 보호처분을 받은 사람으로서 자립갱생을 위한 숙식 제공, 여비 지급, 생업도구와 생업조성 금품의 지급 또는 대여, 직업훈련 및 취업알선 등 보호의 필요성이 인정되는 사람이다(동조 제3항). 따라서 소년법뿐 아니라 형법의 보호관찰도 이 법률의 적용을 받는다. 또한 집행유예의 경우에 과하여지는 사회봉사 및 수강명령에 대해서도 보호관찰법이 적용된다.

## 2-3. 그 밖의 보안처분

### 2-3-1. 형법상의 보호관찰, 사회봉사, 수강명령

형법상의 보안처분으로는 선고유예의 경우에 과하는 보호관찰(제59조의2), 집행유예의 경우에 과하는 보호관찰·사회봉사·수강명령(제62조의2) 및 가석방의 경우에 과하는 보호관찰(제73조의2 제2항)이 있다. 이 중에서 가석방의 경우에 과하는 보호관찰만 필요적이고, 그 밖의 보안처분은 임의적이다.

### 2-3-2. 보안관찰법상의 보안관찰

보안관찰법은 소위 사상범이라 일컬어지는 특정범죄(보안관찰법 제2조: 보안관찰해당범죄)를 범한 자에 대하여, 재범의 위험성을 예방하고 건전한 사회복귀를 촉진하여 국가의 안전과 사회의 안녕을 유지하기 위한 보안관찰을 규정하고 있다(제1조). 보안관찰처분의 기간은 2년이며(제5조 제1항), 이 기간은 검사의 청구가 있는 경우 보안관찰처분심의위원회의 의결을 거쳐 법무부장관이 갱신할 수 있다(제2항). 그러나 사법적 심사 없이 피보안관찰자의 종신까지 갱신이 가능하다는 점에서 인권침해의 위험이 있다.[2)]

### 2-3-3. 소년법상의 보안처분

소년법에서는 반사회성 있는 19세 미만의 소년(제2조)에 대하여 그 환경의 조정과 성행의 교정에 관한 보안처분을 규정하고 있다(제1조). 이러한 의미에서 소년법상의 보안처분을 특히 보호처분이라고 한다. 소년법 제32조 제1항에 규정되어 있는 보호처분은 ① 보호자 또는 보호자를 대신하여 소년을 보호할 수 있는 자에게 감호 위탁, ② 수강명령, ③ 사회봉사명령, ④ 보호관찰관의 단기 보호관찰, ⑤ 보호관찰관의 장기 보호관찰, ⑥ 아동복지법에 따른 아동복지시설이나 그 밖의 소년보호시설에 감호 위탁, ⑦ 병원, 요양소 또는 보호소년 등의 처우에 관한 법률에 따른 소년의료보호시설에 위탁, ⑧ 1개월 이내의 소년원 송치, ⑨ 단기 소년원 송치, ⑩ 장기 소년원 송치가 있다. 이 결정은 소년부 판사가 내린다.

---

2) 박상기, 589면; 배종대, 630면; 손동권/김재윤, 759면 이하.

## 이 정 원

### 저자약력

- 중앙대학교 법과대학 법학과 졸업
- 동 대학원 석사과정 수료(법학석사)
- 독일 콘스탄츠 대학교 박사과정 수료(법학박사 Dr. jur.)
- 사법시험 등 기타 국가고시 위원
- 한국비교형사법학회 회장 역임(현 고문)
- 경남대학교 법학부 교수
- 영남대학교 법학전문대학원 교수(2020.02 정년퇴임)

### 주요저서

- Die japanische und koreanische sog. Verabredungsmittäterschaft und die Mittäterschaft nach deutschem Recht(Diss. Konstanz, 1991)
- 시민생활과 법(공저, 제3전정판, 2004, 박영사)
- 형법총론(1997, 문영사)
- 객관식 문제분석 형법연구(2000, 법지사)
- 형법총론(제3판, 2004, 법지사)
- 형법각론(제3판, 2003, 법지사)
- 주석형법 Ⅰ(공저, 2011, 한국사법행정학회)
- 주석형법 Ⅱ(공저, 2011, 한국사법행정학)
- 형법총론(2012, 신론사)
- 형법각론(2012, 신론사)
- 형법판례150선/한국형사판례연구회(공저, 2016, 박영사)
- 형법각론(공저, 2019, 법영사)
- 형법총론(공저, 2020, 준커뮤니케이션즈)
- 형법각론(공저, 2022, 준커뮤니케이션즈)

## 이 석 배

### 저자약력

- 홍익대학교 법경대학 법학과 졸업
- 동 대학원 석사과정 수료(법학석사)
- 고려대학교 대학원 박사과정 수료
- 독일 할레-비텐베르크 대학교 박사과정 수료(법학박사 Dr. jur.)
- 독일 할레-비텐베르크대학교 의료-윤리-법 학제간 연구소 연구원
- 2006년 독일 할레-비텐베르크 대학교 최우수 박사논문상(Luther-Urkunde)
- 고려대학교 법학연구원, 전임연구원
- 사법시험, 변호사시험, 경찰간부시험 등 각종 국가고시 위원
- 비교형사법연구, 의료법학 편집위원장
- 한국비교형사법학회 부회장, 한국생명윤리학회 부회장
- 경남대학교 법정대학 법학부 조교수, 단국대학교 법과대학 조교수, 부교수
- 현) 단국대학교 법과대학 교수

### 주요저서

- Formen der straflosen Sterbehilfe in Deutschland und Korea(Diss. Halle-Wittenberg 2006, Carl Carl Heymanns Verlag 2007)
- 형법판례150선/한국형사판례연구회(공저, 2016, 박영사)
- 법치국가에서 형법과 형사소송법의 과제(공저, 2023, 박영사)

정 배 근

저자약력

- 중앙대학교 법과대학 법학과 졸업
- 동 대학원 석사과정 수료(법학석사)
- 독일 괴팅겐 대학교 석사과정 수료(LL.M.)
- 독일 괴팅겐 대학교 박사과정 수료(법학박사 Dr. iur.)
- 중앙대학교, 충북대학교 법학전문대학원, 중앙경찰학교 형사법 강의
- 경찰공무원 채용·승진 시험 출제위원

주요저서

- Zur Problematik der Freiverantwortlichkeit beim Suizid(Diss. Göttingen. 2018)
- Global Standard 마련을 위한 쟁점별 주요국 형사법령 비교연구 II
- Global Standard 마련을 위한 쟁점별 주요국 형사법령 비교연구 III
- Global Standard 마련을 위한 쟁점별 주요국 형사법령 비교연구 IV
- 첨단과학수사정책 및 포렌식 기법 종합발전방안 연구 II

형법총론

초판발행 2023년 9월 10일

지은이 이정원·이석배·정배근
펴낸이 안종만·안상준

편　집 사윤지
기획/마케팅 장규식
표지디자인 이영경
제　작 고철민·조영환

펴낸곳 (주) 박영사
서울특별시 금천구 가산디지털2로 53, 210호(가산동, 한라시그마밸리)
등록 1959. 3. 11. 제300-1959-1호(倫)
전　화 02)733-6771
f a x 02)736-4818
e-mail pys@pybook.co.kr
homepage www.pybook.co.kr
ISBN 979-11-303-4554-3 93360



정 가 33,000원